2024
中国证券期货统计年鉴

贰零贰肆

贰零贰肆

贰零贰肆

贰零贰肆

China Securities and Futures Statistical YEARBOOK

中国证券监督管理委员会 编
CHINA SECURITIES REGULATORY COMMISSION

中国统计出版社
China Statistics Press

图书在版编目（CIP）数据

2024 中国证券期货统计年鉴 ＝2024 China Securities and Futures Statistical Yearbook：汉、英 / 中国证券监督管理委员会编. -- 北京 ：中国统计出版社, 2024. 9. -- ISBN 978-7-5230-0509-5

Ⅰ. F832.5-66

中国国家版本馆 CIP 数据核字第 2024YN5979 号

中国证券期货统计年鉴-2024

作　　者/中国证券监督管理委员会
责任编辑/郭　栋
执行编辑/吕仁睿
封面设计/张　冰
出版发行/中国统计出版社有限公司
通信地址/北京市丰台区西三环南路甲 6 号　邮政编码/100073
电　　话/邮购（010）63376909　书店（010）68783171
网　　址/ http://www.zgtjcbs.com
印　　刷/河北鑫兆源印刷有限公司
经　　销/新华书店
开　　本/880mm×1230mm　1/16
字　　数/942 千字
印　　张/39.25
版　　别/2024 年 9 月第 1 版
版　　次/2024 年 9 月第 1 次印刷
定　　价/298.00 元

编委会

Editorial Committee

编 者 说 明

一、《2024中国证券期货统计年鉴》（中英文）收录了2023年证券期货市场的统计数据以及与证券期货市场相关的部分宏观经济数据，是一部全面反映中华人民共和国证券期货市场发展情况的资料性年刊。

二、年鉴分为概况、股票、债券、基金、期货、上市和挂牌公司、证券期货经营机构7个篇章，另附世界主要国家(地区)的证券化率，世界主要交易所业务量排名，全球主要经济体资本市场业务量排名，全球期货及期权市场交易所排名，上市公司名录和退市公司名录，证券期货经营机构名录以及上海证券交易所、深圳证券交易所、北京证券交易所、全国股转系统收费标准。

三、年鉴数据主要来自中国证监会各业务部门、交易所和中国证监会下属单位；宏观经济数据主要来自国家统计局、中国人民银行、世界交易所联合会（WFE）。

四、与2023年版《中国证券期货统计年鉴》相比，本年鉴补充完善了北京证券交易所、科创板及转融通转融券相关统计，新增了部分统计维度。为方便读者使用，每章末附有“主要统计指标解释”。

五、年鉴中部分数据合计数由于单位取舍不同而产生的计算误差，均未作机械调整。

六、年鉴各表中，度量单位均在该表上方，对表中部分指标的注释、资料来源、汇率换算标准等内容注释在该表的下方。凡带续表的资料，对部分指标的注释一律在第一张表的下方。

七、年鉴各表中的“--”表示该统计指标数据不详或无该项数据。

八、本年鉴由中证数据有限责任公司、会市场一司负责编制。

编　者

2024年9月

目 录

CONTENTS

一、概 况
Summary

二、股 票
Stocks

三、债 券
Bonds

四、基　金
Funds

五、期　货
Futures

六、上市和挂牌公司
Listed Companies

挂牌公司

七、证券期货经营机构
Securities and Futures Institutions

附 录
Appendix

贰零贰肆

一. 概况

Summary

贰零贰肆

2023 年证券期货市场综述

2023 年，中国证监会坚持以习近平新时代中国特色社会主义思想为指导，认真贯彻落实中央金融工作会议精神，坚定不移走中国特色现代资本市场发展之路，坚持统筹发展和安全，增强资本市场内在稳定性，推动股票发行注册制走深走实，完善资本市场基础制度，推进强监管、防风险、促发展，在全力维护市场稳定运行、落实监管方面推出一系列标本兼治的有力举措，依纪从严管理队伍，为资本市场高质量发展提供坚强保障。

一、市场运行情况

2023 年，受外部输入性风险上升与内部脆弱性因素交织叠加影响，上证综指下跌 3.70%，深证综指下跌 6.97%。沪深两市日均成交金额为 8769.05 亿元，较 2022 年减少 508.21 亿元，下降 5.48%；沪市和深市股票换手率分别为 207.76%和 448.22%，较 2022 年分别下降 32.08 个百分点和 22.13 个百分点。

2023 年，交易所债券市场现券成交金额 46.80 万亿元，同比增加 22.80%；回购成交金额 475.61 万亿元，同比增加 17.85%。

2023 年，以单边计算，期货市场合计成交 73.79 亿手，同比增加 16.30%；成交金额 567.57 万亿元，同比增加 6.23%。期权市场合计成交 11.23 亿手[1]，同比增加 163.59%。

二、服务实体经济情况

2023 年，证监会坚持服务实体经济发展的根本方向，科学合理保持 IPO、再融资常态化。全年沪深交易所市场共实现融资 14.52 万亿元，同比增加 79.93%。其中，236 家企业在沪深交易所首发上市（IPO），融资 3418 亿元，同比减少 40.08%。上市公司再融资约 6484 亿元[2]。交易所债券市场发行各类债券 13.53 万亿元（含职责划转前国家发展改革委注册项目），同比增加 103.46%。资本市场已成为并购重组主渠道，全年并购重组交易金额达 1.51 万亿元。

三、多层次资本市场建设情况

2023 年底，沪深两市上市公司 5107 家，全年净增 190 家。其中主板 3208 家，创业板 1333 家，科创板 566 家。沪深两市总市值 77.31 万亿元，流通市值 67.43 万亿元，流通市值占总市值的 87.22%，其中主板、创业板、科创板总市值分别为 59.78 万亿元、11.37 万亿元和 6.16 万亿元。沪深两市总市值相当于 2023 年国内生产总值的 61.33%，总市值位居全球第二位。

2023 年底，北交所上市公司 239 家，总股本 318.04 亿股，总市值 4496.41 亿元，流通市值 2263.28 亿元。股票发行方面，2023 年北交所 77 家公司公开发行，累计融资 146.28 亿元。1 家公司再融资，融资 8.04 亿元。股票交易方面，2023 年北交所股票累计成交 615.42 亿股、7272.23 亿元。投资者方面，2023 年末，合格投资者账户合计 649.29 万个，其中个人、机构合格投资者分别为 637.59 万个和 11.70 万个，占比分别为 98%和 2%。

2023 年底，全国中小企业股份转让系统挂牌公司 6241 家，总市值约 2.20 万亿元，其中创新层 1883 家、基础层 4358 家。全年共有 547 家挂牌公司完成 573 次股票发行，融资 180.19 亿元。

2023 年底，区域性股权市场规范发展，全国共设立 35 家区域性股权市场，共有服务企业 18.08 万家，全年累计为企业实现融资 2240.03 亿元（其中股权融资 1120.49 亿元）。

交易所债券市场规模稳步扩张。2023 年底，交易所债券市场托管面值达 27.45 万亿元（含企业债和

---

[1] 期权市场统计不包含沪深证券交易所金融期权产品。

[2] 上市公司再融资不含可转债转股，定增包括股权激励。

北交所托管在中央结算的政府债券），占全市场的17.42%，其中非金融公司债托管面值为15.71万亿元，占全市场的56.28%。

引导私募基金稳步发展。2023年底，基金业协会备案私募基金15.30万只，管理基金规模20.32万亿元，同比分别增长5.52%和0.17%。

四、资本市场经营机构情况

2023年底，全国146家证券公司，总资产11.83万亿元，净资产2.95万亿元，本年实现净利润1376.18亿元。150家期货公司总资产16529.41亿元，净资产1949.61亿元，全年实现净利润94.80亿元。145家基金管理公司总资产3642.89亿元，净资产2697.16亿元。已登记的私募基金管理人共2.2万家，平均管理基金规模9.39亿元。2023年底，全国共有证券投资咨询机构78家，备案从事证券服务业务的会计师事务所112家，备案从事证券服务业务的资产评估机构272家。

五、对外开放情况

支持符合条件的境内企业境外上市融资。2023年，经中国证监会核准，44家境内企业实现境外融资约354亿元，其中境外首发融资约157亿元，境外再融资约197亿元。扩大资本市场对外开放，中瑞证券市场互联互通存托凭证业务正式开通。2023年全年，互联互通交易金额为32.48万亿元，沪港通、深港通交易金额分别为15.02万亿元、17.46万亿元。2023年，批准81家合格境外投资者资格。2023年底共有806家合格境外投资者。

1-1 证券期货市场概况
Overview of Securities and Futures Market

年份 Year	股票 Stock 沪深交易所 SSE and SZSE 股票只数（只） Number of Stocks (unit)	上市公司家数（家） Number of Listed Companies (unit)	上市公司股本（亿股） Share Capital of Listed Companies (100 million shares)	流通股本（亿股） Negotiable Shares (100 million shares)	股票市值（亿元） Market Capitalization of Shares (100 million yuan)	流通市值（亿元） Negotiable Market Capitalization (100 million yuan)
1992	71	53	73.22	8.55	1048.15	170.64
1993	218	183	328.68	81.62	3531.01	832.28
1994	345	291	641.01	185.63	3690.62	968.90
1995	381	323	770.08	224.98	3474.28	938.22
1996	599	530	1110.73	345.57	9842.58	2867.03
1997	821	745	1771.43	560.82	17529.24	5204.42
1998	932	852	2346.69	741.70	19514.03	5750.35
1999	1031	949	2911.49	953.65	26485.15	8221.11
2000	1174	1088	3616.26	1234.35	48121.51	16098.00
2001	1248	1160	4851.88	1487.66	43582.90	14488.82
2002	1311	1224	5464.19	1680.26	38338.79	12487.20
2003	1374	1287	6003.34	1899.05	42477.63	13185.13
2004	1463	1377	6714.74	2194.15	37080.95	11701.20
2005	1467	1381	7163.54	2498.89	32446.02	10638.01
2006	1520	1434	12683.99	3444.50	89441.35	25021.11
2007	1636	1550	17000.45	4933.64	327291.31	93140.66
2008	1711	1625	18900.13	6964.97	121541.05	45303.02
2009	1804	1718	20606.26	14200.19	244103.91	151342.07
2010	2149	2063	26984.49	19442.15	265422.59	193110.41
2011	2428	2342	29745.11	22499.86	214758.09	164921.30
2012	2579	2494	31833.62	24778.22	230357.62	181658.26
2013	2574	2489	33822.04	29997.12	239077.19	199579.54
2014	2696	2613	36795.10	32289.25	372546.96	315624.31
2015	2909	2827	43024.14	37043.37	531462.70	417914.95
2016	3134	3052	48750.29	41136.05	507685.88	393401.68
2017	3567	3485	53746.67	45044.87	567086.08	449298.15
2018	3666	3584	57581.03	49047.57	434924.03	353794.20
2019	3857	3777	61719.92	52487.62	592934.57	483461.26
2020	4233	4154	65479.19	56353.50	797238.17	643605.29
2021	4693	4615	70694.39	60755.13	916088.18	751556.13
2022	4991	4917	73311.67	64245.31	788005.91	663428.88
2023	5181	5107	75489.40	68142.40	773130.71	674341.52

注：1.表中债券数据为全国债券市场，包括银行间市场和交易所市场，具体债券品种详见3-1；其中兑付金额仅包含本金兑付，成交金额包含现券和回购。
2.期货账户数和投资者数2012年之前为总账户数和总投资者数，2012年之后为有效账户数和有效投资者数；沪深北交易所及全国股转系统股票投资者数历年均为有效投资者数。
3.2021年北交所成交量、成交金额统计区间为11月15日至12月31日。
4.期权市场统计不包含沪深证券交易所金融期权产品。

数据来源：本书各章相关表

Source: Relative Tables followed

1-1 续表 1 continued

年份 Year	股票 Stock 沪深交易所 SSE and SZSE 成交量（亿股） Trading Volume (100 million shares)	成交金额（亿元） Trading Turnover (100 million yuan)	印花税（亿元） Stamp Tax (100 million yuan)	印花税在中央财政收入中的比重(%) The Percentage of Stamp Tax from Central Revenue(%)	市盈率（倍） P/E Ratio (times)	换手率(%) Turnover Rate (%)	股票投资者个数（万个） Number of Stock Investors (10 thousand units)
1992	36.90	683.04	--	--	--	--	--
1993	226.56	3627.21	22.00	2.30	--	--	--
1994	1013.34	8127.63	48.77	1.68	--	--	--
1995	705.31	4036.45	24.22	0.74	--	--	--
1996	2533.14	21332.18	127.99	3.50	--	--	--
1997	2560.02	30721.83	250.76	5.93	--	--	--
1998	2154.11	23544.25	225.75	4.62	--	--	--
1999	2932.90	31322.37	248.07	4.28	--	--	--
2000	4759.45	60835.19	485.89	6.41	--	491.19	--
2001	3155.93	38325.39	291.44	3.40	81.92	227.07	--
2002	3017.14	27993.91	111.95	1.02	62.51	195.86	--
2003	4163.08	32115.27	128.35	1.08	45.89	237.04	--
2004	5827.73	42333.95	169.08	1.17	32.16	303.45	--
2005	6623.73	31664.78	66.35	0.40	28.59	295.11	--
2006	16145.23	90468.89	180.94	1.05	29.72	547.40	--
2007	36403.75	460556.23	2062.00	7.43	44.13	817.95	--
2008	24131.39	267112.66	927.68	2.84	19.29	402.29	--
2009	51107.00	535986.77	510.38	1.42	29.78	582.88	--
2010	42151.98	545633.54	545.65	1.28	20.32	344.34	--
2011	33956.57	421644.58	421.66	0.82	14.18	214.16	--
2012	32860.54	314583.27	314.59	0.56	15.04	180.55	--
2013	48372.68	468728.61	468.27	0.78	15.53	245.49	--
2014	73383.09	742385.26	742.38	1.15	20.83	317.71	7294.36
2015	171039.47	2550541.31	2550.55	1.00	18.94	612.50	9910.54
2016	95525.43	1277680.32	1274.40	1.74	25.29	348.43	11811.04
2017	87780.84	1124625.11	1124.63	1.39	24.85	265.86	13398.29
2018	82037.25	901739.40	901.75	1.06	15.38	217.51	14650.44
2019	126624.29	1274158.80	1274.15	1.43	20.63	288.81	15975.24
2020	167451.86	2068252.52	2067.86	2.50	20.65	379.33	17777.49
2021	187426.00	2579734.12	2579.72	2.82	21.83	373.21	19740.85
2022	185725.38	2245094.72	2245.14	2.37	14.74	333.48	21213.62
2023	170809.11	2122109.53	1782.44	1.66	14.57	302.69	22406.06

1-1 续表 2 continued

年份 Year	股票 Stock				
	北交所 BSE				
	上市公司家数（家） Number of Listed Companies (unit)	上市公司股本（亿股） Share Capital of Listed Companies (100 million shares)	流通股本（亿股） Negotiable Shares (100 million shares)	股票市值（亿元） Market Capitalization of Shares (100 million yuan)	流通市值（亿元） Negotiable Market Capitalization (100 million yuan)
1992	--	--	--	--	--
1993	--	--	--	--	--
1994	--	--	--	--	--
1995	--	--	--	--	--
1996	--	--	--	--	--
1997	--	--	--	--	--
1998	--	--	--	--	--
1999	--	--	--	--	--
2000	--	--	--	--	--
2001	--	--	--	--	--
2002	--	--	--	--	--
2003	--	--	--	--	--
2004	--	--	--	--	--
2005	--	--	--	--	--
2006	--	--	--	--	--
2007	--	--	--	--	--
2008	--	--	--	--	--
2009	--	--	--	--	--
2010	--	--	--	--	--
2011	--	--	--	--	--
2012	--	--	--	--	--
2013	--	--	--	--	--
2014	--	--	--	--	--
2015	--	--	--	--	--
2016	--	--	--	--	--
2017	--	--	--	--	--
2018	--	--	--	--	--
2019	--	--	--	--	--
2020	--	--	--	--	--
2021	82	122.69	57.27	2722.75	1073.82
2022	162	213.54	110.99	2110.29	1148.06
2023	239	318.04	169.16	4496.41	2263.28

1-1 续表 3 continued

年份 Year	股票 Stock 北交所 BSE 成交量 (亿股) Trading Volume (100 million shares)	成交金额 (亿元) Trading Turnover (100 million yuan)	市盈率 (倍) P/E Ratio (times)	换手率 (%) Turnover Rate (%)	股票投资者个数 (万个) Number of Stock Investors (10 thousand units)
1992	--	--	--	--	--
1993	--	--	--	--	--
1994	--	--	--	--	--
1995	--	--	--	--	--
1996	--	--	--	--	--
1997	--	--	--	--	--
1998	--	--	--	--	--
1999	--	--	--	--	--
2000	--	--	--	--	--
2001	--	--	--	--	--
2002	--	--	--	--	--
2003	--	--	--	--	--
2004	--	--	--	--	--
2005	--	--	--	--	--
2006	--	--	--	--	--
2007	--	--	--	--	--
2008	--	--	--	--	--
2009	--	--	--	--	--
2010	--	--	--	--	--
2011	--	--	--	--	--
2012	--	--	--	--	--
2013	--	--	--	--	--
2014	--	--	--	--	--
2015	--	--	--	--	--
2016	--	--	--	--	--
2017	--	--	--	--	--
2018	--	--	--	--	--
2019	--	--	--	--	--
2020	--	--	--	--	--
2021	37.45	667.17	46.66	62.55	462.85
2022	158.53	1980.13	18.87	172.95	509.66
2023	615.42	7272.23	24.20	419.20	649.29

1-1 续表 4 continued

年份 Year	股票 Stock					
	全国股转系统 NEEQ					
	股票只数 (只) Number of Stocks (unit)	挂牌公司家数 (家) Number of Listed Companies (unit)	挂牌公司股本 (亿股) Share Capital of Listed Companies (100 million shares)	股票市值 (亿元) Market Capitalization of Shares (100 million yuan)	成交量 (亿股) Trading Volume (100 million shares)	成交金额 (亿元) Trading Turnover (100 million yuan)
1992	--	--	--	--	--	--
1993	--	--	--	--	--	--
1994	--	--	--	--	--	--
1995	--	--	--	--	--	--
1996	--	--	--	--	--	--
1997	--	--	--	--	--	--
1998	--	--	--	--	--	--
1999	--	--	--	--	--	--
2000	--	--	--	--	--	--
2001	--	--	--	--	--	--
2002	--	--	--	--	--	--
2003	--	--	--	--	--	--
2004	--	--	--	--	--	--
2005	--	--	--	--	--	--
2006	--	--	--	--	--	--
2007	--	--	--	--	--	--
2008	--	--	--	--	--	--
2009	--	--	--	--	--	--
2010	--	--	--	--	--	--
2011	--	--	--	--	--	--
2012	200	200	55.27	336.10	1.15	5.84
2013	356	356	97.17	553.06	2.02	8.14
2014	1572	1572	658.35	4591.42	22.82	130.36
2015	5129	5129	2959.51	24584.42	278.91	1910.62
2016	10163	10163	5851.55	40558.11	363.63	1912.29
2017	11630	11630	6756.73	49404.56	433.22	2271.80
2018	10691	10691	6324.53	34487.26	236.29	888.01
2019	8953	8953	5616.29	29399.60	220.2	825.69
2020	8187	8187	5335.28	26542.31	260.42	1294.64
2021	6932	6932	4596.60	22845.40	309.08	2148.16
2022	6580	6580	4508.63	21181.44	188.87	798.58
2023	6241	6241	4454.61	21970.75	174.27	612.74

1-1 续表 5 continued

年份 Year	股票 Stock 区域性股权市场 Regional Equity Market 市盈率 (倍) P/E Ratio (times)	换手率 (%) Turnover Rate (%)	股票投资者个数 (万个) Number of Stock Investors (10 thousand units)	服务企业公司家数 (家) Number of Served Companies (unit)	成交金额 (亿元) Trading Turnover (100 million yuan)
1992	--	--	--	--	--
1993	--	--	--	--	--
1994	--	--	--	--	--
1995	--	--	--	--	--
1996	--	--	--	--	--
1997	--	--	--	--	--
1998	--	--	--	--	--
1999	--	--	--	--	--
2000	--	--	--	--	--
2001	--	--	--	--	--
2002	--	--	--	--	--
2003	--	--	--	--	--
2004	--	--	--	--	--
2005	--	--	--	--	--
2006	--	--	--	--	--
2007	--	--	--	--	--
2008	--	--	--	--	--
2009	--	--	--	--	--
2010	--	--	--	--	--
2011	--	--	--	--	--
2012	20.69	4.47	0.53	--	--
2013	21.44	4.47	0.85	--	--
2014	35.27	19.67	4.87	--	--
2015	47.23	53.88	22.13	--	--
2016	28.71	20.74	33.42	--	--
2017	30.18	13.47	40.86	--	--
2018	20.86	5.31	43.38	24808	133.04
2019	19.74	6.00	44.62	28831	391.87
2020	21.10	9.90	165.82	174263	672.42
2021	20.48	17.66	191.18	186823	877.05
2022	17.20	7.41	196.00	191911	1089.56
2023	17.63	6.48	202.18	180807	1140.31

1-1 续表 6 continued

年份 Year	债券 Bond			
	债券发行额（亿元） Value of Bonds Issued (100 million yuan)	兑付金额（亿元） Amount of Payments (100 million yuan)	债券成交金额（亿元） Bond Trading Turnover (100 million yuan)	年末托管额（亿元） Value of Bonds under Custody at the End of Year (100 million yuan)
1992	--	--	--	--
1993	--	--	--	--
1994	--	--	--	--
1995	--	--	--	--
1996	--	--	--	--
1997	2084.62	--	16481.26	984.59
1998	6203.73	--	21677.39	9199.16
1999	4369.50	410.16	22301.82	12878.71
2000	4414.50	1629.16	35374.40	16077.61
2001	5848.53	1859.97	61043.42	18931.81
2002	9943.90	2841.35	138292.59	24680.66
2003	17647.17	7886.44	208124.89	36524.29
2004	27295.66	12548.65	169718.85	50112.52
2005	42182.07	22531.33	245976.01	71194.88
2006	57096.11	38597.83	384712.67	71744.70
2007	80163.36	49931.98	624720.03	114769.32
2008	71732.16	48265.29	981119.88	143463.06
2009	87286.22	67282.32	1216107.43	164714.14
2010	96408.63	73205.88	1592579.40	195029.82
2011	77275.52	64819.78	1847311.25	214757.10
2012	80261.89	47625.00	2572526.57	253868.31
2013	89127.69	63093.04	2677160.68	288073.12
2014	119380.02	72904.38	3591269.28	355504.40
2015	234604.73	117608.31	6783173.38	479217.27
2016	361548.66	204425.19	9708152.80	642245.80
2017	408256.35	298390.64	9879660.63	750209.90
2018	435968.07	315793.99	11138432.56	864033.11
2019	448538.22	326387.66	12857900.70	981459.24
2020	565951.32	385305.72	15080568.91	1155904.78
2021	614808.08	440886.34	16386839.33	1319258.28
2022	614781.20	490973.29	20930517.02	1438174.83
2023	709361.69	554485.42	25039469.45	1575322.93

1-1 续表 7 continued

年份 Year	基金 Fund					
	公募基金 Public Fund				私募基金 Private Fund	
	基金只数（只） Number of Funds (unit)	基金份额（亿份） Fund Units (100 million units)	基金资产规模（亿元） Fund Asset Value (100 million yuan)	基金账户数（万户） Number of Fund Accounts (10 thousand units)	已备案私募基金数量（个） Number of Filed Private Fund (unit)	管理基金规模（亿元） Managed Fund Size (100 million dollar)
1992	--	--	--	--	--	--
1993	--	--	--	--	--	--
1994	--	--	--	--	--	--
1995	--	--	--	--	--	--
1996	--	--	--	--	--	--
1997	--	--	--	--	--	--
1998	5	100.00	107.00	--	--	--
1999	16	505.00	577.00	--	--	--
2000	34	562.00	847.35	--	--	--
2001	51	804.23	809.24	--	--	--
2002	71	1318.85	1185.56	--	--	--
2003	95	1614.67	1699.22	--	--	--
2004	161	3308.79	3246.34	--	--	--
2005	218	4714.18	4691.38	--	--	--
2006	307	6220.67	8565.05	--	--	--
2007	346	22339.84	32762.32	--	--	--
2008	439	25741.78	19403.25	16846.00	--	--
2009	547	23518.55	26024.80	17480.00	--	--
2010	704	23955.33	25040.86	19672.00	--	--
2011	914	26510.37	21918.55	22987.00	--	--
2012	1173	31708.41	28661.81	22948.00	--	--
2013	1551	31167.18	30011.54	28773.46	--	--
2014	1899	42032.72	45374.30	46409.34	--	--
2015	2723	76674.13	83971.83	67917.87	--	--
2016	3873	88428.32	91595.16	94303.67	--	--
2017	4848	110182.12	115989.13	134903.95	66418	114992.53
2018	5580	128961.33	130339.08	212638.47	74629	127064.20
2019	6111	136937.42	147672.51	294432.51	81710	140829.62
2020	7237	169974.29	198519.33	387155.04	96818	169578.29
2021	9152	218244.61	255637.78	468333.13	124098	202705.20
2022	10576	239428.35	260311.89	537041.65	145020	202817.90
2023	11528	264134.76	275992.96	595575.00	153032	203155.96

1-1 续表 8 continued

年份 Year	期货及衍生品 Futures and Options 期货 Futures 品种数量(个) Number of Products (unit)	持仓金额(亿元) Value of Positions (100 million yuan)	持仓量(万手) Positions (10 thousand lots)	成交金额(亿元) Trading Turnover (100 million yuan)	成交量(万手) Trading Volume (10 thousand lots)
1992	--	--	--	--	--
1993	8	--	--	2761.00	--
1994	6	--	--	15800.71	--
1995	6	--	--	50282.65	--
1996	2	--	--	42059.58	--
1997	2	--	--	30885.33	--
1998	9	--	--	18483.62	--
1999	8	--	--	11171.51	--
2000	9	145.57	111.67	8041.14	2730.54
2001	9	175.75	134.47	15071.76	6022.54
2002	10	277.43	101.58	19745.30	6971.50
2003	10	423.66	91.88	54194.67	13993.32
2004	12	388.77	106.95	73465.27	15283.27
2005	11	350.71	160.05	67224.19	16142.38
2006	14	564.05	345.31	105023.16	22473.70
2007	18	990.31	355.20	204861.23	36421.34
2008	19	740.90	162.55	359570.98	68194.36
2009	23	2775.49	649.34	652553.80	107871.49
2010	24	3095.90	580.63	1545582.31	156676.46
2011	27	2972.73	603.38	1375134.23	105408.87
2012	32	4122.62	757.68	1711231.31	145046.24
2013	40	6744.94	736.98	2674739.52	206177.33
2014	46	6900.25	909.94	2919882.26	250585.57
2015	51	6200.88	1178.32	5542311.75	357791.06
2016	51	7605.86	1190.48	1956316.08	413776.83
2017	53	8940.47	1194.06	1878925.88	307102.17
2018	57	8375.21	1168.73	2107973.78	301055.65
2019	64	15289.05	1914.23	2905739.14	392135.56
2020	68	21390.93	2287.01	4372770.66	602691.01
2021	69	26819.89	2603.82	5806874.44	726880.86
2022	72	30070.67	3276.45	5343025.27	634241.92
2023	79	34552.54	3354.93	5675693.72	737871.19

1-1 续表 9 continued

年份 Year	期货及衍生品 Futures and Options				
	期货 Futures			期权 Options	
	交割金额（亿元）Delivery Amount (100 million yuan)	交割量（万手）Delivery Quantity (10 thousand lots)	期货投资者数（万个）Number of Futures Investors (10 thousand units)	品种数量（个）Number of Products (unit)	成交金额（亿元）Trading Turnover (100 million yuan)
1992	--	--	--	--	--
1993	--	--	--	--	--
1994	--	--	--	--	--
1995	--	--	--	--	--
1996	--	--	--	--	--
1997	--	--	--	--	--
1998	--	--	--	--	--
1999	--	--	--	--	--
2000	65.16	8.40	--	--	--
2001	59.63	16.34	--	--	--
2002	100.99	23.32	--	--	--
2003	130.94	32.10	--	--	--
2004	183.21	32.70	--	--	--
2005	213.37	30.71	--	--	--
2006	225.47	30.66	24.46	--	--
2007	283.73	42.76	39.55	--	--
2008	339.26	54.94	61.64	--	--
2009	284.72	50.34	91.63	--	--
2010	586.49	74.04	121.37	--	--
2011	632.50	66.58	141.14	--	--
2012	695.48	61.30	71.73	--	--
2013	749.90	60.68	77.24	--	--
2014	712.29	67.19	82.26	--	--
2015	1426.65	122.14	107.52	--	--
2016	1478.12	136.23	118.64	--	--
2017	1528.47	130.69	127.72	--	38.24
2018	1767.47	144.22	132.26	--	210.16
2019	2641.41	163.82	151.73	--	346.29
2020	3849.49	244.31	186.33	--	3167.43
2021	5369.49	267.06	205.26	--	13936.16
2022	5785.90	239.52	204.89	35	15205.91
2023	7299.68	289.56	220.62	52	15274.75

1-1 续表 10 continued

年份 Year	期货及衍生品 Futures and Options 期权 Options 成交量（万手）Trading Volume (10 thousand lots)	持仓金额（亿元）Value of Positions (100 million yuan)	持仓量（万手）Positions (10 thousand lots)	行权金额（亿元）Value of Delivery (100 million yuan)	行权量（万手）Delivery Quantity (10 thousand lots)
1992	--	--	--	--	--
1993	--	--	--	--	--
1994	--	--	--	--	--
1995	--	--	--	--	--
1996	--	--	--	--	--
1997	--	--	--	--	--
1998	--	--	--	--	--
1999	--	--	--	--	--
2000	--	--	--	--	--
2001	--	--	--	--	--
2002	--	--	--	--	--
2003	--	--	--	--	--
2004	--	--	--	--	--
2005	--	--	--	--	--
2006	--	--	--	--	--
2007	--	--	--	--	--
2008	--	--	--	--	--
2009	--	--	--	--	--
2010	--	--	--	--	--
2011	--	--	--	--	--
2012	--	--	--	--	--
2013	--	--	--	--	--
2014	--	--	--	--	--
2015	--	--	--	--	--
2016	--	--	--	--	--
2017	512.81	12.74	23.61	37.89	7.15
2018	1836.35	4.23	31.56	63.24	15.39
2019	4072.21	14.66	130.18	184.21	34.51
2020	20448.83	48.76	231.58	923.68	128.07
2021	24521.68	65.31	413.20	1574.86	200.56
2022	60469.58	66.18	430.81	2840.85	246.92
2023	92111.54	96.06	508.04	3899.77	368.10

1-2　证券期货市场指数运行情况
Securities and Futures Market Indexes

年份 Year	上证综指 SSE Composite Index					深证综指 SZSE Composite Index				
	开盘 Opening Price	最高 Highest	最低 Lowest	收盘 Closing Price	涨跌幅(%) Change Rate (%)	开盘 Opening Price	最高 Highest	最低 Lowest	收盘 Closing Price	涨跌幅(%) Change Rate (%)
1992	293.74	1429.01	292.76	780.39	165.67	110.53	312.21	107.08	241.21	118.23
1993	802.14	1558.95	750.46	833.80	6.84	241.21	359.44	203.91	238.28	-1.21
1994	837.70	1052.94	325.89	647.87	-22.30	238.28	242.06	96.56	140.63	-40.98
1995	637.72	926.41	524.43	555.29	-14.29	139.62	169.66	112.63	113.25	-19.47
1996	550.26	1258.69	512.83	917.02	65.14	112.85	473.02	105.34	327.34	189.04
1997	914.06	1510.18	870.18	1194.10	30.22	326.33	517.91	305.81	381.29	16.48
1998	1200.95	1422.98	1043.02	1146.70	-3.97	382.85	441.04	317.10	343.85	-9.82
1999	1144.89	1756.18	1047.83	1366.58	19.18	343.29	525.14	310.65	402.18	16.96
2000	1368.69	2125.72	1361.21	2073.48	51.73	402.71	654.37	414.69	635.73	58.07
2001	2077.08	2245.44	1514.86	1645.97	-20.62	636.62	664.85	439.36	475.94	-25.13
2002	1643.49	1748.89	1339.20	1357.65	-17.52	475.14	512.38	371.79	388.76	-18.32
2003	1347.43	1649.60	1307.40	1497.04	10.27	386.61	449.42	350.74	378.63	-2.61
2004	1492.72	1783.01	1259.43	1266.50	-15.40	377.93	470.55	315.17	315.81	-16.59
2005	1260.78	1328.53	998.23	1161.06	-8.33	313.81	333.28	237.18	278.75	-11.73
2006	1163.88	2698.90	1161.91	2675.47	130.43	278.99	552.93	278.99	550.59	97.52
2007	2728.19	6124.04	2541.53	5261.56	96.66	555.26	1567.74	547.89	1447.02	162.81
2008	5265.00	5522.78	1664.93	1820.81	-65.39	1450.33	1584.40	452.33	553.30	-61.76
2009	1849.02	3478.01	1844.09	3277.13	79.98	560.09	1240.64	557.68	1201.34	117.12
2010	3289.75	3306.75	2319.73	2808.07	-14.31	1207.33	1412.63	890.23	1290.86	7.45
2011	2825.33	3067.46	2134.02	2199.42	-21.68	1298.59	1316.18	828.83	866.65	-32.86
2012	2212.00	2478.38	1949.46	2269.13	3.17	871.93	1020.29	724.97	881.17	1.68
2013	2289.51	2444.80	1849.65	2115.98	-6.75	887.36	1106.27	815.89	1057.67	20.03
2014	2112.13	3239.36	1974.38	3234.68	52.87	1055.88	1504.48	1004.93	1415.19	33.80
2015	3258.63	5178.19	2850.71	3539.18	9.41	1419.44	3156.96	1408.99	2308.91	63.15
2016	3536.59	3538.69	2638.30	3103.64	-12.31	2304.48	2304.49	1618.12	1969.11	-14.72
2017	3105.31	3450.49	3016.53	3307.17	6.56	1972.55	2054.02	1753.53	1899.34	-3.54
2018	3314.03	3587.03	2449.20	2493.90	-24.59	1903.49	1966.15	1212.23	1267.87	-33.25
2019	2497.88	3288.45	2440.91	3050.12	22.30	1270.50	1799.10	1231.83	1722.95	35.89
2020	3066.34	3474.92	2646.80	3473.07	13.87	1734.63	2340.89	1552.96	2329.37	35.20
2021	3474.68	3731.69	3312.72	3639.78	4.80	2335.16	2571.27	2130.09	2530.14	8.62
2022	3649.15	3651.89	2863.65	3089.26	-15.13	2541.46	2542.99	1724.92	1975.61	-21.92
2023	3087.51	3418.95	2882.02	2974.93	-3.70	1974.66	2200.22	1760.70	1837.85	-6.97

注：指数最高、最低点为盘中最高最低点。
数据来源：上海证券交易所、深圳证券交易所、北京证券交易所、全国中小企业股份转让系统
Source：SSE、SZSE、BSE、NEEQ

1-2 续表 1 continued

年份 Year	沪深300指数 CSI 300 Index					上证50指数 SSE 50 Index				
	开盘 Opening Price	最高 Highest	最低 Lowest	收盘 Closing Price	涨跌幅(%) Change Rate (%)	开盘 Opening Price	最高 Highest	最低 Lowest	收盘 Closing Price	涨跌幅(%) Change Rate (%)
1992	--	--	--	--	--	--	--	--	--	--
1993	--	--	--	--	--	--	--	--	--	--
1994	--	--	--	--	--	--	--	--	--	--
1995	--	--	--	--	--	--	--	--	--	--
1996	--	--	--	--	--	--	--	--	--	--
1997	--	--	--	--	--	--	--	--	--	--
1998	--	--	--	--	--	--	--	--	--	--
1999	--	--	--	--	--	--	--	--	--	--
2000	--	--	--	--	--	--	--	--	--	--
2001	--	--	--	--	--	--	--	--	--	--
2002	--	--	--	--	--	--	--	--	--	--
2003	--	--	--	--	--	--	--	--	--	--
2004	--	--	--	--	--	997.00	1141.99	833.09	842.73	-15.47
2005	984.66	1008.73	807.78	923.45	-7.65	836.99	889.98	693.53	796.40	-5.50
2006	926.56	2052.86	926.41	2041.05	121.02	801.41	1819.04	800.21	1805.31	126.69
2007	2073.25	5891.72	2030.76	5338.28	161.55	1842.63	4772.93	1791.64	4226.76	134.13
2008	5349.76	5756.92	1606.73	1817.72	-65.95	4230.81	4524.29	1269.29	1384.91	-67.24
2009	1848.33	3803.06	1837.84	3575.68	96.71	1411.08	2849.41	1402.05	2553.80	84.40
2010	3592.47	3597.75	2462.20	3128.26	-12.51	2565.11	2584.53	1771.49	1977.37	-22.57
2011	3155.56	3380.53	2267.11	2345.74	-25.01	1994.36	2214.84	1571.51	1617.61	-18.19
2012	2361.5	2717.83	2102.14	2522.95	7.55	1628.17	1877.43	1528.28	1857.68	14.84
2013	2551.81	2791.30	2023.17	2330.03	-7.65	1885.96	2088.45	1422.98	1574.78	-15.23
2014	2323.43	3542.34	2077.76	3533.71	51.66	1570.05	2590.09	1402.18	2581.57	63.93
2015	3566.09	5380.43	2952.01	3731.01	5.58	2612.85	3494.82	1874.22	2420.80	-6.23
2016	3725.86	3726.25	2821.22	3310.08	-11.28	2417.03	2455.43	1891.10	2286.90	-5.53
2017	3313.953	4260.64	3264.21	4030.85	21.78	2285.27	3038.28	2282.24	2860.44	25.08
2018	4045.21	4403.34	2964.88	3010.65	-25.31	2867.53	3202.47	2256.47	2293.10	-19.83
2019	3017.07	4126.09	2935.83	4096.58	36.07	2298.18	3065.93	2249.37	3063.22	33.58
2020	4121.349	5215.62	3503.19	5211.29	27.21	3073.93	3646.75	2517.30	3640.64	18.85
2021	5212.93	5930.91	4663.90	4940.37	-5.20	3632.69	4110.18	3044.88	3274.32	-10.06
2022	4957.98	4961.45	3495.95	3871.63	-21.63	3277.67	3289.16	2288.01	2635.25	-19.52
2023	3864.836	4268.15	3283.99	3431.11	-11.38	2628.67	2895.35	2227.97	2326.17	-11.73

1-2 续表 2 continued

年份 Year	深证成份指数 SZSE Component Index					科创板50指数 STAR Market 50 Index				
	开盘 Opening Price	最高 Highest	最低 Lowest	收盘 Closing Price	涨跌幅(%) Change Rate (%)	开盘 Opening Price	最高 Highest	最低 Lowest	收盘 Closing Price	涨跌幅(%) Change Rate (%)
1992	966.22	2918.09	917.37	2309.77	139.71	--	--	--	--	--
1993	2424.00	3422.22	1688.18	2225.38	-3.65	--	--	--	--	--
1994	2221.95	2271.39	944.02	1271.05	-42.88	--	--	--	--	--
1995	1257.65	1473.29	980.25	987.75	-22.29	--	--	--	--	--
1996	987.07	4522.39	924.33	3217.54	225.74	--	--	--	--	--
1997	3195.52	6103.62	2985.40	4184.84	30.06	--	--	--	--	--
1998	4199.51	4336.32	2902.44	2949.32	-29.52	--	--	--	--	--
1999	2945.24	4896.04	2521.08	3369.61	14.25	--	--	--	--	--
2000	3374.11	5062.29	3360.21	4752.75	41.05	--	--	--	--	--
2001	4756.18	5091.46	3124.57	3325.66	-30.03	--	--	--	--	--
2002	3319.21	3586.06	2661.91	2759.30	-17.03	--	--	--	--	--
2003	2743.21	3557.89	2673.25	3479.80	26.11	--	--	--	--	--
2004	3473.35	4187.23	2996.08	3067.57	-11.85	--	--	--	--	--
2005	3051.24	3481.44	2590.53	2863.61	-6.65	--	--	--	--	--
2006	2873.54	6687.28	2873.54	6647.14	132.12	--	--	--	--	--
2007	6730.12	19600.03	6585.06	17700.62	166.29	--	--	--	--	--
2008	17731.84	19219.89	5577.23	6485.51	-63.36	--	--	--	--	--
2009	6557.42	14096.87	6514.49	13699.97	111.24	--	--	--	--	--
2010	13766.10	13936.88	8945.20	12458.55	-9.06	--	--	--	--	--
2011	12578.45	13233.02	8555.12	8918.82	-28.41	--	--	--	--	--
2012	8980.76	10616.28	7660.45	9116.48	2.22	--	--	--	--	--
2013	9204.11	10057.97	7045.60	8121.79	-10.91	--	--	--	--	--
2014	8083.77	11050.85	6959.25	11014.62	35.62	--	--	--	--	--
2015	11150.98	18211.76	9259.65	12664.89	14.98	--	--	--	--	--
2016	12650.72	12659.41	8986.52	10177.14	-19.64	--	--	--	--	--
2017	10205.14	11714.98	9482.84	11040.45	8.48	--	--	--	--	--
2018	11079.64	11633.46	7084.44	7239.79	-34.42	--	--	--	--	--
2019	7259.49	10541.19	7011.33	10430.77	44.08	--	--	--	--	--
2020	10509.12	14476.55	9578.87	14470.68	38.73	1005.62	1726.19	1005.62	1393.03	39.30
2021	14516.12	16293.09	13252.24	14857.35	2.67	1398.96	1639.19	1212.34	1398.19	0.37
2022	14935.23	14941.19	10087.53	11015.99	-25.85	1403.39	1405.51	853.21	959.90	-31.35
2023	11003.05	12246.01	9106.15	9524.69	-13.54	960.51	1171.30	822.44	852.00	-11.24

1-2 续表 3 continued

年份 Year	北证50指数 BSE50 Index					上证国债指数 SSE T-Bond Index				
	开盘 Opening Price	最高 Highest	最低 Lowest	收盘 Closing Price	涨跌幅(%) Change Rate (%)	开盘 Opening Price	最高 Highest	最低 Lowest	收盘 Closing Price	涨跌幅(%) Change Rate (%)
1992	--	--	--	--	--	--	--	--	--	--
1993	--	--	--	--	--	--	--	--	--	--
1994	--	--	--	--	--	--	--	--	--	--
1995	--	--	--	--	--	--	--	--	--	--
1996	--	--	--	--	--	--	--	--	--	--
1997	--	--	--	--	--	--	--	--	--	--
1998	--	--	--	--	--	--	--	--	--	--
1999	--	--	--	--	--	--	--	--	--	--
2000	--	--	--	--	--	--	--	--	--	--
2001	--	--	--	--	--	--	--	--	--	--
2002	--	--	--	--	--	--	--	--	--	--
2003	--	--	--	--	--	100.67	102.08	96.86	99.40	-1.27
2004	--	--	--	--	--	99.39	99.42	91.10	95.61	-3.81
2005	--	--	--	--	--	95.64	109.73	95.61	109.06	14.06
2006	--	--	--	--	--	109.11	111.63	109.07	111.39	2.14
2007	--	--	--	--	--	111.45	111.96	109.33	110.87	-0.46
2008	--	--	--	--	--	110.92	121.53	110.73	121.30	9.40
2009	--	--	--	--	--	121.35	122.99	119.62	122.35	0.87
2010	--	--	--	--	--	122.39	127.10	122.13	126.28	3.21
2011	--	--	--	--	--	126.32	131.39	126.31	131.39	4.05
2012	--	--	--	--	--	131.45	135.82	131.44	135.79	3.35
2013	--	--	--	--	--	135.84	139.91	135.84	139.52	2.75
2014	--	--	--	--	--	139.54	145.78	139.42	145.68	4.42
2015	--	--	--	--	--	145.75	154.67	145.75	154.54	6.09
2016	--	--	--	--	--	154.61	160.86	154.58	159.79	3.39
2017	--	--	--	--	--	159.85	161.07	159.59	160.85	0.67
2018	--	--	--	--	--	160.91	169.88	160.89	169.88	5.61
2019	--	--	--	--	--	169.97	177.28	169.96	177.27	4.35
2020	--	--	--	--	--	177.31	183.79	177.26	183.78	3.67
2021	--	--	--	--	--	183.84	191.63	183.79	191.57	4.24
2022	1000.00	1197.84	919.26	942.09	-5.79	191.63	198.67	191.59	198.51	3.62
2023	942.61	1114.26	702.55	1082.68	14.92	198.58	206.04	198.48	206.03	3.79

1-2 续表 4 continued

年份 Year	上证企业债指数 SSE Corporate Bond Index					中证综合债指数 CSI Universal Bond Index				
	开盘 Opening Price	最高 Highest	最低 Lowest	收盘 Closing Price	涨跌幅(%) Change Rate (%)	开盘 Opening Price	最高 Highest	最低 Lowest	收盘 Closing Price	涨跌幅(%) Change Rate (%)
1992	--	--	--	--	--	--	--	--	--	--
1993	--	--	--	--	--	--	--	--	--	--
1994	--	--	--	--	--	--	--	--	--	--
1995	--	--	--	--	--	--	--	--	--	--
1996	--	--	--	--	--	--	--	--	--	--
1997	--	--	--	--	--	--	--	--	--	--
1998	--	--	--	--	--	--	--	--	--	--
1999	--	--	--	--	--	--	--	--	--	--
2000	--	--	--	--	--	--	--	--	--	--
2001	--	--	--	--	--	--	--	--	--	--
2002	--	--	--	--	--	--	--	--	--	--
2003	104.38	105.45	98.67	99.93	-4.27	99.91	102.66	99.87	101.34	1.34
2004	99.99	100.04	86.72	95.84	-4.09	100.95	101.34	97.75	100.38	-0.94
2005	95.84	118.98	90.90	118.92	24.08	100.43	108.90	100.43	108.68	8.26
2006	118.91	122.19	115.35	119.84	0.77	108.64	111.36	108.64	111.24	2.36
2007	119.84	121.65	112.68	113.27	-5.49	111.28	111.28	111.28	111.24	0.00
2008	113.27	132.80	112.25	132.64	17.11	111.22	124.65	111.22	124.50	11.92
2009	132.69	134.70	130.91	133.55	0.68	123.68	124.06	123.68	124.02	-0.39
2010	133.61	144.01	133.61	143.45	7.42	124.06	129.22	123.92	127.09	2.48
2011	143.52	148.51	143.24	148.48	3.50	127.23	134.14	126.60	134.14	5.54
2012	148.56	159.65	148.22	159.60	7.49	134.19	138.95	134.16	138.95	3.59
2013	159.70	167.41	159.63	166.56	4.36	138.92	142.58	137.71	138.36	-0.42
2014	166.61	181.54	166.05	181.10	8.73	138.33	152.34	138.18	151.84	9.74
2015	181.25	197.18	181.24	197.12	8.84	151.83	163.98	151.83	163.91	7.95
2016	197.24	209.43	197.23	209.03	6.04	163.85	170.75	163.70	167.39	2.12
2017	209.14	213.54	209.07	213.49	2.13	167.42	168.81	165.55	167.86	0.28
2018	213.61	225.78	213.61	225.75	5.74	168.00	181.49	167.99	181.49	8.12
2019	225.90	238.76	225.90	238.72	5.74	181.90	189.96	181.90	189.96	4.67
2020	238.78	249.46	238.78	249.44	4.49	189.97	197.62	189.96	195.59	2.97
2021	249.56	259.56	249.54	259.55	4.05	195.54	205.82	195.54	205.82	5.23
2022	259.67	269.15	259.66	269.15	3.70	205.90	213.86	205.90	212.65	3.32
2023	269.27	279.88	269.27	279.82	3.96	212.81	222.89	212.76	222.89	4.81

1-2 续表 5 continued

年份 Year	三板成指 NEEQ Component Index					三板做市 NEEQ Market Making Component Index				
	开盘 Opening Price	最高 Highest	最低 Lowest	收盘 Closing Price	涨跌幅(%) Change Rate (%)	开盘 Opening Price	最高 Highest	最低 Lowest	收盘 Closing Price	涨跌幅(%) Change Rate (%)
1992	--	--	--	--	--	--	--	--	--	--
1993	--	--	--	--	--	--	--	--	--	--
1994	--	--	--	--	--	--	--	--	--	--
1995	--	--	--	--	--	--	--	--	--	--
1996	--	--	--	--	--	--	--	--	--	--
1997	--	--	--	--	--	--	--	--	--	--
1998	--	--	--	--	--	--	--	--	--	--
1999	--	--	--	--	--	--	--	--	--	--
2000	--	--	--	--	--	--	--	--	--	--
2001	--	--	--	--	--	--	--	--	--	--
2002	--	--	--	--	--	--	--	--	--	--
2003	--	--	--	--	--	--	--	--	--	--
2004	--	--	--	--	--	--	--	--	--	--
2005	--	--	--	--	--	--	--	--	--	--
2006	--	--	--	--	--	--	--	--	--	--
2007	--	--	--	--	--	--	--	--	--	--
2008	--	--	--	--	--	--	--	--	--	--
2009	--	--	--	--	--	--	--	--	--	--
2010	--	--	--	--	--	--	--	--	--	--
2011	--	--	--	--	--	--	--	--	--	--
2012	--	--	--	--	--	--	--	--	--	--
2013	--	--	--	--	--	--	--	--	--	--
2014	--	--	--	--	--	--	--	--	--	--
2015	1019.30	2134.31	1019.30	1484.50	45.64	998.38	2673.17	991.47	1438.00	43.80
2016	1448.29	1448.29	1139.99	1243.61	-16.23	1438.00	1442.45	1073.47	1112.11	-22.66
2017	1237.74	1317.45	1184.61	1275.32	2.55	1112.11	1162.54	983.01	993.65	-10.65
2018	1270.17	1282.71	953.81	954.80	-25.13	993.65	993.65	713.01	718.94	-27.65
2019	955.97	968.73	897.37	928.78	-2.73	718.94	914.75	706.67	914.75	27.24
2020	935.08	1044.93	935.08	1010.77	8.83	914.67	1217.34	914.67	1073.18	17.32
2021	1010.82	1173.99	978.78	1138.22	12.61	1073.18	1596.30	1064.67	1455.68	35.64
2022	1138.22	1142.68	951.70	959.97	-15.66	1455.68	1467.66	1153.34	1222.31	-16.03
2023	959.97	967.36	874.10	912.41	-4.95	1222.31	1284.11	1130.56	1197.72	-2.01

1-2 续表 6 continued

年份 Year	中证商品期货指数 CCI Commodity Futures Index					中国国债期货收益指数2年期 CGB Futures Return Index 2-year				
	开盘 Opening Price	最高 Highest	最低 Lowest	收盘 Closing Price	涨跌幅(%) Change Rate (%)	开盘 Opening Price	最高 Highest	最低 Lowest	收盘 Closing Price	涨跌幅(%) Change Rate (%)
1992	--	--	--	--	--	--	--	--	--	--
1993	--	--	--	--	--	--	--	--	--	--
1994	--	--	--	--	--	--	--	--	--	--
1995	--	--	--	--	--	--	--	--	--	--
1996	--	--	--	--	--	--	--	--	--	--
1997	--	--	--	--	--	--	--	--	--	--
1998	--	--	--	--	--	--	--	--	--	--
1999	--	--	--	--	--	--	--	--	--	--
2000	--	--	--	--	--	--	--	--	--	--
2001	--	--	--	--	--	--	--	--	--	--
2002	--	--	--	--	--	--	--	--	--	--
2003	--	--	--	--	--	--	--	--	--	--
2004	--	--	--	--	--	--	--	--	--	--
2005	--	--	--	--	--	--	--	--	--	--
2006	--	--	--	--	--	--	--	--	--	--
2007	--	--	--	--	--	--	--	--	--	--
2008	--	--	--	--	--	--	--	--	--	--
2009	--	--	--	--	--	--	--	--	--	--
2010	--	--	--	--	--	--	--	--	--	--
2011	--	--	--	--	--	--	--	--	--	--
2012	--	--	--	--	--	--	--	--	--	--
2013	--	--	--	--	--	--	--	--	--	--
2014	--	--	--	--	--	--	--	--	--	--
2015	--	--	--	--	--	--	--	--	--	--
2016	--	--	--	--	--	--	--	--	--	--
2017	--	--	--	--	--	--	--	--	--	--
2018	--	--	--	--	--	--	--	--	--	--
2019	--	--	--	--	--	--	--	--	--	--
2020	--	--	--	--	--	--	--	--	--	--
2021	--	--	--	--	--	--	--	--	--	--
2022	--	--	--	--	--	--	--	--	--	--
2023	1812.00	1960.90	1632.54	1912.64	6.30	104.87	105.86	104.69	105.53	0.64

1-2 续表 7 continued

年份 Year	中国国债期货收益指数5年期 CGB Futures Return Index 5-year					中国国债期货收益指数10年期 CGB Futures Return Index 10-year				
	开盘 Opening Price	最高 Highest	最低 Lowest	收盘 Closing Price	涨跌幅(%) Change Rate (%)	开盘 Opening Price	最高 Highest	最低 Lowest	收盘 Closing Price	涨跌幅(%) Change Rate (%)
1992	--	--	--	--	--	--	--	--	--	--
1993	--	--	--	--	--	--	--	--	--	--
1994	--	--	--	--	--	--	--	--	--	--
1995	--	--	--	--	--	--	--	--	--	--
1996	--	--	--	--	--	--	--	--	--	--
1997	--	--	--	--	--	--	--	--	--	--
1998	--	--	--	--	--	--	--	--	--	--
1999	--	--	--	--	--	--	--	--	--	--
2000	--	--	--	--	--	--	--	--	--	--
2001	--	--	--	--	--	--	--	--	--	--
2002	--	--	--	--	--	--	--	--	--	--
2003	--	--	--	--	--	--	--	--	--	--
2004	--	--	--	--	--	--	--	--	--	--
2005	--	--	--	--	--	--	--	--	--	--
2006	--	--	--	--	--	--	--	--	--	--
2007	--	--	--	--	--	--	--	--	--	--
2008	--	--	--	--	--	--	--	--	--	--
2009	--	--	--	--	--	--	--	--	--	--
2010	--	--	--	--	--	--	--	--	--	--
2011	--	--	--	--	--	--	--	--	--	--
2012	--	--	--	--	--	--	--	--	--	--
2013	--	--	--	--	--	--	--	--	--	--
2014	--	--	--	--	--	--	--	--	--	--
2015	--	--	--	--	--	--	--	--	--	--
2016	--	--	--	--	--	--	--	--	--	--
2017	--	--	--	--	--	--	--	--	--	--
2018	--	--	--	--	--	--	--	--	--	--
2019	--	--	--	--	--	--	--	--	--	--
2020	--	--	--	--	--	--	--	--	--	--
2021	--	--	--	--	--	--	--	--	--	--
2022	--	--	--	--	--	--	--	--	--	--
2023	110.08	112.96	109.62	112.74	2.46	117.67	123.01	116.91	122.74	0.04

1-3 境内外证券市场筹资情况
Proceeds Raised in Domestic and Foreign Capital Markets

年份 Year	境内股票筹资 Proceeds Raised in Domestic Capital Market by Offering of Shares			
	沪深交易所 SSE and SZSE			
	首发发行量(亿股) Number of Initial Public Offerings (100 million shares)	筹资金额(亿元) Proceeds Raised through Offering Shares(100 million yuan)		
		合计 Total	首发筹资金额 Proceeds Raised by IPO	再筹资 Proceeds Raised by Subsequent Offerings of Shares
1992	10.65	68.91	68.91	0.00
1993	51.07	245.02	184.83	60.19
1994	48.64	213.63	154.44	59.19
1995	18.01	99.78	42.37	57.41
1996	66.54	308.04	241.32	66.71
1997	129.64	859.98	651.56	208.42
1998	81.37	787.44	412.22	375.22
1999	86.87	873.63	494.71	378.93
2000	122.17	1515.82	862.56	653.26
2001	84.57	1238.14	614.03	624.11
2002	117.34	720.05	498.75	221.29
2003	89.34	665.51	472.42	193.08
2004	56.13	650.53	361.05	289.47
2005	13.92	339.03	57.63	281.40
2006	377.89	2374.50	1341.70	1032.80
2007	430.63	7814.74	4770.83	3043.91
2008	114.96	3312.39	1034.38	2278.01
2009	244.47	4834.34	1878.98	2955.36
2010	553.95	9799.80	4882.59	4917.21
2011	163.99	7154.43	2824.43	4330.00
2012	78.86	4542.40	1034.32	3508.08
2013	0.00	4131.46	0.00	4131.46
2014	70.10	8498.26	668.89	7829.38
2015	151.52	16361.62	1576.39	14785.23
2016	137.47	20297.39	1496.07	18801.32
2017	224.20	15534.98	2301.08	13233.90
2018	129.20	11377.88	1378.15	9999.73
2019	297.57	12538.82	2489.81	10049.01
2020	300.83	14221.61	4742.30	9479.31
2021	484.61	15400.13	5351.45	10048.67
2022	230.59	14175.45	5704.09	8471.38
2023	172.96	9902.04	3418.06	6483.98

注：1.股票筹资包括首发筹资和再筹资，均按股份上市日统计；再筹资包含公开增发、定向增发(含股权激励)、配股、权证和优先股，不含可转债转股，其中权证为2008年之后开展的业务，优先股为2014年之后开展的业务。
2.北交所公开发行指在北交所上市发行。
3.境外股票筹资指在港交所上市的H股股票、伦交所发行的GDR筹资，不含可转债。
4.全国股转系统股票筹资金额中不含优先股。

数据来源：中国证券监督管理委员会、上海证券交易所、深圳证券交易所、北京证券交易所、全国中小企业股份转让系统、中央国债登记结算有限责任公司、上海清算所

Source:CSRC、SSE、SZSE、BSE、NEEQ、CCDC、SHCH

1-3 续表 1 continued

年份 Year	境内股票筹资 Proceeds Raised in Domestic Capital Market by Offering of Shares 北交所 BSE			
	公开发行量(亿股) Number of Public Offerings (100 million shares)	筹资金额(亿元) Proceeds Raised through Offering Shares(100 million yuan) 合计 Total	公开发行筹资金额 Proceeds Raised by Public Offerings of Shares	再筹资 Proceeds Raised by Subsequent Offerings of Shares
1992	--	--	--	--
1993	--	--	--	--
1994	--	--	--	--
1995	--	--	--	--
1996	--	--	--	--
1997	--	--	--	--
1998	--	--	--	--
1999	--	--	--	--
2000	--	--	--	--
2001	--	--	--	--
2002	--	--	--	--
2003	--	--	--	--
2004	--	--	--	--
2005	--	--	--	--
2006	--	--	--	--
2007	--	--	--	--
2008	--	--	--	--
2009	--	--	--	--
2010	--	--	--	--
2011	--	--	--	--
2012	--	--	--	--
2013	--	--	--	--
2014	--	--	--	--
2015	--	--	--	--
2016	--	--	--	--
2017	--	--	--	--
2018	--	--	--	--
2019	--	--	--	--
2020	--	--	--	--
2021	2.29	21.32	21.32	0.00
2022	17.48	166.99	163.84	3.15
2023	16.13	154.32	146.28	8.04

1-3 续表 2 continued

年份 Year	境内股票筹资 Proceeds Raised in Domestic Capital Market by Offering of Shares			
	全国股转系统 NEEQ		区域性股权市场 Regional Equity Market	
	发行量 (亿股) Number of Shares (100 million shares)	筹资金额 (亿元) Proceeds Raised through Offering Shares (100 million yuan)	发行量 (亿股) Number of Shares (100 million shares)	筹资金额 (亿元) Proceeds Raised through Offering Shares (100 million yuan)
1992	--	--	--	--
1993	--	--	--	--
1994	--	--	--	--
1995	--	--	--	--
1996	--	--	--	--
1997	--	--	--	--
1998	--	--	--	--
1999	--	--	--	--
2000	--	--	--	--
2001	--	--	--	--
2002	--	--	--	--
2003	--	--	--	--
2004	--	--	--	--
2005	--	--	--	--
2006	--	--	--	--
2007	--	--	--	--
2008	--	--	--	--
2009	--	--	--	--
2010	--	--	--	--
2011	--	--	--	--
2012	1.93	8.59	--	--
2013	2.92	10.02	--	--
2014	26.52	132.09	--	--
2015	230.79	1216.17	--	--
2016	294.61	1390.89	--	--
2017	239.26	1336.25	--	--
2018	123.83	604.43	--	--
2019	73.73	264.63	--	2312.53
2020	74.54	338.50	--	2883.64
2021	52.69	259.67	--	2448.13
2022	67.37	231.66	--	745.72
2023	48.58	180.19	--	1120.49

1-3 续表 3 continued

年份 Year	境内债券筹资 Proceeds Raised in Domestic Capital Market by Bond					
	全市场 Whole Market		银行间 Interbank Market		交易所 Stock Exchange	
	发行额（亿元） Value of Bonds Issued (100 million yuan)	兑付金额（亿元） Amount of Payments (100 million yuan)	发行额（亿元） Value of Bonds Issued (100 million yuan)	兑付金额（亿元） Amount of Payments (100 million yuan)	发行额（亿元） Value of Bonds Issued (100 million yuan)	兑付金额（亿元） Amount of Payments (100 million yuan)
1992	--	--	--	--	--	--
1993	--	--	--	--	--	--
1994	--	--	--	--	--	--
1995	--	--	--	--	--	--
1996	--	--	--	--	--	--
1997	2084.62	--	2084.62	--	--	--
1998	6203.73	--	6203.73	--	--	--
1999	4369.50	410.16	4369.50	410.16	--	--
2000	4414.50	1629.16	4414.50	1629.16	--	--
2001	5848.53	1859.97	5848.53	1859.97	--	--
2002	9943.90	2841.35	9943.90	2841.35	--	--
2003	17647.17	7886.44	17647.17	7886.44	--	--
2004	27295.66	12548.65	27295.66	12548.65	--	--
2005	42182.07	22531.33	42182.07	22531.33	--	--
2006	57096.11	38597.83	57096.11	38597.83	--	--
2007	80163.36	49931.98	79756.08	49931.98	407.28	--
2008	71732.16	48265.29	70734.11	48265.29	998.05	--
2009	87286.22	67282.32	86474.71	67282.32	811.51	--
2010	96408.63	73205.88	95088.33	73205.88	1320.30	--
2011	77275.52	64819.78	75501.82	64709.81	1773.70	109.97
2012	80261.89	47625.00	77474.98	47269.27	2786.91	355.73
2013	89127.69	63093.04	85248.00	62332.88	3879.69	760.16
2014	119380.02	72904.38	115112.62	71358.08	4267.40	1546.30
2015	234604.73	117608.31	210936.25	114140.25	23668.48	3468.07
2016	361548.66	204425.19	324880.30	199138.51	36668.36	5286.68
2017	408256.35	296374.85	369109.44	290020.83	39146.91	8369.81
2018	435968.07	310776.99	379090.36	302485.47	56877.70	13308.52
2019	448538.22	326387.66	376551.50	306774.83	71986.71	19612.84
2020	565951.32	385305.72	481173.97	362331.05	84777.35	22974.66
2021	614808.08	440886.34	528254.95	404978.39	86553.13	35907.96
2022	614781.20	490973.29	550287.43	450320.15	66493.77	40653.13
2023	709361.69	554485.42	574100.87	515715.04	135260.82	38770.39

1-3 续表 4 continued

年份 Year	境外股票筹资 Proceeds Raised in Foreign Capital Market by Offering of Shares			
	发行量 (亿股) Number of Shares (100 million shares)	筹资金额(亿元) Proceeds Raised through Offering Shares (100 million yuan)		
		合计 Total	首发筹资金额 Proceeds Raised by IPO	再筹资 Proceeds Raised by Subsequent Offerings of Shares
1992	--	--	--	--
1993	40.41	60.84	60.84	0.00
1994	69.89	188.75	188.75	0.00
1995	15.38	31.53	21.13	10.40
1996	31.77	100.57	72.94	27.63
1997	136.88	387.91	348.66	39.25
1998	12.86	37.83	22.10	15.73
1999	23.05	47.11	47.11	0.00
2000	359.26	562.08	562.08	0.00
2001	48.48	73.00	67.70	5.30
2002	157.54	192.28	191.12	1.16
2003	196.79	537.32	506.53	30.79
2004	171.51	647.72	433.44	214.28
2005	553.25	1666.25	1421.24	245.01
2006	936.66	3072.57	2925.30	147.27
2007	223.97	927.46	701.31	226.15
2008	65.38	311.38	259.92	51.46
2009	155.58	1067.66	999.51	68.15
2010	367.04	2343.11	1061.09	1282.02
2011	108.37	732.41	431.23	301.18
2012	220.95	997.83	515.54	482.29
2013	259.92	1060.24	691.57	368.67
2014	288.40	2253.40	914.51	1338.89
2015	444.15	7090.12	2053.15	5036.97
2016	--	1271.48	1091.46	180.02
2017	178.18	1829.19	487.26	1341.93
2018	652.67	1387.61	938.45	449.16
2019	119.82	781.65	449.40	332.24
2020	116.04	1443.04	774.12	668.92
2021	52.72	1035.33	332.55	702.78
2022	35.04	1096.39	689.84	406.55
2023	53.74	354.18	156.87	197.31

1-4 证券期货市场投资者情况
Investor Accounts of Securities and Futures Market

年份 Year	股票 Stock					
	沪深交易所 SSE and SZSE					
	期末投资者个数(万个) Number of Investors at the End of the Year (10 thousand units)			新增投资者个数(万个) Number of New Investors (10 thousand units)		
	个人 Individual	机构 Institution	合计 Total	个人 Individual	机构 Institution	合计 Total
2003	--	--	--	--	--	--
2004	--	--	--	--	--	--
2005	--	--	--	--	--	--
2006	--	--	--	--	--	--
2007	--	--	--	--	--	--
2008	--	--	--	--	--	--
2009	--	--	--	--	--	--
2010	--	--	--	--	--	--
2011	--	--	--	--	--	--
2012	--	--	--	--	--	--
2013	--	--	--	--	--	--
2014	7270.95	23.42	7294.36	--	--	--
2015	9882.15	28.38	9910.54	2611.20	4.96	2616.18
2016	11778.42	32.62	11811.04	1896.27	4.24	1900.50
2017	13362.21	36.08	13398.30	1583.79	3.46	1587.26
2018	14615.11	35.33	14650.44	--	--	1252.14
2019	15937.22	38.02	15975.24	1322.11	2.69	1324.80
2020	17735.77	41.72	17777.49	1798.55	3.70	1802.25
2021	19693.91	46.94	19740.85	1958.14	5.22	1963.36
2022	21162.74	50.88	21213.62	1468.83	3.94	1472.77
2023	22351.33	54.72	22406.06	1188.59	3.84	1192.44

注：1.期末投资者数量指持有未注销、未休眠的A股、B股账户的一码通账户数量。
2.新增投资者数量=本期期末投资者数量-上期期末投资者数量。
3.2018年底，按照《关于加强私募投资基金等产品账户管理有关事项的通知》要求，部分历史遗留已到期账户集中完成了注销。
4.期货账户数和投资者数2012年之前为总账户数和总投资者数，2012年之后为有效账户数和有效投资者数。
5.豁免投资者是指在企业来区域性股权市场挂牌前已经持有该企业股票或股权的投资者。该类投资者只能卖出所持公司股份或股权，如要参与其他其他公司股份买卖或其他产品买卖，须通过合格投资者适当性认可。

数据来源：中国证券监督管理委员会、中国证券登记结算公司、中国期货市场监控中心、全国中小企业股份转让系统
Source:CSRC、CSDC、CFMMC、NEEQ

1-4 续表 1 continued

年份 Year	股票 Stock					
	北交所 BSE					
	期末投资者个数(万个) Number of Investors at the End of the Year (10 thousand units)			新增投资者个数(万个) Number of New Investors (10 thousand units)		
	个人 Individual	机构 Institution	合计 Total	个人 Individual	机构 Institution	合计 Total
2003	--	--	--	--	--	--
2004	--	--	--	--	--	--
2005	--	--	--	--	--	--
2006	--	--	--	--	--	--
2007	--	--	--	--	--	--
2008	--	--	--	--	--	--
2009	--	--	--	--	--	--
2010	--	--	--	--	--	--
2011	--	--	--	--	--	--
2012	--	--	--	--	--	--
2013	--	--	--	--	--	--
2014	--	--	--	--	--	--
2015	--	--	--	--	--	--
2016	--	--	--	--	--	--
2017	--	--	--	--	--	--
2018	--	--	--	--	--	--
2019	--	--	--	--	--	--
2020	--	--	--	--	--	--
2021	455.41	7.45	462.86	455.41	7.44	462.85
2022	500.28	9.38	509.66	44.88	1.93	46.81
2023	637.59	11.70	649.29	137.30	2.32	139.63

1-4 续表 2 continued

年份 Year	股票 Stock					
	全国股转系统 NEEQ					
	期末投资者个数(万个) Number of Investors at the End of the Year (10 thousand units)			新增投资者个数(万个) Number of New Investors (10 thousand units)		
	个人 Individual	机构 Institution	合计 Total	个人 Individual	机构 Institution	合计 Total
2003	--	--	--	--	--	--
2004	--	--	--	--	--	--
2005	--	--	--	--	--	--
2006	--	--	--	--	--	--
2007	--	--	--	--	--	--
2008	--	--	--	--	--	--
2009	--	--	--	--	--	--
2010	--	--	--	--	--	--
2011	--	--	--	--	--	--
2012	0.43	0.09	0.53	--	--	--
2013	0.74	0.11	0.85	0.31	0.02	0.33
2014	4.40	0.47	4.87	3.65	0.36	4.02
2015	19.86	2.27	22.13	15.46	1.80	17.26
2016	29.57	3.85	33.42	9.71	1.58	11.29
2017	35.74	5.12	40.86	6.17	1.27	7.44
2018	37.75	5.63	43.38	2.01	0.51	2.52
2019	38.73	5.89	44.62	0.98	0.26	1.24
2020	156.64	5.38	162.03	137.84	1.27	139.11
2021	185.23	5.94	191.18	28.59	0.56	29.15
2022	189.25	6.75	196.00	4.02	0.81	4.82
2023	194.34	7.83	202.18	5.10	1.08	6.18

1-4 续表 3 continued

年份 Year	股票 Stock				基金 Fund
	区域性股权市场 Regional Equity Market				
	期末投资者数(万个) Number of Investors at the End of the Year (10 thousand units)				基金账户数(万户) Number of Fund Accounts (10 thousand units)
	个人 Individual	机构 Institution	豁免投资者 Exempt	合计 Total	
2003	--	--	--	--	--
2004	--	--	--	--	--
2005	--	--	--	--	--
2006	--	--	--	--	--
2007	--	--	--	--	--
2008	--	--	--	--	16846.00
2009	--	--	--	--	17480.00
2010	--	--	--	--	19672.00
2011	--	--	--	--	22987.00
2012	--	--	--	--	22948.00
2013	--	--	--	--	28773.46
2014	--	--	--	--	46409.34
2015	--	--	--	--	67917.87
2016	--	--	--	--	94303.67
2017	--	--	--	--	134903.95
2018	6.86	0.94	29.12	36.91	212638.47
2019	8.44	1.18	29.29	38.90	294432.51
2020	9.85	1.50	33.36	44.71	387155.04
2021	10.85	1.69	45.97	58.51	468333.13
2022	11.98	1.72	88.66	102.37	537041.65
2023	10.21	1.88	219.26	231.35	595575.00

1-4 续表 4 continued

年份 Year	期货 Futures			
	期货账户数(万户) Number of Futures Accounts (10 thousand units)	期货投资者数(万个) Number of Futures Investors (10 thousand units)		
		个人 Individual	单位 Institution	合计 Total
2003	--	--	--	--
2004	--	--	--	--
2005	--	--	--	--
2006	27.74	--	--	24.46
2007	44.77	--	--	39.55
2008	71.28	59.54	2.10	61.64
2009	110.61	88.76	2.86	91.63
2010	150.55	117.82	3.55	121.37
2011	179.34	137.06	4.08	141.14
2012	89.69	69.74	1.99	71.73
2013	97.72	75.17	2.07	77.24
2014	99.35	79.52	2.74	82.26
2015	126.88	104.62	2.90	107.52
2016	138.53	115.06	3.58	118.64
2017	151.14	123.81	3.91	127.72
2018	158.70	128.34	3.92	132.26
2019	183.21	147.15	4.57	151.73
2020	227.64	180.45	5.88	186.33
2021	257.90	198.01	7.25	205.26
2022	257.25	196.62	8.27	204.89
2023	277.72	211.29	9.33	220.62

1-5 证券期货市场参与主体情况
Participant of Securities and Futures Market

年份 Year	沪深交易所上市公司 SSE and SZSE Listed Company		北交所上市公司 BSE Listed Company	
	家数 (家) Number of Companies (unit)	总资产 (亿元) Total Assets (100 million yuan)	家数 (家) Number of Companies (unit)	总资产 (亿元) Total Assets (100 million yuan)
1993	183	1821.00	--	--
1994	291	3309.00	--	--
1995	323	4301.61	--	--
1996	530	6346.68	--	--
1997	745	9681.16	--	--
1998	851	12404.86	--	--
1999	949	16174.41	--	--
2000	1088	21676.39	--	--
2001	1160	30457.30	--	--
2002	1224	41539.86	--	--
2003	1287	53302.61	--	--
2004	1377	63277.29	--	--
2005	1381	72769.33	--	--
2006	1434	221069.33	--	--
2007	1550	414286.97	--	--
2008	1625	487007.21	--	--
2009	1718	617738.72	--	--
2010	2063	862290.24	--	--
2011	2342	1028873.51	--	--
2012	2494	1193598.71	--	--
2013	2489	1330017.51	--	--
2014	2613	1501082.96	--	--
2015	2827	1724649.05	--	--
2016	3052	2019170.62	--	--
2017	3485	2205062.02	--	--
2018	3584	2412856.04	--	--
2019	3777	2807826.22	--	--
2020	4154	3134275.88	--	--
2021	4615	3461538.93	82	983.56
2022	4917	3853355.07	162	1777.06
2023	5107	4015279.85	239	2592.59

注：证券公司、期货公司总资产包含客户资金。

数据来源：中国证券监督管理委员会、上海证券交易所、深圳证券交易所、中国期货业协会、北京证券交易所、全国中小企业股份转让系统、中国证券投资基金业协会

Source:CSRC、SSE、SZSE、BSE、CFA、NEEQ、AMAC

1-5 续表 1 continued

年份 Year	全国股转系统挂牌公司 NEEQ		区域性股权市场服务企业 Regional Equity Trading Platforms Market
	家数 (家) Number of Companies (unit)	总资产 (亿元) Total Assets (100 million yuan)	服务企业家数 (家) Number of Served Companies (unit)
1993	--	--	--
1994	--	--	--
1995	--	--	--
1996	--	--	--
1997	--	--	--
1998	--	--	--
1999	--	--	--
2000	--	--	--
2001	--	--	--
2002	--	--	--
2003	--	--	--
2004	--	--	--
2005	--	--	--
2006	--	--	--
2007	--	--	--
2008	--	--	--
2009	--	--	--
2010	--	--	--
2011	--	--	--
2012	200	239.65	--
2013	356	345.13	--
2014	1572	3232.85	--
2015	5129	11608.91	--
2016	10163	28266.63	--
2017	11630	30805.51	--
2018	10691	28220.69	--
2019	8953	26906.24	28831
2020	8187	22606.06	174263
2021	6932	21817.64	186823
2022	6580	23446.73	191911
2023	6241	22669.68	180807

1-5 续表 2 continued

年份 Year	证券公司 Securities Company		基金管理公司 Fund Management Company	
	家数 (家) Number of Companies (unit)	总资产 (亿元) Total Assets (100 million yuan)	家数 (家) Number of Companies (unit)	总资产 (亿元) Total Assets (100 million yuan)
1993	--	--	--	--
1994	91	--	--	--
1995	97	--	--	--
1996	94	--	--	--
1997	90	--	--	--
1998	90	--	6	--
1999	90	--	10	--
2000	100	--	10	--
2001	109	--	15	--
2002	127	--	21	--
2003	133	--	33	79.98
2004	133	--	44	79.95
2005	116	--	52	81.16
2006	104	--	57	128.66
2007	106	17313.39	58	366.53
2008	107	11912.23	60	365.96
2009	106	20286.91	60	442.29
2010	106	19686.13	63	486.72
2011	109	15722.53	69	493.73
2012	114	17209.32	77	536.63
2013	115	20803.46	89	655.86
2014	121	40340.65	95	1047.26
2015	125	64170.00	101	1177.39
2016	129	57934.47	109	1332.01
2017	131	61413.53	113	1659.93
2018	131	62648.96	120	1820.44
2019	133	72586.78	128	2095.58
2020	138	89018.09	133	2576.44
2021	140	105981.39	137	3248.34
2022	140	110616.95	142	3476.00
2023	146	118300.94	145	3642.89

1-5 续表 3 continued

年份 Year	期货公司 Futures Company		已登记私募基金管理人 Registered Private Fund Manager	
	家数 (家) Number of Companies (unit)	总资产 (亿元) Total Assets (100 million yuan)	家数 (家) Number of Companies (unit)	总规模 (亿元) Total Assets (100 million yuan)
1993	--	--	--	--
1994	--	--	--	--
1995	--	--	--	--
1996	329	--	--	--
1997	294	--	--	--
1998	278	--	--	--
1999	213	--	--	--
2000	178	--	--	--
2001	200	--	--	--
2002	179	--	--	--
2003	186	--	--	--
2004	188	--	--	--
2005	183	--	--	--
2006	183	--	--	--
2007	177	--	--	--
2008	171	--	--	--
2009	167	--	--	--
2010	163	--	--	--
2011	163	--	--	--
2012	161	2318.48	--	--
2013	156	2569.82	--	--
2014	152	3431.99	--	--
2015	150	4749.67	--	--
2016	149	5438.31	--	--
2017	149	5247.48	22446	114992.53
2018	149	5142.50	24448	127064.20
2019	149	6452.46	24471	140829.62
2020	149	9845.14	24561	169578.29
2021	150	13815.76	24610	202705.20
2022	150	16997.90	23667	202817.90
2023	150	16529.41	21625	203155.96

主要统计指标解释

Explanatory Notes on Main Statistical Indicators

上市公司家数 指在统计期末其发行的股票在交易所上市的股份有限公司的数量。以股票上市日进行统计，同时发行A、B股的上市公司，按一家计算。

上市公司股本 也称上市公司总股本，是指统计期末上市公司在境内发行的全部股份数量合计，包括A股股本、B股股本和其他不流通的境内股本。

流通股本 也即非限售股本，计算公式为：上市公司股本-限售股本。

股票市值 指统计期末根据上市公司股票价格和对应股票数量计算的股权价值合计。具体统计口径和计算方法如下：如当日无交易价格，采用最后交易日的收盘价；暂停上市股票的价格以零计算；未股改公司的非流通股以流通A股价格计算市值；仅发行B股的上市公司，其非流通股不进行股票市值计算；对当日除权股票进行市值计算时需要包含在途股份（已登记未上市）的市值。

流通市值 指根据股票价格与其非限售股本计算出的股权价值合计，也即A股流通市值和B股流通市值的合计。

成交量 指统计期内全部股票成交数量的合计，包含竞价交易和协议交易（大宗交易）。

成交金额 指在统计期内全部股票成交金额合计，包含竞价交易和协议交易（大宗交易）。

市盈率（静态） 指上市公司每股股价与每股收益的比率，通常用上市公司股票市值与其对应的归属母公司股东净利润的比率进行计算。需要注意事项如下：每股收益和净利润数据在财务报告公告截止日的次日集中更新，且每股收益根据期末股本计算；如截止日未公布财务报告，在计算个股市盈率时采用向前追溯的净利润数据，在计算市场市盈率时剔除该股票；对单个股票计算市盈率时仅考虑每股收益为正的股票；对多个股票计算平均市盈率时通常采用上市公司股票市值合计与其对应的归属母公司股东的净利润合计的比率进行计算（剔除暂停上市公司股票，含净利润为负的股票）；对于发行多种类型股份的公司，根据各类性质股份股本按比例分配该公司归属母公司股东净利润。首发市盈率为股票首发价格与每股收益的比率，其中每股收益按照最新年度财务报告中对应的归属母公司股东净利润除以发行后总股本计算。

公式：市盈率（静态）=Σ股票市值/Σ该股份对应的归属母公司股东净利润

换手率（股本） 换手率可采用股票成交量/相应股票股本，通常称为股本换手率。对于某一区间换手率的计算，通常采用统计期内全部交易日的股本换手率合计进行计算。通常对单只股票采用股本换手率，对一组股票采用市值换手率；在计算一组股票换手率时，暂停上市股票不纳入计算。

公式：换手率（股本）=（当日成交股数/流通股本）×100%

换手率（市值） 换手率可采用股票成交金额/股票市值，通常称为市值换手率。对于某一区间换手率的计算，通常采用统计期内全部交易日的市值换手率合计进行计算。通常对单只股票采用股本换手率，对一组股票采用市值换手率；在计算一组股票换手率时，暂停上市股票不纳入计算。

公式：换手率（市值）=（当日成交金额/流通市值）×100%

股票投资者数 指统计期末已开立股票账户的投资者数量。统计时按照“投资者全称相同且证件代码相同”合并。

涨跌幅 指统计期内股票期末价格相对期初价格的变化幅度。统计区间如果包含上市首日则统计期内股票期末价格相对首发价格的变化幅度。指数涨跌幅参照股票涨跌幅处理；对股票区间涨跌幅的计算需要对股票价格进行复权处理，复权因素包括分红、送股、配股等，复权价格的公式为：复权价格=当前价格×（1+送股比例+配股比例）+每股红利-配股价格×配股比例，若统计期内存在多次分红、送股、配股事件，复权价格采用递归方式进行计算。在计算复权价时，通常采用区间分段涨跌幅连乘或复权因子连乘进行速算。

公式：涨跌幅=（期末收盘价/期初前收盘价-1）×100%

股票筹资金额 指统计期内通过发行股票筹集的资金总额，以股份上市日作为统计指标的计算日。

首发筹资金额 指统计期内首次公开发行股票（IPO）筹集的资金总额，计算公式：首发筹资金额=Σ（每股发行价格×发行股份数）；

其中，对于发行股份吸收合并已上市公司的筹资金额，计算公式为：首发筹资金额=每股发行价格×（发行股份数-换股股份数）；

对于存在超额配售权的 IPO，根据超额配售权的实际行使情况对统计期内的 IPO 募集资金进行回溯调整。

再筹资金额 指统计期内上市公司通过增发（公开增发和定向增发）、配股、行权、优先股等方式筹集的资金总额。

其中增发筹资金额是指统计期内上市公司增发股份筹集的资金总额。

根据股份认购对象的不同，增发筹资金额指标可分为公开增发筹资金额和定向增发筹资金额。

根据增发时是否以现金认购，增发筹资金额指标可分为增发筹资金额（现金）和增发筹资金额（资产）；增发筹资金额=Σ增发每股价格×发行股份数。

配股筹资金额指统计期内上市公司通过向原股东配售股份筹集的资金总额；配股筹资金额=Σ配股价格×配售股份数=Σ配股价格×股份数量×配售比例。

行权筹资金额包括权证（期权）行权筹资金额和可转债转股金额；行权筹资金额=Σ行权价格×行权认购股份数+Σ转股价格×可转债转股数量。

优先股筹资金额包括统计期内通过发行优先股筹集的资金总额。

公式：再筹资金额=增发筹资金额+配股筹资金额+行权筹资金额+优先股筹资金额。

债券发行额 指统计期内各类债券发行票面金额合计。按发行首日口径计算。

债券兑付金额 指统计期内债券发行人按照约定向债券投资者偿还本金和支付利息的金额合计。

债券成交金额 指统计期内各类债券成交金额合计，包括债券现货成交金额和债券回购成交金额。

公式：现货成交金额=Σ（成交价格×成交量〔现货〕）；回购成交金额=Σ（成交量〔回购〕×1000）

债券托管额 指统计期末托管在债券登记结算机构的各类债券面额合计。

债券筹资金额 也即债券融资金额，是指统计期内债券发行所募集到的资金总额。通常统计范围包括中国证监会审批的公司债券（含证券交易所备案的中小企业私募债）；以发行首日计算。

基金只数 指统计期末基金市场上基金产品的只数。自基金合同生效日（基金成立日）纳入统计，自基金合同终止日从统计中剔除。一般根据证监会主代码（基金主合同）口径统计。

基金份额 指统计期末基金市场基金份额的合计。

基金资产规模 指在统计期末市场上基金产品资产的合计。

基金账户数 基金账户通常称基金 TA 账户，基金账户数是指统计期末注册登记人为投资人建立的用于管理和记录基金持有的账户数量。

私募基金只数 指统计期末已在中国证券投资基金业协会备案的正在运作私募基金产品只数。

私募基金管理人家数 指统计期末在中国证券投资基金业协会登记的未注销从事私募基金管理人数量。

私募基金管理规模 指统计期末正在运作的私募基金净资产规模。

期货持仓金额 指统计期末未平仓期货合约的金额合计。除备注中注明双边口径外，其余均按单边口径统计。

期货成交金额 指统计期内全部期货合约成交金额合计。除备注中注明双边口径外，其余均按单边口径统计。

期货客户数 统计期末已在期货市场开户，按照“客户全称相同且证件代码相同”原则合并的客户数量。

证券公司家数 统计期末已获得中国证监会颁发经营证券期货业务许可证的证券公司数量合计，以获得经营证券期货业务许可证为标准，已办理机构注销的证券公司从统计中剔除。

基金管理公司家数 统计期末经中国证监会批准，并获得经营证券期货业务许可证的基金管理公司的数量合计，以获得经营证券期货业务许可证为标准，已办理取消经营证券期货业务许可证的基金管理公司从统计中剔除。

期货公司家数 统计期末经中国证监会批准，并获得中国证监会颁发经营期货业务许可证的期货公司的数量合计，以获得经营期货业务许可证为标准，已办理机构注销的期货公司从统计中剔除。

总资产 统计期末证券期货机构全部资产总额合计。

贰 零 贰 肆

二. 股 票

Stocks

贰 零 贰 肆

2023年股票市场综述

一、沪深交易所股票市场基本情况

市场规模。截至2023年底，沪深两市上市公司共5107家。其中，沪市2263家，深市2844家。全年净增上市公司190家，其中沪市净增89家，深市净增101家。主板上市公司共3208家，创业板1333家，科创板566家。沪深两市总市值77.31万亿元，流通市值67.43万亿元，流通市值占总市值的87.22%。沪市总市值、流通市值分别为46.31万亿元和41.77万亿元；深市分别为31.00万亿元和25.66万亿元。沪深两市总市值相当于2023年国内生产总值（GDP）的61.21%。境内总市值位居全球第二位，仅次于美国。2023年底，世界交易所联合会（WFE）市值、成交金额和筹资额排名[1]中，上交所分列第4、第4、第1名，深交所分列第6、第3、第2名。

发行情况。2023年，沪深两市合计融资金额9902.04亿元（其中首发3418.06亿元，再筹资6483.98亿元），同比下降30.15%。沪深两市发行A股股票236只，融资3418.06亿元，沪市发行股票103只，融资1936.49亿元，深市发行股票133只，融资1481.57亿元，两市首发融资金额同比下降40.08%。此外，2023年，沪深两市定向增发融资6233.49亿元（含资产认购1308.31亿元），配股融资150.49亿元，优先股融资100.00亿元，再融资金额同比下降23.46%。

交易情况。2023年，上证综指下跌3.70%，深证成指下跌13.54%，创业板指下跌19.41%，科创50指数下跌11.24%。沪深两市累计成交金额为212.21万亿元（日均8769.05亿元），同比下降5.48%，其中主板142.93万亿元（日均5906.16亿元），创业板53.54万亿元（日均2212.54亿元），科创板15.74万亿元（日均650.34亿元）。沪市、深市换手率分别为207.76%和448.22%，分别较2022年下降32.08个百分点和22.13个百分点。

估值情况。截至2023年底，沪市市盈率为11.92倍，较2022年底下降6.73%；深市市盈率为21.60倍，较2022年底下降7.80%。

融资融券情况。2023年，沪深两市融资买入金额为159256.02亿元，同比上升5.3%；融券卖出金额为13114.68亿元，同比上升3.24%。截至2023年底，沪深两市融资余额为15787.3亿元，同比上升9.25%；融券余额为715.99亿元，同比下降25.33%。

转融通及科创板做市借券市场情况。转融资方面：2023年，转融资竞价37次，投放金额合计1285亿元，成交金额合计1199.3亿元，头寸融出93.33%。转融资余额最高1424.07亿元，最低971.42亿元，日均1184.89亿元，同比增长57.62%。92至182天转融资费率下限最低2.12%，最高2.71%，平均2.33%。92至182天转融资成交费率最低2.12%，最高3.50%，以成交金额为权重计算平均成交费率2.50%，变化趋势与费率下限一致。转融券方面：2023年，转融券新融出额7086.81亿元，同比增加14.80%，占A股交易额的0.33%。截至2023年底，转融券余额1104.17亿元，同比减少12.16%；转融券余额占融券余额的154.22%，占A股流通市值的0.16%。科创板做市借券方面：2023年，科创板做市借券成交141.54亿元。截至2023年底，科创板做市借券余额10.30亿元；科创板做市借券借入人14家。

沪深港通情况。2023年，沪深股通投资者净买入437.02亿元，同比减少463.18亿元。其中，沪股通投资者净买入219.28亿元，同比减少720.77亿元；

1 世界交易所联合会（WFE）市值、成交金额和筹资额排名剔除电子交易所BATS GLOBAL和CBOE EUROPE。

深股通投资者净买入 217.75 亿元，而上年同期为净卖出 39.85 亿元。港股通投资者净买入 2882.24 亿元，同比减少 472.25 亿元。其中，港股通（沪市）投资者净买入 1522.77 亿元，同比增加 349.67 亿元；港股通（深市）投资者净买入 1359.47 亿元，同比减少 821.92 亿元。

二、北交所股票市场基本情况

截至 2023 年底，北交所上市公司 239 家，总股本 318.04 亿股，总市值 4496.41 亿元，流通市值 2263.28 亿元，市盈率 24.20 倍。股票发行方面：2023 年，累计 77 家公司公开发行，累计融资 146.28 亿元，发行市盈率均值为 16.86 倍，平均每家北交所公司公开发行募集资金 1.90 亿元；1 家公司再融资，累计融资 8.04 亿元。股票交易方面：2023 年，北交所股票累计成交 615.42 亿股，累计成交 7272.23 亿元，换手率 419.20%；北证 50 指数累计上涨 14.92%。投资者方面：2023 年底，合格投资者账户合计 649.29 万个，其中个人和机构合格投资者分别为 637.59 万个和 11.70 万个，占比分别为 98%和 2%。

2023 年，北交所融资融券交易额 83.72 亿元，其中融资买入额 83.52 亿元、融券卖出额 0.19 亿元。年末融资融券余额 11.45 亿元，其中融资余额 11.44 亿元、融券余额 45.53 万元。

三、全国股转系统市场基本情况

截至 2023 年底，全国股转系统存量挂牌公司 6241 家，其中创新层 1883 家、基础层 4358 家；全市场总市值 2.20 万亿元，市盈率 17.63 倍。2023 年，10 只三板指数，除三板制造累计上涨 0.59%外，其余 9 只均下跌，其中三板做市、创新成指全年分别累计下跌 2.01%和 6.81%。股票发行方面，2023 年，共有 547 家挂牌公司完成 573 次普通股定向发行，融资 180.19 亿元，其中非金融企业融资 173.95 亿元、占比 96.54%。股票交易方面，2023 年，全国股转系统股票成交 174.27 亿股，成交金额 612.74 亿元。其中，创新层股票、基础层股票分别成交 482.42 亿元和 130.33 亿元，占比分别为 78.73%和 21.27%。投资者方面，截至 2023 年底，合格投资者账户合计 202.18 万个，较上年末增加 6.18 万个。其中，个人和机构合格投资者分别为 194.34 万个和 7.83 万个，占比分别为 96%和 4%。

四、区域性股权市场基本情况

2023 年，区域性股权市场突出私募股权市场定位及服务中小微企业的核心功能，着力建设企业孵化培育平台、私募股权投融资服务平台、拟上市企业规范辅导平台，逐步丰富产品，健全完善市场生态，不断提升其服务实体经济和中小微企业的质效。一是深化业务转型和试点工作。扩大制度和业务创新试点地区（苏鄂）及份额转让试点（浙甬粤）、认股权综合服务试点（沪渝）地区。二是推进高质量建设“专精特新”专板。分两批公示共 17 家专板建设方案备案名单，与工业和信息化部联合印发《关于组织开展专精特新中小企业“一月一链”投融资路演活动的通知》，组织各地落实联合路演和融资回访等活动。三是推动市场数字化转型。深化区块链建设并逐步覆盖全市场，实现数据规范治理和穿透式监管，建立健全企业数字档案，进一步丰富企业赋能服务和创新应用。四是加强与全国性资本市场的合作对接。协调全国股转公司发布申报与审核指引，并与 25 家市场签署合作备忘录，证券交易所及新三板依托半数以上的区域性股权市场建立属地服务基地。五是完善制度供给。起草数据治理和信息报送、登记结算、区块链建设 3 件监管指引并公开征求意见，协调证标委制定多项行业标准。

截至 2023 年底，区域性股权市场共有服务企业 18.08 万家。累计实现各类融资 2.25 万亿元，其中股权融资 7700 亿元，债券融资 4739 亿元，质押融资 8444 亿元，信贷对接融资 1633 亿元。服务企业中累计转沪深北交易所上市 128 家，转新三板挂牌 950 家，被上市公司和新三板挂牌公司收购 61 家。

2-1 沪深股票市场概况
Overview of SSE & SZSE Stock Market

年份 Year	股票只数(只) Number of Stocks (unit)		上市公司家数(家) Number of Listed Companies(unit)		上市公司股本(亿股) Share Capital of Listed Companies(100 million shares)	
	上交所 SSE	深交所 SZSE	上交所 SSE	深交所 SZSE	上交所 SSE	深交所 SZSE
1992	38	33	29	24	46.94	26.28
1993	123	95	106	77	206.62	122.06
1994	203	142	171	120	419.06	221.95
1995	220	161	188	135	498.25	271.83
1996	329	270	293	237	671.19	439.54
1997	422	399	383	362	975.57	795.86
1998	477	455	438	414	1280.35	1066.34
1999	525	506	484	465	1580.15	1331.34
2000	614	560	572	516	2032.42	1583.84
2001	690	558	646	514	3164.44	1687.44
2002	759	552	715	509	3727.84	1736.35
2003	824	550	780	507	4170.39	1832.95
2004	881	582	837	540	4700.55	2014.19
2005	878	589	834	547	5023.05	2140.49
2006	886	634	842	592	10279.54	2404.45
2007	904	732	860	690	14173.10	2827.35
2008	908	803	864	761	15410.39	3489.74
2009	914	890	870	848	16659.96	3946.30
2010	938	1211	894	1169	21939.51	5044.98
2011	975	1453	931	1411	23466.65	6278.46
2012	998	1581	954	1540	24617.62	7216.00
2013	997	1577	953	1536	25751.69	8070.35
2014	1039	1657	995	1618	27085.17	9709.93
2015	1125	1784	1081	1746	30244.86	12779.28
2016	1226	1908	1182	1870	32707.76	16042.53
2017	1440	2127	1396	2089	35288.35	18458.32
2018	1494	2172	1450	2134	37708.96	19872.07
2019	1615	2242	1572	2205	40199.42	21520.50
2020	1843	2390	1800	2354	42623.77	22855.42
2021	2079	2614	2037	2578	46237.02	24457.37
2022	2213	2778	2174	2743	47669.61	25642.06
2023	2302	2879	2263	2844	49074.46	26414.94

注：存在同一家上市公司在A股、B股同时上市的情况。
数据来源：上海证券交易所、深圳证券交易所
Source:SSE、SZSE

2-1 续表 1 continued

年份 Year	流通股本(亿股) Negotiable Shares (100 million shares)		股票市值(亿元) Market Capitalization of Shares(100 million yuan)		流通市值(亿元) Negotiable Market Capitalization(100 million yuan)	
	上交所 SSE	深交所 SZSE	上交所 SSE	深交所 SZSE	上交所 SSE	深交所 SZSE
1992	--	8.55	558.40	489.75	--	170.64
1993	45.43	36.19	2195.69	1335.32	423.94	408.34
1994	108.06	77.57	2600.13	1090.49	586.96	381.94
1995	119.85	105.13	2525.66	948.62	587.00	351.22
1996	186.81	158.76	5478.01	4364.57	1408.74	1458.29
1997	285.76	275.06	9218.07	8311.17	2513.47	2690.95
1998	379.73	361.97	10625.91	8888.12	2947.45	2802.90
1999	494.41	459.24	14580.47	11904.68	4249.69	3971.42
2000	648.99	585.36	26930.86	21190.65	8481.33	7616.67
2001	837.53	650.13	27590.57	15992.33	8382.11	6106.71
2002	992.53	687.73	25363.72	12975.07	7467.30	5019.90
2003	1157.10	741.95	29804.92	12672.71	8201.14	4983.99
2004	1366.58	827.57	26014.34	11066.61	7350.88	4350.32
2005	1561.21	937.68	23096.13	9349.89	6754.61	3883.40
2006	2254.48	1190.02	71612.38	17828.97	16428.33	8592.78
2007	3399.30	1534.34	269838.87	57452.44	64532.17	28608.49
2008	4916.04	2048.93	97251.91	24289.14	32305.91	12997.11
2009	11578.56	2621.63	184655.23	59448.68	114805.00	36537.07
2010	16031.30	3410.85	179007.24	86415.35	142337.44	50772.97
2011	17993.80	4506.06	148376.22	66381.87	122851.36	42069.94
2012	19521.33	5256.89	158698.44	71659.18	134294.45	47363.81
2013	23731.13	6265.99	151165.27	87911.92	136526.38	63053.16
2014	24914.59	7374.66	243974.02	128572.94	220495.87	95128.44
2015	27417.77	9625.60	295386.90	236110.00	254117.39	163797.56
2016	29372.25	11763.80	284607.63	223078.25	240006.24	153395.44
2017	31119.45	13925.42	331324.82	235761.26	281365.67	167932.47
2018	33497.24	15550.33	269515.01	165409.02	232698.75	121095.45
2019	35170.22	17317.40	355519.70	237414.87	301254.52	182206.74
2020	37501.48	18852.02	455321.59	341916.58	380012.99	263592.30
2021	40422.36	20332.77	519698.34	396389.84	435466.31	316089.82
2022	42243.38	22001.93	463786.76	324219.15	398185.34	265243.54
2023	45171.74	22970.66	463127.23	310003.48	417697.78	256643.74

2-1 续表 2 continued

年份 Year	成交量(亿股) Trading Volume (100 million shares)		日均成交量(亿股) Average Daily Volume (100 million shares)		成交金额(亿元) Trading Turnover (100 million yuan)	
	上交所 SSE	深交所 SZSE	上交所 SSE	深交所 SZSE	上交所 SSE	深交所 SZSE
1992	17.78	19.12	0.07	0.07	248.96	434.08
1993	147.42	79.15	0.57	0.31	2340.54	1286.67
1994	656.76	356.58	2.61	1.41	5735.07	2392.56
1995	513.83	191.48	2.03	0.76	3103.46	932.99
1996	1101.88	1431.26	4.46	5.79	9114.82	12217.36
1997	1215.68	1344.34	5.00	5.53	13763.17	16958.66
1998	1127.95	1026.15	4.59	4.17	12386.11	11158.14
1999	1560.38	1372.52	6.53	5.74	16965.79	14356.58
2000	2437.65	2321.80	10.20	9.71	31373.86	29461.33
2001	1819.95	1335.97	7.58	5.57	22709.38	15616.01
2002	1781.10	1236.05	7.52	5.22	16959.09	11034.82
2003	2692.73	1470.36	11.17	6.10	20824.14	11291.13
2004	3607.74	2219.99	14.85	9.14	26470.60	15863.35
2005	3986.59	2637.14	16.47	10.90	19240.21	12424.57
2006	10283.93	5861.29	42.67	24.32	57816.60	32652.29
2007	24325.38	12078.37	100.52	49.91	305434.29	155121.94
2008	16311.60	7819.79	66.31	31.79	180429.95	86682.71
2009	33679.64	17427.36	138.03	71.42	346511.91	189474.86
2010	25964.43	16187.55	107.29	66.89	304312.01	241321.53
2011	21192.91	12763.66	86.86	52.31	237555.30	184089.28
2012	18928.43	13932.12	77.89	57.33	164460.86	150122.41
2013	26718.86	21653.82	112.26	90.98	230266.02	238462.58
2014	42567.36	30815.73	173.74	125.78	375634.40	366750.86
2015	101701.68	69337.80	413.42	284.17	1325590.45	1224950.01
2016	45718.62	49806.81	187.37	204.13	501700.42	775979.90
2017	43799.31	43981.53	179.51	180.25	507770.10	616855.01
2018	37234.65	44802.60	153.23	184.37	401965.01	499774.39
2019	53792.15	72832.14	220.46	298.49	543844.01	730314.79
2020	68360.89	99090.97	281.32	407.78	839860.86	1228391.66
2021	86295.55	101130.45	355.13	416.17	1140006.46	1439727.66
2022	80457.78	105267.60	332.47	434.99	962556.27	1282538.45
2023	73207.82	97601.29	302.51	403.31	893628.45	1228481.08

2-1 续表 3 continued

年份 Year	日均成交金额(亿元) Average Daily Turnover (100 million yuan)		市值换手率(%) Turnover Ratio of Market Capitalization(%)		市盈率(倍) P/E Ratio (times)		股息率(%) Dividend Yield Ratio(%)	
	上交所 SSE	深交所 SZSE	上交所 SSE	深交所 SZSE	上交所 SSE	深交所 SZSE	上交所 SSE	深交所 SZSE
1992	0.97	1.69	--	329.78	--	33.81	--	--
1993	9.04	4.97	--	459.54	42.48	33.36	--	--
1994	22.76	9.49	1134.65	579.90	23.45	10.29	--	--
1995	12.27	3.69	528.72	241.55	15.70	9.48	--	--
1996	36.90	49.46	913.43	1173.86	31.32	34.85	--	--
1997	56.64	69.79	701.81	746.40	39.86	39.86	--	--
1998	50.35	45.36	453.63	379.34	34.38	30.62	--	--
1999	70.99	60.07	471.46	386.79	38.13	36.32	--	--
2000	131.27	123.27	498.80	483.10	58.22	56.03	--	0.44
2001	94.62	65.07	243.60	206.30	37.71	39.80	--	0.95
2002	71.56	46.56	202.68	186.14	34.43	36.99	--	1.02
2003	86.41	46.85	252.07	213.29	36.54	36.19	--	0.95
2004	108.93	65.28	304.69	301.36	24.23	24.64	--	1.41
2005	79.51	51.34	283.49	315.18	16.33	16.36	--	2.19
2006	239.90	135.49	544.39	552.01	33.30	32.72	--	1.09
2007	1262.13	641.00	817.72	818.67	59.24	69.75	--	0.46
2008	733.46	352.37	384.11	447.24	17.99	16.73	2.23	1.48
2009	1420.13	776.54	523.12	747.76	27.04	46.01	1.21	0.50
2010	1257.49	997.20	259.25	587.29	16.71	44.69	1.42	0.56
2011	973.59	754.46	163.75	353.48	12.08	23.11	2.18	1.01
2012	676.79	617.79	128.19	325.84	12.59	22.02	2.49	1.14
2013	967.50	1001.94	169.22	423.79	10.99	34.05	2.96	0.89
2014	1533.20	1496.94	242.01	471.99	15.99	41.91	2.04	0.91
2015	5388.58	5020.29	489.63	825.65	17.63	52.75	1.72	0.49
2016	2056.15	3180.25	158.43	541.76	15.94	41.21	1.79	0.72
2017	2081.02	2528.09	180.47	412.88	16.30	36.21	1.86	0.81
2018	1654.18	2056.68	150.91	356.92	12.49	20.00	2.69	1.47
2019	2228.87	2993.09	157.59	456.16	14.55	26.15	2.16	1.07
2020	3456.22	5055.11	258.50	555.88	16.76	34.51	1.89	0.85
2021	4691.38	5924.81	280.71	506.08	18.02	33.03	1.86	0.93
2022	3977.51	5299.75	239.84	470.35	12.78	23.44	2.65	1.23
2023	3692.68	5076.37	207.76	448.22	11.92	21.61	2.76	1.36

2-2 沪深股票市场历史记录情况
Historical Records of SSE & SZSE Stock Market

年份 Year	日收市综合指数 Daily Closing Composite Index							
	最高 Highest				最低 Lowest			
	上证综指 SSE Composite Index	日期 Date	深证综指 SZSE Composite Index	日期 Date	上证综指 SSE Composite Index	日期 Date	深证综指 SZSE Composite Index	日期 Date
1992	1421.57	1992-05-25	312.21	1992-05-26	293.75	1992-01-02	107.08	1992-01-16
1993	1536.82	1993-02-15	359.44	1993-02-22	778.33	1993-10-27	203.91	1993-07-21
1994	1033.47	1994-09-13	242.06	1994-01-07	333.92	1994-07-29	96.56	1994-07-29
1995	897.42	1995-05-22	169.66	1995-05-22	532.49	1995-02-07	112.63	1995-12-28
1996	1247.66	1996-12-09	473.02	1996-12-11	516.46	1996-01-22	105.34	1996-01-22
1997	1500.40	1997-05-12	517.91	1997-05-12	876.50	1997-01-06	305.81	1997-01-06
1998	1420.00	1998-06-03	441.04	1998-06-03	1070.41	1998-08-17	317.10	1998-08-18
1999	1739.21	1999-06-29	525.14	1999-06-29	1059.87	1999-05-18	310.65	1999-05-18
2000	2119.44	2000-11-23	654.37	2000-11-23	1406.37	2000-01-04	414.69	2000-01-04
2001	2242.42	2001-06-13	664.85	2001-06-13	1520.67	2001-10-22	439.36	2001-10-22
2002	1732.93	2002-07-08	512.38	2002-06-24	1357.65	2002-12-31	371.79	2002-01-22
2003	1631.47	2003-04-15	449.42	2003-04-15	1316.56	2003-11-18	350.74	2003-11-18
2004	1777.52	2004-04-06	470.55	2004-04-07	1260.32	2004-09-13	315.17	2004-09-13
2005	1317.27	2005-03-08	333.28	2005-03-09	1011.50	2005-07-11	237.18	2005-07-18
2006	2675.47	2006-12-29	552.93	2006-12-29	1180.96	2006-01-04	278.99	2006-01-04
2007	6092.06	2007-10-16	1567.74	2007-10-08	2612.54	2007-02-05	547.89	2007-01-05
2008	5497.90	2008-01-14	1584.40	2008-01-15	1706.70	2008-11-04	452.33	2008-11-04
2009	3471.44	2009-08-04	1240.64	2009-12-04	1863.37	2009-01-13	557.69	2009-01-05
2010	3306.75	2010-01-05	1412.64	2010-11-11	2319.74	2010-07-05	890.24	2010-07-02
2011	3057.33	2011-04-18	1311.34	2011-03-09	2166.21	2011-12-27	849.76	2011-12-28
2012	2460.69	2012-03-02	1010.46	2012-03-13	1959.77	2012-12-03	734.28	2012-12-03
2013	2434.48	2013-02-06	1101.59	2013-10-21	1950.01	2013-06-27	877.76	2013-01-04
2014	3234.68	2014-12-31	1503.58	2014-12-16	1991.25	2014-01-20	1007.27	2014-04-28
2015	5166.35	2015-06-12	3140.66	2015-06-12	2927.29	2015-08-26	1428.37	2015-01-19
2016	3361.84	2016-01-06	2137.88	2016-11-22	2655.66	2016-01-28	1618.12	2016-01-27
2017	3447.84	2017-11-13	2046.74	2017-03-24	3052.79	2017-05-10	1773.61	2017-06-01
2018	3587.03	2018-01-29	1966.15	2018-01-25	2449.20	2018-10-19	1212.23	2018-10-19
2019	3270.80	2019-04-19	1799.10	2019-04-08	2464.36	2019-01-03	1231.83	2019-01-04
2020	3473.07	2020-12-31	2333.46	2020-11-09	2660.17	2020-03-23	1609.00	2020-02-03
2021	3715.37	2021-09-13	2561.91	2021-12-13	3357.74	2021-03-10	2160.91	2021-03-09
2022	3632.33	2022-01-04	2527.70	2022-01-04	2886.43	2022-04-26	1752.27	2022-04-26
2023	3395.00	2023-05-08	2190.54	2023-02-13	2898.88	2023-12-26	1766.62	2023-12-26

注：指数最高、最低价分别为收盘最高、最低价，最大涨幅、最大跌幅按年最高价、最低价计算。
数据来源：上海证券交易所、深圳证券交易所
Source:SSE、SZSE

2-2 续表 1 continued

年份 Year	日收市综合指数 Daily Closing Composite Index							
	最大涨幅(%) Maximum Change of Increment(%)				最大跌幅(%) Maximum Change of Decrement(%)			
	上证综指 SSE Composite Index	日期 Date	深证综指 SZSE Composite Index	日期 Date	上证综指 SSE Composite Index	日期 Date	深证综指 SZSE Composite Index	日期 Date
1992	105.27	1992-05-21	12.02	1992-04-13	-11.18	1992-10-27	-10.04	1992-11-16
1993	16.44	1993-06-02	12.43	1993-08-24	-13.08	1993-12-20	-11.80	1993-08-17
1994	33.46	1994-08-01	31.29	1994-08-01	-12.68	1994-08-09	-12.66	1994-10-05
1995	30.99	1995-05-18	28.28	1995-05-18	-16.39	1995-05-23	-17.21	1995-05-23
1996	9.83	1996-12-02	11.04	1996-04-26	-9.91	1996-12-16	-10.00	1996-12-16
1997	7.58	1997-02-19	6.55	1997-06-20	-8.91	1997-02-18	-9.75	1997-02-18
1998	5.11	1998-08-19	5.87	1998-08-19	-8.36	1998-08-17	-8.32	1998-08-17
1999	6.59	1999-09-09	7.03	1999-07-20	-7.61	1999-07-01	-7.99	1999-07-01
2000	9.05	2000-02-14	9.07	2000-02-14	-4.40	2000-03-16	-4.75	2000-03-16
2001	9.86	2001-10-23	9.68	2001-10-23	-5.27	2001-07-30	-5.50	2001-07-30
2002	9.25	2002-06-24	9.05	2002-06-24	-6.33	2002-01-28	-6.59	2002-01-28
2003	5.81	2003-01-14	4.65	2003-01-14	-3.04	2003-05-13	-2.90	2003-05-13
2004	4.22	2004-09-15	4.68	2004-09-15	-3.88	2004-10-14	-4.99	2004-10-14
2005	8.21	2005-06-08	7.92	2005-06-08	-3.76	2005-08-18	-3.38	2005-08-18
2006	4.26	2006-05-12	4.42	2006-05-15	-5.34	2006-06-07	-5.79	2006-06-07
2007	5.33	2007-08-20	5.26	2007-01-15	-8.84	2007-02-27	-8.54	2007-02-27
2008	9.46	2008-09-19	8.89	2008-09-19	-7.73	2008-06-10	-8.02	2008-06-10
2009	6.12	2009-03-04	6.18	2009-03-04	-6.75	2009-08-31	-7.14	2009-08-31
2010	3.48	2010-05-24	4.28	2010-05-24	-5.16	2010-11-12	-6.12	2010-11-12
2011	3.04	2011-10-12	3.50	2011-10-12	-3.79	2011-08-08	-4.43	2011-08-08
2012	4.33	2012-12-14	5.14	2012-01-17	-2.73	2012-06-04	-4.09	2012-03-14
2013	3.39	2013-09-09	3.63	2013-01-14	-5.30	2013-06-24	-6.10	2013-06-24
2014	4.31	2014-12-04	3.50	2014-12-10	-5.43	2014-12-09	-4.31	2014-12-09
2015	5.76	2015-07-09	6.52	2015-09-16	-8.49	2015-08-24	-7.87	2015-06-26
2016	4.26	2016-03-02	4.70	2016-03-02	-7.04	2016-01-07	-8.24	2016-01-07
2017	1.83	2017-08-25	2.19	2017-06-07	-2.29	2017-11-23	-4.28	2017-07-17
2018	4.09	2018-10-22	4.90	2018-10-22	-5.22	2018-10-11	-6.45	2018-10-11
2019	5.60	2019-02-25	5.42	2019-02-25	-5.58	2019-05-06	-7.38	2019-05-06
2020	5.71	2020-07-06	3.90	2020-07-06	-7.72	2020-02-03	-8.41	2020-02-03
2021	2.40	2021-05-25	3.07	2021-07-29	-2.49	2021-07-27	-3.33	2021-07-27
2022	3.48	2022-03-16	3.94	2022-04-27	-5.13	2022-04-25	-6.48	2022-04-25
2023	2.13	2023-07-25	2.69	2023-08-29	-2.01	2023-08-11	-2.45	2023-04-21

2-2　续表 2　continued

年份 Year	日成交金额(亿元) Daily Turnover(100 million yuan)							
	最大 Maximum				最小 Minimum			
	上交所 SSE	日期 Date	深交所 SZSE	日期 Date	上交所 SSE	日期 Date	深交所 SZSE	日期 Date
1992	5.96	1992-12-08	5.06	1992-12-01	0.00	1992-01-15	0.11	1992-02-02
1993	38.24	1993-12-07	22.71	1993-11-18	0.98	1993-07-22	0.02	1993-07-17
1994	157.54	1994-09-06	74.49	1994-09-06	1.60	1994-07-12	0.03	1994-07-07
1995	114.30	1995-05-22	42.15	1995-05-22	1.14	1995-02-15	0.02	1995-06-17
1996	192.74	1996-12-03	189.57	1996-11-20	1.53	1996-02-09	0.51	1996-02-07
1997	159.83	1997-05-12	215.81	1997-05-07	11.51	1997-10-14	11.59	1997-10-07
1998	119.00	1998-04-09	101.37	1998-05-11	16.48	1998-12-21	14.77	1998-12-31
1999	404.43	1999-06-25	353.36	1999-06-25	11.62	1999-01-04	10.51	1999-01-04
2000	472.62	2000-02-17	408.34	2000-02-17	42.92	2000-09-27	46.73	2000-09-25
2001	234.13	2001-10-24	187.97	2001-03-23	27.27	2001-11-15	14.41	2001-11-15
2002	494.80	2002-06-24	325.87	2002-06-24	26.60	2002-10-08	16.15	2002-12-09
2003	330.15	2003-04-16	189.41	2003-04-16	27.24	2003-01-03	17.59	2003-09-22
2004	286.68	2004-09-24	185.24	2004-09-24	31.67	2004-09-07	17.45	2004-09-07
2005	221.57	2005-08-18	137.72	2005-08-18	36.75	2005-07-07	24.74	2005-01-04
2006	626.89	2006-12-06	341.23	2006-05-16	67.63	2006-03-13	37.05	2006-03-14
2007	2712.94	2007-05-30	1358.40	2007-05-30	502.08	2007-11-23	241.00	2007-11-23
2008	1896.84	2008-04-24	921.64	2008-01-08	217.96	2008-09-09	89.79	2008-11-03
2009	2969.29	2009-07-29	1781.92	2009-11-24	461.01	2009-01-05	246.16	2009-01-05
2010	3076.92	2010-11-02	2317.56	2010-11-02	432.14	2010-07-05	403.31	2010-07-05
2011	2080.93	2011-03-07	1459.64	2011-02-22	364.74	2011-12-29	307.93	2011-10-10
2012	1709.83	2012-03-14	1542.85	2012-03-14	331.30	2012-11-26	299.30	2012-11-26
2013	1954.28	2013-09-11	1590.18	2013-10-22	522.23	2013-07-09	525.53	2013-04-15
2014	7933.59	2014-12-09	4418.26	2014-12-09	482.99	2014-01-20	583.55	2014-05-19
2015	13107.85	2015-04-20	11150.06	2015-05-28	1565.69	2015-09-30	1672.18	2015-02-10
2016	3808.23	2016-03-21	5947.67	2016-03-21	799.82	2016-01-07	1577.30	2016-01-07
2017	3287.49	2017-04-11	4324.64	2017-09-12	1080.67	2017-02-03	1323.21	2017-02-03
2018	3190.81	2018-02-06	3608.24	2018-03-12	862.11	2018-12-24	1201.17	2018-09-17
2019	5261.03	2019-03-07	6601.46	2019-03-08	979.19	2019-01-02	1290.81	2019-01-02
2020	7949.18	2020-07-07	9985.79	2020-07-14	1842.26	2020-04-13	2625.04	2020-02-03
2021	8434.74	2021-09-01	8816.37	2021-08-30	2711.62	2021-04-14	3656.70	2021-04-01
2022	6239.48	2022-06-15	7943.24	2022-02-24	2281.54	2022-12-21	3179.35	2022-10-11
2023	6200.90	2023-05-09	7696.95	2023-04-04	2437.01	2023-09-20	3315.48	2023-09-20

2-3 沪深股票市场分板块规模
Dimensions of SSE & SZSE Stock Market by Board

年份 Year	股票只数(只) Number of Stocks (unit)					上市公司家数(家) Number of Listed Companies (unit)				
	主板 Main Board	中小板 SME Board	创业板 ChiNext Board	科创板 STAR Market	总体 Total	主板 Main Board	中小板 SME Board	创业板 ChiNext Board	科创板 STAR Market	总体 Total
1992	71	--	--	--	71	53	--	--	--	53
1993	218	--	--	--	218	183	--	--	--	183
1994	345	--	--	--	345	291	--	--	--	291
1995	381	--	--	--	381	323	--	--	--	323
1996	599	--	--	--	599	530	--	--	--	530
1997	821	--	--	--	821	745	--	--	--	745
1998	932	--	--	--	932	852	--	--	--	852
1999	1031	--	--	--	1031	949	--	--	--	949
2000	1174	--	--	--	1174	1088	--	--	--	1088
2001	1248	--	--	--	1248	1160	--	--	--	1160
2002	1311	--	--	--	1311	1224	--	--	--	1224
2003	1374	--	--	--	1374	1287	--	--	--	1287
2004	1425	38	--	--	1463	1339	38	--	--	1377
2005	1417	50	--	--	1467	1331	50	--	--	1381
2006	1418	102	--	--	1520	1332	102	--	--	1434
2007	1434	202	--	--	1636	1348	202	--	--	1550
2008	1438	273	--	--	1711	1352	273	--	--	1625
2009	1441	327	36	--	1804	1355	327	36	--	1718
2010	1465	531	153	--	2149	1379	531	153	--	2063
2011	1501	646	281	--	2428	1415	646	281	--	2342
2012	1523	701	355	--	2579	1438	701	355	--	2494
2013	1518	701	355	--	2574	1433	701	355	--	2489
2014	1558	732	406	--	2696	1475	732	406	--	2613
2015	1641	776	492	--	2909	1559	776	492	--	2827
2016	1742	822	570	--	3134	1660	822	570	--	3052
2017	1954	903	710	--	3567	1872	903	710	--	3485
2018	2005	922	739	--	3666	1923	922	739	--	3584
2019	2053	943	791	70	3857	1973	943	791	70	3777
2020	2132	994	892	215	4233	2053	994	892	215	4154
2021	3226	--	1090	377	4693	3148	--	1090	377	4615
2022	3258	--	1232	501	4991	3184	--	1232	501	4917
2023	3282	--	1333	566	5181	3208	--	1333	566	5107

数据来源：上海证券交易所、深圳证券交易所
Source:SSE、SZSE

2-3 续表 1 continued

年份 Year	上市公司股本(亿股) Share Capital of Listed Companies (100 million shares)					流通股本(亿股) Negotiable Shares (100 million shares)				
	主板 Main Board	中小板 SME Board	创业板 ChiNext Board	科创板 STAR Market	总体 Total	主板 Main Board	中小板 SME Board	创业板 ChiNext Board	科创板 STAR Market	总体 Total
1992	--	--	--	--	--	--	--	--	--	--
1993	328.68	--	--	--	328.68	81.62	--	--	--	81.62
1994	641.01	--	--	--	641.01	185.63	--	--	--	185.63
1995	770.08	--	--	--	770.08	224.98	--	--	--	224.98
1996	1110.73	--	--	--	1110.73	345.57	--	--	--	345.57
1997	1771.43	--	--	--	1771.43	560.82	--	--	--	560.82
1998	2346.69	--	--	--	2346.69	741.70	--	--	--	741.70
1999	2911.49	--	--	--	2911.49	953.66	--	--	--	953.66
2000	3616.26	--	--	--	3616.26	1234.35	--	--	--	1234.35
2001	4851.88	--	--	--	4851.88	1487.66	--	--	--	1487.66
2002	5464.19	--	--	--	5464.19	1680.27	--	--	--	1680.27
2003	6003.34	--	--	--	6003.34	1899.05	--	--	--	1899.05
2004	6682.50	32.23	--	--	6714.74	2184.56	9.59	--	--	2194.15
2005	7107.40	56.14	--	--	7163.54	2476.69	22.20	--	--	2498.89
2006	12540.78	143.21	--	--	12683.99	3389.82	54.68	--	--	3444.50
2007	16660.81	339.64	--	--	17000.45	4806.99	126.66	--	--	4933.64
2008	18308.52	591.60	--	--	18900.13	6704.75	260.22	--	--	6964.97
2009	19777.53	794.13	34.60	--	20606.26	13813.22	380.49	6.48	--	14200.19
2010	25442.68	1366.74	175.06	--	26984.48	18686.62	705.15	50.38	--	19442.15
2011	27402.08	1943.50	399.53	--	29745.11	21232.99	1124.65	142.22	--	22499.86
2012	28822.47	2410.25	600.89	--	31833.62	23049.78	1486.39	242.05	--	24778.22
2013	30242.00	2818.48	761.56	--	33822.04	27514.12	2052.99	430.01	--	29997.12
2014	32247.25	3470.59	1077.26	--	36795.10	29049.51	2552.05	687.69	--	32289.25
2015	36329.75	4853.94	1840.45	--	43024.14	32373.83	3500.65	1168.89	--	37043.37
2016	39696.00	6423.69	2630.61	--	48750.30	34969.72	4465.89	1700.44	--	41136.05
2017	42875.95	7612.24	3258.49	--	53746.67	37276.99	5581.40	2186.49	--	45044.87
2018	45492.75	8360.10	3728.17	--	57581.03	40025.09	6375.03	2647.45	--	49047.57
2019	48058.99	9322.12	4097.12	241.69	61719.92	42223.57	7166.28	3061.87	35.91	52487.62
2020	50403.58	9923.58	4510.43	641.59	65479.19	44815.09	7886.08	3482.30	170.02	56353.50
2021	64317.63	--	5165.26	1211.50	70694.39	56405.36	--	3935.86	413.90	60755.13
2022	65884.20	--	5684.71	1742.76	73311.67	59153.98	--	4365.68	725.64	64245.31
2023	67160.57	--	6210.03	2118.80	75489.40	62159.72	--	4787.80	1194.89	68142.40

2-3 续表 2 continued

年份 Year	股票市值(亿元) Market Capitalization of Shares (100 million yuan)					流通市值(亿元) Negotiable Market Capitalization (100 million yuan)				
	主板 Main Board	中小板 SME Board	创业板 ChiNext Board	科创板 STAR Market	总体 Total	主板 Main Board	中小板 SME Board	创业板 ChiNext Board	科创板 STAR Market	总体 Total
1992	1048.15	--	--	--	1048.15	--	--	--	--	--
1993	3531.01	--	--	--	3531.01	832.28	--	--	--	832.28
1994	3690.62	--	--	--	3690.62	968.90	--	--	--	968.90
1995	3474.28	--	--	--	3474.28	938.23	--	--	--	938.23
1996	9842.58	--	--	--	9842.58	2867.03	--	--	--	2867.03
1997	17529.24	--	--	--	17529.24	5204.42	--	--	--	5204.42
1998	19514.03	--	--	--	19514.03	5750.35	--	--	--	5750.35
1999	26485.15	--	--	--	26485.15	8221.11	--	--	--	8221.11
2000	48121.51	--	--	--	48121.51	16098.00	--	--	--	16098.00
2001	43582.89	--	--	--	43582.89	14488.82	--	--	--	14488.82
2002	38338.80	--	--	--	38338.80	12487.20	--	--	--	12487.20
2003	42477.63	--	--	--	42477.63	13185.13	--	--	--	13185.13
2004	36667.51	413.43	--	--	37080.95	11581.24	119.96	--	--	11701.20
2005	31964.46	481.55	--	--	32446.02	10452.71	185.29	--	--	10638.01
2006	87426.06	2015.30	--	--	89441.35	24297.49	723.63	--	--	25021.11
2007	316644.48	10646.84	--	--	327291.31	89317.00	3823.66	--	--	93140.66
2008	115271.36	6269.68	--	--	121541.05	42630.34	2672.68	--	--	45303.02
2009	225621.27	16872.55	1610.08	--	244103.90	143539.53	7503.57	298.97	--	151342.07
2010	222692.76	35364.61	7365.22	--	265422.59	174954.45	16150.32	2005.64	--	193110.41
2011	179894.98	27429.32	7433.79	--	214758.10	148073.70	14343.52	2504.08	--	164921.30
2012	192822.39	28804.03	8731.21	--	230357.62	162078.83	16244.15	3335.29	--	181658.26
2013	186821.47	37163.74	15091.98	--	239077.19	165817.01	25543.70	8218.83	--	199579.54
2014	299637.81	51058.20	21850.95	--	372546.96	266533.42	36017.99	13072.90	--	315624.31
2015	371595.98	103950.47	55916.25	--	531462.70	316065.04	69737.04	32078.68	--	417880.76
2016	357317.41	98113.98	52254.50	--	507685.89	298776.00	64088.77	30536.90	--	393401.67
2017	411805.24	103992.02	51288.81	--	567086.08	347648.30	71155.07	30494.77	--	449298.14
2018	324342.44	70122.00	40459.59	--	434924.03	278772.38	50478.88	24542.95	--	353794.20
2019	424268.00	98681.32	61347.62	8637.64	592934.58	368280.20	73661.29	40231.74	1288.04	483461.27
2020	519031.32	135377.58	109338.54	33490.72	797238.17	457867.76	106105.00	69630.42	10002.11	643605.29
2021	719542.32	--	140240.30	56305.56	916088.18	630847.23	--	98118.03	22590.87	751556.13
2022	617133.59	--	112721.36	58150.96	788005.91	556478.87	--	79366.67	27583.34	663428.88
2023	597779.38	--	113733.92	61617.42	773130.71	553667.85	--	82062.34	38611.32	674341.52

2-4 沪深股票市场分股份类型规模

Dimensions of SSE & SZSE Stock Market by Type of Share

年份 Year	股票只数(只) Number of Stocks (unit)		上市公司家数(家) Number of Listed Companies (unit)		
	A股 A-shares	B股 B-shares	发行A股上市公司家数 A-shares	发行B股上市公司家数 B-shares	同时发行A、B股上市公司家数 A-shares and B-shares
1992	53	18	53	18	18
1993	177	41	177	41	35
1994	287	58	287	58	54
1995	311	70	311	70	58
1996	514	85	514	85	69
1997	720	101	720	101	76
1998	826	106	826	106	80
1999	923	108	923	108	82
2000	1060	114	1060	114	86
2001	1136	112	1136	112	88
2002	1200	111	1200	111	87
2003	1263	111	1263	111	87
2004	1353	110	1353	110	86
2005	1358	109	1358	109	86
2006	1411	109	1411	109	86
2007	1527	109	1527	109	86
2008	1602	109	1602	109	86
2009	1696	108	1696	108	86
2010	2041	108	2041	108	86
2011	2320	108	2320	108	86
2012	2472	107	2472	107	85
2013	2468	106	2468	106	85
2014	2592	104	2592	104	83
2015	2808	101	2808	101	82
2016	3034	100	3034	100	82
2017	3467	100	3467	100	82
2018	3567	99	3567	99	82
2019	3760	97	3760	97	80
2020	4140	93	4140	93	79
2021	4603	90	4603	90	78
2022	4905	86	4905	86	74
2023	5096	85	5096	85	74

注：发A股公司包括既发A股又发B股的公司，发B股公司包括既发A股又发B股的公司。
数据来源：上海证券交易所、深圳证券交易所
Source:SSE、SZSE

2-4 续表 continued

年份 Year	上市公司股本(亿股) Share Capital of Listed Companies (100 million shares)		流通股本(亿股) Negotiable Shares (100 million shares)		股票市值(亿元) Market Capitalization of Shares (100 million yuan)		流通市值(亿元) Negotiable Market Capitalization (100 million yuan)	
	A股 A-shares	B股 B-shares	A股 A-shares	B股 B-shares	A股 A-shares	B股 B-shares	A股 A-shares	B股 B-shares
1992	--	--	--	--	--	--	--	--
1993	300.19	28.49	57.14	24.48	3318.67	212.35	653.68	178.60
1994	594.71	46.30	144.41	41.22	3516.04	174.58	813.88	155.02
1995	708.00	62.09	178.98	46.00	3310.58	163.71	790.94	147.28
1996	1025.24	85.49	267.15	78.42	9448.56	394.03	2514.02	353.02
1997	1646.13	125.30	443.25	117.58	17154.19	375.04	4856.09	348.34
1998	2205.30	141.38	607.78	133.92	19307.68	206.35	5554.78	195.58
1999	2760.52	150.97	811.77	141.89	26181.61	303.54	7944.61	276.50
2000	3442.26	174.00	1079.15	155.21	47486.10	635.41	15534.47	563.53
2001	4662.36	189.53	1320.37	167.30	42303.22	1279.68	13367.52	1121.31
2002	5284.85	179.34	1508.76	171.51	37536.23	802.57	11721.40	765.81
2003	5813.72	189.62	1719.66	179.39	41540.40	937.23	12312.53	872.60
2004	6505.83	208.91	1996.65	197.50	36334.72	746.22	11011.02	690.17
2005	6936.08	227.47	2280.84	218.05	31826.28	619.73	10035.93	602.08
2006	12445.65	238.34	3215.54	228.96	88151.42	1289.94	23748.73	1272.38
2007	16746.63	253.84	4682.77	250.87	324738.16	2553.15	90602.83	2537.83
2008	18629.78	270.35	6696.76	268.21	120741.17	799.88	44508.22	794.80
2009	20332.77	273.49	13928.71	271.48	242291.80	1812.11	149539.38	1802.69
2010	26701.52	282.97	19160.47	281.68	263220.54	2202.05	190917.10	2193.31
2011	29448.60	296.52	22204.54	295.32	213309.84	1448.26	163479.07	1442.24
2012	31551.24	282.38	24497.05	281.18	228775.33	1582.29	180082.94	1575.32
2013	33538.25	283.79	29714.53	282.59	237403.27	1673.92	197915.96	1663.57
2014	36517.75	277.35	32013.11	276.14	370823.17	1723.79	313910.42	1713.89
2015	42753.16	270.98	36773.67	269.70	529251.65	2211.05	415680.99	2199.76
2016	48468.16	282.13	40855.20	280.85	505772.76	1913.12	391498.97	1902.70
2017	53461.94	284.74	44761.43	283.45	565254.86	1831.21	447476.33	1821.82
2018	57290.35	291.08	48758.19	289.38	433547.91	1376.13	352428.06	1366.14
2019	61427.79	292.13	52196.79	290.83	591623.19	1311.38	482157.73	1303.53
2020	65173.71	305.47	56072.58	280.92	796024.47	1213.70	642395.81	1209.49
2021	70390.26	304.13	60474.55	280.58	914670.51	1417.67	750255.17	1300.95
2022	73017.91	293.77	63975.17	270.14	786558.11	1447.80	662159.41	1269.47
2023	75193.04	296.35	67869.61	272.78	771834.06	1296.65	673243.09	1098.43

2-5 沪深股票市场分监管辖区规模
Dimensions of SSE & SZSE Stock Market by Regulatory Jurisdiction

辖区	Jurisdiction	上市公司家数(家) Number of Listed Companies (unit)		上市公司股本(亿股) Share Capital of Listed Companies (100 million shares)		股票市值(亿元) Market Capitalization of Shares (100 million yuan)	
		2022	2023	2022	2023	2022	2023
北京	Beijing	440	448	23337.27	23788.90	153650.21	163102.59
天津	Tianjin	68	70	952.16	976.84	10715.41	11392.74
河北	Hebei	69	70	1163.65	1096.11	11513.88	10382.43
山西	Shanxi	38	38	943.42	983.45	9227.51	8862.96
内蒙古	Inner Mongolia	25	25	1007.26	1021.43	7297.86	6649.31
辽宁	Liaoning	54	54	543.28	551.38	4578.41	4599.58
吉林	Jilin	47	47	515.00	512.85	3907.21	4007.27
黑龙江	Heilongjiang	40	40	625.43	653.96	3214.03	3430.71
上海	Shanghai	413	431	6117.67	6363.74	66786.86	66800.26
江苏	Jiangsu	609	646	4677.56	4928.01	63593.50	62345.67
浙江	Zhejiang	531	561	4413.96	4684.79	57468.98	54674.71
安徽	Anhui	154	167	1434.75	1527.91	17563.41	18217.45
福建	Fujian	104	103	1389.49	1337.16	25083.13	22587.06
江西	Jiangxi	76	85	665.08	788.39	8796.77	8295.45
山东	Shandong	217	226	2148.00	2269.97	26439.41	26413.61
河南	Henan	98	98	1211.82	1239.46	13460.37	13148.23
湖北	Hubei	133	137	1346.32	1409.46	13766.70	13602.99
湖南	Hunan	134	141	1329.19	1397.59	15821.80	14856.81
广东	Guangdong	415	429	3903.58	3983.61	53092.67	48690.95
广西	Guangxi	39	38	488.05	489.01	2711.58	2750.16
海南	Hainan	28	28	829.55	865.10	3671.26	3113.90
重庆	Chongqing	66	73	1003.84	1064.08	9307.78	10397.63
四川	Sichuan	161	164	1569.05	1612.08	29431.74	26407.19
贵州	Guizhou	35	35	360.87	293.31	26179.44	24987.12
云南	Yunnan	40	39	713.25	697.36	8890.21	7702.57
西藏	Xizang	22	22	149.13	153.94	2285.28	2266.71
陕西	Shaanxi	72	76	1094.92	1159.65	13760.75	12624.21
甘肃	Gansu	36	35	637.71	687.73	2952.40	2959.56
青海	Qinghai	11	10	159.13	173.66	2263.68	1996.90
宁夏	Ningxia	14	15	206.87	210.35	1610.32	1830.54
新疆	Xinjiang	59	60	1109.26	1137.08	8499.12	7631.78
深圳	Shenzhen	396	414	4591.70	4710.58	76009.05	74189.49
大连	Dalian	29	29	703.33	694.41	4181.87	3715.50
宁波	Ningbo	112	116	925.41	948.40	13773.94	12110.29
厦门	Xiamen	64	66	408.22	422.29	6602.00	5835.38
青岛	Qingdao	60	62	528.88	542.41	6486.26	6278.56
其他	Others	8	9	107.62	112.95	3411.11	4272.42

注：上市公司辖区按公司注册地划分，以沪深交易所股东大会公告为准。
数据来源：上海证券交易所、深圳证券交易所
Source:SSE、SZSE

2-6 沪深股票市场筹资情况
Proceeds Raised in SSE & SZSE Stock Market

年份 Year	首发发行数量(亿股) Number of Initial Public Offerings (100 million shares)	筹资金额(亿元) Proceeds Raised by Offering of Shares (100 million yuan)					
		小计 Subtotal	首发筹资金额(IPO) Proceeds Raised by IPO	增发筹资金额 Proceeds Raised by Following on Offering	配股筹资金额 Proceeds Raised by Rights Issues	行权筹资金额 Proceeds Raised by Warrant Exercise	优先股 Proceeds Raised by Preference Stock
1992	10.65	68.91	68.91	0.00	0.00	--	--
1993	51.07	245.02	184.83	0.00	60.19	--	--
1994	48.64	213.63	154.44	7.68	51.51	--	--
1995	18.01	99.78	42.37	1.16	56.25	--	--
1996	66.54	308.04	241.32	0.00	66.71	--	--
1997	129.64	859.98	651.56	0.00	208.42	--	--
1998	81.37	787.44	412.22	30.46	344.76	--	--
1999	86.87	873.63	494.71	59.95	318.98	--	--
2000	122.17	1515.82	862.56	143.73	509.53	--	--
2001	84.57	1238.14	614.03	193.48	430.64	--	--
2002	117.34	720.05	498.75	164.68	56.61	--	--
2003	89.34	665.51	472.42	116.56	76.52	--	--
2004	56.13	650.53	361.05	184.71	104.77	--	--
2005	13.92	339.03	57.63	278.78	2.62	--	--
2006	377.89	2374.50	1341.70	1028.48	4.32	--	--
2007	430.63	7814.74	4770.83	2816.24	227.68	--	--
2008	114.96	3312.39	1034.38	2095.68	151.57	30.76	--
2009	244.47	4834.34	1878.98	2818.99	105.97	30.40	--
2010	553.95	9799.80	4882.59	3394.71	1438.22	84.28	--
2011	163.99	7154.43	2824.43	3878.54	421.96	29.49	--
2012	78.86	4542.40	1034.32	3387.07	121.00	0.00	--
2013	0.00	4131.46	0.00	3655.74	475.73	0.00	0.00
2014	70.10	8498.26	668.89	6661.41	137.97	0.00	1030.00
2015	151.52	16361.62	1576.39	12741.29	36.44	0.00	2007.50
2016	137.47	20297.39	1496.07	16879.80	298.51	0.00	1623.00
2017	224.20	15534.98	2301.08	12870.94	162.96	0.00	200.00
2018	129.20	11377.88	1378.15	8421.66	228.32	0.00	1349.76
2019	297.57	12538.83	2489.81	7365.14	133.88	0.00	2550.00
2020	300.83	14221.61	4742.30	8778.99	512.97	0.00	187.35
2021	484.61	15400.13	5351.45	9555.32	493.35	0.00	0.00
2022	230.59	14175.45	5704.07	7856.11	615.26	0.00	0.00
2023	172.96	9902.04	3418.06	6233.49	150.49	0.00	100.00

注：本表筹资情况包含首发上市及再筹资。再筹资包含公开增发、定向增发、配股、权证和优先股筹资，其中权证筹资仅指期权行权筹资(不包括可转债转股)，为2008年之后开展的业务，优先股为2014年之后开展的业务。

数据来源：上海证券交易所、深圳证券交易所

Source: SSE、SZSE

2-7 2023年沪深股票市场分行业筹资情况
Summary of SSE & SZSE Stock Market Financing by Industry in 2023

单位：亿元　　(100 million yuan)

行业 Industry	A股 A-Shares			
	主板 Main Board	创业板 ChiNext Board	科创板 STAR Market	合计 Total
农、林、牧、渔 Agriculture, Forestry, Animal Husbandry and Fishery	56.08	8.79	0.00	64.88
采矿业 Mining	325.92	2.12	0.00	328.04
制造业 Manufacturing	2855.70	1771.44	1486.85	6113.99
电力、热力、燃气及水生产和供应业 Production and Supply of Electricity, Gas and Water	548.68	0.15	0.00	548.83
建筑业 Construction	438.91	4.18	0.00	443.09
批发和零售业 Wholesale and Retail Trades	132.42	65.94	0.00	198.36
交通运输、仓储和邮政业 Transport, Storage and Post	358.30	0.00	0.00	358.30
住宿和餐饮业 Hotels and Catering Services	0.00	5.17	0.00	5.17
信息传输、软件和信息技术服务业 Information Transmission, Computer Services and Software	53.72	196.80	310.54	561.06
金融业 Financial Intermediation	816.79	0.41	0.00	817.20
房地产业 Real Estate	292.96	0.00	0.00	292.96
租赁和商务服务业 Leasing and Business Services	10.12	0.47	0.00	10.59
科学研究和技术服务业 Scientific Research, Technical Service	14.91	34.62	25.70	75.22
水利、环境和公共设施管理业 Management of Water Conservancy, Environment and Public Facilities	9.90	38.61	7.70	56.22
居民服务、修理和其他服务业 Resident Services, Repairs and Other Services	0.00	0.00	0.00	0.00
教育 Education	0.61	0.37	0.00	0.98
卫生和社会工作 Health and Social Works	3.37	11.73	0.00	15.10
文化、体育和娱乐业 Culture, Sports and Entertainment	9.28	2.53	0.00	11.80
综合 Others	0.25	0.00	0.00	0.25

注：1.本表筹资情况包含沪深首发上市及再筹资。再筹资包含公开增发、定向增发、配股、权证和优先股筹资，其中权证筹资仅指期权行权筹资(不包括可转债转股)，为2008年之后开展的业务，优先股为2014年之后开展的业务。
2.募集资金以股票上市日口径统计。

数据来源：上海证券交易所、深圳证券交易所
Source:SSE、SZSE

2-8　2023年沪深股票市场分监管辖区筹资情况
Summary of SSE & SZSE Stock Market Financing by Jurisdiction in 2023

单位：亿元 (100 million yuan)

辖区	Jurisdiction	A股 A-Shares			
		主板 Main Board	创业板 ChiNext Board	科创板 STAR Market	合计 Total
北京	Beijing	1360.41	123.30	179.85	1663.56
天津	Tianjin	28.81	14.51	0.15	43.47
河北	Hebei	68.72	68.29	28.71	165.71
山西	Shanxi	103.97	0.00	0.00	103.97
内蒙古	Inner Mongolia	44.34	0.00	0.00	44.34
辽宁	Liaoning	36.75	16.40	3.22	56.37
吉林	Jilin	5.43	0.00	9.94	15.36
黑龙江	Heilongjiang	27.28	22.56	0.00	49.84
上海	Shanghai	714.08	174.13	227.63	1115.84
江苏	Jiangsu	294.48	287.11	311.73	893.31
浙江	Zhejiang	666.02	170.13	241.08	1077.24
安徽	Anhui	124.48	58.52	172.38	355.38
福建	Fujian	20.90	14.77	0.00	35.67
江西	Jiangxi	87.07	57.56	16.60	161.23
山东	Shandong	136.34	105.75	0.89	242.98
河南	Henan	54.71	21.84	0.04	76.59
湖北	Hubei	117.27	52.16	30.25	199.68
湖南	Hunan	317.09	84.55	20.30	421.94
广东	Guangdong	403.81	255.00	82.94	741.75
广西	Guangxi	61.82	0.10	0.00	61.92
海南	Hainan	28.20	0.00	0.19	28.38
重庆	Chongqing	14.85	56.39	52.72	123.96
四川	Sichuan	77.58	37.69	16.43	131.70
贵州	Guizhou	32.92	6.50	1.92	41.34
云南	Yunnan	146.31	7.11	0.00	153.42
西藏	Xizang	8.01	0.00	0.00	8.01
陕西	Shaanxi	102.13	135.73	56.58	294.44
甘肃	Gansu	314.57	0.29	0.00	314.85
青海	Qinghai	0.67	0.00	0.00	0.67
宁夏	Ningxia	20.67	6.41	0.00	27.08
新疆	Xinjiang	53.73	9.85	2.22	65.80
深圳	Shenzhen	359.74	206.75	125.35	691.85
大连	Dalian	0.19	5.51	8.44	14.14
宁波	Ningbo	31.83	96.46	14.60	142.89
厦门	Xiamen	25.23	8.02	0.02	33.28
青岛	Qingdao	37.53	39.93	9.24	86.70
其他	Others	0.00	0.00	217.38	217.38

注：1.本表筹资情况包含沪深首发上市及再筹资。再筹资包含公开增发、定向增发、配股、权证和优先股筹资，其中权证筹资仅指期权行权筹资(不包括可转债转股)，为2008年之后开展的业务，优先股为 2014年之后开展的业务。
2.募集资金以股票上市日口径统计。
3.上市公司辖区按公司注册地划分，以沪深交易所股东大会公告为准。

数据来源：上海证券交易所、深圳证券交易所

Source:SSE、SZSE

2-9 沪深股票市场分板块首发筹资情况(IPO)

Statistics for SSE & SZSE Stock Market IPO Financing by Board

年份 Year	首发筹资公司家数(家) Number of Listed Companies Financing by IPO(unit)					首发筹资金额(IPO)(亿元) Proceeds Raised by IPO(100 million yuan)				
	主板 Main Board	中小板 SME Board	创业板 ChiNext Board	科创板 STAR Market	合计 Total	主板 Main Board	中小板 SME Board	创业板 ChiNext Board	科创板 STAR Market	合计 Total
1990	8	--	--	--	8	2.11	--	--	--	2.11
1991	5	--	--	--	5	1.03	--	--	--	1.03
1992	41	--	--	--	41	68.91	--	--	--	68.91
1993	134	--	--	--	134	184.83	--	--	--	184.83
1994	117	--	--	--	117	154.44	--	--	--	154.44
1995	36	--	--	--	36	42.37	--	--	--	42.37
1996	212	--	--	--	212	241.32	--	--	--	241.32
1997	222	--	--	--	222	651.56	--	--	--	651.56
1998	111	--	--	--	111	412.22	--	--	--	412.22
1999	100	--	--	--	100	494.71	--	--	--	494.71
2000	143	--	--	--	143	862.56	--	--	--	862.56
2001	79	--	--	--	79	614.03	--	--	--	614.03
2002	71	--	--	--	71	498.75	--	--	--	498.75
2003	67	--	--	--	67	472.42	--	--	--	472.42
2004	62	38	--	--	100	269.97	91.08	--	--	361.05
2005	3	12	--	--	15	28.55	29.09	--	--	57.63
2006	14	52	--	--	66	1180.23	161.46	--	--	1341.70
2007	26	100	--	--	126	4379.92	390.91	--	--	4770.83
2008	5	71	--	--	76	733.54	300.84	--	--	1034.38
2009	9	54	36	--	99	1251.25	423.64	204.09	--	1878.98
2010	26	204	117	--	347	1891.51	2027.73	963.34	--	4882.59
2011	39	115	128	--	282	1014.01	1018.95	791.47	--	2824.43
2012	25	55	74	--	154	333.57	349.25	351.49	--	1034.32
2013	0	0	0	--	0	0.00	0.00	0.00	--	0.00
2014	43	31	51	--	125	311.77	197.66	159.45	--	668.89
2015	89	44	86	--	219	1086.90	181.86	307.62	--	1576.39
2016	103	46	78	--	227	1017.23	221.21	257.64	--	1496.07
2017	214	81	141	--	436	1376.56	402.68	521.84	--	2301.08
2018	57	19	29	--	105	864.93	226.33	286.89	--	1378.15
2019	53	26	52	70	201	1019.66	344.67	301.21	824.27	2489.81
2020	88	54	107	145	394	1250.85	372.29	892.95	2226.22	4742.30
2021	110	10	199	162	481	1800.22	47.07	1475.11	2029.04	5351.45
2022	70	--	148	123	341	1387.27	--	1796.36	2520.44	5704.07
2023	59	--	110	67	236	756.12	--	1223.11	1438.84	3418.06

注：1.股票首发筹资以上市日口径统计。
2.对同一年份发行A股和B股的上市公司在主板算作1家；筹资金额包含A、B股首发筹资金额。
3.对不同年份发行A、B股的公司筹资家数和筹资金额分别计入当年筹资家数和筹资金额。

数据来源：上海证券交易所、深圳证券交易所

Source: SSE、SZSE

2-10 沪深股票市场分股份类型首发筹资情况(IPO)

Statistics for SSE & SZSE Stock Market IPO Financing by Type of Shares

年份 Year	首发筹资公司家数(家) Number of Listed Companies Financing by IPO(unit)		首发筹资金额(IPO)(亿元) Proceeds Raised by IPO(100 million yuan)	
	发行A股的公司 Listed Companies Issued the A-shares	发行B股的公司 Listed Companies Issued the B-shares	A股 A-shares	B股 B-shares
1990	8	0	2.11	0.00
1991	5	0	1.03	0.00
1992	40	18	20.46	48.45
1993	124	23	143.50	41.34
1994	110	17	143.23	11.21
1995	24	12	21.90	20.47
1996	203	15	211.68	29.65
1997	206	16	613.97	37.59
1998	106	5	404.14	8.08
1999	98	2	494.20	0.51
2000	137	6	852.05	10.51
2001	79	0	614.03	0.00
2002	71	0	498.75	0.00
2003	67	0	472.42	0.00
2004	100	0	361.05	0.00
2005	15	0	57.63	0.00
2006	66	0	1341.70	0.00
2007	126	0	4770.83	0.00
2008	76	0	1034.38	0.00
2009	99	0	1878.98	0.00
2010	347	0	4882.59	0.00
2011	282	0	2824.43	0.00
2012	154	0	1034.32	0.00
2013	0	0	0.00	0.00
2014	125	0	668.89	0.00
2015	219	0	1576.39	0.00
2016	227	0	1496.07	0.00
2017	436	0	2301.08	0.00
2018	105	0	1378.15	0.00
2019	201	0	2489.81	0.00
2020	394	0	4742.30	0.00
2021	481	0	5351.45	0.00
2022	341	0	5704.07	0.00
2023	236	0	3418.06	0.00

注：1.股票首发筹资以上市日口径统计。
2.对A、B股同年首发的公司分别计入A、B股公司家数和筹资金额。
3.对不同年份发行A、B股的公司筹资家数和筹资金额分别计入当年筹资家数和筹资金额。

数据来源：上海证券交易所、深圳证券交易所

Source: SSE、SZSE

2-11 沪深A股市场新股首发及上市首日情况

Issue-Day Statistics of the SSE & SZSE A-Share Market IPO

年份 Year	平均超募比率(%) Average Oversubscription Rate(%)					上市首日平均换手率(%) Average Turnover Ratio of Issue-day(%)				
	总体 Total	主板 Main Board	中小板 SME Board	创业板 ChiNext Board	科创板 STAR Market	总体 Total	主板 Main Board	中小板 SME Board	创业板 ChiNext Board	科创板 STAR Market
1995	0.00	0.00	0.00	0.00	--	31.57	31.57	0.00	0.00	--
1996	0.00	0.00	0.00	0.00	--	57.67	57.67	0.00	0.00	--
1997	0.00	0.00	0.00	0.00	--	58.53	58.53	0.00	0.00	--
1998	0.00	0.00	0.00	0.00	--	58.96	58.96	0.00	0.00	--
1999	0.00	0.00	0.00	0.00	--	58.84	58.84	0.00	0.00	--
2000	0.00	0.00	0.00	0.00	--	57.99	57.99	0.00	0.00	--
2001	0.00	0.00	0.00	0.00	--	64.31	64.31	0.00	0.00	--
2002	0.00	0.00	0.00	0.00	--	62.57	62.57	0.00	0.00	--
2003	0.00	0.00	0.00	0.00	--	51.99	51.99	0.00	0.00	--
2004	0.00	0.00	0.00	0.00	--	54.80	52.15	59.05	0.00	--
2005	0.00	0.00	0.00	0.00	--	58.03	72.35	55.64	0.00	--
2006	2.20	2.41	1.31	0.00	--	71.12	61.54	73.52	0.00	--
2007	67.70	84.29	9.64	0.00	--	65.59	58.28	66.71	0.00	--
2008	18.96	25.19	6.07	0.00	--	80.74	71.46	81.39	0.00	--
2009	56.42	35.46	96.09	144.88	--	79.31	73.02	76.44	85.18	--
2010	124.36	37.81	150.23	234.59	--	72.14	67.18	72.80	72.11	--
2011	93.88	57.99	96.48	154.23	--	68.42	61.31	68.32	70.62	--
2012	43.46	4.75	65.96	84.59	--	62.72	65.53	60.74	63.24	--
2013	0.00	0.00	0.00	0.00	--	0.00	0.00	0.00	0.00	--
2014	0.00	0.00	0.00	0.00	--	5.25	6.00	4.39	5.14	--
2015	0.00	0.00	0.00	0.00	--	0.07	0.08	0.09	0.05	--
2016	0.00	0.00	0.00	0.00	--	0.05	0.06	0.05	0.04	--
2017	0.00	0.00	0.00	0.00	--	0.04	0.04	0.04	0.03	--
2018	0.00	0.00	0.00	0.00	--	0.14	0.19	0.09	0.10	--
2019	0.00	0.00	0.00	0.00	0.00	27.42	3.09	0.28	0.30	76.06
2020	17.00	-0.12	0.00	8.88	37.86	38.88	5.25	0.60	39.39	73.18
2021	-3.33	-7.58	-0.42	0.48	-2.40	53.78	7.29	0.91	65.94	74.46
2022	25.44	-2.82	--	50.75	30.72	51.88	11.07	--	61.52	63.93
2023	20.97	6.31	--	39.71	24.93	60.63	45.75	--	67.58	69.32

注：1.股票首发以上市日口径统计。
　　2.以上数据除超募比率使用整体法计算外，其他均为算数平均。
　　3.首日破发指的是首日收盘破发。
　　4.首发市盈率指的摊薄后的市盈率。

数据来源：上海证券交易所、深圳证券交易所
Source:SSE、SZSE

2-11 续表 1 continued

年份 Year	首日破发率(%) the Ratio of Breaking Issue Price(%)					平均首发价格(元) Average IPO Price(yuan)				
	总体 Total	主板 Main Board	中小板 SME Board	创业板 ChiNext Board	科创板 STAR Market	总体 Total	主板 Main Board	中小板 SME Board	创业板 ChiNext Board	科创板 STAR Market
1995	11.11	11.11	0.00	0.00	--	4.06	4.06	0.00	0.00	--
1996	1.38	1.38	0.00	0.00	--	5.57	5.57	0.00	0.00	--
1997	1.35	1.35	0.00	0.00	--	5.87	5.87	0.00	0.00	--
1998	2.70	2.70	0.00	0.00	--	5.28	5.28	0.00	0.00	--
1999	0.00	0.00	0.00	0.00	--	6.15	6.15	0.00	0.00	--
2000	0.00	0.00	0.00	0.00	--	7.95	7.95	0.00	0.00	--
2001	0.00	0.00	0.00	0.00	--	9.49	9.49	0.00	0.00	--
2002	0.00	0.00	0.00	0.00	--	7.23	7.23	0.00	0.00	--
2003	0.00	0.00	0.00	0.00	--	7.33	7.33	0.00	0.00	--
2004	3.00	1.61	5.26	0.00	--	8.45	7.61	9.80	0.00	--
2005	0.00	0.00	0.00	0.00	--	6.87	5.03	7.18	0.00	--
2006	0.00	0.00	0.00	0.00	--	8.15	5.77	8.75	0.00	--
2007	0.00	0.00	0.00	0.00	--	11.47	12.17	11.40	0.00	--
2008	0.00	0.00	0.00	0.00	--	12.04	10.36	12.16	0.00	--
2009	0.00	0.00	0.00	0.00	--	23.32	10.77	23.56	26.11	--
2010	7.49	19.23	7.84	4.27	--	29.83	12.52	28.02	36.84	--
2011	27.40	39.47	27.83	23.44	--	26.33	19.87	25.96	28.58	--
2012	26.62	32.00	29.09	22.97	--	18.84	10.88	18.00	22.17	--
2013	0.00	0.00	0.00	0.00	--	0.00	0.00	0.00	0.00	--
2014	0.00	0.00	0.00	0.00	--	17.56	13.08	15.25	22.74	--
2015	0.00	0.00	0.00	0.00	--	14.05	12.53	13.90	15.70	--
2016	0.00	0.00	0.00	0.00	--	13.80	12.66	13.99	15.22	--
2017	0.00	0.00	0.00	0.00	--	14.45	13.49	15.29	15.43	--
2018	0.00	0.00	0.00	0.00	--	17.75	17.06	15.30	20.71	--
2019	0.50	0.00	0.00	0.00	1.43	22.84	14.45	16.40	21.78	32.36
2020	0.00	0.00	0.00	0.00	0.00	27.53	18.34	20.76	25.73	36.96
2021	3.31	0.00	0.00	3.02	6.17	27.55	18.51	10.43	28.25	34.11
2022	26.96	0.00	--	25.33	39.02	41.18	21.25	--	40.99	52.97
2023	18.53	3.39	--	18.18	19.40	36.05	23.61	--	37.31	44.93

2-11 续表 2 continued

年份 Year	首日平均涨跌幅(%) Average Price Change Rate on the First Trading Day of IPO (%)					平均网上发行中签率(%) Average Lot Winning Rate for Online Subscription(%)					平均首发市盈率(倍) Average IPO P/E Ratio(times)				
	总体 Total	主板 Main Board	中小板 SME Board	创业板 ChiNext Board	科创板 STAR Market	总体 Total	主板 Main Board	中小板 SME Board	创业板 ChiNext Board	科创板 STAR Market	总体 Total	主板 Main Board	中小板 SME Board	创业板 ChiNext Board	科创板 STAR Market
1995	102.99	102.99	0.00	0.00	--	0.00	0.00	0.00	0.00	--	0.00	0.00	0.00	0.00	--
1996	111.08	111.08	0.00	0.00	--	0.00	0.00	0.00	0.00	--	0.00	0.00	0.00	0.00	--
1997	151.59	151.59	0.00	0.00	--	2.05	2.05	0.00	0.00	--	0.00	0.00	0.00	0.00	--
1998	142.36	142.36	0.00	0.00	--	0.60	0.60	0.00	0.00	--	0.00	0.00	0.00	0.00	--
1999	110.97	110.97	0.00	0.00	--	0.71	0.71	0.00	0.00	--	0.00	0.00	0.00	0.00	--
2000	147.35	147.35	0.00	0.00	--	0.50	0.50	0.00	0.00	--	28.55	28.55	0.00	0.00	--
2001	137.43	137.43	0.00	0.00	--	0.58	0.58	0.00	0.00	--	30.54	30.54	0.00	0.00	--
2002	135.48	135.48	0.00	0.00	--	0.00	0.00	0.00	0.00	--	19.12	19.12	0.00	0.00	--
2003	72.03	72.03	0.00	0.00	--	0.00	0.00	0.00	0.00	--	17.92	17.92	0.00	0.00	--
2004	70.78	72.50	68.02	0.00	--	0.00	0.00	0.04	0.00	--	17.25	17.32	17.14	0.00	--
2005	47.53	106.42	37.72	0.00	--	0.00	0.00	0.06	0.00	--	20.69	20.83	20.67	0.00	--
2006	84.81	37.90	96.54	0.00	--	0.50	1.52	0.24	0.00	--	23.23	18.61	24.38	0.00	--
2007	191.09	113.40	209.05	0.00	--	0.34	0.87	0.21	0.00	--	30.10	38.36	28.33	0.00	--
2008	115.82	49.94	120.46	0.00	--	0.11	0.47	0.08	0.00	--	26.94	31.43	26.63	0.00	--
2009	74.15	55.95	64.83	92.67	--	0.56	1.05	0.35	0.73	--	51.73	46.45	45.37	62.60	--
2010	41.42	28.52	45.13	37.83	--	0.88	2.33	0.78	0.73	--	58.77	39.09	54.59	70.45	--
2011	20.91	16.10	20.65	22.59	--	2.27	4.52	2.27	1.61	--	47.40	39.35	43.85	52.98	--
2012	26.71	40.05	28.15	21.13	--	1.84	3.08	1.77	1.48	--	30.18	23.35	28.71	33.58	--
2013	0.00	0.00	0.00	0.00	--	0.00	0.00	0.00	0.00	--	0.00	0.00	0.00	0.00	--
2014	43.52	42.72	44.27	43.74	--	1.07	0.94	1.17	1.11	--	23.82	21.32	23.45	26.16	--
2015	44.00	44.00	44.00	44.00	--	0.49	0.57	0.42	0.43	--	21.87	22.13	21.87	21.62	--
2016	44.00	44.00	44.00	44.00	--	0.05	0.06	0.03	0.03	--	21.44	20.64	21.48	22.48	--
2017	44.00	44.00	44.00	44.00	--	0.03	0.04	0.02	0.02	--	27.57	25.22	29.84	29.84	--
2018	44.00	44.01	44.00	44.00	--	0.06	0.07	0.06	0.04	--	24.75	21.12	29.52	28.76	--
2019	65.06	42.07	44.00	44.00	115.06	0.07	0.11	0.08	0.03	0.05	33.73	20.32	19.21	20.18	59.33
2020	125.64	43.44	44.00	157.87	182.15	0.04	0.05	0.03	0.02	0.04	40.47	22.57	20.72	27.25	71.68
2021	164.07	42.62	44.03	218.70	188.24	0.03	0.07	0.04	0.02	0.03	37.77	21.70	22.25	29.64	60.90
2022	35.05	40.62	--	44.44	20.87	0.03	0.04	--	0.02	0.04	59.21	22.05	--	48.25	101.50
2023	69.57	78.53	--	77.09	49.34	0.04	0.05	--	0.03	0.05	49.73	28.20	--	40.14	89.83

2-12　2023年沪深A股市场首发及上市首日表现

序号 Number	股票代码 Stock Code	股票简称 Stock Abbreviation	所属辖区 Jurisdiction	行业分类 Industry Classification	上市日期 Listing Date	首发数量（万股） Number of IPO Shares (10 thousand shares)
1	600925	苏能股份	江苏	采矿业	2023-3-29	68888.89
2	601059	信达证券	北京	金融业	2023-2-1	32430.00
3	601061	中信金属	北京	批发和零售业	2023-4-10	50115.38
4	601065	江盐集团	江西	制造业	2023-4-10	16000.00
5	601083	锦江航运	上海	交通运输、仓储和邮政业	2023-12-5	19412.00
6	601096	宏盛华源	山东	制造业	2023-12-22	66878.88
7	601121	宝地矿业	新疆	采矿业	2023-3-10	20000.00
8	601133	柏诚股份	江苏	建筑业	2023-4-10	13000.00
9	603004	鼎龙科技	浙江	制造业	2023-12-27	5888.00
10	603061	金海通	天津	制造业	2023-3-3	1500.00
11	603062	麦加芯彩	上海	制造业	2023-11-7	2700.00
12	603065	宿迁联盛	江苏	制造业	2023-3-21	4190.00
13	603073	彩蝶实业	浙江	制造业	2023-3-16	2900.00
14	603075	热威股份	浙江	制造业	2023-9-11	4001.00
15	603107	上海汽配	上海	制造业	2023-11-1	8433.50
16	603119	浙江荣泰	浙江	制造业	2023-8-1	7000.00
17	603125	常青科技	江苏	制造业	2023-4-10	4814.00
18	603135	中重科技	天津	制造业	2023-4-10	9000.00
19	603137	恒尚节能	江苏	建筑业	2023-4-19	3266.67
20	603153	上海建科	上海	科学研究和技术服务业	2023-3-13	5500.00
21	603162	海通发展	福建	交通运输、仓储和邮政业	2023-3-29	4127.60
22	603172	万丰股份	浙江	制造业	2023-5-10	3338.00
23	603173	福斯达	浙江	制造业	2023-1-30	4000.00
24	603190	亚通精工	山东	制造业	2023-2-17	3000.00
25	603193	润本股份	广东	制造业	2023-10-17	6069.00
26	603231	索宝蛋白	宁波	制造业	2023-12-15	4786.48
27	603270	金帝股份	山东	制造业	2023-9-1	5477.67
28	603273	天元智能	江苏	制造业	2023-10-23	5357.84
29	603275	众辰科技	上海	制造业	2023-8-23	3719.30
30	603276	恒兴新材	江苏	制造业	2023-9-25	4000.00
31	603281	江瀚新材	湖北	制造业	2023-1-31	6666.67
32	603282	亚光股份	浙江	制造业	2023-3-15	3350.00
33	603291	联合水务	江苏	电力、热力、燃气及水生产和供应业	2023-3-27	4232.21
34	603296	华勤技术	上海	制造业	2023-8-8	7242.52
35	603307	扬州金泉	江苏	制造业	2023-2-16	1675.00
36	603373	安邦护卫	浙江	租赁和商务服务业	2023-12-20	2688.17
37	688146	中船特气	河北	制造业	2023-4-21	7941.18
38	688249	晶合集成	安徽	制造业	2023-5-5	50153.38
39	688307	中润光学	浙江	制造业	2023-2-16	2200.00
40	688334	西高院	陕西	科学研究和技术服务业	2023-6-19	7914.49
41	688343	云天励飞	深圳	信息传输、软件和信息技术服务业	2023-4-4	8878.34

数据来源：上海证券交易所、深圳证券交易所
Source:SSE、SZSE

Issue-Day Statistics of IPO in the SSE & SZSE A-Share Stock Market in 2023

发行价格 (元) IPO Price (yuan)	首发筹资金额 (百万元) Proceeds Raised by IPO (million yuan)	上市首日涨跌幅 (%) Price Change Rate on Issue Day of IPO (%)	超募比例 (%) Oversubscription Rate(%)	网上发行中签率(%) Lot Winning Rate for Online Subscription(%)	首发市盈率 (摊薄)(倍) IPO P/E Ratio (times)	上市交易所 Stock Exchange
6.18	4257.33	28.48	0.00	0.24	22.49	上海证券交易所
8.25	2675.48	44.00	0.00	0.15	22.97	上海证券交易所
6.58	3297.59	70.82	-19.64	0.16	20.21	上海证券交易所
10.36	1657.60	57.34	56.30	0.07	37.76	上海证券交易所
11.25	2183.85	58.58	-30.64	0.10	8.24	上海证券交易所
1.70	1136.94	340.59	3.33	0.25	31.54	上海证券交易所
4.38	876.00	44.06	0.00	0.10	14.04	上海证券交易所
11.66	1515.80	110.63	142.38	0.06	40.60	上海证券交易所
16.80	989.18	79.05	11.57	0.05	26.37	上海证券交易所
58.58	878.70	44.01	0.00	0.02	22.99	上海证券交易所
58.08	1568.16	28.75	55.73	0.05	26.28	上海证券交易所
12.85	538.42	43.97	0.00	0.05	22.99	上海证券交易所
19.85	575.65	43.98	0.00	0.03	19.37	上海证券交易所
23.10	924.23	69.26	5.23	0.04	39.05	上海证券交易所
14.23	1200.09	181.03	30.82	0.07	38.75	上海证券交易所
15.32	1072.40	130.87	9.17	0.05	35.58	上海证券交易所
25.98	1250.68	71.67	29.14	0.04	34.83	上海证券交易所
17.80	1602.00	60.00	17.87	0.05	29.01	上海证券交易所
15.90	519.40	59.25	-18.35	0.03	23.42	上海证券交易所
11.47	630.85	44.03	0.00	0.05	22.99	上海证券交易所
37.25	1537.53	-11.81	0.00	0.05	22.99	上海证券交易所
14.58	486.68	30.86	-20.75	0.04	30.23	上海证券交易所
18.65	746.00	44.02	0.00	0.04	22.99	上海证券交易所
29.09	872.70	44.00	0.00	0.03	22.99	上海证券交易所
17.38	1054.79	27.04	6.95	0.05	45.56	上海证券交易所
21.29	1019.04	33.68	71.51	0.04	26.74	上海证券交易所
21.77	1192.49	121.73	24.13	0.05	41.68	上海证券交易所
9.50	508.99	140.84	-16.17	0.05	29.94	上海证券交易所
49.97	1858.53	29.22	67.10	0.04	53.64	上海证券交易所
25.73	1029.20	18.69	1.83	0.04	44.35	上海证券交易所
35.59	2372.67	44.00	0.00	0.06	14.80	上海证券交易所
18.00	603.00	44.00	0.00	0.03	14.75	上海证券交易所
5.86	248.01	44.03	0.00	0.05	22.96	上海证券交易所
80.80	5851.96	-9.29	4.10	0.05	31.32	上海证券交易所
31.04	519.92	44.01	0.00	0.02	21.61	上海证券交易所
19.10	513.44	141.88	-0.10	0.04	19.86	上海证券交易所
36.15	2870.74	35.80	72.11	0.04	59.43	上海证券交易所
19.86	9960.46	0.05	2.29	0.11	14.36	上海证券交易所
23.88	525.36	102.18	8.44	0.04	65.36	上海证券交易所
14.16	1120.69	46.40	15.43	0.05	39.96	上海证券交易所
43.92	3899.37	137.04	17.60	0.05	--	上海证券交易所

2-12 续表 1

序号 Number	股票代码 Stock Code	股票简称 Stock Abbreviation	所属辖区 Jurisdiction	行业分类 Industry Classification	上市日期 Listing Date	首发数量（万股） Number of IPO Shares (10 thousand shares)
42	688347	华虹公司	境外	制造业	2023-8-7	40775.00
43	688352	颀中科技	安徽	制造业	2023-4-20	20000.00
44	688361	中科飞测	深圳	制造业	2023-5-19	8000.00
45	688429	时创能源	江苏	制造业	2023-6-29	4000.08
46	688433	华曙高科	湖南	制造业	2023-4-17	4143.23
47	688435	英方软件	上海	信息传输、软件和信息技术服务业	2023-1-19	2094.67
48	688443	智翔金泰	重庆	制造业	2023-6-20	9168.00
49	688450	光格科技	江苏	制造业	2023-7-24	1650.00
50	688458	美芯晟	北京	制造业	2023-5-22	2001.00
51	688469	芯联集成	浙江	制造业	2023-5-10	194580.00
52	688472	阿特斯	江苏	制造业	2023-6-9	62221.73
53	688478	晶升股份	江苏	制造业	2023-4-24	3459.15
54	688479	友车科技	上海	信息传输、软件和信息技术服务业	2023-5-11	3607.94
55	688484	南芯科技	上海	信息传输、软件和信息技术服务业	2023-4-7	6353.00
56	688485	九州一轨	北京	水利、环境和公共设施管理业	2023-1-18	3757.30
57	688486	龙迅股份	安徽	信息传输、软件和信息技术服务业	2023-2-21	1731.47
58	688502	茂莱光学	江苏	制造业	2023-3-9	1320.00
59	688506	百利天恒	四川	制造业	2023-1-6	4010.00
60	688507	索辰科技	上海	信息传输、软件和信息技术服务业	2023-4-18	1033.34
61	688512	慧智微	广东	制造业	2023-5-16	5430.05
62	688515	裕太微	江苏	信息传输、软件和信息技术服务业	2023-2-10	2000.00
63	688522	纳睿雷达	广东	制造业	2023-3-1	3866.68
64	688523	航天环宇	湖南	制造业	2023-6-2	4088.00
65	688531	日联科技	江苏	制造业	2023-3-31	1985.14
66	688535	华海诚科	江苏	制造业	2023-4-4	2018.00
67	688539	高华科技	江苏	制造业	2023-4-18	3320.00
68	688543	国科军工	江西	制造业	2023-6-21	3667.00
69	688548	广钢气体	广东	制造业	2023-8-15	32984.96
70	688549	中巨芯	浙江	制造业	2023-9-8	36931.90
71	688552	航天南湖	湖北	制造业	2023-5-18	8431.27
72	688562	航天软件	北京	信息传输、软件和信息技术服务业	2023-5-24	10000.00
73	688563	航材股份	北京	制造业	2023-7-19	9000.00
74	688570	天玛智控	北京	制造业	2023-6-5	7300.00
75	688573	信宇人	深圳	制造业	2023-8-17	2443.86
76	688576	西山科技	重庆	制造业	2023-6-6	1325.04
77	688581	安杰思	浙江	制造业	2023-5-19	1447.00
78	688582	芯动联科	安徽	制造业	2023-6-30	5521.00
79	688591	泰凌微	上海	制造业	2023-8-25	6000.00
80	688592	司南导航	上海	制造业	2023-8-16	1554.00
81	688593	新相微	上海	信息传输、软件和信息技术服务业	2023-6-1	9190.59
82	688602	康鹏科技	上海	制造业	2023-7-20	10387.50
83	688603	天承科技	广东	制造业	2023-7-10	1453.42
84	688610	埃科光电	安徽	制造业	2023-7-19	1700.00
85	688612	威迈斯	深圳	制造业	2023-7-26	4210.00

continued

发行价格 (元) IPO Price (yuan)	首发筹资金额 (百万元) Proceeds Raised by IPO (million yuan)	上市首日涨跌幅 (%) Price Change Rate on Issue Day of IPO (%)	超募比例 (%) Oversubscription Rate(%)	网上发行 中签率(%) Lot Winning Rate for Online Subscription(%)	首发市盈率 (摊薄)(倍) IPO P/E Ratio (times)	上市交易所 Stock Exchange
52.00	21203.00	2.04	15.94	0.07	34.71	上海证券交易所
12.10	2420.00	43.97	10.63	0.06	50.37	上海证券交易所
23.60	1888.00	189.62	58.71	0.05	--	上海证券交易所
19.20	768.02	63.91	-33.97	0.04	28.92	上海证券交易所
26.66	1104.58	15.90	48.23	0.05	154.83	上海证券交易所
38.66	809.80	176.77	24.13	0.04	118.63	上海证券交易所
37.88	3472.84	-10.19	-16.55	0.06	--	上海证券交易所
53.09	875.99	-13.69	27.29	0.04	52.21	上海证券交易所
75.00	1500.75	-5.85	33.49	0.04	141.67	上海证券交易所
5.69	11071.60	10.72	-13.20	0.25	--	上海证券交易所
11.10	6906.61	17.57	61.44	0.12	19.86	上海证券交易所
32.52	1124.92	30.69	92.35	0.04	129.90	上海证券交易所
33.99	1226.34	-14.12	74.18	0.04	52.22	上海证券交易所
39.99	2540.56	48.41	39.31	0.05	71.56	上海证券交易所
17.47	656.40	23.41	-10.32	0.04	40.65	上海证券交易所
64.76	1121.30	35.87	6.90	0.04	63.14	上海证券交易所
69.72	920.30	175.39	80.82	0.04	84.80	上海证券交易所
24.70	990.47	29.76	-35.19	0.05	--	上海证券交易所
245.56	2537.47	2.62	113.12	0.04	368.92	上海证券交易所
20.92	1135.97	-8.94	-29.52	0.05	--	上海证券交易所
92.00	1840.00	152.70	25.31	0.04	--	上海证券交易所
46.68	1804.97	29.39	61.33	0.04	86.77	上海证券交易所
21.86	893.64	55.49	56.63	0.05	77.72	上海证券交易所
152.33	3024.95	27.44	238.30	0.05	267.32	上海证券交易所
35.00	706.30	79.00	75.09	0.04	69.08	上海证券交易所
38.22	1268.90	-8.42	72.08	0.04	75.01	上海证券交易所
43.67	1601.38	16.05	76.27	0.04	63.25	上海证券交易所
9.87	3255.62	33.23	143.36	0.07	58.63	上海证券交易所
5.18	1913.07	182.05	19.10	0.08	--	上海证券交易所
21.17	1784.90	27.68	71.91	0.05	46.30	上海证券交易所
12.68	1268.00	125.55	96.33	0.04	133.70	上海证券交易所
78.99	7109.10	-19.43	85.92	0.06	80.34	上海证券交易所
30.26	2208.98	9.48	6.18	0.05	33.81	上海证券交易所
23.68	578.71	76.10	8.22	0.04	46.18	上海证券交易所
135.80	1799.40	40.79	117.03	0.05	109.28	上海证券交易所
125.80	1820.33	-1.19	93.65	0.05	50.95	上海证券交易所
26.74	1476.32	75.21	31.35	0.05	99.96	上海证券交易所
24.98	1498.80	30.90	2.35	0.05	172.25	上海证券交易所
50.50	784.77	27.64	20.70	0.05	143.58	上海证券交易所
11.18	1027.51	88.46	-36.96	0.05	55.22	上海证券交易所
8.66	899.56	38.57	-17.39	0.05	26.92	上海证券交易所
55.00	799.38	58.38	62.12	0.05	59.61	上海证券交易所
73.33	1246.61	-4.08	1.27	0.05	85.36	上海证券交易所
47.29	1990.91	4.95	33.85	0.05	73.98	上海证券交易所

2-12 续表 2

序号 Number	股票代码 Stock Code	股票简称 Stock Abbreviation	所属辖区 Jurisdiction	行业分类 Industry Classification	上市日期 Listing Date	首发数量（万股） Number of IPO Shares (10 thousand shares)
86	688620	安凯微	广东	制造业	2023-6-27	9800.00
87	688623	双元科技	浙江	制造业	2023-6-8	1478.57
88	688627	精智达	深圳	制造业	2023-7-18	2350.29
89	688629	华丰科技	四川	制造业	2023-6-27	6914.89
90	688631	莱斯信息	江苏	信息传输、软件和信息技术服务业	2023-6-28	4087.00
91	688638	誉辰智能	深圳	制造业	2023-7-12	1000.00
92	688646	逸飞激光	湖北	制造业	2023-7-28	2379.07
93	688648	中邮科技	上海	制造业	2023-11-13	3400.00
94	688651	盛邦安全	北京	信息传输、软件和信息技术服务业	2023-7-26	1888.00
95	688652	京仪装备	北京	制造业	2023-11-29	4200.00
96	688653	康希通信	上海	制造业	2023-11-17	6368.00
97	688657	浩辰软件	江苏	信息传输、软件和信息技术服务业	2023-10-10	1121.82
98	688671	碧兴物联	深圳	制造业	2023-8-9	1963.00
99	688693	锴威特	江苏	制造业	2023-8-18	1842.11
100	688702	盛科通信	江苏	信息传输、软件和信息技术服务业	2023-9-14	5000.00
101	688716	中研股份	吉林	制造业	2023-9-20	3042.00
102	688719	爱科赛博	陕西	制造业	2023-9-28	2062.00
103	688720	艾森股份	江苏	制造业	2023-12-6	2203.33
104	301317	鑫磊股份	浙江	制造业	2023-1-19	3930.00
105	301373	凌玮科技	广东	制造业	2023-2-8	2712.00
106	301260	格力博	江苏	制造业	2023-2-8	12154.00
107	301358	湖南裕能	湖南	制造业	2023-2-9	18931.32
108	301419	阿莱德	上海	制造业	2023-2-9	2500.00
109	001314	亿道信息	深圳	制造业	2023-2-14	3511.15
110	001260	坤泰股份	山东	制造业	2023-2-16	2875.00
111	301303	真兰仪表	上海	制造业	2023-2-20	7300.00
112	001225	和泰机电	浙江	制造业	2023-2-22	1616.68
113	001311	多利科技	安徽	制造业	2023-2-27	3533.33
114	301408	华人健康	安徽	批发和零售业	2023-3-1	6001.00
115	001337	四川黄金	四川	采矿业	2023-3-3	6000.00
116	301322	绿通科技	广东	制造业	2023-3-6	1749.00
117	001366	播恩集团	江西	制造业	2023-3-7	4035.00
118	001278	一彬科技	宁波	制造业	2023-3-8	3093.34
119	301157	华塑科技	浙江	制造业	2023-3-9	1500.00
120	001368	通达创智	厦门	制造业	2023-3-13	2800.00
121	301439	泓淋电力	山东	制造业	2023-3-17	9728.00
122	301246	宏源药业	湖北	制造业	2023-3-20	4725.72
123	301378	通达海	江苏	信息传输、软件和信息技术服务业	2023-3-20	1150.00
124	301345	涛涛车业	浙江	制造业	2023-3-21	2733.36
125	301314	科瑞思	广东	制造业	2023-3-28	1062.50
126	301386	未来电器	江苏	制造业	2023-3-29	3500.00
127	301141	中科磁业	浙江	制造业	2023-4-3	2215.00
128	301281	科源制药	山东	制造业	2023-4-4	1935.00

continued

发行价格(元) IPO Price (yuan)	首发筹资金额(百万元) Proceeds Raised by IPO (million yuan)	上市首日涨跌幅(%) Price Change Rate on Issue Day of IPO (%)	超募比例(%) Oversubscription Rate(%)	网上发行中签率(%) Lot Winning Rate for Online Subscription(%)	首发市盈率(摊薄)(倍) IPO P/E Ratio (times)	上市交易所 Stock Exchange
10.68	1046.64	33.80	-7.19	0.05	190.57	上海证券交易所
125.88	1861.22	-18.66	119.89	0.05	79.83	上海证券交易所
46.77	1099.23	63.78	54.24	0.05	83.35	上海证券交易所
9.26	640.32	149.57	17.57	0.05	59.51	上海证券交易所
25.28	1033.19	32.36	-4.39	0.04	48.44	上海证券交易所
83.90	839.00	-7.81	63.70	0.05	51.11	上海证券交易所
46.80	1113.40	20.73	89.15	0.04	65.40	上海证券交易所
15.18	516.12	132.02	-52.23	0.05	28.94	上海证券交易所
39.90	753.31	37.84	16.59	0.04	70.83	上海证券交易所
31.95	1341.90	74.59	36.70	0.05	65.44	上海证券交易所
10.50	668.64	151.33	-21.40	0.05	441.18	上海证券交易所
103.40	1159.96	-14.03	35.40	0.06	77.77	上海证券交易所
36.12	709.04	93.80	42.32	0.04	52.85	上海证券交易所
40.83	752.13	109.40	21.82	0.04	60.69	上海证券交易所
42.66	2133.00	46.51	88.96	0.04	--	上海证券交易所
29.66	902.26	7.15	61.80	0.04	67.37	上海证券交易所
69.98	1442.99	-6.30	185.57	0.05	88.78	上海证券交易所
28.03	617.59	118.34	-21.21	0.04	171.51	上海证券交易所
20.67	812.33	32.80	43.22	0.03	53.83	深圳证券交易所
33.73	914.76	28.52	59.02	0.03	54.14	深圳证券交易所
30.85	3749.51	24.15	2.41	0.04	53.65	深圳证券交易所
23.77	4499.97	125.49	123.71	0.04	15.20	深圳证券交易所
24.80	620.00	120.89	50.77	0.02	35.33	深圳证券交易所
35.00	1228.90	44.00	0.00	0.03	21.66	深圳证券交易所
14.27	410.26	44.01	0.00	0.03	22.58	深圳证券交易所
26.80	1956.40	26.90	5.23	0.03	36.02	深圳证券交易所
46.81	756.77	44.01	0.00	0.01	14.68	深圳证券交易所
61.87	2186.07	44.00	0.00	0.03	22.68	深圳证券交易所
16.24	974.56	55.85	39.07	0.03	93.33	深圳证券交易所
7.09	425.40	44.01	0.00	0.04	19.42	深圳证券交易所
131.11	2293.11	1.37	284.54	0.02	72.08	深圳证券交易所
9.32	376.06	43.99	0.00	0.03	16.64	深圳证券交易所
17.00	525.87	44.00	0.00	0.03	21.44	深圳证券交易所
56.50	847.50	50.04	37.51	0.02	61.41	深圳证券交易所
25.13	703.64	44.01	0.00	0.03	21.42	深圳证券交易所
19.99	1944.63	21.56	105.61	0.03	47.94	深圳证券交易所
50.00	2362.86	-16.10	188.95	0.03	40.49	深圳证券交易所
95.00	1092.50	17.40	0.00	0.01	45.09	深圳证券交易所
73.45	2007.65	-20.14	170.42	0.02	33.09	深圳证券交易所
63.78	677.66	36.41	0.00	0.01	21.72	深圳证券交易所
29.99	1049.65	-5.64	60.02	0.02	50.92	深圳证券交易所
41.20	912.58	5.83	101.39	0.02	42.87	深圳证券交易所
44.18	854.88	-12.29	94.31	0.02	43.70	深圳证券交易所

2-12 续表 3

序号 Number	股票代码 Stock Code	股票简称 Stock Abbreviation	所属辖区 Jurisdiction	行业分类 Industry Classification	上市日期 Listing Date	首发数量（万股） Number of IPO Shares (10 thousand shares)
129	301203	国泰环保	浙江	水利、环境和公共设施管理业	2023-4-4	2000.00
130	001287	中电港	深圳	批发和零售业	2023-4-10	18997.50
131	001328	登康口腔	重庆	制造业	2023-4-10	4304.35
132	001367	海森药业	浙江	制造业	2023-4-10	1700.00
133	001360	南矿集团	江西	制造业	2023-4-10	5100.00
134	001286	陕西能源	陕西	电力、热力、燃气及水生产和供应业	2023-4-10	75000.00
135	301429	森泰股份	安徽	制造业	2023-4-17	2956.00
136	301357	北方长龙	陕西	制造业	2023-4-18	1700.00
137	301387	光大同创	深圳	制造业	2023-4-18	1900.00
138	301307	美利信	重庆	制造业	2023-4-24	5300.00
139	301360	荣旗科技	江苏	制造业	2023-4-25	1334.00
140	301293	三博脑科	北京	卫生和社会工作	2023-5-5	3961.29
141	301390	经纬股份	浙江	科学研究和技术服务业	2023-5-8	1500.00
142	301325	曼恩斯特	深圳	制造业	2023-5-12	3000.00
143	001380	华纬科技	浙江	制造业	2023-5-16	3222.00
144	301382	蜂助手	广东	信息传输、软件和信息技术服务业	2023-5-17	4240.00
145	301332	德尔玛	广东	制造业	2023-5-18	9231.25
146	301428	世纪恒通	贵州	信息传输、软件和信息技术服务业	2023-5-19	2466.67
147	001324	长青科技	江苏	制造业	2023-5-22	3450.00
148	301399	英特科技	浙江	制造业	2023-5-23	2200.00
149	301305	朗坤环境	深圳	水利、环境和公共设施管理业	2023-5-23	6089.27
150	001282	三联锻造	安徽	制造业	2023-5-24	2838.00
151	301252	同星科技	浙江	制造业	2023-5-25	2000.00
152	301337	亚华电子	山东	信息传输、软件和信息技术服务业	2023-5-26	2605.00
153	301353	普莱得	浙江	制造业	2023-5-30	1900.00
154	001373	翔腾新材	江苏	制造业	2023-6-1	1717.17
155	301310	鑫宏业	江苏	制造业	2023-6-2	2427.47
156	301323	新莱福	广东	制造业	2023-6-6	2623.07
157	301320	豪江智能	青岛	制造业	2023-6-9	4530.00
158	301383	天键股份	江西	制造业	2023-6-9	2906.00
159	301355	南王科技	福建	制造业	2023-6-12	4878.00
160	301287	康力源	江苏	制造业	2023-6-14	1667.00
161	301232	飞沃科技	湖南	制造业	2023-6-15	1347.00
162	301225	恒勃股份	浙江	制造业	2023-6-16	2588.00
163	301448	开创电气	浙江	制造业	2023-6-19	2000.00
164	301262	海看股份	山东	信息传输、软件和信息技术服务业	2023-6-20	4170.00
165	301315	威士顿	上海	信息传输、软件和信息技术服务业	2023-6-21	2200.00
166	301376	致欧科技	河南	批发和零售业	2023-6-21	4015.00
167	301170	锡南科技	江苏	制造业	2023-6-27	2500.00
168	300804	广康生化	广东	制造业	2023-6-27	1850.00
169	301397	溯联股份	重庆	制造业	2023-6-28	2501.00
170	301295	美硕科技	浙江	制造业	2023-6-28	1800.00
171	301210	金杨股份	江苏	制造业	2023-6-30	2061.41

continued

发行价格（元）IPO Price (yuan)	首发筹资金额（百万元）Proceeds Raised by IPO (million yuan)	上市首日涨跌幅(%) Price Change Rate on Issue Day of IPO (%)	超募比例(%) Oversubscription Rate(%)	网上发行中签率(%) Lot Winning Rate for Online Subscription(%)	首发市盈率(摊薄)(倍) IPO P/E Ratio (times)	上市交易所 Stock Exchange
46.13	922.60	-12.88	133.08	0.02	26.27	深圳证券交易所
11.88	2256.90	221.55	39.01	0.07	26.82	深圳证券交易所
20.68	890.14	173.89	22.89	0.03	29.97	深圳证券交易所
44.48	756.16	68.35	11.05	0.02	32.19	深圳证券交易所
15.38	784.38	83.03	-35.92	0.03	28.64	深圳证券交易所
9.60	7200.00	47.92	13.11	0.19	88.89	深圳证券交易所
28.75	849.85	14.96	99.29	0.02	33.86	深圳证券交易所
50.00	850.00	19.86	12.45	0.02	31.31	深圳证券交易所
58.32	1108.08	-12.38	16.11	0.02	34.33	深圳证券交易所
32.34	1714.02	-8.63	79.11	0.03	68.52	深圳证券交易所
71.88	958.88	-9.14	144.29	0.03	66.74	深圳证券交易所
29.60	1172.54	77.36	91.94	0.03	74.37	深圳证券交易所
37.70	565.50	11.11	7.04	0.02	30.26	深圳证券交易所
76.80	2304.00	17.34	216.47	0.03	45.36	深圳证券交易所
28.84	929.22	7.04	69.64	0.03	33.00	深圳证券交易所
23.80	1009.12	83.45	77.99	0.02	31.95	深圳证券交易所
14.81	1367.15	-3.17	-14.58	0.04	35.86	深圳证券交易所
26.35	649.97	76.09	54.40	0.02	33.31	深圳证券交易所
18.88	651.36	25.26	7.97	0.03	39.09	深圳证券交易所
43.99	967.78	-7.23	84.20	0.02	36.84	深圳证券交易所
25.25	1537.54	-10.65	24.51	0.03	25.35	深圳证券交易所
27.93	792.65	7.95	47.91	0.03	33.37	深圳证券交易所
31.48	629.60	97.24	0.00	0.02	29.87	深圳证券交易所
32.60	849.23	55.83	111.08	0.03	42.95	深圳证券交易所
35.23	669.37	31.14	0.00	0.02	27.00	深圳证券交易所
28.93	496.78	59.18	0.00	0.02	32.14	深圳证券交易所
67.28	1633.20	-2.26	180.70	0.03	45.12	深圳证券交易所
39.06	1024.57	38.22	12.66	0.03	32.04	深圳证券交易所
13.06	591.62	99.85	-16.97	0.03	35.30	深圳证券交易所
46.16	1341.41	0.71	85.94	0.03	80.28	深圳证券交易所
17.55	856.09	23.53	20.73	0.03	45.35	深圳证券交易所
40.11	668.63	25.55	0.00	0.02	31.73	深圳证券交易所
72.50	976.58	-4.00	43.16	0.03	43.31	深圳证券交易所
35.66	922.88	28.30	46.58	0.03	35.48	深圳证券交易所
13.15	363.00	119.67	0.00	0.02	24.56	深圳证券交易所
30.22	1260.17	24.26	32.86	0.03	30.43	深圳证券交易所
32.29	710.38	78.69	284.13	0.02	46.19	深圳证券交易所
24.66	990.10	6.81	-37.49	0.03	39.58	深圳证券交易所
34.00	850.00	20.59	42.68	0.02	37.12	深圳证券交易所
42.45	785.33	-7.30	0.79	0.03	32.65	深圳证券交易所
53.27	1332.28	-15.26	146.64	0.03	34.84	深圳证券交易所
37.40	673.20	20.11	7.68	0.02	40.96	深圳证券交易所
57.88	1193.14	-11.32	53.94	0.02	44.02	深圳证券交易所

2-12 续表 4

序号 Number	股票代码 Stock Code	股票简称 Stock Abbreviation	所属辖区 Jurisdiction	行业分类 Industry Classification	上市日期 Listing Date	首发数量（万股） Number of IPO Shares (10 thousand shares)
172	301291	明阳电气	广东	制造业	2023-6-30	7805.00
173	301395	仁信新材	广东	制造业	2023-7-3	3623.00
174	301488	豪恩汽电	深圳	制造业	2023-7-4	2300.00
175	301202	朗威股份	江苏	制造业	2023-7-5	3410.00
176	301292	海科新源	山东	制造业	2023-7-7	5574.08
177	301486	致尚科技	深圳	制造业	2023-7-7	3217.03
178	301261	恒工精密	河北	制造业	2023-7-10	2197.25
179	301393	昊帆生物	江苏	制造业	2023-7-12	2700.00
180	301370	国科恒泰	北京	批发和零售业	2023-7-12	7060.00
181	301381	赛维时代	深圳	批发和零售业	2023-7-12	4010.00
182	301272	英华特	江苏	制造业	2023-7-13	1463.00
183	301456	盘古智能	青岛	制造业	2023-7-14	3715.00
184	301503	智迪科技	广东	制造业	2023-7-17	2000.00
185	301329	信音电子	江苏	制造业	2023-7-17	4300.00
186	301505	苏州规划	江苏	科学研究和技术服务业	2023-7-19	2200.00
187	301512	智信精密	深圳	制造业	2023-7-20	1333.34
188	301499	维科精密	上海	制造业	2023-7-21	3456.37
189	301468	博盈特焊	广东	制造业	2023-7-24	3300.00
190	301446	福事特	江西	制造业	2023-7-25	2000.00
191	301515	港通医疗	四川	制造业	2023-7-25	2500.00
192	301172	君逸数码	四川	信息传输、软件和信息技术服务业	2023-7-26	3080.00
193	301519	舜禹股份	安徽	制造业	2023-7-27	4116.00
194	301371	敷尔佳	黑龙江	制造业	2023-8-1	4008.00
195	301509	金凯生科	辽宁	制造业	2023-8-3	2150.83
196	301518	长华化学	江苏	制造业	2023-8-3	3505.00
197	301362	民爆光电	深圳	制造业	2023-8-4	2617.00
198	300904	威力传动	宁夏	制造业	2023-8-9	1809.60
199	301487	盟固利	天津	制造业	2023-8-9	5800.00
200	301348	蓝箭电子	广东	制造业	2023-8-10	5000.00
201	301372	科净源	北京	水利、环境和公共设施管理业	2023-8-11	1714.29
202	301510	固高科技	深圳	制造业	2023-8-15	4001.00
203	301498	乖宝宠物	山东	制造业	2023-8-16	4000.45
204	301511	德福科技	江西	制造业	2023-8-17	6753.02
205	301533	威马农机	重庆	制造业	2023-8-18	2457.67
206	301418	协昌科技	江苏	制造业	2023-8-21	1833.33
207	301469	恒达新材	浙江	制造业	2023-8-22	2237.00
208	301421	波长光电	江苏	制造业	2023-8-23	2893.00
209	301528	多浦乐	广东	制造业	2023-8-28	1550.00
210	301525	儒竞科技	上海	制造业	2023-8-30	2359.00
211	301507	民生健康	浙江	制造业	2023-9-5	8913.86
212	301251	威尔高	江西	制造业	2023-9-6	3365.54
213	301529	福赛科技	安徽	制造业	2023-9-11	2120.93
214	301550	斯菱股份	浙江	制造业	2023-9-15	2750.00

continued

发行价格（元）IPO Price (yuan)	首发筹资金额（百万元）Proceeds Raised by IPO (million yuan)	上市首日涨跌幅（%）Price Change Rate on Issue Day of IPO (%)	超募比例（%）Oversubscription Rate(%)	网上发行中签率(%) Lot Winning Rate for Online Subscription(%)	首发市盈率(摊薄)(倍) IPO P/E Ratio (times)	上市交易所 Stock Exchange
38.13	2976.05	-14.50	113.07	0.03	44.86	深圳证券交易所
26.68	966.62	-8.21	36.52	0.03	41.11	深圳证券交易所
39.78	914.94	126.27	90.58	0.02	34.99	深圳证券交易所
25.82	880.46	66.27	46.84	0.03	60.90	深圳证券交易所
19.99	1114.26	48.57	-31.30	0.03	15.72	深圳证券交易所
57.66	1854.94	9.61	26.37	0.03	63.29	深圳证券交易所
36.90	810.79	35.50	-1.13	0.02	30.75	深圳证券交易所
67.68	1827.36	52.32	38.75	0.03	56.49	深圳证券交易所
13.39	945.33	94.77	31.73	0.04	50.91	深圳证券交易所
20.45	820.05	115.11	13.99	0.03	44.17	深圳证券交易所
51.39	751.84	66.16	20.48	0.02	42.72	深圳证券交易所
37.96	1410.21	32.98	61.63	0.03	52.07	深圳证券交易所
31.59	631.80	23.68	0.00	0.02	34.37	深圳证券交易所
21.00	903.00	35.76	52.67	0.03	37.04	深圳证券交易所
26.35	579.70	47.97	16.20	0.02	29.15	深圳证券交易所
39.66	528.80	116.87	0.00	0.02	23.75	深圳证券交易所
19.50	673.99	80.92	0.00	0.02	39.88	深圳证券交易所
47.58	1570.14	-15.72	58.17	0.03	51.94	深圳证券交易所
31.89	637.80	27.25	0.00	0.02	16.42	深圳证券交易所
31.16	779.00	32.03	4.01	0.02	42.17	深圳证券交易所
31.33	964.96	34.70	136.58	0.03	53.46	深圳证券交易所
20.93	861.48	62.97	74.12	0.03	34.14	深圳证券交易所
55.68	2231.65	26.98	8.52	0.03	26.29	深圳证券交易所
56.56	1216.51	28.22	10.30	0.03	30.13	深圳证券交易所
25.75	902.54	35.22	138.72	0.03	40.36	深圳证券交易所
51.05	1335.98	8.58	11.82	0.03	21.77	深圳证券交易所
35.41	640.78	261.48	-25.98	0.02	37.55	深圳证券交易所
5.32	308.56	1742.48	-59.50	0.03	26.47	深圳证券交易所
18.08	904.00	207.41	25.29	0.03	50.64	深圳证券交易所
45.00	771.43	113.33	-25.13	0.03	35.74	深圳证券交易所
12.00	480.12	466.67	-3.22	0.03	90.23	深圳证券交易所
39.99	1599.78	46.16	119.94	0.03	59.96	深圳证券交易所
28.00	1890.85	56.57	42.55	0.03	25.04	深圳证券交易所
29.50	725.01	155.93	72.45	0.03	41.43	深圳证券交易所
51.88	951.13	93.10	81.62	0.02	35.85	深圳证券交易所
36.58	818.29	70.80	57.30	0.03	33.59	深圳证券交易所
29.38	849.96	77.98	107.42	0.03	55.23	深圳证券交易所
71.80	1112.90	78.57	87.36	0.03	52.07	深圳证券交易所
99.57	2348.86	23.54	98.63	0.03	44.43	深圳证券交易所
10.00	891.39	227.80	58.42	0.04	45.05	深圳证券交易所
28.88	971.97	136.57	38.53	0.02	44.57	深圳证券交易所
36.60	776.26	75.57	41.65	0.02	34.21	深圳证券交易所
37.56	1032.90	46.65	101.48	0.02	33.72	深圳证券交易所

2-12 续表 5

序号 Number	股票代码 Stock Code	股票简称 Stock Abbreviation	所属辖区 Jurisdiction	行业分类 Industry Classification	上市日期 Listing Date	首发数量（万股） Number of IPO Shares (10 thousand shares)
215	301548	崇德科技	湖南	制造业	2023-9-20	1500.00
216	301500	飞南资源	广东	制造业	2023-9-21	4001.00
217	301520	万邦医药	安徽	科学研究和技术服务业	2023-9-25	1666.67
218	301558	三态股份	深圳	批发和零售业	2023-9-28	11846.00
219	301559	中集环科	江苏	制造业	2023-10-11	9000.00
220	301517	陕西华达	陕西	制造业	2023-10-17	2700.67
221	301489	思泉新材	广东	制造业	2023-10-24	1442.03
222	001378	德冠新材	广东	制造业	2023-10-30	3333.36
223	301555	惠柏新材	上海	制造业	2023-10-31	2306.67
224	001376	百通能源	江西	电力、热力、燃气及水生产和供应业	2023-11-3	4609.00
225	001326	联域股份	深圳	制造业	2023-11-9	1830.00
226	001306	夏厦精密	宁波	制造业	2023-11-16	1550.00
227	301568	思泰克	厦门	制造业	2023-11-28	2582.00
228	301508	中机认检	北京	科学研究和技术服务业	2023-12-1	5652.13
229	301516	中远通	深圳	制造业	2023-12-8	7017.54
230	001239	永达股份	湖南	制造业	2023-12-12	6000.00
231	301459	丰茂股份	宁波	制造业	2023-12-13	2000.00
232	301413	安培龙	深圳	制造业	2023-12-18	1892.35
233	001358	兴欣新材	浙江	制造业	2023-12-21	2200.00
234	301526	国际复材	重庆	制造业	2023-12-26	70000.00
235	301578	辰奕智能	广东	制造业	2023-12-28	1200.00
236	301566	达利凯普	大连	制造业	2023-12-29	6001.00

continued

发行价格(元) IPO Price (yuan)	首发筹资金额(百万元) Proceeds Raised by IPO (million yuan)	上市首日涨跌幅(%) Price Change Rate on Issue Day of IPO (%)	超募比例(%) Oversubscription Rate(%)	网上发行中签率(%) Lot Winning Rate for Online Subscription(%)	首发市盈率(摊薄)(倍) IPO P/E Ratio (times)	上市交易所 Stock Exchange
66.80	1002.00	19.43	57.12	0.03	44.09	深圳证券交易所
23.97	959.04	41.76	-38.89	0.03	45.14	深圳证券交易所
67.88	1131.33	9.02	91.42	0.03	45.83	深圳证券交易所
7.33	868.31	158.53	-4.57	0.04	41.18	深圳证券交易所
24.22	2179.80	-1.11	89.30	0.04	20.54	深圳证券交易所
26.87	725.67	176.14	18.38	0.03	44.93	深圳证券交易所
41.66	600.75	68.39	11.20	0.02	41.17	深圳证券交易所
31.68	1056.01	139.84	-11.45	0.04	25.78	深圳证券交易所
22.88	527.77	198.51	29.78	0.03	32.83	深圳证券交易所
4.56	210.17	753.07	0.00	0.05	19.16	深圳证券交易所
41.18	753.59	56.99	1.47	0.03	22.45	深圳证券交易所
53.63	831.27	106.02	-0.01	0.03	37.79	深圳证券交易所
23.23	599.80	187.47	26.86	0.03	20.63	深圳证券交易所
16.82	950.69	191.74	16.53	0.03	32.41	深圳证券交易所
6.87	482.11	316.30	66.60	0.03	19.35	深圳证券交易所
12.05	723.00	96.85	-37.31	0.04	31.06	深圳证券交易所
31.90	638.00	85.64	25.13	0.02	24.96	深圳证券交易所
33.25	629.21	179.70	8.75	0.03	28.18	深圳证券交易所
41.00	902.00	37.20	64.00	0.03	17.27	深圳证券交易所
2.66	1862.00	148.87	-29.64	0.11	8.78	深圳证券交易所
48.94	587.28	63.32	29.36	0.03	26.50	深圳证券交易所
8.90	534.09	225.73	-0.23	0.03	20.14	深圳证券交易所

2-13 沪深股票市场分板块再筹资情况

Statistics for SSE & SZSE Stock Market Refinancing by Board

年份 Year	再筹资公司家数(家) Number of Listed Companies Financing by Subsequent Offerings of Shares(unit)				
	主板 Main Board	中小板 SME Board	创业板 ChiNext Board	科创板 STAR Market	合计 Total
1992	0	--	--	--	0
1993	54	--	--	--	54
1994	53	--	--	--	53
1995	79	--	--	--	79
1996	40	--	--	--	40
1997	95	--	--	--	95
1998	167	--	--	--	167
1999	123	--	--	--	123
2000	177	--	--	--	177
2001	148	--	--	--	148
2002	50	--	--	--	50
2003	43	--	--	--	43
2004	36	0	--	--	36
2005	7	0	--	--	7
2006	55	3	--	--	58
2007	152	12	--	--	164
2008	129	17	--	--	146
2009	126	23	0	--	149
2010	140	45	0	--	185
2011	139	65	0	--	204
2012	119	39	4	--	162
2013	199	117	56	--	372
2014	252	190	103	--	545
2015	330	245	195	--	770
2016	345	272	228	--	845
2017	320	238	210	--	768
2018	285	173	196	--	654
2019	233	121	150	0	504
2020	300	158	147	6	611
2021	584	58	241	52	935
2022	542	--	240	140	922
2023	460	--	286	180	926

注：1.再筹资包含公开增发、定向增发、配股、权证和优先股筹资。其中权证筹资仅指期权行权筹资(不包括可转债转股)，为2008年之后开展的业务；优先股为2014年之后开展的业务。再筹资以上市日口径统计。

2.一家公司在当年以多种方式或多次进行再筹资的,相应筹资家数计为1，筹资金额为合计数。

数据来源：上海证券交易所、深圳证券交易所

Source: SSE、SZSE

2-13 续表 continued

年份 Year	再筹资金额(亿元) Proceeds Raised by Subsequent Offerings of Shares (100 million yuan)				
	主板 Main Board	中小板 SME Board	创业板 ChiNext Board	科创板 STAR Market	合计 Total
1992	0.00	--	--	--	0.00
1993	60.19	--	--	--	60.19
1994	59.19	--	--	--	59.19
1995	57.41	--	--	--	57.41
1996	66.71	--	--	--	66.71
1997	208.42	--	--	--	208.42
1998	375.22	--	--	--	375.22
1999	378.93	--	--	--	378.93
2000	653.26	--	--	--	653.26
2001	624.11	--	--	--	624.11
2002	221.29	--	--	--	221.29
2003	193.08	--	--	--	193.08
2004	289.47	0.00	--	--	289.47
2005	281.40	0.00	--	--	281.40
2006	1014.99	17.81	--	--	1032.80
2007	2986.24	57.67	--	--	3043.91
2008	2149.87	128.14	--	--	2278.01
2009	2801.88	153.48	0.00	--	2955.36
2010	4597.61	319.60	0.00	--	4917.21
2011	3874.16	455.84	0.00	--	4330.00
2012	3103.15	394.66	10.26	--	3508.08
2013	3510.18	536.64	84.64	--	4131.46
2014	5987.25	1501.52	340.61	--	7829.38
2015	10433.75	3094.98	1256.50	--	14785.23
2016	12336.78	4480.96	1983.58	--	18801.32
2017	9226.97	3033.60	973.33	--	13233.90
2018	7726.35	1573.87	699.51	--	9999.73
2019	7851.58	1582.05	615.38	0.00	10049.01
2020	6455.01	2119.80	893.36	11.14	9479.31
2021	7680.27	494.62	1687.42	186.37	10048.67
2022	6368.26	--	1543.61	559.46	8471.33
2023	5171.80	--	920.22	391.95	6483.98

2-14 沪深股票市场分股份类型再筹资情况

Statistics for SSE & SZSE Stock Market Refinancing by Type of Shares

年份 Year	再筹资公司家数(家) Number of Listed Companies Financing by Subsequent Offerings of Shares(unit)				
	A股 A-shares				B股 B-shares
	增发公司家数 Number of Companies Financing by Following on Offering	配股公司家数 Number of Companies Financing by Rights Issues	行权筹资家数 Number of Companies Financing by Warrant Exercise	优先股家数 Number of Companies Financing by Preference Stock	
1992	0	0	--	--	0
1993	0	53	--	--	1
1994	1	51	--	--	1
1995	0	78	--	--	1
1996	0	40	--	--	1
1997	0	93	--	--	3
1998	7	160	--	--	0
1999	6	116	--	--	1
2000	16	161	--	--	0
2001	22	126	--	--	0
2002	28	22	--	--	0
2003	17	25	--	--	1
2004	11	23	--	--	2
2005	5	2	--	--	0
2006	56	2	--	--	0
2007	157	7	--	--	0
2008	135	9	2	--	0
2009	131	10	8	--	0
2010	160	18	7	--	0
2011	188	15	1	--	0
2012	155	7	0	--	0
2013	360	13	0	0	0
2014	528	13	0	5	0
2015	756	5	0	11	0
2016	827	11	0	8	0
2017	761	7	0	1	0
2018	633	15	0	7	0
2019	489	9	0	6	0
2020	589	18	0	6	0
2021	928	7	0	0	0
2022	913	9	0	0	0
2023	920	5	0	1	0

注：1.再筹资包含公开增发、定向增发、配股、权证和优先股筹资。其中权证筹资仅指期权行权筹资(不包括可转债转股)，为2008年之后开展的业务；优先股为2014年之后开展的业务。再筹资以上市日口径统计。

2.同年以多种方式或者多次进行再筹资的，A股公司分别计入当年相应筹资家数和金额；B股公司的筹资家数计为1，筹资金额为合计数。

数据来源：上海证券交易所、深圳证券交易所

Source:SSE、SZSE

2-14 续表 continued

年份 Year	再筹资金额(亿元) Proceeds Raised by Subsequent Offerings of Shares (100 million yuan)				
	A股 A-shares				B股 B-shares
	增发筹资金额 Proceeds Raised by Following on Offering	配股筹资金额 Proceeds Raised by Rights Issues	行权筹资金额 Proceeds Raised by Warrant Exercise	优先股 Proceeds Raised by Overview Preference Stock	
1992	0.00	0.00	--	--	0.00
1993	0.00	60.10	--	--	0.09
1994	7.68	51.36	--	--	0.15
1995	0.00	56.25	--	--	1.16
1996	0.00	64.64	--	--	2.07
1997	0.00	205.68	--	--	2.74
1998	30.46	344.76	--	--	0.00
1999	59.75	318.98	--	--	0.20
2000	143.73	509.53	--	--	0.00
2001	193.48	430.64	--	--	0.00
2002	164.68	56.61	--	--	0.00
2003	116.13	76.52	--	--	0.43
2004	159.73	104.77	--	--	24.98
2005	278.78	2.62	--	--	0.00
2006	1028.48	4.32	--	--	0.00
2007	2816.24	227.68	--	--	0.00
2008	2095.68	151.57	30.76	--	0.00
2009	2818.99	105.97	30.40	--	0.00
2010	3394.71	1438.22	84.28	--	0.00
2011	3878.54	421.96	29.49	--	0.00
2012	3387.07	121.00	0.00	--	0.00
2013	3655.74	475.73	0.00	0.00	0.00
2014	6661.41	137.97	0.00	1030.00	0.00
2015	12741.29	36.44	0.00	2007.50	0.00
2016	16879.80	298.51	0.00	1623.00	0.00
2017	12870.94	162.96	0.00	200.00	0.00
2018	8421.66	228.32	0.00	1349.76	0.00
2019	7365.13	133.88	0.00	2550.00	0.00
2020	8778.99	512.97	0.00	187.35	0.00
2021	9555.32	493.35	0.00	0.00	0.00
2022	7856.06	615.26	0.00	0.00	0.00
2023	6233.49	150.49	0.00	100.00	0.00

2-15 2023年沪深股票市场分辖区再筹资情况

Statistics for SSE & SZSE Stock Market Refinancing by Jurisdiction in 2023

辖区	Jurisdiction	再筹资公司家数(家) Number of Listed Companies Financing by Subsequent Offerings of Shares(unit)			
		增发公司家数 Number of Companies Financing by Following on Offering	配股公司家数 Number of Companies Financing by Rights Issues	行权筹资家数 Number of Companies Financing by Warrant Exercise	优先股家数 Number of Companies Financing by Preference Stock
北京	Beijing	95	0	0	0
天津	Tianjin	9	0	0	0
河北	Hebei	12	0	0	0
山西	Shanxi	2	0	0	0
内蒙古	Inner Mongolia	2	0	0	0
辽宁	Liaoning	8	0	0	0
吉林	Jilin	5	0	0	0
黑龙江	Heilongjiang	5	0	0	0
上海	Shanghai	92	1	0	0
江苏	Jiangsu	127	0	0	0
浙江	Zhejiang	92	1	0	0
安徽	Anhui	23	1	0	0
福建	Fujian	12	0	0	0
江西	Jiangxi	16	0	0	0
山东	Shandong	37	0	0	0
河南	Henan	17	0	0	0
湖北	Hubei	20	0	0	0
湖南	Hunan	38	0	0	1
广东	Guangdong	82	0	0	0
广西	Guangxi	4	0	0	0
海南	Hainan	4	0	0	0
重庆	Chongqing	3	0	0	0
四川	Sichuan	24	0	0	0
贵州	Guizhou	4	0	0	0
云南	Yunnan	4	1	0	0
西藏	Xizang	2	0	0	0
陕西	Shaanxi	13	0	0	0
甘肃	Gansu	8	0	0	0
青海	Qinghai	1	0	0	0
宁夏	Ningxia	2	0	0	0
新疆	Xinjiang	10	0	0	0
深圳	Shenzhen	95	1	0	0
大连	Dalian	3	0	0	0
宁波	Ningbo	23	0	0	0
厦门	Xiamen	15	0	0	0
青岛	Qingdao	8	0	0	0
其他	Others	3	0	0	0

注：1.再筹资包含公开增发、定向增发、配股、权证和优先股筹资。其中权证筹资仅指期权行权筹资(不包括可转债转股)，为2008年之后开展的业务；优先股为2014年之后开展的业务。再筹资以上市日口径统计。

2.同年以多种方式或者多次进行再筹资的，分别计入当年相应筹资家数和金额。

数据来源：上海证券交易所、深圳证券交易所

Source:SSE、SZSE

2-15 续表 continued

辖区	Jurisdiction	再筹资金额(亿元) Proceeds Raised by Subsequent Offerings of Shares (100 million yuan)			
		增发筹资金额 Proceeds Raised by Following on Offering	配股筹资金额 Proceeds Raised by Rights Issues	行权筹资金额 Proceeds Raised by Warrant Exercise	优先股 Proceeds Raised by Overview Preference Stock
北京	Beijing	1417.04	0.00	0.00	0.00
天津	Tianjin	15.57	0.00	0.00	0.00
河北	Hebei	128.90	0.00	0.00	0.00
山西	Shanxi	103.97	0.00	0.00	0.00
内蒙古	Inner Mongolia	44.34	0.00	0.00	0.00
辽宁	Liaoning	44.20	0.00	0.00	0.00
吉林	Jilin	6.34	0.00	0.00	0.00
黑龙江	Heilongjiang	27.53	0.00	0.00	0.00
上海	Shanghai	776.86	12.57	0.00	0.00
江苏	Jiangsu	336.42	0.00	0.00	0.00
浙江	Zhejiang	584.85	97.56	0.00	0.00
安徽	Anhui	113.62	3.78	0.00	0.00
福建	Fujian	11.74	0.00	0.00	0.00
江西	Jiangxi	66.52	0.00	0.00	0.00
山东	Shandong	130.63	0.00	0.00	0.00
河南	Henan	66.69	0.00	0.00	0.00
湖北	Hubei	123.34	0.00	0.00	0.00
湖南	Hunan	229.94	0.00	0.00	100.00
广东	Guangdong	456.41	0.00	0.00	0.00
广西	Guangxi	61.92	0.00	0.00	0.00
海南	Hainan	28.38	0.00	0.00	0.00
重庆	Chongqing	6.00	0.00	0.00	0.00
四川	Sichuan	93.70	0.00	0.00	0.00
贵州	Guizhou	34.84	0.00	0.00	0.00
云南	Yunnan	134.89	18.54	0.00	0.00
西藏	Xizang	8.01	0.00	0.00	0.00
陕西	Shaanxi	181.04	0.00	0.00	0.00
甘肃	Gansu	314.85	0.00	0.00	0.00
青海	Qinghai	0.67	0.00	0.00	0.00
宁夏	Ningxia	20.67	0.00	0.00	0.00
新疆	Xinjiang	57.04	0.00	0.00	0.00
深圳	Shenzhen	392.73	18.04	0.00	0.00
大连	Dalian	8.80	0.00	0.00	0.00
宁波	Ningbo	112.75	0.00	0.00	0.00
厦门	Xiamen	20.24	0.00	0.00	0.00
青岛	Qingdao	66.68	0.00	0.00	0.00
其他	Others	5.35	0.00	0.00	0.00

2-16 股票市场优先股情况
Overview of Preference Stock in Stock Market

年份 Year	A股 A-Shares				
	证券代码 Stock Code	证券简称 Stock Abbreviation	上市日 Offering Day	优先股股本合计（万股） Share Capital of Preference Stock (10 thousand shares)	优先股筹资金额（亿元） Proceeds Raised (100 million yuan)
2014	360001.SH	农行优1	2014-11-28	40000.00	400.00
	360002.SH	中行优1	2014-12-08	32000.00	320.00
	360003.SH	浦发优1	2014-12-18	15000.00	150.00
	360005.SH	兴业优1	2014-12-19	13000.00	130.00
	360006.SH	康美优1	2014-12-30	3000.00	30.00
2015	360007.SH	中建优1	2015-03-20	15000.00	150.00
	360008.SH	浦发优2	2015-03-26	15000.00	150.00
	360009.SH	农行优2	2015-03-27	40000.00	400.00
	360010.SH	中行优2	2015-03-31	28000.00	280.00
	360012.SH	兴业优2	2015-07-17	13000.00	130.00
	360013.SH	光大优1	2015-07-21	20000.00	200.00
	360014.SH	中原优1	2015-08-10	3400.00	34.00
	360015.SH	中交优1	2015-09-22	9000.00	90.00
	360016.SH	电建优1	2015-10-26	2000.00	20.00
	360017.SH	中交优2	2015-11-06	5500.00	55.00
	360011.SH	工行优1	2015-12-11	45000.00	450.00
	140001.SZ	宁行优01	2015-12-09	4850.00	48.50
2016	360018.SH	北银优1	2016-01-04	4900.00	49.00
	360019.SH	南银优1	2016-01-11	4900.00	49.00
	360020.SH	华夏优1	2016-04-20	20000.00	200.00
	360023.SH	北银优2	2016-08-26	13000.00	130.00
	360022.SH	光大优2	2016-08-26	10000.00	100.00
	360024.SH	南银优2	2016-09-26	5000.00	50.00
	360021.SH	交行优1	2016-09-29	45000.00	450.00
	360025.SH	中信优1	2016-11-21	35000.00	350.00
	140002.SZ	平银优01	2016-03-25	20000.00	200.00
	140003.SZ	晨鸣优01	2016-04-08	2250.00	22.50
	140004.SZ	晨鸣优02	2016-09-12	1000.00	10.00
	140005.SZ	晨鸣优03	2016-10-24	1250.00	12.50

注：2021、2022年未发行优先股。
数据来源：上海证券交易所、深圳证券交易所

2-16 续表 continued

年份 Year	A股 A-Shares				
	证券代码 Stock Code	证券简称 Stock Abbreviation	上市日 Offering Day	优先股股本合计（万股） Share Capital of Preference Stock (10 thousand shares)	优先股筹资金额（亿元） Proceeds Raised (100 million yuan)
2017	360026.SH	苏银优1	2017-12-21	20000.00	200.00
2018	360027.SH	杭银优1	2018-01-04	10000.00	100.00
	360028.SH	招银优1	2018-01-12	27500.00	275.00
	360029.SH	上银优1	2018-01-12	20000.00	200.00
	360030.SH	建行优1	2018-01-15	60000.00	600.00
	360031.SH	贵银优1	2018-12-12	5000.00	50.00
	140006.SZ	牧原优01	2018-02-06	2475.93	24.76
	140007.SZ	宁行优02	2018-11-28	10000.00	100.00
2019	360032.SH	兴业优3	2019-04-26	30000.00	300.00
	360033.SH	中行优3	2019-07-17	73000.00	730.00
	360034.SH	光大优3	2019-08-05	35000.00	350.00
	360035.SH	中行优4	2019-09-17	27000.00	270.00
	360036.SH	工行优2	2019-10-16	70000.00	700.00
	360037.SH	民生优1	2019-11-08	20000.00	200.00
2020	360038.SH	长银优1	2020-01-21	6000.00	60.00
	360039.SH	九州优1	2020-08-21	1200.00	12.00
	360040.SH	阳煤优1	2020-09-16	1000.00	10.00
	360041.SH	九州优2	2020-11-26	800.00	8.00
	360042.SH	五矿优1	2020-11-30	5000.00	50.00
	360043.SH	五矿优2	2020-12-29	3000.00	30.00
	140008.SZ	铁汉优01	2020-02-26	935.00	9.35
	140009.SZ	蒙草优01	2020-02-26	800.00	8.00
2023	600390.SH	五矿资本	2023-05-15	5000.00	50.00
	600390.SH	五矿资本	2023-09-05	3000.00	30.00
	600390.SH	五矿资本	2023-12-21	2000.00	20.00

2-17 沪深股票市场分板块交易情况

Statistics for SSE & SZSE Stock Market Transaction by Board

年份 Year	交易天数 (天) Number of Trading Days (day)	成交量(亿股) Trading Volume(100 million shares)				
		主板 Main Board	中小板 SME Board	创业板 ChiNext Board	科创板 STAR Market	合计 Total
1992	257	36.90	--	--	--	36.90
1993	259	226.56	--	--	--	226.56
1994	252	1013.34	--	--	--	1013.34
1995	253	705.31	--	--	--	705.31
1996	247	2533.14	--	--	--	2533.14
1997	243	2560.02	--	--	--	2560.02
1998	246	2154.11	--	--	--	2154.11
1999	239	2932.90	--	--	--	2932.90
2000	239	4759.45	--	--	--	4759.45
2001	240	3155.93	--	--	--	3155.93
2002	237	3017.14	--	--	--	3017.14
2003	241	4163.08	--	--	--	4163.08
2004	243	5768.57	59.16	--	--	5827.73
2005	242	6493.43	130.30	--	--	6623.73
2006	241	15848.45	296.78	--	--	16145.23
2007	242	35588.19	815.56	--	--	36403.76
2008	246	22942.14	1189.26	--	--	24131.39
2009	244	47784.81	3283.65	38.55	--	51107.00
2010	242	37696.10	4055.35	400.53	--	42151.98
2011	244	29465.14	3729.74	761.69	--	33956.57
2012	243	26306.55	5075.85	1478.14	--	32860.54
2013	238	37090.93	8245.92	3035.84	--	48372.68
2014	245	58405.71	11313.55	4035.30	--	73754.56
2015	244	135690.64	25409.95	9938.88	--	171039.47
2016	244	64602.50	20578.13	9509.90	--	94690.53
2017	244	61541.52	17409.44	8829.88	--	87780.84
2018	243	52108.58	18286.37	11642.30	--	82037.25
2019	244	75338.20	31971.44	19009.23	305.42	126624.28
2020	243	93785.58	42243.89	30218.85	1203.53	167451.86
2021	243	156415.35	--	29060.09	1950.55	187426.00
2022	242	156772.93	--	26371.03	2581.43	185725.38
2023	242	135254.68	--	31513.26	4041.17	170809.11

数据来源：上海证券交易所、深圳证券交易所
Source:SSE、SZSE

2-17 续表 1 continued

年份 Year	日均成交量 (亿股) Average Daily Volume (100 million shares)	成交金额(亿元) Trading Turnover(100 million yuan) 主板 Main Board	中小板 SME Board	创业板 ChiNext Board	科创板 STAR Market	合计 Total
1992	0.14	683.04	--	--	--	683.04
1993	0.87	3627.20	--	--	--	3627.21
1994	4.02	8127.63	--	--	--	8127.63
1995	2.79	4036.45	--	--	--	4036.45
1996	10.26	21332.17	--	--	--	21332.18
1997	10.54	30721.83	--	--	--	30721.83
1998	8.76	23527.31	--	--	--	23544.25
1999	12.27	31319.60	--	--	--	31322.37
2000	19.91	60826.65	--	--	--	60835.19
2001	13.15	38305.18	--	--	--	38325.39
2002	12.73	27990.46	--	--	--	27993.91
2003	17.27	32115.27	--	--	--	32115.27
2004	23.98	41511.32	822.63	--	--	42333.95
2005	27.37	30460.85	1203.92	--	--	31664.78
2006	66.99	87397.34	3071.55	--	--	90468.89
2007	150.43	444382.56	16173.66	--	--	460556.22
2008	98.10	250475.38	16637.28	--	--	267112.66
2009	209.45	485885.13	48273.52	1828.11	--	535986.76
2010	174.18	444083.25	85832.43	15717.87	--	545633.54
2011	139.17	333739.00	69026.46	18879.12	--	421644.58
2012	135.23	229387.19	61891.45	23304.63	--	314583.27
2013	203.25	317322.27	100224.40	51181.94	--	468728.61
2014	301.04	513705.37	152166.57	78041.34	--	743912.98
2015	700.98	1767632.33	497556.18	285352.81	--	2550541.31
2016	388.08	712848.18	344164.94	216831.62	--	1273844.74
2017	359.76	699223.72	259879.80	165521.59	--	1124625.11
2018	337.60	539251.39	203625.83	158862.19	--	901739.41
2019	518.95	718584.29	310656.51	231604.19	13313.81	1274158.80
2020	689.10	1033503.65	501795.70	466722.99	66230.17	2068252.52
2021	771.30	1931009.04	--	543303.17	105421.90	2579734.12
2022	767.46	1674444.20	--	450781.28	119869.24	2245094.72
2023	705.82	1429291.66	--	535434.94	157382.93	2122109.53

2-17 续表 2 continued

年份 Year	日均成交金额 (亿元) Average Daily Turnover (100 million yuan)	市值换手率(%) Turnover Ratio of Market Capitalization(%)			
		主板 Main Board	中小板 SME Board	创业板 ChiNext Board	科创板 STAR Market
1992	2.66	--	--	--	--
1993	14.00	--	--	--	--
1994	32.25	--	--	--	--
1995	15.95	--	--	--	--
1996	86.37	--	--	--	--
1997	126.43	--	--	--	--
1998	95.71	--	--	--	--
1999	131.06	--	--	--	--
2000	254.54	491.19	--	--	--
2001	159.69	227.07	--	--	--
2002	118.12	195.86	--	--	--
2003	133.26	237.04	--	--	--
2004	174.21	298.15	862.32	--	--
2005	130.85	287.77	811.53	--	--
2006	375.39	540.03	918.62	--	--
2007	1903.12	815.84	875.60	--	--
2008	1085.82	394.80	549.73	--	--
2009	2196.67	558.47	1030.48	723.60	--
2010	2254.68	302.98	789.10	1739.37	--
2011	1728.05	187.22	410.88	750.91	--
2012	1294.58	147.19	394.46	792.21	--
2013	1969.45	191.74	467.71	855.08	--
2014	3036.38	363.19	478.76	685.04	--
2015	10453.04	533.73	813.95	1068.84	--
2016	5220.68	254.45	567.69	760.10	--
2017	4609.12	215.32	417.91	590.07	--
2018	3710.86	167.04	351.20	574.12	--
2019	5221.96	210.69	470.37	690.32	1531.29
2020	8511.33	262.89	556.98	822.03	1741.39
2021	10616.19	320.37	--	655.12	671.60
2022	9277.26	300.90	--	543.15	529.44
2023	8769.05	258.15	--	628.67	450.69

2-18 沪深股票市场分股份类型交易情况

Statistics for SSE & SZSE Stock Market Transaction by Type of Shares

年份 Year	成交量(亿股) Trading Volume (100 million shares)		成交金额(亿元) Trading Turnover (100 million yuan)		市值换手率(%) Turnover Ratio of Market Capitalization (%)	
	A股 A-shares	B股 B-shares	A股 A-shares	B股 B-shares	A股 A-shares	B股 B-shares
1992	32.88	4.02	651.81	31.23	--	--
1993	209.17	17.40	3522.55	104.65	--	--
1994	988.02	25.32	8003.08	124.55	--	--
1995	681.07	24.24	3958.58	77.86	--	--
1996	2464.93	68.22	21052.29	279.87	--	--
1997	2471.30	88.72	30295.21	426.62	--	--
1998	2092.50	61.60	23417.72	126.52	--	--
1999	2810.26	122.64	31052.33	270.04	--	--
2000	4559.06	200.40	60287.20	547.97	501.50	133.27
2001	2466.14	689.79	33260.08	5063.13	211.54	438.72
2002	2860.21	156.94	27145.06	848.41	203.38	88.87
2003	3992.28	170.80	31269.96	845.30	131.25	40.94
2004	5672.91	154.83	41576.19	757.76	321.58	139.88
2005	6470.87	152.86	31099.38	565.40	309.87	79.86
2006	15808.62	336.61	89217.11	1251.78	572.37	135.48
2007	35683.93	719.82	454771.30	5784.93	840.22	264.98
2008	23912.78	218.62	265890.43	1222.23	409.26	85.70
2009	50648.91	458.09	533889.40	2097.37	589.30	153.54
2010	41806.42	345.56	543465.92	2167.63	347.12	114.48
2011	33748.72	207.85	420339.19	1305.40	215.62	67.23
2012	32681.93	178.61	313715.14	868.13	181.65	56.37
2013	47953.66	263.89	466632.02	1439.32	244.30	86.88
2014	73188.22	194.87	741378.07	1007.19	315.85	130.72
2015	170541.00	498.48	2546837.74	3703.57	612.68	167.69
2016	94480.50	210.03	1272358.71	1486.02	346.84	77.95
2017	87628.57	152.27	1123647.88	977.23	265.86	56.17
2018	81926.96	110.30	901103.16	636.24	217.50	40.70
2019	126508.50	115.79	1273572.03	586.78	288.90	41.00
2020	167323.96	127.90	2067631.86	620.66	379.33	50.76
2021	187279.61	146.39	2579050.24	683.88	322.94	52.47
2022	185588.28	137.10	2244411.77	682.96	338.95	53.80
2023	170721.91	87.20	2121682.84	426.69	315.08	78.95

数据来源：上海证券交易所、深圳证券交易所
Source:SSE、SZSE

2-19　上海证券交易所股票市场交易情况
Statistics of Stock Market Transaction of Shanghai Stock Exchange

年份 Year	成交量(亿股) Trading Volume(100 million shares)			日均成交量 (亿股) Average Daily Volume (100 million shares)
	A股 A-shares	B股 B-shares	合计 Total	
1992	15.21	2.56	17.78	0.07
1993	133.68	13.74	147.42	0.57
1994	634.33	22.43	656.76	2.61
1995	494.50	19.33	513.83	2.05
1996	1074.00	27.88	1101.88	4.46
1997	1166.01	49.67	1215.68	5.00
1998	1085.42	42.54	1127.95	4.59
1999	1488.25	72.13	1560.38	6.53
2000	2310.88	126.78	2437.65	10.20
2001	1429.69	390.26	1819.95	7.58
2002	1693.53	87.56	1781.10	7.52
2003	2632.63	60.09	2692.73	11.17
2004	3550.88	56.86	3607.74	14.85
2005	3926.89	59.70	3986.59	16.47
2006	10124.28	159.66	10283.93	42.67
2007	23931.39	393.99	24325.38	100.52
2008	16207.24	104.36	16311.60	66.31
2009	33476.72	202.92	33679.64	138.03
2010	25812.40	152.03	25964.43	107.29
2011	21078.72	114.19	21192.91	86.86
2012	18850.54	77.89	18928.43	77.90
2013	26432.16	131.57	26563.73	111.61
2014	42471.35	96.01	42567.36	173.74
2015	101396.17	305.51	101701.68	413.42
2016	44751.80	131.92	44883.72	183.95
2017	43719.05	80.26	43799.31	179.51
2018	37173.54	61.12	37234.65	153.23
2019	53726.50	65.65	53792.15	220.46
2020	68289.34	71.55	68360.89	281.32
2021	86216.83	78.72	86295.55	355.13
2022	80374.70	83.09	80457.78	332.47
2023	73155.91	51.91	73207.82	302.51

数据来源：上海证券交易所
Source:SSE

2-19 续表 continued

年份 Year	成交金额(亿元) Trading Turnover (100 million yuan)			日均成交金额 (亿元) Average Daily Turnover (100 million yuan)	市值换手率(%) Turnover Ratio of Market Capitalization(%)		
	A股 A-shares	B股 B-shares	合计 Total		A股 A-shares	B股 B-shares	合计 Total
1992	234.37	14.60	248.96	0.97	--	--	--
1993	2261.68	78.86	2340.54	9.11	--	--	--
1994	5626.73	108.35	5735.07	22.76	--	--	--
1995	3042.63	60.83	3103.46	12.36	--	--	--
1996	9020.24	94.57	9114.82	36.90	--	--	--
1997	13550.24	212.93	13763.17	56.64	--	--	--
1998	12304.23	81.88	12386.11	50.35	--	--	--
1999	16826.20	139.59	16965.79	70.99	--	--	--
2000	31029.69	344.17	31373.86	131.27	509.34	145.34	498.80
2001	19876.84	2832.54	22709.38	94.62	228.79	447.12	243.60
2002	16441.71	517.38	16959.09	71.56	210.38	92.84	202.68
2003	20541.25	282.89	20824.14	86.41	262.82	63.31	252.07
2004	26229.30	241.30	26470.60	108.93	316.44	60.18	304.69
2005	19061.49	178.72	19240.21	79.51	292.40	65.93	283.49
2006	57245.11	571.49	57816.60	239.90	559.07	151.79	544.39
2007	301960.29	3473.99	305434.29	1262.13	830.76	333.62	817.72
2008	179762.44	667.51	180429.95	733.46	388.58	94.58	384.11
2009	345443.26	1068.65	346511.91	1420.13	526.69	165.31	523.12
2010	303215.93	1096.08	304312.01	1257.49	260.25	125.57	259.25
2011	236809.12	746.19	237555.30	973.59	164.28	80.88	163.75
2012	164047.38	413.48	164460.86	676.79	128.60	56.51	128.26
2013	228918.82	689.69	229608.51	964.74	169.72	84.70	169.22
2014	375149.95	480.70	375630.66	1533.19	235.59	63.46	234.76
2015	1323231.16	2359.28	1325590.45	5388.58	490.77	203.38	489.60
2016	496880.34	984.49	497864.83	2040.42	222.73	92.51	222.12
2017	507214.81	555.30	507770.10	2081.03	180.91	55.67	180.47
2018	401575.27	389.75	401965.02	1654.18	151.27	43.93	150.91
2019	543463.81	380.21	543844.01	2228.87	193.90	43.98	193.44
2020	839470.30	390.56	839860.86	3456.22	258.95	54.79	258.50
2021	1139595.19	411.27	1140006.46	4691.38	281.11	56.59	280.71
2022	962081.15	475.12	962556.27	3977.51	240.18	62.42	239.84
2023	893350.38	278.07	893628.45	3692.68	208.03	39.26	207.76

2-20 深圳证券交易所股票市场交易情况
Statistics of Stock Market Transaction of Shenzhen Stock Exchange

年份 Year	成交量(亿股) Trading Volume(100 million shares)			日均成交量(亿股) Average Daily Volume (100 million shares)
	A股 A-shares	B股 B-shares	合计 Total	
1992	17.66	1.46	19.12	0.07
1993	75.49	3.66	79.15	0.32
1994	353.70	2.88	356.58	1.42
1995	186.57	4.91	191.48	0.79
1996	1390.93	40.33	1431.26	5.80
1997	1305.29	39.05	1344.34	5.53
1998	1007.08	19.07	1026.15	4.17
1999	1322.01	50.51	1372.52	5.74
2000	2248.18	73.62	2321.80	9.72
2001	1036.45	299.53	1335.97	5.57
2002	1166.68	69.37	1236.05	5.22
2003	1359.65	110.71	1470.36	6.10
2004	2122.03	97.96	2219.99	9.14
2005	2543.98	93.16	2637.14	10.90
2006	5684.34	176.95	5861.29	24.32
2007	11752.53	325.84	12078.37	49.91
2008	7705.54	114.26	7819.79	31.79
2009	17172.19	255.17	17427.36	71.42
2010	15994.02	193.52	16187.55	66.89
2011	12670.00	93.66	12763.66	52.31
2012	13831.39	100.72	13932.12	57.33
2013	21521.50	132.32	21653.82	90.98
2014	30716.87	98.86	30815.73	125.78
2015	69144.83	192.97	69337.80	281.86
2016	49728.70	78.11	49806.81	204.13
2017	43909.52	72.01	43981.53	180.25
2018	44753.42	49.18	44802.60	184.37
2019	72782.00	50.14	72832.14	298.49
2020	99034.62	56.35	99090.97	407.78
2021	101062.78	67.67	101130.45	416.17
2022	105213.58	54.01	105267.60	434.99
2023	97566.00	35.29	97601.29	403.31

数据来源：深圳证券交易所
Source:SZSE

2-20 续表 continued

年份 Year	成交金额(亿元) Trading Turnover(100 million yuan)			日均成交金额(亿元) Average Daily Turnover (100 million yuan)	市值换手率(%) Turnover Ratio of Market Capitalization(%)		
	A股 A-shares	B股 B-shares	合计 Total		A股 A-shares	B股 B-shares	合计 Total
1992	417.44	16.63	434.08	1.69	351.80	130.91	329.78
1993	1260.87	25.80	1286.67	5.13	494.01	86.80	459.54
1994	2376.35	16.20	2392.56	9.49	650.12	35.08	579.90
1995	915.96	17.04	932.99	3.82	268.10	37.28	241.55
1996	12032.05	185.30	12217.36	49.46	1295.32	139.26	1173.86
1997	16744.97	213.69	16958.66	69.79	813.95	99.88	746.40
1998	11113.50	44.65	11158.14	45.36	395.92	34.10	379.34
1999	14226.13	130.46	14356.58	60.07	398.52	86.63	386.79
2000	29257.50	203.83	29461.33	123.27	493.22	115.23	483.10
2001	13383.24	2232.77	15616.02	65.07	190.00	422.05	206.30
2002	10703.35	331.47	11034.82	46.56	193.41	83.13	186.14
2003	10728.72	562.41	11291.13	46.85	218.75	138.17	213.29
2004	15346.89	516.46	15863.35	65.28	319.76	110.57	301.36
2005	12037.89	386.68	12424.57	51.34	342.37	88.95	315.18
2006	31972.00	680.29	32652.29	135.49	596.64	124.10	552.01
2007	152811.01	2310.94	155121.94	641.00	859.48	203.27	818.67
2008	86127.99	554.72	86682.71	352.37	461.50	77.15	447.24
2009	188446.14	1028.72	189474.86	776.54	764.97	142.56	747.76
2010	240249.99	1071.55	241321.53	997.20	599.48	104.82	587.29
2011	183530.07	559.21	184089.28	754.46	359.38	55.06	353.48
2012	149667.76	454.65	150122.41	617.79	330.67	56.21	325.84
2013	237713.21	749.11	238462.31	1001.94	431.07	84.13	425.62
2014	366228.12	523.69	366751.81	1496.95	480.79	634.60	476.32
2015	1223606.58	1344.29	1224950.86	4979.48	829.30	163.77	852.02
2016	775478.37	501.53	775979.90	3180.25	508.36	59.00	505.87
2017	616433.07	421.94	616855.01	2528.09	414.78	53.82	412.88
2018	499527.90	246.49	499774.39	2056.68	358.41	37.92	356.93
2019	730108.22	206.57	730314.79	2993.09	457.61	37.13	456.16
2020	1228161.56	230.10	1228391.66	5055.11	557.02	47.80	555.88
2021	1439455.05	272.61	1439727.66	5924.81	506.94	50.41	506.08
2022	1282330.62	207.84	1282538.45	5299.75	471.16	40.24	470.35
2023	1228332.46	148.62	1228481.08	5076.37	449.01	29.10	448.22

2-21　沪深股票分行业成交情况

Statistics for SSE & SZSE Stock Transaction by Industry

行业 Industry	成交量(百万股) Trading Volume(million shares)		成交金额(百万元) Trading Turnover(million yuan)	
	2022	2023	2022	2023
农、林、牧、渔业 Agriculture, Forestry, Animal Husbandry and Fishery	244965.07	147149.64	2683094.72	1457158.17
采矿业 Mining	825027.39	540024.76	7973084.33	5193327.23
制造业 Manufacturing	9568820.47	8260869.32	146816751.40	126400455.53
电力、热力、燃气及水的生产和供应业 Production and Supply of Electricity, Gas and Water	886616.57	618741.31	5658064.64	3906207.74
建筑业 Construction	839888.40	633056.78	5327597.08	4389940.19
批发和零售业 Wholesale and Retail Trades	733847.58	621289.34	6155246.34	5308630.11
交通运输、仓储和邮政业 Transport, Storage and Post	589465.32	463267.43	4371290.36	3188772.38
住宿和餐饮业 Hotels and Catering Services	39004.94	31088.01	426021.03	475137.65
信息传输、软件和信息技术服务业 Information Transmission, Computer Services and Software	1378527.35	2152870.97	15914678.24	31242579.16
金融业 Financial Intermediation	1229674.78	1522801.15	11386517.99	13030411.41
房地产业 Real Estate	1071805.55	788288.47	5912855.85	3813174.28
租赁和商务服务业 Leasing and Business Services	333767.44	383988.91	2801091.27	3621143.79
科学研究和技术服务业 Scientific Research, Technical Service	141627.27	160591.32	3085614.41	3008749.86
水利、环境和公共设施管理业 Management of Water Conservancy, Environment and Public Facilities	221378.17	210265.61	1825249.32	1663088.46
居民服务、修理和其他服务业 Resident Services, Repairs and Other Services	538.04	979.12	6859.73	13320.26
教育 Education	56604.71	72453.09	362578.27	498930.44
卫生和社会工作业 Health and Social Works	63063.57	54758.32	1085079.04	826320.97
文化、体育和娱乐业 Culture, Sports and Entertainment	283604.19	394739.48	2137166.98	3998687.00
综合 Others	64311.19	23688.05	580631.94	174918.38

数据来源：上海证券交易所、深圳证券交易所
Source:SSE、SZSE

2-22 沪深股票按监管辖区成交情况
Statistics for SSE & SZSE Stock Transaction by Regulatory Jurisdiction

辖区	Jurisdiction	成交量(百万股) Trading Volume(million shares)		成交金额(百万元) Trading Turnover(million yuan)	
		2022	2023	2022	2023
北京	Beijing	2523824.68	2777844.33	24927088.31	31432671.15
天津	Tianjin	323530.97	302277.75	4251651.23	4159894.23
河北	Hebei	334587.15	306356.91	3646257.96	3097728.89
山西	Shanxi	348208.42	212239.62	3184179.82	1639394.66
内蒙古	Inner Mongolia	322578.16	160771.76	2748839.51	1354302.34
辽宁	Liaoning	194494.58	164761.93	2002319.19	1890899.17
吉林	Jilin	200344.61	167181.10	1709720.01	1471131.33
黑龙江	Heilongjiang	161935.23	182573.37	1008545.55	1131953.28
上海	Shanghai	1218784.17	1247454.10	15627819.01	17080022.30
江苏	Jiangsu	1752078.85	1593690.31	23345763.99	21754770.12
浙江	Zhejiang	1400019.35	1408672.53	18981619.61	17357055.89
安徽	Anhui	585794.63	459746.58	7085144.01	6558919.24
福建	Fujian	519659.20	432201.97	6429233.26	5765507.48
江西	Jiangxi	262828.02	226173.45	4044438.16	2845569.58
山东	Shandong	807763.15	617468.25	9269419.41	8322164.45
河南	Henan	401704.96	327513.75	4818197.05	3362721.63
湖北	Hubei	462768.30	434324.02	5533986.53	5378958.22
湖南	Hunan	506313.97	443773.94	5840283.12	5365014.16
广东	Guangdong	1332412.73	1306843.13	16279418.38	15603985.29
广西	Guangxi	160130.23	138292.82	1026903.83	937258.59
海南	Hainan	189506.80	131747.49	1345241.54	977045.72
重庆	Chongqing	317227.68	359460.46	3594965.45	3549689.19
四川	Sichuan	645635.98	482630.38	10078496.79	7815371.91
贵州	Guizhou	148242.53	107175.70	3280876.17	2243157.32
云南	Yunnan	232515.59	238900.04	3149050.75	2212324.52
西藏	Xizang	56565.18	48322.14	1187278.88	951610.03
陕西	Shaanxi	308161.75	291425.28	4136090.63	3732207.89
甘肃	Gansu	242620.10	151742.75	1544548.89	865161.04
青海	Qinghai	68980.10	30440.32	1067222.98	351158.85
宁夏	Ningxia	90612.85	60496.40	700425.61	517754.39
新疆	Xinjiang	318378.84	262573.80	3028680.88	2202151.09
深圳	Shenzhen	1302368.45	1332329.49	19180729.27	20884355.71
大连	Dalian	190878.02	149419.96	1171619.90	928628.28
宁波	Ningbo	316505.10	239582.87	4766194.47	3761261.44
厦门	Xiamen	140204.85	143828.52	1895861.47	2125788.35
青岛	Qingdao	156884.13	112240.93	1815007.85	1398735.79
其他	Others	27488.69	28432.91	806353.48	1184629.50

注：上市公司辖区按公司注册地划分，以沪深交易所股东大会公告为准。
数据来源：上海证券交易所、深圳证券交易所
Source:SSE、SZSE

2-23 2023年沪深A股总市值前50只股票交易情况

排名 Ranking	股票代码 Stock Code	股票简称 Stock Abbreviation	股票市值（亿元） Market Capitalization of Shares (100 million yuan)	占比（%） Proportion (%)	流通市值（亿元） Negotiable Market Capitalization (100 million yuan)	成交量（亿股） Trading Volume (100 million shares)	成交金额（亿元） Trading Turnover (100 million yuan)
1	600519	贵州茅台	21681.97	2.81	21681.97	5.72	10110.28
2	601398	工商银行	12887.46	1.67	12887.46	597.29	2812.86
3	601288	农业银行	11620.49	1.51	11620.49	832.87	2848.34
4	601857	中国石油	11431.70	1.48	11431.70	356.11	2489.27
5	601988	中国银行	8409.54	1.09	8409.54	502.49	1924.38
6	300750	宁德时代	7181.87	0.93	6358.74	44.22	11209.97
7	601628	中国人寿	5903.47	0.76	5903.47	34.95	1229.50
8	600036	招商银行	5738.97	0.74	5738.97	128.78	4322.97
9	600900	长江电力	5710.88	0.74	5495.71	124.74	2734.84
10	000858	五 粮 液	5446.28	0.71	5446.17	40.34	6989.11
11	600028	中国石化	5299.44	0.69	5299.44	345.75	2005.89
12	601088	中国神华	5169.94	0.67	5169.94	57.90	1701.12
13	601318	中国平安	4337.35	0.56	4337.35	136.23	6542.84
14	601728	中国电信	4199.77	0.54	1059.84	648.75	3910.26
15	000333	美的集团	3838.08	0.50	3765.11	53.98	2959.20
16	002594	比亚迪	3590.02	0.47	2305.24	27.52	6871.60
17	300760	迈瑞医疗	3523.35	0.46	3523.35	8.53	2498.84
18	601658	邮储银行	3449.76	0.45	2919.82	305.19	1502.99
19	601166	兴业银行	3367.51	0.44	3367.51	133.07	2192.29
20	002415	海康威视	3239.58	0.42	3162.45	88.78	3301.96
21	601138	工业富联	3003.76	0.39	2998.60	314.86	5672.03
22	600276	恒瑞医药	2885.22	0.37	2885.22	86.97	3852.71
23	600809	山西汾酒	2814.82	0.36	2814.82	12.35	2975.44
24	000568	泸州老窖	2641.04	0.34	2627.64	16.13	3605.38

注：1.按年末股票市值进行排名。
2.占比为个股市值占A股股票总市值的比重。

数据来源：上海证券交易所、深圳证券交易所

Source:SSE、SZSE

Statistics of Top 50 SSE & SZSE A-share Stock Transaction Ranked by Stock Market Capitalization in 2023

市盈率（倍）P/E Ratio (times)	市净率（倍）P/B Ratio (times)	涨跌幅(%) Price Change Rate (%)	股本换手率(%) Turnover Ratio of Share Capital (%)	交易所 Stock Exchange	板块 Board	辖区 Jurisdiction
34.57	10.98	2.65	45.55	上海证券交易所	主板	贵州
4.73	0.49	17.37	22.15	上海证券交易所	主板	北京
4.92	0.48	33.18	27.06	上海证券交易所	主板	北京
8.65	0.94	50.00	21.99	上海证券交易所	主板	北京
5.16	0.48	33.99	23.84	上海证券交易所	主板	北京
23.36	3.63	-24.81	135.36	深圳证券交易所	创业板	福建
24.98	1.84	-22.51	16.78	上海证券交易所	主板	北京
5.08	0.74	-21.21	62.43	上海证券交易所	主板	深圳
26.80	3.08	15.37	54.47	上海证券交易所	主板	北京
20.41	4.20	-20.55	103.92	深圳证券交易所	主板	四川
10.04	0.85	34.93	36.35	上海证券交易所	主板	北京
8.95	1.58	23.64	35.11	上海证券交易所	主板	北京
8.76	0.85	-9.82	126.14	上海证券交易所	主板	深圳
17.94	1.15	33.98	331.16	上海证券交易所	主板	北京
12.98	2.36	10.75	78.46	深圳证券交易所	主板	广东
34.68	4.15	-22.61	236.33	深圳证券交易所	主板	深圳
36.67	10.65	-5.29	70.31	深圳证券交易所	创业板	深圳
5.06	0.52	-0.64	169.61	上海证券交易所	主板	北京
3.69	0.45	-0.90	64.06	上海证券交易所	主板	福建
25.33	4.24	2.13	97.44	深圳证券交易所	主板	浙江
14.96	2.33	68.80	158.94	上海证券交易所	主板	深圳
73.86	7.63	17.80	136.34	上海证券交易所	主板	江苏
34.77	13.20	-17.70	101.32	上海证券交易所	主板	山西
25.48	6.38	-18.52	110.12	深圳证券交易所	主板	四川

2-23 续表

排名 Ranking	股票代码 Stock Code	股票简称 Stock Abbreviation	股票市值（亿元） Market Capitalization of Shares (100 million yuan)	占比(%) Proportion (%)	流通市值（亿元） Negotiable Market Capitalization (100 million yuan)	成交量（亿股） Trading Volume (100 million shares)	成交金额（亿元） Trading Turnover (100 million yuan)
25	601899	紫金矿业	2565.47	0.33	2557.55	330.17	3975.34
26	600030	中信证券	2485.24	0.32	2315.39	214.24	4714.97
27	002475	立讯精密	2466.83	0.32	2462.58	144.99	4441.32
28	601816	京沪高铁	2416.04	0.31	2416.04	209.30	1094.71
29	600309	万华化学	2411.95	0.31	2411.95	22.25	2021.50
30	601328	交通银行	2253.00	0.29	2253.00	235.50	1316.39
31	002714	牧原股份	2250.63	0.29	1497.34	55.85	2441.94
32	300059	东方财富	2226.32	0.29	1885.67	554.38	9463.92
33	603288	海天味业	2110.25	0.27	2110.25	22.79	1105.30
34	601225	陕西煤业	2025.29	0.26	2025.29	84.51	1581.39
35	601668	中国建筑	2016.33	0.26	1987.51	523.55	3061.82
36	002352	顺丰控股	1977.66	0.26	1963.89	35.33	1725.18
37	600000	浦发银行	1943.11	0.25	1943.11	67.77	491.06
38	603259	药明康德	1867.24	0.24	1867.10	52.78	4124.78
39	000001	平安银行	1822.22	0.24	1822.18	221.58	2679.65
40	000651	格力电器	1811.62	0.23	1796.10	84.25	3003.00
41	300999	金龙鱼	1809.73	0.23	181.14	15.13	606.27
42	601998	中信银行	1803.08	0.23	1803.08	98.48	584.42
43	600406	国电南瑞	1792.97	0.23	1778.67	39.57	977.18
44	601012	隆基绿能	1735.37	0.22	1735.37	243.29	7446.49
45	601319	中国人保	1718.09	0.22	1718.09	154.53	887.42
46	600887	伊利股份	1702.93	0.22	1686.61	83.58	2386.22
47	300124	汇川技术	1690.06	0.22	1471.43	25.07	1646.46
48	002304	洋河股份	1655.58	0.21	1650.87	11.41	1653.68
49	688041	海光信息	1649.82	0.21	628.37	52.51	3557.57
50	601888	中国中免	1634.03	0.21	1634.03	36.18	4774.42

continued

市盈率（倍）P/E Ratio (times)	市净率（倍）P/B Ratio (times)	涨跌幅（%）Price Change Rate (%)	股本换手率（%）Turnover Ratio of Share Capital (%)	交易所 Stock Exchange	板块 Board	辖区 Jurisdiction
16.37	3.69	27.26	160.88	上海证券交易所	主板	福建
14.16	1.19	4.48	188.48	上海证券交易所	主板	深圳
26.81	4.42	9.00	203.53	深圳证券交易所	主板	深圳
--	1.31	0.18	43.80	上海证券交易所	主板	北京
14.86	3.14	-15.53	70.88	上海证券交易所	主板	山东
4.63	0.42	29.35	60.00	上海证券交易所	主板	上海
17.20	3.64	-14.04	153.95	深圳证券交易所	主板	河南
26.16	3.09	-12.86	436.54	深圳证券交易所	创业板	上海
34.05	7.99	-42.12	42.84	上海证券交易所	主板	广东
5.77	1.97	26.97	87.17	上海证券交易所	主板	陕西
3.96	0.52	-7.55	126.75	上海证券交易所	主板	北京
32.03	2.13	-29.71	72.84	深圳证券交易所	主板	深圳
3.80	0.28	-4.97	23.09	上海证券交易所	主板	上海
24.51	4.64	-9.00	205.99	上海证券交易所	主板	江苏
4.27	0.45	-26.91	114.18	深圳证券交易所	主板	深圳
7.39	1.55	5.11	150.74	深圳证券交易所	主板	广东
60.10	1.98	-23.22	278.90	深圳证券交易所	创业板	上海
4.17	0.39	12.32	28.90	上海证券交易所	主板	北京
27.81	4.22	11.34	54.74	上海证券交易所	主板	江苏
11.72	2.79	-45.07	321.04	上海证券交易所	主板	陕西
8.77	0.97	-4.73	43.53	上海证券交易所	主板	北京
18.06	3.39	-10.60	132.77	上海证券交易所	主板	内蒙古
38.88	6.90	-8.57	108.27	深圳证券交易所	创业板	深圳
17.66	3.19	-29.68	75.92	深圳证券交易所	主板	江苏
205.32	9.67	77.01	1555.77	上海证券交易所	科创板	天津
34.42	3.56	-60.98	185.29	上海证券交易所	主板	北京

2-24 2023年沪深A股流通市值前50只股票交易情况

排名 Ranking	股票代码 Stock Code	股票简称 Stock Abbreviation	流通市值(亿元) Negotiable Market Capitalization (100 million yuan)	占比(%) Proportion (%)	股票市值(亿元) Market Capitalization of Shares (100 million yuan)	成交量 (亿股) Trading Volume (100 million shares)	成交金额 (亿元) Trading Turnover (100 million yuan)
1	600519	贵州茅台	21681.97	3.22	21681.97	5.72	10110.28
2	601398	工商银行	12887.46	1.91	12887.46	597.29	2812.86
3	601288	农业银行	11620.49	1.73	11620.49	832.87	2848.34
4	601857	中国石油	11431.70	1.70	11431.70	356.11	2489.27
5	601988	中国银行	8409.54	1.25	8409.54	502.49	1924.38
6	300750	宁德时代	6358.74	0.94	7181.87	44.22	11209.97
7	601628	中国人寿	5903.47	0.88	5903.47	34.95	1229.50
8	600036	招商银行	5738.97	0.85	5738.97	128.78	4322.97
9	600900	长江电力	5495.71	0.82	5710.88	124.74	2734.84
10	000858	五 粮 液	5446.17	0.81	5446.28	40.34	6989.11
11	600028	中国石化	5299.44	0.79	5299.44	345.75	2005.89
12	601088	中国神华	5169.94	0.77	5169.94	57.90	1701.12
13	601318	中国平安	4337.35	0.64	4337.35	136.23	6542.84
14	000333	美的集团	3765.11	0.56	3838.08	53.98	2959.20
15	300760	迈瑞医疗	3523.35	0.52	3523.35	8.53	2498.84
16	601166	兴业银行	3367.51	0.50	3367.51	133.07	2192.29
17	002415	海康威视	3162.45	0.47	3239.58	88.78	3301.96
18	601138	工业富联	2998.60	0.45	3003.76	314.86	5672.03
19	601658	邮储银行	2919.82	0.43	3449.76	305.19	1502.99
20	600276	恒瑞医药	2885.22	0.43	2885.22	86.97	3852.71
21	600809	山西汾酒	2814.82	0.42	2814.82	12.35	2975.44
22	000568	泸州老窖	2627.64	0.39	2641.04	16.13	3605.38
23	601899	紫金矿业	2557.55	0.38	2565.47	330.17	3975.34
24	002475	立讯精密	2462.58	0.37	2466.83	144.99	4441.32

注：1.按年末股票流通市值进行排名。
2.占比为个股流通市值占A股股票总流通市值的比重。
数据来源：上海证券交易所、深圳证券交易所
Source:SSE、SZSE

Statistics of Top 50 SSE & SZSE A-share Stock Transaction Ranked by Stock Free Float Market Capitalization in 2023

市盈率（倍）P/E Ratio (times)	市净率（倍）P/B Ratio (times)	涨跌幅(%) Price Change Rate (%)	股本换手率(%) Turnover Ratio of Share Capital (%)	交易所 Stock Exchange	板块 Board	辖区 Jurisdiction
34.57	10.98	2.65	45.55	上海证券交易所	主板	贵州
4.73	0.49	17.37	22.15	上海证券交易所	主板	北京
4.92	0.48	33.18	27.06	上海证券交易所	主板	北京
8.65	0.94	50.00	21.99	上海证券交易所	主板	北京
5.16	0.48	33.99	23.84	上海证券交易所	主板	北京
23.36	3.63	-24.81	135.36	深圳证券交易所	创业板	福建
24.98	1.84	-22.51	16.78	上海证券交易所	主板	北京
5.08	0.74	-21.21	62.43	上海证券交易所	主板	深圳
26.80	3.08	15.37	54.47	上海证券交易所	主板	北京
20.41	4.20	-20.55	103.92	深圳证券交易所	主板	四川
10.04	0.85	34.93	36.35	上海证券交易所	主板	北京
8.95	1.58	23.64	35.11	上海证券交易所	主板	北京
8.76	0.85	-9.82	126.14	上海证券交易所	主板	深圳
12.98	2.36	10.75	78.46	深圳证券交易所	主板	广东
36.67	10.65	-5.29	70.31	深圳证券交易所	创业板	深圳
3.69	0.45	-0.90	64.06	上海证券交易所	主板	福建
25.33	4.24	2.13	97.44	深圳证券交易所	主板	浙江
14.96	2.33	68.80	158.94	上海证券交易所	主板	深圳
5.06	0.52	-0.64	169.61	上海证券交易所	主板	北京
73.86	7.63	17.80	136.34	上海证券交易所	主板	江苏
34.77	13.20	-17.70	101.32	上海证券交易所	主板	山西
25.48	6.38	-18.52	110.12	深圳证券交易所	主板	四川
16.37	3.69	27.26	160.88	上海证券交易所	主板	福建
26.81	4.42	9.00	203.53	深圳证券交易所	主板	深圳

2-24 续表

排名 Ranking	股票代码 Stock Code	股票简称 Stock Abbreviation	流通市值(亿元) Negotiable Market Capitalization (100 million yuan)	占比(%) Proportion (%)	股票市值(亿元) Market Capitalization of Shares (100 million yuan)	成交量(亿股) Trading Volume (100 million shares)	成交金额(亿元) Trading Turnover (100 million yuan)
25	601816	京沪高铁	2416.04	0.36	2416.04	209.30	1094.71
26	600309	万华化学	2411.95	0.36	2411.95	22.25	2021.50
27	600030	中信证券	2315.39	0.34	2485.24	214.24	4714.97
28	002594	比亚迪	2305.24	0.34	3590.02	27.52	6871.60
29	601328	交通银行	2253.00	0.33	2253.00	235.50	1316.39
30	603288	海天味业	2110.25	0.31	2110.25	22.79	1105.30
31	601225	陕西煤业	2025.29	0.30	2025.29	84.51	1581.39
32	601668	中国建筑	1987.51	0.30	2016.33	523.55	3061.82
33	002352	顺丰控股	1963.89	0.29	1977.66	35.33	1725.18
34	600000	浦发银行	1943.11	0.29	1943.11	67.77	491.06
35	300059	东方财富	1885.67	0.28	2226.32	554.38	9463.92
36	603259	药明康德	1867.10	0.28	1867.24	52.78	4124.78
37	000001	平安银行	1822.18	0.27	1822.22	221.58	2679.65
38	601998	中信银行	1803.08	0.27	1803.08	98.48	584.42
39	000651	格力电器	1796.10	0.27	1811.62	84.25	3003.00
40	600406	国电南瑞	1778.67	0.26	1792.97	39.57	977.18
41	601012	隆基绿能	1735.37	0.26	1735.37	243.29	7446.49
42	601319	中国人保	1718.09	0.26	1718.09	154.53	887.42
43	600887	伊利股份	1686.61	0.25	1702.93	83.58	2386.22
44	002304	洋河股份	1650.87	0.25	1655.58	11.41	1653.68
45	601888	中国中免	1634.03	0.24	1634.03	36.18	4774.42
46	601601	中国太保	1627.75	0.24	1627.75	77.59	2164.00
47	600104	上汽集团	1580.77	0.23	1580.77	48.36	700.22
48	601633	长城汽车	1555.37	0.23	1558.25	48.92	1373.22
49	600025	华能水电	1553.40	0.23	1553.40	51.99	386.05
50	002714	牧原股份	1497.34	0.22	2250.63	55.85	2441.94

continued

市盈率（倍）P/E Ratio (times)	市净率（倍）P/B Ratio (times)	涨跌幅 (%) Price Change Rate (%)	股本换手率 (%) Turnover Ratio of Share Capital (%)	交易所 Stock Exchange	板块 Board	辖区 Jurisdiction
--	1.31	0.18	43.80	上海证券交易所	主板	北京
14.86	3.14	-15.53	70.88	上海证券交易所	主板	山东
14.16	1.19	4.48	188.48	上海证券交易所	主板	深圳
34.68	4.15	-22.61	236.33	深圳证券交易所	主板	深圳
4.63	0.42	29.35	60.00	上海证券交易所	主板	上海
34.05	7.99	-42.12	42.84	上海证券交易所	主板	广东
5.77	1.97	26.97	87.17	上海证券交易所	主板	陕西
3.96	0.52	-7.55	126.75	上海证券交易所	主板	北京
32.03	2.13	-29.71	72.84	深圳证券交易所	主板	深圳
3.80	0.28	-4.97	23.09	上海证券交易所	主板	上海
26.16	3.09	-12.86	436.54	深圳证券交易所	创业板	上海
24.51	4.64	-9.00	205.99	上海证券交易所	主板	江苏
4.27	0.45	-26.91	114.18	深圳证券交易所	主板	深圳
4.17	0.39	12.32	28.90	上海证券交易所	主板	北京
7.39	1.55	5.11	150.74	深圳证券交易所	主板	广东
27.81	4.22	11.34	54.74	上海证券交易所	主板	江苏
11.72	2.79	-45.07	321.04	上海证券交易所	主板	陕西
8.77	0.97	-4.73	43.53	上海证券交易所	主板	北京
18.06	3.39	-10.60	132.77	上海证券交易所	主板	内蒙古
17.66	3.19	-29.68	75.92	深圳证券交易所	主板	江苏
34.42	3.56	-60.98	185.29	上海证券交易所	主板	北京
9.30	1.00	0.79	113.35	上海证券交易所	主板	上海
9.81	0.57	-3.92	41.39	上海证券交易所	主板	上海
25.93	3.29	-13.86	79.51	上海证券交易所	主板	河北
22.84	2.29	33.99	28.88	上海证券交易所	主板	云南
17.20	3.64	-14.04	153.95	深圳证券交易所	主板	河南

2-25 2023年沪深A股成交金额前50股票交易情况

排名 Ranking	股票代码 Stock Code	股票简称 Stock Abbreviation	成交金额 (亿元) Trading Turnover (100 million yuan)	占比 (%) Proportion (%)	股票市值(亿元) Market Capitalization of Shares (100 million yuan)	流通市值(亿元) Negotiable Market Capitalization (100 million yuan)	成交量(亿股) Trading Volume (100 million shares)
1	300750	宁德时代	11209.97	0.53	7181.87	6358.74	44.22
2	000977	浪潮信息	10835.50	0.51	488.75	488.12	277.05
3	600519	贵州茅台	10110.28	0.48	21681.97	21681.97	5.72
4	300059	东方财富	9463.92	0.45	2226.32	1885.67	554.38
5	002230	科大讯飞	9248.93	0.44	1074.02	999.28	163.84
6	300418	昆仑万维	8476.92	0.40	454.41	413.78	213.75
7	300308	中际旭创	8239.66	0.39	906.47	845.15	86.51
8	601012	隆基绿能	7446.49	0.35	1735.37	1735.37	243.29
9	601360	三六零	7089.89	0.33	643.80	643.80	533.13
10	603019	中科曙光	6995.84	0.33	577.97	574.39	165.61
11	000858	五粮液	6989.11	0.33	5446.28	5446.17	40.34
12	002594	比亚迪	6871.60	0.32	3590.02	2305.24	27.52
13	601127	赛力斯	6792.21	0.32	1150.45	1150.45	122.44
14	000063	中兴通讯	6790.95	0.32	1066.55	1066.36	203.30
15	601318	中国平安	6542.84	0.31	4337.35	4337.35	136.23
16	000625	长安汽车	6329.93	0.30	1392.80	1373.93	427.49
17	002261	拓维信息	5949.79	0.28	188.58	168.85	380.71
18	300502	新易盛	5904.26	0.28	350.13	304.61	113.14
19	601138	工业富联	5672.03	0.27	3003.76	2998.60	314.86
20	300274	阳光电源	4925.71	0.23	1300.84	998.47	47.52
21	002371	北方华创	4805.13	0.23	1302.74	1298.82	17.67
22	002229	鸿博股份	4791.14	0.23	138.54	137.10	185.81
23	601888	中国中免	4774.42	0.23	1634.03	1634.03	36.18
24	688981	中芯国际	4723.73	0.22	1046.41	1046.41	87.92

注：1.按全年股票成交金额进行排名。

2.占比为个股成交金额占A股股票总成交金额的比重。

数据来源：上海证券交易所、深圳证券交易所

Source:SSE、SZSE

Statistics of Top 50 SSE & SZSE A-share Stock Transaction Ranked by Stock Trading Turnover in 2023

市盈率 (倍) P/E Ratio (times)	市净率 (倍) P/B Ratio (times)	涨跌幅 (%) Price Change Rate(%)	股本换手率(%) Turnover Ratio of Share Capital (%)	交易所 Stock Exchange	板块 Board	辖区 Jurisdiction
23.36	3.63	-24.81	135.36	深圳证券交易所	创业板	福建
23.93	2.72	54.69	1889.99	深圳证券交易所	主板	山东
34.57	10.98	2.65	45.55	上海证券交易所	主板	贵州
26.16	3.09	-12.86	436.54	深圳证券交易所	创业板	上海
191.97	6.31	41.49	767.51	深圳证券交易所	主板	安徽
38.56	2.99	159.54	1961.54	深圳证券交易所	创业板	北京
73.88	6.36	318.47	1155.24	深圳证券交易所	创业板	山东
11.72	2.79	-45.07	321.04	上海证券交易所	主板	陕西
--	2.03	37.77	746.12	上海证券交易所	主板	天津
37.43	3.40	79.55	1140.52	上海证券交易所	主板	天津
20.41	4.20	-20.55	103.92	深圳证券交易所	主板	四川
34.68	4.15	-22.61	236.33	深圳证券交易所	主板	深圳
--	10.07	90.55	846.50	上海证券交易所	主板	重庆
15.52	1.86	3.72	507.85	深圳证券交易所	主板	深圳
8.76	0.85	-9.82	126.14	上海证券交易所	主板	深圳
21.41	2.32	39.05	549.62	深圳证券交易所	主板	重庆
--	7.39	126.85	3394.68	深圳证券交易所	主板	湖南
38.75	6.41	191.16	2090.95	深圳证券交易所	创业板	四川
14.96	2.33	68.80	158.94	上海证券交易所	主板	深圳
36.20	4.70	-21.49	420.89	深圳证券交易所	创业板	安徽
55.31	5.35	9.23	334.84	深圳证券交易所	主板	北京
--	8.93	318.05	3767.46	深圳证券交易所	主板	福建
34.42	3.56	-60.98	185.29	上海证券交易所	主板	北京
34.73	3.16	28.88	448.25	上海证券交易所	科创板	其他

2-25 续表

排名 Ranking	股票代码 Stock Code	股票简称 Stock Abbreviation	成交金额(亿元) Trading Turnover (100 million yuan)	占比(%) Proportion (%)	股票市值(亿元) Market Capitalization of Shares (100 million yuan)	流通市值(亿元) Negotiable Market Capitalization (100 million yuan)	成交量(亿股) Trading Volume (100 million shares)
25	600030	中信证券	4714.97	0.22	2485.24	2315.39	214.24
26	002466	天齐锂业	4592.37	0.22	824.07	823.62	66.15
27	603000	人民网	4587.05	0.22	309.37	309.37	166.86
28	000988	华工科技	4539.53	0.21	299.24	299.08	137.66
29	002475	立讯精密	4441.32	0.21	2466.83	2462.58	144.99
30	603083	剑桥科技	4355.69	0.21	101.13	98.26	90.74
31	600036	招商银行	4322.97	0.20	5738.97	5738.97	128.78
32	300364	中文在线	4322.16	0.20	187.81	169.77	208.35
33	688256	寒武纪	4213.15	0.20	562.24	359.60	26.06
34	002241	歌尔股份	4209.39	0.20	718.63	633.08	216.99
35	600050	中国联通	4159.79	0.20	1393.01	1356.30	787.51
36	600150	中国船舶	4135.09	0.19	1316.68	1316.68	148.73
37	300058	蓝色光标	4133.46	0.19	178.61	171.24	444.30
38	300459	汤姆猫	4131.23	0.19	173.68	151.23	653.16
39	603259	药明康德	4124.78	0.19	1867.24	1867.10	52.78
40	601899	紫金矿业	3975.34	0.19	2565.47	2557.55	330.17
41	300229	拓尔思	3948.45	0.19	134.09	133.98	163.96
42	601728	中国电信	3910.26	0.18	4199.77	1059.84	648.75
43	300339	润和软件	3901.03	0.18	206.91	200.96	153.21
44	600276	恒瑞医药	3852.71	0.18	2885.22	2885.22	86.97
45	603986	兆易创新	3780.86	0.18	616.15	613.86	34.31
46	002049	紫光国微	3748.45	0.18	573.07	572.97	37.88
47	688111	金山办公	3671.35	0.17	1459.97	1459.97	9.56
48	000568	泸州老窖	3605.38	0.17	2641.04	2627.64	16.13
49	688041	海光信息	3557.57	0.17	1649.82	628.37	52.51
50	600418	江淮汽车	3508.34	0.17	352.72	352.72	227.71

continued

市盈率 (倍) P/E Ratio (times)	市净率 (倍) P/B Ratio (times)	涨跌幅 (%) Price Change Rate(%)	股本换手率(%) Turnover Ratio of Share Capital (%)	交易所 Stock Exchange	板块 Board	辖区 Jurisdiction
14.16	1.19	4.48	188.48	上海证券交易所	主板	深圳
3.80	1.78	-26.27	448.38	深圳证券交易所	主板	四川
99.73	8.65	66.67	1509.10	上海证券交易所	主板	北京
33.03	3.27	81.98	1369.76	深圳证券交易所	主板	湖北
26.81	4.42	9.00	203.53	深圳证券交易所	主板	深圳
58.98	5.25	235.59	3511.78	上海证券交易所	主板	上海
5.08	0.74	-21.21	62.43	上海证券交易所	主板	深圳
--	15.08	159.38	3157.94	深圳证券交易所	创业板	北京
--	11.58	147.36	1043.45	上海证券交易所	科创板	北京
41.08	2.33	25.52	726.38	深圳证券交易所	主板	山东
19.08	0.90	0.46	254.33	上海证券交易所	主板	北京
766.08	2.86	32.22	377.27	上海证券交易所	主板	上海
0.00	2.36	42.18	1912.57	深圳证券交易所	创业板	北京
39.49	5.76	56.83	2133.68	深圳证券交易所	创业板	浙江
24.51	4.64	-9.00	205.99	上海证券交易所	主板	江苏
16.37	3.69	27.26	160.88	上海证券交易所	主板	福建
104.98	4.00	44.05	2087.98	深圳证券交易所	创业板	北京
17.94	1.15	33.98	331.16	上海证券交易所	主板	北京
196.22	6.13	39.90	1980.78	深圳证券交易所	创业板	江苏
73.86	7.63	17.80	136.34	上海证券交易所	主板	江苏
30.02	4.06	-9.34	516.84	上海证券交易所	主板	北京
21.77	4.99	-48.83	445.93	深圳证券交易所	主板	河北
130.64	16.73	19.75	207.17	上海证券交易所	科创板	北京
25.48	6.38	-18.52	110.12	深圳证券交易所	主板	四川
205.32	9.67	77.01	1555.77	上海证券交易所	科创板	天津
--	2.59	23.00	1098.42	上海证券交易所	主板	安徽

2-26　2023年沪深A股涨幅前50股票交易情况

排名 Ranking	股票代码 Stock Code	股票简称 Stock Abbreviation	涨幅(%) Price Increase Rate (%)	股票市值(亿元) Market Capitalization of Shares (100 million yuan)	流通市值(亿元) Negotiable Market Capitalization (100 million yuan)	成交量 (亿股) Trading Volume (100 million shares)
1	301487	盟固利	692.29	193.73	22.95	12.52
2	688506	百利天恒	466.40	561.00	49.89	3.91
3	301205	联特科技	397.95	135.91	71.19	13.32
4	001376	百通能源	390.41	102.60	10.26	4.83
5	603178	圣龙股份	385.55	109.58	109.58	31.18
6	002855	捷荣技术	377.28	92.68	92.61	33.90
7	000628	高新发展	345.76	175.01	95.42	26.03
8	300114	中航电测	326.68	258.46	258.42	44.43
9	300765	新诺威	320.59	428.73	380.66	31.89
10	300308	中际旭创	318.47	906.47	845.15	86.51
11	002229	鸿博股份	318.05	138.54	137.10	185.81
12	001337	四川黄金	291.93	116.05	16.58	20.05
13	688525	佰维存储	290.16	269.64	24.26	19.49
14	000766	通化金马	278.37	192.72	192.61	95.99
15	300045	华力创通	272.59	161.23	119.90	130.88
16	300394	天孚通信	263.38	361.40	328.10	42.56
17	300210	森远股份	238.01	47.79	47.74	53.08
18	603083	剑桥科技	235.59	101.13	98.26	90.74
19	603220	中贝通信	234.57	113.85	113.37	63.67
20	601096	宏盛华源	229.41	149.81	36.33	18.86
21	301566	达利凯普	225.73	115.96	13.26	0.37
22	300624	万兴科技	222.21	130.27	113.85	30.89
23	688361	中科飞测	215.38	238.18	48.24	5.00
24	688502	茂莱光学	212.28	114.57	27.89	2.18
25	300972	万辰集团	211.79	58.07	28.29	11.44

数据来源：上海证券交易所、深圳证券交易所
Source:SSE、SZSE

Statistics of Top 50 SSE & SZSE A-share Stock Transaction Ranked by Stock Price Increase Rate in 2023

成交金额 (亿元) Trading Turnover (100 million yuan)	市盈率 (倍) P/E Ratio (times)	市净率 (倍) P/B Ratio (times)	股本换手率(%) Turnover Ratio of Share Capital (%)	交易所 Stock Exchange	板块 Board	辖区 Jurisdiction
685.40	209.70	9.84	2298.79	深圳证券交易所	创业板	天津
309.35	--	60.07	1126.56	上海证券交易所	科创板	四川
1592.69	120.00	9.56	4891.28	深圳证券交易所	创业板	湖北
135.02	93.53	10.33	1047.91	深圳证券交易所	主板	江西
961.11	122.98	8.71	1321.50	上海证券交易所	主板	宁波
1010.34	0.00	10.22	1377.30	深圳证券交易所	主板	广东
1126.19	87.91	8.31	1355.42	深圳证券交易所	主板	四川
2229.71	134.00	10.83	752.17	深圳证券交易所	创业板	陕西
715.21	59.04	8.44	357.33	深圳证券交易所	创业板	河北
8239.66	73.88	6.36	1155.24	深圳证券交易所	创业板	山东
4791.14	--	8.93	3767.46	深圳证券交易所	主板	福建
650.46	58.40	8.55	3341.82	深圳证券交易所	主板	四川
1207.82	378.61	11.14	5245.29	上海证券交易所	科创板	深圳
1266.90	639.10	8.32	1011.99	深圳证券交易所	主板	吉林
2717.82	--	9.27	2657.05	深圳证券交易所	创业板	北京
3122.45	89.48	11.32	1178.95	深圳证券交易所	创业板	江苏
410.27	--	10.51	1097.50	深圳证券交易所	创业板	辽宁
4355.69	58.98	5.25	3511.78	上海证券交易所	主板	上海
1853.22	104.65	6.38	1907.27	上海证券交易所	主板	湖北
112.68	90.36	4.88	290.71	上海证券交易所	主板	山东
10.77	65.59	9.21	80.88	深圳证券交易所	创业板	大连
2847.92	297.86	9.83	2632.65	深圳证券交易所	创业板	西藏
381.24	2028.16	41.86	806.08	上海证券交易所	科创板	深圳
456.64	194.14	31.47	1746.10	上海证券交易所	科创板	江苏
348.91	120.63	9.00	1527.90	深圳证券交易所	创业板	福建

2-26 续表

排名 Ranking	股票代码 Stock Code	股票简称 Stock Abbreviation	涨幅(%) Price Increase Rate (%)	股票市值(亿元) Market Capitalization of Shares (100 million yuan)	流通市值(亿元) Negotiable Market Capitalization (100 million yuan)	成交量 (亿股) Trading Volume (100 million shares)
26	301516	中远通	208.73	59.54	13.12	3.72
27	301510	固高科技	199.92	143.96	12.40	6.06
28	300502	新易盛	191.16	350.13	304.61	113.14
29	300606	金太阳	190.97	47.86	40.17	13.99
30	300042	朗科科技	188.69	70.14	63.33	28.95
31	603496	恒为科技	187.93	99.78	99.78	48.33
32	000526	学大教育	180.06	61.05	58.87	14.66
33	300857	协创数据	176.16	129.19	129.19	18.41
34	600605	汇通能源	173.12	57.28	57.28	13.88
35	300678	中科信息	173.06	88.86	85.15	52.31
36	300570	太辰光	172.68	89.81	75.61	47.25
37	300735	光弘科技	170.04	180.66	177.25	71.12
38	605289	罗曼股份	169.19	63.12	29.10	7.82
39	600630	龙头股份	168.74	62.45	62.45	68.62
40	688535	华海诚科	165.85	74.87	17.02	6.34
41	002952	亚世光电	165.02	63.70	51.18	9.99
42	603273	天元智能	163.79	53.71	13.16	7.71
43	603863	松炀资源	163.27	69.23	69.23	13.14
44	300280	紫天科技	161.25	69.25	68.57	29.50
45	603291	联合水务	160.34	64.29	6.43	17.77
46	300418	昆仑万维	159.54	454.41	413.78	213.75
47	300364	中文在线	159.38	187.81	169.77	208.35
48	300913	兆龙互连	159.14	77.53	63.32	25.62
49	300781	因赛集团	159.11	49.49	36.50	16.09
50	688159	有方科技	158.76	34.69	34.52	4.85

continued

成交金额 (亿元) Trading Turnover (100 million yuan)	市盈率 (倍) P/E Ratio (times)	市净率 (倍) P/B Ratio (times)	股本换手率(%) Turnover Ratio of Share Capital (%)	交易所 Stock Exchange	板块 Board	辖区 Jurisdiction
86.71	59.75	4.04	602.04	深圳证券交易所	创业板	深圳
302.28	270.60	11.50	1757.98	深圳证券交易所	创业板	深圳
5904.26	38.75	6.41	2090.95	深圳证券交易所	创业板	四川
330.38	185.25	6.84	1192.92	深圳证券交易所	创业板	广东
875.86	112.87	6.21	1593.42	深圳证券交易所	创业板	深圳
1380.12	130.90	7.88	1571.55	上海证券交易所	主板	上海
406.57	540.43	10.11	1244.74	深圳证券交易所	主板	厦门
602.37	98.70	5.33	993.13	深圳证券交易所	创业板	深圳
229.60	618.09	5.09	672.66	上海证券交易所	主板	上海
2086.44	176.77	10.28	2193.84	深圳证券交易所	创业板	四川
1697.83	49.89	6.58	2439.72	深圳证券交易所	创业板	深圳
1426.95	60.20	3.73	943.40	深圳证券交易所	创业板	广东
270.90	--	5.09	1546.07	上海证券交易所	主板	上海
641.96	--	8.96	1615.11	上海证券交易所	主板	上海
529.37	181.61	19.76	3537.86	上海证券交易所	科创板	江苏
192.43	52.41	7.39	756.30	深圳证券交易所	主板	辽宁
222.67	75.53	15.55	1469.07	上海证券交易所	主板	江苏
315.83	--	7.72	642.31	上海证券交易所	主板	广东
1140.77	39.64	5.69	1838.10	深圳证券交易所	创业板	福建
292.99	49.55	4.68	4198.57	上海证券交易所	主板	江苏
8476.92	38.56	2.99	1961.54	深圳证券交易所	创业板	北京
4322.16	--	15.08	3157.94	深圳证券交易所	创业板	北京
914.09	59.22	7.23	4610.63	深圳证券交易所	创业板	浙江
523.06	152.54	7.19	1984.65	深圳证券交易所	创业板	广东
156.13	--	4.48	532.82	上海证券交易所	科创板	深圳

2-27 2023年沪深A股跌幅前50股票交易情况

排名 Ranking	股票代码 Stock Code	股票简称 Stock Abbreviation	跌幅(%) Price Decrease Rate (%)	股票市值(亿元) Market Capitalization of Shares (100 million yuan)	流通市值(亿元) Negotiable Market Capitalization (100 million yuan)	成交量(亿股) Trading Volume (100 million shares)
1	600290	*ST华仪	-82.79	2.81	2.81	24.92
2	300799	*ST左江	-77.91	29.38	19.46	2.11
3	688348	昱能科技	-69.61	137.07	70.81	3.29
4	603603	退市博天	-68.00	14.72	12.43	20.93
5	603032	德新科技	-67.61	47.80	46.31	8.49
6	688063	派能科技	-66.05	186.16	110.02	7.98
7	688499	利元亨	-65.97	47.08	22.13	2.63
8	688680	海优新材	-64.53	55.16	34.19	4.22
9	603613	国联股份	-63.81	158.99	158.99	22.26
10	300438	鹏辉能源	-63.57	142.42	101.59	28.87
11	300767	震安科技	-62.70	42.97	36.39	9.14
12	300763	锦浪科技	-61.02	280.19	224.69	17.77
13	002791	坚朗五金	-60.99	130.19	66.46	6.38
14	601888	中国中免	-60.98	1634.03	1634.03	36.18
15	300427	*ST红相	-60.17	24.24	21.66	16.60
16	002868	绿康生化	-59.95	33.04	32.48	4.40
17	002410	广联达	-59.73	285.36	272.33	36.41
18	688560	明冠新材	-59.50	37.48	37.48	9.46
19	300769	德方纳米	-57.22	170.42	153.13	12.05
20	603555	ST贵人	-56.75	24.67	24.67	66.09
21	600383	金地集团	-56.60	196.84	196.84	208.10
22	002812	恩捷股份	-56.49	555.56	471.80	27.94
23	688269	凯立新材	-56.36	48.37	30.29	1.38
24	688032	禾迈股份	-56.26	224.96	113.12	1.86
25	002180	纳思达	-56.24	320.53	296.24	22.97

数据来源：上海证券交易所、深圳证券交易所
Source:SSE、SZSE

Statistics of Top 50 SSE & SZSE A-share Stock Transaction Ranked by Stock Price Decrease Rate in 2023

成交金额(亿元) Trading Turnover (100 million yuan)	市盈率(倍) P/E Ratio (times)	市净率(倍) P/B Ratio (times)	股本换手率(%) Turnover Ratio of Share Capital (%)	交易所 Stock Exchange	板块 Board	辖区 Jurisdiction
37.78	--	--	327.89	上海证券交易所	主板	浙江
248.96	0.00	6.48	311.68	深圳证券交易所	创业板	北京
760.98	38.02	3.69	1029.39	上海证券交易所	科创板	浙江
80.47	0.92	0.88	255.98	上海证券交易所	主板	北京
263.54	29.34	4.57	398.73	上海证券交易所	主板	新疆
1548.52	14.63	4.32	878.51	上海证券交易所	科创板	上海
196.96	16.26	1.81	532.42	上海证券交易所	科创板	广东
495.70	110.11	2.22	811.66	上海证券交易所	科创板	上海
1069.86	14.12	2.94	364.79	上海证券交易所	主板	北京
1383.26	22.66	2.64	804.31	深圳证券交易所	创业板	广东
233.07	42.87	2.91	437.25	深圳证券交易所	创业板	云南
1735.85	26.16	3.61	571.30	深圳证券交易所	创业板	宁波
408.27	198.58	2.56	388.58	深圳证券交易所	主板	广东
4774.42	34.42	3.56	185.29	上海证券交易所	主板	北京
161.08	37.04	2.69	514.62	深圳证券交易所	创业板	厦门
176.28	--	8.03	288.01	深圳证券交易所	主板	福建
1202.92	29.53	4.85	280.70	深圳证券交易所	主板	北京
274.57	35.73	1.19	861.54	上海证券交易所	科创板	江西
1489.08	7.13	2.39	574.89	深圳证券交易所	创业板	深圳
133.19	--	1.45	420.58	上海证券交易所	主板	福建
1539.13	3.22	0.30	460.94	上海证券交易所	主板	深圳
2413.61	13.89	2.07	373.07	深圳证券交易所	主板	云南
80.02	21.88	4.99	191.48	上海证券交易所	科创板	陕西
830.97	42.24	3.51	535.54	上海证券交易所	科创板	浙江
836.95	17.20	3.38	179.76	深圳证券交易所	主板	广东

2-27 续表

排名 Ranking	股票代码 Stock Code	股票简称 Stock Abbreviation	跌幅(%) Price Decrease Rate (%)	股票市值(亿元) Market Capitalization of Shares (100 million yuan)	流通市值(亿元) Negotiable Market Capitalization (100 million yuan)	成交量 (亿股) Trading Volume (100 million shares)
26	688248	南网科技	-56.14	141.01	20.30	9.39
27	600818	中路股份	-55.95	28.53	28.53	11.41
28	603517	绝味食品	-55.83	169.55	169.55	14.67
29	688202	美迪西	-55.11	92.09	75.18	4.39
30	688599	天合光能	-54.75	620.12	620.12	39.01
31	300593	新雷能	-54.60	79.51	65.68	17.62
32	603713	密尔克卫	-54.13	87.42	87.07	2.23
33	000023	*ST深天	-54.03	8.78	8.78	4.21
34	605117	德业股份	-53.99	360.84	122.69	12.43
35	603185	弘元绿能	-53.94	192.30	190.26	11.84
36	300957	贝泰妮	-53.93	288.77	148.20	7.84
37	002866	传艺科技	-53.57	61.44	38.28	23.46
38	002250	联化科技	-53.56	65.83	65.55	26.19
39	688707	振华新材	-53.32	90.80	58.05	7.19
40	300203	聚光科技	-53.24	71.12	71.08	16.94
41	688133	泰坦科技	-53.03	54.68	54.68	2.47
42	603363	*ST傲农	-52.91	52.87	44.76	36.71
43	688598	金博股份	-52.80	97.32	97.32	3.38
44	301029	怡合达	-52.67	148.95	76.81	6.25
45	000615	*ST美谷	-52.30	30.06	30.01	80.78
46	002667	威领股份	-52.21	27.33	26.59	12.34
47	301177	迪阿股份	-52.00	117.96	11.80	2.99
48	002699	*ST美盛	-51.96	14.46	14.46	94.62
49	300014	亿纬锂能	-51.86	863.29	785.17	49.26
50	600823	*ST世茂	-51.69	42.76	42.76	108.50

continued

成交金额（亿元） Trading Turnover (100 million yuan)	市盈率（倍） P/E Ratio (times)	市净率（倍） P/B Ratio (times)	股本换手率(%) Turnover Ratio of Share Capital (%)	交易所 Stock Exchange	板块 Board	辖区 Jurisdiction
398.94	68.54	5.45	1151.79	上海证券交易所	科创板	广东
203.65	--	6.59	479.61	上海证券交易所	主板	上海
589.70	72.91	2.45	237.55	上海证券交易所	主板	湖南
501.12	27.23	5.75	511.22	上海证券交易所	科创板	上海
1660.28	16.85	2.35	234.34	上海证券交易所	科创板	江苏
415.55	28.11	2.65	447.67	深圳证券交易所	创业板	北京
198.52	14.44	2.31	136.29	上海证券交易所	主板	上海
34.54	--	0.00	303.30	深圳证券交易所	主板	深圳
1599.74	23.78	8.88	983.48	上海证券交易所	主板	宁波
847.17	6.34	1.53	250.90	上海证券交易所	主板	江苏
829.75	27.47	4.93	360.86	深圳证券交易所	创业板	云南
685.48	53.41	2.95	1299.01	深圳证券交易所	主板	江苏
282.93	9.45	1.02	284.89	深圳证券交易所	主板	浙江
251.25	7.14	2.22	254.78	上海证券交易所	科创板	贵州
371.13	--	2.45	374.59	深圳证券交易所	创业板	浙江
201.97	43.81	2.01	327.49	上海证券交易所	科创板	上海
379.83	--	2.11	501.20	上海证券交易所	主板	福建
411.49	17.66	1.63	306.79	上海证券交易所	科创板	湖南
250.21	29.42	4.85	221.18	深圳证券交易所	创业板	广东
406.88	--	13.61	1060.48	深圳证券交易所	主板	湖北
204.52	33.26	4.04	531.73	深圳证券交易所	主板	湖南
134.34	16.18	1.82	747.75	深圳证券交易所	创业板	深圳
207.92	--	1.31	1040.37	深圳证券交易所	主板	浙江
2984.34	24.60	2.49	265.41	深圳证券交易所	创业板	广东
156.17	--	0.21	289.23	上海证券交易所	主板	上海

2-28 2023年沪深B股总市值前50股票交易情况

排名 Ranking	股票代码 Stock Code	股票简称 Stock Abbreviation	股票市值(亿元) Market Capitalization of Shares (100 million yuan)	占比 (%) Proportion (%)	流通市值(亿元) Negotiable Market Capitalization (100 million yuan)	成交量 (亿股) Trading Volume (100 million shares)	成交金额 (亿元) Trading Turnover (100 million yuan)
1	900948	伊泰B股	320.14	24.69	145.20	5.84	58.34
2	200596	古井贡B	129.53	9.99	129.53	0.27	32.25
3	900926	宝信B	90.73	7.00	90.73	2.66	50.15
4	200625	长安B	65.33	5.04	65.33	11.03	38.03
5	900936	鄂资B股	53.39	4.12	53.39	1.33	12.61
6	900905	老凤祥B	50.44	3.89	50.44	1.04	25.16
7	200771	杭汽轮B	28.01	2.16	26.65	0.57	4.74
8	900947	振华B股	26.52	2.04	26.52	2.00	3.39
9	900932	陆家B股	25.46	1.96	25.46	4.82	16.98
10	200012	南玻B	25.00	1.93	25.00	2.46	5.95
11	200550	江铃B	20.97	1.62	20.97	0.37	2.21
12	200429	粤高速B	19.20	1.48	19.20	0.82	4.37
13	200869	张裕B	18.30	1.41	18.29	0.73	6.97
14	200725	京东方B	15.99	1.23	15.99	1.55	4.40
15	900911	金桥B股	15.68	1.21	15.68	0.92	6.16
16	200539	粤电力B	15.67	1.21	15.67	1.84	3.81
17	900953	凯马B	14.08	1.09	5.28	1.01	2.83
18	900925	机电B股	13.96	1.08	13.96	0.53	3.92
19	200581	苏威孚B	13.96	1.08	13.96	0.54	5.35
20	900934	锦江B股	13.94	1.07	13.94	0.47	6.02
21	900908	氯碱B股	12.89	0.99	12.89	1.19	4.78
22	201872	招港B	12.57	0.97	12.57	0.41	2.98
23	200726	鲁泰B	11.90	0.92	11.90	1.05	4.42
24	900929	锦旅B股	11.19	0.86	5.57	0.18	1.88

注：1.按年末股票市值进行排名。

2.占比为个股市值占B股股票总市值的比重。

数据来源：上海证券交易所、深圳证券交易所

Source:SSE、SZSE

Statistics of Top 50 SSE & SZSE B-share Stock Transaction Ranked by Stock Market Capitalization in 2023

市盈率 (倍) P/E Ratio (times)	市净率 (倍) P/B Ratio (times)	涨跌幅(%) Price Change Rate (%)	股本换手率(%) Turnover Ratio of Share Capital (%)	交易所 Stock Exchange	板块 Board	辖区 Jurisdiction
3.18199	0.70	16.65	43.97	上海证券交易所	主板	内蒙古
17.85	2.92	-2.63	22.62	深圳证券交易所	主板	安徽
16.23	3.57	-14.85	48.07	上海证券交易所	主板	上海
4.98	0.60	27.71	67.17	深圳证券交易所	主板	重庆
3.76	0.87	-14.21	19.24	上海证券交易所	主板	内蒙古
7.39	1.24	24.98	50.72	上海证券交易所	主板	上海
14.35	1.07	-7.65	15.52	深圳证券交易所	主板	浙江
18.94	0.46	-22.58	10.28	上海证券交易所	主板	上海
10.07	0.51	-58.49	43.79	上海证券交易所	主板	上海
3.34	0.54	-11.66	22.15	深圳证券交易所	主板	深圳
5.65	0.56	7.43	10.79	深圳证券交易所	主板	江西
8.86	1.29	19.15	23.63	深圳证券交易所	主板	广东
12.40	0.55	-21.50	31.36	深圳证券交易所	主板	山东
12.35	0.75	-24.53	22.37	深圳证券交易所	主板	北京
4.01	0.50	-3.75	33.90	上海证券交易所	主板	上海
--	0.51	2.86	23.07	深圳证券交易所	主板	广东
--	3.22	-23.83	42.01	上海证券交易所	主板	上海
6.60	0.50	-5.64	24.40	上海证券交易所	主板	上海
67.50	0.46	-31.53	31.19	深圳证券交易所	主板	江苏
82.68	0.57	-36.87	30.14	上海证券交易所	主板	上海
2.63	0.46	-19.90	29.29	上海证券交易所	主板	上海
5.14	0.33	0.04	22.82	深圳证券交易所	主板	深圳
3.96	0.45	-2.09	37.56	深圳证券交易所	主板	山东
--	1.58	-18.44	27.09	上海证券交易所	主板	上海

2-28 续表

排名 Ranking	股票代码 Stock Code	股票简称 Stock Abbreviation	股票市值(亿元) Market Capitalization of Shares (100 million yuan)	占比(%) Proportion (%)	流通市值(亿元) Negotiable Market Capitalization (100 million yuan)	成交量(亿股) Trading Volume (100 million shares)	成交金额(亿元) Trading Turnover (100 million yuan)
25	900942	黄山B股	11.02	0.85	11.02	0.77	4.19
26	900901	云赛B股	10.80	0.83	10.80	4.87	20.23
27	900903	大众B股	10.80	0.83	10.80	1.15	1.78
28	900917	海欣B股	10.78	0.83	10.78	1.42	3.16
29	200488	晨鸣B	10.27	0.79	10.27	1.62	2.92
30	900957	凌云B股	10.23	0.79	5.39	0.40	1.34
31	900912	外高B股	9.08	0.70	9.08	0.42	2.47
32	200028	一致B	8.72	0.67	8.72	0.51	7.65
33	900941	东信B股	7.83	0.60	7.83	1.42	4.28
34	900909	华谊B股	6.95	0.54	6.95	0.47	1.60
35	200016	深康佳B	6.71	0.52	6.71	1.16	1.38
36	900923	百联B股	6.36	0.49	6.36	0.38	1.79
37	200055	方大B	6.27	0.48	6.27	0.46	0.82
38	200541	粤照明B	5.88	0.45	5.70	0.47	0.97
39	900906	中毅达B	5.80	0.45	5.80	2.44	6.15
40	900928	临港B股	5.37	0.41	5.37	0.28	1.51
41	200761	本钢板B	5.34	0.41	5.34	1.96	3.05
42	900902	市北B股	5.32	0.41	5.32	1.13	1.71
43	900910	海立B股	5.30	0.41	5.30	0.56	1.42
44	200512	闽灿坤B	5.29	0.41	5.29	0.17	0.54
45	900914	锦在线B	5.03	0.39	5.03	0.36	1.54
46	900920	动力B股	4.94	0.38	4.94	0.89	1.80
47	900924	上工B股	4.79	0.37	4.79	0.55	1.28
48	900939	汇丽B	4.75	0.37	2.30	0.24	0.75
49	900945	海控B股	4.51	0.35	4.51	0.49	0.82
50	200037	深南电B	4.27	0.33	4.27	0.33	0.67

continued

市盈率（倍）P/E Ratio (times)	市净率（倍）P/B Ratio (times)	涨跌幅(%) Price Change Rate (%)	股本换手率(%) Turnover Ratio of Share Capital (%)	交易所 Stock Exchange	板块 Board	辖区 Jurisdiction
--	0.89	-13.89	35.47	上海证券交易所	主板	安徽
27.34	1.09	6.66	165.95	上海证券交易所	主板	上海
--	0.33	-22.29	14.37	上海证券交易所	主板	上海
16.60	0.71	-0.79	30.32	上海证券交易所	主板	上海
42.78	0.28	-32.77	22.97	深圳证券交易所	主板	山东
24.79	1.77	-26.77	21.48	上海证券交易所	主板	上海
4.07	0.42	-24.19	20.78	上海证券交易所	主板	上海
4.50	0.43	0.08	84.09	深圳证券交易所	主板	深圳
23.87	0.96	-7.46	47.36	上海证券交易所	主板	浙江
4.67	0.27	-24.99	19.20	上海证券交易所	主板	上海
0.00	0.39	-52.85	14.32	深圳证券交易所	主板	深圳
9.06	0.35	-30.10	21.31	上海证券交易所	主板	上海
5.93	0.32	-16.17	11.74	深圳证券交易所	主板	深圳
13.16	0.52	-8.08	15.98	深圳证券交易所	主板	广东
152.36	11.85	-58.20	67.76	上海证券交易所	主板	贵州
10.26	0.61	-33.01	22.09	上海证券交易所	主板	上海
--	0.38	-4.55	48.92	深圳证券交易所	主板	辽宁
26.82	0.32	-37.54	24.18	上海证券交易所	主板	上海
55.68	0.32	-41.92	19.79	上海证券交易所	主板	上海
5.51	0.54	-4.13	9.42	深圳证券交易所	主板	厦门
3.23	0.44	-32.95	22.64	上海证券交易所	主板	上海
--	0.25	-49.37	25.82	上海证券交易所	主板	上海
18.81	0.43	-20.80	22.55	上海证券交易所	主板	上海
61.28	3.97	-34.34	27.21	上海证券交易所	主板	上海
--	44.46	-40.48	13.27	上海证券交易所	主板	海南
--	0.74	-31.27	12.62	深圳证券交易所	主板	深圳

2-29 2023年沪深B股成交金额前50股票交易情况

排名 Ranking	股票代码 Stock Code	股票简称 Stock Abbreviation	成交金额 (亿元) Trading Turnover (100 million yuan)	占比 (%) Proportion (%)	股票市值(亿元) Market Capitalization of Shares (100 million yuan)	流通市值(亿元) Negotiable Market Capitalization (100 million yuan)	成交量 (亿股) Trading Volume (100 million shares)
1	900948	伊泰B股	58.34	6.73	320.14	145.20	5.84
2	900926	宝信B	50.15	5.78	90.73	90.73	2.66
3	200625	长安B	38.03	4.39	65.33	65.33	11.03
4	200596	古井贡B	32.25	3.72	129.53	129.53	0.27
5	900905	老凤祥B	25.16	2.90	50.44	50.44	1.04
6	900901	云赛B股	20.23	2.33	10.80	10.80	4.87
7	900932	陆家B股	16.98	1.96	25.46	25.46	4.82
8	900936	鄂资B股	12.61	1.45	53.39	53.39	1.33
9	200028	一致B	7.65	0.88	8.72	8.72	0.51
10	200869	张裕B	6.97	0.80	18.30	18.29	0.73
11	900915	中路B股	6.23	0.72	2.65	2.65	1.34
12	900911	金桥B股	6.16	0.71	15.68	15.68	0.92
13	900906	中毅达B	6.15	0.71	5.80	5.80	2.44
14	900934	锦江B股	6.02	0.69	13.94	13.94	0.47
15	200012	南玻B	5.95	0.69	25.00	25.00	2.46
16	200581	苏威孚B	5.35	0.62	13.96	13.96	0.54
17	900908	氯碱B股	4.78	0.55	12.89	12.89	1.19
18	200771	杭汽轮B	4.74	0.55	28.01	26.65	0.57
19	200726	鲁泰B	4.42	0.51	11.90	11.90	1.05
20	200725	京东方B	4.40	0.51	15.99	15.99	1.55
21	200429	粤高速B	4.37	0.50	19.20	19.20	0.82
22	900941	东信B股	4.28	0.49	7.83	7.83	1.42
23	900942	黄山B股	4.19	0.48	11.02	11.02	0.77
24	900925	机电B股	3.92	0.45	13.96	13.96	0.53

注：1.按2023全年股票成交金额进行排名。

2.占比为个股成交金额占B股股票总成交金额的比重。

数据来源：上海证券交易所、深圳证券交易所

Source:SSE、SZSE

Statistics of Top 50 SSE & SZSE B-share Stock Transaction Ranked by Stock Trading Turnover in 2023

市盈率 (倍) P/E Ratio (times)	市净率 (倍) P/B Ratio (times)	涨跌幅(%) Price Change Rate (%)	股本换手率(%) Turnover Ratio of Share Capital (%)	交易所 Stock Exchange	板块 Board	辖区 Jurisdiction
3.18	0.70	16.65	43.97	上海证券交易所	主板	内蒙古
16.23	3.57	-14.85	48.07	上海证券交易所	主板	上海
4.98	0.60	27.71	67.17	深圳证券交易所	主板	重庆
17.85	2.92	-2.63	22.62	深圳证券交易所	主板	安徽
7.39	1.24	24.98	50.72	上海证券交易所	主板	上海
27.34	1.09	6.66	165.95	上海证券交易所	主板	上海
10.07	0.51	-58.49	43.79	上海证券交易所	主板	上海
3.76	0.87	-14.21	19.24	上海证券交易所	主板	内蒙古
4.50	0.43	0.08	84.09	深圳证券交易所	主板	深圳
12.40	0.55	-21.50	31.36	深圳证券交易所	主板	山东
--	1.71	-43.91	160.20	上海证券交易所	主板	上海
4.01	0.50	-3.75	33.90	上海证券交易所	主板	上海
152.36	11.85	-58.20	67.76	上海证券交易所	主板	贵州
82.68	0.57	-36.87	30.14	上海证券交易所	主板	上海
3.34	0.54	-11.66	22.15	深圳证券交易所	主板	深圳
67.50	0.46	-31.53	31.19	深圳证券交易所	主板	江苏
2.63	0.46	-19.90	29.29	上海证券交易所	主板	上海
14.35	1.07	-7.65	15.52	深圳证券交易所	主板	浙江
3.96	0.45	-2.09	37.56	深圳证券交易所	主板	山东
12.35	0.75	-24.53	22.37	深圳证券交易所	主板	北京
8.86	1.29	19.15	23.63	深圳证券交易所	主板	广东
23.87	0.96	-7.46	47.36	上海证券交易所	主板	浙江
--	0.89	-13.89	35.47	上海证券交易所	主板	安徽
6.60	0.50	-5.64	24.40	上海证券交易所	主板	上海

2-29 续表

排名 Ranking	股票代码 Stock Code	股票简称 Stock Abbreviation	成交金额（亿元）Trading Turnover (100 million yuan)	占比(%) Proportion (%)	股票市值(亿元) Market Capitalization of Shares (100 million yuan)	流通市值(亿元) Negotiable Market Capitalization (100 million yuan)	成交量（亿股）Trading Volume (100 million shares)
25	200539	粤电力B	3.81	0.44	15.67	15.67	1.84
26	900904	神奇B股	3.73	0.43	2.54	2.54	0.75
27	900947	振华B股	3.39	0.39	26.52	26.52	2.00
28	900917	海欣B股	3.16	0.36	10.78	10.78	1.42
29	200761	本钢板B	3.05	0.35	5.34	5.34	1.96
30	201872	招港B	2.98	0.34	12.57	12.57	0.41
31	200488	晨鸣B	2.92	0.34	10.27	10.27	1.62
32	900953	凯马B	2.83	0.33	14.08	5.28	1.01
33	900937	华电B股	2.60	0.30	3.68	3.68	2.35
34	900912	外高B股	2.47	0.28	9.08	9.08	0.42
35	900943	开开B股	2.39	0.28	2.49	2.49	0.63
36	900927	物贸B股	2.24	0.26	2.78	2.78	0.70
37	200550	江铃B	2.21	0.25	20.97	20.97	0.37
38	900929	锦旅B股	1.88	0.22	11.19	5.57	0.18
39	900920	动力B股	1.80	0.21	4.94	4.94	0.89
40	900923	百联B股	1.79	0.21	6.36	6.36	0.38
41	900903	大众B股	1.78	0.21	10.80	10.80	1.15
42	200026	飞亚达B	1.78	0.21	3.45	3.45	0.27
43	900946	天雁B股	1.73	0.20	2.71	2.71	1.29
44	900902	市北B股	1.71	0.20	5.32	5.32	1.13
45	900909	华谊B股	1.60	0.18	6.95	6.95	0.47
46	900914	锦在线B	1.54	0.18	5.03	5.03	0.36
47	900928	临港B股	1.51	0.17	5.37	5.37	0.28
48	900938	海科B	1.47	0.17	3.77	3.77	1.04
49	900913	国新B股	1.47	0.17	1.99	1.99	0.60
50	900916	凤凰B股	1.43	0.17	3.43	3.43	0.63

continued

市盈率（倍）P/E Ratio (times)	市净率（倍）P/B Ratio (times)	涨跌幅(%) Price Change Rate (%)	股本换手率(%) Turnover Ratio of Share Capital (%)	交易所 Stock Exchange	板块 Board	辖区 Jurisdiction
--	0.51	2.86	23.07	深圳证券交易所	主板	广东
50.26	1.05	-8.17	137.37	上海证券交易所	主板	上海
18.94	0.46	-22.58	10.28	上海证券交易所	主板	上海
16.60	0.71	-0.79	30.32	上海证券交易所	主板	上海
--	0.38	-4.55	48.92	深圳证券交易所	主板	辽宁
5.14	0.33	0.04	22.82	深圳证券交易所	主板	深圳
42.78	0.28	-32.77	22.97	深圳证券交易所	主板	山东
--	3.22	-23.83	42.01	上海证券交易所	主板	上海
--	1.93	-31.82	54.45	上海证券交易所	主板	黑龙江
4.07	0.42	-24.19	20.78	上海证券交易所	主板	上海
18.60	1.31	-23.66	78.68	上海证券交易所	主板	上海
22.59	1.33	-9.68	69.90	上海证券交易所	主板	上海
5.65	0.56	7.43	10.79	深圳证券交易所	主板	江西
--	1.58	-18.44	27.09	上海证券交易所	主板	上海
--	0.25	-49.37	25.82	上海证券交易所	主板	上海
9.06	0.35	-30.10	21.31	上海证券交易所	主板	上海
--	0.33	-22.29	14.37	上海证券交易所	主板	上海
10.63	0.95	21.78	53.94	深圳证券交易所	主板	深圳
--	1.63	-26.22	56.01	上海证券交易所	主板	湖南
25.82	0.32	-37.54	24.18	上海证券交易所	主板	上海
4.67	0.27	-24.99	19.20	上海证券交易所	主板	上海
3.23	0.44	-32.95	22.64	上海证券交易所	主板	上海
10.26	0.61	-33.01	22.09	上海证券交易所	主板	上海
16.90	0.46	-23.47	31.90	上海证券交易所	主板	天津
38.59	0.67	-31.91	55.10	上海证券交易所	主板	山西
--	0.48	-27.69	36.83	上海证券交易所	主板	上海

2-30 沪深股票市场估值水平概况

Level of SSE & SZSE Stock Market Valuation

单位：倍 (times)

项目 Item	市盈率 P/E Ratio		市净率 P/B Ratio	
	2022	2023	2022	2023
主板 Main Board	12.83	11.56	1.42	1.26
创业板 ChiNext Board	37.49	32.91	3.57	3.15
科创板 STAR Market	44.24	35.47	5.44	4.01
A股 A-Shares	14.78	13.34	1.67	1.46
B股 B-Shares	5.92	7.90	0.74	0.69
沪深300指数 CSI 300 Index	14.78	11.38	1.64	1.16
上证综指 SSE Composite Index	12.78	11.92	1.40	1.29
深证综指 SZSE Composite Index	23.44	21.60	2.44	2.16
深证成指 SZSE Component Index	21.94	19.29	2.51	2.09
创业板指 ChiNext Price Index	40.36	28.78	4.73	3.67
上证50指数 SSE 50 Index	10.34	9.11	1.28	1.06
上证180指数 SSE 180 Index	10.20	9.59	1.16	1.06

数据来源：上海证券交易所、深圳证券交易所
Source:SSE、SZSE、CSINDEX

2-31 沪深股票市场行业估值水平情况
Level of SSE & SZSE Stock Market Valuation by Industry

单位：倍 (times)

行业 Industry	A股 A-Shares			
	市盈率 P/E Ratio		市净率 P/B Ratio	
	2022	2023	2022	2023
农、林、牧、渔业 Agriculture, Forestry, Animal Husbandry and Fishery	26.85	11.95	3.23	3.14
采矿业 Mining	7.68	10.14	1.08	1.25
制造业 Manufacturing	24.09	24.40	2.78	2.45
电力、热力、燃气及水的生产和供应业 Production and Supply of Electricity, Gas and Water	19.48	16.36	1.52	1.48
建筑业 Construction	7.34	6.57	0.74	0.66
批发和零售业 Wholesale and Retail Trades	17.18	22.31	1.62	1.65
交通运输、仓储和邮政业 Transport, Storage and Post	8.95	14.07	1.51	1.26
住宿和餐饮业 Hotels and Catering Services	281.79	30.33	3.75	2.39
信息传输、软件和信息技术服务业 Information Transmission, Computer Services and Software	35.81	35.26	2.41	2.62
金融业 Financial Intermediation	6.57	6.64	0.62	0.58
房地产业 Real Estate	14.58	15.94	0.97	0.75
租赁和商务服务业 Leasing and Business Services	37.81	16.34	2.74	1.63
科学研究和技术服务业 Scientific Research, Technical Service	35.12	30.47	3.49	2.83
水利、环境和公共设施管理业 Management of Water Conservancy, Environment and Public Facilities	19.06	19.11	1.57	1.50
居民服务、修理和其他服务业 Residential Services, Repairs and Other Services	--	--	16.49	15.89
教育 Education	34.87	38.24	5.52	5.54
卫生和社会工作业 Health and Social Works	46.70	48.27	7.30	4.89
文化、体育和娱乐业 Culture, Sports and Entertainment	19.48	16.67	1.88	1.99
综合 Others	24.65	95.09	2.62	2.08

注：1.行业分类使用2023年第四季度上市公司协会行业分类结果。
2.市盈率和市净率计算剔除净利润为负的公司。

数据来源：中证指数有限公司
Source:CSINDEX

2-32 沪深股票市场股息率情况
Dividend Yield Ratio of SSE & SZSE Stock Market

单位：% (%)

年份 Year	主板 Main Board	中小板 SME Board	创业板 ChiNext Board	科创板 STAR Market	上证综指 SSE Composite Index
2008	2.14	0.85	--	--	2.23
2009	1.08	0.48	--	--	1.21
2010	1.29	0.39	0.19	--	1.43
2011	1.99	0.99	0.73	--	2.18
2012	2.25	1.20	1.00	--	2.49
2013	2.62	0.92	0.54	--	2.96
2014	2.56	0.69	0.40	--	2.03
2015	1.53	0.41	0.19	--	1.73
2016	1.66	0.57	0.37	--	1.79
2017	2.05	1.98	0.47	--	1.86
2018	1.58	1.26	0.71	--	2.69
2019	2.08	1.04	0.55	0.00	2.16
2020	1.91	0.82	0.39	0.23	1.89
2021	2.07	--	0.37	0.30	1.86
2022	2.85	--	0.63	0.48	2.65
2023	2.61	--	0.80	0.72	2.76

数据来源：上海证券交易所、深圳证券交易所
Source:SSE、SZSE、CSINDEX

2-32 续表 continued

单位：%　　(%)

年份 Year	深证综指 SZSE Composite Index	上证50指数 SSE 50 Index	上证180指数 SSE 180 Index	深证成份指数 SZSE Component Index
2008	1.49	2.70	2.52	2.07
2009	0.50	1.59	1.43	0.67
2010	0.56	2.10	1.79	0.91
2011	1.02	2.73	2.58	1.39
2012	1.14	3.17	2.91	1.38
2013	0.89	4.06	3.66	1.68
2014	0.91	2.86	2.50	1.40
2015	0.48	2.93	2.41	0.68
2016	0.72	2.96	2.50	1.09
2017	0.81	2.58	2.25	0.99
2018	1.39	3.50	3.20	1.64
2019	1.07	2.79	2.62	1.23
2020	0.85	2.46	2.34	0.93
2021	0.93	2.59	2.38	1.05
2022	1.23	3.95	3.55	1.42
2023	1.36	4.26	3.70	1.68

2-33 融资融券业务情况
Statistics of Margin Transactions

年份 Year	标的证券数量(只) Number of Designated Securities for Margin Transactions(unit)			融资融券交易金额(亿元) Turnover of Margin Transactions (100 million yuan)		
	股票 Stock	ETF	合计 Total	股票 Stock	其中：融资买入额 Margin Purchase	其中：融券卖出额 Short Selling
2014	899	15	914	101824.43	92962.43	8862.01
2015	891	22	913	345664.31	319749.23	25915.08
2016	950	22	972	114825.92	114206.26	619.66
2017	949	21	970	103603.57	102066.28	1537.29
2018	949	45	994	74277.92	72782.17	1495.75
2019	1669	69	1738	111619.08	109269.26	2349.82
2020	1878	114	1992	194004.84	186796.43	7208.41
2021	2239	168	2407	219854.88	208608.51	11246.37
2022	3110	206	3316	154534.78	143206.84	11327.93
2023	3560	281	3841	158277.29	146934.00	11343.29

注：1.融资融券交易额=融资买入额+融券卖出额。
2.融券余额=融券余量*统计日收盘价格。
3.平均维持担保比例=全市场有融资融券负债的客户资产总额/全市场客户负债总额。
4.ETF自2011年12月开始被纳入融资融券标的证券。
5.本表中数据包含北交所。

数据来源：中国证券金融公司
Source:CSF

2-33 续表 1 continued

年份 Year	融资融券交易金额(亿元) Turnover of Margin Transactions (100 million yuan)					
	ETF	其中：融资买入额 Margin Purchase	其中：融券卖出额 Short Selling	合计 Total	其中：融资买入额 Margin Purchase	其中：融券卖出额 Short Selling
2014	4700.82	2295.28	2405.53	106525.25	95257.71	11267.54
2015	7316.31	4003.14	3313.17	352980.62	323752.37	29228.25
2016	822.10	605.56	216.53	115648.01	114811.82	836.19
2017	2182.36	1843.28	339.08	105785.93	103909.56	1876.37
2018	3365.20	2953.30	411.91	77643.12	75735.47	1907.66
2019	4843.41	4279.77	563.64	116462.49	113549.03	2913.46
2020	9981.50	9046.50	935.00	203986.34	195842.93	8143.41
2021	8889.56	7951.71	937.85	228744.44	216560.22	12184.22
2022	9412.81	8038.24	1374.56	163947.59	151245.09	12702.50
2023	14177.13	12405.54	1771.59	172454.42	159339.55	13114.87

2-33 续表 2 continued

年份 Year	融资融券余额(亿元) Outstanding Balance of Margin Transactions (100 million yuan)					
	股票 Stock	其中：融资余额 Margin Purchase	其中：融券余额 Short Selling	ETF	其中：融资余额 Margin Purchase	其中：融券余额 Short Selling
2014	9419.54	9369.43	50.11	854.02	822.41	31.61
2015	11220.55	11205.07	15.48	531.16	517.03	14.13
2016	9003.04	8980.41	22.62	395.15	382.92	12.23
2017	9431.11	9405.18	25.93	836.59	817.44	19.15
2018	6719.94	6693.17	26.77	842.56	801.47	41.09
2019	9020.03	8926.75	93.29	1177.63	1133.54	44.09
2020	14340.20	13179.01	1161.19	1849.48	1640.94	208.54
2021	16585.42	15624.13	961.29	1736.11	1495.93	240.18
2022	14130.81	13351.31	779.50	1279.25	1099.90	179.35
2023	15182.11	14612.97	569.14	1332.64	1185.79	146.85

2-33 续表 3 continued

年份 Year	融资融券余额(亿元) Outstanding Balance of Margin Transactions (100 million yuan)			开展融资融券业务证券公司及营业部(家) Security Companies Operating Margin Transactions(unit)	
	合计 Total	其中: 融资余额 Margin Purchase	其中: 融券余额 Short Selling	证券公司数量 Number of Security Companies	营业部数量 Number of Branches
2014	10273.56	10191.84	81.72	91	5805
2015	11751.71	11722.11	29.60	93	7529
2016	9398.19	9363.33	34.85	93	8635
2017	10267.70	10222.62	45.08	93	10024
2018	7562.51	7494.64	67.86	94	10768
2019	10197.66	10060.28	137.38	93	11287
2020	16189.68	14819.95	1369.73	93	11404
2021	18321.52	17120.06	1201.47	93	11582
2022	15410.05	14451.20	958.85	95	11745
2023	16514.75	15798.76	715.99	96	11772

2-33 续表 4 continued

年份 Year	担保物(亿元) Margin(100 million yuan)					客户平均维持担保比例(%) Average Maintenance Ratio(%)
	证券市值 Market Value of Securities Used as Margin			现金 Cash	合计 Total	
	小计 Subtotal	股票 Stock	债券、基金及其它 Bond、Fund and Others			
2014	25974.51	25763.16	211.35	1339.27	27313.79	240.44
2015	35941.93	35798.53	143.40	2442.97	38384.90	277.30
2016	28712.68	28617.32	95.36	1394.26	30106.94	269.81
2017	30176.28	30013.99	162.29	1110.09	31286.37	261.84
2018	19855.74	19556.67	299.06	1060.33	20916.07	230.53
2019	31450.15	31056.44	393.71	1441.09	32891.25	276.56
2020	48938.31	46999.31	1939.00	1986.89	50925.20	277.30
2021	58458.65	56461.96	1996.69	2217.58	60677.75	289.07
2022	45110.31	43012.88	2097.43	2169.46	47279.77	262.67
2023	46959.61	44521.52	2438.09	1795.81	48755.42	254.25

2-34 转融通业务情况

Statistics of Refinancing Securities

项目 Items	指标 Index		2022	2023
借入人数量（家） Number of Borrowers(unit)	证券公司 Security Company		94	94
转融券标的证券数量（只）Number of Margin Securities（unit）			3110	3321
交易金额（亿元） Turnover(100 million yuan)	转融资 Margin Funds	转融资交易金额 Margin Funds Loans	2574.13	2621.49
		其中：新合约融出 New Loans	2574.13	2621.49
		展期融出 Rollover	0.00	0.00
	转融券 Magin Securities	转融券交易金额 Margin Securities Loans	21141.24	26092.06
		其中：新合约融出 New Loans	6173.27	7086.81
		展期融出 Rollover	14967.96	19005.25
	合计 Total		23715.37	28713.55
归还金额（亿元） Redemption Value (100 million yuan)	转融资归还金额 Repaid Margin Funds Loans		2521.14	2221.31
	转融券归还金额 Returned Margin Securities Loans		5996.33	6995.56
	合计 Total		8517.47	9216.87
余额（亿元） Outstanding Loans (100 million yuan)	转融资余额 Outstanding Margin Funds Loans		971.42	1371.60
	转融券余额 Outstanding Margin Securities Loans		1256.96	1104.17
	合计 Total		2228.38	2475.77
负债（亿元） Liability(100 million yuan)	转融资总负债 Total Liabilities of Margin Funds		981.93	1387.82
	转融券总负债 Total Liabilities of Margin Securities		1263.89	1107.87
	合计 Total		2245.82	2495.69
保证金（亿元） Collateral Value (100 million yuan)	货币资金金额 Cash		229.80	121.57
	可充抵保证金证券价值 Securities		243.76	135.77
	合计 Total		473.56	257.34
保证金比例（%） Collateral Ratio（%）	市场平均 Average		23.49	10.31
	市场最低 Lowest		20.05	5.22
保证金比例分布（家） Distribution of Collateral Ratio(unit)	>=50%		10	5
	[24%，50%）		37	4
	[20%，24%）		33	2
	<20%		0	71

注：1.转融通交易额=转融资交易额+转融券交易额=转融资新融出额+转融券新融出额+转融券展期融出额。
2.归还额指归还转融通本金金额以及证券出借期间因发生证券权益分派而产生的权益补偿金额，不包含息费。
3.证券公司数量、转融资余额、保证金、保证金比例及分布为截至当年12月31日数据。
4.可充抵保证金证券价值是指折算后的可充抵保证金证券市值。
5.市场平均保证金比例=有转融通余额的证券公司保证金总额/证券公司总负债。
6.转融资业务开始于2012年8月30日，转融券业务开始于2013年2月28日。

数据来源：中国证券金融公司
Source:CSF

2-35 开立信用证券账户的投资者情况
Investors with Credit Security Accounts

单位：万个 (10,000 unit)

项　目 Items	个人 Individual		机构 Institution	
	2022	2023	2022	2023
一、期初开立的信用证券账户的投资者数 Number of Investors with Credit Security Accounts, Beginning of Year	603.03	635.72	4.00	4.65
二、本年新开信用证券账户的投资者数 Number of Investors with New Credit Security Accounts, Opening This Year	35.61	40.22	1.06	1.10
三、本年新销信用证券账户的投资者数 Number of Investors with Credit Security Accounts, Closed This Year	2.91	3.66	0.41	0.54
四、期末开立的信用证券账户的投资者数 Number of Investors with Credit Security Accounts, End of Year	635.72	672.29	4.65	5.21

注：1.开立信用证券账户的投资者数以信用证券账户对应的一码通账户数统计。
2.信用证券账户不同于普通证券账户，是投资者为参与融资融券交易而向证券公司申请开立的证券账户。该账户是证券公司在中国结算开立的“客户信用交易担保证券账户”的二级账户，用于记录投资者委托证券公司持有的担保证券的明细数据。

数据来源：中国证券登记结算公司
Source:CSDC

2-36 2023年分行业转融通标的证券数量及转融券余额

Number of Refinancing Securities and Outstanding Margin Securities Loans by Industry in 2023

行业 Industry	转融通标的证券数量 Number of Refinancing Securities	转融券余额(亿元) Outstanding Margin Securities Loans
农、林、牧、渔 Agriculture,Forestry,Animal Husbandry and Fishery	27	7.68
采矿业 Mining	67	27.86
制造业 Manufacturing	2205	769.79
电力、热力、燃气及水生产和供应业 Production and Supply of Electricity,Gas and Water	91	21.86
建筑业 Construction	59	9.60
批发和零售业 Wholesale and Retail Trades	96	13.12
交通运输、仓储和邮政业 Transport,Storage and Post	80	13.92
住宿和餐饮业 Hotels and Catering Services	4	1.29
信息传输、软件和信息技术服务业 Information Transmission,Computer Services and Software	287	111.16
金融业 Financial Intermediation	114	66.91
房地产业 Real Estate	69	21.60
租赁和商务服务业 Leasing and Business Services	34	5.51
科学研究和技术服务业 Scientific Research,Technical Service	73	15.85
水利、环境和公共设施管理业 Management of Water Conservancy,Environment and Public Facilities	52	2.50
居民服务、修理和其他服务业 Resident Services,Repairing and Other Services	0	0.00
教育 Education	5	0.39
卫生和社会工作 Health and Social Works	13	5.95
文化、体育和娱乐业 Culture,Sports and Entertainment	38	8.09
综合 Others	7	1.08

注：标的证券及余额为截至2023年12月31日的情况进行统计。
数据来源：中国证券金融公司
Source:CSF

2-37 2023年不同期限下转融券新融出额和平均费率

期限 Term	转融券新融出额(亿元) New Refinancing Amount And Average Interest Rate Of Refinancing Securities (100 million yuan)	平均融出费率 Average Fiancing Rate (%)	期限 Term	转融券新融出额(亿元) New Refinancing Amount And Average Interest Rate Of Refinancing Securities (100 million yuan)	平均融出费率 Average Fiancing Rate (%)	期限 Term	转融券新融出额(亿元) New Refinancing Amount And Average Interest Rate Of Refinancing Securities (100 million yuan)
1	1.83	3.37	21	13.47	3.31	41	1.16
2	10.75	3.71	22	8.49	5.29	42	0.70
3	28.66	3.69	23	5.53	3.80	43	0.91
4	13.75	4.29	24	6.98	5.37	44	0.78
5	13.97	3.44	25	3.25	5.19	45	0.42
6	14.44	3.49	26	2.05	5.15	46	0.82
7	723.17	4.03	27	5.10	12.77	47	1.32
8	48.81	3.57	28	701.66	4.38	48	0.24
9	9.60	3.77	29	6.35	4.85	49	0.57
10	14.64	3.66	30	5.59	5.97	50	0.36
11	8.87	4.28	31	3.94	6.88	51	1.36
12	4.18	4.50	32	3.06	4.26	52	0.75
13	11.94	3.70	33	8.71	11.78	53	0.82
14	4933.40	3.50	34	1.33	5.10	54	0.96
15	9.42	3.92	35	7.51	3.80	55	5.73
16	5.65	3.42	36	1.51	7.24	56	11.38
17	3.19	3.72	37	3.83	4.06	57	0.87
18	3.19	5.19	38	1.32	6.90	58	0.80
19	1.48	3.37	39	0.31	4.57	59	0.24
20	3.00	5.24	40	1.44	4.42	60	7.12

注：平均费率按融出额加权。
数据来源：中国证券金融公司
Source:CSF

New Refinancing Amount and Average Interest Rate of Refinancing Securities Under Different Time Limits in 2023

平均融出费率 Average Fiancing Rate (%)	期限 Term	转融券新融出额（亿元） New Refinancing Amount And Average Interest Rate Of Refinancing Securities (100 million yuan)	平均融出费率 Average Fiancing Rate (%)	期限 Term	转融券新融出额（亿元） New Refinancing Amount And Average Interest Rate Of Refinancing Securities (100 million yuan)	平均融出费率 Average Fiancing Rate (%)
5.15	61	0.57	1.11	81	1.53	6.41
5.81	62	2.74	1.65	82	0.53	3.19
2.74	63	0.29	5.53	83	1.05	6.60
3.19	64	0.19	3.86	84	0.63	6.71
4.16	65	0.36	4.93	85	0.38	4.15
11.56	66	0.96	4.26	86	0.11	6.60
2.43	67	0.27	3.45	87	0.27	10.60
4.21	68	0.07	3.85	88	0.19	3.96
6.27	69	0.36	7.10	89	0.55	6.12
6.44	70	3.02	6.34	90	7.57	5.51
3.28	71	0.14	2.27	91	8.23	3.84
1.11	72	0.73	3.62	92	2.63	2.93
3.69	73	0.72	9.07	93	0.17	14.45
3.57	74	0.12	3.60	94	0.48	9.45
2.22	75	0.24	4.93	95	0.88	3.57
4.22	76	0.04	1.60	96	2.58	4.03
2.40	77	0.62	5.14	97	0.48	6.71
1.86	78	0.41	5.02	98	0.81	6.07
5.59	79	0.50	3.32	99	0.54	3.25
5.37	80	0.28	4.64	100	1.32	4.42

2-37 续表

期限 Term	转融券新融出额 (亿元) New Refinancing Amount and Average Interest Rate of Refinancing Securities (100 million yuan)	平均融出费率 Average Fiancing Rate (%)	期限 Term	转融券新融出额 (亿元) New Refinancing Amount and Average Interest Rate of Refinancing Securities (100 million yuan)	平均融出费率 Average Fiancing Rate (%)
101	0.10	1.82	122	0.55	4.50
102	0.11	4.59	123	0.17	4.58
103	0.17	1.60	124	0.64	12.57
104	0.04	2.60	125	0.10	3.40
105	0.40	4.95	126	0.88	4.06
106	0.30	4.97	127	0.26	4.68
107	0.61	3.94	128	0.49	4.74
108	0.26	4.46	129	0.47	2.82
109	0.13	4.52	130	2.64	4.18
110	0.61	4.26	131	0.40	6.13
111	0.61	2.85	132	0.16	3.43
112	0.39	3.44	133	0.72	3.48
113	1.47	7.03	134	0.31	3.86
114	0.89	9.15	135	2.84	11.59
115	0.12	4.77	136	0.71	3.94
116	0.52	4.29	137	0.60	4.76
117	0.04	3.10	138	0.14	3.35
118	0.09	5.31	139	0.58	7.61
119	0.08	2.76	140	2.98	4.66
120	3.45	3.91	141	0.87	5.53
121	0.92	4.44	142	1.40	5.69

continued

期限 Term	转融券新融出额(亿元) New Refinancing Amount and Average Interest Rate of Refinancing Securities (100 million yuan)	平均融出费率 Average Fiancing Rate (%)	期限 Term	转融券新融出额(亿元) New Refinancing Amount and Average Interest Rate of Refinancing Securities (100 million yuan)	平均融出费率 Average Fiancing Rate (%)
143	0.07	5.60	163	1.27	6.52
144	0.29	3.74	164	1.43	5.34
145	0.35	4.41	165	0.80	6.37
146	0.18	3.70	166	0.35	3.11
147	0.87	3.86	167	1.16	6.77
148	1.39	3.63	168	1.92	7.06
149	3.17	3.58	169	1.70	4.91
150	5.17	8.17	170	2.15	8.22
151	0.03	6.60	171	1.64	7.28
152	0.51	3.60	172	1.70	3.96
153	0.17	2.32	173	1.09	7.89
154	0.39	3.99	174	1.65	5.22
155	0.25	2.93	175	2.99	6.66
156	0.32	5.55	176	2.33	5.66
157	0.40	6.52	177	3.56	4.20
158	0.68	2.98	178	1.02	5.32
159	0.65	6.45	179	32.77	3.79
160	0.30	3.21	180	6.75	3.45
161	0.77	3.13	181	2.37	5.33
162	0.70	9.22	182	235.99	4.93

2-38 科创板做市借券业务情况

The Status of Market Making Securities Lending Business on the STAR Market

年份 Year	借入人数量 (家) Number of Borrowers (unit)	交易金额			余额 (亿元) Outstanding Loans (100 million yuan)	保证金		
		新合约融出 (亿元) New Contract Refinancing (100 million yuan)	展期融出 (亿元) Extended Refinancing (100 million yuan)	合计 (亿元) Total (100 million yuan)		货币资金金额 (亿元) The Amount of Monetary Funds (100 million yuan)	可充抵保证金证券价值 (亿元) The Value of Securities Can be Used to Offset the Margin (100 million yuan)	合计 (亿元) Total (100 million yuan)
2022	12	3.27	0.90	4.16	3.06	0.30	0.29	0.60
2023	14	22.54	119.00	141.54	10.30	0.65	1.26	1.91

注：1.科创板做市借券交易额=科创板做市借券新融出额+科创板做市借券展期融出额。
2.借入人数量、科创板做市借券余额、保证金、保证金比例及分布为截至当年12月31日数据。
3.可充抵保证金证券价值是指折算后的可充抵保证金证券市值。
4.市场平均保证金比例=有科创板做市借券余额的证券公司保证金总额/证券公司科创板做市借券总负债。
5.科创板做市借券业务保证金比例档次为5%、10%、15%。

数据来源：中国证券金融公司

Source:CSF

2-38 续表 continued

年份 Year	保证金比例		保证金比例分布			
	市场平均 (%) Market Average (%)	市场最低 (%) Market Minimum (%)	>=50% (家) 50% and Above (unit)	[24%，50%) (家) Between 24% and 50%(excluding 50%) (unit)	[20%，24%) (家) Between 20% and 24%(excluding 24%) (unit)	<20% (家) Less Than 20% (unit)
2022	19.45	3.42	1	2	2	4
2023	18.51	6.07	1	2	1	8

2-39 转融资业务情况

Overview of Refinancing Business

年份 Year	借入人数量（家） Number of Borrowers (unit)	转融资交易金额 (Refinancing Transation Amount)				期末余额（亿元） Outstanding Loans (100 million yuan)
		竞价融出（亿元） Action-based Lending (100 million yuan)	再借融出（亿元） Re-lending on the Basis of Borrowing (100 million yuan)	其他融出（亿元） Other Lending Methods (100 million yuan)	合计（亿元） Total (100 million yuan)	
2023	94	1199.30	1015.46	406.73	2621.49	1371.60

数据来源：中国证券金融公司
Source:CSF

2-39 续表 continued

年份 Year	转融资成交期限分布 (Distribution of Refinancing Transation Maturities)			92-182天转融资成交费率情况 (Refinancing Transation Fee Rate for the Period from 92 to 182 days)			转融资归还金额（亿元） Refinancing Repayment Amount (100 million yuan)
	1-28天（亿元） Between 1 and 28 Days (100 million yuan)	29-91天（亿元） Between 29 and 91 Days (100 million yuan)	92-182天（亿元） Between 91 and 182 Days (100 million yuan)	最高成交利率（%） Highest Transation Interest Rate (%)	最低成交利率（%） Lowest Transation Interest Rate (%)	加权平均成交利率（%） Weighted Average Transation Interest Rate (%)	
2023	62.90	179.83	2378.76	3.50	2.12	2.50	2221.31

2-40 证券及股票期权投资者的资金余额及变动情况
Outstanding Fund and Its Change of Securities and Stock Options

年份 Year	资金类别 Type of Fund	资金余额(亿元) Outstanding Fund Value (100 million yuan)		投资者银证转账/银衍转账引起的资金变动金额(亿元) Change of Fund Caused by Bank-stock Transaction/ Bank-derivative Transaction (100 million yuan)		
		期末金额 Ending Value	日平均金额 Daily Turnover	转入额 Input	转出额 Output	净转入额 Net Input
2014	证券交易结算资金 Securities Transaction Settlement Fund	10977.14	7387.01	138105.05	129501.48	8603.57
	股票期权保证金 Stock Option Margin	--	--	--	--	--
	融资融券担保资金 Collateral Value of Margin Transaction	--	--	--	--	--
2015	证券交易结算资金 Securities Transaction Settlement Fund	17648.83	22148.81	429831.51	402942.06	26889.45
	股票期权保证金 Stock Option Margin	--	--	--	--	--
	融资融券担保资金 Collateral Value of Margin Transaction	--	--	--	--	--

注：1.“证券交易结算资金”是指“证券市场交易结算资金监控系统”获取的有经纪业务的证券公司全部经纪业务客户(含部分采取证券公司结算模式的资产管理计划)从事证券交易等的人民币交易结算资金，不包括投资者从事B股交易、融资融券业务等的资金，也不包括证券公司自营、QFII以及采用托管人结算模式的证券公司资产管理计划和公开募集证券投资基金等从事证券交易的资金。

2.“股票期权保证金”是指“证券市场交易结算资金监控系统”获取的证券公司的客户用于证券交易所股票期权交易、行权结算和履约保证的资金(包括权利金、保证金及行权资金)，不包括证券公司自营及做市业务、QFII及采用托管人结算模式的证券公司资产管理计划和公开募集证券投资基金等从事股票期权交易、行权结算和履约保证的资金。

3.“银证转账”是指在客户交易结算资金第三方存管制度下投资者在银行结算账户和证券资金账户之间的资金划转方式，是引起“证券交易结算资金”变动的重要方式之一。“投资者银证转账引起的资金变动金额”项下的“转入额”是指投资者从银行结算账户转入资金账户的金额；“转出额”是指投资者从资金账户转出到银行结算账户的金额；“净转入(转出)额”=“转入额”-“转出额”，其中，正数为净转入，负数为净转出。

4.“银衍转账”是指投资者在银行结算账户和衍生品资金账户之间的资金划转方式，是引起“股票期权保证金”变动的重要方式之一。“投资者银衍转账引起的资金变动金额”项下的“转入额”是指投资者从银行结算账户转入衍生品资金账户的金额(入金)；“转出额”是指投资者从衍生品资金账户转出到银行结算账户的金额(出金)；“净转入(转出)额”(即出入金净额)= “转入额”-“转出额”,其中，正数为净转入，负数为净转出。

5.证券市场交易结算资金监控系统自2015年2月9日对股票期权保证金实施监控，自2015年9月11日对融资融券担保资金实施监控。

数据来源：中国证券投资者保护基金有限责任公司
Source:SIPF

2-40 续表 continued

年份 Year	资金类别 Type of Fund	资金余额(亿元) Outstanding Fund Value (100 million yuan)		投资者银证转账/银衍转账引起的资金变动金额(亿元) Change of Fund Caused by Bank-stock Transaction/ Bank-derivative Transaction (100 million yuan)		
		期末金额 Ending Value	日平均金额 Daily Turnover	转入额 Input	转出额 Output	净转入额 Net Input
2016	证券交易结算资金 Securities Transaction Settlement Fund	12678.46	15680.03	248810.27	248937.20	-126.93
	股票期权保证金 Stock Option Margin	47.56	38.45	248.94	214.92	34.02
	融资融券担保资金 Collateral Value of Margin Transaction	1392.32	2047.98	30346.46	33091.00	73.70
2017	证券交易结算资金 Securities Transaction Settlement Fund	9217.16	12347.80	226998.03	227630.27	-632.24
	股票期权保证金 Stock Option Margin	50.82	57.36	291.03	277.75	13.28
	融资融券担保资金 Collateral Value of Margin Transaction	1107.46	1459.59	22276.43	23876.18	73.70
2018	证券交易结算资金 Securities Transaction Settlement Fund	8048.41	10287.32	205626.82	210187.31	-4560.49
	股票期权保证金 Stock Option Margin	71.40	57.06	425.39	378.62	46.78
	融资融券担保资金 Collateral Value of Margin Transaction	1057.00	1333.57	18943.25	19433.90	73.70
2019	证券交易结算资金 Security Transaction Settlement Fund	11201.26	11811.63	232217.38	240598.30	-8380.92
	股票期权保证金 Stock Option Margin	166.45	130.68	1179.36	1055.41	123.95
	融资融券担保资金 Collateral Value of Margin Transaction	1438.41	1657.98	25420.91	26125.38	73.70
2020	证券交易结算资金 Security Transaction Settlement Fund	14209.06	15394.79	322743.82	315107.51	7636.31
	股票期权保证金 Stock Option Margin	191.15	183.78	1572.59	1495.96	76.63
	融资融券担保资金 Collateral Value of Margin Transaction	1977.46	2308.60	34783.62	36285.03	73.70
2021	证券交易结算资金 Security Transaction Settlement Fund	16432.42	17231.25	376320.14	374787.92	1532.22
	股票期权保证金 Stock Option Margin	190.18	218.90	1652.33	1578.63	73.70
	融资融券担保资金 Collateral Value of Margin Transaction	2197.44	2403.77	31650.31	35419.82	73.70
2022	证券交易结算资金 Security Transaction Settlement Fund	16298.59	18110.64	371327.31	388798.05	73.70
	股票期权保证金 Stock Option Margin	164.39	190.92	1502.08	1420.47	81.61
	融资融券担保资金 Collateral Value of Margin Transaction	2160.90	2442.13	26996.04	29213.22	-2217.18
2023	证券交易结算资金 Security Transaction Settlement Fund	15515.91	17646.29	393206.36	408732.56	-15526.20
	股票期权保证金 Stock Option Margin	162.21	182.35	1300.57	1227.25	73.32
	融资融券担保资金 Collateral Value of Margin Transaction	1788.67	2187.40	23903.24	25427.16	-1523.92

2-41　沪深港通情况

Statistics of Shanghai and Shenzhen-Hong Kong Stock Connect

年份 Year	标的股票数量(只) Number of Underlying Stocks (unit)			
	沪股通标的股 Underlying Stocks of Shanghai Stock Connect	港股通(沪市)标的股 Underlying Stocks of Hong Kong Stock Connect (Shanghai)	深股通标的股 Underlying Stocks of Shenzhen Stock Connect	港股通(深市)标的股 Underlying Stocks of Hong Kong Stock Connect (Shenzhen)
2014	569	273	--	--
2015	569	296	--	--
2016	574	316	881	418
2017	576	311	944	445
2018	577	323	859	479
2019	916	328	708	476
2020	574	325	886	498
2021	591	376	894	526
2022	593	387	930	554
2023	1339	563	1580	563

注：1.标的股依据年末时点划分，仅包含股票标的。
2.买卖净额为全年净买卖金额，包含投资者交易的股票标的和ETF标的的金额。
3.市盈率和市净率计算剔除净利润、净资产为负的数据。
数据来源：上海证券交易所、深圳证券交易所
Source:SSE、SZSE

2-41　续表 1　continued

年份 Year	总市值(亿元) Market Capitalization of Shares (100 million yuan)			
	沪股通标的股 Underlying Stocks of Shanghai Stock Connect	港股通(沪市)标的股 Underlying Stocks of Hong Kong Stock Connect (Shanghai)	深股通标的股 Underlying Stocks of Shenzhen Stock Connect	港股通(深市)标的股 Underlying Stocks of Hong Kong Stock Connect (Shenzhen)
2014	220286.28	162323.13	--	--
2015	247931.89	164209.39	--	--
2016	229989.62	182001.69	161650.98	146.27
2017	275797.96	238803.66	175824.12	1983.83
2018	229521.23	212627.94	121840.23	213503.46
2019	322529.02	256990.22	177247.23	269025.42
2020	360598.75	279170.87	278110.86	358538.11
2021	394520.88	250279.20	313752.96	257319.61
2022	340547.99	235666.72	251835.57	284729.45
2023	420125.55	110323.28	269031.60	192992.52

2-41 续表 2 continued

年份 Year	流通市值(亿元) Negotiable Market Capitalization (100 million yuan)		市盈率(倍) P/E Ratio (times)	
	沪股通标的股 Underlying Stocks of Shanghai Stock Connect	深股通标的股 Underlying Stocks of Shenzhen Stock Connect	沪股通标的股 Underlying Stocks of Shanghai Stock Connect	深股通标的股 Underlying Stocks of Shenzhen Stock Connect
2014	202746.98	--	13.21	--
2015	221572.57	--	14.55	--
2016	206064.03	128133.03	13.25	34.64
2017	244770.84	132881.85	13.51	32.94
2018	202207.78	93986.54	11.63	17.98
2019	282579.56	138879.37	13.79	24.40
2020	319480.39	218473.55	14.86	33.97
2021	349189.52	257319.61	15.72	32.28
2022	311176.11	214253.01	10.93	19.41
2023	389916.81	227211.53	11.28	26.50

2-41 续表 3 continued

年份 Year	市净率(倍) P/B Ratio (times)		买卖净额(亿元) Net Amount of Buy and Sell Trade (100 million yuan)			
	沪股通标的股 Underlying Stocks of Shanghai Stock Connect	深股通标的股 Underlying Stocks of Shenzhen Stock Connect	沪股通投资者买卖净额(亿元) Shanghai Stock Connect	港股通(沪市)投资者买卖净额(亿元) Hong Kong Stock Connect (Shanghai)	深股通投资者买卖净额(亿元) Shenzhen Stock Connect	港股通(深市)投资者买卖净额(亿元) Hong Kong Stock Connect (Shenzhen)
2014	1.75	--	685.70	103.97	--	--
2015	1.65	--	185.29	1016.21	--	--
2016	1.39	2.81	455.11	2051.88	151.68	59.95
2017	1.50	2.68	629.73	1968.06	1367.64	978.78
2018	1.31	1.67	1810.94	103.42	1131.24	567.07
2019	1.50	2.49	1566.33	1331.81	1951.10	886.39
2020	1.61	3.51	855.13	2970.21	1234.19	2994.37
2021	1.58	3.78	1937.27	926.54	2384.42	2856.61
2022	1.24	2.94	940.04	1173.10	-39.85	2181.39
2023	1.23	2.13	219.28	1522.77	217.75	1359.47

2-42 北交所市场概况

Overview of BSE Market

年份 Year	上市公司家数 (家) Number of Listed Companies (unit)	上市公司股本 (亿股) Share Capital of Listed Companies (100 million shares)	流通股本 (亿股) Negotiable Shares (100 million shares)	股票市值 (亿元) Market Capitalization of Shares (100 million yuan)	流通市值 (亿元) Negotiable Market Capitalization (100 million yuan)	成交量 (亿股) Trading Volume (100 million shares)
2021	82	122.69	57.27	2722.75	1073.82	37.45
2022	162	213.54	110.99	2110.29	1148.06	158.53
2023	239	318.04	169.16	4496.41	2263.28	615.42

注：2021年成交量、成交金额统计区间为11月15日至12月31日。
数据来源：北京证券交易所
Source:BSE

2-42 续表 continued

年份 Year	日均成交量 (亿股) Average Daily Volume (100 million shares)	成交金额 (亿元) Trading Turnover (100 million yuan)	日均成交金额 (亿元) Average Daily Turnover (100 million yuan)	市值换手率 (%) Turnover Ratio of Market Capitalization (%)	市盈率 (倍) P/E Ratio (times)	股息率 (%) Dividend Yield Ratio (%)
2021	1.07	667.17	19.06	62.55	46.66	0.76
2022	0.66	1980.13	8.18	172.95	18.87	1.13
2023	2.54	7272.23	30.05	419.20	24.20	1.14

2-43 北交所市场历史记录情况
Historical Records of BSE Market

年份 Year	日收市综合指数 Daily Closing Composite Index			
	最高 Highest		最低 Lowest	
	北证50指数 BSE 50 Index	日期 Date	北证50指数 BSE 50 Index	日期 Date
2022	1195.94	2022-06-28	932.36	2022-12-29
2023	1101.79	2023-11-27	706.57	2023-10-23

注：指数最高、最低价分别为收盘最高、最低价，最大涨幅、最大跌幅按年最高价、最低价计算。
数据来源：北京证券交易所
Source:BSE

2-43 续表 1 continued

年份 Year	日收市综合指数 Daily Closing Composite Index			
	最大涨幅(%) Maximum Change of Increment(%)		最大跌幅(%) Maximum Change of Decrement(%)	
	北证50指数 BSE 50 Index	日期 Date	北证50指数 BSE 50 Index	日期 Date
2022	19.78	2022-06-28	-8.07	2022-10-12
2023	18.28	2023-11-27	-25.43	2023-10-23

2-43 续表 2 continued

年份 Year	日成交金额(亿元) Daily Turnover(100 million yuan)			
	最大 Maximum		最小 Minimum	
	北交所 BSE	日期 Date	北交所 BSE	日期 Date
2022	40.46	2022-01-20	2.78	2022-09-09
2023	303.86	2023-11-27	2.74	2023-01-12

2-44 北交所市场分监管辖区规模
Dimensions of BSE Market by Regulatory Jurisdiction

辖区	Jurisdiction	上市公司家数(家) Number of Listed Companies (unit)		上市公司股本(亿股) Share Capital of Listed Companies (100 million shares)		股票市值(亿元) Market Capitalization of Shares (100 million yuan)	
		2022	2023	2022	2023	2022	2023
北京	Beijing	15	22	31.71	40.76	226.15	584.85
天津	Tianjin	2	2	1.61	1.64	9.30	37.65
河北	Hebei	5	8	8.90	11.84	51.02	129.51
山西	Shanxi	2	3	1.33	2.57	13.08	199.29
内蒙古	Inner Mongolia	1	2	2.61	4.68	8.93	32.36
辽宁	Liaoning	1	2	0.69	2.34	5.71	20.44
吉林	Jilin	2	2	4.21	6.90	160.67	108.38
黑龙江	Heilongjiang	0	0	0.00	0.00	0.00	0.00
上海	Shanghai	7	10	9.58	12.46	82.19	193.30
江苏	Jiangsu	27	43	28.31	46.96	245.69	689.32
浙江	Zhejiang	12	21	11.18	23.79	72.82	272.56
安徽	Anhui	7	8	6.35	6.99	49.53	96.82
福建	Fujian	2	2	7.03	7.04	33.02	42.80
江西	Jiangxi	1	3	1.03	2.67	5.21	34.58
山东	Shandong	9	15	8.97	17.10	74.02	241.13
河南	Henan	9	12	11.67	14.63	105.91	198.24
湖北	Hubei	5	9	4.70	9.26	34.02	135.99
湖南	Hunan	4	5	4.22	5.09	22.54	51.80
广东	Guangdong	14	19	18.02	23.07	127.38	255.89
广西	Guangxi	1	3	0.86	6.50	9.21	43.17
海南	Hainan	0	0	0.00	0.00	0.00	0.00
重庆	Chongqing	4	6	6.23	8.09	39.52	98.43
四川	Sichuan	8	9	8.72	9.74	87.24	119.13
贵州	Guizhou	0	1	0.00	6.12	0.00	43.72
云南	Yunnan	2	2	2.37	2.37	24.65	30.81
西藏	Xizang	0	0	0.00	0.00	0.00	0.00
陕西	Shaanxi	3	5	7.14	9.12	66.96	134.62
甘肃	Gansu	0	0	0.00	0.00	0.00	0.00
青海	Qinghai	0	0	0.00	0.00	0.00	0.00
宁夏	Ningxia	1	2	2.35	3.11	8.86	28.58
新疆	Xinjiang	0	0	0.00	0.00	0.00	0.00
深圳	Shenzhen	9	10	12.47	17.32	351.22	362.37
大连	Dalian	2	3	3.31	5.28	129.97	121.98
宁波	Ningbo	2	4	3.00	4.33	24.24	64.79
厦门	Xiamen	0	1	0.00	0.77	0.00	17.80
青岛	Qingdao	5	5	4.97	5.50	41.24	106.12

注：所属辖区按上市公司注册地划分，注册地为境外的上市公司，以其实际办公地为口径统计上市公司家数，以注册地(境外)为口径统计IPO家数。

数据来源：北京证券交易所

Source:BSE

2-45 北交所市场筹资情况
Proceeds Raised in BSE Market

年份 Year	公开发行数量(亿股) Number of Public Offerings (100 million shares)	筹资金额(亿元) Proceeds Raised by Offering of Shares (100 million yuan)					
		小计 Subtotal	公开发行筹资金额 Proceeds Raised by Public Offerings	增发筹资金额 Proceeds Raised by Following on Offering	配股筹资金额 Proceeds Raised by Rights Issues	行权筹资金额 Proceeds Raised by Warrant Exercise	优先股 Proceeds Raised by Preference Stock
2021	2.29	21.32	21.32	0.00	0.00	0.00	0.00
2022	17.48	166.99	163.84	3.15	0.00	0.00	0.00
2023	16.13	154.32	146.28	8.04	0.00	0.00	0.00

注：本表筹资情况包含公开发行及再筹资。公开发行指在北交所上市发行；再筹资包含公开增发、定向增发、配股、权证和优先股筹资。

数据来源：北京证券交易所

Source: BSE

2-46 北交所市场发行及上市首日情况
Issue-Day Statistics of the BSE Market

年份 Year	平均超募比率(%) Average Oversubscription Rate (%)	上市首日平均换手率(%) Average Turnover Ratio of Issue-day (%)	首日破发率(%) the Ratio of Breaking Issue Price (%)	平均公开发行价格(元) Average Price of Public Offering Shares (yuan)	首日平均涨跌幅(%) Average Price Change Rate on the First Trading Day of IPO (%)	平均网上发行中签率(%) Average Lot Winning Rate for Online Subscription (%)	平均公开发行市盈率(倍) Average P/E Ratio of Public Offering Shares (times)
2021	-1.51	60.70	0.00	10.50	199.52	0.64	21.25
2022	-11.13	33.67	50.60	11.27	10.03	3.29	21.67
2023	-24.24	54.98	22.08	11.25	56.89	1.85	16.86

注：1.公开发行指在北交所上市发行，以上市日口径统计。
2.以上数据除超募比率使用整体法计算外，其他均为算数平均。
3.首日破发指的是首日收盘破发。
4.公开发行市盈率指的摊薄后的市盈率。

数据来源：北京证券交易所

Source:BSE

2-47 2023年北交所市场发行及上市首日表现

序号 Number	股票代码 Stock Code	股票简称 Stock Abbreviation	所属辖区 Jurisdiction	行业分类 Industry Classification	上市日期 Listing Date	公开发行数量（万股） Number of Public Offering Shares (10 thousand shares)
1	834950	迅安科技	江苏	制造业	2023-1-11	1085.00
2	839371	欧福蛋业	江苏	制造业	2023-1-18	5175.00
3	873152	天宏锂电	浙江	制造业	2023-1-19	2188.10
4	430425	乐创技术	四川	信息传输、软件和信息技术服务业	2023-1-30	1019.21
5	832023	田野股份	广西	制造业	2023-2-2	5730.40
6	832802	保丽洁	江苏	制造业	2023-2-6	1098.33
7	873167	新赣江	江西	制造业	2023-2-9	1963.63
8	834407	驰诚股份	河南	制造业	2023-2-16	1150.00
9	832149	利尔达	浙江	制造业	2023-2-17	2277.00
10	839273	一致魔芋	湖北	制造业	2023-2-21	1552.50
11	831906	舜宇精工	宁波	制造业	2023-2-22	920.00
12	430478	峆一药业	安徽	制造业	2023-2-23	1012.00
13	834770	艾能聚	浙江	制造业	2023-2-28	2300.00
14	836422	润普食品	江苏	制造业	2023-3-1	2029.42
15	830974	凯大催化	浙江	制造业	2023-3-8	1150.00
16	872541	铁大科技	上海	制造业	2023-3-10	3000.00
17	835857	百甲科技	江苏	建筑业	2023-3-14	3780.00
18	833575	康乐卫士	北京	制造业	2023-3-15	700.00
19	837663	明阳科技	江苏	制造业	2023-3-15	1290.00
20	430556	雅达股份	广东	制造业	2023-3-17	3600.00
21	830809	安达科技	贵州	制造业	2023-3-23	5000.00
22	839792	东和新材	辽宁	制造业	2023-3-30	2000.00
23	834261	一诺威	山东	制造业	2023-4-3	2993.27
24	872895	花溪科技	河南	制造业	2023-4-6	1400.00
25	873593	鼎智科技	江苏	制造业	2023-4-13	1330.78
26	831304	迪尔化工	山东	制造业	2023-4-18	3450.00
27	830896	旺成科技	重庆	制造业	2023-4-19	2531.00
28	871694	中裕科技	江苏	制造业	2023-4-24	2410.00
29	833394	民士达	山东	制造业	2023-4-25	4025.00
30	836699	海达尔	江苏	制造业	2023-5-9	1262.53
31	871478	巨能股份	宁夏	制造业	2023-5-12	2300.00
32	838837	华原股份	广西	制造业	2023-5-15	2284.28
33	837006	晟楠科技	江苏	制造业	2023-5-18	2300.00
34	832471	美邦科技	河北	制造业	2023-5-25	1320.00
35	839719	宁新新材	江西	制造业	2023-5-26	2327.34
36	430017	星昊医药	北京	制造业	2023-5-31	3060.00
37	830779	武汉蓝电	湖北	制造业	2023-6-1	1070.00
38	836221	易实精密	江苏	制造业	2023-6-8	2070.00
39	833455	汇隆活塞	大连	制造业	2023-6-21	4945.00
40	832651	天罡股份	山东	制造业	2023-6-27	1065.00

Issue-Day Statistics of Public Offering in the BSE Market in 2023

公开发行价格(元) Price of Public Offering Shares (yuan)	公开发行筹资金额(百万元) Proceeds Raised by Public Offering Shares (million yuan)	上市首日涨跌幅(%) Price Change Rate on Issue Day of IPO (%)	超募比例(%) Oversubscription Rate(%)	网上发行中签率(%) Lot Winning Rate for Online Subscription(%)	公开发行市盈率(摊薄)(倍) P/E Ratio of Public Offering Shares(times)	上市交易所 Stock Exchange
13.00	141.05	0.00	-48.74	11.69	10.91	北京证券交易所
2.50	129.38	69.60	15.00	0.44	23.30	北京证券交易所
6.00	131.29	20.67	-32.96	1.53	15.03	北京证券交易所
12.80	130.46	0.62	13.05	5.25	13.97	北京证券交易所
3.60	206.29	20.56	14.59	3.26	19.43	北京证券交易所
7.95	87.32	30.06	-58.94	4.15	14.28	北京证券交易所
9.45	185.56	58.73	-25.29	1.06	15.57	北京证券交易所
5.87	67.51	80.75	15.00	0.16	15.99	北京证券交易所
5.00	113.85	39.60	-36.40	0.68	12.29	北京证券交易所
11.38	176.67	31.99	21.13	0.29	15.98	北京证券交易所
11.00	101.20	49.36	-80.79	0.28	16.90	北京证券交易所
12.62	127.71	52.46	-5.14	0.21	16.00	北京证券交易所
5.98	137.54	46.82	-31.16	0.29	16.00	北京证券交易所
8.50	172.50	15.41	-16.74	0.33	17.82	北京证券交易所
6.26	71.99	38.82	-64.64	0.21	16.89	北京证券交易所
3.38	101.40	21.01	-52.45	0.19	15.99	北京证券交易所
4.00	151.20	-8.75	-6.05	0.87	16.00	北京证券交易所
42.00	294.00	-15.43	-2.88	2.94	--	北京证券交易所
11.88	153.25	-1.26	-1.82	0.23	16.99	北京证券交易所
3.70	133.20	0.00	-46.24	0.20	13.68	北京证券交易所
13.00	650.00	-13.62	0.02	1.03	34.06	北京证券交易所
8.68	173.60	-12.67	-56.85	3.62	16.58	北京证券交易所
10.81	323.57	-5.92	-3.32	3.35	13.99	北京证券交易所
6.60	92.40	0.00	-13.26	1.99	13.96	北京证券交易所
30.60	407.22	23.17	-9.38	7.05	14.08	北京证券交易所
3.98	137.31	16.83	-8.46	3.92	15.82	北京证券交易所
5.53	139.96	0.00	-46.56	5.54	15.90	北京证券交易所
12.33	297.15	0.00	-9.55	12.11	13.99	北京证券交易所
6.55	263.64	68.70	-11.44	0.71	19.17	北京证券交易所
10.25	129.41	47.80	-29.03	2.13	15.43	北京证券交易所
5.50	126.50	227.27	-40.12	0.29	15.30	北京证券交易所
3.93	89.77	37.91	-25.19	1.21	15.98	北京证券交易所
8.40	193.20	84.64	-3.40	0.30	15.93	北京证券交易所
10.74	141.77	-4.56	-71.76	2.45	15.98	北京证券交易所
14.68	341.65	16.96	-13.64	0.82	15.07	北京证券交易所
12.30	376.38	-11.46	-3.35	2.81	30.71	北京证券交易所
26.60	284.62	3.61	-4.99	0.57	22.81	北京证券交易所
5.98	123.79	39.13	-4.70	0.21	16.16	北京证券交易所
3.15	155.77	51.43	-0.27	0.32	15.56	北京证券交易所
12.88	137.17	-9.70	-32.16	2.14	15.49	北京证券交易所

2-47 续表

序号 Number	股票代码 Stock Code	股票简称 Stock Abbreviation	所属辖区 Jurisdiction	行业分类 Industry Classification	上市日期 Listing Date	公开发行数量（万股） Number of Public Offering Shares (10 thousand shares)
41	836208	青矩技术	北京	科学研究和技术服务业	2023-6-29	918.23
42	832175	东方碳素	河南	制造业	2023-6-30	3200.00
43	836717	瑞星股份	河北	制造业	2023-7-3	2868.00
44	837592	华信永道	北京	信息传输、软件和信息技术服务业	2023-7-10	1265.00
45	873576	天力复合	陕西	制造业	2023-7-12	1495.00
46	833751	惠同新材	湖南	制造业	2023-7-17	2170.00
47	838701	豪声电子	浙江	制造业	2023-7-19	2450.00
48	832982	锦波生物	山西	制造业	2023-7-20	575.00
49	870726	鸿智科技	广东	制造业	2023-8-8	1043.48
50	834058	华洋赛车	浙江	制造业	2023-8-10	1400.00
51	837748	路桥信息	厦门	信息传输、软件和信息技术服务业	2023-8-16	1564.00
52	836504	博迅生物	上海	制造业	2023-8-17	833.31
53	837174	宏裕包材	湖北	制造业	2023-8-18	2033.33
54	872953	国子软件	山东	信息传输、软件和信息技术服务业	2023-8-23	2547.25
55	870976	视声智能	广东	制造业	2023-9-1	1270.00
56	831627	力王股份	广东	制造业	2023-9-7	2645.00
57	836419	万德股份	陕西	制造业	2023-9-15	2000.00
58	832469	富恒新材	深圳	制造业	2023-9-18	2622.00
59	873665	科强股份	江苏	制造业	2023-9-26	3000.00
60	832978	开特股份	湖北	制造业	2023-9-28	1936.35
61	832786	骑士乳业	内蒙古	农、林、牧、渔业	2023-10-13	5227.00
62	873726	卓兆点胶	江苏	制造业	2023-10-19	1232.00
63	873693	阿为特	上海	制造业	2023-10-27	1150.00
64	839493	并行科技	北京	信息传输、软件和信息技术服务业	2023-11-1	1150.00
65	833030	立方控股	浙江	信息传输、软件和信息技术服务业	2023-11-2	1667.50
66	873833	美心翼申	重庆	制造业	2023-11-8	1380.00
67	873679	前进科技	浙江	制造业	2023-11-10	1547.00
68	832522	纳科诺尔	河北	制造业	2023-11-16	2300.00
69	873132	泰鹏智能	山东	制造业	2023-11-16	1380.00
70	873570	坤博精工	浙江	制造业	2023-11-23	902.75
71	835579	机科股份	北京	制造业	2023-11-30	3120.00
72	873703	广厦环能	北京	制造业	2023-12-5	1500.00
73	836547	无锡晶海	江苏	制造业	2023-12-12	1560.00
74	831175	派诺科技	广东	信息传输、软件和信息技术服务业	2023-12-14	1000.00
75	833284	灵鸽科技	江苏	制造业	2023-12-19	1500.00
76	836961	西磁科技	宁波	制造业	2023-12-21	1539.13
77	871263	莱赛激光	江苏	制造业	2023-12-28	1916.67

continued

公开发行价格(元) Price of Public Offering Shares (yuan)	公开发行筹资金额(百万元) Proceeds Raised by Public Offering Shares (million yuan)	上市首日涨跌幅(%) Price Change Rate on Issue Day of IPO (%)	超募比例(%) Oversubscription Rate(%)	网上发行中签率(%) Lot Winning Rate for Online Subscription(%)	公开发行市盈率(摊薄)(倍) P/E Ratio of Public Offering Shares(times)	上市交易所 Stock Exchange
34.75	319.08	-1.44	-16.07	18.48	16.00	北京证券交易所
12.60	403.20	-21.67	-20.91	8.05	--	北京证券交易所
5.07	145.41	-1.97	-10.15	0.68	16.49	北京证券交易所
10.38	131.31	23.31	1.65	0.48	17.99	北京证券交易所
9.35	139.78	92.83	16.49	0.28	16.87	北京证券交易所
5.80	125.86	34.66	-24.05	0.23	16.98	北京证券交易所
8.80	215.60	18.07	-9.86	3.49	14.99	北京证券交易所
49.00	281.75	159.69	-40.05	0.66	32.44	北京证券交易所
13.28	138.57	-14.08	-27.69	0.50	14.91	北京证券交易所
16.50	231.00	24.97	-52.18	4.55	16.98	北京证券交易所
7.00	109.48	128.29	-28.44	0.18	18.42	北京证券交易所
9.75	81.25	31.49	-34.17	0.28	15.99	北京证券交易所
8.00	162.67	9.62	-0.04	0.78	15.86	北京证券交易所
10.50	267.46	70.48	33.73	0.37	18.45	北京证券交易所
10.30	130.81	23.40	-13.72	0.37	17.90	北京证券交易所
6.00	158.70	87.17	12.57	0.31	15.76	北京证券交易所
8.93	178.60	-8.73	-18.88	0.89	15.99	北京证券交易所
5.68	148.93	6.34	-12.39	0.22	13.99	北京证券交易所
6.28	188.40	-1.27	-30.41	0.22	16.01	北京证券交易所
7.37	142.71	0.00	4.23	0.32	18.80	北京证券交易所
5.00	261.35	-5.20	-1.48	3.52	15.30	北京证券交易所
26.00	320.32	-11.54	-12.27	3.46	25.00	北京证券交易所
6.36	73.14	1008.33	-34.83	0.15	17.97	北京证券交易所
29.00	333.50	51.72	15.00	1.12	--	北京证券交易所
7.69	128.23	108.06	-51.61	0.56	15.99	北京证券交易所
10.00	138.00	66.60	-60.05	1.87	15.97	北京证券交易所
13.99	216.43	57.11	-14.14	2.03	15.06	北京证券交易所
15.00	345.00	17.33	-13.96	0.51	12.50	北京证券交易所
8.80	121.44	98.86	1.20	0.14	11.41	北京证券交易所
19.48	175.86	244.46	15.49	0.17	18.51	北京证券交易所
8.00	249.60	158.75	-43.54	0.20	19.54	北京证券交易所
23.45	351.75	78.64	-46.11	0.25	14.00	北京证券交易所
16.53	257.87	72.05	-24.14	0.18	15.31	北京证券交易所
11.52	115.20	114.24	-58.11	0.08	16.49	北京证券交易所
5.60	84.00	139.64	-44.00	0.06	15.16	北京证券交易所
8.09	124.52	237.45	-17.42	0.08	18.00	北京证券交易所
7.28	139.53	172.12	-22.48	0.09	16.71	北京证券交易所

2-48 2023年北交所市场分行业筹资情况
Summary of BSE Market Financing by Industry in 2023

单位：亿元 (100 million yuan)

行业 Industry	合计 Total
农、林、牧、渔业 Agriculture, Forestry, Animal Husbandry and Fishery	2.61
采矿业 Mining	0.00
制造业 Manufacturing	134.84
电力、热力、燃气及水生产和供应业 Production and Supply of Electricity, Gas and Water	0.00
建筑业 Construction	1.51
批发和零售业 Wholesale and Retail Trades	0.00
交通运输、仓储和邮政业 Transport, Storage and Post	0.00
住宿和餐饮业 Hotels and Catering Services	0.00
信息传输、软件和信息技术服务业 Information Transmission, Computer Services and Software	12.16
金融业 Financial Intermediation	0.00
房地产业 Real Estate	0.00
租赁和商务服务业 Leasing and Business Services	0.00
科学研究和技术服务业 Scientific Research, Technical Service	3.19
水利、环境和公共设施管理业 Management of Water Conservancy, Environment and Public Facilities	0.00
居民服务、修理和其他服务业 Resident Services, Repairs and Other Services	0.00
教育 Education	0.00
卫生和社会工作 Health and Social Works	0.00
文化、体育和娱乐业 Culture, Sports and Entertainment	0.00
综合 Others	0.00

注：1.本表筹资情况包含公开发行及再筹资。公开发行指在北交所上市发行；再筹资包含公开增发、定向增发、配股、权证和优先股筹资。
2.募集资金以股票上市日口径统计。

数据来源：北京证券交易所
Source:BSE

2-49 2023年北交所市场分监管辖区筹资情况
Summary of BSE Market Financing by Jurisdiction in 2023

单位：亿元 (100 million yuan)

辖区	Jurisdiction	合计 Total
北京	Beijing	20.56
天津	Tianjin	0.11
河北	Hebei	6.32
山西	Shanxi	2.82
内蒙古	Inner Mongolia	2.61
辽宁	Liaoning	1.74
吉林	Jilin	8.04
黑龙江	Heilongjiang	0.00
上海	Shanghai	2.69
江苏	Jiangsu	30.11
浙江	Zhejiang	14.22
安徽	Anhui	1.28
福建	Fujian	0.00
江西	Jiangxi	5.27
山东	Shandong	12.51
河南	Henan	5.63
湖北	Hubei	7.67
湖南	Hunan	1.26
广东	Guangdong	6.76
广西	Guangxi	2.96
海南	Hainan	0.00
重庆	Chongqing	3.11
四川	Sichuan	1.30
贵州	Guizhou	6.50
云南	Yunnan	0.00
西藏	Xizang	0.00
陕西	Shaanxi	3.18
甘肃	Gansu	0.00
青海	Qinghai	0.00
宁夏	Ningxia	1.27
新疆	Xinjiang	0.00
深圳	Shenzhen	1.49
大连	Dalian	1.56
宁波	Ningbo	2.26
厦门	Xiamen	1.09
青岛	Qingdao	0.00
其他	Others	0.00

注：1.本表筹资情况包含公开发行及再筹资。公开发行指在北交所上市发行；再筹资包含公开增发、定向增发、配股、权证和优先股筹资。
2.募集资金以股票上市日口径统计。
3.上市公司辖区按公司注册地划分。

数据来源：北京证券交易所
Source:BSE

2-50 北交所市场分行业成交情况
Statistics for BSE Transaction by Industry

行业 Industry	成交量(百万股) Trading Volume(million shares)		成交金额(百万元) Trading Turnover(million yuan)	
	2022	2023	2022	2023
农、林、牧、渔业 Agriculture, Forestry, Animal Husbandry and Fishery	42.51	1055.35	245.54	8185.00
采矿业 Mining	0.00	0.00	0.00	0.00
制造业 Manufacturing	11662.35	46908.87	163500.13	580964.43
电力、热力、燃气及水的生产和供应业 Production and Supply of Electricity, Gas and Water	336.04	482.60	1645.35	2580.95
建筑业 Construction	0.00	335.19	0.00	1395.26
批发和零售业 Wholesale and Retail Trades	148.66	477.36	611.50	1859.14
交通运输、仓储和邮政业 Transport, Storage and Post	56.56	1411.89	281.58	8055.15
住宿和餐饮业 Hotels and Catering Services	0.00	0.00	0.00	0.00
信息传输、软件和信息技术服务业 Information Transmission, Computer Services and Software	2628.47	8745.05	24702.56	104577.00
金融业 Financial Intermediation	0.00	0.00	0.00	0.00
房地产业 Real Estate	0.00	0.00	0.00	0.00
租赁和商务服务业 Leasing and Business Services	16.40	114.18	159.37	1650.52
科学研究和技术服务业 Scientific Research, Technical Service	554.99	1286.65	4268.71	14709.11
水利、环境和公共设施管理业 Management of Water Conservancy, Environment and Public Facilities	407.50	724.41	2598.56	3246.38
居民服务、修理和其他服务业 Resident Services, Repairs and Other Services	0.00	0.00	0.00	0.00
教育 Education	0.00	0.00	0.00	0.00
卫生和社会工作业 Health and Social Works	0.00	0.00	0.00	0.00
文化、体育和娱乐业 Culture, Sports and Entertainment	0.00	0.00	0.00	0.00
综合 Others	0.00	0.00	0.00	0.00

数据来源：北京证券交易所
Source:BSE

2-51 北交所市场按监管辖区成交情况

Statistics for Stock Transaction by Regulatory Jurisdiction

辖区	Jurisdiction	成交量(百万股) Trading Volume(million shares)		成交金额(百万元) Trading Turnover(million yuan)	
		2022	2023	2022	2023
北京	Beijing	2688.23	7129.35	20925.59	109517.68
天津	Tianjin	62.66	716.00	406.61	11762.39
河北	Hebei	707.90	2400.60	7982.78	22710.69
山西	Shanxi	114.49	393.90	1460.23	12632.86
内蒙古	InnerMongolia	263.01	1064.03	1845.14	6739.38
辽宁	Liaoning	8.46	248.16	74.99	1986.79
吉林	Jilin	186.58	293.67	8513.66	5458.35
黑龙江	Heilongjiang	0.00	0.00	0.00	0.00
上海	Shanghai	379.32	2758.76	4365.34	33631.57
江苏	Jiangsu	3303.09	9497.70	49657.59	132100.83
浙江	Zhejiang	1108.27	5581.86	6445.06	53187.98
安徽	Anhui	339.53	1445.26	4338.65	17327.87
福建	Fujian	110.93	1589.28	858.38	8752.21
江西	Jiangxi	19.91	620.45	171.86	8010.75
山东	Shandong	903.11	3062.04	11712.88	37633.86
河南	Henan	1274.08	3395.29	17152.76	36132.82
湖北	Hubei	169.61	2113.18	1688.61	22833.81
湖南	Hunan	239.10	1485.37	1684.83	11866.02
广东	Guangdong	642.64	3711.93	6256.91	37347.48
广西	Guangxi	24.36	1736.13	354.80	9190.34
海南	Hainan	0.00	0.00	0.00	0.00
重庆	Chongqing	579.09	1453.06	3864.81	11912.09
四川	Sichuan	425.85	1614.43	7231.39	17767.96
贵州	Guizhou	0.00	716.01	0.00	4923.32
云南	Yunnan	583.68	323.71	7978.22	5174.92
西藏	Xizang	0.00	0.00	0.00	0.00
陕西	Shaanxi	224.54	1277.59	2126.35	16141.55
甘肃	Gansu	0.00	0.00	0.00	0.00
青海	Qinghai	0.00	0.00	0.00	0.00
宁夏	Ningxia	336.04	1080.12	1645.35	13866.36
新疆	Xinjiang	0.00	0.00	0.00	0.00
深圳	Shenzhen	500.23	1932.39	16849.41	31635.48
大连	Dalian	293.81	1075.52	9123.46	11204.55
宁波	Ningbo	167.98	797.39	1938.87	10260.22
厦门	Xiamen	0.00	323.17	0.00	5000.32
青岛	Qingdao	196.96	1705.20	1358.74	20512.50
其他	OThers	0.00	0.00	0.00	0.00

注：上市公司辖区按公司注册地划分。
数据来源：北京证券交易所
Source:BSE

2-52 2023年北交所总市值前50只股票交易情况

排名 Ranking	股票代码 Stock Code	股票简称 Stock Abbreviation	股票市值 (百万元) Market Capitalization of Shares (million yuan)	占比 (%) Proportion (%)	流通市值 (百万元) Negotiable Market Capitalization (million yuan)	成交量 (百万股) Trading Volume (million shares)
1	835185	贝特瑞	25312.18	5.63	24936.98	345.63
2	832982	锦波生物	17788.83	3.96	6181.23	50.34
3	835368	连城数控	9872.36	2.20	5112.69	107.90
4	836077	吉林碳谷	9749.64	2.17	4514.16	224.38
5	833575	康乐卫士	7624.71	1.70	3705.44	215.85
6	872808	曙光数创	7610.00	1.69	7337.03	646.53
7	833819	颖泰生物	5638.68	1.25	5557.13	546.96
8	838402	硅烷科技	5113.42	1.14	5113.42	571.09
9	834599	同力股份	4783.19	1.06	2168.57	560.59
10	430047	诺思兰德	4375.77	0.97	2773.25	291.02
11	830809	安达科技	4372.30	0.97	2371.25	716.01
12	830946	森萱医药	4256.38	0.95	4254.32	548.14
13	834033	康普化学	4172.48	0.93	1403.87	91.46
14	430139	华岭股份	4167.42	0.93	2073.11	257.07
15	873593	鼎智科技	3688.09	0.82	1557.48	444.33
16	835640	富士达	3671.96	0.82	3433.42	173.51
17	430510	丰光精密	3668.49	0.82	1745.32	300.40
18	873726	卓兆点胶	3581.85	0.80	761.14	88.68
19	836208	青矩技术	3280.16	0.73	540.00	36.28
20	839493	并行科技	3279.51	0.73	1407.19	157.34
21	836720	吉冈精密	3098.87	0.69	822.93	489.68
22	832149	利尔达	3090.55	0.69	839.57	784.83
23	833171	国航远洋	3060.30	0.68	1210.82	1177.98
24	873693	阿为特	3019.96	0.67	843.26	176.79

注：1.按年末股票市值进行排名。
　　2.占比为个股市值占北交所总市值的比重。
数据来源：北京证券交易所
Source:BSE

Statistics of Top 50 BSE Stock Transaction Ranked by Stock Market Capitalization in 2023

成交金额（百万元）Trading Turnover (million yuan)	市盈率（倍）P/E Ratio (times)	市净率（倍）P/B Ratio (times)	涨跌幅(%) Price Change Rate (%)	股本换手率(%) Turnover Ratio of Share Capital (%)	辖区 Jurisdiction
9641.13	10.96	2.56	-16.75	34.43	深圳
9111.60	162.94	40.41	434.65	212.13	山西
4744.93	21.83	3.10	-18.01	89.17	大连
4750.57	15.49	6.56	-39.76	114.32	吉林
4762.45	--	8.16	29.20	180.23	北京
39106.37	65.11	13.02	244.74	1142.24	北京
2529.65	--	0.95	-8.98	45.28	北京
7934.05	27.02	3.82	15.47	468.74	河南
5214.55	10.26	2.36	59.68	273.58	陕西
4478.07	--	22.05	16.22	171.27	北京
4923.32	5.39	1.84	-44.36	221.75	贵州
5044.04	26.51	3.92	13.95	128.45	江苏
2992.19	40.10	8.22	113.64	305.61	重庆
3239.43	59.65	4.05	63.39	195.59	上海
26930.55	36.56	13.74	154.12	1730.06	江苏
3060.58	25.71	4.88	23.40	98.87	陕西
5202.53	50.13	9.33	208.07	478.63	青岛
2732.59	40.49	12.88	67.85	549.99	江苏
1297.20	20.35	5.87	44.26	347.73	北京
9503.67	--	27.11	94.21	629.71	北京
5637.12	50.93	7.33	181.27	993.94	江苏
4514.10	27.96	4.11	51.41	690.37	浙江
6066.37	16.27	2.15	34.62	545.09	福建
7362.55	106.95	10.53	553.14	1278.86	上海

2-52　续表

排名 Ranking	股票代码 Stock Code	股票简称 Stock Abbreviation	股票市值（百万元） Market Capitalization of Shares (million yuan)	占比(%) Proportion (%)	流通市值（百万元） Negotiable Market Capitalization (million yuan)	成交量（百万股） Trading Volume (million shares)
25	872190	雷神科技	2992.00	0.67	1572.05	330.63
26	834261	一诺威	2911.33	0.65	1238.10	143.17
27	873703	广厦环能	2872.53	0.64	548.34	75.16
28	873576	天力复合	2866.47	0.64	784.49	228.98
29	832978	开特股份	2819.81	0.63	1368.63	469.67
30	830799	艾融软件	2818.95	0.63	1575.22	543.23
31	839167	同享科技	2758.14	0.61	1642.66	184.39
32	835985	海泰新能	2751.24	0.61	1195.43	602.38
33	833394	民士达	2749.50	0.61	795.43	329.05
34	873122	中纺标	2700.09	0.60	380.97	213.03
35	832491	奥迪威	2680.62	0.60	2029.82	480.32
36	837344	三元基因	2660.33	0.59	2480.17	71.96
37	836247	华密新材	2571.98	0.57	643.00	270.87
38	430418	苏轴股份	2544.70	0.57	1345.56	254.54
39	832735	德源药业	2506.19	0.56	1609.71	79.74
40	835579	机科股份	2477.28	0.55	687.51	207.59
41	835305	云创数据	2468.81	0.55	1512.53	734.89
42	839729	永顺生物	2410.95	0.54	707.76	112.39
43	836239	长虹能源	2387.77	0.53	912.76	192.87
44	873001	纬达光电	2354.01	0.52	588.66	332.46
45	831526	凯华材料	2265.15	0.50	675.52	519.59
46	832225	利通科技	2250.70	0.50	1226.57	279.30
47	870357	雅葆轩	2139.74	0.48	619.94	135.52
48	833533	骏创科技	2132.22	0.47	728.98	234.87
49	832522	纳科诺尔	2125.10	0.47	1135.46	218.72
50	838171	邦德股份	2097.93	0.47	915.52	216.38

continued

成交金额（百万元）Trading Turnover (million yuan)	市盈率（倍）P/E Ratio (times)	市净率（倍）P/B Ratio (times)	涨跌幅(%) Price Change Rate (%)	股本换手率(%) Turnover Ratio of Share Capital (%)	辖区 Jurisdiction
6452.13	43.57	3.69	155.60	648.06	青岛
1263.41	15.24	2.40	-3.14	116.19	山东
2868.50	21.88	5.54	64.09	527.46	北京
4462.00	39.17	9.05	192.07	767.95	陕西
5788.42	36.44	7.02	120.91	545.28	湖北
5400.98	54.72	7.94	124.48	462.24	上海
2990.83	54.94	6.03	94.03	285.05	江苏
4320.51	23.24	2.19	10.42	453.11	河北
4937.85	43.36	8.85	187.02	874.21	山东
4727.36	75.13	8.24	162.29	1813.08	北京
7298.37	50.60	3.05	98.96	459.79	广东
1369.54	85.65	4.63	28.32	63.37	北京
4839.14	60.33	6.49	341.50	1184.94	河北
5073.48	30.40	4.11	183.72	497.70	江苏
2375.99	20.78	3.06	115.94	159.63	江苏
4471.42	61.47	11.07	148.13	599.36	北京
13261.15	--	2.85	81.95	958.90	江苏
951.30	28.02	3.46	13.35	140.06	广东
3274.63	21.29	2.36	-18.20	388.63	四川
3410.73	36.74	3.15	120.36	882.56	广东
8668.55	136.69	12.25	571.80	2180.24	天津
3667.40	27.06	4.71	268.19	484.57	河南
1738.78	36.59	6.02	214.08	613.75	安徽
4266.72	35.09	8.05	141.32	761.17	江苏
4447.04	18.76	6.79	51.73	449.56	河北
2870.70	26.91	4.73	122.80	493.15	山东

2-53 2023年北交所流通市值前50只股票交易情况

排名 Ranking	股票代码 Stock Code	股票简称 Stock Abbreviation	流通市值(百万元) Negotiable Market Capitalization (million yuan)	占比(%) Proportion (%)	股票市值(百万元) Market Capitalization of Shares (million yuan)	成交量(百万股) Trading Volume (million shares)
1	835185	贝特瑞	24936.98	11.02	25312.18	345.63
2	872808	曙光数创	7337.03	3.24	7610.00	646.53
3	832982	锦波生物	6181.23	2.73	17788.83	50.34
4	833819	颖泰生物	5557.13	2.46	5638.68	546.96
5	838402	硅烷科技	5113.42	2.26	5113.42	571.09
6	835368	连城数控	5112.69	2.26	9872.36	107.90
7	836077	吉林碳谷	4514.16	1.99	9749.64	224.38
8	830946	森萱医药	4254.32	1.88	4256.38	548.14
9	833575	康乐卫士	3705.44	1.64	7624.71	215.85
10	835640	富士达	3433.42	1.52	3671.96	173.51
11	430047	诺思兰德	2773.25	1.23	4375.77	291.02
12	837344	三元基因	2480.17	1.10	2660.33	71.96
13	830809	安达科技	2371.25	1.05	4372.30	716.01
14	834599	同力股份	2168.57	0.96	4783.19	560.59
15	430139	华岭股份	2073.11	0.92	4167.42	257.07
16	832491	奥迪威	2029.82	0.90	2680.62	480.32
17	430510	丰光精密	1745.32	0.77	3668.49	300.40
18	839167	同享科技	1642.66	0.73	2758.14	184.39
19	832735	德源药业	1609.71	0.71	2506.19	79.74
20	830799	艾融软件	1575.22	0.70	2818.95	543.23
21	872190	雷神科技	1572.05	0.69	2992.00	330.63
22	873593	鼎智科技	1557.48	0.69	3688.09	444.33
23	836892	广咨国际	1551.40	0.69	1799.01	153.05
24	835305	云创数据	1512.53	0.67	2468.81	734.89

注：1.按年末股票流通市值进行排名。
　　2.占比为个股流通市值占北交所总流通市值的比重。
数据来源：北京证券交易所
Source:BSE

Statistics of Top 50 BSE Stock Transaction Ranked by Stock Free Float Market Capitalization in 2023

成交金额 (百万元) Trading Turnover (million yuan)	市盈率 (倍) P/E Ratio (times)	市净率 (倍) P/B Ratio (times)	涨跌幅 (%) Price Change Rate (%)	股本换手率 (%) Turnover Ratio of Share Capital (%)	辖区 Jurisdiction
9641.13	10.96	2.56	-16.75	34.43	深圳
39106.37	65.11	13.02	244.74	1142.24	北京
9111.60	162.94	40.41	434.65	212.13	山西
2529.65	5.34	0.95	-8.98	45.28	北京
7934.05	27.02	3.82	15.47	468.74	河南
4744.93	21.83	3.10	-18.01	89.17	大连
4750.57	15.49	6.56	-39.76	114.32	吉林
5044.04	26.51	3.92	13.95	128.45	江苏
4762.45	--	8.16	29.20	180.23	北京
3060.58	25.71	4.88	23.40	98.87	陕西
4478.07	--	22.05	16.22	171.27	北京
1369.54	85.65	4.63	28.32	63.37	北京
4923.32	5.39	1.84	-44.36	221.75	贵州
5214.55	10.26	2.36	59.68	273.58	陕西
3239.43	59.65	4.05	63.39	195.59	上海
7298.37	50.60	3.05	98.96	459.79	广东
5202.53	50.13	9.33	208.07	478.63	青岛
2990.83	54.94	6.03	94.03	285.05	江苏
2375.99	20.78	3.06	115.94	159.63	江苏
5400.98	54.72	7.94	124.48	462.24	上海
6452.13	43.57	3.69	155.60	648.06	青岛
26930.55	36.56	13.74	154.12	1730.06	江苏
1738.42	22.90	4.67	122.68	210.31	广东
13261.15	--	2.85	81.95	958.90	江苏

2-53 续表

排名 Ranking	股票代码 Stock Code	股票简称 Stock Abbreviation	流通市值(百万元) Negotiable Market Capitalization (million yuan)	占比(%) Proportion (%)	股票市值(百万元) Market Capitalization of Shares (million yuan)	成交量(百万股) Trading Volume (million shares)
25	831152	昆工科技	1451.98	0.64	1884.07	200.91
26	831961	创远信科	1450.84	0.64	1965.49	247.45
27	871857	泓禧科技	1437.96	0.64	1437.96	107.36
28	831039	国义招标	1410.53	0.62	1410.53	215.97
29	839493	并行科技	1407.19	0.62	3279.51	157.34
30	835179	凯德石英	1404.71	0.62	1728.00	110.99
31	834033	康普化学	1403.87	0.62	4172.48	91.46
32	832978	开特股份	1368.63	0.60	2819.81	469.67
33	430418	苏轴股份	1345.56	0.59	2544.70	254.54
34	831305	海希通讯	1327.67	0.59	1697.15	108.40
35	834021	流金科技	1323.05	0.58	1770.57	1632.78
36	430017	星昊医药	1246.52	0.55	1942.85	307.21
37	834261	一诺威	1238.10	0.55	2911.33	143.17
38	832225	利通科技	1226.57	0.54	2250.70	279.30
39	833171	国航远洋	1210.82	0.53	3060.30	1177.98
40	832089	禾昌聚合	1197.48	0.53	1929.63	157.28
41	835985	海泰新能	1195.43	0.53	2751.24	602.38
42	430090	同辉信息	1167.47	0.52	1271.75	1129.68
43	832522	纳科诺尔	1135.46	0.50	2125.10	218.72
44	839680	广道数字	1123.56	0.50	1605.32	310.83
45	831832	科达自控	1097.81	0.49	1374.81	161.80
46	832566	梓橦宫	1060.21	0.47	1382.07	330.57
47	832419	路斯股份	1056.51	0.47	1178.25	164.45
48	839719	宁新新材	1016.46	0.45	1455.05	263.45
49	836433	大唐药业	1014.80	0.45	1552.66	576.12
50	835670	数字人	1014.72	0.45	1622.47	444.90

continued

成交金额 (百万元) Trading Turnover (million yuan)	市盈率 (倍) P/E Ratio (times)	市净率 (倍) P/B Ratio (times)	涨跌幅 (%) Price Change Rate (%)	股本换手率 (%) Turnover Ratio of Share Capital (%)	辖区 Jurisdiction
4163.60	44.78	4.14	18.66	351.75	云南
2872.58	88.26	2.77	28.86	236.66	上海
1419.52	43.69	3.94	126.61	158.02	重庆
1677.43	21.31	2.43	104.84	140.40	广东
9503.67	--	27.11	94.21	629.71	北京
2348.28	32.04	2.60	23.61	212.62	北京
2992.19	40.10	8.22	113.64	305.61	重庆
5788.42	36.44	7.02	120.91	545.28	湖北
5073.48	30.40	4.11	183.72	497.70	江苏
1140.63	28.39	2.31	60.26	111.06	上海
8080.56	84.33	2.74	93.58	703.75	北京
4333.66	23.84	1.77	31.31	480.87	北京
1263.41	15.24	2.40	-3.14	116.19	山东
3667.40	27.06	4.71	268.19	484.57	河南
6066.37	16.27	2.15	34.62	545.09	福建
2270.02	21.13	2.11	94.54	238.71	江苏
4320.51	23.24	2.19	10.42	453.11	河北
4806.50	--	4.45	134.56	664.07	北京
4447.04	18.76	6.79	51.73	449.56	河北
6349.23	25.52	2.60	94.32	692.71	深圳
2506.38	24.28	2.22	63.05	277.06	山西
2785.52	13.54	1.95	45.65	292.79	四川
1431.11	27.32	2.81	94.22	261.73	山东
3718.19	15.75	2.48	6.47	504.31	江西
3430.47	104.39	3.22	75.44	340.63	内蒙古
5717.77	--	6.75	86.80	671.44	山东

2-54　2023年北交所成交金额前50股票交易情况

排名 Ranking	股票代码 Stock Code	股票简称 Stock Abbreviation	成交金额 (百万元) Trading Turnover (million yuan)	占比 (%) Proportion (%)	股票市值(百万元) Market Capitalization of Shares (million yuan)	流通市值(百万元) Negotiable Market Capitalization (million yuan)
1	872808	曙光数创	39106.37	5.38	7610.00	7337.03
2	873593	鼎智科技	26930.55	3.70	3688.09	1557.48
3	835305	云创数据	13261.15	1.82	2468.81	1512.53
4	871478	巨能股份	11285.41	1.55	1514.29	455.40
5	835185	贝特瑞	9641.13	1.33	25312.18	24936.98
6	839493	并行科技	9503.67	1.31	3279.51	1407.19
7	832982	锦波生物	9111.60	1.25	17788.83	6181.23
8	831526	凯华材料	8668.55	1.19	2265.15	675.52
9	834021	流金科技	8080.56	1.11	1770.57	1323.05
10	873152	天宏锂电	8066.19	1.11	1254.39	475.26
11	838402	硅烷科技	7934.05	1.09	5113.42	5113.42
12	873693	阿为特	7362.55	1.01	3019.96	843.26
13	832491	奥迪威	7298.37	1.00	2680.62	2029.82
14	872190	雷神科技	6452.13	0.89	2992.00	1572.05
15	839680	广道数字	6349.23	0.87	1605.32	1123.56
16	837592	华信永道	6124.40	0.84	1515.22	364.09
17	833171	国航远洋	6066.37	0.83	3060.30	1210.82
18	832978	开特股份	5788.42	0.80	2819.81	1368.63
19	835670	数字人	5717.77	0.79	1622.47	1014.72
20	836720	吉冈精密	5637.12	0.78	3098.87	822.93
21	830799	艾融软件	5400.98	0.74	2818.95	1575.22
22	834599	同力股份	5214.55	0.72	4783.19	2168.57
23	430510	丰光精密	5202.53	0.72	3668.49	1745.32
24	430478	峆一药业	5104.90	0.70	1043.29	499.27

注：1.按全年股票成交金额进行排名。
　　2.占比为个股成交金额占北交所总成交金额的比重。
数据来源：北京证券交易所
Source:BSE

Statistics of Top BSE Stock Transaction Ranked by Stock Trading Turnover in 2023

成交量(百万股) Trading Volume (million shares)	市盈率 (倍) P/E Ratio (times)	市净率 (倍) P/B Ratio (times)	涨跌幅 (%) Price Change Rate(%)	股本换手率(%) Turnover Ratio of Share Capital (%)	辖区 Jurisdiction
646.53	65.11	13.02	244.74	1142.24	北京
444.33	36.56	13.74	154.12	1730.06	江苏
734.89	--	2.85	81.95	958.90	江苏
597.52	43.32	11.61	260.00	2904.14	宁夏
345.63	10.96	2.56	-16.75	34.43	深圳
157.34	--	27.11	94.21	629.71	北京
50.34	162.94	40.41	434.65	212.13	山西
519.59	136.69	12.25	571.80	2180.24	天津
1632.78	84.33	2.74	93.58	703.75	北京
739.84	38.87	8.79	166.52	2288.74	浙江
571.09	27.02	3.82	15.47	468.74	河南
176.79	106.95	10.53	553.14	1278.86	上海
480.32	50.60	3.05	98.96	459.79	广东
330.63	43.57	3.69	155.60	648.06	青岛
310.83	25.52	2.60	94.32	692.71	深圳
376.46	42.00	5.98	134.87	2520.86	北京
1177.98	16.27	2.15	34.62	545.09	福建
469.67	36.44	7.02	120.91	545.28	湖北
444.90	--	6.75	86.80	671.44	山东
489.68	50.93	7.33	181.27	993.94	江苏
543.23	54.72	7.94	124.48	462.24	上海
560.59	10.26	2.36	59.68	273.58	陕西
300.40	50.13	9.33	208.07	478.63	青岛
205.26	18.48	3.38	109.51	1096.57	安徽

2-54 续表

排名 Ranking	股票代码 Stock Code	股票简称 Stock Abbreviation	成交金额（百万元） Trading Turnover (million yuan)	占比(%) Proportion (%)	股票市值(百万元) Market Capitalization of Shares (million yuan)	流通市值(百万元) Negotiable Market Capitalization (million yuan)
25	430418	苏轴股份	5073.48	0.70	2544.70	1345.56
26	872953	国子软件	5071.31	0.70	1744.36	408.34
27	830946	森萱医药	5044.04	0.69	4256.38	4254.32
28	836221	易实精密	5033.33	0.69	1663.24	495.05
29	837748	路桥信息	5000.32	0.69	1780.37	311.72
30	833394	民士达	4937.85	0.68	2749.50	795.43
31	830809	安达科技	4923.32	0.68	4372.30	2371.25
32	831087	秋乐种业	4876.09	0.67	1924.58	828.90
33	836247	华密新材	4839.14	0.67	2571.98	643.00
34	430090	同辉信息	4806.50	0.66	1271.75	1167.47
35	833575	康乐卫士	4762.45	0.65	7624.71	3705.44
36	836077	吉林碳谷	4750.57	0.65	9749.64	4514.16
37	835368	连城数控	4744.93	0.65	9872.36	5112.69
38	873122	中纺标	4727.36	0.65	2700.09	380.97
39	834770	艾能聚	4700.20	0.65	1514.74	766.08
40	837663	明阳科技	4676.39	0.64	1471.63	433.27
41	430425	乐创技术	4560.73	0.63	1068.03	559.28
42	832149	利尔达	4514.10	0.62	3090.55	839.57
43	430047	诺思兰德	4478.07	0.62	4375.77	2773.25
44	835579	机科股份	4471.42	0.61	2477.28	687.51
45	831906	舜宇精工	4468.89	0.61	1353.33	415.86
46	873576	天力复合	4462.00	0.61	2866.47	784.49
47	832522	纳科诺尔	4447.04	0.61	2125.10	1135.46
48	430017	星昊医药	4333.66	0.60	1942.85	1246.52
49	835985	海泰新能	4320.51	0.59	2751.24	1195.43
50	833533	骏创科技	4266.72	0.59	2132.22	728.98

continued

成交量(百万股) Trading Volume (million shares)	市盈率 (倍) P/E Ratio (times)	市净率 (倍) P/B Ratio (times)	涨跌幅 (%) Price Change Rate(%)	股本换手率(%) Turnover Ratio of Share Capital (%)	辖区 Jurisdiction
254.54	30.40	4.11	183.72	497.70	江苏
334.37	33.64	8.07	80.76	1554.16	山东
548.14	26.51	3.92	13.95	128.45	江苏
463.10	43.96	7.92	189.95	1805.84	江苏
323.17	48.56	9.65	231.43	2405.25	厦门
329.05	43.36	8.85	187.02	874.21	山东
716.01	5.39	1.84	-44.36	221.75	贵州
567.45	31.18	3.94	112.53	820.98	河南
270.87	60.33	6.49	341.50	1184.94	河北
1129.68	--	4.45	134.56	664.07	北京
215.85	--	8.16	29.20	180.23	北京
224.38	15.49	6.56	-39.76	114.32	吉林
107.90	21.83	3.10	-18.01	89.17	大连
213.03	75.13	8.24	162.29	1813.08	北京
611.29	24.59	3.68	105.91	951.00	浙江
370.12	28.89	7.76	152.96	1786.55	江苏
227.35	38.53	9.17	136.78	1243.44	四川
784.83	27.96	4.11	51.41	690.37	浙江
291.02	--	22.05	16.22	171.27	北京
207.59	61.47	11.07	148.13	599.36	北京
265.59	21.30	3.16	91.68	1367.97	宁波
228.98	39.17	9.05	192.07	767.95	陕西
218.72	18.76	6.79	51.73	449.56	河北
307.21	23.84	1.77	31.31	480.87	北京
602.38	23.24	2.19	10.42	453.11	河北
234.87	35.09	8.05	141.32	761.17	江苏

2-55 2023年北交所涨幅前50股票交易情况

排名 Ranking	股票代码 Stock Code	股票简称 Stock Abbreviation	涨幅(%) Price Increase Rate (%)	股票市值(百万元) Market Capitalization of Shares (million yuan)	流通市值(百万元) Negotiable Market Capitalization (million yuan)
1	831526	凯华材料	571.80	2265.15	675.52
2	873693	阿为特	553.14	3019.96	843.26
3	832982	锦波生物	434.65	17788.83	6181.23
4	836247	华密新材	341.50	2571.98	643.00
5	832225	利通科技	268.19	2250.70	1226.57
6	871478	巨能股份	260.00	1514.29	455.40
7	836961	西磁科技	259.33	1990.75	468.03
8	872808	曙光数创	244.74	7610.00	7337.03
9	837748	路桥信息	231.43	1780.37	311.72
10	832469	富恒新材	214.61	1937.47	568.23
11	870357	雅葆轩	214.08	2139.74	619.94
12	430510	丰光精密	208.07	3668.49	1745.32
13	873570	坤博精工	202.82	1921.76	454.09
14	873576	天力复合	192.07	2866.47	784.49
15	836221	易实精密	189.95	1663.24	495.05
16	833394	民士达	187.02	2749.50	795.43
17	833943	优机股份	185.76	1573.58	638.63
18	430418	苏轴股份	183.72	2544.70	1345.56
19	836720	吉冈精密	181.27	3098.87	822.93
20	871263	莱赛激光	180.91	1567.83	372.36
21	832662	方盛股份	175.14	1584.66	437.67
22	835174	五新隧装	171.68	1801.07	997.81
23	873152	天宏锂电	166.52	1254.39	475.26
24	832171	志晟信息	162.44	1120.61	749.98
25	873122	中纺标	162.29	2700.09	380.97

数据来源：北京证券交易所
Source:BSE

Statistics of Top 50 BSE Stock Transaction Ranked by Stock Price Increase Rate in 2023

成交量 (百万股) Trading Volume (million shares)	成交金额 (百万元) Trading Turnover (million yuan)	市盈率 (倍) P/E Ratio (times)	市净率 (倍) P/B Ratio (times)	股本换手率(%) Turnover Ratio of Share Capital (%)	辖区 Jurisdiction
519.59	8668.55	136.69	12.25	2180.24	天津
176.79	7362.55	106.95	10.53	1278.86	上海
50.34	9111.60	162.94	40.41	212.13	山西
270.87	4839.14	60.33	6.49	1184.94	河北
279.30	3667.40	27.06	4.71	484.57	河南
597.52	11285.41	43.32	11.61	2904.14	宁夏
60.47	1691.29	63.01	16.67	375.59	宁波
646.53	39106.37	65.11	13.02	1142.24	北京
323.17	5000.32	48.56	9.65	2405.25	厦门
323.05	3804.04	42.42	7.06	1015.94	深圳
135.52	1738.78	36.59	6.02	613.75	安徽
300.40	5202.53	50.13	9.33	478.63	青岛
61.01	3571.95	57.12	13.27	792.53	浙江
228.98	4462.00	39.17	9.05	767.95	陕西
463.10	5033.33	43.96	7.92	1805.84	江苏
329.05	4937.85	43.36	8.85	874.21	山东
162.41	1708.41	24.82	3.12	527.07	四川
254.54	5073.48	30.40	4.11	497.70	江苏
489.68	5637.12	50.93	7.33	993.94	江苏
25.66	543.91	46.52	7.42	140.92	江苏
306.60	3446.66	29.36	3.95	1356.48	江苏
272.86	3672.97	23.17	3.13	538.74	湖南
739.84	8066.19	38.87	8.79	2288.74	浙江
306.39	3136.70	--	3.11	456.68	河北
213.03	4727.36	75.13	8.24	1813.08	北京

2-55 续表

排名 Ranking	股票代码 Stock Code	股票简称 Stock Abbreviation	涨幅(%) Price Increase Rate (%)	股票市值(百万元) Market Capitalization of Shares (million yuan)	流通市值(百万元) Negotiable Market Capitalization (million yuan)
26	871753	天纺标	161.96	1499.47	393.14
27	870204	沪江材料	161.11	1073.43	567.88
28	430718	合肥高科	159.81	1171.41	315.15
29	837821	则成电子	157.68	1516.33	392.25
30	837242	建邦科技	156.87	1290.39	699.24
31	831304	迪尔化工	156.28	1655.34	656.71
32	833284	灵鸽科技	156.25	1471.39	364.82
33	836270	天铭科技	155.83	1400.98	356.93
34	872190	雷神科技	155.60	2992.00	1572.05
35	832876	慧为智能	154.24	1051.28	347.76
36	873593	鼎智科技	154.12	3688.09	1557.48
37	837092	汉鑫科技	153.94	1666.30	859.44
38	837663	明阳科技	152.96	1471.63	433.27
39	839371	欧福蛋业	152.00	1257.33	325.02
40	831834	三维股份	148.53	954.00	262.06
41	833346	威贸电子	148.18	1343.37	472.46
42	835579	机科股份	148.13	2477.28	687.51
43	835207	众诚科技	145.32	1360.29	500.01
44	430564	天润科技	143.96	1115.97	306.39
45	430198	微创光电	143.71	1844.39	721.59
46	834407	驰诚股份	142.93	915.58	196.84
47	833533	骏创科技	141.32	2132.22	728.98
48	430300	辰光医疗	137.80	1320.33	803.27
49	430425	乐创技术	136.78	1068.03	559.28
50	830896	旺成科技	134.93	1262.27	317.50

continued

成交量（百万股）Trading Volume (million shares)	成交金额（百万元）Trading Turnover (million yuan)	市盈率（倍）P/E Ratio (times)	市净率（倍）P/B Ratio (times)	股本换手率(%) Turnover Ratio of Share Capital (%)	辖区 Jurisdiction
196.41	3093.84	45.40	3.68	959.84	天津
238.65	2721.25	37.40	2.47	703.80	江苏
185.23	1706.73	26.00	2.57	784.62	安徽
178.26	2715.52	54.07	3.10	978.67	深圳
114.18	1650.52	25.61	2.76	335.50	青岛
455.38	2668.35	23.53	6.51	744.76	山东
108.27	1550.19	33.29	5.68	425.88	江苏
120.77	1612.29	31.82	3.78	624.66	浙江
330.63	6452.13	43.57	3.69	648.06	青岛
272.93	2871.30	42.85	4.09	1318.45	深圳
444.33	26930.55	36.56	13.74	1730.06	江苏
127.69	3870.37	--	4.64	570.72	山东
370.12	4676.39	28.89	7.76	1786.55	江苏
587.74	2833.76	35.12	3.24	1209.44	江苏
211.75	1356.81	25.81	2.83	648.57	江苏
232.01	3001.31	38.63	3.22	673.05	上海
207.59	4471.42	61.47	11.07	599.36	北京
364.05	3691.22	68.29	3.90	1048.87	河南
192.33	2255.95	25.65	3.52	954.04	陕西
292.54	3007.01	--	2.92	462.99	湖北
154.88	1798.80	33.64	4.90	1138.59	河南
234.87	4266.72	35.09	8.05	761.17	江苏
375.57	3720.21	56.23	4.46	730.01	上海
227.35	4560.73	38.53	9.17	1243.44	四川
299.79	2549.35	34.40	4.89	1229.03	重庆

2-56 2023年北交所跌幅前50股票交易情况

排名 Ranking	股票代码 Stock Code	股票简称 Stock Abbreviation	跌幅(%) Price Decrease Rate (%)	股票市值(百万元) Market Capitalization of Shares (million yuan)	流通市值(百万元) Negotiable Market Capitalization (million yuan)
1	830809	安达科技	-44.36	4372.30	2371.25
2	836077	吉林碳谷	-39.76	9749.64	4514.16
3	836239	长虹能源	-18.20	2387.77	912.76
4	835368	连城数控	-18.01	9872.36	5112.69
5	835185	贝特瑞	-16.75	25312.18	24936.98
6	833819	颖泰生物	-8.98	5638.68	5557.13
7	830832	齐鲁华信	-7.98	796.50	716.66
8	839792	东和新材	-4.77	1340.87	439.14
9	430476	海能技术	-3.50	1276.31	893.43
10	834261	一诺威	-3.14	2911.33	1238.10
11	430685	新芝生物	-1.87	1272.99	620.17
12	832175	东方碳素	-1.11	1482.74	693.32
13	870199	倍益康	-0.19	1144.24	286.09
14	839719	宁新新材	6.47	1455.05	1016.46
15	839725	惠丰钻石	6.93	1710.32	779.70
16	836422	润普食品	8.53	786.61	271.98
17	832023	田野股份	8.89	1283.03	963.51
18	831726	朱老六	10.32	1088.40	597.44
19	835985	海泰新能	10.42	2751.24	1195.43
20	835892	中科美菱	11.71	1238.16	357.10
21	839729	永顺生物	13.35	2410.95	707.76
22	830946	森萱医药	13.95	4256.38	4254.32
23	838402	硅烷科技	15.47	5113.42	5113.42
24	430047	诺思兰德	16.22	4375.77	2773.25
25	833781	瑞奇智造	16.28	963.94	624.27

注：2023年北交所股票仅有13只累计下跌。
数据来源：北京证券交易所
Source:BSE

Statistics of Top 50 BSE Stock Transaction Ranked by Stock Price Decrease Rate in 2023

成交量（百万股）Trading Volume (million shares)	成交金额（百万元）Trading Turnover (million yuan)	市盈率（倍）P/E Ratio (times)	市净率（倍）P/B Ratio (times)	股本换手率(%) Turnover Ratio of Share Capital (%)	辖区 Jurisdiction
716.01	4923.32	5.39	1.84	221.75	贵州
224.38	4750.57	15.49	6.56	114.32	吉林
192.87	3274.63	21.29	2.36	388.63	四川
107.90	4744.93	21.83	3.10	89.17	大连
345.63	9641.13	10.96	2.56	34.43	深圳
546.96	2529.65	5.34	0.95	45.28	北京
123.06	612.02	16.99	1.04	98.56	山东
132.80	954.47	12.00	1.81	245.81	辽宁
120.15	1706.51	28.72	2.61	200.25	山东
143.17	1263.41	15.24	2.40	116.19	山东
143.05	1753.66	31.76	2.29	326.67	宁波
193.62	1994.57	14.72	3.55	343.92	河南
37.67	594.91	16.34	2.21	242.17	四川
263.45	3718.19	15.75	2.48	504.31	江西
163.09	2696.15	23.27	2.91	473.11	河南
175.74	1432.90	10.69	2.72	583.04	江苏
936.39	3344.82	23.98	1.31	406.59	广西
69.29	707.78	17.00	2.37	144.60	吉林
602.38	4320.51	23.24	2.19	453.11	河北
174.08	2124.53	23.54	2.06	645.88	安徽
112.39	951.30	28.02	3.46	140.06	广东
548.14	5044.04	26.51	3.92	128.45	江苏
571.09	7934.05	27.02	3.82	468.74	河南
291.02	4478.07	--	22.05	171.27	北京
217.60	1246.64	21.54	2.54	245.91	四川

2-56 续表

排名 Ranking	股票代码 Stock Code	股票简称 Stock Abbreviation	跌幅(%) Price Decrease Rate (%)	股票市值(百万元) Market Capitalization of Shares (million yuan)	流通市值(百万元) Negotiable Market Capitalization (million yuan)
26	832471	美邦科技	17.44	1021.70	351.01
27	834014	特瑞斯	18.24	1380.24	473.38
28	835237	力佳科技	18.45	890.59	595.59
29	831152	昆工科技	18.66	1884.07	1451.98
30	831370	新安洁	19.59	1065.85	930.81
31	831768	拾比佰	20.26	709.10	490.45
32	835857	百甲科技	22.50	888.19	512.73
33	835640	富士达	23.40	3671.96	3433.42
34	835179	凯德石英	23.61	1728.00	1404.71
35	836942	恒立钻具	24.19	797.87	433.52
36	833914	远航精密	25.70	1304.00	785.00
37	838810	春光药装	26.36	702.81	265.65
38	870866	绿亨科技	28.06	1411.01	412.09
39	837344	三元基因	28.32	2660.33	2480.17
40	836419	万德股份	28.56	1024.68	420.10
41	831961	创远信科	28.86	1965.49	1450.84
42	833575	康乐卫士	29.20	7624.71	3705.44
43	831445	龙竹科技	29.85	1219.29	756.29
44	430017	星昊医药	31.31	1942.85	1246.52
45	833873	中设咨询	32.82	664.17	459.14
46	871245	威博液压	33.12	692.74	323.35
47	830964	润农节水	33.15	1112.75	764.22
48	430489	佳先股份	33.30	1067.11	670.13
49	831641	格利尔	34.50	1107.58	344.24
50	833171	国航远洋	34.62	3060.30	1210.82

continued

成交量 (百万股) Trading Volume (million shares)	成交金额 (百万元) Trading Turnover (million yuan)	市盈率 (倍) P/E Ratio (times)	市净率 (倍) P/B Ratio (times)	股本换手率(%) Turnover Ratio of Share Capital (%)	辖区 Jurisdiction
105.51	1032.83	16.41	2.38	397.54	河北
97.33	1008.32	21.77	1.82	236.69	江苏
59.70	892.88	22.73	2.14	291.98	深圳
200.91	4163.60	44.78	4.14	351.75	云南
442.07	1416.72	--	1.41	165.27	重庆
138.44	752.78	54.48	1.01	180.42	广东
335.19	1395.26	17.85	1.58	325.18	江苏
173.51	3060.58	25.71	4.88	98.87	陕西
110.99	2348.28	32.04	2.60	212.62	北京
60.36	682.99	25.53	1.88	202.15	湖北
162.86	1780.68	24.39	1.50	272.83	江苏
115.36	1032.32	17.14	2.49	452.89	辽宁
153.85	1082.38	29.54	1.94	285.47	广东
71.96	1369.54	85.65	4.63	63.37	北京
122.18	1148.47	18.48	3.44	330.21	陕西
247.45	2872.58	88.26	2.77	236.66	上海
215.85	4762.45	--	8.16	180.23	北京
411.30	2685.84	28.25	3.17	444.91	福建
307.21	4333.66	23.84	1.77	480.87	北京
370.97	1465.05	--	1.55	349.36	重庆
38.69	437.65	22.92	2.24	170.76	江苏
486.02	1890.91	22.46	1.27	271.82	河北
272.92	1856.28	17.70	2.05	319.80	安徽
207.54	2191.99	17.52	2.99	821.23	江苏
1177.98	6066.37	16.27	2.15	545.09	福建

2-57 北交所市场估值水平概况
Level of BSE Market Valuation

单位：倍 (times)

名称 Item	市盈率 P/E Ratio		市净率 P/B Ratio	
	2022	2023	2022	2023
北交所 BSE	18.87	24.20	2.79	3.48
北证50指数 BSE 50 Index	20.57	18.27	2.89	3.33

数据来源：北京证券交易所
Source:BSE

2-58 北交所市场行业估值水平情况
Level of BSE Stock Market Valuation by Industry

单位：倍 (times)

行业 Industry	市盈率 P/E Ratio		市净率 P/B Ratio	
	2022	2023	2022	2023
农、林、牧、渔业 Agriculture, Forestry, Animal Husbandry and Fishery	23.13	27.05	3.54	3.67
采矿业 Mining	--	--	--	--
制造业 Manufacturing	19.61	23.55	3.00	3.50
电力、热力、燃气及水的生产和供应业 Production and Supply of Electricity, Gas and Water	12.26	23.66	1.52	2.14
建筑业 Construction	--	17.85	--	1.58
批发和零售业 Wholesale and Retail Trades	9.66	36.10	1.21	1.64
交通运输、仓储和邮政业 Transport, Storage and Post	6.99	16.46	3.02	2.08
住宿和餐饮业 Hotels and Catering Services	--	--	--	--
信息传输、软件和信息技术服务业 Information Transmission, Computer Services and Software	18.65	40.07	1.73	3.94
金融业 Financial Intermediation	--	--	--	--
房地产业 Real Estate	--	--	--	--
租赁和商务服务业 Leasing and Business Services	12.75	25.61	1.26	2.76
科学研究和技术服务业 Scientific Research, Technical Service	14.16	28.32	1.91	4.00
水利、环境和公共设施管理业 Management of Water Conservancy, Environment and Public Facilities	26.15	34.02	1.22	1.79
居民服务、修理和其他服务业 Residential Services, Repairs and Other Services	--	--	--	--
教育 Education	--	--	--	--
卫生和社会工作业 Health and Social Works	--	--	--	--
文化、体育和娱乐业 Culture, Sports and Entertainment	--	--	--	--
综合 Others	--	--	--	--

注：1.行业分类使用2021年第四季度上市公司协会行业分类结果。
2.市盈率计算剔除净利润为负的公司。

数据来源：北京证券交易所
Source:BSE

2-59 全国股转系统市场概况
Overview of NEEQ Market

年份 Year	挂牌公司家数（家） Number of Listed NEEQ Companies (unit)	挂牌公司股本（亿股） Share Capital of Listed NEEQ Companies (100 million shares)	挂牌公司流通股本（亿股） Negotiable Shares (100 million shares)	挂牌公司股票市值（亿元） Market Capitalization of Shares (100 million yuan)	成交量（亿股） Trading Volume (100 million shares)
2014	1572	658.35	236.88	4591.42	22.82
2015	5129	2959.51	1023.63	24584.42	278.91
2016	10163	5851.55	2386.81	40558.11	363.63
2017	11630	6756.73	3416.92	49404.56	433.22
2018	10691	6324.53	3564.27	34487.26	236.29
2019	8953	5616.29	3365.26	29399.60	220.20
2020	8187	5335.28	3208.11	26542.31	260.42
2021	6932	4596.60	2832.83	22845.40	309.08
2022	6580	4508.63	2742.05	21181.44	188.87
2023	6241	4454.61	2660.60	21970.75	174.27

注：挂牌公司数量以挂牌日口径统计。
数据来源：全国中小企业股份转让系统
Source:NEEQ

2-59 续表 continued

年份 Year	日均成交量（亿股） Average Daily Volume (100 million shares)	成交金额（亿元） Trading Turnover (100 million yuan)	日均成交金额（亿元） Average Daily Turnover (100 million yuan)	市值换手率（%） Turnover Ratio of Market Capitalization (%)	市盈率（倍） P/E Ratio (times)
2014	0.09	130.36	0.53	19.67	35.27
2015	1.14	1910.62	7.83	53.88	47.23
2016	1.49	1912.29	7.84	20.74	28.71
2017	1.78	2271.80	9.31	13.47	30.18
2018	0.97	888.01	3.65	5.31	20.86
2019	0.90	825.69	3.38	6.00	19.74
2020	1.07	1294.64	5.33	9.90	21.10
2021	1.27	2148.16	8.84	17.66	20.48
2022	0.78	798.58	3.30	7.41	17.20
2023	0.72	612.74	2.53	6.48	17.63

2-60 2023年全国股转系统分行业规模情况

Dimensions of Listed Companies in NEEQ by Industry in 2023

行业 Industry	挂牌公司家数(家) Number of Listed NEEQ Companies (unit)	挂牌公司股本(亿股) Share Capital of Listed NEEQ Companies (100 million shares)	挂牌公司流通股本(亿股) Negotiable Shares (100 million shares)
农、林、牧、渔业 Agriculture, Forestry, Animal Husbandry and Fishery	111	100.71	66.88
采矿业 Mining	23	34.04	28.51
制造业 Manufacturing	3206	2033.81	1014.58
电力、热力、燃气及水生产和供应业 Production and Supply of Electricity, Gas and Water	80	177.91	111.69
建筑业 Construction	203	156.42	81.41
批发和零售业 Wholesale and Retail Trades	259	126.60	73.50
交通运输、仓储和邮政业 Transport, Storage and Post	118	94.41	70.66
住宿和餐饮业 Hotels and Catering Services	21	8.38	5.28
信息传输、软件和信息技术服务业 Information Transmission, Computer Services and Software	1155	525.66	303.01
金融业 Financial Intermediation	82	694.15	623.30
房地产业 Real Estate	42	21.69	12.35
租赁和商务服务业 Leasing and Business Services	328	148.71	84.10
科学研究和技术服务业 Scientific Research, Technical Service	299	141.20	74.81
水利、环境和公共设施管理业 Management of Water Conservancy, Environment and Public Facilities	111	91.91	47.25
居民服务、修理和其他服务业 Residential Services, Repairing and Other Services	12	3.23	1.25
教育 Education	54	15.82	9.39
卫生和社会工作 Health and Social Works	26	13.01	7.57
文化、体育和娱乐业 Culture, Sports and Entertainment	111	66.95	45.07

注：挂牌公司数量以挂牌日口径统计。
数据来源：全国中小企业股份转让系统
Source:NEEQ

2-61 2023年全国股转系统分辖区规模情况

Dimensions of Listed Companies in NEEQ by Jurisdiction in 2023

辖区	Jurisdiction	挂牌公司家数(家) Number of Listed NEEQ Companies (unit)	挂牌公司股本(亿股) Share Capital of Listed NEEQ Companies (100 million shares)	挂牌公司流通股本(亿股) Negotiable Shares (100 million shares)
北京	Beijing	787	842.41	606.34
天津	Tianjin	122	57.98	33.39
河北	Hebei	169	110.42	59.84
山西	Shanxi	79	55.32	27.83
内蒙古	Inner Mongolia	44	44.34	26.30
辽宁	Liaoning	84	56.78	29.58
吉林	Jilin	41	23.11	13.93
黑龙江	Heilongjiang	55	42.62	27.56
上海	Shanghai	433	286.79	192.59
江苏	Jiangsu	772	503.22	244.58
浙江	Zhejiang	513	308.51	162.71
安徽	Anhui	231	158.01	79.97
福建	Fujian	132	114.47	69.65
江西	Jiangxi	84	57.52	28.21
山东	Shandong	332	215.22	118.78
河南	Henan	210	137.36	71.68
湖北	Hubei	234	140.71	84.32
湖南	Hunan	127	99.08	58.32
广东	Guangdong	570	365.94	202.52
广西	Guangxi	42	26.31	16.41
海南	Hainan	28	38.46	33.58
重庆	Chongqing	72	45.28	29.30
四川	Sichuan	178	113.18	62.30
贵州	Guizhou	33	68.43	59.24
云南	Yunnan	54	42.93	30.34
西藏	Xizang	10	13.47	8.75
陕西	Shaanxi	117	61.69	29.25
甘肃	Gansu	23	19.79	14.71
青海	Qinghai	3	2.52	0.92
宁夏	Ningxia	31	25.68	17.08
新疆	Xinjiang	44	35.47	22.98
深圳	Shenzhen	306	179.49	112.52
大连	Dalian	50	20.92	10.68
宁波	Ningbo	80	75.57	39.22
厦门	Xiamen	89	39.57	22.08
青岛	Qingdao	62	26.05	13.13

注：1.挂牌公司数量以挂牌日口径统计。
2.辖区按挂牌公司注册地统计。
数据来源：全国中小企业股份转让系统
Source:NEEQ

2-62 全国股转系统挂牌公司股票发行情况
Directional Issuance of Listed Companies in NEEQ

年份 Year	发行次数(次) Number of Issuance (times)	发行股数(亿股) Number of Shares Issued (100 million shares)	筹资金额(亿元) Proceeds Raised (100 million yuan)	均价(元) Average Price (yuan)
2012	24	1.93	8.59	4.45
2013	60	2.92	10.02	3.43
2014	329	26.52	132.09	4.98
2015	2565	230.79	1216.17	5.27
2016	2940	294.61	1390.89	4.72
2017	2725	239.26	1336.25	5.58
2018	1402	123.83	604.43	4.88
2019	637	73.73	264.63	3.59
2020	716	74.54	338.50	4.54
2021	587	52.69	259.67	4.93
2022	696	67.37	231.66	3.44
2023	573	48.58	180.19	3.71

注：发行统计中不包含优先股。
数据来源：全国中小企业股份转让系统
Source:NEEQ

2-63 2023年全国股转系统挂牌公司分行业股票发行情况

Directional Issuance of Listed Companies in NEEQ by Industry in 2023

行业 Industry	发行次数(次) Number of Issuance (times)	发行股数(亿股) Number of Shares Issued (100 million shares)	筹资金额(亿元) Proceeds Raised (100 million yuan)	均价(元) Average Price (yuan)
农、林、牧、渔业 Agriculture, Forestry, Animal Husbandry and Fishery	13	2.75	6.77	2.47
采矿业 Mining	3	0.11	0.32	3.04
制造业 Manufacturing	357	21.86	100.16	4.58
电力、热力、燃气及水生产和供应业 Production and Supply of Electricity, Gas and Water	6	5.71	10.96	1.92
建筑业 Construction	12	1.34	3.82	2.84
批发和零售业 Wholesale and Retail Trades	14	1.49	3.42	2.30
交通运输、仓储和邮政业 Transport, Storage and Post	10	1.86	4.57	2.45
住宿和餐饮业 Hotels and Catering Services	0.00	0.00	0.00	--
信息传输、软件和信息技术服务业 Information Transmission, Computer Services and Software	90	5.35	22.32	4.17
金融业 Financial Intermediation	2	3.33	6.24	1.88
房地产业 Real Estate	3	0.13	0.83	6.28
租赁和商务服务业 Leasing and Business Services	13	1.45	4.37	3.02
科学研究和技术服务业 Scientific Research, Technical Service	35	2.38	12.56	5.28
水利、环境和公共设施管理业 Management of Water Conservancy, Environment and Public Facilities	12	0.46	3.19	6.92
居民服务、修理和其他服务业 Residential Services, Repairing and Other Services	0	0.00	0.00	--
教育 Education	0	0.00	0.00	--
卫生和社会工作 Health and Social Works	2	0.35	0.55	1.57
文化、体育和娱乐业 Culture, Sports and Entertainment	1	0.01	0.10	9.50

注：发行统计中不包含优先股。
数据来源：全国中小企业股份转让系统
Source:NEEQ

2-64　2023年全国股转系统挂牌公司分辖区股票发行情况
Directional Issuance of Listed Companies in NEEQ by Jurisdiction in 2023

辖区	Jurisdiction	发行次数(次) Number of Issuance (times)	发行股数(亿股) Number of Shares Issued (100 million shares)	筹资金额(亿元) Proceeds Raised (100 million yuan)	均价(元) Average Price (yuan)
北京	Beijing	54	3.74	16.36	4.38
天津	Tianjin	16	0.73	5.09	7.01
河北	Hebei	18	1.38	9.39	6.79
山西	Shanxi	13	1.25	4.17	3.33
内蒙古	Inner Mongolia	4	0.21	1.05	5.07
辽宁	Liaoning	4	0.07	0.37	5.37
吉林	Jilin	4	0.37	1.57	4.21
黑龙江	Heilongjiang	2	0.11	0.85	8.09
上海	Shanghai	36	2.12	8.05	3.79
江苏	Jiangsu	79	3.53	19.19	5.43
浙江	Zhejiang	48	1.70	9.25	5.45
安徽	Anhui	35	4.35	13.44	3.09
福建	Fujian	13	1.00	4.19	4.21
江西	Jiangxi	15	0.83	3.03	3.65
山东	Shandong	36	4.43	11.45	2.59
河南	Henan	15	0.66	3.44	5.18
湖北	Hubei	18	1.36	4.21	3.09
湖南	Hunan	17	2.51	4.49	1.79
广东	Guangdong	52	6.12	17.52	2.86
广西	Guangxi	2	0.07	0.25	3.41
海南	Hainan	2	3.79	8.40	2.22
重庆	Chongqing	8	0.22	0.88	4.05
四川	Sichuan	18	2.38	9.90	4.16
贵州	Guizhou	2	0.03	0.15	5.53
云南	Yunnan	3	0.28	0.85	3.08
西藏	Xizang	2	0.96	1.00	1.04
陕西	Shaanxi	12	1.47	8.43	5.75
甘肃	Gansu	2	0.14	0.96	7.10
青海	Qinghai	0	0.00	0.00	--
宁夏	Ningxia	1	1.11	2.23	2.00
新疆	Xinjiang	5	0.16	0.65	4.14
深圳	Shenzhen	16	0.61	4.87	8.00
大连	Dalian	4	0.03	0.28	8.29
宁波	Ningbo	7	0.20	1.04	5.20
厦门	Xiamen	5	0.35	1.57	4.45
青岛	Qingdao	5	0.33	1.61	4.90

注：1.发行统计中不包含优先股。
　　2.挂牌公司辖区按挂牌公司注册地划分。
数据来源：全国中小企业股份转让系统
Source：NEEQ

2-65 全国股转系统优先股情况
Overview of Preference Stock in NEEQ

年份 Year	证券代码 Stock Code	证券简称 Stock Abbreviation	挂牌日 Offering Day	优先股股本合计(万股) Share Capital of Preference Stock (10 thousand shares)	优先股筹资金额(亿元) Proceeds Raised (100 million yuan)
2016	820002	中视优1	2016-08-08	10.00	0.10
	820003	高峰优1	2016-08-16	10.45	0.10
	820004	齐鲁优1	2016-11-14	2000.00	20.00
2017	820005	贝融优1	2017-01-23	15.00	0.15
	820006	中视优2	2017-03-21	10.00	0.10
	820007	钢泓优1	2017-03-23	20.00	0.20
	820008	时代优1	2017-05-22	7.50	0.08
	820009	晖速优1	2017-07-04	15.00	0.15
	820010	肇庆优1	2017-08-02	47.00	0.47
	820011	裕丰优1	2017-10-09	24.00	0.24
	820012	通力优1	2017-10-17	10.00	0.10
	820014	海帝优1	2017-12-25	9.70	0.10
	820013	中导优1	2017-12-29	22.00	0.22
2018	820015	荣昌优1	2018-01-29	18.00	0.18
	820016	云叶优1	2018-02-08	20.00	0.20
	820017	通海优1	2018-06-22	30.00	0.30
	820018	肇庆优2	2018-08-07	61.00	0.61
	820020	丁香优1	2018-09-12	10.00	0.10
	820019	鑫辉优1	2018-09-13	10.22	0.10
	820022	纬视优1	2018-12-03	15.00	0.15
	820023	远东优1	2018-12-17	80.00	0.80
	820021	美味优1	2018-12-24	15.00	0.15
2019	820026	顺兴优1	2019-01-09	37.00	0.37
	820024	绿湖优1	2019-01-11	30.00	0.30
	820027	晓鸣优1	2019-01-17	29.00	0.29
	820025	润生优1	2019-02-01	30.00	0.30
	820028	信友优1	2019-04-09	16.00	0.16
	820029	宝石优1	2019-06-25	26.00	0.26
	820032	安瑞优1	2019-07-16	80.00	0.80
	820031	航饮优1	2019-07-29	11.50	0.12
	820030	南海优1	2019-08-05	10.00	0.10
	820033	肇庆优3	2019-12-09	74.78	0.75
	820034	恒鑫优1	2019-12-31	16.00	0.16
2020	820035	新剑优1	2020-01-22	10.00	0.10
	820036	天鸿优1	2020-01-22	14.00	0.14
2021	820037	新剑优2	2021-06-25	5.00	0.05
	820038	骏驰优1	2021-02-23	11.00	0.11
	820039	凯旋优1	2021-01-26	84.00	0.84
	820040	鸿泰优1	2021-02-03	17.50	0.18
	820041	天石优1	2021-02-10	30.00	0.30
	820042	恒嘉优1	2021-02-18	10.00	0.10
	820043	群智优1	2021-05-28	10.00	0.10
	820044	康威优1	2021-07-12	20.00	0.20
	820045	南海优2	2021-11-30	20.00	0.20
2022	820046	艾瑞优1	2022-03-03	30.00	0.30
	820047	海纳优1	2022-08-09	10.00	0.10
	820048	美陵优1	2022-12-30	20.00	0.20
2023	--	--	--	--	--

注：1.优先股以挂牌日口径统计。
2.2023年全国股转系统未发行优先股。
数据来源：全国中小企业股份转让系统
Source:NEEQ

2-66 全国股转系统分行业股票成交情况
Stock Transaction of Listed Companies in NEEQ by Industry

行业 Industry	成交量(百万股) Trading Volume(million shares)		成交金额(百万元) Trading Turnover(million yuan)	
	2022	2023	2022	2023
农、林、牧、渔业 Agriculture, Forestry, Animal Husbandry and Fishery	468.80	280.92	1132.82	633.07
采矿业 Mining	27.18	43.34	55.87	72.01
制造业 Manufacturing	8641.71	7387.73	50697.46	30311.89
电力、热力、燃气及水生产和供应业 Production and Supply of Electricity, Gas and Water	321.48	258.70	904.87	678.40
建筑业 Construction	350.07	359.73	621.83	1292.07
批发和零售业 Wholesale and Retail Trades	482.89	509.33	1628.89	2143.05
交通运输、仓储和邮政业 Transport, Storage and Post	440.78	352.16	1105.12	1076.10
住宿和餐饮业 Hotels and Catering Services	42.89	52.69	91.89	288.60
信息传输、软件和信息技术服务业 Information Transmission, Computer Services and Software	3168.01	2958.30	11190.36	12142.74
金融业 Financial Intermediation	2272.38	2849.05	3692.02	2625.37
房地产业 Real Estate	35.94	24.60	128.93	78.06
租赁和商务服务业 Leasing and Business Services	1405.30	831.98	2327.52	2131.40
科学研究和技术服务业 Scientific Research, Technical Service	413.20	381.28	1569.15	1272.65
水利、环境和公共设施管理业 Management of Water Conservancy, Environment and Public Facilities	339.98	482.21	1540.61	2535.81
居民服务、修理和其他服务业 Residential Services, Repair and Other Services	18.51	21.41	14.87	147.87
教育 Education	33.16	50.73	92.26	124.09
卫生和社会工作 Health and Social Works	129.19	95.84	2161.03	1863.50
文化、体育和娱乐业 Culture, Sports and Entertainment	296.02	487.36	902.12	1857.67
综合 Others	0.00	0.00	0.00	0.00

数据来源：全国中小企业股份转让系统
Source:NEEQ

2-67 全国股转系统分辖区股票成交情况
Stock Transaction of Listed Companies in NEEQ by Jurisdiction

辖区	Jurisdiction	成交量(百万股) Trading Volume(million shares)		成交金额(百万元) Trading Turnover(million yuan)	
		2022	2023	2022	2023
北京	Beijing	4504.61	3811.25	12406.13	9603.85
天津	Tianjin	97.15	68.24	561.52	454.66
河北	Hebei	477.67	372.02	1809.65	1562.61
山西	Shanxi	168.34	227.62	782.75	1508.48
内蒙古	Inner Mongolia	188.65	160.84	873.89	537.99
辽宁	Liaoning	328.07	236.05	1406.88	1351.87
吉林	Jilin	57.65	105.57	244.70	927.74
黑龙江	Heilongjiang	98.52	70.04	389.17	264.73
上海	Shanghai	1472.91	1143.70	6932.84	4057.91
江苏	Jiangsu	1747.31	2302.13	9131.15	8723.76
浙江	Zhejiang	1328.71	1014.62	7656.95	6531.17
安徽	Anhui	439.74	406.40	1300.04	1482.01
福建	Fujian	453.14	514.12	982.93	1167.17
江西	Jiangxi	343.18	192.29	1413.52	302.62
山东	Shandong	987.17	891.54	4129.97	2517.18
河南	Henan	519.74	576.56	2961.08	2415.23
湖北	Hubei	634.64	481.51	2181.39	1945.08
湖南	Hunan	262.61	136.34	936.29	378.44
广东	Guangdong	1659.28	1955.06	5430.55	4971.38
广西	Guangxi	171.33	58.31	180.97	75.16
海南	Hainan	95.98	169.74	191.39	423.60
重庆	Chongqing	42.04	37.12	106.14	103.23
四川	Sichuan	278.09	184.45	1208.61	1207.43
贵州	Guizhou	642.09	71.04	9550.10	124.46
云南	Yunnan	74.72	57.98	139.35	88.62
西藏	Xizang	31.24	51.20	86.71	60.61
陕西	Shaanxi	127.47	137.81	840.25	1024.24
甘肃	Gansu	73.93	101.79	202.56	171.52
青海	Qinghai	3.39	0.68	8.64	1.69
宁夏	Ningxia	106.60	112.44	164.86	349.45
新疆	Xinjiang	56.74	100.88	111.96	200.57
深圳	Shenzhen	626.03	688.89	3467.47	3871.37
大连	Dalian	72.75	51.90	109.91	249.09
宁波	Ningbo	414.39	571.19	799.80	1129.86
厦门	Xiamen	236.33	312.17	789.77	1210.82
青岛	Qingdao	65.29	53.87	367.77	278.71

注：挂牌公司辖区按挂牌公司注册地划分。
数据来源：全国中小企业股份转让系统
Source:NEEQ

2-68 全国股转系统估值水平概况
Level of NEEQ Market Valuation

单位：倍 (times)

项目 Item	市盈率 P/E Ratio		市净率 P/B Ratio	
	2022	2023	2022	2023
三板成指	18.2	20.37	2.20	2.13
三板做市	16.31	15.61	1.46	1.35
全国股转系统市场	17.2	17.63	2.16	2.04
创新成指	17.81	19.99	2.13	2.15

数据来源：全国中小企业股份转让系统
Source:NEEQ

2-69 区域性股权市场概况
Overview of Regional Equity Trading Platforms Market

年份 Year	服务企业 公司家数(家) Number of Served Companies (unit)	筹资金额 (亿元) Proceeds Raised (100 million yuan)	成交金额 (亿元) Trading Turnover (100 million yuan)	日均成交金额 (亿元) Average Daily Turnover (100 million yuan)	期末投资者账户数 (万个) Number of Investors at the End of the Year (10 thousand units)
2018	24808	1783.88	133.044	0.55	36.91
2019	28831	2312.53	391.87	1.61	38.90
2020	174263	2883.64	672.42	2.76	44.71
2021	186823	2448.13	877.05	3.61	58.51
2022	191911	2113.27	1089.56	4.47	102.37
2023	180807	1120.49	1140.31	4.71	231.35

注：1. 本表中的服务企业数量为挂牌、展示、纯托管企业数量之和。
2.本表中筹资及成交统计的是各区域股权市场中挂牌企业、展示企业及纯托管企业的筹资及成交总额。
数据来源：中国证券监督管理委员会
Source:CSRC

2-70 2023年区域性股权市场分辖区股票情况

Statistics of Regional Equity Trading Platforms Market by Jurisdiction in 2023

辖区	Jurisdiction	服务企业 公司家数（家） Number of Served Companies (unit)	筹资金额（亿元） Trading Turnover (100 million yuan)	成交金额（亿元） Trading Turnover (100 million yuan)
北京	Beijing	7185	30.67	62.17
天津	Tianjin	3259	50.00	17.98
河北	Hebei	3176	158.09	88.20
山西	Shanxi	5179	26.87	14.50
内蒙古	Inner Mongolia	2367	11.27	5.87
辽宁	Liaoning	2863	7.79	20.31
吉林	Jilin	853	--	0.12
黑龙江	Heilongjiang	1133	--	8.63
上海	Shanghai	3337	78.29	196.65
江苏	Jiangsu	16626	41.73	23.54
浙江	Zhejiang	10598	--	46.42
安徽	Anhui	10290	31.31	49.69
福建	Fujian	8364	0.02	7.68
江西	Jiangxi	8063	20.59	44.64
山东	Shandong	6298	94.58	46.42
河南	Henan	10454	--	8.15
湖北	Hubei	6603	27.73	50.02
湖南	Hunan	4344	23.80	25.28
广东	Guangdong	16808	396.03	46.93
广西	Guangxi	2903	7.34	15.65
海南	Hainan	1774	1.07	2.32
重庆	Chongqing	3140	11.17	171.00
四川	Sichuan	11586	1.32	35.38
贵州	Guizhou	2864	1.17	80.40
云南	Yunnan	479	0.20	1.27
陕西	Shaanxi	2829	3.03	13.91
甘肃	Gansu	3952	--	0.00
青海	Qinghai	507	--	3.17
宁夏	Ningxia	1551	0.43	2.22
新疆	Xinjiang	1124	27.79	4.87
深圳	Shenzhen	7431	5.45	7.72
大连	Dalian	679	--	14.85
宁波	Ningbo	3759	33.65	1.25
厦门	Xiamen	4930	5.51	2.29
青岛	Qingdao	3499	23.61	20.81

注：1.本表中的挂牌公司辖区按挂牌公司注册地划分。
2.本表中的服务企业数量为挂牌、展示、纯托管企业数量之和。
3.本表中筹资及成交统计的是各区域股权市场中挂牌企业、展示企业及纯托管企业的筹资及成交总额。

数据来源：中国证券监督管理委员会
Source:CSRC

2-71　2023年区域性股权市场分辖区投资者情况
Investors in Regional Equity Trading Platforms Market by Jurisdiction in 2023

辖区	Jurisdiction	合格投资者账户数（个）Number of Accredited Investor Accounts (unit)	豁免投资者账户数（个）Number of Exempt Investor Accounts (unit)	合计投资者账户数（个）Number of Total Investor Accounts (unit)
北京	Beijing	381	251	632
天津	Tianjin	2514	8838	11352
河北	Hebei	845	43554	44399
山西	Shanxi	563	7698	8261
内蒙古	Inner Mongolia	400	76099	76499
辽宁	Liaoning	214	35267	35481
吉林	Jilin	56	1357	1413
黑龙江	Heilongjiang	0	33235	33235
上海	Shanghai	9848	5905	15753
江苏	Jiangsu	2334	78777	81111
浙江	Zhejiang	5033	44306	49339
安徽	Anhui	5991	136258	142249
福建	Fujian	158	84458	84616
江西	Jiangxi	79	0	79
山东	Shandong	2655	15972	18627
河南	Henan	89	878	967
湖北	Hubei	7987	393879	401866
湖南	Hunan	51	169235	169286
广东	Guangdong	1175	324526	325701
广西	Guangxi	1255	207772	209027
海南	Hainan	408	4106	4514
重庆	Chongqing	12176	36425	48601
四川	Sichuan	6117	2615	8732
贵州	Guizhou	58025	205146	263171
云南	Yunnan	4	1513	1517
陕西	Shaanxi	583	66730	67313
甘肃	Gansu	372	15	387
青海	Qinghai	468	6825	7293
宁夏	Ningxia	50	50684	50734
新疆	Xinjiang	553	27033	27586
深圳	Shenzhen	128	6632	6760
大连	Dalian	0	5672	5672
宁波	Ningbo	6	30608	30614
厦门	Xiamen	18	1858	1876
青岛	Qingdao	405	78438	78843

注：豁免投资者是指满足《区域性股权市场监督管理试行办法》第十八条规定，且在区域性股权市场运营机构开立账户的投资者。该类投资者只能卖出所持公司股份或股权，如要参与其他其他公司股份买卖或其他产品买卖，须通过合格投资者适当性认可。

数据来源：中国证券监督管理委员会

Source: CSRC

主要统计指标解释

Explanatory Notes on Main Statistical Indicators

上市公司家数 指在统计期末其发行的股票在交易所上市的股份有限公司的数量。以股票上市日进行统计，同时发行A、B股的上市公司，按一家计算。

上市公司股本 也称上市公司总股本，是指统计期末上市公司在境内发行的全部股份数量合计，包括A股股本、B股股本和其他不流通的境内股本。

流通股本 也即非限售股本，计算公式为：流通股本=上市公司股本−限售股本。

首发筹资公司家数 指在统计期内首次公开发行股份（IPO）进行筹资的公司数量。以吸收合并、分拆等方式且未公开发行新股筹资的公司，不计入首发筹资公司家数。

再筹资公司家数 指通过增发（公开增发和定向增发），配股，行权，优先股筹资等方式进行筹资的上市公司家数。以股份上市日期或发行日期作为统计指标的计算日；同一家公司在统计期内多次筹资时，筹资公司家数计为1家。

其中，增发公司家数是指统计期内通过增发股份进行筹资的上市公司数量。根据增发对象不同，增发公司家数可分为公开增发公司家数和定向增发公司家数两个指标。配股公司家数是指统计期内通过向原股东配售股份进行筹资的上市公司数量。行权筹资公司是指统计期内权证（期权）行权筹资的上市公司数量，这里的权证（期权）行权筹资是指权证（期权）持有人根据约定向上市公司认购股份从而增加上市公司股份的行为。优先股公司家数是指统计期末发行优先股筹资的上市公司数量。

股票筹资金额 指统计期内通过发行股票筹集的资金总额，以股份上市日作为统计指标的计算日。

首发筹资金额 指统计期内首次公开发行股票（IPO）筹集的资金总额，计算公式为：首发筹资金额=Σ（每股发行价格×发行股份数）。

其中，对于发行股份吸收合并已上市公司的筹资金额，计算公式为：首发筹资金额=每股发行价格×（发行股份数−换股股份数）。

对于存在超额配售权的IPO，根据超额配售权的实际行使情况对统计期内的IPO募集资金进行回溯调整。

再筹资金额 指统计期内上市公司通过增发（公开增发和定向增发）、配股、行权、优先股等方式筹集的资金总额。以优先股方式筹集资金以股份发行日为统计指标的计算日，以其他方式筹集资金以股份上市日为统计指标的计算日。

其中，增发筹资金额是指统计期内上市公司增发股份筹集的资金总额，增发筹资金额=Σ（增发每股价格×发行股份数）。

根据股份认购对象的不同，增发筹资金额指标可分为公开增发筹资金额和定向增发筹资金额。

根据增发时是否以现金认购，增发筹资金额指标可分为增发筹资金额（现金）和增发筹资金额（资产）。

配股筹资金额指统计期内上市公司通过向原股东配售股份筹集的资金总额，配股筹资金额=Σ（配股价格×配售股份数）=Σ（配股价格×股份数量×配售比例）。

行权筹资金额指统计期内权证（期权）行权筹集的资金总额，行权筹资金额=Σ（行权价格×行权认购股份数）。

优先股筹资金额包括统计期内通过发行优先股筹集的资金总额。

公式：再筹资金额=增发筹资金额+配股筹资金额+行权筹资金额+优先股筹资金额。

股票市值 指统计期末根据上市公司股票价格和

对应股票数量计算的股权价值合计。具体统计口径和计算方法如下：如当日无交易价格，采用最后交易日的收盘价；暂停上市股票的价格以零计算；未股改公司的非流通股以流通 A 股价格计算市值；仅发行 B 股的上市公司，其非流通股不进行股票市值计算；对当日除权股票进行市值计算时需要包含在途股份（已登记未上市）的市值。

流通市值 指根据股票价格与其流通股本计算出的股权价值合计，也即 A 股流通市值和 B 股流通市值的合计。

涨跌幅 指统计期内股票期末价格相对期初价格的变化幅度。统计区间如果包含上市首日则统计期内股票期末价格相对首发价格的变化幅度。指数涨跌幅参照股票涨跌幅处理。对股票区间涨跌幅的计算需要对股票价格进行复权处理，复权因素包括分红、送股、配股等,复权价格的公式为: 复权价格=当前价格×（1+送股比例+配股比例）+每股红利-配股价格×配股比。若统计期内存在多次分红、送股、配股事件，复权价格采用递归方式进行计算。在计算复权价时，通常采用区间分段涨跌幅连乘或复权因子连乘进行速算。

公式：涨跌幅=（期末收盘价/期初前收盘价-1）×100%

振幅 指股票价格在统计期内的波动程度，采用区间内最大差价与最低价格的比率来进行计算 。

成交量 指统计期内全部股票成交数量的合计，包含竞价交易和协议交易（大宗交易）。

成交金额 指在统计期内全部股票成交金额合计，包含竞价交易和协议交易（大宗交易）。

换手率（股本） 指当日股票成交量与其流通股本的比率。对于某一区间换手率的计算，通常采用统计期内全部交易日的股本换手率合计进行计算。

公式：换手率（股本）=（当日成交股数/流通股本）×100%

换手率（市值） 指当日股票成交金额与其流通市值的比率。对于某一区间换手率的计算，通常采用统计期内全部交易日的市值换手率合计进行计算。通常对单只股票采用股本换手率，对一组股票采用市值换手率；在计算一组股票换手率时，暂停上市股票不纳入计算。

公式：换手率（市值）=（当日成交金额/流通市值）×100%

市盈率（静态） 指上市公司每股股价与每股收益的比率，通常用上市公司股票市值与其对应的归属母公司股东净利润的比率进行计算。需要注意事项如下：每股收益和净利润数据在财务报告公告截止日的次日集中更新，且每股收益根据期末股本计算；如截止日未公布财务报告，在计算个股市盈率时采用向前追溯的净利润数据，在计算市场市盈率时剔除该股票；对单个股票计算市盈率时仅考虑每股收益为正的股票；对多个股票计算平均市盈率时通常采用上市公司股票市值合计与其对应的归属母公司股东的净利润合计的比率进行计算（剔除暂停上市公司股票，含净利润为负的股票）；对于发行多种类型股份的公司，根据各类性质股份股本按比例分配该公司归属母公司股东净利润。首发市盈率为股票首发价格与每股收益的比率，其中每股收益按照最新年度财务报告中对应的归属母公司股东净利润除以发行后总股本计算。

公式：市盈率（静态）=Σ股票市值/Σ该股份对应的归属母公司股东净利润

市净率 指上市公司每股股价与每股净资产的比率，通常用股票市值与对应的归属母公司股东权益的比率进行计算。需要注意事项如下：每股净资产数据在财务报告公告截止日的次日集中更新；通常用最新财务报告中的每股净资产数据进行市净率计算；对单个股票计算市净率时仅考虑每股净资产为正的股票；对多个股票计算平均市净率时通常采用上市公司股票市值合计与其对应的归属母公司股东的权益合计的比率进行计算（剔除暂停上市公司股票，含权宜为负的股票）。

公式：市净率=Σ股票市值/Σ该股份对应的归属母公司股东权益

股息率 指每股现金分红与股票价格之间的比率，通常用对应的实际分红总额与期末股票市值的比率来计算。统计时剔出暂停上市公司；对一组股票的平均股息率通常用总体法计算。

公式：股息率=（Σ统计期内的对应现金分红合计/Σ样本股票期末市值）×100%

融资融券交易金额 指统计期内通过融资融券方式在市场上进行证券交易的金额。

公式：融资融券交易金额=融资买入金额+融券卖出金额

融资融券余额 指统计期末投资者未了结的融资交易和融券交易的金额。

公式：融资融券余额=融资余额+融券余额=Σ(融资买入额-融资尝还额)+Σ(融券卖出量-融券偿还量)×标的的证券统计日收盘价格

融资买入金额 指统计期内投资者从证券公司借入资金买入标的证券的金额。融资买入以交易系统中申报指令的标签为计算基准。

融券卖出金额 指统计期内投资者从证券公司借入证券并卖出的金额。融券卖出以交易系统中申报指令的标签为计算基准。

维持担保比例 指统计期末客户担保物价值与融资融券债务之间的比例。

公式：

维持担保比例=担保物价值/融资融券业务负债*100%=（现金+Σ信用账户证券价值+其他担保物）/（融资余额+融券余额+利息和费用）*100%

转融通交易金额 指统计期内中国证券金融公司将自有或者依法筹集的资金和证券出借给证券公司的金额。

公式：转融通交易金额=转融资交易额+转融券交易额=转融资新融出额+转融券新融出额+转融券展期融出额

转融通归还金额 指统计期内证券公司到期需归还给中国证券金融公司的转融通本金金额以及证券出借期间发生证券权益分派而产生的权益补偿金额，不包含息费。

公式：转融通归还金额=转融资归还金额+转融券归还金额=转融资归还金额+Σ（转融券融出归还量×标的证券到期日收盘价）+转融券权益补偿资金归还金额

转融通期末余额 指统计期末证券公司未了结的转融资合约和转融券合约的金额。

公式：转融通期末余额=转融资期末余额+转融券期末余额=Σ（业务开展以来转融资借入总额-业务开展以来转融资归还总额）+Σ[（转融券融出量-转融券融出归还量+未了结转融券合约的权益补偿量）×标的证券统计日收盘价+未了结转融券合约的权益补偿资金金额]

转融通保证金余额 指统计期末证券公司在中国证券金融公司交存的转融通担保物的余额。担保物包括资金和中国证券金融公司认可的证券。

公式：转融通保证金余额=现金+未到账现金权益+Σ可充抵保证金证券市值×证券转融通折算率+Σ未到账证券权益市值×证券转融通折算率

其中：

现金=转融通担保资金账户余额-被异常冻结的保证金+被临时使用的保证金等

可充抵保证金证券市值=(转融通担保证券账户余额-被异常冻结的证券+被临时使用的证券等）×证券最近成交价格或公允价格

科创板做市借券交易金额 指统计期内中国证券金融公司将自有或者依法筹集的证券出借给证券公司供其用于科创板股票做市业务的金额。

公式：科创板做市借券交易金额=科创板做市借券新融出额+科创板做市借券展期融出额

科创板做市借券期末余额 指统计期末证券公司未了结的科创板做市借券合约的金额。

公式：科创板做市借券期末余额=Σ[(科创板做市借券融出量-科创板做市借券融出归还量+未了结科创板做市借券合约的权益补偿量)×标的证券统计日收盘价+未了结科创板做市借券合约的权益补偿资金金额]

科创板做市借券保证金余额 指统计期末证券公司在中国证券金融公司交存的科创板做市借券担保物的余额。担保物包括资金和中国证券金融公司认可的证券。

公式：科创板做市借券保证金余额=现金+未到账

现金权益+Σ可充抵保证金证券市值×折算率+Σ未到账证券权益市值×折算率

其中:

现金=科创板做市借券担保资金账户余额-被异常冻结的保证金+被临时使用的保证金等

可充抵保证金证券市值=(科创板做市借券担保证券账户余量-被异常冻结的证券数量+被临时使用的证券数量等)×证券最近成交价格或公允价格

平均超募比率 指统计期内全部 IPO 公司的超募资金与预计募集资金的比率。

平均首发价格 指统计期内 IPO 股票的平均发行价格。

平均网上发行中签率 指统计期内 IPO 股票的网上发行中签率的平均值。

新股破发率 指统计期内破发的 IPO 股票占全部 IPO 股票的比例。

证券交易结算资金 指有经纪业务的证券公司全部经纪业务客户（含部分采取证券公司结算模式的资产管理计划）从事证券交易等的人民币交易结算资金。

股票期权保证金 指统计期末，股票期权交易者按照规定标准缴纳的资金或者证券，用于结算和担保期权合约履行。

银证转账 指投资者在银行结算账户和证券资金账户之间的资金划转方式。“转入额”是指投资者从银行结算账户转入资金账户的金额；“转出额”是指投资者从资金账户转出到银行结算账户的金额；“转入（转出）额”=“转入额”-“转出额”，其中，正数为净转入，负数为净转出。

银行转账 指投资者在银行结算账户和衍生品资金账户之间的资金划转方式。“转入额”是指投资者从银行结算账户转入衍生品资金账户的金额(入金);“转出额”是指投资者从衍生品资金账户转出到银行结算账户的金额（出金）；“净转入（转出）额”（即出入金净额）=“转入额”-“转出额”,其中，正数为净转入，负数为净转出。

挂牌公司家数 指统计期末其股票在全国股转公司挂牌的股份有限公司的数量。

挂牌公司股本 也称挂牌公司总股本，是指统计期末挂牌公司全部股份数量合计。

挂牌公司股票市值 指统计期末根据挂牌公司股票价格和总股本计算的股权价值合计。

挂牌公司股票发行次数 指统计期内挂牌公司在境内发行股票筹集资金的次数。

挂牌公司股票筹资金额 指统计期内挂牌公司通过在境内发行股票筹集的资金总额。

区域性股权市场 指按照国务院规定设立，为其所在省级行政区域内中小微企业证券非公开发行、转让及相关活动提供设施与服务的场所。

贰零贰肆

三. 债券

Bonds

贰零贰肆

2023年债券市场综述

一、交易所债券市场总体情况

落实《党和国家机构改革方案》部署，实现企业债券职责划转平稳落地。加强债券市场建设，充分发挥债券市场服务实体经济和促进直接融资的重要功能。截至2023年底，交易所债券市场托管面值27.45万亿元（含企业债和北交所托管在中央结算的政府债券）。其中，非金融企业（包含可转债、可交换债，不含资产证券化产品）托管面值15.71万亿元、市场占比56.28%。

融资情况。2023年，交易所债券市场累计发行各类债券（含公司（企业）债券、资产支持证券、国债、地方政府债券和政策性银行债券）13.53万亿元，净融资9.65万亿元。分品种看，交易所债券市场发行公司债券5.07万亿元；发行企业债券(含职责划转前国家发展改革委注册项目)3808亿元；发行资产支持证券1.2万亿元；发行国债3.6万亿元；发行地方政府债券3.25万亿元；发行政策性金融债券140亿元。

成交情况。2023年，交易所债券市场累计成交额为46.80万亿元；累计回购金额475.61万亿元。

二、交易所债券市场发展情况

（一）推动深化债券注册制改革和加强二级市场建设

发布《关于深化债券注册制改革的指导意见》《关于注册制下提高中介机构债券业务执业质量的指导意见》，明确债券注册制改革方向原则、基本内涵，优化债券审核注册机制，进一步健全相关制度规则体系，不断提高制度化、规范化和透明化水平。指导交易所启动债券做市业务，推动完善债券做市商准入标准、壮大债券做市商队伍，改善市场流动性。

（二）完成企业债券职责划转和转常规工作

落实《党和国家机构改革方案》部署，先后发布实施《中国证监会 国家发展改革委关于企业债券发行审核职责划转过渡期工作安排的公告》《中国证监会关于企业债券过渡期后转常规有关工作安排的公告》，指导沪深北证券交易所全面承接企业债券发行审核等职责，系统性修订企业债券相关制度规则并发布实施，推动企业债券职责划转和转常规工作平稳落地。积极发挥企业债券功能，募集资金主要投向先进装备制造、清洁能源、新型城镇化建设等领域，支持雄安集团、长江三峡等国家重大战略和重大项目建设。

（三）深化北交所债券市场改革发展

推动政府债券常态化发行，2023年北交所服务发行政府债券3.92万亿元，其中国债3.6万亿元、地方政府债券3200亿元。发布《中国证监会关于高质量建设北京证券交易所的意见》，启动北交所公司（企业）债券市场建设，更好服务创新型中小企业。

（四）进一步推进基础设施REITs常态化发行

贯彻《国务院关于进一步盘活存量资产扩大有效投资的意见》要求，制定印发《关于进一步推进基础设施领域不动产投资信托基金（REITs）常态化发行相关工作的通知》，加大优质项目供给，形成规模效应、示范效应。

2023年完成首批4只消费基础设施REITs注册，首批2只新能源基础设施REITs上市，首个大型平台企业“绿灯”投资案例嘉实京东仓储物流REIT上市，首批4只REITs扩募落地，基础资产范围持续扩展，所有制形式进一步丰富，市场规模稳步增长。

（五）发挥债券市场服务国家重大战略、重点领域和薄弱环节的功能作用

在支持科技创新方面，印发《推动科技创新公司债券高质量发展工作方案》，建立科创债“绿色通道”，提升科技创新企业服务质效，促进科技、产业和金融良性循环，更好支持高水平科技自立自强。2023 年科创债发行规模超 3700 亿元，同比增长超 2 倍。在支持绿色发展方面，联合国务院国资委发布《关于支持中央企业发行绿色债券的通知》，完善央企绿色债券融资支持机制。2023 年绿色债券（含 ABS）发行规模超 1600 亿元，创历史新高。此外，积极支持重点领域和薄弱环节，持续推进乡村振兴债、熊猫债、“一带一路”债发行，2023 年共发行超 600 亿元。

（六）有序推动评级机构发展转型

强化债券市场信用评级行业建设和监管，指导发布《证券市场资信评级机构执业规范》《证券市场资信评级机构尽职调查工作底稿目录细则》《证券市场资信评级机构信息披露指引》。做好相关自律规则的衔接落地，指导证券业协会联合交易商协会研究制定《债券市场信用评级机构联合市场化评价方法》，引导评级机构提升评级质量和行业公信力。

三、依法从严全面监管

（一）强化日常监管

坚持问题导向，部署开展 2023 年公司债券发行人现场检查，对 245 家发行人开展现场检查。加强债券募集资金及涉嫌结构化发债行为专项检查，对 25 家发行人开展专项检查，对 50 家次责任主体出具行政监管措施。强化公司债券年报披露工作，对无故未按期披露年报的发行人采取自律处分和行政监管措施。

（二）加强执法追责

坚决贯彻落实“零容忍”要求，持续加强对债券市场违法违规行为执法追责，强化监管震慑，切实维护债券市场秩序和信用环境。落实“违约倒查”原则，强化监管执法效能，严厉打击债券欺诈发行、虚假信息披露以及逃废债等违法违规行为。2023 年对 8 家债券发行人和中介机构作出行政处罚，对 9 家债券发行人立案调查。

（三）压实中介机构责任

强化中介机构债券业务执业规范和质量提升，开展公司债券承销业务、评级业务及 ABS 业务现场检查。2023 年，对 97 家债券承销受托机构和 ABS 管理人、13 家评级机构开展现场检查，对 15 家次债券承销机构、受托管理人等采取行政监管措施，对 8 人次相关责任人采取行政监管措施，将 13 家次证券公司纳入交易所“负面清单”管理。

（四）防范化解债券违约风险

坚持“稳定大局、统筹协调、分类施策、精准拆弹”方针，丰富市场化法治化多元化的债券违约风险处置机制，防范债券市场重点领域风险。落实国务院关于防范化解地方债务风险的工作部署，稳妥做好融资平台公司（企业）债券融资和风险防控相关工作，支持融资平台债务风险化解。落实党中央、国务院关于房地产企业的决策部署，支持房地产企业合理融资需求，促进房地产市场平稳健康发展。推动化解房企债券违约风险，积极处置恒大集团等房地产企业风险。

3-1 全国债券市场概况
Overview of Bond Market

年份 Year	发行金额(亿元) Value of Bonds Issued(100 million yuan)			兑付金额(亿元) Amount of Payments(100 million yuan)		
	全市场 Whole Market	银行间 Interbank Market	交易所 Stock Exchange	全市场 Whole Market	银行间 Interbank Market	交易所 Stock Exchange
1998	6203.73	6203.73	--	--	--	--
1999	4369.50	4369.50	--	410.16	410.16	--
2000	4414.50	4414.50	--	1629.16	1629.16	--
2001	5848.53	5848.53	--	1859.97	1859.97	--
2002	9943.90	9943.90	--	2841.35	2841.35	--
2003	17647.17	17647.17	--	7886.44	7886.44	--
2004	27295.66	27295.66	--	12548.65	12548.65	--
2005	42182.07	42182.07	--	22531.33	22531.33	--
2006	57096.11	57096.11	--	38597.83	38597.83	--
2007	80163.36	79756.08	407.28	49931.98	49931.98	--
2008	71732.16	70734.11	998.05	48265.29	48265.29	--
2009	87286.22	86474.71	811.51	67282.32	67282.32	--
2010	96408.63	95088.33	1320.30	73205.88	73205.88	--
2011	77275.52	75501.82	1773.70	64819.78	64709.81	109.97
2012	80261.89	77474.98	2786.91	47625.00	47269.27	355.73
2013	89127.69	85248.00	3879.69	63093.04	62332.88	760.16
2014	119380.02	115112.62	4267.40	72904.38	71358.08	1546.30
2015	234604.73	210936.25	23668.48	117608.31	114140.25	3468.07
2016	361548.66	324880.30	36668.36	204425.19	199138.51	5286.68
2017	408256.35	369109.44	39146.91	298390.64	290020.83	8369.81
2018	435968.07	379090.36	56877.71	315793.99	302485.47	13308.52
2019	448538.22	376551.50	71986.72	326387.66	306774.83	19612.84
2020	565951.32	481173.97	84777.35	385305.72	362331.05	22974.66
2021	614808.08	528254.95	86553.13	440886.34	404978.39	35907.96
2022	614781.20	550287.43	64493.77	490973.29	450320.15	40653.13
2023	709361.69	574100.87	135260.82	554485.42	515715.04	38770.39

注：1.“发行金额”“兑付金额”中的“交易所”统计数据包括由中国证监会审批或备案的公司债、可转债、可交换债、可分离债、企业债、企业资产支持证券以及交易所招标发行的国债、地方政府债、政策性金融债；“发行金额”“兑付金额”中的“银行间”统计数据是包括国债、央行票据、金融债券、企业债、短期融资券、超短期融资券、中期票据、中小企业集合票据、非公开定向债务融资工具和资产支持票据等；本章所有“发行额”均按照发行首日口径统计。

2.“兑付金额”仅包含本金兑付。

3.“成交金额”中的“交易所”统计数据包括在沪深交易所交易的债券的成交金额，“银行间”统计数据包括在银行间市场交易的债券的成交金额。

4.“托管金额”中的“银行间”统计数据包括柜台和其他市场，“发行金额”“兑付金额”“成交金额”均不包括柜台和其他市场。

5.自2019年起，将初步测算的企业资产支持证券兑付数据纳入统计，并对历史数据做追溯调整。

6.自2023年起，将企业债发行数据纳入统计，2023年企业债发行数据含职责划转前国家发展改革委注册项目。

数据来源：上海证券交易所、深圳证券交易所、中国证券投资基金业协会、中国证券业协会、中央国债登记结算有限责任公司、上海清算所

Source:SSE、SZSE、AMAC、SAC、CCDC、SCH

3-1 续表 continued

年份 Year	成交金额(亿元) Trading Turnover (100 million yuan)					托管金额(亿元) Value of Bonds under Custody (100 million yuan)		
	全市场 Whole Market	银行间现券 Interbank Market Spot Transaction	银行间回购 Interbank Market Repo Transaction	交易所现券 Stock Exchange Spot Transaction	交易所回购 Stock Exchange Repo Transaction	全市场 Whole Market	银行间 Interbank Market	交易所 Stock Exchange
1998	21677.39	15.62	--	6120.94	15540.84	9199.16	9199.16	--
1999	22301.82	60.77	3956.93	5393.59	12890.53	12878.71	12878.71	--
2000	35374.40	541.03	15714.21	4385.48	14733.68	16077.61	16077.61	--
2001	61043.42	416.67	40208.99	4930.13	15487.64	18931.81	18931.81	--
2002	138292.59	4098.47	100918.61	8852.71	24422.80	24680.66	24680.66	--
2003	208124.89	29866.33	116122.20	6783.11	55353.25	36524.29	32436.51	4087.78
2004	169718.85	22451.93	96943.42	3717.09	46606.41	50112.52	45326.44	4786.08
2005	245976.01	58310.02	159297.65	3449.30	24919.05	71194.88	66483.70	4711.18
2006	384712.67	100461.68	265914.42	2035.09	16301.48	71744.70	68277.56	3467.14
2007	624720.03	156043.39	447951.18	2109.99	18615.47	114769.32	111355.62	3413.70
2008	981119.88	371157.70	581331.15	4324.26	24306.77	143463.06	138972.54	4490.52
2009	1216107.43	472655.00	702779.16	4698.08	35975.19	164714.14	159766.72	4947.42
2010	1592579.40	640422.10	875936.00	5847.54	70373.76	195029.82	188751.50	6278.32
2011	1847311.25	636422.90	994534.80	6843.93	209509.62	214757.10	206328.71	8428.39
2012	2572526.57	751952.80	1417140.30	9882.53	393550.94	253868.31	241412.03	12456.28
2013	2677160.68	416106.00	1581639.00	17411.83	662003.84	288073.12	268618.45	19454.67
2014	3591269.28	403565.00	2244226.00	28191.38	915286.90	355504.40	329783.92	25720.48
2015	6783173.38	867370.20	4577637.50	34464.32	1303701.36	479217.27	439214.81	40002.46
2016	9708152.80	1270918.30	6013024.72	53294.20	2370915.58	642245.80	563329.21	78916.59
2017	9879660.63	1028351.73	6163673.24	55441.79	2632193.87	750209.90	654265.95	95943.95
2018	11138432.56	1507367.33	7226761.42	63821.94	2340481.87	864033.11	756752.74	107280.38
2019	12857900.70	2137448.26	8196298.22	83530.20	2440624.02	981459.24	854495.09	126964.15
2020	15080568.91	2327679.15	9597515.72	201785.82	2953588.22	1155904.78	992630.35	163274.43
2021	16386839.33	2143702.30	10451935.24	289275.35	3501926.44	1319258.28	1132502.01	186756.27
2022	20930516.63	2712233.56	13801545.70	381135.91	4035601.46	1438174.83	1244274.73	193900.10
2023	25039469.45	3073049.32	16742259.55	468031.92	4756128.66	1575322.93	1300836.59	274486.33

3-2 交易所市场债券发行、兑付、余额情况

Statistics of Bond Issuance, Payment, Balance in Exchange Market

单位：亿元 (100 million yuan)

年份 Year	金融业企业发行的债券 Financial Bonds								
	公司债(金融) Corporate Bonds(Financial)			可转债(金融) Convertible Bonds(Financial)			可交换债(金融) Exchangeable Corporate Bonds(Financial)		
	发行额 Value of Bonds Issued	兑付金额 Amount of Payments	期末余额 Ending Balance	发行额 Value of Bonds Issued	兑付金额 Amount of Payments	期末余额 Ending Balance	发行额 Value of Bonds Issued	兑付金额 Amount of Payments	期末余额 Ending Balance
2009	--	--	--	--	--	--	--	--	--
2010	--	--	--	650.00	--	--	--	--	--
2011	44.00	--	--	--	--	--	--	--	--
2012	--	--	--	--	--	--	--	--	--
2013	1663.96	376.86	1794.60	460.00	0.00	1018.04	--	--	--
2014	2184.25	428.67	3063.25	25.00	0.00	537.02	--	--	--
2015	12525.50	2288.23	8180.28	0.00	35.10	0.00	30.00	0.00	30.00
2016	5435.30	3053.70	12939.18	0.00	0.00	0.00	0.00	0.00	30.00
2017	6735.80	3966.58	15781.15	370.00	0.00	470.00	15.00	3.20	45.00
2018	5530.36	4147.44	15908.06	180.00	0.00	622.67	1.50	25.97	19.81
2019	5353.35	4367.47	16495.28	1395.00	3.87	1640.43	5.00	4.24	18.57
2020	10446.26	5177.27	21226.67	326.50	0.64	1794.79	60.00	66.83	10.00
2021	12168.34	6763.16	26338.72	1308.00	0.00	2928.35	0.00	10.00	0.00
2022	8710.46	8582.96	25791.24	498.00	0.14	3390.88	52.42	0.00	52.42
2023	12256.79	7726.04	29107.71	0.00	312.29	2778.54	10.42	0.00	62.65

注：1.金融业企业未发行可分离债，非上市公司未发行可转债和可交换债。
2.根据机构改革相关方案，企业债自2023年纳入统计。
3.兑付中未含可交债、可转债转股部分。

3-2 续表 1 continued

单位：亿元 (100 million yuan)

年份 Year	非金融企业发行的债券 Non-financial Bonds					
	公司债(非金融) Corporate Bonds(Non-financial)			可转债(非金融) Convertible Bonds(Non-financial)		
	发行额 Value of Bonds Issued	兑付金额 Amount of Payments	期末余额 Ending Balance	发行额 Value of Bonds Issued	兑付金额 Amount of Payments	期末余额 Ending Balance
2009	734.90	--	1134.90	46.61	--	0.00
2010	603.00	--	1641.40	67.30	--	1942.11
2011	1252.50	51.05	2842.85	445.20	58.92	2328.39
2012	2623.31	186.99	5532.71	163.60	42.05	636.62
2013	1670.92	191.40	6981.58	84.81	38.10	568.01
2014	1302.09	562.13	7543.04	295.99	1.29	586.73
2015	8890.24	889.55	15242.84	98.00	20.15	132.74
2016	25485.12	1194.61	41196.31	212.52	0.00	344.10
2017	10067.16	2363.35	48324.71	422.20	0.37	651.61
2018	15472.98	4053.99	55352.62	607.49	0.40	1254.37
2019	23936.50	8974.96	66217.26	1024.83	6.39	2083.69
2020	31783.22	8967.10	86453.02	2407.71	19.14	3510.51
2021	33204.80	19195.67	96717.72	1505.77	62.40	3895.70
2022	29510.89	15836.82	102615.92	1686.72	64.49	4976.21
2023	36735.88	18322.26	109322.63	1386.21	72.66	5893.16

3-2 续表 2 continued

单位：亿元 (100 million yuan)

年份 Year	非金融企业发行的债券 Non-financial Bonds						上市公司发行的债券 Listed Company Bonds		
	可交换债(非金融) Exchangeable Corporate Bonds (Non-financial)			可分离债(非金融) Warrant Bonds (Non-financial)			公司债(上市公司) Corporate Bonds (Listed Company)		
	发行额 Value of Bonds Issued	兑付金额 Amount of Payments	期末余额 Ending Balance	发行额 Value of Bonds Issued	兑付金额 Amount of Payments	期末余额 Ending Balance	发行额 Value of Bonds Issued	兑付金额 Amount of Payments	期末余额 Ending Balance
2009	--	--	--	30.00	0.00	861.65	669.40	24.98	--
2010	--	--	--	0.00	0.00	861.65	498.00	64.63	--
2011	--	--	--	0.00	79.50	782.15	1295.40	97.88	--
2012	--	--	--	0.00	87.00	695.15	2398.27	206.98	--
2013	--	--	--	0.00	96.80	598.35	2413.41	482.86	--
2014	40.00	0.00	40.00	0.00	500.35	98.00	2952.78	968.33	--
2015	78.00	0.00	118.00	0.00	30.00	68.00	9168.51	2602.65	--
2016	579.81	16.42	771.06	0.00	68.68	0.00	10439.51	3779.74	46386.20
2017	1033.84	20.52	1675.97	0.00	0.00	0.00	7293.54	5998.07	25084.58
2018	408.20	72.72	1829.88	0.00	0.00	0.00	7772.59	6587.62	24904.52
2019	813.64	150.59	2267.43	0.00	0.00	0.00	6825.15	6405.02	24871.55
2020	289.36	565.62	1786.82	0.00	0.00	0.00	11059.70	5953.10	28612.66
2021	411.60	259.53	1563.45	0.00	0.00	0.00	11936.51	9258.13	30645.36
2022	370.52	358.57	1435.68	0.00	0.00	0.00	8705.92	9520.25	29117.39
2023	322.74	293.51	1235.49	0.00	0.00	0.00	11379.13	8713.83	30625.13

3-2 续表 3 continued

单位：亿元 (100 million yuan)

年份 Year	上市公司发行的债券 Listed Company Bonds								
	可转债(上市公司) Convertible Bonds (Listed company)			可交换债(上市公司) Exchangeable Corporate Bonds (Listed company)			可分离债(上市公司) Warrant Bonds (Listed company)		
	发行额 Value of Bonds Issued	兑付金额 Amount of Payments	期末余额 Ending Balance	发行额 Value of Bonds Issued	兑付金额 Amount of Payments	期末余额 Ending Balance	发行额 Value of Bonds Issued	兑付金额 Amount of Payments	期末余额 Ending Balance
2009	46.61	1.70	--	--	--	--	30.00	0.00	861.65
2010	717.30	1.22	--	--	--	--	0.00	0.00	861.65
2011	413.20	4.31	--	--	--	--	0.00	79.50	782.15
2012	163.55	41.93	--	--	--	--	0.00	87.00	695.15
2013	544.81	40.30	--	--	--	--	0.00	96.80	598.35
2014	320.99	16.35	--	--	--	--	0.00	500.35	98.00
2015	98.00	12.34	--	269.37	27.14	--	0.00	30.00	68.00
2016	212.52	0.49	688.97	671.29	53.75	1507.51	0.00	68.68	0.00
2017	946.21	1.32	1121.61	1163.84	72.19	1710.47	--	--	--
2018	787.49	4.12	1796.47	404.20	125.59	1853.50	--	--	--
2019	2419.83	10.25	3494.22	818.64	150.60	2266.66	--	--	--
2020	2728.21	28.20	5305.41	349.36	574.45	1796.82	--	--	--
2021	2813.77	62.40	6824.05	411.60	259.53	1563.45	--	--	--
2022	2184.72	64.64	8367.09	422.94	358.57	1488.10	--	--	--
2023	1386.21	384.95	8671.70	333.16	293.51	1298.14	--	--	--

3-2 续表 4 continued

单位：亿元 (100 million yuan)

年份 Year	非上市公司发行的债券 Non-listed Company Bonds					
	公司债(非上市公司) Corporate Bonds (Non-listed)			可分离债(非上市公司) Warrant Bonds (Non-listed)		
	发行额 Value of Bonds Issued	兑付金额 Amount of Payments	期末余额 Ending Balance	发行额 Value of Bonds Issued	兑付金额 Amount of Payments	期末余额 Ending Balance
2009	59.50	--	--	--	0.90	--
2010	19.50	3.95	--	--	0.90	--
2011	39.80	5.18	--	--	0.90	--
2012	223.71	7.94	--	--	75.90	--
2013	1058.40	99.37	--	--	--	--
2014	1449.78	132.21	--	--	--	--
2015	9009.61	658.06	--	--	--	--
2016	22036.87	1269.89	58997.74	--	--	--
2017	10198.26	3286.94	38353.27	--	--	--
2018	13236.25	5458.29	44813.01	--	--	--
2019	22464.70	6580.75	55601.69	--	--	--
2020	31169.78	8113.62	78505.32	--	--	--
2021	33436.63	16700.70	92411.07	--	--	--
2022	29515.43	14899.53	99284.77	--	--	--
2023	37613.54	17334.47	107805.21	--	--	--

3-2 续表 5 continued

单位：亿元 (100 million yuan)

年份 Year	企业债 Enterprise Bomd			企业资产支持证券 Asset-based Securities			REITs Real Estate Investment Trusts		
	发行额 Value of Bonds Issued	兑付金额 Amount of Payments	期末余额 Ending Balance	发行额 Value of Bonds Issued	兑付金额 Amount of Payments	期末余额 Ending Balance	发行额 Value of Bonds Issued	兑付金额 Amount of Payments	期末余额 Ending Balance
2009	--	--	--	--	--	--	--	--	--
2010	--	--	--	--	--	--	--	--	--
2011	--	--	--	--	--	--	--	--	--
2012	--	--	--	--	--	--	--	--	--
2013	--	--	--	--	--	--	--	--	--
2014	--	--	--	120.07	53.86	337.09	--	--	--
2015	--	--	--	2046.74	205.04	1597.66	--	--	--
2016	--	--	--	4955.61	748.95	5419.11	--	--	--
2017	--	--	--	9460.93	2015.79	9482.87	--	--	--
2018	--	--	--	9539.66	5016.99	13708.68	--	--	--
2019	--	--	--	10994.88	5765.77	18014.78	--	--	--
2020	--	--	--	14274.21	7886.07	23111.22	360.14	--	--
2021	--	--	--	15127.86	9510.03	25039.87	364.11	--	--
2022	--	--	--	10790.67	15446.27	22329.86	419.45	--	--
2023	3807.80	--	40666.55	11832.89	11613.62	22638.19	252.04	--	--

3-2 续表 6 continued

单位：亿元 (100 million yuan)

年份 Year	国债 T-Bond			地方政府债 Local Treasury Bonds			政策性金融债 Policy Bank Bond		
	发行额 Value of Bonds Issued	兑付金额 Amount of Payments	期末余额 Ending Balance	发行额 Value of Bonds Issued	兑付金额 Amount of Payments	期末余额 Ending Balance	发行额 Value of Bonds Issued	兑付金额 Amount of Payments	期末余额 Ending Balance
2009	--	--	--	--	--	--	--	--	--
2010	--	--	--	--	--	--	--	--	--
2011	--	--	--	--	--	--	--	--	--
2012	--	--	--	--	--	--	--	--	--
2013	--	--	--	--	--	--	--	--	--
2014	--	--	--	0.00	--	17.10	300.00	0.00	300.00
2015	--	--	--	0.00	--	367.16	0.00	0.00	95.00
2016	--	--	--	0.00	--	2283.08	0.00	205.00	95.00
2017	--	--	--	10241.98	--	2482.69	800.00	0.00	895.00
2018	--	--	--	25567.99	--	3753.27	240.00	0.00	858.30
2019	--	--	--	28338.46	--	4603.67	1085.00	343.80	1479.50
2020	--	--	--	24154.95	--	7044.42	675.00	350.00	1395.00
2021	--	--	--	21876.55	--	9907.88	586.10	40.00	1731.10
2022	9319.1	--	--	4040.54	--	12078.47	95.00	330.00	1311.10
2023	36015.8	--	--	32500.25	--	15050.80	140.00	430.00	1177.10

3-3 交易所市场债券发行额按监管辖区分布

单位：亿元

辖区	Jurisdiction	合计 Total	公司债 Corporate Bonds	企业债 Enterprise Bonds	可转债 Convertible Bonds
安徽	Anhui	3877.63	1380.94	157.95	3.20
北京	Beijing	12043.25	5957.33	1875.00	6.72
大连	Dalian	74.31	18.00	0.00	0.00
福建	Fujian	1938.48	1361.39	52.90	8.42
甘肃	Gansu	545.08	30.38	10.00	0.00
广东	Guangdong	5446.01	1972.96	38.00	92.94
广西	Guangxi	1019.12	549.05	21.20	30.00
贵州	Guizhou	2014.50	333.50	3.80	0.00
海南	Hainan	276.92	39.00	10.00	0.00
河北	Hebei	2150.33	692.67	22.00	98.60
河南	Henan	4026.59	1712.91	51.00	89.90
黑龙江	Heilongjiang	1352.45	140.65	0.00	7.00
湖北	Hubei	2573.20	1491.37	236.80	32.53
湖南	Hunan	3983.74	1474.98	84.40	10.55
吉林	Jilin	277.96	265.10	0.00	0.00
江苏	Jiangsu	10523.78	6856.85	254.20	296.52
江西	Jiangxi	2168.15	1322.62	96.20	112.14
辽宁	Liaoning	447.43	119.40	0.00	0.00
内蒙古	Inner Mongolia	946.31	69.50	0.00	9.25
宁波	Ningbo	708.54	584.44	26.90	97.20
宁夏	Ningxia	44.39	41.10	0.00	3.29
青岛	Qingdao	880.92	858.25	0.00	16.57
青海	Qinghai	599.84	15.50	0.00	0.00
厦门	Xiamen	686.67	499.79	43.00	33.12
山东	Shandong	5531.51	2520.61	208.10	122.41
山西	Shanxi	909.91	374.93	0.00	0.00
陕西	Shaanxi	1622.71	1091.25	40.00	5.46
上海	Shanghai	5662.14	3364.17	31.00	30.02
深圳	Shenzhen	5597.40	4498.00	0.00	118.29
四川	Sichuan	3855.39	1637.58	144.60	16.70
天津	Tianjin	5245.62	991.66	0.00	20.00
西藏	Xizang	170.75	153.00	0.00	9.75
新疆	Xinjiang	372.05	338.30	1.00	13.75
云南	Yunnan	1601.20	275.93	7.00	0.00
浙江	Zhejiang	6924.88	4701.81	306.05	99.78
重庆	Chongqing	3031.39	1143.26	86.70	2.10
其他	Others	114.50	114.50	0.00	0.00

注：“其他”包含熊猫债以及无法判断辖区的债券。
数据来源：上海证券交易所、深圳证券交易所、中国证券投资基金业协会
Source:SSE、SZSE、AMAC

Regulatory Jurisdiction Distribution of Stock Exchange Market Bond Issuance

(100 million yuan)

可交换债 Exchangeable Corporate Bonds	政策性金融债 Policy Bank Bonds	地方政府债 Local Treasury Bonds	企业资产支持证券 Asset-based Securities	REITs Real Estate Investment Trusts
5.00	0.00	2262.98	67.56	0.00
15.00	140.00	1500.09	2483.69	65.43
7.00	0.00	49.31	0.00	0.00
0.00	0.00	340.52	175.25	0.00
0.00	0.00	491.70	13.00	0.00
24.24	0.00	1629.81	1688.05	0.00
0.00	0.00	390.39	28.48	0.00
0.00	0.00	1324.88	352.32	0.00
0.00	0.00	200.17	27.75	0.00
0.00	0.00	1316.56	20.50	0.00
0.00	0.00	2139.91	32.87	0.00
10.00	0.00	1194.80	0.00	0.00
2.00	0.00	722.88	71.87	15.75
20.00	0.00	2375.95	17.86	0.00
0.00	0.00	12.86	0.00	0.00
3.50	0.00	2430.93	603.39	78.40
0.00	0.00	39.25	597.94	0.00
0.00	0.00	328.03	0.00	0.00
0.00	0.00	831.79	35.77	0.00
0.00	0.00	0.00	0.00	0.00
0.00	0.00	0.00	0.00	0.00
0.00	0.00	0.00	6.10	0.00
0.00	0.00	316.93	267.41	0.00
0.00	0.00	92.43	18.33	0.00
45.50	0.00	2167.53	437.51	29.85
65.00	0.00	415.11	54.87	0.00
0.00	0.00	406.48	79.52	0.00
0.00	0.00	0.00	2190.92	46.03
22.00	0.00	356.56	585.95	16.59
65.00	0.00	1706.77	284.74	0.00
0.00	0.00	3479.38	754.58	0.00
8.00	0.00	0.00	0.00	0.00
0.00	0.00	0.00	19.00	0.00
13.28	0.00	1253.29	51.70	0.00
20.50	0.00	1445.68	351.06	0.00
7.14	0.00	1277.29	514.90	0.00
0.00	0.00	0.00	0.00	0.00

3-4 交易所市场债券现券交易情况

年份 Year	成交量(亿张)				
	合计 Total	国债 T-Bonds	地方政府债 Local Treasury Bonds	公司债 Corporate Bonds	企业债 Enterprise Bonds
1997	32.77	32.61	--	--	0.15
1998	46.30	45.97	--	--	0.15
1999	38.84	38.21	--	--	0.22
2000	39.99	38.02	--	--	0.35
2001	46.46	45.47	--	--	0.50
2002	85.28	83.96	--	--	0.64
2003	66.66	57.39	--	--	3.44
2004	38.15	31.36	--	--	1.16
2005	34.53	28.21	--	--	1.49
2006	20.03	15.35	--	--	0.90
2007	20.25	12.73	--	--	0.58
2008	46.18	21.26	--	3.91	1.12
2009	46.32	20.56	--	6.03	6.28
2010	56.50	16.42	0.00	8.58	11.30
2011	67.75	12.57	0.00	13.07	15.54
2012	97.98	9.04	0.00	31.91	29.47
2013	169.32	8.03	0.01	44.28	64.88
2014	269.71	12.64	0.00	58.68	123.78
2015	313.28	41.00	2.13	101.22	101.67
2016	525.85	56.67	20.02	346.84	73.65
2017	562.47	17.66	7.48	422.26	66.81
2018	646.42	12.46	13.80	481.80	48.31
2019	812.05	16.15	8.29	561.56	42.29
2020	1623.22	57.84	730.77	294.41	15.01
2021	2257.80	67.89	9.72	1089.53	85.36
2022	2946.00	88.65	18.44	1399.04	104.47
2023	4219.57	1258.01	30.02	1855.67	115.82

数据来源：上海证券交易所、深圳证券交易所
Source: SSE、SZSE

Bond Trading in Stock Exchange

Trading Volume(100 million units)				
可转债 Convertible Bonds	可交换债 Exchange Corporate Bonds	可分离债 Warrant Bonds	政策性银行债 Policy Bank Bonds	企业资产支持证券 Asset-based Securities
--	--	--	--	--
--	--	--	--	--
0.41	--	--	--	--
1.62	--	--	--	--
0.48	--	--	--	--
0.69	--	--	--	--
5.83	--	--	--	--
5.63	--	--	--	--
4.82	--	--	--	--
2.37	--	--	--	0.59
2.42	--	3.88	--	0.61
3.83	--	15.72	--	0.34
4.79	--	8.26	--	0.40
13.44	--	6.60	--	0.16
20.67	--	5.85	--	0.04
22.14	--	5.34	--	0.07
45.65	--	6.22	--	0.24
67.68	0.23	2.75	--	1.56
53.84	2.73	1.23	4.55	4.92
11.10	4.63	0.58	0.31	12.06
19.79	9.79	0.00	2.72	15.96
41.02	13.39	0.00	11.05	24.59
116.28	13.06	0.00	22.48	31.94
406.66	37.28	9.20	6.08	65.98
909.87	14.09	0.82	8.83	71.68
1238.31	10.28	0.00	3.49	83.32
832.71	8.31	0.00	33.73	85.30

3-4 续表

年份 Year	成交金额(亿元)				
	合计 Total	国债 T-Bonds	地方政府债 Local Treasury Bonds	公司债 Corporate Bonds	企业债 Enterprise Bonds
1997	3600.82	3582.75	--	--	18.08
1998	6120.94	6059.95	--	--	18.40
1999	5393.59	5300.87	--	--	26.58
2000	4385.48	4157.49	--	--	40.49
2001	4930.13	4815.60	--	--	57.25
2002	8852.71	8708.68	--	--	70.33
2003	6783.11	5756.11	--	--	363.61
2004	3717.09	2966.46	--	--	113.36
2005	3449.30	2780.63	--	--	154.71
2006	2035.09	1540.71	--	--	94.44
2007	2109.99	1267.28	--	3.74	58.12
2008	4324.26	2122.52	--	404.41	113.60
2009	4698.08	2085.11	0.60	631.31	639.55
2010	5847.54	1661.64	0.01	877.51	1164.67
2011	6843.93	1252.93	0.21	1301.81	1538.71
2012	9882.53	914.18	0.01	3217.86	2970.10
2013	17411.83	803.75	0.50	4422.74	6602.34
2014	28191.38	1260.27	0.00	5751.53	12511.63
2015	34464.32	4134.49	213.19	10239.97	10339.95
2016	53294.20	5794.89	2015.36	35053.72	7335.84
2017	55441.79	1747.87	731.25	41858.83	5986.00
2018	63821.55	1225.39	1369.90	47874.95	4076.64
2019	83530.18	1606.99	837.06	56339.84	3497.14
2020	201143.24	4776.45	73085.43	38451.01	1579.85
2021	289275.34	6771.78	979.44	108279.14	7049.52
2022	381135.91	8892.63	1904.05	139328.06	8986.19
2023	468031.92	125940.88	3098.11	184721.92	10156.01

continued

Trading Turnover(100 million yuan)				
可转债 Convertible Bonds	可交换债 Exchange Corporate Bonds	可分离债 Warrant Bonds	政策性银行债 Policy Bank Bonds	企业资产支持证券 Asset-based Securities
--	--	--	--	--
42.59	--	--	--	--
66.14	--	--	--	--
187.50	--	--	--	--
57.28	--	--	--	--
73.70	--	--	--	--
663.39	--	--	--	--
637.26	--	--	--	--
513.46	--	--	--	0.50
274.50	--	68.19	--	57.25
409.24	--	313.37	--	58.25
442.13	--	1212.06	--	29.54
636.41	--	666.90	--	38.21
1560.61	--	567.83	--	15.27
2217.95	--	528.29	--	4.03
2275.32	--	498.11	--	6.96
4950.13	1.11	597.05	--	24.22
7972.97	28.11	265.88	243.88	157.11
8093.92	365.21	120.09	467.84	489.65
1317.03	500.88	57.82	34.20	1184.46
2261.29	1037.62	0.00	272.23	1546.69
4473.82	1374.38	0.00	1107.97	2318.50
14510.18	1373.26	0.00	2271.77	3093.95
71454.00	3876.48	934.62	611.62	6373.79
156936.86	1599.19	0.00	890.37	6769.04
212862.40	1180.84	0.00	356.19	7625.57
131920.27	967.50	0.00	3401.39	7825.84

3-5 上海证券交易所债券现券交易情况

年份 Year	成交量(亿张)				
	合计 Total	国债 T-Bonds	地方政府债 Local Treasury Bonds	公司债 Corporate Bonds	企业债 Enterprise Bonds
1997	31.65	31.52	--	--	0.13
1998	46.03	45.86	--	--	0.07
1999	38.29	37.99	--	--	0.21
2000	33.86	33.07	--	--	0.34
2001	41.85	41.23	--	--	0.50
2002	61.51	60.83	--	--	0.45
2003	61.72	54.84	--	--	2.99
2004	35.26	31.31	--	--	0.98
2005	32.37	28.13	--	--	1.20
2006	18.08	15.32	--	--	0.72
2007	17.76	12.68	--	0.04	0.45
2008	40.71	20.79	--	2.36	0.68
2009	38.68	20.25	0.01	4.16	3.65
2010	47.88	15.70	0.00	5.78	8.85
2011	60.65	12.47	0.00	9.67	13.71
2012	83.78	8.95	0.00	21.27	27.50
2013	148.58	7.70	0.01	27.95	62.70
2014	242.42	12.51	0.00	37.10	121.79
2015	279.18	40.84	2.13	74.05	100.52
2016	433.89	56.54	19.79	262.44	73.05
2017	453.99	17.58	7.31	324.32	66.32
2018	523.04	12.41	13.42	389.14	47.93
2019	637.35	16.11	7.74	468.43	41.80
2020	1067.23	57.71	730.46	171.70	13.37
2021	1492.52	67.35	9.54	930.90	82.98
2022	1944.73	87.68	18.10	1213.87	101.84
2023	3455.61	1246.48	29.26	1627.78	113.09

数据来源：上海证券交易所
Source: SSE

Bond Trading in Shanghai Stock Exchange

Trading Volume(100 million units)				
可转债 Convertible Bonds	可交换债 Exchange Corporate Bonds	可分离债 Warrant Bonds	政策性银行债 Policy Bank Bonds	企业资产支持证券 Asset-based Securities
--	--	--	--	--
0.10	--	--	--	--
0.09	--	--	--	--
0.45	--	--	--	--
0.11	--	--	--	--
0.23	--	--	--	--
3.89	--	--	--	--
2.97	--	--	--	--
3.04	--	--	--	--
1.46	--	0.58	--	--
1.33	--	3.26	--	--
2.64	--	14.24	--	--
3.11	--	7.51	--	--
11.57	--	5.99	--	--
19.30	--	5.51	--	--
21.23	--	4.83	--	--
44.21	--	5.96	--	0.05
65.08	0.18	2.75	2.38	0.63
50.32	2.60	1.23	4.55	2.93
8.80	3.80	0.58	0.31	8.58
16.27	7.47	0.00	1.60	13.13
21.22	11.50	0.00	8.76	18.67
59.23	11.03	0.00	13.56	19.45
0.00	35.03	9.20	6.08	43.68
336.88	11.09	0.00	5.04	48.75
452.21	8.21	0.00	2.59	60.24
333.08	6.06	0.00	33.22	66.64

3-5 续表

年份 Year	成交金额(亿元)				
	合计 Total	国债 T-Bonds	地方政府债 Local Treasury Bonds	公司债 Corporate Bonds	企业债 Enterprise Bonds
1997	3483.90	3468.40	--	--	15.50
1998	6078.02	6046.70	--	--	9.03
1999	5322.62	5276.77	--	--	24.43
2000	3748.61	3657.06	--	--	39.13
2001	4451.06	4383.06	--	--	56.40
2002	6454.69	6380.83	--	--	51.04
2003	6261.71	5500.36	--	--	316.04
2004	3395.92	2961.50	--	--	95.88
2005	3219.36	2772.79	--	--	124.88
2006	1831.03	1537.40	--	--	76.69
2007	1790.45	1262.20	--	3.74	44.90
2008	3783.86	2075.90	--	243.81	67.65
2009	3877.09	2054.90	0.60	435.57	365.56
2010	4896.84	1590.03	0.01	585.43	909.13
2011	6093.58	1242.90	0.21	960.61	1352.62
2012	8442.99	905.56	0.01	2141.16	2770.67
2013	15312.48	771.10	0.50	2792.32	6378.26
2014	25446.42	1247.47	0.00	3632.44	12309.55
2015	30681.10	4117.52	213.19	7473.93	10223.31
2016	43823.28	5780.50	1992.51	26399.60	7275.06
2017	44431.20	1740.33	713.48	31959.14	5937.67
2018	51252.14	1220.33	1331.83	38552.95	4038.10
2019	64086.85	1602.53	781.04	46928.42	3447.82
2020	114502.25	4764.24	73054.59	26072.20	1415.27
2021	169107.13	6718.35	960.93	92405.95	6810.00
2022	218268.79	8790.08	1869.42	120834.79	8717.45
2023	358101.70	124782.84	3019.99	161994.48	9880.12

continued

Trading Turnover(100 million yuan)				
可转债 Convertible Bonds	可交换债 Exchange Corporate Bonds	可分离债 Warrant Bonds	政策性银行债 Policy Bank Bonds	企业资产支持证券 Asset-based Securities
--	--	--	--	--
--	--	--	--	--
21.41	--	--	--	--
52.43	--	--	--	--
11.60	--	--	--	--
22.82	--	--	--	--
445.31	--	--	--	--
338.55	--	--	--	--
321.68	--	--	--	--
169.03	--	--	--	--
211.83	--	267.77	--	--
301.59	--	1094.92	--	--
418.32	--	602.13	--	--
1300.20	--	512.04	--	--
2041.14	--	496.10	--	--
2177.36	--	448.24	--	--
4793.97	--	571.53	--	4.80
7661.18	22.78	265.88	243.88	63.25
7426.80	351.94	120.09	467.84	286.47
1034.95	415.02	57.82	34.20	833.64
1858.70	795.55	0.00	160.06	1266.27
2314.82	1180.23	0.00	878.58	1735.29
6967.13	1129.34	0.00	1374.06	1856.52
0.00	3493.25	934.62	611.62	4156.45
55865.14	1247.47	0.00	510.71	4588.59
71295.67	968.09	0.00	266.24	5527.07
48187.23	729.11	0.00	3350.47	6157.46

3-6 深圳证券交易所债券现券交易情况

年份 Year	成交量(亿张)				
	合计 Total	国债 T-Bonds	地方政府债 Local Treasury Bonds	公司债 Corporate Bonds	企业债 Enterprise Bonds
1997	1.12	1.10	--	--	--
1998	0.28	0.12	--	--	0.08
1999	0.55	0.22	--	--	0.02
2000	6.13	4.94	--	--	0.01
2001	4.61	4.24	--	--	0.01
2002	23.77	23.12	--	--	0.18
2003	4.94	2.55	--	--	0.45
2004	2.89	0.05	--	--	0.18
2005	2.16	0.08	--	--	0.29
2006	1.95	0.03	--	--	0.17
2007	2.49	0.05	--	--	0.13
2008	5.47	0.47	--	--	0.44
2009	7.64	0.30	--	1.87	2.63
2010	8.62	0.72	--	2.81	2.45
2011	7.10	0.10	--	3.40	1.84
2012	14.20	0.09	--	10.64	1.98
2013	20.74	0.33	--	16.32	2.18
2014	27.29	0.13	--	21.59	1.99
2015	34.10	0.17	--	27.16	1.14
2016	91.96	0.14	0.23	84.40	0.60
2017	108.48	0.08	0.18	97.95	0.49
2018	123.37	0.05	0.38	92.67	0.38
2019	174.70	0.04	0.55	93.13	0.49
2020	562.38	0.13	0.31	122.71	1.64
2021	764.45	0.54	0.18	158.63	2.38
2022	1001.27	0.97	0.34	185.17	2.63
2023	763.96	11.53	0.76	227.89	2.73

数据来源：深圳证券交易所
Source: SZSE

Bond Trading in Shenzhen Stock Exchange

Trading Volume(100 million units)				
可转债 Convertible Bonds	可交换债 Exchange Corporate Bonds	可分离债 Warrant Bonds	政策性银行债 Policy Bank Bonds	企业资产支持证券 Asset-based Securities
--	--	--	--	--
--	--	--	--	--
0.31	--	--	--	--
1.17	--	--	--	--
0.37	--	--	--	--
0.46	--	--	--	--
1.94	--	--	--	--
2.66	--	--	--	--
1.79	--	--	--	--
0.91	--	--	--	0.59
1.08	--	0.62	--	0.61
1.19	--	1.48	--	0.34
1.69	--	0.75	--	0.40
1.87	--	0.61	--	0.16
1.37	--	0.35	--	0.04
0.92	--	0.51	--	0.07
1.44	0.01	0.26	--	0.19
2.60	0.05	0.00	--	0.93
3.51	0.13	0.00	--	1.99
2.30	0.82	0.00	--	3.48
3.52	2.32	0.00	1.12	2.82
19.80	1.89	0.00	2.29	5.92
57.05	2.03	0.00	8.92	12.49
406.66	2.24	0.00	6.39	22.30
572.99	3.00	0.00	3.79	22.93
786.10	2.07	0.00	0.90	23.08
499.63	2.25	0.00	0.51	18.66

3-6 续表

年份 Year	成交金额(亿元)				
	合计 Total	国债 T-Bonds	地方政府债 Local Treasury Bonds	公司债 Corporate Bonds	企业债 Enterprise Bonds
1997	116.92	114.35	--	--	2.58
1998	42.92	13.25	--	--	9.37
1999	70.98	24.09	--	--	2.15
2000	636.87	500.43	--	--	1.37
2001	479.07	432.55	--	--	0.84
2002	2398.02	2327.85	--	--	19.29
2003	521.40	255.75	--	--	47.57
2004	321.16	4.96	--	--	17.49
2005	229.94	7.84	--	--	29.83
2006	204.05	3.31	--	--	17.74
2007	319.54	5.08	--	--	13.22
2008	540.39	46.63	--	160.61	45.95
2009	820.99	30.20	--	195.74	273.98
2010	950.70	71.61	--	292.09	255.54
2011	750.35	10.02	--	341.20	186.09
2012	1439.54	8.62	--	1076.69	199.44
2013	2099.35	32.65	--	1630.42	224.08
2014	2744.96	12.80	--	2119.10	202.08
2015	3783.22	16.96	--	2766.04	116.65
2016	9470.92	14.39	22.86	8654.11	60.78
2017	11010.59	7.55	17.77	9899.69	48.33
2018	12569.41	5.06	38.07	9321.99	38.54
2019	18776.02	4.46	56.02	9411.42	49.32
2020	87283.60	12.21	30.84	12378.81	164.57
2021	120168.20	53.43	18.51	15873.19	239.52
2022	162867.12	102.55	34.63	18493.27	268.74
2023	109930.22	1158.04	78.12	22727.44	275.89

continued

可转债 Convertible Bonds	可交换债 Exchange Corporate Bonds	可分离债 Warrant Bonds	政策性银行债 Policy Bank Bonds	企业资产支持证券 Asset-based Securities
Trading Turnover(100 million yuan)				
0.00	--	--	--	--
20.30	--	--	--	--
44.73	--	--	--	--
135.07	--	--	--	--
45.68	--	--	--	--
50.88	--	--	--	--
218.08	--	--	--	--
298.72	--	--	--	--
191.78	--	--	--	--
105.47	--	--	--	57.25
197.40	--	45.60	--	58.25
140.54	--	117.13	--	29.54
218.08	--	64.77	--	38.21
260.41	--	55.79	--	15.27
176.81	--	32.19	--	4.03
97.96	--	49.87	--	6.96
166.16	1.11	25.51	--	19.42
311.79	5.34	0.00	--	93.85
667.12	13.27	0.00	--	203.18
282.08	85.87	0.00	--	350.82
402.59	242.08	0.00	112.17	280.43
2159.00	194.15	0.00	229.39	583.21
7543.05	243.92	0.00	230.39	1237.43
71454.00	383.22	0.00	642.61	2217.34
101071.72	351.72	0.00	379.66	2180.45
141566.73	212.75	0.00	89.95	2098.50
83733.04	238.39	0.00	50.92	1668.38

3-7 交易所市场债券回购交易情况
Repo Trading in Stock Exchange

年份 Year	成交金额(亿元) Trading Turnover(100 million yuan)					
	合计 Total	质押式回购 Pledge-style Repo	报价回购 Quotation-based Repo	约定式购回 Pre-arranged Repo	质押式协议回购 Pledge agreement Repo	三方回购 Tri-party Repo
1997	12876.06	12876.06	--	--	--	--
1998	15540.84	15540.84	--	--	--	--
1999	12890.53	12890.53	--	--	--	--
2000	14733.68	14733.68	--	--	--	--
2001	15487.64	15487.64	--	--	--	--
2002	24422.80	24422.80	--	--	--	--
2003	55353.25	55353.25	--	--	--	--
2004	46606.41	46606.41	--	--	--	--
2005	24919.05	24919.05	--	--	--	--
2006	16301.48	16301.48	--	--	--	--
2007	18615.47	18615.47	--	--	--	--
2008	24306.77	24306.77	--	--	--	--
2009	35975.19	35521.81	453.39	--	--	--

数据来源：上海证券交易所、深圳证券交易所
Source: SSE、SZSE

3-7 续表 continued

年份 Year	成交金额(亿元) Trading Turnover(100 million yuan)					
	合计 Total	质押式回购 Pledge-style Repo	报价回购 Quotation-based Repo	约定式购回 Pre-arranged Repo	质押式协议回购 Pledge agreement Repo	三方回购 Tri-party Repo
2010	70373.76	66233.95	4139.81	--	--	--
2011	209509.62	204469.83	5039.77	0.02	--	--
2012	393550.94	368535.82	25012.26	2.87	--	--
2013	661798.27	630720.85	31069.18	8.23	--	--
2014	915193.76	878705.94	36484.69	3.13	--	--
2015	1303633.46	1250959.55	52512.09	0.93	160.90	--
2016	2370878.87	2297358.03	60832.98	0.00	12687.86	--
2017	2632157.65	2551470.62	48986.37	0.00	31700.66	--
2018	2340461.79	2259882.18	44161.52	0.00	34197.93	2220.16
2019	2440608.78	2331849.26	76365.60	0.41	24296.54	8096.98
2020	2953578.79	2805313.36	120401.68	0.07	22373.38	5490.30
2021	3622751.85	3415053.52	177025.55	54.31	29347.92	1270.54
2022	4184448.58	3932628.88	212593.62	59.31	38707.48	459.29
2023	4756128.66	4430962.17	235433.57	62.07	89447.70	223.15

3-8　上海证券交易所债券回购交易情况
Repo Trading in Shanghai Stock Exchange

年份 Year	成交金额(亿元) Trading Turnover(100 million yuan)					
	合计 Total	质押式回购 Pledge-style Repo	报价回购 Quotation-based Repo	约定式购回 Pre-arranged Repo	质押式协议回购 Pledge agreement Repo	三方回购 Tri-party Repo
1997	11912.16	11912.16	--	--	--	--
1998	15188.54	15188.54	--	--	--	--
1999	12124.12	12124.12	--	--	--	--
2000	13147.21	13147.21	--	--	--	--
2001	15342.98	15342.98	--	--	--	--
2002	24422.35	24422.35	--	--	--	--
2003	55334.68	55334.68	--	--	--	--
2004	46601.81	46601.81	--	--	--	--
2005	24919.05	24919.05	--	--	--	--
2006	16299.25	16299.25	--	--	--	--
2007	18608.92	18608.92	--	--	--	--
2008	24306.77	24306.77	--	--	--	--
2009	35929.25	35475.87	453.39	--	--	--
2010	70017.59	65877.79	4139.81	--	--	--
2011	204621.29	199581.50	5039.77	0.02	--	--
2012	371375.86	346360.74	25012.26	2.87	--	--
2013	610526.93	580224.78	30294.00	8.15	--	--
2014	841402.16	812941.84	28457.36	2.96	--	--
2015	1197852.61	1166704.67	30986.49	0.56	160.90	--
2016	2203351.93	2164883.84	26214.35	0.00	12253.74	--
2017	2428986.63	2378286.19	20535.74	0.00	30164.70	--
2018	2118206.00	2067540.25	17120.28	0.00	31325.44	2220.04
2019	2153748.51	2096845.92	25950.65	0.35	22854.61	8096.98
2020	2595999.34	2528235.02	41011.34	0.07	21262.62	5490.30
2021	3137598.18	3051748.63	56254.43	54.31	28270.26	1270.54
2022	3584500.81	3482382.24	63805.82	59.31	37794.15	459.29
2023	4039712.60	3895010.60	57798.65	62.07	86618.13	223.15

数据来源：上海证券交易所
Source: SSE

3-9 深圳证券交易所债券回购交易情况
Repo Trading in Shenzhen Stock Exchange

年份 Year	成交金额(亿元) Trading Turnover(100 million yuan)					
	合计 Total	质押式回购 Pledge-style Repo	报价回购 Quotation-based Repo	约定式购回 Pre-arranged Repo	质押式协议回购 Pledge agreement Repo	三方回购 Tri-party Repo
1997	963.91	963.91	--	--	--	--
1998	352.30	352.30	--	--	--	--
1999	766.41	766.41	--	--	--	--
2000	1586.47	1586.47	--	--	--	--
2001	144.66	144.66	--	--	--	--
2002	0.45	0.45	--	--	--	--
2003	18.58	18.58	--	--	--	--
2004	4.60	4.60	--	--	--	--
2005	0.00	0.00	--	--	--	--
2006	2.23	2.23	--	--	--	--
2007	6.54	6.54	--	--	--	--
2008	0.00	0.00	--	--	--	--
2009	45.94	45.94	--	--	--	--
2010	356.16	356.16	--	--	--	--
2011	4888.34	4888.34	--	--	--	--
2012	22175.08	22175.08	--	--	--	--
2013	51476.91	50496.07	775.18	0.08	--	--
2014	73884.74	65764.09	8027.32	0.18	--	--
2015	105848.75	84254.88	21525.60	0.37	--	--
2016	167563.66	132474.19	34618.63	0.00	434.12	--
2017	203207.24	173184.43	28450.62	0.00	1535.96	--
2018	222275.87	192341.93	27041.24	0.00	2872.49	0.12
2019	286875.51	235003.34	50414.95	0.06	1441.93	0.00
2020	357588.88	277078.34	79390.34	0.00	1110.76	0.00
2021	485153.68	363304.89	120771.12	0.00	1077.66	0.00
2022	599947.77	450246.64	148787.80	0.00	913.33	0.00
2023	716416.06	535951.57	177634.92	0.00	2829.57	0.00

数据来源：深圳证券交易所
Source: SZSE

3-10 交易所市场债券发行额按行业分布

单位：亿元

行业 Industry	合计 Total	公司债 Corporate Bonds	可转债 Convertible Bonds
农、林、牧、渔 Agriculture, Forestry, Animal Husbandry and Fishery	49.66	46.37	3.29
采矿业 Mining	831.71	657.10	29.00
制造业 Manufacturing	2932.41	1520.72	1103.75
电力、热力、燃气及水生产和供应业 Production and Supply of Electricity, Gas and Water	1689.50	1339.84	42.39
建筑业 Construction	15777.97	13630.24	63.56
批发和零售业 Wholesale and Retail Trades	1628.59	1136.48	38.62
交通运输、仓储和邮政业 Transport, Storage and Post	3921.84	1761.68	34.00
住宿和餐饮业 Hotels and Catering Services	25.80	25.80	--
信息传输、软件和信息技术服务业 Information Transmission, Computer Services and Software	129.11	73.50	36.40
金融业 Financial Intermediation	19653.96	12256.79	--
房地产业 Real Estate	2390.47	1763.15	--
租赁和商务服务业 Leasing and Business Services	5824.82	3670.30	--
科学研究和技术服务业 Scientific Research, Technical Service	35.87	14.00	17.00
水利、环境和公共设施管理业 Management of Water Conservancy, Environment and Public Facilities	569.73	513.93	18.20
居民服务、修理和其他服务业 Resident Services, Repairs and Other Services	67.76	60.75	--
教育 Education	--	--	--
卫生和社会工作 Health and Social Works	9.00	--	--
文化、体育和娱乐业 Culture, Sports and Entertainment	12.30	7.00	--
综合 Synthesis	11194.27	10515.03	--
其他 Other	32500.25	--	--

数据来源：上海证券交易所、深圳证券交易所、中国证券投资基金业协会
Source:SSE、SZSE、AMAC

Industry Distribution of Exchange Market Bond Issuance

(100 million yuan)

可交换债 Exchangeable Corporate Bonds	企业债 Enterprise Bonds	政策性金融债 Policy Bank Bonds	地方政府债 Local Treasury Bonds	REITs Real Estate Investment Trusts	企业资产支持证券 Asset-based Securities
--	--	--	--	--	--
105.00	10.00	--	--	--	30.61
135.24	24.00	--	--	--	148.70
--	23.90	--	--	107.74	175.63
--	1133.80	--	--	15.75	934.63
5.00	31.30	--	--	17.56	399.63
--	2013.20	--	--	52.53	60.43
--	--	--	--	--	--
--	--	--	--	--	19.21
10.42	10.00	140.00	--	--	7236.75
--	75.00	--	--	12.44	539.89
35.50	103.20	--	--	46.03	1969.79
--	--	--	--	--	4.87
--	20.00	--	--	--	17.60
--	--	--	--	--	7.01
--	--	--	--	--	--
--	--	--	--	--	9.00
--	--	--	--	--	5.30
42.00	363.40	--	--	--	273.84
--	--	--	32500.25	--	--

主要统计指标解释

Explanatory Notes on Main Statistical Indicators

债券发行额 指统计期内各类债券发行票面金额合计。按发行首日口径计算。

债券兑付金额 指统计期内债券发行人按照约定向债券投资者偿还本金和支付利息的金额合计。

债券成交金额 指统计期内各类债券成交金额合计，包括债券现货成交金额和债券回购成交金额。

公式: 现券成交金额=∑[成交价格×成交量(现货)]；回购成交金额=∑[成交量(回购) ×1000]。

债券回购交易 是指债券交易的双方在进行债券交易的同时，约定在将来某一日期以约定的价格，由债券的卖方向买方再次购回该笔债券的交易行为。

债券托管额 指统计期末托管在债券登记结算机构的各类债券面额合计。

债券成交量 指统计期内各类债券成交数量合计，包括债券现货成交数量和债券回购成交数量。

国债 指国家为筹集财政资金，以其信用为基础，通过向社会发行的记账式国债（含特别国债）筹集资金所形成的债权债务关系。

地方政府债 指地方政府、地方公共机构发行的债券，一般以当地政府的税收能力和其他收入作为还本付息的担保。

政策性银行金融债 指政策性银行（国家开发银行、中国农业发展银行和中国进出口银行）为筹集信贷资金，经国务院批准向银行金融机构及其他机构发行的金融债券。

公司债券 指公司依照法定程序发行，约定在一定期限内还本付息的有价证券（含企业债券）。

可转债 指在一定时间内可以按照既定的转股价格转换为指定股票的债券。

可交换债 指上市公司的股东依法发行、在一定期限内依据约定的条件可以交换成该股东所持有的上市公司股份的债券品种。

企业资产支持证券 指以基础资产所产生的现金流作为偿付支持，通过结构化等方式进行信用增级，在此基础上发行的证券。

Reits（基础设施领域不动产投资信托基金）指在证券交易所公开交易，通过证券化方式将具有持续、稳定收益的不动产资产或权益转化为流动性较强的上市证券的标准化金融产品。

短期融资券 指具有法人资格的非金融企业在银行间债券市场发行的，约定在 1 年内还本付息的债务融资工具。

超短期融资券 指具有法人资格、信用评级较高的非金融企业在银行间债券市场发行的，期限在 270 天以内的短期融资券。

中期票据 指具有法人资格的非金融企业在银行间市场按照计划分期发行的，约定在一定期限内还本付息的债务融资工具。

非公开定向债务融资工具 指具有法人资格的非金融企业在银行间债券市场发行的、约定在一定期限内还本付息的、向银行间市场特定机构投资人发行的有价证券。

中小企业集合票据 指国家相关法律法规及政策界定为中小企业的非金融企业在银行间债券市场以统一产品设计、统一券种冠名、统一信用增进、统一发行注册方式共同发行的，约定在一定期限内还本付息的债务融资工具。

资产支持票据 指非金融企业在银行间债券市场发行的，由基础资产所产生的现金流作为还款支持的，约定在一定期限内还本付息的债务融资工具。

贰零贰肆

四. 基金

Funds

贰零贰肆

2023 年基金情况综述

一、公募基金发展概况

截至 2023 年底，公募基金资产规模合计 27.60 万亿元，其中封闭式基金、开放式基金规模分别为 3.80 万亿元和 23.80 万亿元。开放式基金中，股票型基金、混合型基金、债券型基金、货币基金、QDII 基金规模分别为 2.83 万亿元、3.95 万亿元、5.32 万亿元、11.28 万亿元和 0.42 万亿元。截至 2023 年底，比照公募基金规范的证券公司大集合规模为 2981 亿元。

2023 年，公募基金产品体系持续优化和丰富。更多国企、科创、红利等主题权益类基金稳步推出。稳步推进公募 REITs 产品注册。积极拓展试点领域，注册首批 20 只浮动管理费率试点产品，含与投资者持有时长、投资业绩、产品规模挂钩 3 种类型，更好满足投资者多元需求。存量公募基金管理费率、托管费率下调至 1.2%、0.2%以下，降费产品超 3300 只，新注册主动管理权益类基金执行不超过 1.2%、0.2%的管理费率、托管费率上限标准，相应调降其他类型产品费率上限，切实向投资者让利。完善交易结算模式，允许符合条件的公募基金管理人自主选择交易模式，推动券商交易模式提质增效。

二、私募基金发展概况

私募基金行业结构不断优化，在服务实体经济、促进科技创新等方面发挥着日益重要的作用。截至 2023 年底，在基金业协会登记的私募基金管理人 2.2 万家，存续私募基金数量 15 万只，管理基金规模超 20 万亿元。存续私募股权投资基金和创业投资基金在投项目数量超 14 万个，在投本金约 9 万亿元，精准支持计算机、半导体、医药生物等重点科技创新领域，有效支持国家重点战略。注册制改革以来，九成的科创板企业和超过一半的创业板企业上市前获得私募股权投资基金和创业投资基金支持。

行业法律法规体系不断完善，优化行业发展环境。一是 2023 年 7 月 9 日国务院发布《私募投资基金监督管理条例》，夯实私募基金行业规范健康发展制度基础，将私募投资基金业务活动纳入法治化、规范化轨道进行监管，推动私募投资基金行业规范健康发展，更好保护投资者合法权益。二是全面修订《私募投资基金监督管理暂行办法》，细化条例关于私募基金管理人和私募基金产品登记备案的规范性要求，明确私募基金募投管退等环节的监管制度，2023 年 12 月 8 日公开征求意见。三是 2023 年 2 月启动不动产私募投资基金试点，基金业协会同步发布《不动产私募投资基金试点备案指引（试行）》，允许符合条件的私募基金管理人设立不动产私募投资基金，投资特定居住用房、商业经营用房、基础设施项目等，促进房地产企业盘活经营性不动产并探索新的发展模式。四是基金业协会修订发布《私募投资基金登记备案办法》《私募基金管理人登记指引第 1-3 号》《私募投资基金备案指引第 1-3 号》等自律规则，持续深化登记备案改革。

4-1 公募基金概况
Overview of Public Funds

年份 Year	基金只数(只) Number of Funds(unit)			基金份额(亿份) Fund Units (100 million units)		
	合计 Total	封闭式 Close-ended Funds	开放式 Open-ended Funds	合计 Total	封闭式 Close-ended Funds	开放式 Open-ended Funds
1998	5	5	--	100.00	100.00	--
1999	16	16	--	505.00	505.00	--
2000	34	34	--	562.00	562.00	--
2001	51	48	3	804.23	686.73	117.50
2002	71	54	17	1318.85	817.00	501.85
2003	95	54	41	1614.67	817.00	797.67
2004	161	54	107	3308.79	817.00	2491.79
2005	218	54	164	4714.18	817.00	3897.18
2006	307	53	254	6220.67	812.00	5408.67
2007	346	36	310	22339.84	844.14	21495.70
2008	439	33	406	25741.78	890.32	24851.46
2009	547	31	516	23518.55	945.02	22573.53
2010	704	39	665	23955.33	1119.80	22835.53
2011	914	57	857	26510.37	1371.32	25139.05
2012	1173	68	1105	31708.41	1424.85	30283.56
2013	1551	130	1421	31167.18	1953.94	29213.24
2014	1899	135	1764	42032.72	1256.71	40776.00
2015	2723	164	2559	76674.13	1669.54	75004.59
2016	3873	304	3569	88428.32	6181.24	82247.08
2017	4848	479	4369	110182.12	5862.57	104319.55
2018	5580	662	4918	128961.33	8707.02	120254.31
2019	6111	779	5332	136937.42	15214.30	121723.12
2020	7237	1024	6213	169974.29	23961.85	146012.44
2021	9152	1175	7977	218244.61	29005.26	189239.35
2022	10576	1300	9276	239428.35	33265.68	206162.67
2023	11528	1354	10174	264134.76	36004.04	228130.72

注：1.本章公募基金是指公开募集证券投资基金，不包括社保基金、基金专户等。
2.本表中封闭式基金分类以截至统计时点的基金运作模式划分，开放式基金以设立时点的基金运作模式划分。
数据来源：中国证券监督管理委员会、上海证券交易所、深圳证券交易所
Source: CSRC、SSE、SZSE

4-1 续表 continued

年份 Year	基金资产规模(亿元) Fund Asset Value (100 million yuan)			上市基金成交份额(亿份) Trading Volume of Listed Funds (100 million units)			上市基金成交金额(亿元) Trading Turnover of Listed Funds(100 million yuan)		
	合计 Total	封闭式 Close-ended Funds	开放式 Open-ended Funds	合计 Total	上交所 SSE	深交所 SZSE	合计 Total	上交所 SSE	深交所 SZSE
1998	107.00	107.00	--	555.33	329.58	225.75	1016.89	605.28	411.61
1999	577.00	577.00	--	1623.12	827.95	795.17	2485.48	1365.82	1119.66
2000	847.35	847.35	--	2180.62	995.32	1185.30	2801.84	1334.18	1467.66
2001	809.24	691.15	118.09	2208.62	1148.35	1060.27	2561.88	1348.92	1212.96
2002	1185.56	717.06	468.50	1218.60	573.69	644.91	1166.62	556.77	609.85
2003	1699.22	862.00	837.22	849.18	441.62	407.56	682.65	362.16	320.49
2004	3246.34	809.71	2436.63	589.72	297.78	291.94	479.47	249.10	230.37
2005	4691.38	822.17	3869.21	1098.41	778.73	319.68	773.15	576.78	196.37
2006	8565.05	1623.64	6941.41	2058.16	1042.85	1015.31	2002.65	1024.35	978.30
2007	32762.32	2442.17	30320.15	4330.52	1981.36	2349.16	8620.09	4298.24	4321.85
2008	19403.25	758.95	18644.30	3742.28	2001.43	1740.85	5831.05	3700.23	2130.82
2009	26024.80	1238.78	24786.02	6531.40	3690.94	2840.46	10340.02	6549.06	3790.96
2010	25040.86	1299.00	23741.86	6582.01	3580.37	3001.64	8996.44	4771.71	4224.73
2011	21918.55	1234.15	20684.40	6125.90	2370.84	3755.06	6365.81	2901.41	3464.40
2012	28661.81	1413.01	27248.80	9374.61	2540.73	6833.88	8123.61	3171.12	4952.49
2013	30011.54	1987.56	28023.98	11280.60	3743.85	7536.75	14785.47	8988.79	5796.68
2014	45374.30	1366.81	44007.49	13742.58	4547.41	9195.17	47230.89	37477.49	9753.40
2015	83971.83	1947.72	82024.11	50423.73	12103.62	38320.11	152684.59	103799.88	48884.71
2016	91595.16	6342.22	85252.94	24609.83	4577.78	20032.05	111444.32	89359.23	22085.09
2017	115989.13	6097.29	109891.84	13626.64	5773.00	7853.64	98051.89	78169.57	19882.32
2018	130339.08	8986.26	121352.82	17941.63	8897.92	9043.70	102704.59	71651.46	31053.13
2019	147672.51	16024.48	131648.03	25140.94	14364.59	10776.35	91679.38	68589.58	23089.80
2020	198519.33	25606.39	172912.94	51089.10	31560.17	19528.93	136238.63	107526.85	28711.79
2021	255637.78	31249.55	224388.23	67386.92	47173.90	20213.02	183234.05	153405.83	29828.22
2022	260311.89	35000.29	225311.60	135551.50	96083.06	39468.44	231615.02	187763.37	43851.65
2023	275992.96	38026.93	237966.03	164104.69	117302.74	46801.95	277818.59	217460.83	60357.76

4-2　公募基金规模
Dimensions of Public Funds

基金类型	Type of Funds	基金只数(只) Number of Funds (unit)		基金份额(亿份) Fund Units (100 million units)		基金资产规模(亿元) Fund Asset Value (100 million yuan)	
		2022	2023	2022	2023	2022	2023
封闭式基金合计	Close-ended Funds	1300	1354	33265.68	36004.04	35000.29	38026.93
开放式基金合计	Open-ended Funds	9276	10174	206162.67	228130.72	225311.60	237966.03
其中：股票型	Thereinto:Equity Funds	1992	2274	20131.94	26485.14	24782.42	28342.41
混合型	Blend Funds	4595	4942	40755.25	36503.68	49972.86	39533.24
其中：FOF	Thereinto:Fund of Funds	370	480	1858.90	1592.15	1893.95	1542.34
债券型	Bond Funds	2095	2306	38209.47	47680.04	42730.86	53150.93
货币市场型	Money Market Funds	372	371	103354.25	112241.50	104557.63	112769.62
QDII	Qualified Domestic Institutional Investor	222	281	3711.76	5220.35	3267.81	4169.82
合计	Total	10576	11528	239428.35	264134.76	260311.89	275992.96

注：本表中封闭式基金分类以截至统计时点的基金运作模式划分，开放式基金以设立时点的基金运作模式划分。
数据来源：中国证券监督管理委员会
Source: CSRC

4-3 合格境外投资者及QDII情况

年份 Year	QFII Qualified Foreign Institutional Investor 资产规模(亿美元) Asset Value(100 million USD)				
	合计 Total	股票 Stock	债券 Bond	现金 Cash	其他 Other
2004	37.00	11.30	11.20	11.00	3.50
2005	47.80	28.90	7.80	3.70	7.40
2006	62.75	48.76	0.69	7.88	5.42
2007	296.22	157.34	5.63	113.30	19.96
2008	261.58	118.36	28.54	108.27	6.41
2009	424.57	311.22	24.88	77.40	11.07
2010	448.66	357.66	33.81	47.36	9.83
2011	401.56	282.13	57.60	49.98	11.84
2012	525.81	393.11	67.15	46.74	18.82
2013	693.64	496.39	100.05	70.55	26.65
2014	1027.89	723.63	95.32	134.10	74.84
2015	1049.07	626.52	124.99	154.90	142.66
2016	785.54	571.03	84.28	78.33	51.91
2017	997.12	794.90	82.52	63.05	56.64
2018	787.26	567.19	75.00	70.41	74.66
2019	1014.75	774.02	84.88	57.94	97.90

年份	合格境外投资者 资产规模(亿元人民币)		
	合计 Total	股票 Stock	债券 Bond
2020	13177.12	10577.39	1435.06
2021	15385.92	11742.29	1862.96
2022	13166.00	9545.00	1436.00
2023	11268.14	7909.66	1032.36

注：1.2019年9月，国家外汇管理局发布通知取消QFII、RQFII投资额度限制。
2.2020年QFII和RQFII资格制度规则合二为一，统一为"合格境外投资者"，2014-2019年QFII按美元计价、RQFII按人民币计价，2020年起QFII、RQFII统一按人民币计价。

数据来源：中国证券监督管理委员会、国家外汇管理局

Source: CSRC、SAFE

Statistics of QFII、RQFII and QDII

RQFII RMB Qualified Foreign Institutional Investor				
资产规模(亿元人民币) Asset Value (100 million yuan)				
合计 Total	股票 Stock	债券 Bond	现金 Cash	其他 Other
--	--	--	--	--
--	--	--	--	--
--	--	--	--	--
--	--	--	--	--
--	--	--	--	--
--	--	--	--	--
--	--	--	--	--
--	--	--	--	--
507.00	443.52	109.85	21.43	3.62
532.26	430.53	74.01	8.96	18.76
2195.40	1058.06	785.57	181.73	170.04
1735.44	715.27	649.63	218.86	151.68
1489.43	864.17	460.27	119.48	45.50
1673.07	1204.24	312.93	74.61	81.30
1340.52	932.63	298.55	74.79	34.55
1920.06	1257.21	501.48	105.68	55.69

QFII、RQFII Asset Value (100 million yuan)		
	现金 Cash	其他 Other
	937.52	227.15
	919.39	861.28
	1177.00	1008.00
	1014.43	1311.69

4-3 续表 continued

年份 Year	QDII Qualified Domestic Institutional Investor					
	成立的产品数量(只) Number of Products (unit)	累计批准额度(亿美元) Cumulative Approved Quota (100 million USD)	资产规模(亿元) Asset Value (100 million yuan)			
			合计 Total	股票 Stock	债券 Bond	其他 Other
2004	--	98.90	--	--	--	--
2005	--	98.90	--	--	--	--
2006	1	206.65	--	--	--	--
2007	4	523.66	1081.73	799.56	0.00	282.17
2008	9	551.21	522.41	319.86	71.35	131.20
2009	10	668.00	742.24	542.07	4.93	195.24
2010	27	759.17	735.50	546.84	11.68	176.98
2011	51	783.97	576.02	358.83	9.51	207.68
2012	67	828.77	632.02	422.87	33.61	175.54
2013	83	842.32	597.60	390.70	28.73	178.17
2014	90	833.23	495.54	342.61	41.13	111.80
2015	101	899.93	662.53	412.46	38.98	211.09
2016	120	899.93	947.70	550.05	195.54	202.11
2017	142	899.93	913.59	499.21	144.63	269.75
2018	152	1032.33	705.73	549.00	75.55	81.18
2019	154	1039.83	930.83	708.37	135.71	86.75
2020	166	--	1288.94	991.84	122.12	174.98
2021	199	--	2384.13	1814.23	83.14	486.76
2022	222	--	3344.32	2516.17	85.19	742.95
2023	283	--	4266.26	3037.87	182.92	1045.47

4-4 交易所基金市场指数情况

Fund Indexes

年份 Year	上交所 SSE					
	上证基金指数 SSE Fund Index					
	开市 Open	最高 Highest	最低 Lowest	收市 Close	涨跌幅(%) Change Rate(%)	振幅(%) Amplitude(%)
2000	996.69	1121.71	968.70	1121.71	12.17	15.80
2001	1133.17	1367.37	1077.73	1183.13	5.48	26.88
2002	1168.82	1237.98	934.54	942.33	-20.35	32.47
2003	933.96	1057.46	889.81	1016.96	7.92	18.84
2004	1012.37	1101.88	836.81	872.01	-14.25	31.68
2005	866.93	866.93	706.53	840.19	-3.65	22.70
2006	837.92	2091.30	837.82	2090.52	148.82	149.61
2007	2132.24	5112.83	2041.89	5070.79	142.56	150.40
2008	5088.47	5525.57	2214.27	2512.49	-50.45	149.54
2009	2541.64	4813.13	2528.83	4765.75	89.68	90.33
2010	4785.96	5038.23	3752.78	4557.66	-4.37	34.25
2011	4580.40	4854.30	3516.42	3592.26	-21.18	38.05
2012	3603.59	4014.86	3347.34	3921.09	9.15	19.94
2013	3956.37	4319.18	3398.71	3880.27	-1.04	27.08
2014	3874.76	5557.49	3624.31	5550.63	43.05	53.34
2015	5578.87	7670.68	5114.16	5904.92	6.38	49.99
2016	5901.84	5927.80	5443.92	5733.60	-2.90	8.89
2017	5732.11	6389.99	5704.18	6220.06	8.48	12.02
2018	6222.93	6502.37	5465.12	5499.31	-11.59	18.98
2019	5503.54	6482.18	5454.86	6425.03	16.83	18.83
2020	6446.91	7470.84	5860.29	7467.43	16.22	27.48
2021	7489.93	7832.23	7065.51	7572.49	1.41	10.85
2022	7578.94	7581.15	6107.93	6466.25	-14.61	19.45
2023	6453.56	6910.74	5881.34	6042.09	-6.56	15.92

数据来源：上海证券交易所、深圳证券交易所
Source:SSE、SZSE

4-4 续表 1 continued

年份 Year	深交所 SZSE 乐富基金指数 SZSE Lefu Fund Index					
	开市 Open	最高 Highest	最低 Lowest	收市 Close	涨跌幅(%) Change Rate(%)	振幅(%) Amplitude(%)
2000	--	--	--	--	--	--
2001	--	--	--	--	--	--
2002	--	--	--	--	--	--
2003	--	--	--	--	--	--
2004	--	--	--	--	--	--
2005	978.19	1011.17	834.20	1001.46	2.38	21.21
2006	1010.88	2536.73	990.67	2536.73	154.38	156.06
2007	2570.95	6251.41	2452.55	6251.41	146.44	154.89
2008	6364.67	6734.29	2817.53	3144.08	-49.71	139.01
2009	3198.83	5396.12	3198.83	5329.45	69.51	68.69
2010	5280.03	6023.94	4385.37	5597.02	5.02	37.36
2011	5651.64	5831.13	4223.39	4333.89	-22.57	38.07
2012	4349.06	4807.29	3988.10	4574.63	5.55	20.54
2013	4604.92	4948.94	4052.24	4470.05	-2.29	22.13
2014	4460.73	6154.83	4054.64	6152.11	37.63	51.80
2015	6174.36	9178.71	5353.76	6678.31	8.55	71.44
2016	6684.64	6685.60	5143.23	5856.94	-12.30	29.99
2017	5858.10	6405.68	5513.37	6032.25	2.99	16.18
2018	6035.82	6365.74	4547.49	4632.10	-23.21	39.98
2019	4639.35	6337.57	4530.98	6335.13	36.77	39.87
2020	6368.48	8312.98	5852.27	8312.10	31.21	42.05
2021	8323.25	9262.90	7749.02	8866.88	6.67	19.54
2022	8878.67	8886.09	6539.74	7086.65	-20.08	26.46
2023	7075.19	7728.11	6182.93	6396.19	-9.74	21.80

4-4 续表 2 continued

年份 Year	深交所 SZSE					
	深证ETF指数 SZSE ETF Index					
	开市 Open	最高 Highest	最低 Lowest	收市 Close	涨跌幅(%) Change Rate(%)	振幅(%) Amplitude(%)
2000	--	--	--	--	--	--
2001	--	--	--	--	--	--
2002	--	--	--	--	--	--
2003	--	--	--	--	--	--
2004	--	--	--	--	--	--
2005	--	--	--	--	--	--
2006	--	--	--	--	--	--
2007	--	--	--	--	--	--
2008	--	--	--	--	--	--
2009	--	--	--	--	--	--
2010	--	--	--	--	--	--
2011	1015.92	1045.28	663.34	690.36	-32.05	57.58
2012	694.11	814.51	612.29	729.70	5.70	33.03
2013	735.94	808.34	609.10	712.86	-2.31	32.71
2014	711.10	1045.12	640.67	1044.36	46.50	63.13
2015	1049.50	1646.03	919.03	1191.12	14.05	79.10
2016	1188.69	1189.60	897.41	1038.69	-12.80	32.56
2017	1038.92	1264.01	1006.60	1202.39	15.76	25.57
2018	1203.92	1288.05	898.75	908.97	-24.40	43.32
2019	911.05	1253.97	884.88	1253.54	37.91	41.71
2020	1259.24	1686.62	1159.19	1679.80	34.00	45.50
2021	1681.77	1868.88	1540.65	1788.94	6.50	21.30
2022	1791.37	1793.01	1301.28	1409.62	-21.20	27.49
2023	1407.25	1545.68	1232.90	1276.95	-9.41	22.19

4-5 上市基金成交情况
Transaction Data of Listed Fund

年份 Year	交易天数 (天) Trading Days (day)	封闭式基金 Close-ended Funds		
		成交份额 (亿份) Trading Volume (100 million units)	成交金额 (亿元) Trading Turnover (100 million yuan)	日均成交金额 (亿元) Daily Average Turnover (100 million yuan)
2005	242	562.07	341.10	1.41
2006	241	1723.59	1626.36	6.75
2007	242	3100.51	6027.21	24.91
2008	246	1624.12	1986.23	8.07
2009	244	1803.58	1613.68	6.61
2010	242	1095.05	1136.12	4.69
2011	244	447.46	451.15	1.85
2012	243	363.60	284.34	1.17
2013	238	489.02	433.16	1.82
2014	245	403.47	383.45	1.57
2015	244	815.73	981.84	4.02
2016	244	303.67	327.15	1.34
2017	244	134.64	144.59	0.59
2018	243	87.60	89.06	0.37
2019	244	72.64	75.17	0.61
2020	243	0.03	3.23	0.01
2021	243	0.11	10.79	0.04
2022	242	0.17	16.63	0.07
2023	242	0.08	7.57	0.03

注：ETF中包含交易型货币基金；LOF中包含分级基金。
数据来源：上海证券交易所、深圳证券交易所
Source: SSE、SZSE

4-5 续表 1 continued

年份 Year	ETF			LOF		
	成交份额（亿份） Trading Volume (100 million units)	成交金额（亿元） Trading Turnover (100 million yuan)	日均成交金额（亿元） Daily Average Turnover (100 million yuan)	成交份额（亿份） Trading Volume (100 million units)	成交金额（亿元） Trading Turnover (100 million yuan)	日均成交金额(亿元) Daily Average Turnover (100 million yuan)
2005	525.01	420.92	1.98	11.33	11.14	0.05
2006	306.21	339.97	1.41	28.36	36.32	0.15
2007	475.87	1544.61	6.38	701.87	989.68	4.09
2008	1411.49	3178.58	12.92	608.24	600.59	2.44
2009	3452.19	7652.13	31.36	1146.95	992.94	4.07
2010	4020.85	6450.80	26.66	1383.12	1338.94	5.53
2011	3933.13	4213.25	17.27	1682.48	1643.30	6.73
2012	4766.86	4781.75	19.68	4212.16	3032.54	12.48
2013	5976.80	11012.74	46.89	4811.85	3336.90	14.02
2014	6148.76	40388.83	164.85	7190.35	6458.60	26.36
2015	12705.32	113160.86	463.77	36902.67	38541.90	160.40
2016	5017.87	96495.94	395.48	19288.29	14621.23	59.92
2017	6460.75	92890.39	380.70	7031.25	5016.90	20.56
2018	13485.83	99448.25	409.25	4368.20	3167.28	13.03
2019	20102.74	87147.57	357.16	4965.55	4456.65	18.26
2020	45055.63	130472.10	536.92	6033.44	5763.30	23.72
2021	65103.93	180039.10	740.90	2234.06	2949.18	12.14
2022	133969.93	229356.73	947.76	1454.97	1551.76	6.41
2023	163025.16	276012.90	1140.55	891.24	967.88	4.00

4-5 续表 2 continued

年份 Year	公募 Reits			合计 Total		
	成交份额（亿份） Trading Volume (100 million units)	成交金额（亿元） Trading Turnover (100 million yuan)	日均成交金额(亿元) Daily Average Turnover (100 million yuan)	成交份额（亿份） Trading Volume (100 million units)	成交金额（亿元） Trading Turnover (100 million yuan)	日均成交金额(亿元) Daily Average Turnover (100 million yuan)
2005	--	--	--	1098.40	773.15	3.43
2006	--	--	--	2058.17	2002.65	8.31
2007	--	--	--	4278.26	8561.50	35.38
2008	--	--	--	3643.84	5765.40	23.44
2009	--	--	--	6402.72	10258.75	42.04
2010	--	--	--	6499.03	8925.86	36.88
2011	--	--	--	6063.07	6307.70	25.85
2012	--	--	--	9342.62	8098.63	33.33
2013	--	--	--	11277.67	14782.80	62.73
2014	--	--	--	13742.58	47230.89	192.78
2015	--	--	--	50423.73	152684.60	628.20
2016	--	--	--	24609.83	111444.31	456.74
2017	--	--	--	13626.65	98051.88	401.85
2018	--	--	--	17941.63	102704.59	422.65
2019	--	--	--	25140.94	91679.39	376.04
2020	--	--	--	51089.10	136238.63	560.66
2021	48.82	234.99	1.42	67386.92	183234.06	754.50
2022	81.98	453.68	1.87	135507.05	231378.80	956.11
2023	188.2043245	830.23	3.43	164104.69	277818.59	1148.01

4-6 私募基金概况
Overview of Private Funds

年份 Year	已登记私募基金管理人家数(个) Number of Registered Private Fund Managers(unit)				
	合计 Total	私募证券投资基金管理人 Private Security Investment Fund Managers	私募股权、创业投资基金管理人 Private Equity Investment and Venture Capital Fund Managers	其他私募投资基金管理人 Other Private Investment Fund Managers	私募资产配置类管理人 Private Asset Allocation Fund Managers
2017	22446	8467	13200	779	--
2018	24448	8989	14683	776	--
2019	24471	8857	14882	727	5
2020	24561	8908	14986	658	9
2021	24610	9069	15012	520	9
2022	23667	9023	14303	332	9
2023	21625	8469	12893	254	9

注：私募基金是指在中国证券投资基金业协会备案的以非公开方式向投资者募集资金设立的投资基金。
数据来源：中国证券投资基金业协会
Source:AMAC

4-6 续表 1 continued

年份 Year	已备案私募基金数量(个) Number of Filed Private Funds(unit)					
	合计 Total	私募证券投资基金 Private Security Investment Funds	私募股权投资基金 Private Equity Investment Funds	创业投资基金 Venture Capital Funds	其他私募投资基金 Other Private Investment Funds	私募资产配置基金 Private Asset Allocation Funds
2017	66417	34097	21827	4372	6121	--
2018	74629	35675	27175	6508	5271	--
2019	81710	41392	28477	7978	3858	5
2020	96818	54324	29402	10398	2684	10
2021	124098	76818	30800	14511	1945	24
2022	145020	92578	31523	19353	1538	28
2023	153032	97215	31255	23389	1146	27

4-6 续表 2 continued

年份 Year	管理基金规模(亿元) Managed Fund Size(100 million yuan)					
	合计 Total	私募证券投资基金 Private Security Investment Funds	私募股权投资基金 Private Equity Investment Funds	创业投资基金 Venture Capital Funds	其他私募投资基金 Other Private Investment Funds	私募资产配置基金 Private Asset Allocation Funds
2017	114992.53	25671.95	62910.99	6076.68	20332.91	--
2018	127064.20	21385.06	78014.08	9094.61	18570.44	--
2019	140829.62	25610.41	88713.18	12088.26	14412.29	5.48
2020	169578.29	42979.27	98716.38	16904.05	10968.82	9.77
2021	202705.20	63090.38	107719.83	23706.71	8140.12	48.15
2022	202817.90	56128.56	111115.35	29023.13	6497.30	53.55
2023	203155.96	55136.54	110699.65	32414.60	4850.86	54.31

4-7 2023年私募基金管理人按监管辖区分布概况
Regulatory Jurisdiction Distribution of Private Fund Managers

辖区	Jurisdiction	管理人数量（家）Number of Private Fund Managers(unit)	管理人数量全国占比(%) Number of Private Fund Managers National Proportion(%)	管理基金数量（只）Number of Private Fund Investments (unit)
北京	Beijing	3575	16.53	24170
天津	Tianjin	356	1.65	2171
河北	Hebei	87	0.40	231
山西	Shanxi	59	0.27	200
内蒙古	Inner Mongolia	49	0.23	159
辽宁	Liaoning	63	0.29	260
吉林	Jilin	47	0.22	127
黑龙江	Heilongjiang	47	0.22	92
上海	Shanghai	3973	18.37	43690
江苏	Jiangsu	1271	5.88	5969
浙江	Zhejiang	1703	7.88	11843
安徽	Anhui	227	1.05	1206
福建	Fujian	235	1.09	1813
江西	Jiangxi	249	1.15	1215
山东	Shandong	393	1.82	1286
河南	Henan	159	0.74	540
湖北	Hubei	393	1.82	1544
湖南	Hunan	268	1.24	1309
广东	Guangdong	1679	7.76	12551
广西	Guangxi	79	0.37	390
海南	Hainan	631	2.92	4549
重庆	Chongqing	158	0.73	659
四川	Sichuan	383	1.77	1651
贵州	Guizhou	63	0.29	168
云南	Yunnan	67	0.31	179
西藏	Xizang	154	0.71	1345
陕西	Shaanxi	260	1.20	1195
甘肃	Gansu	36	0.17	69
青海	Qinghai	12	0.06	39
宁夏	Ningxia	33	0.15	100
新疆	Xinjiang	83	0.38	348
深圳	Shenzhen	3400	15.72	21394
大连	Dalian	52	0.24	263
宁波	Ningbo	667	3.08	5398
厦门	Xiamen	339	1.57	2425
青岛	Qingdao	375	1.73	2484

注：私募基金管理人按照公司注册地所在辖区统计。
数据来源：中国证券投资基金业协会
Source:AMAC

4-7 续表 continued

辖区	Jurisdiction	管理人数量全国占比(%) Number of Private Investment Funds National Proportion(%)	管理基金规模(亿元) Managed Fund Size (100 million yuan)	管理基金规模全国占比(%) Managed Fund Size National Proportion(%)
北京	Beijing	15.79	46446.97	22.86
天津	Tianjin	1.42	6647.61	3.27
河北	Hebei	0.15	952.45	0.47
山西	Shanxi	0.13	1415.95	0.70
内蒙古	Inner Mongolia	0.10	359.80	0.18
辽宁	Liaoning	0.17	1671.58	0.82
吉林	Jilin	0.08	322.98	0.16
黑龙江	Heilongjiang	0.06	142.20	0.07
上海	Shanghai	28.55	50594.71	24.90
江苏	Jiangsu	3.90	11338.41	5.58
浙江	Zhejiang	7.74	9883.42	4.86
安徽	Anhui	0.79	3303.14	1.63
福建	Fujian	1.18	1488.27	0.73
江西	Jiangxi	0.79	1383.88	0.68
山东	Shandong	0.84	2459.37	1.21
河南	Henan	0.35	1034.29	0.51
湖北	Hubei	1.01	1775.29	0.87
湖南	Hunan	0.86	1386.83	0.68
广东	Guangdong	8.20	12698.70	6.25
广西	Guangxi	0.25	1414.57	0.70
海南	Hainan	2.97	2815.64	1.39
重庆	Chongqing	0.43	1748.35	0.86
四川	Sichuan	1.08	2658.79	1.31
贵州	Guizhou	0.11	105.19	0.05
云南	Yunnan	0.12	1042.23	0.51
西藏	Xizang	0.88	2930.69	1.44
陕西	Shaanxi	0.78	1220.45	0.60
甘肃	Gansu	0.05	139.36	0.07
青海	Qinghai	0.03	129.89	0.06
宁夏	Ningxia	0.07	198.79	0.10
新疆	Xinjiang	0.23	1184.74	0.58
深圳	Shenzhen	13.98	20999.63	10.34
大连	Dalian	0.17	90.77	0.04
宁波	Ningbo	3.53	7348.01	3.62
厦门	Xiamen	1.58	1912.08	0.94
青岛	Qingdao	1.62	1910.94	0.94

4-8 2023年私募基金在投企业按注册地在监管辖区分布概况

Regulatory Jurisdiction Distribution of Private Fund Investing Enterprises in 2023

辖区	Jurisdiction	在投企业数量(家) Number of Investing Enterprises(unit)	在投项目数量(个) Number of Investing Project(unit)	在投本金(亿元) Number of Investing Capital(100 million yuan)
北京	Beijing	10007	24506	12150.05
天津	Tianjin	983	2124	1782.84
河北	Hebei	622	1229	1396.48
山西	Shanxi	350	475	692.67
内蒙古	Inner Mongolia	315	446	1401.76
辽宁	Liaoning	311	685	478.51
吉林	Jilin	384	696	563.45
黑龙江	Heilongjiang	260	462	386.21
上海	Shanghai	7570	19535	10610.58
江苏	Jiangsu	6970	20681	8866.09
浙江	Zhejiang	4924	12753	6014.49
安徽	Anhui	1843	4089	2686.40
福建	Fujian	632	1400	1153.08
江西	Jiangxi	642	1167	1397.06
山东	Shandong	1766	3482	2827.00
河南	Henan	1022	1757	1699.10
湖北	Hubei	1502	3448	2684.14
湖南	Hunan	1142	2506	1389.86
广东	Guangdong	3645	9594	6167.63
广西	Guangxi	432	602	1706.16
海南	Hainan	309	455	668.72
重庆	Chongqing	753	1471	1631.19
四川	Sichuan	1779	4167	2876.53
贵州	Guizhou	904	1404	2124.88
云南	Yunnan	367	618	1657.52
西藏	Xizang	117	245	322.16
陕西	Shaanxi	1254	2702	1602.85
甘肃	Gansu	171	281	477.80
青海	Qinghai	113	181	395.50
宁夏	Ningxia	121	274	241.68
新疆	Xinjiang	346	552	943.97
深圳	Shenzhen	6123	14716	6039.06
大连	Dalian	230	435	430.63
宁波	Ningbo	1065	2236	1188.33
厦门	Xiamen	737	1520	699.84
青岛	Qingdao	637	1347	895.59

注：私募基金管理人按照公司注册地所在辖区统计。
数据来源：中国证券投资基金业协会
Source:AMAC

主要统计指标解释

Explanatory Notes on Main Statistical Indicators

基金只数　指统计期内基金市场上基金产品的只数。自基金合同生效日（基金成立日）纳入统计，自基金合同终止日从统计中剔除。一般根据中国证监会代码（基金主合同）口径统计。

基金份额　指统计期末基金市场基金份额的合计。

基金资产规模　指在统计期末市场上基金产品资产的合计。

上市基金成交金额　指统计期内在交易所上市的各类基金成交金额合计。

QDII 额度　指统计期末国家外汇管理局批准合格境内机构投资者进行境外证券投资的投资额度。

封闭式基金　采用封闭式运作方式的基金，是指经核准的基金份额总额在基金合同期限内固定不变，基金份额可以在依法设立的证券交易所交易，但基金份额持有人不得申请赎回的基金。

开放式基金　采用开放式运作方式的基金，是指基金份额总额不固定，基金份额可以在基金合同约定的时间和场所申购或者赎回的基金。

交易型货币市场基金　指符合上交所上市条件并在上交所交易系统以竞价方式进行交易，以基金净值申购或者赎回的货币市场基金，基金份额总额不固定且永久存续。

私募基金只数　指统计期末已在中国证券投资基金业协会备案的正在运作私募基金产品只数。

私募基金管理人家数　指统计期末在中国证券投资基金业协会登记的未注销从事私募基金管理人数量。

私募基金管理规模　指统计期末正在运作的私募基金净资产规模。

在投企业数量　指统计期末已在中国证券投资基金业协会备案的正在运作私募基金产品投资未退出的企业家数。

在投企项目数量　指统计期末已在中国证券投资基金业协会备案的正在运作私募基金产品投资未退出的项目数量。

在投本金金额　指统计期末已在中国证券投资基金业协会备案的正在运作私募基金产品投资项目未退出的本金金额。

贰 零 贰 肆

五. 期 货

Futures

贰 零 贰 肆

2023年期货市场综述

2023年，期货市场总体运行平稳，法治建设有序推进，期货期权品种不断丰富，产业客户参与度持续提升，价格发现、风险管理功能不断增强，在服务实体经济方面成效明显。

一、市场规模稳中有升

2023年，全国期货市场（含期权）的总成交量、总成交金额、日均持仓量分别为85.0亿手、568.5万亿元和4555.0万手，同比分别增长25.6%、6.3%和34.1%。其中，商品期货（含期权）累计成交量83.3亿手，同比增加25.9%，全市场占比98.0%；成交金额435.3万亿元，同比增加8.3%，全市场占比76.6%。金融期货（含期权）累计成交量1.7亿手，同比增加10.9%，全市场占比2.0%；成交金额133.2万亿元，同比增加0.1%，全市场占比23.4%[1]。全年共上市30年期国债、碳酸锂等7个期货品种，乙二醇、短纤等14个期权品种，其中集运指数（欧线）期货是我国首个在商品期货交易所上市的现金交割的指数类、服务类期货品种。编制并发布2年期、5年期、10年期中国国债期货收益指数。

二、大力培育产业客户和机构投资者

统筹开展产业客户参与度评估与期货品种功能评估工作，将评估范围从34个重点品种扩大至35个。经评估，参评期货品种整体表现较好，龙头企业基本实现参与，产业客户持仓水平占现货规模比例持续上升。举办面向央企和地方国资系统的培训班4期，培训地方国资委6家次，央国企169家次，民营企业16家次，培训人员360余位。组织召开国债期货跨部委协调机制会议，持续推动商业银行参与国债期货市场。

三、完善“保险+期货”，助力乡村全面振兴

2023年，“保险+期货”连续八年写入中央一号文件。各期货交易所在全国25个省（区、市）开展413个“保险+期货”项目，涉及天然橡胶、白糖、苹果、红枣、黄大豆1号、黄大豆2号、玉米、鸡蛋、豆粕、生猪、花生、油菜、棉花等13个品种，支持资金约4.83亿元，保障现货规模约357.42万吨，承保土地面积约565.58万亩，为约47.64万农户提供价格和收入保障，为促进乡村产业发展、助力乡村全面振兴作出积极贡献。

四、加强市场监管，维护市场稳定

针对部分大宗商品价格波动加大、成交有所放大的情况，统筹各期货交易所及时采取风控措施。2023年全年，在43个品种上采取提高手续费标准、保证金水平、涨跌停板幅度以及收紧限仓水平、实施交易限额等措施共145次，保障期货市场稳定运行。加强一线监管，加大对违规行为的打击和违法违规线索的移送力度。2023年全年，各期货交易所共处理异常交易行为1563次，发现违规线索305条，自律处罚78起，移送违法案件线索9起，立案4起。

五、积极推进法规制度建设

积极稳妥推进期货市场制度规则建设。全力推进《期货和衍生品法》配套法规制度“立、改、废”。修订《期货交易所管理办法》，出台《期货市场持仓管理暂行规定》。统筹推进各期货交易所业务规则完善，全年共完成品种限仓标准调整、交割流程优化、交割质量标准修改等多项实施细则和合约修改。统

1 商品期货市场及金融期货市场数据包括期货及期权，不含沪深交易所期权产品。

筹各期货交易所做好《期货交易所管理办法》修订后的《章程》《交易规则》修订及《结算规则》制定工作。

六、持续扩大对外开放水平

期货市场对外开放取得新进展。2023 年，菜籽油期货及期权、菜籽粕期货及期权、花生期货及期权、集运指数（欧线）期货等 7 个品种作为特定品种实现对外开放。大连商品交易所与马来西亚衍生品交易所签署豆油期货交割结算价授权协议，为我国与亚洲交易所的首次合作。支持期货公司境外子公司完成增资，2 家期货公司的境外子公司完成增资 4200 万元新币和 1.8 亿元人民币，资本实力逐步提升。

5-1 期货期权交易品种名录
List of Futures & Options Products

项 目 Item	交易品种 Futures & Options Products
农产品 Agricultural Products	天然橡胶、强麦、普麦、早籼稻、晚籼稻、粳稻、棉花、油菜籽、菜籽油、菜籽粕、花生、白糖、苹果、红枣、棉纱、黄大豆1号、黄大豆2号、胶合板、玉米、玉米淀粉、纤维板、鸡蛋、生猪、豆粕、棕榈油、粳米、豆油
能源、化工及其他 Energy & Chemical Products	原油、燃料油、低硫燃料油、石油沥青、20号胶、纸浆、动力煤、甲醇、PTA、尿素、纯碱、玻璃、短纤、苯乙烯、乙二醇、焦炭、焦煤、聚乙烯、液化石油气、聚丙烯、聚氯乙烯、丁二烯橡胶、SCFIS欧线指数、对二甲苯、烧碱
金属 Metal Products	铜、铜(BC)、铝、锌、铅、镍、锡、黄金、白银、螺纹钢、线材、热轧卷板、不锈钢、硅铁、锰硅、铁矿石、氧化铝、工业硅、碳酸锂
金融 Financial Futures	沪深300股指期货(IF)、中证500股指期货(IC)、上证50股指期货(IH)、中证1000股指期货(IM)、2年期国债期货(TS)、5年期国债期货(TF)、10年期国债期货(T)、30年期国债期货(TL)、沪深300股指期权(IO)、上证50股指期权(HO)、中证1000股指期权(MO)、上证50ETF期权、沪深300ETF期权、中证500ETF期权、华夏科创50ETF期权、易方达科创50ETF期权、深证100ETF股指期权、创业板ETF期权、沪深300ETF期权、中证500股指期权

数据来源：上海期货交易所、郑州商品交易所、大连商品交易所、广州期货交易所、中国金融期货交易所、上海证券交易所、深圳证券交易所

Source：SHFE、ZCE、DCE、GFEX、SSE、SZSE、CFFEX

5-2 期货市场规模概况
Dimensions of Futures Market

年份 Year	市场资金 (亿元) Market Funds (100 million yuan)	期货账户数 (户) Number of Futures Accounts (unit)	客户数(个) Number of Futures Investors (unit)		
			个人 Individual Customers	单位 Corporate	合计 Total
2006	214.42	277390	--	--	244590
2007	395.40	447720	--	--	395533
2008	457.22	712773	595434	21001	616435
2009	1113.73	1106099	887627	28634	916261
2010	1696.31	1505530	1178225	35483	1213708
2011	1594.24	1793448	1370577	40804	1411381
2012	1904.68	896934	697442	19868	717310
2013	2069.06	977185	751665	20743	772408
2014	2923.84	993527	795210	27409	822619
2015	4138.50	1268765	1046190	29017	1075207
2016	4787.89	1385277	1150649	35771	1186420
2017	4441.88	1511380	1238117	39111	1277228
2018	4338.73	1587012	1283397	39161	1322558
2019	5561.49	1832128	1471541	45743	1517284
2020	8820.24	2276367	1804441	58833	1863274
2021	12607.04	2578973	1980147	72465	2052612
2022	15617.31	2572494	1966185	82696	2048881
2023	15062.01	2777159	2112853	93332	2206185

注：期货账户数和投资者个数2012年之前为总账户数和总投资者个数，2012年之后为有效账户数和有效投资者个数。

数据来源：中国期货市场监控中心有限责任公司

Source：CFMMC

5-3 期货会员机构数情况
Number of Futures Exchange Members

单位：家 (unit)

年份 Year	上海期货交易所 SHFE			上海国际能源交易中心 INE		
	合计 Total	期货公司会员 Members of Futures Companies	非期货公司会员 Non-Members of Futures Companies	合计 Total	期货公司会员 Members of Futures Companies	非期货公司会员 Non-Members of Futures Companies
1999	206	153	53	--	--	--
2000	216	165	51	--	--	--
2001	225	171	54	--	--	--
2002	215	178	37	--	--	--
2003	219	185	34	--	--	--
2004	224	184	40	--	--	--
2005	215	175	40	--	--	--
2006	209	172	37	--	--	--
2007	213	172	41	--	--	--
2008	207	167	40	--	--	--
2009	210	167	43	--	--	--
2010	209	164	45	--	--	--
2011	208	163	45	--	--	--
2012	208	161	47	--	--	--
2013	206	157	49	--	--	--
2014	203	151	52	--	--	--
2015	201	150	51	--	--	--
2016	199	149	50	--	--	--
2017	196	149	47	--	--	--
2018	197	149	48	155	149	6
2019	198	149	49	157	149	8
2020	196	149	47	158	149	9
2021	201	150	51	161	150	11
2022	202	150	52	161	150	11
2023	201	150	51	161	150	11

注：交易所合计会员数量中存在冻结会员账户。
数据来源：上海期货交易所、郑州商品交易所、大连商品交易所、中国金融期货交易所、广州期货交易所、上海国际能源交易中心
Source：SHFE、ZCE、DCE、CFFEX、GFEX、INE

5-3　续表 1　continued

单位：家　(unit)

年份 Year	郑州商品交易所 ZCE 合计 Total	郑州商品交易所 ZCE 期货公司会员 Members of Futures Companies	郑州商品交易所 ZCE 非期货公司会员 Non-Members of Futures Companies	大连商品交易所 DCE 合计 Total	大连商品交易所 DCE 期货公司会员 Members of Futures Companies	大连商品交易所 DCE 非期货公司会员 Non-Members of Futures Companies
1999	--	--	--	--	--	--
2000	--	--	--	164	150	14
2001	208	159	49	185	170	15
2002	212	166	46	195	180	15
2003	218	176	42	199	186	13
2004	219	185	44	199	186	13
2005	222	179	43	196	181	15
2006	226	180	46	196	180	16
2007	226	183	43	193	177	16
2008	215	172	43	193	175	18
2009	215	173	42	189	173	16
2010	215	173	42	189	173	16
2011	213	171	42	187	172	15
2012	209	167	42	178	163	15
2013	205	163	42	175	160	15
2014	198	157	41	170	155	15
2015	196	155	41	168	152	16
2016	196	149	47	166	151	15
2017	164	149	15	165	150	15
2018	164	149	15	165	150	15
2019	164	149	15	163	149	14
2020	164	149	15	160	149	11
2021	164	150	14	161	150	11
2022	164	150	14	160	150	10
2023	164	150	14	160	150	10

5-3 续表 2 continued

单位：家

年份 Year	广州期货交易所 GFEX 合计 Total	期货公司会员 Members of Futures Companies	非期货公司会员 Non-Members of Futures Companies
1999	--	--	--
2000	--	--	--
2001	--	--	--
2002	--	--	--
2003	--	--	--
2004	--	--	--
2005	--	--	--
2006	--	--	--
2007	--	--	--
2008	--	--	--
2009	--	--	--
2010	--	--	--
2011	--	--	--
2012	--	--	--
2013	--	--	--
2014	--	--	--
2015	--	--	--
2016	--	--	--
2017	--	--	--
2018	--	--	--
2019	--	--	--
2020	--	--	--
2021	--	--	--
2022	142	142	0
2023	143	143	0

5-3 续表 3 continued

单位：家 (unit)

年份 Year	中国金融期货交易所 CFFEX					
	合计 Total	期货公司会员 Members of Futures Companies				非期货公司会员 Non-Members of Futures Companies
		合计 Total	全面结算会员 Full Clearing Members	交易结算会员 Limited Clearing Members	交易会员 Trading Members	
1999	--	--	--	--	--	--
2000	--	--	--	--	--	--
2001	--	--	--	--	--	--
2002	--	--	--	--	--	--
2003	--	--	--	--	--	--
2004	--	--	--	--	--	--
2005	--	--	--	--	--	--
2006	--	--	--	--	--	--
2007	--	--	--	--	--	--
2008	--	--	--	--	--	--
2009	--	--	--	--	--	--
2010	133	133	15	61	57	0
2011	146	146	15	61	70	0
2012	146	146	15	61	70	0
2013	150	150	15	68	67	0
2014	146	146	24	76	46	0
2015	146	146	25	78	43	0
2016	147	147	26	83	38	0
2017	147	147	26	88	33	0
2018	147	147	26	88	33	0
2019	147	147	27	89	31	0
2020	152	147	27	92	28	5
2021	153	148	27	95	26	5
2022	153	148	27	95	26	5
2023	154	149	27	98	24	5

5–4 期货交易概况

Overview of Futures Transaction

年份 Year	成交金额(亿元) Trading Turnover (100 million yuan)			成交量(万手) Trading Volume (10 thousand lots)			持仓金额(亿元) Value of Positions (100 million yuan)		
	合计 Total	商品期货 Commodity Futures	金融期货 Financial Futures	合计 Total	商品期货 Commodity Futures	金融期货 Financial Futures	合计 Total	商品期货 Commodity Futures	金融期货 Financial Futures
2000	8041.14	8041.14	--	2730.54	2730.54	--	145.57	145.57	--
2001	15071.76	15071.76	--	6022.54	6022.54	--	175.75	175.75	--
2002	19745.30	19745.30	--	6971.50	6971.50	--	277.43	277.43	--
2003	54194.67	54194.67	--	13993.32	13993.32	--	423.66	423.66	--
2004	73465.27	73465.27	--	15283.27	15283.27	--	388.77	388.77	--
2005	67224.19	67224.19	--	16142.38	16142.38	--	350.71	350.71	--
2006	105023.16	105023.16	--	22473.70	22473.70	--	564.05	564.05	--
2007	204861.23	204861.23	--	36421.34	36421.34	--	990.31	990.31	--
2008	359570.98	359570.98	--	68194.36	68194.36	--	740.90	740.90	--
2009	652553.80	652553.80	--	107871.49	107871.49	--	2775.49	2775.49	--
2010	1545582.31	1134883.54	410698.77	156676.46	152089.14	4587.33	3095.90	2812.04	283.86
2011	1375134.23	937475.68	437658.55	105408.87	100367.68	5041.19	2972.73	2629.90	342.83
2012	1711231.31	952824.54	758406.78	145046.24	134540.06	10506.18	4122.62	3279.94	842.68
2013	2674739.52	1264673.31	1410066.21	206177.33	186822.39	19354.93	6744.94	5867.87	877.07
2014	2919882.26	1279712.53	1640169.73	250585.57	228827.45	21758.11	6900.25	4356.81	2543.44
2015	5542311.75	1364707.05	4177604.71	357791.06	323704.12	34086.93	6200.88	4828.81	1372.07
2016	1956316.08	1774124.99	182191.10	413776.83	411943.25	1833.59	7605.86	5845.66	1760.20
2017	1878925.88	1633003.86	245922.02	307102.17	304642.57	2459.59	8940.47	6922.67	2017.79
2018	2107973.78	1846750.81	261222.97	301055.65	298334.65	2721.01	8375.21	6096.13	2279.08
2019	2905739.14	2209542.00	696197.14	392135.56	385507.22	6628.34	15289.05	10008.54	5280.52
2020	4372770.66	3219785.23	1152985.43	602691.01	592837.15	9853.86	21390.93	12280.39	9110.55
2021	5806874.44	4627708.97	1179165.47	726880.86	717701.69	9179.16	26819.89	15126.27	11693.62
2022	5343025.26	4015307.08	1327718.18	634241.92	622910.89	11331.02	30070.78	18105.46	11965.32
2023	5675693.72	4346686.27	1329007.45	737871.19	726298.42	11572.77	34552.54	19347.09	15205.45

注：1.表中数据均按单边口径统计。
2.交割金额、交割量中包含期转现。
3.上海期货交易所数据包含上海国际能源交易中心。

数据来源：上海期货交易所、郑州商品交易所、大连商品交易所、中国金融期货交易所、广州期货交易所

Source: SHFE、ZCE、DCE、CFFEX、GFEX

5-4 续表 continued

年份 Year	持仓量(万手) Positions (10 thousand lots)			交割金额(亿元) Delivery Amount (100 million yuan)			交割量(万手) Delivery Quantity (10 thousand lots)		
	合计 Total	商品期货 Commodity Futures	金融期货 Financial Futures	合计 Total	商品期货 Commodity Futures	金融期货 Financial Futures	合计 Total	商品期货 Commodity Futures	金融期货 Financial Futures
2000	111.67	111.67	--	65.16	65.16	--	8.40	8.40	--
2001	134.47	134.47	--	59.63	59.63	--	16.34	16.34	--
2002	101.58	101.58	--	100.99	100.99	--	23.32	23.32	--
2003	91.88	91.88	--	130.94	130.94	--	32.10	32.10	--
2004	106.95	106.95	--	183.21	183.21	--	32.70	32.70	--
2005	160.05	160.05	--	213.37	213.37	--	30.71	30.71	--
2006	345.31	345.31	--	225.47	225.47	--	30.66	30.66	--
2007	355.20	355.20	--	283.73	283.73	--	42.76	42.76	--
2008	162.55	162.55	--	339.26	339.26	--	54.94	54.94	--
2009	649.34	649.34	--	284.72	284.72	--	50.34	50.34	--
2010	580.63	577.65	2.98	586.49	516.89	69.60	74.04	73.25	0.80
2011	603.38	598.54	4.84	632.50	490.15	142.35	66.58	64.93	1.65
2012	757.68	746.64	11.04	695.48	528.04	167.44	61.30	58.96	2.34
2013	736.98	724.66	12.32	749.90	465.25	284.65	60.68	56.79	3.89
2014	909.94	886.24	23.70	712.29	451.58	260.70	67.19	63.50	3.69
2015	1178.32	1165.36	12.96	1426.65	641.76	784.89	122.14	115.36	6.78
2016	1190.48	1172.54	17.94	1478.12	783.34	694.78	136.23	129.19	7.04
2017	1194.06	1174.54	19.51	1528.47	881.94	646.53	130.69	124.51	6.18
2018	1168.73	1142.87	25.87	1767.47	1018.52	748.95	144.22	136.52	7.70
2019	1914.23	1866.18	48.04	2641.41	1055.55	1585.86	163.82	148.44	15.39
2020	2287.01	2215.85	71.16	3849.49	1515.04	2334.44	244.31	224.90	19.41
2021	2603.82	2513.90	89.92	5369.49	1646.19	3723.30	267.06	239.35	27.71
2022	3276.47	3170.83	105.64	5785.90	1589.14	4196.76	239.52	204.00	35.53
2023	3354.93	3214.32	140.62	7299.68	1785.22	5514.46	289.56	240.18	49.38

5-5 期货品种交易情况

交易所 Exchange	交易品种	Product	成交金额(亿元) Trading Turnover (100 million yuan)		成交量(万手) Trading Volume (10 thousand lots)	
			2022	2023	2022	2023
上海期货交易所 SHFE	铜	Copper	152554.84	131585.78	4649.66	3881.63
	铝	Aluminum	100325.45	71026.36	9997.51	7654.02
	氧化铝	Aluminum Oxide	--	8198.61	--	1367.98
	锌	Zinc	84663.96	58296.48	6833.04	5485.77
	铅	Lead	15359.54	15913.04	2005.78	2002.94
	黄金	Gold	153481.54	238462.15	3901.68	5273.10
	白银	Silver	135170.70	200405.77	18877.15	23927.78
	螺纹钢	Steel Rebar	220800.22	194352.47	52517.82	50203.95
	线材	Steel Wire Rod	7.88	16.69	1.62	3.89
	热轧卷板	Hot Rolled Coils	61811.81	59893.11	14206.11	15152.12
	燃料油	Fuel Oil	68633.99	78786.50	21045.51	25288.41
	石油沥青	Bitumen	63751.71	39825.25	16257.83	10699.01
	天然橡胶	Natural Rubber	104382.94	113225.27	7963.94	8676.92
	丁二烯橡胶	Butadiene Rubber	--	7502.99	--	1155.10
	锡	Tin	66911.28	83578.35	2970.83	3944.42
	镍	Nickel	96996.98	106292.54	5208.89	6541.52
	纸浆	Woodpulp	55101.05	71545.98	8115.84	12580.48
	原油	Crude Oil	349099.89	287819.40	5358.08	4954.55
	20号胶	TSR 20	14365.44	19811.26	1359.17	1945.63
	不锈钢	Stainless Steel	31848.11	32414.31	3609.98	4317.86
	低硫燃料油	Low Sulfur Fuel Oil	19973.45	21426.06	4084.16	5161.17
	铜(BC)	Copper (BC)	16370.11	17499.85	555.13	579.90
	SCFIS欧线指数	SCFIS Europe Index	--	11676.08	--	2557.65
	合计	Total	1811610.89	1869554.32	189519.73	203355.76
郑州商品交易所 ZCE	强麦	Strong Gluten Wheat	32.75	0.19	4.70	0.03
	普麦	Wheat	0.70	0.00	0.05	0.00
	棉花	Cotton	101559.65	131223.46	12830.43	16541.13
	白糖	Sugar	52544.45	125494.89	9135.92	18862.46
	菜籽油(OI)	Rapeseed Oil	110103.82	163760.66	9444.73	18566.35
	早籼稻(RI)	Early Indica Rice	0.24	0.00	0.04	0.00
	甲醇(MA)	Methanol	105637.92	95743.02	39554.85	39930.92
	玻璃	Glass	75599.75	120465.50	22450.41	36203.11
	油菜籽	Rapeseed	4.44	4.26	0.69	0.71
	菜籽粕	Rapeseed Meal	46214.60	72356.42	14487.87	23059.31
	动力煤ZC	Thermal Coal	373.58	0.00	47.95	0.00
	粳稻	Japonica Rice	0.58	0.00	0.10	0.00
	晚籼稻(LR)	Late Indica Rice	0.34	0.00	0.06	0.00
	PTA	PTA	155333.39	150103.56	53582.55	52081.16
	硅铁	Ferrosilicon	30053.10	25280.83	6889.93	6868.64
	锰硅	Manganese Silicon	17192.64	20471.00	4414.11	5923.33
	棉纱	Cotton Yarn	976.92	1067.77	84.01	96.37
	苹果	Apple	41556.47	26780.66	4753.86	3079.15

注：1.表中数据均按单边口径统计。
2.交割金额、交割量中包含期转现。
3.上海期货交易所数据包含上海国际能源交易中心。

数据来源：上海期货交易所、郑州商品交易所、大连商品交易所、中国金融期货交易所、广州期货交易所
Source: SHFE、ZCE、DCE、CFFEX、GFEX

Statistics for Futures Transaction by Futures Products

持仓金额(亿元) Value of Positions (100 million yuan)		持仓量(万手) Positions (10 thousand lots)		交割金额(亿元) Delivery Amount (100 million yuan)		交割量(万手) Delivery Quantity (10 thousand lots)	
2022	2023	2022	2023	2022	2023	2022	2023
1311.96	1342.61	39.71	38.94	184.70	195.79	5.38	5.73
321.67	493.66	34.45	50.73	113.45	69.36	11.22	7.47
--	81.10	--	12.17	--	3.05	--	0.53
196.32	183.52	16.57	17.08	86.67	38.30	6.86	3.48
116.55	70.92	14.63	8.95	50.43	61.35	6.65	7.72
1079.17	1784.81	26.31	37.00	20.37	24.38	0.51	0.54
775.18	811.54	96.26	89.85	97.89	103.50	13.32	12.47
1125.95	988.17	275.92	247.59	8.99	16.58	2.16	4.23
0.01	0.02	0.00	0.00	0.00	0.07	0.00	0.02
439.94	515.61	106.45	125.48	28.83	37.37	6.42	9.25
119.85	164.33	43.95	55.44	2.49	12.89	0.83	4.20
280.52	204.90	73.28	55.59	17.62	9.27	4.20	2.44
391.09	321.23	30.80	22.78	18.23	41.12	1.46	3.27
--	34.77	--	5.47	--	0.00	--	0.00
193.27	124.09	9.23	5.86	45.69	51.19	1.81	2.41
319.60	306.46	14.02	23.94	37.56	43.59	1.89	2.66
155.37	177.61	22.92	31.24	44.01	61.36	6.21	10.75
314.84	348.88	5.65	6.30	157.91	234.51	2.41	4.06
83.57	108.94	8.71	9.76	16.85	16.42	1.58	1.67
95.29	150.87	11.37	21.86	41.24	57.54	4.44	7.39
39.00	60.81	9.68	14.77	13.00	5.99	2.78	1.42
68.03	114.17	2.31	3.71	63.43	65.94	2.09	2.18
--	79.73	--	10.89	--	0.00	--	0.00
7427.16	8468.73	842.22	895.41	1049.35	1149.57	82.22	93.90
0.03	0.00	0.00	0.00	0.00	0.00	0.00	0.00
0.00	0.00	0.00	0.00	0.00	0.00	0.00	0.00
818.80	830.90	115.12	106.87	46.21	78.25	4.86	9.93
518.12	480.44	89.51	75.81	23.50	38.69	4.11	6.06
347.34	426.85	32.17	52.82	30.31	12.06	2.51	1.30
0.00	0.00	0.00	0.00	0.00	0.00	0.00	0.00
495.96	357.28	190.57	146.36	5.35	7.76	2.01	3.19
361.77	458.90	109.85	121.56	2.07	3.89	0.59	1.08
0.00	0.00	0.00	0.00	0.00	0.00	0.00	0.00
229.29	319.16	72.50	111.11	3.23	3.44	0.90	0.93
0.00	0.00	0.00	0.00	0.22	0.00	0.02	0.00
0.00	0.00	0.00	0.00	0.00	0.00	0.00	0.00
0.00	0.00	0.00	0.00	0.00	0.00	0.00	0.00
857.84	664.19	311.60	224.56	59.63	110.53	19.83	38.34
166.21	173.45	39.59	51.40	13.01	32.33	3.00	8.81
132.98	159.25	34.58	49.59	25.37	17.48	6.44	5.04
3.58	4.39	0.33	0.42	2.53	1.36	0.20	0.13
211.20	92.53	26.49	11.26	1.31	2.21	0.15	0.25

5-5 续表

交易所 Exchange	交易品种	Product	成交金额(亿元) Trading Turnover (100 million yuan) 2022	2023	成交量(万手) Trading Volume (10 thousand lots) 2022	2023
郑州商品交易所 ZCE	尿素	Urea	13607.23	58713.74	2711.36	13787.73
	纯碱	Soda Ash	173977.81	225629.38	33071.28	55620.64
	红枣	Chinese Jujube	2730.18	7863.30	458.10	1255.65
	花生	Peanut Kernel	15418.17	17925.18	3161.61	3610.04
	短纤	Polyester Staple Fiber	24822.07	25810.14	6650.02	7062.47
	对二甲苯	Paraxylene	--	2350.85	--	544.08
	烧碱	Caustic Soda	--	11245.47	--	1363.33
	合计 Total	Total	967740.80	1282290.28	223734.63	304456.61
大连商品交易所 DCE	豆一	No.1 Soybean	20616.62	21489.63	3485.83	4217.53
	豆二	No.2 Soybean	8366.13	12687.47	1648.22	2817.79
	胶合板	Blockboard	0.08	0.00	0.00	0.00
	玉米	Corn	38054.83	43043.25	13435.75	16262.70
	玉米淀粉	Corn Starch	14576.05	16230.89	4619.76	5475.83
	苯乙烯	Ethenylbenzene	35466.00	50814.65	7940.71	12215.33
	乙二醇	Ethylene Glycol	53794.01	39267.49	11739.82	9388.56
	纤维板	Fiberboard	63.99	55.22	48.13	43.52
	铁矿石	Iron Ore	167114.33	164306.66	22112.08	19895.75
	焦炭	Coke	28159.24	22505.80	925.75	930.74
	鸡蛋	Egg	10960.96	13622.85	2507.03	3225.10
	焦煤	Coking Coal	20803.14	34359.78	1507.75	3445.29
	聚乙烯	LLDPE	57393.83	41425.82	13647.41	10236.03
	生猪	Live Hog	24529.57	33977.09	827.93	1342.92
	豆粕	Soybean Meal	127865.57	134384.35	32509.45	35453.08
	棕榈油	RBD Palm Oil	225174.21	159106.43	24158.28	21492.65
	液化石油气	Liquefied Petroleum Gas	48317.86	49930.14	4449.14	5266.90
	聚丙烯	PP	70691.06	50376.38	17114.66	13431.33
	粳米	Polished Round-grained Rice	833.58	1316.33	244.28	376.24
	聚氯乙烯	PVC	102432.92	82100.88	28366.13	26891.88
	豆油	Soybean Oil	180583.83	163033.26	18350.64	20394.03
	合计	Total	1235797.80	1134034.38	209638.75	212803.23
广州期货交易所 GFEX	工业硅	Silicon Metal	157.60	15511.15	17.78	2157.66
	碳酸锂	Lithium Carbonate	--	45296.12	--	3525.15
	合计	Total	157.60	60807.27	17.78	5682.81
中国金融期货交易所 CFFEX	2年期国债期货	2-Year Treasury Bond Futures	144760.83	190546.39	716.15	942.73
	5年期国债期货	5-Year Treasury Bond Futures	118397.77	142267.11	1166.56	1399.29
	10年期国债期货	10-Year Treasury Bond Futures	201006.65	193000.79	1998.94	1903.05
	30年期国债期货	30-Year Treasury Bond Futures	--	31951.96	--	322.31
	沪深300股指期货	CSI 300 Index Futures	331438.21	263106.56	2674.94	2290.22
	上证50股指期货	SSE 50 Index Futures	128870.18	116058.40	1540.77	1506.46
	中证500股指期货	CSI 500 Index Futures	322888.74	202975.09	2622.11	1717.18
	中证1000股指期货	CSI 1000 Index Futures	80355.80	189101.15	611.55	1491.53
	合计	Total	1327718.18	1329007.45	11331.02	11572.77
全国期货市场 Forward Market	合计	Total	5343025.27	5675693.71	634241.92	737871.18

continued

持仓金额(亿元) Value of Positions (100 million yuan)		持仓量(万手) Positions (10 thousand lots)		交割金额(亿元) Delivery Amount (100 million yuan)		交割量(万手) Delivery Quantity (10 thousand lots)	
2022	2023	2022	2023	2022	2023	2022	2023
129.08	111.69	25.24	26.71	4.11	4.27	0.77	0.86
574.91	263.25	106.66	64.13	19.46	12.28	3.55	2.32
25.64	82.37	5.03	10.80	8.91	7.97	1.57	1.41
62.03	96.89	12.36	22.37	3.45	5.38	0.79	1.14
247.01	170.88	68.51	46.32	6.24	7.98	1.67	2.16
--	43.58	--	10.16	--	0.00	--	0.00
--	55.19	--	6.47	--	0.00	--	0.00
5181.79	4791.19	1240.11	1138.72	254.91	345.88	52.97	82.95
136.23	109.75	25.80	22.03	18.01	16.30	3.01	3.16
24.60	45.94	4.96	10.68	1.40	7.73	0.27	1.68
0.00	0.00	0.00	0.00	0.00	0.00	0.00	0.00
428.54	348.49	151.74	144.07	95.43	36.97	34.36	13.72
76.13	85.26	25.56	29.91	21.08	10.27	6.75	3.50
113.65	249.76	27.61	59.31	7.65	15.04	1.62	3.60
209.62	259.52	51.06	58.60	19.78	19.10	4.39	4.70
0.24	0.07	0.19	0.06	0.13	0.09	0.10	0.08
1041.12	903.12	131.33	92.71	22.84	25.24	2.96	2.83
84.70	88.99	3.12	3.59	4.60	3.73	0.16	0.14
80.54	81.59	18.97	22.06	0.60	0.75	0.13	0.16
86.46	165.43	7.74	14.63	6.79	4.04	0.46	0.37
271.65	232.30	67.27	56.18	5.15	7.02	1.22	1.72
199.14	463.33	7.18	19.97	1.49	0.51	0.06	0.02
770.61	885.20	201.76	261.22	9.87	22.72	2.19	5.50
553.05	389.33	68.78	54.52	16.37	14.07	1.53	1.83
122.77	129.60	14.06	13.53	15.02	18.64	1.41	2.06
306.29	263.37	79.19	69.62	5.86	4.05	1.41	1.06
8.42	24.29	2.48	6.87	0.31	2.16	0.09	0.62
419.59	341.03	135.14	116.09	22.26	29.72	5.69	9.95
554.42	653.40	63.55	86.27	10.23	12.19	1.00	1.48
5487.77	5719.75	1087.52	1141.91	284.87	250.33	68.81	58.18
8.62	76.53	0.96	10.75	0.00	39.46	0.00	5.16
--	290.87	--	27.56	--	0.00	--	0.00
8.62	367.41	0.96	38.31	0.00	39.46	0.00	5.16
888.15	1449.56	4.40	7.15	127.64	290.70	0.63	1.44
943.84	1215.54	9.35	11.85	63.10	76.64	0.61	0.75
1632.52	2108.70	16.29	20.50	92.07	160.45	0.93	1.60
–	493.24	--	4.85	--	27.23	--	0.25
2304.22	2829.80	19.72	27.35	1564.25	1754.52	12.54	15.49
946.33	1023.05	11.88	14.62	559.95	731.54	6.66	9.59
3610.22	3150.81	30.83	29.14	1445.09	1271.83	11.57	10.80
1640.04	2934.76	13.17	25.15	344.66	1201.54	2.58	9.46
11965.32	15205.45	105.64	140.62	4196.76	5514.46	35.53	49.38
30070.67	34552.53	3276.45	3354.96	5785.90	7299.70	239.52	289.57

5-6 按监管辖区划分的商品期货交易情况
Statistics for Futures Transaction by Regulatory Jurisdiction

辖区	Jurisdiction	成交金额(亿元) Trading Turnover (100 million yuan)		成交量(万手) Trading Volume (10 thousand lots)		持仓金额(亿元) Value of Positions (100 million yuan)	
		2022	2023	2022	2023	2022	2023
北京	Beijing	775548.01	854874.64	124263.11	149233.59	4724.20	4941.98
天津	Tianjin	87805.30	88548.74	14833.61	16286.19	642.84	594.92
河北	Hebei	5406.41	3482.60	948.44	636.75	8.32	9.49
山西	Shanxi	23556.61	23553.90	3885.76	4036.74	71.01	80.07
内蒙古	Inner Mongolia	0.00	0.00	0.00	0.00	0.00	0.00
辽宁	Liaoning	0.20	0.64	0.02	0.06	0.00	0.13
吉林	Jilin	12020.47	13608.18	2043.51	2467.63	27.75	43.41
黑龙江	Heilongjiang	3252.36	1666.44	564.49	318.79	2.73	4.51
上海	Shanghai	3523977.01	3762314.45	560754.31	634190.04	12206.79	13182.64
江苏	Jiangsu	221730.52	225045.51	36076.63	40046.15	930.49	1095.95
浙江	Zhejiang	513014.14	543346.42	80460.21	94325.58	4419.54	4388.03
安徽	Anhui	280253.97	285288.46	47300.27	51475.40	647.58	660.68
福建	Fujian	96320.87	96435.56	14682.16	16289.06	493.24	535.46
江西	Jiangxi	12322.65	11778.09	1977.31	2033.84	80.47	42.03
山东	Shandong	198173.06	174396.08	24488.72	24875.40	938.21	721.24
河南	Henan	36616.48	40612.18	6165.46	7236.75	200.78	168.30
湖北	Hubei	68645.33	63800.04	11094.00	10919.77	287.18	270.86
湖南	Hunan	45402.66	42469.29	6852.02	6654.13	177.43	196.83
广东	Guangdong	616649.32	704483.83	73534.47	101957.15	2329.33	2910.71
广西	Guangxi	0.00	0.00	0.00	0.00	0.00	0.00
海南	Hainan	17907.96	17458.32	2871.80	3112.60	116.12	81.00
重庆	Chongqing	138632.35	170233.96	22655.42	29651.79	675.04	890.28
四川	Sichuan	144166.44	164217.63	25889.90	29772.78	271.66	288.31
贵州	Guizhou	0.00	0.00	0.00	0.00	0.00	0.00
云南	Yunnan	9636.96	10514.38	1331.70	1453.37	62.65	119.74
西藏	Tibet	0.00	0.00	0.00	0.00	0.00	0.00
陕西	Shaanxi	53036.82	57127.16	8591.05	9079.38	203.85	221.26
甘肃	Gansu	5111.75	4702.71	580.70	569.84	52.92	56.54
青海	Qinghai	2395.76	2630.55	368.42	516.71	128.22	37.53
宁夏	Ningxia	0.00	0.00	0.00	0.00	0.00	0.00
新疆	Xinjiang	8341.08	10153.64	1210.31	1625.06	52.25	57.82
深圳	Shenzhen	1005180.68	1179956.52	153035.04	191158.57	5468.26	6063.12
大连	Dalian	0.00	0.00	0.00	0.00	0.00	0.00
宁波	Ningbo	18475.70	18722.59	2345.16	2746.10	196.61	191.79
厦门	Xiamen	105754.27	118959.75	16838.35	19439.71	785.91	824.72
青岛	Qingdao	991.58	2892.33	174.31	479.19	8.67	12.47
香港	Hong Kong	283.50	97.21	4.97	8.68	0.53	2.34
其他	Others	3.91	0.73	0.25	0.05	0.13	0.00
合计	Total	8030614.13	8693372.53	1245821.85	1452596.84	36210.72	38694.17

注：1.成交金额、成交量、持仓金额、持仓量按双边口径统计。交割金额、交割量为买交割与卖交割之和。交割金额、交割量中包含期转现。
2.上海期货交易所数据包含上海国际能源交易中心。
3.期货公司按总部注册地所属的监管辖区划分。

数据来源：上海期货交易所、郑州商品交易所、大连商品交易所、广州期货交易所
Source：SHFE、ZCE、DCE、CFFEX、GFEX

5-6 续表 continued

辖区	Jurisdiction	持仓量(万手) Positions (10 thousand lots)		交割金额(亿元) Delivery Amount (100 million yuan)		交割量(万手) Delivery Quantity (10 thousand lots)	
		2022	2023	2022	2023	2022	2023
北京	Beijing	818.74	808.25	488.97	559.49	64.18	71.97
天津	Tianjin	103.99	104.01	107.64	126.81	12.88	15.08
河北	Hebei	1.62	1.82	0.03	0.67	0.01	0.14
山西	Shanxi	14.54	10.11	0.76	0.50	0.04	0.04
内蒙古	Inner Mongolia	0.00	0.00	0.00	0.00	0.00	0.00
辽宁	Liaoning	0.00	0.01	0.00	0.00	0.00	0.00
吉林	Jilin	5.20	8.33	0.13	0.03	0.01	0.00
黑龙江	Heilongjiang	0.48	0.70	0.00	0.00	0.00	0.00
上海	Shanghai	2109.11	2183.15	991.88	1298.68	125.29	170.03
江苏	Jiangsu	174.77	193.01	68.99	82.01	12.38	16.03
浙江	Zhejiang	800.66	714.08	384.36	399.46	58.88	62.96
安徽	Anhui	134.07	132.67	28.65	18.00	7.19	3.25
福建	Fujian	95.46	84.98	14.38	34.20	3.10	5.99
江西	Jiangxi	15.95	6.84	0.07	0.03	0.00	0.01
山东	Shandong	163.37	123.04	55.77	49.08	8.24	7.19
河南	Henan	36.00	29.94	18.67	23.14	3.52	4.34
湖北	Hubei	48.69	46.79	10.80	10.22	1.29	1.71
湖南	Hunan	30.95	29.90	45.87	46.01	6.14	8.08
广东	Guangdong	410.83	514.31	109.10	131.40	16.88	21.04
广西	Guangxi	0.00	0.00	0.00	0.00	0.00	0.00
海南	Hainan	22.73	13.90	0.87	3.09	0.11	0.40
重庆	Chongqing	125.06	160.05	34.48	38.26	3.78	6.03
四川	Sichuan	60.98	55.09	2.40	3.74	0.47	0.48
贵州	Guizhou	0.00	0.00	0.00	0.00	0.00	0.00
云南	Yunnan	7.96	10.09	55.79	44.29	5.44	2.79
西藏	Tibet	0.00	0.00	0.00	0.00	0.00	0.00
陕西	Shaanxi	32.93	34.79	12.82	13.69	1.29	1.16
甘肃	Gansu	3.21	3.40	62.26	62.25	4.32	4.64
青海	Qinghai	20.98	7.65	0.00	0.00	0.00	0.00
宁夏	Ningxia	0.00	0.00	0.00	0.00	0.00	0.00
新疆	Xinjiang	7.65	8.14	1.07	4.30	0.11	0.50
深圳	Shenzhen	930.09	969.82	487.93	464.52	42.84	48.83
大连	Dalian	0.00	0.00	0.00	0.00	0.00	0.00
宁波	Ningbo	22.51	25.73	61.83	47.69	7.46	5.69
厦门	Xiamen	141.26	145.74	131.74	108.58	22.01	21.94
青岛	Qingdao	1.83	2.20	0.53	0.33	0.16	0.02
香港	Hong Kong	0.01	0.07	0.51	0.00	0.02	0.00
其他	Others	0.01	0.00	0.00	0.00	0.00	0.00
合计	Total	6341.65	6428.63	3178.29	3570.44	408.03	480.35

5-7　2023年期货市场主力合约情况

上市交易所 Listed Exchange	交易品种	Product	年开盘价（元/吨）Opening Price of the Year (yuan/ton)
上海期货交易所 SHFE	铜	Copper	66200.00
	铝	Aluminum	18660.00
	氧化铝	Aluminum Oxide	2730.00
	锌	Zinc	23800.00
	铅	Lead	16050.00
	黄金 (元/克)	Gold	412.00
	白银(元/千克)	Silver	5397.00
	螺纹钢	Steel Rebar	4100.00
	线材	Steel Wire Rod	4797.00
	热轧卷板	Hot Rolled Coils	4118.00
	燃料油	Fuel Oil	2764.00
	石油沥青	Bitumen	3883.00
	天然橡胶	Natural Rubber	12700.00
	丁二烯橡胶	Butadiene Rubber	10750.00
	锡	Tin	210000.00
	镍	Nickel	229800.00
	不锈钢	Stainless Steel	16850.00
	原油 (元/桶)	Crude Oil	573.60
	20号胶	TSR 20	9500.00
	纸浆	woodpulp	6706.00
	低硫燃料油	Low Sulfur Fuel Oil	4128.00
	铜(BC)	Copper (BC)	59250.00
	SCFIS欧线指数 (指数点)	SCFIS Europe Index	770.00
大连商品交易所 DCE	豆一	No.1 Soybean	5180.00
	豆二	No.2 Soybean	5172.00
	胶合板	Blockboard	400.00
	玉米 Corn	Corn	2829.00
	玉米淀粉	Corn Starch	2990.00
	苯乙烯	Ethenylbenzene	8450.00
	乙二醇	Ethylene Glycol	4180.00
	纤维板	Fiberboard	1244.00
	铁矿石	Iron Ore	857.00
	焦炭	Coke	2650.00
	鸡蛋	Egg	4327.00
	焦煤	Coking Coal	1864.00
	聚乙烯	LLDPE	8150.00
	生猪	Live Hog	15390.00
	豆粕	Soybean Meal	3935.00
	棕榈油	RBD Palm Oil	8292.00
	液化石油气	Liquefied Petroleum Gas	4251.00

Statistics of Dominate Contract in 2023

年最高价(元/吨) Highest Price of the Year (yuan/ton)	最高价日 Highest Day	年最低价(元/吨) Lowest Price of the Year (yuan/ton)	最低价日 Lowest Day	年最高持仓量(手) Highest Positions (lot)	最高持仓日 Highest Positions Day	上年末最后交易日结算价(元/吨) Last Trading Day Clearing Price of Last Year (yuan/ton)	年末最后交易日结算价(元/吨) Last Trading Day Clearing Price of This Year (yuan/ton)	涨跌幅(%) Range of Fluctuation (%)
71500.00	20230119	62690.00	20230525	214592	20230525	66110.00	68970.00	4.33
19675.00	20231228	17455.00	20230525	308296	20230901	18685.00	19490.00	4.31
3378.00	20231229	2680.00	20230619	117507	20230725	2713.00	3338.00	23.04
24800.00	20230130	18600.00	20230526	147470	20230525	23705.00	21510.00	-9.26
17540.00	20230904	15015.00	20230605	116120	20230824	15930.00	15860.00	-0.44
486.48	20231204	408.50	20230106	231248	20230720	410.20	482.26	17.57
6343.00	20231204	4756.00	20230308	685938	20230308	5383.00	6012.00	11.68
4401.00	20230314	3388.00	20230526	2107683	20230309	4087.00	4000.00	-2.13
5017.00	20230130	3650.00	20231009	602	20230907	4778.00	4222.00	-11.64
4498.00	20230315	3507.00	20230526	1064025	20230728	4136.00	4110.00	-0.63
3770.00	20230928	2479.00	20230110	529541	20230105	2726.00	2962.00	8.66
4028.00	20230919	3452.00	20230703	423465	20230103	3846.00	3678.00	-4.37
14920.00	20231016	11550.00	20230316	300869	20230508	12670.00	14100.00	11.29
14600.00	20230906	10560.00	20230728	136399	20230907	10720.00	12730.00	18.75
244650.00	20230130	177500.00	20230316	77521	20230313	209050.00	211910.00	1.37
234870.00	20230104	121880.00	20231127	119789	20231127	229180.00	128170.00	-44.07
17470.00	20230130	13010.00	20231206	157945	20231121	16760.00	13825.00	-17.51
723.90	20230928	480.60	20230320	54567	20230320	552.80	552.50	-0.05
11570.00	20231016	9250.00	20230721	106009	20231106	9565.00	11175.00	16.83
6960.00	20230206	4926.00	20230608	330682	20230712	6712.00	5706.00	-14.99
4888.00	20230915	3509.00	20230317	222362	20230810	4077.00	4101.00	0.59
64070.00	20230119	55550.00	20230525	55687	20230726	59040.00	61600.00	4.34
1849.00	20231228	689.00	20231009	134931	20231221	895.00	1604.00	79.22
5682.00	20230223	4760.00	20230504	389578	20231220	5171.00	4995.00	-3.40
5460.00	20230828	3709.00	20230601	190074	20230825	5155.00	4447.00	-13.73
400.00	20230103	400.00	20230103	0	20230103	400.00	400.00	0.00
2910.00	20230113	2364.00	20231220	1830200	20230425	2821.00	2423.00	-14.11
3202.00	20230707	2737.00	20231218	566878	20231121	2941.00	2851.00	-3.06
9998.00	20230914	6791.00	20230613	636592	20231227	8361.00	8419.00	0.69
4680.00	20231222	3841.00	20230627	1099132	20230627	4136.00	4450.00	7.59
1365.00	20231019	1136.00	20230427	7262	20230802	1240.00	1202.00	-3.06
998.50	20231123	665.50	20230526	1906580	20230113	855.00	973.50	13.86
2995.00	20230227	1866.00	20230601	109690	20230530	2705.00	2478.50	-8.37
4697.00	20230920	3538.00	20231218	350556	20230719	4322.00	3626.00	-16.10
2179.00	20231127	1195.00	20230601	457314	20230918	1874.50	1884.00	0.51
8610.00	20230130	7533.00	20230526	947042	20230522	8078.00	8278.00	2.48
17880.00	20230801	13220.00	20231206	240902	20231228	16170.00	13705.00	-15.24
4374.00	20230727	3311.00	20231222	3727616	20230906	3898.00	3343.00	-14.24
8448.00	20230303	6226.00	20230601	1304410	20230531	8204.00	7150.00	-12.85
5818.00	20230913	3547.00	20230613	318452	20230706	4229.00	4805.00	13.62

5-7 续表

上市交易所 Listed Exchange	交易品种	Product	年开盘价（元/吨）Opening Price of the Year (yuan/ton)
大连商品交易所 DCE	聚丙烯	PP	7782.00
	粳米	Polished Round-grained Rice	3367.00
	聚氯乙烯	PVC	6260.00
	豆油	Soybean Oil	8866.00
广州期货交易所 GFEX	工业硅	Silicon Metal	17870.00
	碳酸锂	Lithium Carbonate	238900.00
郑州商品交易所 ZCE	强麦	Strong Gluten Wheat	3284.00
	普麦	Wheat	3043.00
	棉花	Cotton	14290.00
	白糖	Sugar	5756.00
	菜籽油(OI)	Rapeseed Oil	10705.00
	早籼稻(RI)	Early Indica Rice	2479.00
	甲醇(MA)	Methanol	2656.00
	玻璃	Glass	1654.00
	油菜籽	Rapeseed	5982.00
	菜籽粕	Rapeseed Meal	3231.00
	动力煤ZC	Thermal Coal	921.00
	粳稻	Japonica Rice	2758.00
	晚籼稻(LR)	Late Indica Rice	2525.00
	PTA	PTA	5558.00
	硅铁	Ferrosilicon	8416.00
	锰硅	Manganese Silicon	7660.00
	棉纱	Cotton Yarn	21660.00
	苹果	Apple	7920.00
	尿素	Urea	2546.00
	纯碱	Soda Ash	2740.00
	红枣	Chinese Jujube	10245.00
	花生	Peanut Kernel	9968.00
	短纤	Polyester Staple Fiber	7322.00
	对二甲苯	Paraxylene	10000.00
	烧碱	Caustic Soda	2950.00
中国金融期货交易所 CFFEX	2年期国债期货	2-Year Treasury Bond Futures	100.91
	5年期国债期货	5-Year Treasury Bond Futures	101.01
	10年期国债期货	10-Year Treasury Bond Futures	100.28
	30年期国债期货	30-Year Treasury Bond Futures	96.09
	沪深300股指期货	CSI 300 Index Futures	3861.00
	上证50股指期货	SSE 50 Index Futures	2635.00
	中证500股指期货	CSI 500 Index Futures	5860.00
	中证1000股指期货	CSI 1000 Index Futures	6280.00

continued

年最高价(元/吨) Highest Price of the Year (yuan/ton)	最高价日 Highest Day	年最低价(元/吨) Lowest Price of the Year (yuan/ton)	最低价日 Lowest Day	年最高持仓量(手) Highest Positions (lot)	最高持仓日 Highest Positions Day	上年末最后交易日结算价(元/吨) Last Trading Day Clearing Price of Last Year (yuan/ton)	年末最后交易日结算价(元/吨) Last Trading Day Clearing Price of This Year (yuan/ton)	涨跌幅(%) Range of Fluctuation (%)
8300.00	20230130	6800.00	20230601	1443256	20230523	7733.00	7580.00	-1.98
3694.00	20230904	3331.00	20230113	99690	20231229	3369.00	3525.00	4.63
6700.00	20230119	5596.00	20230613	2009792	20231018	6241.00	5906.00	-5.37
9052.00	20230306	6710.00	20230601	1345996	20230901	8844.00	7584.00	-14.25
18360.00	20230120	12445.00	20230615	105227	20230202	18070.00	14225.00	-21.28
230900.00	20230726	89500.00	20231206	172604	20231212	--	106650.00	-51.68
3496.00	20230221	3050.00	20230228	48	20230104	3284.00	3198.00	-2.62
0.00	--	0.00	--	0	--	3043.00	3122.00	2.60
17905.00	20230901	13715.00	20230317	776930	20230201	14210.00	15550.00	9.43
7150.00	20230523	5591.00	20230113	779256	20230417	5781.00	6324.00	9.39
10796.00	20230103	7375.00	20230601	342020	20231031	10746.00	8073.00	-24.87
0.00	--	0.00	--	0	--	2479.00	2479.00	0.00
2818.00	20230130	1953.00	20230526	2021781	20230526	2605.00	2441.00	-6.30
2029.00	20231207	1394.00	20230531	1227857	20230420	1647.00	1902.00	15.48
6497.00	20231016	5221.00	20230414	88	20231009	6004.00	6099.00	1.58
3846.00	20230720	2733.00	20230324	809660	20231212	3173.00	2923.00	-7.88
0.00	--	0.00	--	0	--	921.00	801.40	-12.99
0.00	--	0.00	--	0	--	2758.00	2662.00	-3.48
0.00	--	0.00	--	0	--	2525.00	2360.00	-6.53
6616.00	20230403	5162.00	20230515	1913939	20230712	5504.00	5930.00	7.74
8806.00	20230130	6584.00	20231205	445144	20230906	8450.00	6776.00	-19.81
7880.00	20230119	6270.00	20231205	554598	20230908	7682.00	6422.00	-16.40
24360.00	20230712	19970.00	20231124	6084	20231127	21555.00	21240.00	-1.46
9559.00	20231009	7915.00	20230103	219389	20230306	7872.00	8216.00	4.37
2668.00	20230130	1620.00	20230526	453910	20230612	2526.00	2108.00	-16.55
3069.00	20230130	1508.00	20230808	1325663	20230524	2714.00	2056.00	-24.24
16150.00	20231128	9315.00	20230324	81696	20231106	10195.00	15155.00	48.65
11408.00	20230227	8588.00	20231229	182687	20230825	10030.00	8662.00	-13.64
8048.00	20230915	6834.00	20230601	588713	20230912	7236.00	7386.00	2.07
10050.00	20230915	8092.00	20231214	103337	20231214	9620.00	8590.00	-10.71
3148.00	20230920	2504.00	20231020	113158	20231023	2915.00	2842.00	-2.50
101.57	20230815	100.53	20230221	74614	20231019	100.89	101.32	0.00
102.81	20230815	100.29	20230221	121132	20230721	100.97	102.55	0.02
103.08	20231228	99.30	20230221	213116	20230614	100.24	102.85	0.03
102.38	20231226	96.01	20230421	42512	20231227	95.86	101.70	0.06
4290.60	20230130	3291.40	20231221	200799	20231117	3886.00	3439.80	-0.11
2904.20	20230130	2222.40	20231218	104782	20230828	2650.80	2327.20	-0.12
6428.20	20230216	5212.00	20231227	178504	20230821	5874.40	5414.60	-0.08
7077.80	20230216	5550.00	20231023	130747	20231117	6282.80	5846.60	-0.07

5-8 主要品种月度结算价

单位：元/吨

品种 Product	1月 Jan.	2月 Feb.	3月 Mar.	4月 Apr.	5月 May	6月 June
铜 Copper	67707	68938	68798	68742	65309	67326
铝 Aluminum	18450	18756	18434	18714	18101	18235
锌 Zinc	23886	23397	22823	21992	20415	19845
铅 Lead	15473	15277	15292	15296	15267	15324
镍 Nickel	211973	208853	180857	182577	168302	161810
锡 Tin	218756	217783	194875	205375	202542	212626
黄金(元/克) Gold(yuan/g)	416	414	428	445	451	450
白银(元/千克) Silver(yuan/kg)	5267	5001	5046	5590	5520	5543
螺纹钢 Steel Rebar	4120	4116	4215	3879	3596	3687
线材 Steel Wire Rod	4868	4835	4768	4472	4110	4127
热轧卷板 Hot Rolled Coils	4159	4180	4326	3956	3673	3793
不锈钢 Stainless Steel	16980	16725	15678	14990	15008	14995
原油 Crude Oil	543	548	532	573	513	528
燃料油 Fuel Oil	2642	2789	2809	3082	2936	3014
低硫燃料油 Low Sulfur Fuel Oil	3978	4064	3824	4021	3801	3940
石油沥青 Bitumen	3802	3815	3733	3827	3643	3609

注：1.表中空缺，表示该品种个别月份无成交、无持仓，无法计算结算价。
2.表中结算价为主力合约结算价月度均值。
数据来源：中国期货市场监控中心有限责任公司

Clearing Price of Futures Products

(yuan/ton)

7月 July	8月 Aug.	9月 Sept.	10月 Oct.	11月 Nov.	12月 Dec.
68479	68797	68759	66625	67660	68531
18171	18527	19240	18992	18968	18798
20249	20578	21532	21158	21358	20930
15723	16091	16897	16362	16490	15657
165851	166943	162646	149034	136112	130490
231813	219559	219355	214668	206749	207112
455	457	468	467	472	477
5721	5714	5862	5783	5883	6023
3764	3717	3779	3644	3885	3974
4161	4272	4305	3867	4078	4191
3892	3932	3869	3761	3973	4076
15022	15631	15438	14682	14102	13669
579	634	691	668	603	555
3241	3519	3635	3376	3173	3025
4080	4376	4671	4552	4341	4109
3705	3731	3889	3651	3622	3691

5-8 续表 1

单位：元/吨

品种 Product	1月 Jan.	2月 Feb.	3月 Mar.	4月 Apr.	5月 May	6月 June
天然橡胶 Natural Rubber	13089	12635	12032	11822	12017	11992
20号胶 TSR 20	9910	10022	9740	9565	9579	9641
纸浆 Woodpulp	6560	6680	6030	5397	5183	5135
氧化铝 Aluminum Oxide	--	--	--	--	--	2769
丁二烯橡胶 Butadiene Rubber	--	--	--	--	--	--
铜(BC) Copper(BC)	60600	61560	61231	61044	57839	59785
集运指数（欧线） SCFIS欧线	--	--	--	--	--	--
强麦 Wheat WH	3330	3288	--	--	--	--
普麦 Wheat PM	--	--	--	--	--	--
棉花 Cotton NO.1	14500	14577	14274	14916	15739	16594
白糖 White Sugar	5690	5926	6185	6744	6913	6855
菜籽油 Rapeseed Oil	10167	9884	9056	8489	7955	8144
油菜籽 Rapeseed	6016	6014	5871	5568	5546	5814
菜籽粕 Rapeseed Meal	3192	3192	2950	2876	3000	3117
粳稻 Japonica Rice	--	--	--	--	--	--
早籼稻 Early Rice	--	--	--	--	--	--
晚籼稻 Late Indica Rice	--	--	--	--	--	--
棉纱 Cotton Yarn	22098	21764	21252	21976	22789	23430
短纤 Polyester Staple Fiber	7224	7220	7328	7498	7047	7062
苹果 Apple	8533	8877	8766	8289	8583	8530
花生 Peanut Kernel	10324	10878	10559	10386	10297	9852
红枣 Chinese Jujube	10405	10505	9848	10027	10450	10159
PTA	5514	5578	5849	5927	5357	5514

continued

(yuan/ton)

7月 July	8月 Aug.	9月 Sept.	10月 Oct.	11月 Nov.	12月 Dec.
12238	12828	14196	14486	14153	13616
9530	9549	10749	11074	10738	10430
5337	5470	5907	6159	5953	5671
2837	2916	3069	3065	2973	2996
10843	11458	13630	12837	12410	11993
60819	61032	61077	59040	60080	60985
--	884	878	756	759	1093
--	--	--	--	--	--
--	--	--	--	--	--
17005	17216	17318	16550	15518	15258
6802	6833	6957	6816	6877	6288
9555	9303	8944	8683	8556	8154
5967	6052	6179	6328	6098	6061
3560	3474	3220	2931	2923	2854
--	--	--	--	--	--
--	--	--	--	--	--
--	--	--	--	--	--
23694	23203	23221	22443	21255	20838
7306	7454	7733	7368	7368	7239
8649	8821	9175	9088	9014	8346
10201	10350	10070	9279	8982	8830
11004	13355	13444	13362	14538	15331
5830	5901	6215	5822	5838	5776

5-8 续表 2

单位：元/吨

品种 Product	1月 Jan.	2月 Feb.	3月 Mar.	4月 Apr.	5月 May	6月 June
甲醇 Methanol	2666	2631	2545	2420	2178	2058
玻璃 Glass	1676	1544	1597	1729	1594	1539
动力煤 Thermal Coal	--	--	--	--	--	--
硅铁 Ferrosilicon	8466	8032	7905	7603	7377	7076
锰硅 Manganese Silicon	7649	7477	7350	7062	6812	6591
尿素 Urea	2580	2485	2483	2131	1811	1728
纯碱 Soda Ash	2878	2936	2759	2303	1806	1670
对二甲苯 Paraxylene	--	--	--	--	--	--
烧碱 Caustic Soda	--	--	--	--	--	--
玉米 Corn	2873	2842	2803	2716	2575	2655
玉米淀粉 Corn Starch	3002	2997	3047	2995	2902	2984
黄大豆1号 No.1 Soybean	5333	5575	5474	5058	5018	4992
黄大豆2号 No.2 Soybean	5025	4759	4322	4080	3970	4120
豆粕 Soybean Meal	3867	3858	3680	3536	3477	3599
豆油 Soybean Oil	8684	8761	8369	7855	7260	7353
棕榈油 RBD Palm Oil	7937	8013	7797	7331	6822	6833
纤维板(元/立方米) Fiberboard(yuan/cubic metres)	1270	1274	1226	1192	1256	1251
胶合板(元/张) Blockboard(yuan/piece)	--	--	--	--	--	--
鸡蛋(元/500千克) Egg(yuan/500kg)	4389	4388	4368	4276	4145	4117
生猪 Live Hog	15230	16408	16082	15823	15784	15946
粳米 Polished Round-grained Rice	3356	3362	3362	3418	3421	3485

continued

(yuan/ton)

7月 July	8月 Aug.	9月 Sept.	10月 Oct.	11月 Nov.	12月 Dec.
2225	2444	2558	2428	2447	2419
1647	1633	1727	1641	1713	1875
--	--	--	--	--	--
6903	7035	7423	7057	6972	6815
6619	6813	7075	6692	6643	6448
2067	2150	2199	2179	2342	2222
1831	1704	1856	1708	2097	2232
--	--	9247	8472	8502	8391
--	--	2976	2618	2639	2703
2732	2703	2635	2522	2538	2447
3095	3024	2962	2885	2929	2847
5111	5113	5149	4955	4990	4907
4654	5085	4924	4460	4544	4385
4094	3934	4029	3886	4001	3385
8103	8099	8203	7936	8238	7683
7601	7566	7471	7198	7386	7142
1216	1187	1315	1325	1330	1297
--	--	--	--	--	--
4231	4294	4489	4344	4319	3759
15586	17184	16816	16421	15584	14034
3531	3570	3594	3546	3546	3520

5-8 续表 3

单位：元/吨

品种 Product	1月 Jan.	2月 Feb.	3月 Mar.	4月 Apr.	5月 May	6月 June
聚乙烯 LLDPE	8226	8255	8160	8154	7742	7777
聚氯乙烯 PVC	6426	6324	6275	6137	5812	5744
聚丙烯 PP	7877	7907	7679	7567	7100	6981
焦炭 Coke	2772	2807	2814	2374	2104	2068
焦煤 Coking Coal	1852	1888	1913	1591	1329	1313
铁矿石 Iron Ore	849	873	899	771	712	794
乙二醇 Ethylene Glycol	4283	4255	4150	4205	4205	3986
苯乙烯 Ethenylbenzene	8575	8475	8408	8557	7812	7290
液化石油气 Liquefied Petroleum Gas	4505	4938	4681	4634	4158	3711
工业硅 Silicon Metal	17779	17744	16552	15217	13829	12967
碳酸锂 Lithium Carbonate	--	--	--	--	--	--
沪深300股指期货 CSI 300 Index Futures	4080	4115	4024	4070	3930	3842
中证500股指期货 CSI 500 Index Futures	6106	6330	6229	6303	6091	6001
上证50股指期货 SSE 50 Index Futures	2774	2766	2677	2675	2619	2512
中证1000股指期货 CSI 1000 Index Futures	6563	6932	6796	6834	6561	6515
2年期国债期货 2-Year Treasury Bond Futures	100.8	100.8	100.8	100.9	101.1	101.3
5年期国债期货 5-Year Treasury Bond Futures	100.9	100.8	100.9	101.2	101.7	101.9
10年期国债期货 10-Year Treasury Bond Futures	100.1	100.1	100.2	100.8	101.5	101.7
30年期国债期货 30-Year Treasury Bond Futures	--	--	--	96.4	97.0	97.5

continued

(yuan/ton)

7月 July	8月 Aug.	9月 Sept.	10月 Oct.	11月 Nov.	12月 Dec.
8050	8226	8364	8034	8068	8104
5969	6213	6393	5989	6022	5920
7246	7500	7892	7489	7602	7498
2202	2211	2432	2393	2596	2564
1419	1454	1778	1759	1995	1950
833	773	855	855	954	955
4089	4081	4291	4100	4149	4287
7735	8373	9152	8504	8477	8219
3857	4623	5620	5130	5065	4735
13494	13577	14403	14419	14135	13964
224414	205357	170590	157741	136630	100626
3881	3868	3762	3603	3575	3382
5981	5880	5719	5509	5566	5413
2538	2566	2543	2446	2413	2284
6481	6246	6066	5890	6075	5853
101.3	101.4	101.2	101.0	101.0	101.1
102.2	102.4	101.9	101.7	101.9	102.2
102.1	102.4	101.8	101.6	102.0	102.4
98.6	100.2	99.1	98.5	99.2	100.5

5-9　2023年农产品期货合约汇总

交易品种 Product	交易单位 Contract Size	报价单位 Quotation Unit	最小变动价位 Minimum Tick Size	涨跌停板幅度 Daily Price Limit	最低交易保证金 Minimum Trading Margin	合约月份 Contract Months	交易时间 Trading Hours
玉米 Corn	10吨/手	元(人民币)/吨	1元/吨	上一交易日结算价的4%	合约价值的5%	1、3、5、7、9、11月	每周一至周五上午9:00-11:30，下午13:30-15:00，以及交易所规定的其他时间
玉米淀粉 Corn Starch	10吨/手	元(人民币)/吨	1元/吨	上一交易日结算价的4%	合约价值的5%	1、3、5、7、9、11月	每周一至周五上午9:00-11:30，下午13:30-15:00，以及交易所规定的其他时间
黄大豆1号 No.1 Soybean	10吨/手	元(人民币)/吨	1元/吨	上一交易日结算价的4%	合约价值的5%	1、3、5、7、9、11月	每周一至周五上午9:00-11:30，下午13:30-15:00，以及交易所规定的其他时间
黄大豆2号 No.2 Soybean	10吨/手	元(人民币)/吨	1元/吨	上一交易日结算价的4%	合约价值的5%	1-12月	每周一至周五上午9:00-11:30，下午13:30-15:00，以及交易所规定的其他时间
豆粕 Soybean Meal	10吨/手	元(人民币)/吨	1元/吨	上一交易日结算价的4%	合约价值的5%	1、3、5、7、8、9、11、12月	每周一至周五上午9:00-11:30，下午13:30-15:00，以及交易所规定的其他时间
豆油 Soybean Oil	10吨/手	元(人民币)/吨	2元/吨	上一交易日结算价的4%	合约价值的5%	1、3、5、7、8、9、11、12月	每周一至周五上午9:00-11:30，下午13:30-15:00，以及交易所规定的其他时间
棕榈油 RBD Palm Oil	10吨/手	元(人民币)/吨	2元/吨	上一交易日结算价的4%	合约价值的5%	1-12月	每周一至周五上午9:00-11:30,下午13:30-15:00，以及交易所规定的其他时间
纤维板 Fiberboard	500张/手	元(人民币)/张	0.05元/张	上一交易日结算价的4%	合约价值的5%	1-12月	每周一至周五上午9:00-11:30，下午13:30-15:00，以及交易所规定的其他时间
胶合板 Blockboard	500张/手	元(人民币)/张	0.05元/张	上一交易日结算价的4%	合约价值的5%	1-12月	每周一至周五上午9:00-11:30，下午13:30-15:00，以及交易所规定的其他时间
鸡蛋 Egg	5吨/手	元（人民币）/500千克	1元/500千克	上一交易日结算价的4%	合约价值的5%	1-12月	每周一至周五上午9:00-11:30，下午13:30-15:00，以及交易所规定的其他时间
粳米 Polished Round-grained Rice	10吨/手	元（人民币）/吨	1元/吨	上一交易日结算价的4%	合约价值的5%	1-12月	每周一至周五上午9:00-11:30，下午13:30-15:00，以及交易所规定的其他时间
生猪 Live Hog	16吨/手	元（人民币）/吨	5元/吨	上一交易日结算价的4%	合约价值的5%	1、3、5、7、9、11月	每周一至周五上午9:00-11:30，下午13:30-15:00，以及交易所规定的其他时间

数据来源：上海期货交易所、郑州商品交易所、大连商品交易所

Source：SHFE、ZCE、DCE

Collection of Agricultural Products Futures Contracts in 2023

最后交易日 Last Trading Day	最后交割日 Last Delivery Day	交割品级 Delivery Grade	交割地点 Delivery Venue	交割方式 Delivery Form	交易代码 Trading Code	上市交易所 Listed Exchange
合约月份第10个交易日	最后交易日后第3个交易日	大连商品交易所玉米交割质量标准(FC/DCE D001-2015)	大连商品交易所玉米指定交割仓库	实物交割	C	大连商品交易所
合约月份第10个交易日	最后交易日后第3个交易日	大连商品交易所玉米淀粉交割质量标准（F/DCE CS002-2018）	大连商品交易所玉米淀粉指定交割仓库	实物交割	CS	大连商品交易所
合约月份第10个交易日	最后交易日后第3个交易日	大连商品交易所黄大豆1号交割质量标准（F/DCE A001-2018）	大连商品交易所黄大豆1号指定交割仓库	实物交割	A	大连商品交易所
合约月份第10个交易日	最后交易日后第3个交易日	大连商品交易所黄大豆2号交割质量标准（F/DCE B003-2017）	大连商品交易所黄大豆2号指定交割仓库	实物交割	B	大连商品交易所
合约月份第10个交易日	最后交易日后第3个交易日	大连商品交易所豆粕交割质量标准（F/DCE M004-2020）	大连商品交易所豆粕指定交割仓库	实物交割	M	大连商品交易所
合约月份第10个交易日	最后交易日后第3个交易日	大连商品交易所豆油交割质量标准（F/DCE Y002-2020）	大连商品交易所豆油指定交割仓库	实物交割	Y	大连商品交易所
合约月份第10个交易日	最后交易日后第3个交易日	大连商品交易所棕榈油交割质量标准（F/DCE P002-2011）	大连商品交易所棕榈油指定交割仓库	实物交割	P	大连商品交易所
合约月份第10个交易日	最后交易日后第3个交易日	大连商品交易所纤维板交割质量标准（F/DCE FB001-2019）	大连商品交易所纤维板指定交割仓库	实物交割	FB	大连商品交易所
合约月份第10个交易日	最后交易日后第3个交易日	大连商品交易所胶合板交割质量标准（F/DCE BB002-2018）	大连商品交易所胶合板指定交割仓库	实物交割	BB	大连商品交易所
合约月份倒数第4个交易日	最后交易日后第3个交易日	大连商品交易所鸡蛋交割质量标准（F/DCE JD003-2020）	大连商品交易所鸡蛋指定交割仓库、指定车板交割场所	实物交割	JD	大连商品交易所
合约月份第10个交易日	最后交易日后第3个交易日	大连商品交易所粳米交割质量标准（F/DCE RR001-2019）	大连商品交易所粳米指定交割仓库	实物交割	RR	大连商品交易所
合约月份倒数第4个交易日	最后交易日后第3个交易日	大连商品交易所生猪交割质量标准（F/DCE LH001-2021）	大连商品交易所生猪指定交割仓库、指定车板交割场所	实物交割	LH	大连商品交易所

5-9 续表 1

交易品种 Product	交易单位 Contract Size	报价单位 Quotation Unit	最小变动价位 Minimum Tick Size	涨跌停板幅度 Daily Price Limit	最低交易保证金 Minimum Trading Margin	合约月份 Contract Months	交易时间 Trading Hours
强麦 Strong Gluten Wheat	20吨/手	元(人民币)/吨	1元/吨	上一交易日结算价 ± 4%及《郑州商品交易所期货交易风险控制管理办法》相关规定	合约价值的5%	1、3、5、7、9、11月	每周一至周五（北京时间 法定节假日除外）上午9：00-11：30，下午13：30-15：00及交易所规定的其他交易时间
普麦 Wheat	50吨/手	元(人民币)/吨	1元/吨	上一交易日结算价±4%及《郑州商品交易所期货交易风险控制管理办法》相关规定	合约价值的5%	1、3、5、7、9、11月	每周一至周五（北京时间 法定节假日除外）上午9：00-11：30，下午13：30-15：00及交易所规定的其他交易时间
菜籽油 Rapeseed Oil	10吨/手	元(人民币)/吨	1元/吨	上一交易日结算价±4%及《郑州商品交易所期货交易风险控制管理办法》相关规定	合约价值的5%	1、3、5、7、9、11月	每周一至周五（北京时间 法定节假日除外）上午9：00-11：30，下午13：30-15：00及交易所规定的其他交易时间
早籼稻 Early Indica Rice	20吨/手	元(人民币)/吨	1元/吨	上一交易日结算价±4%及《郑州商品交易所期货交易风险控制管理办法》相关规定	合约价值的5%	1、3、5、7、9、11月	每周一至周五（北京时间 法定节假日除外）上午9：00-11：30，下午13：30-15：00及交易所规定的其他交易时间
油菜籽 Rapeseed	10吨/手	元(人民币)/吨	1元/吨	上一交易日结算价±4%及《郑州商品交易所期货交易风险控制管理办法》相关规定	合约价值的5%	7、8、9、11月	每周一至周五（北京时间 法定节假日除外）上午9：00-11：30，下午13：30-15：00及交易所规定的其他交易时间
菜籽粕 Rapeseed Meal	10吨/手	元(人民币)/吨	1元/吨	上一交易日结算价±4%及《郑州商品交易所期货交易风险控制管理办法》相关规定	合约价值的5%	1、3、5、7、8、9、11月	每周一至周五（北京时间 法定节假日除外）上午9：00-11：30，下午13：30-15：00及交易所规定的其他交易时间
粳稻 Japonica Rice	20吨/手	元(人民币)/吨	1元/吨	上一交易日结算价±4%及《郑州商品交易所风险控制管理办法》相关规定	合约价值的5%	1、3、5、7、9、11月	每周一至周五（北京时间 法定节假日除外）上午9：00-11：30，下午13：30-15：00及交易所规定的其他交易时间

continued

最后交易日 Last Trading Day	最后交割日 Last Delivery Day	交割品级 Delivery Grade	交割地点 Delivery Venue	交割方式 Delivery Form	交易代码 Trading Code	上市交易所 Listed Exchange
合约交割月份的第10个交易日	合约交割月份的的次月20日	符合《中华人民共和国国家标准 小麦》(GB1351-2008)的三等及以上小麦，且容重、稳定时间、湿面筋等指标符合《郑州商品交易所优质强筋小麦期货业务细则》规定要求	交易所指定交割地点	实物交割	WH	郑州商品交易所
合约交割月份的第10个交易日	仓单交割：合约交割月份的第13个交易日 车船板交割：合约交割月份的次月20日	符合《中华人民共和国国家标准 小麦》(GB1351-2008)的三等及以上小麦，且物理指标等符合《郑州商品交易所普通小麦期货业务细则》规定要求	交易所指定交割仓库及指定交割计价点	实物交割	PM	郑州商品交易所
合约交割月份的第10个交易日	合约交割月份的第13个交易日	基准交割品：符合《中华人民共和国国家标准 菜籽油》(GB1536-2004)四级质量指标的菜油。替代品及升贴水见《郑州商品交易所菜籽油期货业务细则》	交易所指定交割地点	实物交割	OI	郑州商品交易所
合约交割月份的第10个交易日	合约交割月份的第13个交易日	基准交割品：符合《中华人民共和国国家标准 稻谷》(GB1350-2009)三等及以上等级质量指标及《郑州商品交易所早籼稻期货交割细则》规定的早籼稻谷。 替代品及升贴水见《郑州商品交易所早籼稻期货业务细则》	交易所指定交割仓库	实物交割	RI	郑州商品交易所
合约交割月份的第10个交易日	仓单交割：合约交割月份的第13个交易日 车（船）板交割：合约交割月份的次月20日	见《郑州商品交易所油菜籽期货业务细则》	交易所指定交割地点	实物交割	RS	郑州商品交易所
合约交割月份的第10个交易日	合约交割月份的第13个交易日	见《郑州商品交易所菜籽粕期货业务细则》	交易所指定交割地点	实物交割	RM	郑州商品交易所
合约交割月份的第10个交易日	合约交割月份的第13个交易日	见《郑州商品交易所粳稻谷期货业务细则》	交易所指定交割地点	实物交割	JR	郑州商品交易所

5-9 续表 2

交易品种 Product	交易单位 Contract Size	报价单位 Quotation Unit	最小变动价位 Minimum Tick Size	涨跌停板幅度 Daily Price Limit	最低交易保证金 Minimum Trading Margin	合约月份 Contract Months	交易时间 Trading Hours
晚籼稻 Late Indica Rice	20吨/手	元(人民币)/吨	1元/吨	上一交易日结算价±4%及《郑州商品交易所风险控制管理办法》相关规定	合约价值的5%	1、3、5、7、9、11月	每周一至周五（北京时间 法定节假日除外）上午9：00-11：30，下午13：30-15：00及交易所规定的其他交易时间
棉花 Cotton	5吨/手(公定重量)	元(人民币)/吨	5元/吨	上一交易日结算价±4%及《郑州商品交易所期货交易风险控制管理办法》相关规定	合约价值的5%	1、3、5、7、9、11月	每周一至周五（北京时间 法定节假日除外）上午9：00-11：30，下午13：30-15：00及交易所规定的其他交易时间
白糖 Sugar	10吨/手	元(人民币)/吨	1元/吨	上一交易日结算价±4%及《郑州商品交易所期货交易风险控制管理办法》相关规定	合约价值的5%	1、3、5、7、9、11月	每周一至周五（北京时间 法定节假日除外）上午9：00-11：30，下午13：30-15：00及交易所规定的其他交易时间
棉纱 Cotton Yarn	5吨/手(公定重量)	元(人民币)/吨	5元/吨	上一交易日结算价±4%及《郑州商品交易所期货交易风险控制管理办法》相关规定	合约价值的5%	1-12月	每周一至周五（北京时间 法定节假日除外）上午9：00-11：30，下午13：30-15：00及交易所规定的其他交易时间
苹果 Apple	10吨/手	元(人民币)/吨	1元/吨	上一交易日结算价±5%及《郑州商品交易所期货交易风险控制管理办法》相关规定	合约价值的7%	1、3、4、5、10、11、12月	每周一至周五（北京时间 法定节假日除外）上午9：00-11：30，下午13：30-15：00及交易所规定的其他交易时间
红枣 Chinese Jujube	5吨/手	元(人民币)/吨	5元/吨	上一交易日结算价±5%及《郑州商品交易所期货交易风险控制管理办法》相关规定	合约价值的7%	1、3、5、7、9、12月	每周一至周五（北京时间 法定节假日除外）上午9：00-11：30，下午13：30-15：00及交易所规定的其他交易时间
花生 Peanut Kernel	5吨/手	元(人民币)/吨	2元/吨	上一交易日结算价±4%及《郑州商品交易所期货交易风险控制管理办法》相关规定	合约价值的5%	1、3、4、10、11、12月	每周一至周五（北京时间 法定节假日除外）上午9：00-11：30，下午13：30-15：00及交易所规定的其他交易时间
天然橡胶 Natural Rubber	10吨/手	元(人民币)/吨	5元/吨	上一交易日结算价±3%	合约价值的5%	1、3、4、5、6、7、8、9、10、11月	上午9:00－11:30，下午1:30－3:00和交易所规定的其他交易时间

continued

最后交易日 Last Trading Day	最后交割日 Last Delivery Day	交割品级 Delivery Grade	交割地点 Delivery Venue	交割方式 Delivery Form	交易代码 Trading Code	上市交易所 Listed Exchange
合约交割月份的第10个交易日	合约交割月份的第13个交易日	见《郑州商品交易所晚籼稻期货业务细则》	交易所指定交割地点	实物交割	LR	郑州商品交易所
合约交割月份的第10个交易日	合约交割月份的第13个交易日	基准交割品：符合GB1103.1-2012《棉花 第1部分：锯齿加工细绒棉》规定的3128B级，且长度整齐度为U3档，断裂比强度为S3档，轧工质量为P2档的国产棉花。替代品详见交易所棉花期货业务细则。替代品升贴水由交易所另行制定并公告	交易所指定棉花交割仓库	实物交割	CF	郑州商品交易所
合约交割月份的第10个交易日	合约交割月份的第13个交易日	见《郑州商品交易所白砂糖期货业务细则》	交易所指定交割地点	实物交割	SR	郑州商品交易所
合约交割月份的第10个交易日	合约交割月份的第13个交易日	见《郑州商品交易所棉纱期货业务细则》	交易所指定交割地点	实物交割	CY	郑州商品交易所
合约交割月份的第10个交易日	仓单交割：合约交割月份的第13个交易日 车（船）板交割：合约交割月份的次月10日	见《郑州商品交易所鲜苹果期货业务细则》	交易所指定交割地点	实物交割	AP	郑州商品交易所
合约交割月份的第10个交易日	仓单交割：合约交割月份的第13个交易日 车船板交割：合约交割月份的次月10日	见《郑州商品交易所干制红枣期货业务细则》	交易所指定交割仓库	实物交割	CJ	郑州商品交易所
合约交割月份的第10个交易日	仓单交割：合约交割月份的第13个交易日 车（船）板交割：合约交割月份的次月10日	见《郑州商品交易所花生仁期货业务细则》	交易所指定交割地点	实物交割	PK	郑州商品交易所
合约月份的15日（遇国家法定节假日顺延，春节月份等最后交易日交易所可另行调整并通知）	最后交易日后连续二个工作日	标准品：1、国产天然橡胶（SCR WF），质量符合国标GB/T8081-2018。 2、进口3号烟胶片（RSS3），质量符合《天然橡胶等级的品质与包装国际标准（绿皮书）》（1979年版）。	交易所指定交割仓库	实物交割	RU	上海期货交易所

5-10 2023年金属期货合约汇总

交易品种 Product	交易单位 Contract Size	报价单位 Quotation Unit	最小变动价位 Minimum Tick Size	涨跌停板幅度 Daily Price Limit	最低交易保证金 Minimum Trading Margin	合约月份 Contract Months	交易时间 Trading Hours	最后交易日 Last Trading Day
铜 Copper	5吨/手	元（人民币）/吨	10元/吨	上一交易日结算价±3%	合约价值的5%	1-12月	上午9：00-11：30，下午1：30-3：00和交易所规定的其他交易时间	合约月份的15日（遇国家法定节假日顺延，春节月份等最后交易日交易所可另行调整并通知）
铜(BC) Copper (BC)	5吨/手	元（人民币）/吨（交易报价为不含税价格）	10元（人民币）/吨	上一交易日结算价±3%	合约价值的5%	1月、2月、3月、4月、5月、6月、7月、8月、9月、10月、11月、12月	上午9：00－11：30，下午1：30－3：00以及上海国际能源交易中心规定的其他交易时间	交割月份的15日（遇国家法定节假日、休息日顺延；上海国际能源交易中心可以根据国家法定节假日、休息日调整最后交易日）
铝 Aluminum	5吨/手	元（人民币）/吨	5元/吨	上一交易日结算价±3%	合约价值的5%	1-12月	上午9：00-11：30，下午1：30-3：00和交易所规定的其他交易时间	合约月份的15日（遇国家法定节假日顺延，春节月份等最后交易日交易所可另行调整并通知）
氧化铝 Aluminum Oxide	20吨/手	元（人民币）/吨	1元/吨	上一交易日结算价±4%	合约价值的5%	1-12月	上午9：00－11：30，下午1：30－3：00和交易所规定的其他交易时间	合约月份的15日（遇国家法定节假日顺延，春节月份等最后交易日交易所可另行调整并通知）
锌 Zinc	5吨/手	元（人民币）/吨	5元/吨	上一交易日结算价±4%	合约价值的5%	1-12月	上午9：00-11：30，下午1：30-3：00和交易所规定的其他交易时间	合约月份的15日（遇国家法定节假日顺延，春节月份等最后交易日交易所可另行调整并通知）
铅 Lead	5吨/手	元（人民币）/吨	5元/吨	上一交易日结算价±4%	合约价值的5%	1-12月	上午9：00-11：30，下午1：30-3：00和交易所规定的其他交易时间	合约月份的15日（遇国家法定节假日顺延，春节月份等最后交易日交易所可另行调整并通知）
镍 Nickel	1吨/手	元（人民币）/吨	10元/吨	上一交易日结算价±4%	合约价值的5%	1-12月	上午9：00-11：30，下午1：30-3：00和交易所规定的其他交易时间	合约月份的15日（遇国家法定节假日顺延，春节月份等最后交易日交易所可另行调整并通知）
锡 Tin	1吨/手	元（人民币）/吨	10元/吨	上一交易日结算价±4%	合约价值的5%	1-12月	上午9：00-11：30，下午1：30-3：00和交易所规定的其他交易时间	合约月份的15日（遇国家法定节假日顺延，春节月份等最后交易日交易所可另行调整并通知）
黄金 Gold	1000克/手	元(人民币)/克	0.02元/克	上一交易日结算价±3%	合约价值的4%	最近三个连续月份的合约以及最近13个月以内的双月合约	上午9：00-11：30，下午1：30-3：00和交易所规定的其他交易时间	合约月份的15日（遇国家法定节假日顺延，春节月份等最后交易日交易所可另行调整并通知）

数据来源：上海期货交易所、郑州商品交易所、大连商品交易所、广州期货交易所

Source：SHFE、ZCE、DCE、GFEX

Collection of Metal Products Futures Contracts in 2023

最后交割日 Last Delivery Date	交割品级 Delivery Grade	交割地点 Delivery Venue	最小交割单位 Minimum Delivery Unit	交割方式 Delivery Form	交易代码 Trading Code	上市交易所 Listed Exchange
最后交易日后连续二个工作日	阴极铜，符合国标GB/T467-2010中A级铜(Cu-CATH-1)规定，或符合BS EN 1978:1998中A级铜(Cu-CATH-1)规定。	交易所指定交割仓库	25吨	实物交割	CU	上海期货交易所
最后交易日后连续五个交易日	阴极铜，符合国标GB/T467-2010中A级铜(Cu-CATH-1)规定; 或者符合BS EN 1978:1998中A级铜(Cu-CATH-1)规定	上海国际能源交易中心指定交割仓库	25吨	实物交割	BC	上海国际能源交易中心
最后交易日后连续二个工作日	标准品：铝锭，符合国标GB/T1196-2017 AL99.70规定，其中铝含量不低于99.70%。替代品：1、铝锭，符合国标GB/T1196-2017 AL99.80，AL99.85规定。2、铝锭，符合P1020A标准。	交易所指定交割仓库	25吨	实物交割	AL	上海期货交易所
最后交易日后连续二个工作日	用于实物交割的氧化铝，主要化学成分和主要物理性能应当符合国标GB/T 24487-2022 AO-1或者AO-2牌号的规定	交易所指定交割地点	300吨	实物交割	AO	上海期货交易所
最后交易日后连续二个工作日	标准品：锌锭，符合国标GB/T470-2008 ZN99.995规定，其中锌含量不小于99.995%。 替代品：锌锭，符合BS EN 1179:2003 Z1规定，其中锌含量不小于99.995%。	交易所指定交割仓库	25吨	实物交割	ZN	上海期货交易所
最后交易日后连续二个工作日	标准品：铅锭，符合国标GB/T 469-2013 Pb99.994规定，其中铅含量不小于99.994%。	交易所指定交割仓库	25吨	实物交割	PB	上海期货交易所
最后交易日后连续二个工作日	标准品：电解镍，符合国标GB/T 6516-2010Ni9996规定，其中镍和钴的总含量不小于99.96%。 替代品：电解镍，符合国标GB/T 6516-2010Ni9999规定，其中镍和钴的总含量不小于99.99%；或符合ASTMB39-79(2013)规定，其中镍的含量不小于99.8%。	交易所指定交割仓库	6吨	实物交割	NI	上海期货交易所
最后交易日后连续二个工作日	标准品：锡锭，符合国标GB/T 728-2010 Sn99.90A牌号规定，其中锡含量不小于99.90%。 替代品：锡锭，符合国标GB/T 728-2010 Sn99.90AA牌号规定，其中锡含量不小于99.90%；Sn99.95A、Sn99.95AA牌号规定，其中锡含量不小99.95%；Sn99.99A牌号规定，其中锡含量不小于99.99%。	交易所指定交割仓库	2吨	实物交割	SN	上海期货交易所
最后交易日后第一个工作日	金含量不小于99.95%的国产金锭及经交易所认可的伦敦金银市场协会（LBMA）认定的合格供货商或精炼厂生产的标准金锭（具体质量规定见附件）。	交易所指定交割金库	3000克	实物交割	AU	上海期货交易所

5-10 续表 1

交易品种 Product	交易单位 Contract Size	报价单位 Quotation Unit	最小变动价位 Minimum Tick Size	涨跌停板幅度 Daily Price Limit	最低交易保证金 Minimum Trading Margin	合约月份 Contract Months	交易时间 Trading Hours	最后交易日 Last Trading Day
白银 Silver	15千克/手	元（人民币）/千克	1元/千克	上一交易日结算价±3%	合约价值的4%	1–12月	上午9：00–11：30，下午1：30–3：00和交易所规定的其他交易时间	合约月份的15日（遇国家法定节假日顺延，春节月份等最后交易日交易所可另行调整并通知）
螺纹钢 Steel Rebar	10吨/手	元（人民币）/吨	1元/吨	上一交易日结算价±3%	合约价值的5%	1–12月	上午9：00–11：30，下午1：30–3：00和交易所规定的其他交易时间	合约月份的15日（遇国家法定节假日顺延，春节月份等最后交易日交易所可另行调整并通知）
线材 Steel Wire Rod	10吨/手	元（人民币）/吨	1元/吨	上一交易日结算价±5%	合约价值的7%	1–12月	上午9：00–11：30，下午1：30–3：00和交易所规定的其他交易时间	合约月份的15日（遇国家法定节假日顺延，春节月份等最后交易日交易所可另行调整并通知）
热轧卷板 Hot Rolled Coils	10吨/手	元（人民币）/吨	1元/吨	上一交易日结算价±3%	合约价值的4%	1–12月	上午9：00–11：30，下午1：30–3：00和交易所规定的其他交易时间	合约月份的15日（遇国家法定节假日顺延，春节月份等最后交易日交易所可另行调整并通知）

continued

最后交割日 Last Delivery Date	交割品级 Delivery Grade	交割地点 Delivery Venue	最小交割单位 Minimum Delivery Unit	交割方式 Delivery Form	交易代码 Trading Code	上市交易所 Listed Exchange
最后交易日后连续二个工作日	标准品：符合国标GB/T 4135-2016 IC-Ag99.99规定，其中银含量不低于99.99%。	交易所指定交割仓库	30千克	实物交割	AG	上海期货交易所
最后交易日后连续二个工作日	标准品：符合国标GB/T 1499.2-2018《钢筋混凝土用钢 第2部分：热轧带肋钢筋》HRB400E牌号的Φ16mm、Φ18mm、Φ20mm、Φ22mm、Φ25mm螺纹钢。	交易所指定交割仓库	300吨	实物交割	RB	上海期货交易所
最后交易日后连续二个工作日	标准品：符合国标GB/T 1499.1-2017《钢筋混凝土用钢 第1部分：热轧光圆钢筋》HPB300牌号的φ8mm 线材。 替代品：符合国标GB/T 1499.1-2017《钢筋混凝土用钢 第1部分：热轧光圆钢筋》HPB300牌号的φ10mm线材。	交易所指定交割仓库	300吨	实物交割	WR	上海期货交易所
最后交易日后连续二个工作日	标准品：符合GB/T 3274-2017《碳素结构钢和低合金结构钢热轧厚钢板和钢带》的Q235B或符合JIS G 3101-2015《一般结构用轧制钢材》的SS400，厚度5.75mm、宽度1500mm热轧卷板。 替代品：符合GB/T 3274-2017《碳素结构钢和低合金结构钢热轧厚钢板和钢带》的Q235B或符合JIS G 3101-2015《一般结构用轧制钢材》的SS400，厚度9.75mm、9.5mm、7.75mm、7.5mm、5.80mm、5.70mm、5.60mm、5.50mm、5.25mm、4.75mm、4.50mm、4.25mm、3.75mm、3.50mm，宽度1500mm热轧卷板。	交易所指定交割仓库	300吨	实物交割	HC	上海期货交易所

5-10　续表 2

交易品种 Product	交易单位 Contract Size	报价单位 Quotation Unit	最小变动价位 Minimum Tick Size	涨跌停板幅度 Daily Price Limit	最低交易保证金 Minimum Trading Margin	合约月份 Contract Months	交易时间 Trading Hours	最后交易日 Last Trading Day
不锈钢 Stainless Steel	5吨/手	元（人民币）/吨	5元/吨	上一交易日结算价±4%	合约价值的5%	1-12月	上午9：00-11：30,下午1：30-3：00和交易所规定的其他交易时间	合约月份的15日（遇国家法定节假日顺延，春节月份等最后交易日交易所可另行调整并通知）
硅铁 Ferrosilicon	5吨/手	元(人民币)/吨	2元/吨	上一交易日结算价±4%及《郑州商品交易所期货交易风险控制管理办法》相关规定	合约价值的5%	1-12月	每周一至周五（北京时间 法定节假日除外）上午9：00-11：30，下午1：30-3：00及交易所规定的其他交易时间	合约交割月份的第10个交易日
锰硅 Manganese Silicon	5吨/手	元(人民币)/吨	2元/吨	上一交易日结算价±4%及《郑州商品交易所期货交易风险控制管理办法》相关规定	合约价值的5%	1-12月	每周一至周五（北京时间 法定节假日除外）上午9：00-11：30，下午1：30-3：00及交易所规定的其他交易时间	合约交割月份的第10个交易日
铁矿石 Iron Ore	100吨/手	元（人民币）/吨	0.5元/吨	上一交易日结算价的4%	合约价值的5%	1-12月	每周一至周五上午9：00-11：30,下午13：30-15：00，以及交易所规定的其他时间	合约月份的第10个交易日
工业硅 Silicon Metal	5吨/手	元（人民币）/吨	5元/吨	上一交易日结算价±4%	合约价值的5%	1、2、3、4、5、6、7、8、9、10、11、12月	上午9：00－11：30，下午13：30－15：00，以及交易所规定的其他时间	合约月份的第10个交易日
碳酸锂 Lithium Carbonate	1吨/手	元（人民币）/吨	50元/吨	上一交易日结算价±4%	合约价值的5%	1、2、3、4、5、6、7、8、9、10、11、12月	上午9：00－11：30，下午13：30－15：00，以及交易所规定的其他时间	合约月份第10个交易日

continued

最后交割日 Last Delivery Date	交割品级 Delivery Grade	交割地点 Delivery Venue	最小交割单位 Minimum Delivery Unit	交割方式 Delivery Form	交易代码 Trading Code	上市交易所 Listed Exchange
最后交易日后连续二个工作日	标准品为厚度2.0mm、宽度1219mm、表面加工类型为2B、边部状态为切边的304奥氏体不锈钢冷轧卷板。 替代交割品厚度可选0.5 mm、0.6 mm、0.7 mm、0.8 mm、0.9 mm、1.0 mm、1.2 mm、1.5 mm、3.0mm，宽度可选1000mm、1500mm，边部状态可选毛边（厚度升贴水、边部状态升贴水由交易所另行规定并公告）。 质量符合GB/T3280-2015《不锈钢冷轧钢板和钢带》要求的06Cr19Ni10，或者符合JIS G 4305: 2012《冷轧不锈钢钢板及钢带》的SUS304。	交易所指定交割地点	60吨	实物交割	SS	上海期货交易所
合约交割月份的第13个交易日	见《郑州商品交易所硅铁期货业务细则》	交易所指定交割地点	--	实物交割	SF	郑州商品交易所
合约交割月份的第13个交易日	见《郑州商品交易所锰硅期货业务细则》	交易所指定交割地点	--	实物交割	SM	郑州商品交易所
最后交易日后第3个交易日	铁矿石I2201-I2204合约执行《大连商品交易所铁矿石交割质量标准（F/DCE I001-2017）》，自铁矿石I2205合约开始施行《大连商品交易所铁矿石交割质量标准（F/DCE I004-2021）》	大连商品交易所铁矿石指定交割仓库及指定交割地点	10000吨	实物交割	I	大连商品交易所
最后交易日后的第3个交易日	见《广州期货交易所工业硅期货、期权业务细则》	交易所指定交割库	5吨	实物交割	SI	广州期货交易所
最后交易日后的第3个交易日	见《广州期货交易所碳酸锂期货、期权业务细则》	交易所指定交割库	1吨	实物交割	LC	广州期货交易所

5-11　2023年能源、化工及其他期货合约汇总

交易品种 Product	交易单位 Contract Size	报价单位 Quotation Unit	最小变动价位 Minimum Tick Size	涨跌停板幅度 Daily Price Limit	最低交易保证金 Minimum Trading Margin	合约月份 Contract Months	交易时间 Trading Hours
聚乙烯 LLDPE	5吨/手	元(人民币)/吨	1元/吨	上一交易日结算价的4%	合约价值的5%	1-12月	每周一至周五上午9:00-11:30,下午13:30-15:00，以及交易所规定的其他时间
聚氯乙烯 PVC	5吨/手	元(人民币)/吨	1元/吨	上一交易日结算价的4%	合约价值的5%	1-12月	每周一至周五上午9:00-11:30,下午13:30-15:00，以及交易所规定的其他时间
聚丙烯 PP	5吨/手	元(人民币)/吨	1元/吨	上一交易日结算价的4%	合约价值的5%	1-12月	每周一至周五上午9:00-11:30,下午13:30-15:00，以及交易所规定的其他时间
焦炭 Coke	100吨/手	元(人民币)/吨	0.5元/吨	上一交易日结算价的4%	合约价值的5%	1-12月	每周一至周五上午9:00-11:30,下午13:30-15:00，以及交易所规定的其他时间
焦煤 Coking Coal	60吨/手	元(人民币)/吨	0.5元/吨	上一交易日结算价的4%	合约价值的5%	1-12月	每周一至周五上午9:00-11:30,下午13:30-15:00，以及交易所规定的其他时间
乙二醇 Ethylene Glycol	10吨/手	元(人民币)/吨	1元/吨	上一交易日结算价的4%	合约价值的5%	1-12月	每周一至周五上午9:00-11:30,下午13:30-15:00，以及交易所规定的其他时间
苯乙烯 Ethenyl Benzene	5吨/手	元(人民币)/吨	1元/吨	上一交易日结算价的4%	合约价值的5%	1-12月	每周一至周五上午9:00-11:30,下午13:30-15:00，以及交易所规定的其他时间
液化石油气 Liquefied Petroleum Gas	20吨/手	元(人民币)/吨	1元/吨	上一交易日结算价的4%	合约价值的5%	1-12月	每周一至周五上午9:00-11:30,下午13:30-15:00，以及交易所规定的其他时间
燃料油 Fuel Oil	10吨/手	元(人民币)/吨(交易报价为不含税价格)	1元/吨	上一交易日结算价±5%	合约价值的8%	1-12月	上午9:00-11:30，下午1:30-3:00和交易所规定的其他交易时间

数据来源：上海期货交易所、郑州商品交易所、大连商品交易所
Source：SHFE、ZCE、DCE

Collection of Energy & Chemical Products & Others Futures Contracts in 2023

最后交易日 Last Trading Day	最后交割日 Last Delivery Day	交割品级 Delivery Grade	交割地点 Delivery Venue	交割方式 Trading Form	交易代码 Trading Code	上市交易所 Listed Exchange
合约月份第10个交易日	最后交易日后第3个交易日	大连商品交易所线型低密度聚乙烯交割质量标准（F/DCE L003-2014）	大连商品交易所线型低密度聚乙烯指定交割仓库	实物交割	L	大连商品交易所
合约月份第10个交易日	最后交易日后第3个交易日	质量标准符合《悬浮法通用型聚氯乙烯树脂（GB/T 5761-2018）》规定的SG5型一等品和优等品	大连商品交易所聚氯乙烯指定交割仓库	实物交割	V	大连商品交易所
合约月份第10个交易日	最后交易日后第3个交易日	大连商品交易所聚丙烯交割质量标准（F/DCE PP001-2014）	大连商品交易所聚丙烯指定交割仓库	实物交割	PP	大连商品交易所
合约月份第10个交易日	最后交易日后第3个交易日	大连商品交易所焦炭交割质量标准 （F/DCE J001-2021）	大连商品交易所焦炭指定交割仓库	实物交割	J	大连商品交易所
合约月份第10个交易日	最后交易日后第3个交易日	JM2304前合约执行大连商品交易所焦煤交割质量标准（F/DCE JM001-2018）,JM23O4及以后合约执行大连商品交易所焦煤交割质量标准（F/DCE JM003-2022）	大连商品交易所焦煤指定交割仓库	实物交割	JM	大连商品交易所
合约月份倒数第4个交易日	最后交易日后第3个交易日	大连商品交易所乙二醇交割质量标准（F/DCE EG001-2018）	大连商品交易所乙二醇指定交割仓库	实物交割	EG	大连商品交易所
合约月份倒数第4个交易日	最后交易日后第3个交易日	大连商品交易所苯乙烯交割质量标准（F/DCE EB001-2019）	大连商品交易所苯乙烯指定交割仓库	实物交割	EB	大连商品交易所
合约月份倒数第4个交易日	最后交易日后第3个交易日	大连商品交易所液化石油气交割质量标准（F/DCE PG001-2020）	大连商品交易所液化石油气指定交割仓库	实物交割	PG	大连商品交易所
合约月份前一月份的最后一个交易日；交易所可以根据国家法定节假日调整最后交易日	最后交易日后连续二个工作日	RMG 380船用燃料油（硫含量为I级、II级）或者质量优于该标准的船用燃料油	交易所指定交割地点	实物交割	FU	上海期货交易所

5-11 续表 1

交易品种 Product	交易单位 Contract Size	报价单位 Quotation Unit	最小变动价位 Minimum Tick Size	涨跌停板幅度 Daily Price Limit	最低交易保证金 Minimum Trading Margin	合约月份 Contracts Months	交易时间 Trading Hours
低硫燃料油 Low Sulfur Fuel Oil	10吨/手	元(人民币)/吨(交易报价为不含税价格)	1元/吨	不超过上一交易日结算价±5%	合约价值的8%	1-12月	上午9:00-11:30，下午1:30-3:00以及上海国际能源交易中心规定的其他交易时间
石油沥青 Bitumen	10吨/手	元(人民币)/吨	1元/吨	上一交易日结算价±3%	合约价值的4%	最近1-12个月为连续月份以及随后四个季月	上午9:00-11:30，下午1:30-3:00和交易所规定的其他交易时间
纸浆 Woodpulp	10吨/手	元(人民币)/吨	2元/吨	上一交易日结算价±3%	合约价值的4%	1-12月	上午9:00-11:30，下午1:30-3:00和交易所规定的其他交易时间
20号胶 TSR20	10吨/手	元(人民币)/吨（交易报价为不含税价格）	5元/吨	不超过上一交易日结算价±5%	合约价值的7%	1-12月	上午9:00-11:30，下午1:30-3:00和上海国际能源交易中心规定的其他交易时间
丁二烯橡胶 Synthetic Rubber	5吨/手	元（人民币）/吨	5元/吨	不超过上一交易日结算价±5%	合约价值的7%	1-12月	上午9:00-11:30，下午1:30-3:00和上海国际能源交易中心规定的其他交易时间
原油 Crude Oil	1000桶/手	元(人民币)/桶（交易报价为不含税价格）	0.1元（人民币）/桶	不超过上一交易日结算价±4%	合约价值的5%	最近1-12个月为连续月份以及随后八个季月	上午9:00-11:30，下午1:30-3:00和上海国际能源交易中心规定的其他交易时间
甲醇 Menthanol	10吨/手	元(人民币)/吨	1元/吨	上一交易日结算价±4%及《郑州商品交易所期货交易风险控制管理办法》相关规定	合约价值的5%	1-12月	每周一至周五（北京时间 法定节假日除外）上午9：00-11：30，下午13：30-15：00及交易所规定的其他交易时间

continued

最后交易日 Last Trading Day	最后交割日 Last Delivery Day	交割品级 Delivery Grade	交割地点 Delivery Venue	交割方式 Trading Form	交易代码 Trading Code	上市交易所 Listed Exchange
交割月份前第一月的最后一个交易日（遇国家法定节假日、休息日顺延；上海国际能源交易中心可以根据国家法定节假日、休息日调整最后交易日）	最后交易日后连续五个交易日	低硫船用燃料油（具体质量规定见《上海国际能源交易中心低硫燃料油期货标准合约附件》）	上海国际能源交易中心指定交割仓库	实物交割	LU	上海国际能源交易中心
合约月份的15日（遇国家法定节假日顺延，春节月份等最后交易日交易所可另行调整并通知）	最后交易日后连续二个工作日	70号A级道路石油沥青，具体内容见《上海期货交易所石油沥青期货交割实施细则（试行）》	交易所指定交割地点	实物交割	BU	上海期货交易所
合约月份的15日（遇国家法定节假日顺延，春节月份等最后交易日交易所可另行调整并通知）	最后交易日后连续二个工作日	漂白硫酸盐针叶木浆，具体质量规定见《上海期货交易所漂白硫酸盐针叶木浆期货合约附件》	交易所指定交割仓库	实物交割	SP	上海期货交易所
交割月份的15日（遇国家法定节假日、休息日顺延；上海国际能源交易中心可以根据国家法定节假日、休息日调整最后交易日）	最后交易日后连续五个交易日	具体规定见《上海国际能源交易中心20号胶期货标准合约附件》	上海国际能源交易中心指定交割仓库	实物交割	NR	上海国际能源交易中心
交割月份的15日（遇国家法定节假日、休息日顺延；上海国际能源交易中心可以根据国家法定节假日、休息日调整最后交易日）	最后交易日后连续二个工作日	丁二烯橡胶，质量符合或者优于GB/T 8659-2018《丁二烯橡胶（BR）9000》中I类指标规定。	交易所指定交割地点	实物交割	BR	上海期货交易所
交割月份前第一月的最后一个交易日；上海国际能源交易中心有权根据国家法定节假日调整最后交易日	最后交易日后连续五个交易日	中质含硫原油，基准品质为API度32.0，硫含量1.5%，具体可交割油种及升贴水由上海国际能源交易中心另行规定	上海国际能源交易中心指定交割仓库	实物交割	SC	上海国际能源交易中心
合约交割月份的第10个交易日	合约交割月份的第13个交易日	见《郑州商品交易所甲醇期货业务细则》	交易所指定交割地点	实物交割	MA	郑州商品交易所

5-11 续表 2

交易品种 Product	交易单位 Contract Size	报价单位 Quotation Unit	最小变动价位 Minimum Tick Size	涨跌停板幅度 Daily Price Limit	最低交易保证金 Minimum Trading Margin	合约月份 Contracts Months	交易时间 Trading Hours
玻璃 Glass	20吨/手	元(人民币)/吨	1元/吨	上一交易日结算价±4%及《郑州商品交易所期货交易风险控制管理办法》相关规定	合约价值的5%	1-12月	每周一至周五（北京时间 法定节假日除外）上午9：00-11：30，下午13：30-15：00及交易所规定的其他交易时间
动力煤 Thermal Coal	100吨/手	元(人民币)/吨	0.2元/吨	上一交易日结算价±4%及《郑州商品交易所期货交易风险控制管理办法》相关规定	合约价值的5%	1-12月	每周一至周五（北京时间 法定节假日除外）上午9：00-11：30，下午13：30-15：00及交易所规定的其他交易时间
尿素 Urea	20吨/手	元(人民币)/吨	1元/吨	上一交易日结算价±4%及《郑州商品交易所期货交易风险控制管理办法》相关规定	合约价值的5%	1-12月	每周一至周五（北京时间 法定节假日除外）上午9：00-11：30，下午13：30-15：00及交易所规定的其他交易时间
纯碱 Soda Ash	20吨/手	元(人民币)/吨	1元/吨	上一交易日结算价±4%及《郑州商品交易所期货交易风险控制管理办法》相关规定	合约价值的5%	1-12月	每周一至周五（北京时间 法定节假日除外）上午9：00-11：30，下午13：30-15：00及交易所规定的其他交易时间

continued

最后交易日 Last Trading Day	最后交割日 Last Delivery Day	交割品级 Delivery Grade	交割地点 Delivery Venue	交割方式 Trading Form	交易代码 Trading Code	上市交易所 Listed Exchange
合约交割月份的第10个交易日	合约交割月份的第13个交易日	见《郑州商品交易所平板玻璃期货业务细则》	交易所指定交割地点	实物交割	FG	郑州商品交易所
合约交割月份的第5个交易日	车（船）板交割：合约交割月份的最后1个日历日 仓单交割：合约交割月份的第8个交易日	见《郑州商品交易所动力煤期货业务细则》	交易所指定交割地点	实物交割	ZC	郑州商品交易所
合约交割月份的第10个交易日	合约交割月份的第13个交易日	见《郑州商品交易所尿素期货业务细则》	交易所指定交割地点	实物交割	UR	郑州商品交易所
合约交割月份的第10个交易日	合约交割月份的第13个交易日	见《郑州商品交易所纯碱期货业务细则》	交易所指定交割地点	实物交割	SA	郑州商品交易所

5-11 续表 3

交易品种 Product	交易单位 Contract Size	报价单位 Quotation Unit	最小变动价位 Minimum Tick Size	涨跌停板幅度 Daily Price Limit	最低交易保证金 Minimum Trading Margin	合约月份 Contracts Months	交易时间 Trading Hours
PTA Purified Terephthalic Acid	5吨/手	元(人民币)/吨	2元/吨	上一交易日结算价±4%及《郑州商品交易所期货交易风险控制管理办法》相关规定	合约价值的5%	1-12月	每周一至周五（北京时间 法定节假日除外） 上午9：00-11：30，下午13：30-15：00及交易所规定的其他交易时间
短纤 Polyester Staple Fiber	5吨/手	元（人民币）/吨	2元/吨	上一交易日结算价±4%及《郑州商品交易所期货交易风险控制管理办法》相关规定	合约价值的5%	1-12月	每周一至周五（北京时间，法定节假日除外） 上午9：00-11：30 下午1:30-3:00 以及交易所规定的其他交易时间
对二甲苯 Paraxylene	5吨/手	元(人民币)/吨	2元/吨	上一交易日结算价±4%及《郑州商品交易所期货交易风险控制管理办法》相关规定	合约价值的5%	1-12月	每周一至周五（北京时间 法定节假日除外） 上午9：00-11：30，下午13：30-15：00及交易所规定的其他交易时间
烧碱 Soduim Hydroxide	30吨/手	元(人民币)/吨	1元/吨	上一交易日结算价±4%及《郑州商品交易所期货交易风险控制管理办法》相关规定	合约价值的5%	1-12月	每周一至周五（北京时间 法定节假日除外） 上午9：00-11：30，下午13：30-15：00及交易所规定的其他交易时间

continued

最后交易日 Last Trading Day	最后交割日 Last Delivery Day	交割品级 Delivery Grade	交割地点 Delivery Venue	交割方式 Trading Form	交易代码 Trading Code	上市交易所 Listed Exchange
合约交割月份的第10个交易日	合约交割月份的第13个交易日	见《郑州商品交易所精对苯二甲酸（PTA）期货业务细则》	交易所指定交割地点	实物交割	TA	郑州商品交易所
合约交割月份的第10个交易日	合约交割月份的第13个交易日	见《郑州商品交易所涤纶短纤期货业务细则》	交易所指定交割地点	实物交割	PF	郑州商品交易所
合约交割月份的第10个交易日	合约交割月份的第13个交易日	见《郑州商品交易所对二甲苯期货业务细则》	交易所指定交割地点	实物交割	PX	郑州商品交易所
合约交割月份的第10个交易日	合约交割月份的第13个交易日	见《郑州商品交易所烧碱期货业务细则》	交易所指定交割地点	实物交割	SH	郑州商品交易所

5-12 2023年金融期货合约汇总

合约标的 Underlying Bond	合约乘数 Contract Multiplier	报价单位 Quotation Unit	最小变动价位 Minimum Tick Size	合约月份 Contract Months	交易时间 Trading Hours
中证500指数 CSI 500 Index	每点200元	指数点	0.2点	当月、下月及随后两个季月	上午：9：30-11：30 下午：13：00-15：00
沪深300指数 CSI 300 Index	每点300元	指数点	0.2点	当月、下月及随后两个季月	上午：9：30-11：30 下午：13：00-15：00
上证50指数 SSE 50 Index	每点300元	指数点	0.2点	当月、下月及随后两个季月	上午：9：30-11：30 下午：13：00-15：00
中证1000指数 CSI 500 Index	每点200元	指数点	0.2点	当月、下月及随后两个季月	上午：9：30-11：30 下午：13：00-15：00

合约标的 Underlying Bond	可交割国债 Deliverable Treasury Bond	报价方式 Quotation Method	最小变动价位 Minimum Tick Size	合约月份 Contract Months	交易时间 Trading Hours
面值为200万元人民币、票面利率为3%的名义中短期国债 Nominal Medium-term and Sort-term Treasury Bond With Face Value of RMB 2 Million and Coupon Rate of 3%	发行期不高于5年，合约到期月份首日剩余期限为1.5-2.25年的记账式付息国债	百元净价报价	0.002元	最近三个季月	上午：9：30-11：30 下午：13：00-15：15
面值为100万元人民币、票面利率为3%的名义中期国债 Nominal Medium-term Treasury Bond With Face Value of RMB 2 Million and Coupon Rate of 3%	发行期不高于7年，合约到期月份首日剩余期限为4-5.25年的记账式付息国债	百元净价报价	0.005元	最近三个季月	上午：9：30-11：30 下午：13：00-15：15
面值为100万元人民币、票面利率为3%的名义长期国债 Nominal Long-term Treasury Bond With Face Value of RMB 2 Million and Coupon Rate of 3%	发行期不高于10年，合约到期月份首日剩余期限不低于6.5年的记账式付息国债	百元净价报价	0.005元	最近三个季月	上午：9：30-11：30 下午：13：00-15：15
面值为100万元人民币、票面利率为3%的名义超长期国债 Nominal Ultra Long-term Treasury Bond With Face Value of RMB 2 Million and Coupon Rate of 3%	发行期不高于30年，合约到期月份首日剩余期限不低于25年的记账式付息国债	百元净价报价	0.01元	最近三个季月	上午：9：30-11：30 下午：13：00-15：15

数据来源：中国金融期货交易所
Source：CFFEX

Collection of Financial Futures Contracts in 2023

最后交易日交易时间 Trading Hours on Last Trading Day	每日价格最大波动限制 Daily Price Limit	最低交易保 证 金 Minimum Trading Margin	最后交易日 Last Trading Day	交割日期 Delivery Date	交割方式 Delivery Method	交易代码 Trading Code	上市交易所 Listed Exchange
上午：9：30-11：30 下午：13：00-15：00	上一个交易日结算价的±10%	合约价值的8%	合约到期月份的第三个周五，遇国家法定假日顺延	同最后交易日	现金交割	IC	中国金融期货交易所
上午：9：30-11：30 下午：13：00-15：00	上一个交易日结算价的±10%	合约价值的8%	合约到期月份的第三个周五，遇国家法定假日顺延	同最后交易日	现金交割	IF	中国金融期货交易所
上午：9：30-11：30 下午：13：00-15：00	上一个交易日结算价的±10%	合约价值的8%	合约到期月份的第三个周五，遇国家法定假日顺延	同最后交易日	现金交割	IH	中国金融期货交易所
上午：9：30-11：30 下午：13：00-15：00	上一个交易日结算价的±10%	合约价值的8%	合约到期月份的第三个周五，遇国家法定假日顺延	同最后交易日	现金交割	IM	中国金融期货交易所

最后交易日交易时间 Trading Hours on Last Trading Day	每日价格最大波动限制 Daily Price Limit	最低交易保证金 Minimum Trading Margin	最后交易日 Last Trading Day	交割日期 Delivery Date	交割方式 Delivery Method	交易代码 Trading Code	上市交易所 Listed Exchange
上午：9：30-11：30	上一个交易日结算价的±0.5%	合约价值的0.5%	合约到期月份的第二个星期五	最后交易日后的第三个交易日	实物交割	TS	中国金融期货交易所
上午：9：30-11：30	上一个交易日结算价的±1.2%	合约价值的1%	合约到期月份的第二个星期五	最后交易日后的第三个交易日	实物交割	TF	中国金融期货交易所
上午：9：30-11：30	上一个交易日结算价的±2%	合约价值的2%	合约到期月份的第二个星期五	最后交易日后的第三个交易日	实物交割	T	中国金融期货交易所
上午：9：30-11：30	上一个交易日结算价的±3.5%	合约价值的3.5%	合约到期月份的第二个星期五	最后交易日后的第三个交易日	实物交割	TL	中国金融期货交易所

5-13 商品期权交易概况

年份 Year	成交金额(亿元) Trading Turnover (100 million yuan)	成交量(万手) Trading Volume (10 thousand lots)	持仓金额(亿元) Value of Positions (10 thousand lots)
2018	210.16	1836.35	4.23
2019	333.27	4059.51	11.12
2020	1122.33	10897.31	29.26
2021	2627.76	21497.53	48.03
2022	5245.06	56614.42	42.89
2023	6711.75	106999.14	54.04

注：上海期货交易所数据包含上海国际能源交易中心。
数据来源：上海期货交易所、郑州商品交易所、大连商品交易所、广州期货交易所
Source：SHFE、ZCE、DCE、GFEX

Overview of Commodity Options Transaction

持仓量(万手) Positions (10 thousand lots)	行权金额(亿元) Value of Delivery (100 million yuan)	行权量(万手) Delivery Quantity (10 thousand lots)
31.56	63.24	15.39
127.46	184.21	34.51
186.43	552.07	105.60
393.60	775.34	184.87
407.11	1652.74	220.89
528.59	2748.68	403.08

5-14 商品期权品种交易情况

交易品种 Product	交易所 Exchange	成交金额 (亿元) Trading Turnover (100 million yuan)		成交量 (万手) Trading Volume (10 thousand lots)	
		2022	2023	2022	2023
豆粕期权 Soybean Meal Options	DCE	695.59	248.47	10681.59	5846.40
玉米期权 Corn Options	DCE	170.53	80.65	6085.90	3479.82
棕榈油期权 Palm Oil Options	DCE	688.61	289.93	5341.75	4835.57
铁矿石期权 Iron Ore Options	DCE	1165.04	1056.93	8342.40	9736.21
聚乙烯期权 LLDPE Options	DCE	45.78	26.00	969.85	967.69
聚氯乙烯期权 PVC Options	DCE	59.78	60.13	1217.66	2033.66
聚丙烯期权 PP Options	DCE	33.20	26.93	709.13	912.48
液化石油气期权 LPG Options	DCE	93.17	94.85	1096.48	1723.75
豆一期权 No.1 Soybean Options	DCE	12.30	30.41	365.28	1112.43
豆二期权 No.2 Soybean Options	DCE	8.13	49.71	271.08	1833.84
豆油期权 Soybean Oil Options	DCE	60.18	137.32	681.53	1923.03
乙二醇期权 Ethylene Glycol Options	DCE	0.00	41.65	0.00	1042.29
苯乙烯期权 Ethenylbenzene Options	DCE	0.00	69.57	0.00	2582.99
铜期权 Copper Options	SHFE	327.38	357.16	1211.45	2060.51
黄金期权 Gold Options	SHFE	142.86	320.64	414.71	938.03
天胶期权 Natural Rubber Options	SHFE	111.31	211.66	535.04	1207.08

数据来源：上海期货交易所、郑州商品交易所、大连商品交易所、广州期货交易所
Source：SHFE、ZCE、DCE、GFEX

Statistics for Commodity Options by Options Products

持仓金额 (亿元) Value of Positions (100 million yuan)		持仓量 (万手) Positions (10 thousand lots)		行权金额 (亿元) Value of Delivery (100 million yuan)		行权量 (万手) Delivery Quantity (10 thousand lots)	
2022	2023	2022	2023	2022	2023	2022	2023
4.93	2.53	61.85	35.09	124.65	179.84	31.65	46.64
2.06	0.91	64.55	39.68	100.74	90.98	35.78	33.57
3.54	1.30	19.00	14.18	140.42	105.05	14.54	14.15
13.01	8.16	81.60	56.26	122.88	298.81	15.92	35.10
0.18	0.14	2.26	1.95	8.88	9.40	2.09	2.33
0.63	0.31	6.97	8.42	15.21	16.60	4.12	5.46
0.28	0.13	2.64	2.42	7.54	10.81	1.80	2.87
0.73	0.32	8.21	6.58	41.53	68.59	3.86	7.22
0.53	0.18	10.24	6.35	4.58	17.68	0.80	3.43
0.20	0.16	3.91	5.37	2.71	38.97	0.52	8.71
1.95	0.92	11.68	7.06	15.86	107.03	1.66	13.35
0.00	0.49	0.00	6.78	0.00	13.01	0.00	3.14
0.00	0.25	0.00	11.53	0.00	34.49	0.00	8.29
1.93	3.18	3.93	7.23	228.73	276.72	6.91	8.27
1.91	4.61	4.01	8.47	59.88	121.41	1.53	2.78
0.96	1.62	3.57	4.55	37.35	41.25	2.69	3.18

5-14 续表

交易品种 Product	交易所 Exchange	成交金额 (亿元) Trading Turnover (100 million yuan)		成交量 (万手) Trading Volume (10 thousand lots)	
		2022	2023	2022	2023
丁二烯期权 Butadiene Options	SHFE	0.00	45.57	0.00	518.48
铝期权 Aluminum Options	SHFE	108.04	129.83	1139.65	2490.88
锌期权 Zinc Options	SHFE	99.87	157.28	831.44	2172.60
白银期权 Silver Options	SHFE	1.24	229.11	7.79	2690.19
螺纹钢期权 Steel Rebar Options	SHFE	2.07	239.30	24.57	5834.73
原油 Crude Oil Options	INE	635.91	898.61	660.08	1427.52
苹果期权 Apple Options	ZCE	0.00	3.17	0.00	58.42
棉花期权 Cotton No.1 Options	ZCE	218.37	385.71	1766.83	4525.29
甲醇期权 Methanol Options	ZCE	136.32	287.21	4023.32	11898.90
菜籽油期权 Rapeseed Oil Options	ZCE	21.81	144.73	259.42	2173.90
短纤期权 Polyester Staple Fiber Options	ZCE	0.00	1.08	0.00	46.13
花生期权 Peanut Kernel Options	ZCE	12.16	59.87	223.94	1491.85
对二甲苯期权 Paraxylene Options	ZCE	0.00	4.32	0.00	37.32
菜籽粕期权 Rapeseed Meal Options	ZCE	47.94	123.59	798.99	3396.61
纯碱期权 Soda Ash Options	ZCE	0.00	109.65	0.00	1328.93
硅铁期权 Ferrosilicon Options	ZCE	0.00	1.38	0.00	53.48
烧碱期权 Caustic Soda Options	ZCE	0.00	9.76	0.00	41.73
锰硅期权 Manganese Silicon Options	ZCE	0.00	0.62	0.00	21.93
白糖期权 White Sugar Options	ZCE	106.80	251.34	2050.87	4792.24
PTA期权 PTA Options	ZCE	236.01	405.99	6889.74	18818.84
尿素期权 Urea Options	ZCE	0.00	8.48	0.00	153.01
动力煤期权 Thermal Coal Options	ZCE	3.86	0.00	12.35	0.00
碳酸锂期权 Lithium Carbonate Options	GFEX	0.00	80.59	0.00	374.47
工业硅期权 Silicon Metal Options	GFEX	0.80	32.56	1.58	415.90

continued

持仓金额（亿元）Value of Positions (100 million yuan)		持仓量（万手）Positions (10 thousand lots)		行权金额（亿元）Value of Delivery (100 million yuan)		行权量（万手）Delivery Quantity (10 thousand lots)	
2022	2023	2022	2023	2022	2023	2022	2023
0.00	0.63	0.00	4.80	0.00	4.93	0.00	0.79
0.62	1.21	3.91	9.25	117.44	146.77	11.82	15.86
0.55	0.38	1.82	3.29	61.77	84.41	4.95	7.96
0.37	2.18	1.93	14.95	0.00	66.44	0.00	7.95
0.69	1.42	6.52	27.73	0.00	100.00	0.00	25.87
1.02	3.25	1.08	5.23	204.82	263.29	3.24	4.45
0.00	0.10	0.00	0.84	0.00	2.66	0.00	0.30
2.68	4.00	21.03	46.01	150.39	149.34	16.37	18.86
0.56	0.74	16.99	23.51	48.35	76.23	17.37	31.83
0.42	1.33	2.38	7.23	7.26	53.06	0.62	6.01
0.00	0.05	0.00	2.70	0.00	0.85	0.00	0.24
0.26	0.37	3.82	9.75	2.79	21.03	0.53	4.20
0.00	0.26	0.00	3.43	0.00	0.05	0.00	0.01
0.46	0.69	5.79	10.84	16.14	37.26	4.85	11.44
0.00	2.63	0.00	26.87	0.00	16.77	0.00	3.70
0.00	0.09	0.00	3.92	0.00	0.75	0.00	0.22
0.00	0.68	0.00	2.64	0.00	0.01	0.00	0.00
0.00	0.05	0.00	2.10	0.00	0.57	0.00	0.17
1.00	2.04	18.45	27.32	47.79	108.69	8.24	17.10
1.13	1.31	38.42	43.57	83.72	115.71	28.87	39.95
0.00	0.27	0.00	4.77	0.00	1.49	0.00	0.32
0.00	0.00	0.00	0.00	1.30	0.00	0.14	0.00
0.00	4.78	0.00	20.83	0.00	39.44	0.00	3.42
0.30	0.32	0.56	5.10	0.00	28.29	0.00	3.92

5-15　2023年商品期权合约汇总

合约标的物 Underlying Instrument	合约类型 Contracts Type	交易单位 Contract Size	报价单位 Quotation Unit	最小变动价位 Minimum Tick Size	涨跌停板幅度 Daily Price Limit	合约月份 Contracts Months	交易时间 Trading Hours
豆粕期货合约 Soybean Meal Futures Contract	看涨期权、看跌期权	1手（10吨）豆粕期货合约	元（人民币）/吨	0.5元/吨	与豆粕期货合约涨跌停板幅度相同	1、3、5、7、8、9、11、12月	每周一至周五上午9：00-11：30，下午13：30-15：00，以及交易所规定的其他时间
玉米期货合约 Corn Futures Contract	看涨期权、看跌期权	1手（10吨）玉米期货合约	元（人民币）/吨	0.5元/吨	与玉米期货合约涨跌停板幅度相同	1、3、5、7、9、11月	每周一至周五上午9：00-11：30，下午13：30-15：00，以及交易所规定的其他时间
铁矿石期货合约 Iron Ore Futures Contract	看涨期权、看跌期权	1手（100吨）铁矿石期货合约	元（人民币）/吨	0.1元/吨	与铁矿石期货合约涨跌停板幅度相同	1、2、3、4、5、6、7、8、9、10、11、12月	每周一至周五上午9：00-11：30，下午13：30-15：00，以及交易所规定的其他时间
聚乙烯期货合约 Linear Low Density Polyethylene Futures Contract	看涨期权、看跌期权	1手(5吨)聚乙烯期货合约	元（人民币）/吨	0.5元/吨	与聚乙烯期货合约涨跌停板幅度相同	1、2、3、4、5、6、7、8、9、10、11、12月	每周一至周五上午9：00-11：30,下午13：30-15：00,以及交易所规定的其他时间
聚氯乙烯期货合约 Polyvinyl Chloride Futures Contract	看涨期权、看跌期权	1手（5吨）聚氯乙烯期货合约	元（人民币）/吨	0.5元/吨	与聚氯乙烯期货合约涨跌停板幅度相同	1、2、3、4、5、6、7、8、9、10、11、12月	每周一至周五上午9：00～11：30，下午13：30～15：00，以及交易所规定的其他时间
聚丙烯期货合约 Polypropylene Futures Contract	看涨期权、看跌期权	1手（5吨）聚丙烯期货合约	元（人民币）/吨	0.5元/吨	与聚丙烯期货合约涨跌停板幅度相同	1、2、3、4、5、6、7、8、9、10、11、12月	每周一至周五上午9：00-11：30，下午13：30-15：00，以及交易所规定的其他时间

数据来源：上海期货交易所、郑州商品交易所、大连商品交易所、广州期货交易所
Source: SHFE、ZCE、DCE、GFEX

Collection of Commodity Options Contracts in 2023

最后交易日 Last Trading Day	到期日 Expiration Day	行权价格 Strike Price	行权方式 Exercise Style	交易代码 Trading Code	上市交易所 Listed Exchange
标的期货合约交割月份前一个月的第5个交易日	同最后交易日	行权价格范围覆盖豆粕期货合约上一交易日结算价上下浮动1.5倍当日涨跌停板幅度对应的价格范围。行权价格≤2000元/吨，行权价格间距为25元/吨；2000元/吨＜行权价格≤5000元/吨，行权价格间距为50元/吨；行权价格＞5000元/吨，行权价格间距为100元/吨	美式。买方可以在到期日之前任一交易日的交易时间，以及到期日15:30之前提出行权申请。	看涨期权：M–合约月份–C–行权价格 看跌期权：M–合约月份–P–行权价格。	大连商品交易所
标的期货合约交割月份前一个月的第5个交易日	同最后交易日	行权价格范围覆盖玉米期货合约上一交易日结算价上下浮动1.5倍当日涨跌停板幅度对应的价格范围。行权价格≤1000元/吨，行权价格间距为10元/吨；1000元/吨＜行权价格≤3000元/吨，行权价格间距为20元/吨；行权价格＞3000元/吨，行权价格间距为40元/吨。	美式。买方可以在到期日之前任一交易日的交易时间，以及到期日15:30之前提出行权申请。	看涨期权：C–合约月份–C–行权价格 看跌期权：C–合约月份–P–行权价格	大连商品交易所
标的期货合约交割月份前一个月的第5个交易日	同最后交易日	行权价格覆盖铁矿石期货合约上一交易日结算价上下浮动1.5倍当日涨跌停板幅度对应的价格范围。行权价格≤300元/吨，行权价格间距为5元/吨；300元/吨＜行权价格≤1000元/吨，行权价格间距为10元/吨；行权价格＞1000元/吨，行权价格间距为20元/吨。	美式。买方可以在到期日之前任一交易日的交易时间，以及到期日15:30之前提出行权申请。	看涨期权：I–合约月份–C–行权价格 看跌期权：I–合约月份–P–行权价格	大连商品交易所
标的期货合约交割月份前一个月的第5个交易日	同最后交易日	行权价格覆盖线型低密度聚乙烯期货合约上一交易日结算价上下浮动1.5倍当日涨跌停板幅度对应的价格范围。行权价格≤5000元/吨,行权价格间距为50元/吨；5000元/吨＜行权价格≤10000元/吨，行权价格间距为100元/吨；行权价格＞10000元/吨，行权价格间距为200元/吨。	美式.买方可以在到期日之前任一交易日的交易时间,以及到期日15:30之前提出行权申请。	看涨期权:L–合约月份–C–行权价格 看跌期权:L–合约月份–P–行权价格	大连商品交易所
标的期货合约交割月份前一个月的第5个交易日	同最后交易日	行权价格覆盖聚氯乙烯期货合约上一交易日结算价上下浮动1.5倍当日涨跌停板幅度对应的价格范围。行权价格≤5000元/吨，行权价格间距为50元/吨；5000元/吨＜行权价格≤10000元/吨，行权价格间距为100元/吨；行权价格＞10000元/吨，行权价格间距为200元/吨。	美式。买方可以在到期日之前任一交易日的交易时间，以及到期日15:30之前提出行权申请。	看涨期权：V–合约月份–C–行权价格 看跌期权：V–合约月份–P–行权价格	大连商品交易所
标的期货合约交割月份前一个月的第5个交易日	同最后交易日	行权价格覆盖聚丙烯期货合约上一交易日结算价上下浮动1.5倍当日涨跌停板幅度对应的价格范围。行权价格≤5000元/吨，行权价格间距为50元/吨；5000元/吨＜行权价格≤10000元/吨，行权价格间距为100元/吨；行权价格＞10000元/吨，行权价格间距为200元/吨。	美式。买方可以在到期日之前任一交易日的交易时间，以及到期日15:30之前提出行权申请。	看涨期权：PP–合约月份–C–行权价格 看跌期权：PP–合约月份–P–行权价格	大连商品交易所

5-15　续表 1

合约标的物 Underlying Instrument	合约类型 Contracts Type	交易单位 Contract Size	报价单位 Quotation Unit	最小变动价　位 Minimum Tick Size	涨跌停板幅　度 Daily Price Limit	合约月份 Contracts Months	交易时间 Trading Hours
液化石油气期货合约 Liquefied Petroleum gas Futures Contract	看涨期权、看跌期权	1手（20吨）液化石油气期货合约	元（人民币）/吨	0.2元/吨	与液化石油气期货合约涨跌停板幅度相同	1、2、3、4、5、6、7、8、9、10、11、12月	每周一至周五上午9：00-11：30，下午13：30-15：00，以及交易所规定的其他时间
棕榈油期货合约 RBD Palm Oil Futures Contract	看涨期权、看跌期权	1手(10吨)棕榈油期货合约	元（人民币）/吨	0.5元/吨	与棕榈油期货合约涨跌停板幅度相同	1、2、3、4、5、6、7、8、9、10、11、12月	每周一至周五上午9：00-11：30，下午13：30-15：00，以及交易所规定的其他时间
黄大豆1号期货合约 No.1 Soybean Futures Contract	看涨期权、看跌期权	1手（10吨）黄大豆1号期货合约	元（人民币）/吨	0.5元/吨	与黄大豆1号期货合约涨跌停板幅度相同	1、3、5、7、9、11月	每周一至周五上午9：00～11：30，下午13：30～15：00，以及交易所规定的其他时间
黄大豆2号期货合约 No.2 Soybean Futures Contract	看涨期权、看跌期权	1手（10吨）黄大豆2号期货合约	元（人民币）/吨	0.5元/吨	与黄大豆2号期货合约涨跌停板幅度相同	1、2、3、4、5、6、7、8、9、10、11、12月	每周一至周五上午9：00-11：30，下午13：30-15：00，以及交易所规定的其他时间
豆油期货合约 Soybean Oil Futures Contract	看涨期权、看跌期权	1手（10吨）豆油期货合约	元（人民币）/吨	0.5元/吨	与豆油期货合约涨跌停板幅度相同	1、3、5、7、8、9、11、12月	每周一至周五上午9：00-11：30，下午13：30-15：00，以及交易所规定的其他时间

continued

最后交易日 Last Trading Day	到期日 Expiration Day	行权价格 Strike Price	行权方式 Exercise Style	交易代码 Trading Code	上市交易所 Listed Exchange
标的期货合约交割月份前一个月的第5个交易日	同最后交易日	行权价格覆盖液化石油气期货合约上一交易日结算价上下浮动1.5倍当日涨跌停板幅度对应的价格范围。行权价格≤2000元/吨，行权价格间距为25元/吨；2000元/吨行权价格≤6000元/吨，行权价格间距为50元/吨；行权价格＞6000元/吨，行权价格间距为100元/吨。	美式。买方可以在到期日之前任一交易日的交易时间，以及到期日15:30之前提出行权申请。	看涨期权：PG-合约月份-C-行权价格 看跌期权：PG-合约月份-P-行权价格	大连商品交易所
标的期货合约交割月份前一个月的第5个交易日	同最后交易日	行权价格覆盖棕榈油期货合约上一交易日结算价上下浮动1.5倍当日涨跌停板幅度对应的价格范围。行权价格≤5000元/吨，行权价格间距为50元/吨；5000元/吨＜行权价格≤10000元/吨，行权价格间距为100元/吨；行权价格＞10000元/吨，行权价格间距为200元/吨。	美式。买方可以在到期日之前任一交易日的交易时间，以及到期日15:30之前提出行权申请。	看涨期权：P-合约月份-C-行权价格 看跌期权：P-合约月份-P-行权价格	大连商品交易所
标的期货合约交割月份前一个月的第5个交易日	同最后交易日	行权价格覆盖黄大豆1号期货合约上一交易日结算价上下浮动1.5倍当日涨跌停板幅度对应的价格范围。行权价格≤2500元/吨，行权价格间距为25元/吨；2500元/吨＜行权价格≤5000元/吨，行权价格间距为50元/吨；行权价格＞5000元/吨，行权价格间距为100元/吨。	美式。买方可以在到期日之前任一交易日的交易时间，以及到期日15:30之前提出行权申请。	看涨期权：A-合约月份-C-行权价格 看跌期权：A-合约月份-P-行权价格	大连商品交易所
标的期货合约交割月份前一个月的第5个交易日	同最后交易日	行权价格覆盖黄大豆2号期货合约上一交易日结算价上下浮动1.5倍当日涨跌停板幅度对应的价格范围。行权价格≤2500元/吨，行权价格间距为25元/吨；2500元/吨＜行权价格≤5000元/吨，行权价格间距为50元/吨；行权价格＞5000元/吨，行权价格间距为100元/吨。	美式。买方可以在到期日之前任一交易日的交易时间，以及到期日15:30之前提出行权申请。	看涨期权：B-合约月份-C-行权价格 看跌期权：B-合约月份-P-行权价格	大连商品交易所
标的期货合约交割月份前一个月的第5个交易日	同最后交易日	行权价格覆盖豆油期货合约上一交易日结算价上下浮动1.5倍当日涨跌停板幅度对应的价格范围。行权价格≤5000元/吨，行权价格间距为50元/吨；5000元/吨＜行权价格≤10000元/吨，行权价格间距为100元/吨；行权价格＞10000元/吨，行权价格间距为200元/吨。	美式。买方可以在到期日之前任一交易日的交易时间，以及到期日15:30之前提出行权申请。	看涨期权：Y-合约月份-C-行权价格 看跌期权：Y-合约月份-P-行权价格	大连商品交易所

5-15 续表 2

合约标的物 Underlying Instrument	合约类型 Contracts Type	交易单位 Contract Size	报价单位 Quotation Unit	最小变动价位 Minimum Tick Size	涨跌停板幅度 Daily Price Limit	合约月份 Contracts Months	交易时间 Trading Hours
乙二醇期货合约 Ethylene Glycol Futures Contract	看涨期权、看跌期权	1手（10吨）乙二醇期货合约	元（人民币）/吨	0.5元/吨	与乙二醇期货合约涨跌停板幅度相同	1、2、3、4、5、6、7、8、9、10、11、12月	每周一至周五上午9：00-11：30，下午13：30-15：00，以及交易所规定的其他时间
苯乙烯期货合约 Ethenylbenzene Futures Contract	看涨期权、看跌期权	1手（5吨）苯乙烯期货合约	元（人民币）/吨	0.5元/吨	与苯乙烯期货合约涨跌停板幅度相同	1、2、3、4、5、6、7、8、9、10、11、12月	每周一至周五上午9：00-11：30，下午13：30-15：00，以及交易所规定的其他时间
阴极铜期货合约(5吨) Copper Cathode Futures Contract(five metric tons(MT))	看涨期权，看跌期权	1手阴极铜期货合约	元（人民币）/吨	2 元/吨	与阴极铜期货合约涨跌停板幅度相同	最近两个连续月份合约，其后月份在标的期货合约结算后持仓量达到一定数值之后的第二个交易日挂牌。具体数值交易所另行发布	上午9：00-11：30 下午13：30-15：00及交易所规定的其他时间
铝期货合约（5吨） Aluminum Futures Contract(5 tons)	看涨期权，看跌期权	1手铝期货合约	元（人民币）/吨	1 元/吨	与标的期货合约涨跌停板幅度相同	最近两个连续月份合约，其后月份在标的期货合约结算后持仓量达到一定数值之后的第二个交易日挂牌。具体数值交易所另行发布	上午9：00-11：30 下午13：30-15：00及交易所规定的其他时间
锌期货合约（5吨） Zinc Futures Contract(5 tons)	看涨期权，看跌期权	1手锌期货合约	元（人民币）/吨	1 元/吨	与标的期货合约涨跌停板幅度相同	最近两个连续月份合约，其后月份在标的期货合约结算后持仓量达到一定数值之后的第二个交易日挂牌。具体数值交易所另行发布	上午9：00-11：30 下午13：30-15：00及交易所规定的其他时间

continued

最后交易日 Last Trading Day	到期日 Expiration Day	行权价格 Strike Price	行权方式 Exercise Style	交易代码 Trading Code	上市交易所 Listed Exchange
标的期货合约交割月份前一个月的第5个交易日	同最后交易日	行权价格覆盖乙二醇期货合约上一交易日结算价上下浮动1.5倍当日涨跌停板幅度对应的价格范围。行权价格≤2500元/吨，行权价格间距为25元/吨；2500元/吨<行权价格≤5000元/吨，行权价格间距为50元/吨；行权价格＞5000元/吨，行权价格间距为100元/吨。	美式。买方可以在到期日之前任一交易日的交易时间，以及到期日15:30之前提出行权申请。	看涨期权：EG-合约月份-C-行权价格 看跌期权：EG-合约月份-P-行权价格	大连商品交易所
标的期货合约交割月份前一个月的第5个交易日	同最后交易日	行权价格覆盖苯乙烯期货合约上一交易日结算价上下浮动1.5倍当日涨跌停板幅度对应的价格范围。行权价格≤5000元/吨，行权价格间距为50元/吨；5000元/吨<行权价格≤10000元/吨，行权价格间距为100元/吨；行权价格＞10000元/吨，行权价格间距为200元/吨。	美式。买方可以在到期日之前任一交易日的交易时间，以及到期日15:30之前提出行权申请。	看涨期权：EB-合约月份-C-行权价格 看跌期权：EB-合约月份-P-行权价格	大连商品交易所
标的期货合约交割月前第一月的倒数第五个交易日，交易所可以根据国家法定节假日调整最后交易日	同最后交易日	行权价格覆盖阴极铜期货合约上一交易日结算价上下1倍当日涨跌停板幅度对应的价格范围。行权价格≤40000元/吨，行权价格间距为500元/吨；40000元/吨＜行权价格≤80000元/吨，行权价格间距为1000元/吨；行权价格＞80000元/吨，行权价格间距为2000元/吨。	美式。买方可以在到期日前任一交易日的交易时间提交行权申请；买方可以在到期日15:30之前提出行权申请、放弃申请。	看涨期权：CU-合约月份-C-行权价格 看跌期权：CU-合约月份-P-行权价格	上海期货交易所
标的期货合约交割月前第一月的倒数第五个交易日，交易所可以根据国家法定节假日调整最后交易日	同最后交易日	行权价格覆盖标的期货合约上一交易日结算价上下浮动1.5倍当日涨跌停板幅度对应的价格范围。行权价格≤10000元/吨，行权价格间距为50元/吨；10000元/吨＜行权价格≤20000元/吨，行权价格间距为100元/吨；行权价格＞20000元/吨，行权价格间距为200元/吨。	美式。买方可以在到期日前任一交易日的交易时间提交行权申请；买方可以在到期日15:30之前提出行权申请、放弃申请。	看涨期权：AL-合约月份-C-行权价格 看跌期权：AL-合约月份-P-行权价格	上海期货交易所
标的期货合约交割月前第一月的倒数第五个交易日，交易所可以根据国家法定节假日调整最后交易日	同最后交易日	行权价格覆盖标的期货合约上一交易日结算价上下浮动1.5倍当日涨跌停板幅度对应的价格范围。行权价格≤10000元/吨，行权价格间距为100元/吨；10000元/吨＜行权价格≤25000元/吨，行权价格间距为200元/吨；行权价格＞25000元/吨，行权价格间距为500元/吨。	美式。买方可以在到期日前任一交易日的交易时间提交行权申请；买方可以在到期日15:30之前提出行权申请、放弃申请。	看涨期权：ZN-合约月份-C-行权价格 看跌期权：ZN-合约月份-P-行权价格	上海期货交易所

5-15　续表 3

合约标的物 Underlying Instrument	合约类型 Contracts Type	交易单位 Contract Size	报价单位 Quotation Unit	最小变动价位 Minimum Tick Size	涨跌停板幅度 Daily Price Limit	合约月份 Contracts Months	交易时间 Trading Hours
黄金期货合约(1000克) Gold Futures Contract(1 kilogram)	看涨期权，看跌期权	1手黄金期货合约	元（人民币）/克	0.02 元/克	与黄金期货合约涨跌停板幅度相同	最近两个连续月份合约，其后月份在标的期货合约结算后持仓量达到一定数值之后的第二个交易日挂牌。具体数值交易所另行发布	上午9：00-11：30 下午13：30-15：00 及交易所规定的其他时间
白银期货合约（15千克） Silver Futures Contract	看涨期权，看跌期权	1手白银期货合约	元（人民币）/千克	0.5元/千克	与标的期货合约涨跌停板幅度相同	最近两个连续月份合约，其后月份在标的期货合约结算后持仓量达到一定数值之后的第二个交易日挂牌，具体数值交易所另行发布	上午9：00-11：30 下午13：30-15：00 及交易所规定的其他时间
螺纹钢期货合约（10吨） Steel Rebar Futures Contract	看涨期权，看跌期权	1手螺纹钢期货合约	元（人民币）/吨	0.5元/吨	与标的期货合约涨跌停板幅度相同	最近两个连续月份合约，其后月份在标的期货合约结算后持仓量达到一定数值之后的第二个交易日挂牌，具体数值交易所另行发布	上午9：00-11：30 下午13：30-15：00 及交易所规定的其他时间
天然橡胶期货合约(10吨) Natural Rubber futures contract(10 metric tons(MT))	看涨期权，看跌期权	1手天然橡胶期货合约	元（人民币）/吨	1 元/吨	与天然橡胶期货合约涨跌停板幅度相同	最近两个连续月份合约，其后月份在标的期货合约结算后持仓量达到一定数值之后的第二个交易日挂牌。具体数值交易所另行发布	上午9：00-11：30 下午13：30-15：00 及交易所规定的其他时间
原油期货合约（1000桶） Crude Oil Futures Contract(1000 BBL)	看涨期权，看跌期权	1手原油期货合约	元（人民币）/桶	0.05元/桶	与标的期货合约涨跌停板幅度相同	最近两个连续月份合约，其后月份在标的期货合约结算后持仓量达到一定数值之后的第二个交易日挂盘，具体数值上海国际能源交易中心另行发布	上午9：00-11：30 下午13：30-15：00 及上海国际能源交易中心规定的其他时间
丁二烯橡胶期货合约（5吨） Synthetic Rubber Futures Contract (5 tons)	看涨期权，看跌期权	1手丁二烯橡胶期货合约	元（人民币）/吨	1元/吨	与标的期货合约涨跌停板幅度相同	最近两个连续月份合约，其后月份在标的期货合约结算后持仓量达到一定数值之后的第二个交易日挂牌，具体数值交易所另行发布	上午9：00-11：30 下午13：30-15：00 及交易所规定的其他时间
棉花期货合约 Cotton Futures Contract	看涨期权、看跌期权	1手棉花期货合约	元（人民币）/吨	1元/吨	与棉花期货合约涨跌停板幅度相同	标的期货合约中的连续两个近月，其后月份在标的期货合约结算后持仓量达到5000手（单边）之后的第二个交易日挂牌	每周一至周五（北京时间 法定节假日除外）上午9：00-11：30，下午13：30-15：00，以及交易所规定的其他交易时间

continued

最后交易日 Last Trading Day	到期日 Expiration Day	行权价格 Strike Price	行权方式 Exercise Style	交易代码 Trading Code	上市交易所 Listed Exchange
标的期货合约交割月前第一月的倒数第五个交易日，交易所可以根据国家法定节假日调整最后交易日	同最后交易日	行权价格覆盖黄金期货合约上一交易日结算价上下浮动1.5倍当日涨跌停板幅度对应的价格范围。行权价格≤200元/克，行权价格间距为2元/克；200元/克＜行权价格≤400元/克，行权价格间距为4元/克；行权价格＞400元/克，行权价格间距为8元/克。	美式。买方可以在到期日前任一交易日的交易时间提交行权申请；买方可以在到期日15:30之前提出行权申请、放弃申请。	看涨期权：AU–合约月份–C–行权价格 看跌期权：AU–合约月份–P–行权价格	上海期货交易所
标的期货合约交割月前第一月的倒数第五个交易日，交易所可以根据国家法定节假日等调整最后交易日	同最后交易日	行权价格覆盖标的期货合约上一交易日结算价上下浮动1.5倍当日涨跌停板幅度对应的价格范围。行权价格≤2500元/千克，行权价格间距为20元/千克；2500元/千克＜行权价格≤5000元/千克，行权价格间距为50元/千克；行权价格＞5000元/千克，行权价格间距为100元/千克。	美式。买方可在到期日前任一交易日的交易时间提交行权申请；买方可在到期日15:30之前提交行权申请、放弃申请。	看涨期权：AG–合约月份–C–行权价格 看跌期权：AG–合约月份–P–行权价格	上海期货交易所
标的期货合约交割月前第一月的倒数第五个交易日，交易所可以根据国家法定节假日等调整最后交易日	同最后交易日	行权价格覆盖标的期货合约上一交易日结算价上下浮动1.5倍当日涨跌停板幅度对应的价格范围。行权价格≤2500元/吨，行权价格间距为20元/吨；2500元/吨＜行权价格≤5000元/吨，行权价格间距为50元/吨；行权价格＞5000元/吨，行权价格间距为100元/吨。	美式。买方可以在到期日前任一交易日的交易时间提交行权申请；买方可以在到期日15:30之前提交行权申请、放弃申请。	看涨期权：RB–合约月份–C–行权价格 看跌期权：RB–合约月份–P–行权价格	上海期货交易所
标的期货合约交割月前第一月的倒数第五个交易日，交易所可以根据国家法定节假日调整最后交易日	同最后交易日	行权价格覆盖天然橡胶期货合约上一交易日结算价上下浮动1.5倍当日涨跌停板幅度对应的价格范围。行权价格≤10000元/吨，行权价格间距为100元/吨；10000元/吨＜行权价格≤25000元/吨，行权价格间距为250元/吨；行权价格＞25000元/吨，行权价格间距为500元/吨。	美式。买方可在到期日前任一交易日的交易时间提交行权申请；买方可在到期日15:30之前提交行权申请、放弃申请。	看涨期权：RU–合约月份–C–行权价格 看跌期权：RU–合约月份–P–行权价格	上海期货交易所
标的期货合约交割月前第一月的倒数第13个交易日，上海国际能源交易中心可以根据国家法定节假日等调整最后交易日	同最后交易日	行权价格覆盖标的期货合约上一交易日结算价上下浮动1.5倍当日涨跌停板幅度对应的价格范围。行权价格≤250元/桶，行权价格间距为2元/桶；250元/桶＜行权价格≤500元/桶，行权价格间距为5元/桶；行权价格＞500元/桶，行权价格间距为10元/桶。	美式。买方可在到期日前任一交易日的交易时间提交行权申请；买方可在到期日15:30之前提交行权申请、放弃申请。	看涨期权：SC–合约月份–C–行权价格 看跌期权：SC–合约月份–P–行权价格	上海国际能源交易中心
标的期货合约交割月前第一月的倒数第五个交易日，交易所可以根据国家法定节假日等调整最后交易日	同最后交易日	行权价格覆盖标的期货合约上一交易日结算价上下浮动1.5倍当日涨跌停板幅度对应的价格范围。行权价格≤10000元/吨，行权价格间距为100元/吨；10000元/吨＜行权价格≤25000元/吨，行权价格间距为200元/吨；行权价格＞25000元/吨，行权价格间距为500元/吨。	美式。买方可以在到期日前任一交易日的交易时间提交行权申请；买方可以在到期日15:30之前提交行权申请、放弃申请。	看涨期权：BR –合约月份–C–行权价格 看跌期权：BR –合约月份–P–行权价格	上海期货交易所
标的期货合约交割月份前一个月第15个日历日之前（含该日）的倒数第3个交易日，以及交易所规定的其他日期	同最后交易日	行权价格覆盖标的期货合约上一交易日结算价上下浮动1.5倍当日涨跌停板幅度对应的价格范围。行权价格≤10000元/吨，行权价格间距为100元/吨；10000元/吨＜行权价格≤20000元/吨，行权价格间距为200元/吨；行权价格＞20000元/吨，行权价格间距为400元/吨。	美式。买方可在到期日前任一交易日的交易时间提交行权申请；买方可在到期日15:30之前提交行权申请、放弃申请。	看涨期权：CF–合约月份–C–行权价格 看跌期权：CF–合约月份–P–行权价格	郑州商品交易所

5-15 续表 4

合约标的物 Underlying Instrument	合约类型 Contracts Type	交易单位 Contract Size	报价单位 Quotation Unit	最小变动价位 Minimum Tick Size	涨跌停板幅度 Daily Price Limit	合约月份 Contracts Months	交易时间 Trading Hours
白糖期货合约 White Sugar Futures Contract	看涨期权、看跌期权	1手（10吨）白糖期货合约	元（人民币）/吨	0.5元/吨	与白糖期货合约涨跌停板幅度相同	标的期货合约中的连续两个近月，其后月份在标的期货合约结算后持仓量达到5000手（单边）之后的第二个交易日挂牌	每周一至周五（北京时间 法定节假日除外）上午9：00-11：30，下午13：30-15：00，以及交易所规定的其他交易时间
菜籽油期货合约 Rapeseed Oil Futures Contract	看涨期权、看跌期权	1手菜籽油期货合约	元（人民币）/吨	0.5元/吨	与菜籽油期货合约涨跌停板幅度相同	标的期货合约中的连续两个近月，其后月份在标的期货合约结算后持仓量达到5000手（单边）之后的第二个交易日挂牌	每周一至周五（北京时间 法定节假日除外）上午9：00-11：30，下午13：30-15：00，以及交易所规定的其他交易时间
菜籽粕期货合约 Rapeseed Meal Futures Contract	看涨期权、看跌期权	1手菜籽粕期货合约	元（人民币）/吨	0.5元/吨	与菜籽粕期货合约涨跌停板幅度相同	标的期货合约中的连续两个近月，其后月份在标的期货合约结算后持仓量达到5000手（单边）之后的第二个交易日挂牌	每周一至周五（北京时间 法定节假日除外）上午9：00-11：30，下午13：30-15：00，以及交易所规定的其他交易时间
花生期货合约 Peanut Kernel Futures Contract	看涨期权、看跌期权	1手花生期货合约	元（人民币）/吨	0.5元/吨	与花生期货合约涨跌停板幅度相同	标的期货合约中的连续两个近月，其后月份在标的期货合约结算后持仓量达到5000手（单边）之后的第二个交易日挂牌	每周一至周五（北京时间 法定节假日除外）上午9：00-11：30，下午13：30-15：00，以及交易所规定的其他交易时间
精对苯二甲酸(PTA)期货合约 Purified Terephthalic Acid(PTA) Futures Contract	看涨期权、看跌期权	1手鲜苹果期货合约	元（人民币）/吨	0.5元/吨	与鲜苹果期货合约涨跌停板幅度相同	标的期货合约中的连续两个近月，其后月份在标的期货合约结算后持仓量达到5000手（单边）之后的第二个交易日挂牌	每周一至周五（北京时间 法定节假日除外）上午9：00-11：30，下午13：30-15：00，以及交易所规定的其他交易时间
精对苯二甲酸（PTA）期货合约 PTA Futures Contract	看涨期权、看跌期权	1手PTA期货合约	元（人民币）/吨	0.5元/吨	与PTA期货合约涨跌停板幅度相同	标的期货合约中的连续两个近月，其后月份在标的期货合约结算后持仓量达到10000手（单边）之后的第二个交易日挂牌	每周一至周五（北京时间 法定节假日除外）上午9：00-11：30，下午13：30-15：00，以及交易所规定的其他交易时间

continued

最后交易日 Last Trading Day	到期日 Expiration Day	行权价格 Strike Price	行权方式 Exercise Style	交易代码 Trading Code	上市交易所 Listed Exchange
标的期货合约交割月份前一个月第15个日历日之前（含该日）的倒数第3个交易日，以及交易所规定的其他日期	同最后交易日	行权价格覆盖标的期货合约上一交易日结算价上下浮动1.5倍当日涨跌停板幅度对应的价格范围。行权价格≤3000元/吨，行权价格间距为50元/吨；3000元/吨＜行权价格≤10000元/吨，行权价格间距为100元/吨；行权价格＞10000元/吨，行权价格间距为200元/吨。	美式。买方可在到期日前任一交易日的交易时间提交行权申请；买方可在到期日15:30之前提交行权申请、放弃申请。	看涨期权：SR—合约月份—C—行权价格 看跌期权：SR—合约月份—P—行权价格	郑州商品交易所
标的期货合约交割月份前一个月第15个日历日之前（含该日）的倒数第3个交易日，以及交易所规定的其他日期	同最后交易日	行权价格覆盖标的期货合约上一交易日结算价上下浮动1.5倍当日涨跌停板幅度对应的价格范围。行权价格≤5000元/吨，行权价格间距为50元/吨；5000元/吨＜行权价格≤10000元/吨，行权价格间距为100元/吨；行权价格＞10000元/吨，行权价格间距为200元/吨。	美式。买方可在到期日前任一交易日的交易时间提交行权申请；买方可在到期日15:30之前提交行权申请、放弃申请。	看涨期权：OI-合约月份-C-行权价格 看跌期权：OI-合约月份-P-行权价格	郑州商品交易所
标的期货合约交割月份前一个月第15个日历日之前（含该日）的倒数第3个交易日，以及交易所规定的其他日期	同最后交易日	行权价格覆盖标的期货合约上一交易日结算价上下浮动1.5倍当日涨跌停板幅度对应的价格范围。行权价格≤2500元/吨，行权价格间距为25元/吨；2500元/吨＜行权价格≤5000元/吨，行权价格间距为50元/吨；行权价格＞5000元/吨，行权价格间距为100元/吨。	美式。买方可在到期日前任一交易日的交易时间提交行权申请；买方可在到期日15:30之前提交行权申请、放弃申请。	看涨期权：RM-合约月份-C-行权价格 看跌期权：RM-合约月份-P-行权价格	郑州商品交易所
标的期货合约交割月份前一个月第15个日历日之前（含该日）的倒数第3个交易日，以及交易所规定的其他日期	同最后交易日	行权价格覆盖标的期货合约上一交易日结算价上下浮动1.5倍当日涨跌停板幅度对应的价格范围。行权价格≤5000元/吨，行权价格间距为50元/吨；5000元/吨＜行权价格≤10000元/吨，行权价格间距为100元/吨；行权价格＞10000元/吨，行权价格间距为200元/吨。	美式。买方可在到期日前任一交易日的交易时间提交行权申请；买方可在到期日15:30之前提交行权申请、放弃申请。	看涨期权：PK-合约月份-C-行权价格 看跌期权：PK-合约月份-P-行权价格	郑州商品交易所
标的期货合约交割月份前一个月第15个日历日之前（含该日）的倒数第3个交易日，以及交易所规定的其他日期	同最后交易日	行权价格覆盖标的期货合约上一交易日结算价上下浮动1.5倍当日涨跌停板幅度对应的价格范围。行权价格≤5000元/吨，行权价格间距为50元/吨；5000元/吨＜行权价格≤10000元/吨，行权价格间距为100元/吨；行权价格＞10000元/吨，行权价格间距为200元/吨。	美式。买方可在到期日前任一交易日的交易时间提交行权申请；买方可在到期日15:30之前提交行权申请、放弃申请。	看涨期权：AP-合约月份-C-行权价格 看跌期权：AP-合约月份-P-行权价格	郑州商品交易所
标的期货合约交割月份前一个月第15个日历日之前（含该日）的倒数第3个交易日，以及交易所规定的其他日期	同最后交易日	行权价格覆盖标的期货合约上一交易日结算价上下浮动1.5倍当日涨跌停板幅度对应的价格范围。行权价格≤5000元/吨，行权价格间距为50元/吨；5000元/吨＜行权价格≤10000元/吨，行权价格间距为100元/吨；行权价格＞10000元/吨，行权价格间距为200元/吨。	美式。买方可在到期日前任一交易日的交易时间提交行权申请；买方可在到期日15:30之前提交行权申请、放弃申请。	看涨期权：TA-合约月份-C-行权价格 看跌期权：TA-合约月份-P-行权价格	郑州商品交易所

5-15　续表 5

合约标的物 Underlying Instrument	合约类型 Contracts Type	交易单位 Contract Size	报价单位 Quotation Unit	最小变动价位 Minimum Tick Size	涨跌停板幅度 Daily Price Limit	合约月份 Contracts Months	交易时间 Trading Hours
甲醇期货合约 Methanol Futures Contract	看涨期权、看跌期权	1手甲醇期货合约	元（人民币）/吨	0.5元/吨	与甲醇期货合约涨跌停板幅度相同	标的期货合约中的连续两个近月，其后月份在标的期货合约结算后持仓量达到10000手（单边）之后的第二个交易日挂牌	每周一至周五（北京时间 法定节假日除外）上午9：00-11：30，下午13：30-15：00，以及交易所规定的其他交易时间
动力煤期货合约 Thermal Coal Futures Contract	看涨期权、看跌期权	1手动力煤期货合约	元（人民币）/吨	0.1元/吨	与动力煤期货合约涨跌停板幅度相同	标的期货合约中的连续两个近月，其后月份在标的期货合约结算后持仓量达到10000手（单边）之后的第二个交易日挂牌	每周一至周五（北京时间 法定节假日除外）上午9：00-11：30，下午13：30-15：00，以及交易所规定的其他交易时间
硅铁期货合约 Ferrosilicon Futures Contract	看涨期权、看跌期权	1手硅铁期货合约	元（人民币）/吨	1元/吨	与硅铁期货合约涨跌停板幅度相同	标的期货合约中的连续两个近月，其后月份在标的期货合约结算后持仓量达到5000手（单边）之后的第二个交易日挂牌	每周一至周五（北京时间 法定节假日除外）上午9：00-11：30，下午13：30-15：00，以及交易所规定的其他交易时间
锰硅期货合约 Manganese Silicon Futures Contract	看涨期权、看跌期权	1手锰硅期货合约	元（人民币）/吨	1元/吨	与锰硅期货合约涨跌停板幅度相同	标的期货合约中的连续两个近月，其后月份在标的期货合约结算后持仓量达到5000手（单边）之后的第二个交易日挂牌	每周一至周五（北京时间 法定节假日除外）上午9：00-11：30，下午13：30-15：00，以及交易所规定的其他交易时间
尿素期货合约 Urea Futures Contract	看涨期权、看跌期权	1手尿素期货合约	元（人民币）/吨	0.5元/吨	与尿素期货合约涨跌停板幅度相同	标的期货合约中的连续两个近月，其后月份在标的期货合约结算后持仓量达到10000手（单边）之后的第二个交易日挂牌	每周一至周五（北京时间 法定节假日除外）上午9：00-11：30，下午13：30-15：00，以及交易所规定的其他交易时间
纯碱期货合约 Soda Ash Futures Contract	看涨期权、看跌期权	1手纯碱期货合约	元（人民币）/吨	0.5元/吨	与纯碱期货合约涨跌停板幅度相同	标的期货合约中的连续两个近月，其后月份在标的期货合约结算后持仓量达到10000手（单边）之后的第二个交易日挂牌	每周一至周五（北京时间 法定节假日除外）上午9：00-11：30，下午13：30-15：00，以及交易所规定的其他交易时间

continued

最后交易日 Last Trading Day	到期日 Expiration Day	行权价格 Strike Price	行权方式 Exercise Style	交易代码 Trading Code	上市交易所 Listed Exchange
标的期货合约交割月份前一个月第15个日历日之前（含该日）的倒数第3个交易日，以及交易所规定的其他日期	同最后交易日	行权价格覆盖标的期货合约上一交易日结算价上下浮动1.5倍当日涨跌停板幅度对应的价格范围。行权价格≤2500元/吨，行权价格间距为25元/吨；2500元/吨＜行权价格≤5000元/吨，行权价格间距为50元/吨；行权价格＞5000元/吨，行权价格间距为100元/吨。	美式。买方可在到期日前任一交易日的交易时间提交行权申请；买方可在到期日15:30之前提交行权申请、放弃申请。	看涨期权：MA-合约月份-C-行权价格 看跌期权：MA-合约月份-P-行权价格	郑州商品交易所
标的期货合约交割月份前一个月第15个日历日之前（含该日）的倒数第3个交易日，以及交易所规定的其他日期	同最后交易日	行权价格覆盖标的期货合约上一交易日结算价上下浮动1.5倍当日涨跌停板幅度对应的价格范围。行权价格≤500元/吨，行权价格间距为5元/吨；行权价格＞500元/吨，行权价格间距为10元/吨。	美式。买方可在到期日前任一交易日的交易时间提交行权申请；买方可在到期日15:30之前提交行权申请、放弃申请。	看涨期权：ZC-合约月份-C-行权价格 看跌期权：ZC-合约月份-P-行权价格	郑州商品交易所
标的期货合约交割月份前一个月第15个日历日之前（含该日）的倒数第3个交易日，以及交易所规定的其他日期	同最后交易日	行权价格覆盖标的期货合约上一交易日结算价上下浮动1.5倍当日涨跌停板幅度对应的价格范围。行权价格≤5000元/吨，行权价格间距为50元/吨；5000元/吨＜行权价格≤10000元/吨，行权价格间距为100元/吨；行权价格＞10000元/吨，行权价格间距为200元/吨。	美式。买方可在到期日前任一交易日的交易时间提交行权申请；买方可在到期日15:30之前提交行权申请、放弃申请。	看涨期权：SF-合约月份-C-行权价格 看跌期权：SF-合约月份-P-行权价格	郑州商品交易所
标的期货合约交割月份前一个月第15个日历日之前（含该日）的倒数第3个交易日，以及交易所规定的其他日期	同最后交易日	行权价格覆盖标的期货合约上一交易日结算价上下浮动1.5倍当日涨跌停板幅度对应的价格范围。行权价格≤5000元/吨，行权价格间距为50元/吨；5000元/吨＜行权价格≤10000元/吨，行权价格间距为100元/吨；行权价格＞10000元/吨，行权价格间距为200元/吨。	美式。买方可在到期日前任一交易日的交易时间提交行权申请；买方可在到期日15:30之前提交行权申请、放弃申请。	看涨期权：SM-合约月份-C-行权价格 看跌期权：SM-合约月份-P-行权价格	郑州商品交易所
标的期货合约交割月份前一个月第15个日历日之前（含该日）的倒数第3个交易日，以及交易所规定的其他日期	同最后交易日	行权价格覆盖标的期货合约上一交易日结算价上下浮动1.5倍当日涨跌停板幅度对应的价格范围。行权价格≤1000元/吨，行权价格间距为10元/吨；1000元/吨＜行权价格≤2000元/吨，行权价格间距为20元/吨；行权价格＞2000元/吨，行权价格间距为40元/吨。	美式。买方可在到期日前任一交易日的交易时间提交行权申请；买方可在到期日15:30之前提交行权申请、放弃申请。	看涨期权：UR-合约月份-C-行权价格 看跌期权：UR-合约月份-P-行权价格	郑州商品交易所
标的期货合约交割月份前一个月第15个日历日之前（含该日）的倒数第3个交易日，以及交易所规定的其他日期	同最后交易日	行权价格覆盖标的期货合约上一交易日结算价上下浮动1.5倍当日涨跌停板幅度对应的价格范围。行权价格≤1000元/吨，行权价格间距为10元/吨；1000元/吨＜行权价格≤2000元/吨，行权价格间距为20元/吨；行权价格＞2000元/吨，行权价格间距为40元/吨。	美式。买方可在到期日前任一交易日的交易时间提交行权申请；买方可在到期日15:30之前提交行权申请、放弃申请。	看涨期权：SA-合约月份-C-行权价格 看跌期权：SA-合约月份-P-行权价格	郑州商品交易所

5-15 续表 6

合约标的物 Underlying Instrument	合约类型 Contracts Type	交易单位 Contract Size	报价单位 Quotation Unit	最小变动价位 Minimum Tick Size	涨跌停板幅度 Daily Price Limit	合约月份 Contracts Months	交易时间 Trading Hours
涤纶短纤期货合约 Polyester Staple Fiber Futures Contract	看涨期权、看跌期权	1手涤纶短纤期货合约	元（人民币）/吨	0.5元/吨	与涤纶短纤期货合约涨跌停板幅度相同	标的期货合约中的连续两个近月，其后月份在标的期货合约结算后持仓量达到10000手（单边）之后的第二个交易日挂牌	每周一至周五（北京时间 法定节假日除外）上午9：00-11：30，下午13：30-15：00，以及交易所规定的其他交易时间
对二甲苯期货合约 Paraxylene Futures Contract	看涨期权、看跌期权	1手对二甲苯期货合约	元（人民币）/吨	0.5元/吨	与对二甲苯期货合约涨跌停板幅度相同	标的期货合约中的连续两个近月，其后月份在标的期货合约结算后持仓量达到10000手（单边）之后的第二个交易日挂牌	每周一至周五（北京时间 法定节假日除外）上午9：00-11：30，下午13：30-15：00，以及交易所规定的其他交易时间
烧碱期货合约 Caustic Soda Futures Contract	看涨期权、看跌期权	1手烧碱期货合约	元（人民币）/吨	0.5元/吨	与烧碱期货合约涨跌停板幅度相同	标的期货合约中的连续两个近月，其后月份在标的期货合约结算后持仓量达到10000手（单边）之后的第二个交易日挂牌	每周一至周五（北京时间 法定节假日除外）上午9：00-11：30，下午13：30-15：00，以及交易所规定的其他交易时间
工业硅期货合约 Silicon Metal Futures Contract	看涨期权、看跌期权	1手（5吨）工业硅期货合约	元（人民币）/吨	1元/吨	与工业硅期货合约涨跌停板幅度相同	1、2、3、4、5、6、7、8、9、10、11、12月	上午9：00－11：30，下午13：30－15：00，以及交易所规定的其他时间
碳酸锂期货合约 Lithium Carbonate Futures Contract	看涨期权、看跌期权	1手（1吨）碳酸锂期货合约	元（人民币）/吨	10元/吨	与碳酸锂期货合约涨跌停板幅度相同	1、2、3、4、5、6、7、8、9、10、11、12月	上午9：00－11：30，下午13：30－15：00，以及交易所规定的其他时间

continued

最后交易日 Last Trading Day	到期日 Expiration Day	行权价格 Strike Price	行权方式 Exercise Style	交易代码 Trading Code	上市交易所 Listed Exchange
标的期货合约交割月份前一个月第15个日历日之前（含该日）的倒数第3个交易日，以及交易所规定的其他日期	同最后交易日	行权价格覆盖标的期货合约上一交易日结算价上下浮动1.5倍当日涨跌停板幅度对应的价格范围。行权价格≤5000元/吨，行权价格间距为50元/吨；5000元/吨<行权价格≤10000元/吨，行权价格间距为100元/吨；行权价格>10000元/吨，行权价格间距为200元/吨。	美式。买方可在到期日前任一交易日的交易时间提交行权申请；买方可在到期日15:30之前提交行权申请、放弃申请。	看涨期权：PF-合约月份-C-行权价格 看跌期权：PF-合约月份-P-行权价格	郑州商品交易所
标的期货合约交割月份前一个月第15个日历日之前（含该日）的倒数第3个交易日，以及交易所规定的其他日期	同最后交易日	行权价格覆盖标的期货合约上一交易日结算价上下浮动1.5倍当日涨跌停板幅度对应的价格范围。行权价格≤5000元/吨，行权价格间距为50元/吨；5000元/吨<行权价格≤10000元/吨，行权价格间距为100元/吨；行权价格>10000元/吨，行权价格间距为200元/吨。	美式。买方可在到期日前任一交易日的交易时间提交行权申请；买方可在到期日15:30之前提交行权申请、放弃申请。	看涨期权：PX-合约月份-C-行权价格 看跌期权：PX-合约月份-P-行权价格	郑州商品交易所
标的期货合约交割月份前一个月第15个日历日之前（含该日）的倒数第3个交易日，以及交易所规定的其他日期	同最后交易日	行权价格覆盖标的期货合约上一交易日结算价上下浮动1.5倍当日涨跌停板幅度对应的价格范围。行权价格≤2000元/吨，行权价格间距为20元/吨；2000元/吨<行权价格≤4000元/吨，行权价格间距为40元/吨；行权价格>4000元/吨，行权价格间距为80元/吨。	美式。买方可在到期日前任一交易日的交易时间提交行权申请；买方可在到期日15:30之前提交行权申请、放弃申请。	看涨期权：SH-合约月份-C-行权价格 看跌期权：SH-合约月份-P-行权价格	郑州商品交易所
标的期货合约交割月份前1个月第5个交易日	同最后交易日	行权价格覆盖工业硅期货合约上一交易日结算价上下浮动1.5倍当日涨跌停板幅度对应的价格范围。行权价格≤10000元/吨，行权价格间距为100元/吨；10000元/吨<行权价格≤30000元/吨，行权价格间距为200元/吨；行权价格>30000元/吨，行权价格间距为400元/吨。	美式。买方可以在到期日之前任一交易日的交易时间，以及到期日15:30之前提出行权申请。	看涨期权：SI－合约月份－C－行权价格 看跌期权：SI－合约月份－P－行权价格	广州期货交易所
标的期货合约交割月份前1个月第5个交易日	同最后交易日	行权价格覆盖碳酸锂期货合约上一交易日结算价上下浮动1.5倍当日涨跌停板幅度对应的价格范围。行权价格≤100000元/吨，行权价格间距为1000元/吨；100000元/吨<行权价格≤300000元/吨，行权价格间距为2000元/吨；行权价格>300000元/吨，行权价格间距为5000元/吨。	美式。买方可以在到期日之前任一交易日的交易时间，以及到期日15:30之前提出行权申请。	看涨期权：LC－合约月份－C－行权价格 看跌期权：LC－合约月份－P－行权价格	广州期货交易所

5-16 金融期权品种交易情况
Statistics for Financial Options

交易品种 Product	交易所 Exchange	成交金额(亿元) Trading Turnover (100 million yuan)		成交量(万手) Trading Volume (10 thousand lots)		持仓金额(亿元) Value of Positions (100 million yuan)	
		2022	2023	2022	2023	2022	2023
上证50股指期权 SSE 50 Index Options	CFFEX	7.91	338.55	20.06	1089.09	0.93	4.66
沪深300股指期权 CSI 300 Index Options	CFFEX	2055.06	1165.07	3155.35	2419.85	13.04	17.78
中证1000股指期权 CSI 1000 Index Options	CFFEX	580.34	1187.64	679.75	1752.29	9.32	21.37
上证50ETF期权 SSE 50 ETF Options	SSE	2790.90	1765.74	56581.33	46212.25	8.42	8.08
沪深300ETF期权 CSI 300 ETF Options	SSE	3332.30	1607.39	46703.99	30174.79	7.74	9.99
中证500 ETF 期权 CSI 500 Index Options	SSE	352.06	945.71	4220.03	13099.99	5.28	6.80
华夏科创50ETF期权 Huaxia STAR 50 ETF Options	SSE	--	169.08	--	6815.64	--	2.46
易方达科创50ETF期权 Yifangda STAR 50 ETF Options	SSE	--	63.66	--	2773.62	--	1.13
沪深300ETF期权 CSI 300 ETF Options	SZSE	466.97	249.60	7236.45	4798.86	1.01	1.56
深证100ETF股指期权 SZSE 100 ETF Options	SZSE	4.27	97.25	86.37	2313.79	0.51	0.80
中证500 ETF期权 CSI 500 ETF Options	SZSE	86.10	252.87	942.91	3213.64	1.89	2.78
创业板ETF期权 ChiNext ETF Options	SZSE	243.68	720.43	4809.58	18461.60	2.07	3.97

注：金融期权的行权金额采用执行盈亏值汇总统计。
数据来源：上海证券交易所、深圳证券交易所、中国金融期货交易所
Source：SSE、SZSE、CFFEX

5-16 续表 continued

交易品种 Product	交易所 Exchange	持仓量(万手) Positions (10 thousand lots)		行权金额(亿元) Value of Delivery (100 million yuan)		行权量(万手) Delivery Quantity (10 thousand lots)	
		2022	2023	2022	2023	2022	2023
上证50股指期权 SSE 50 Index Options	CFFEX	2.63	9.28	--	217.90	--	8.52
沪深300股指期权 CSI 300 Index Options	CFFEX	14.45	20.02	985.70	704.87	23.01	18.18
中证1000股指期权 CSI 1000 Index Options	CFFEX	6.63	15.35	202.41	634.59	3.03	9.83
上证50ETF期权 SSE 50 ETF Options	SSE	165.86	179.54	196.54	168.90	68.47	64.14
沪深300ETF期权 CSI 300 ETF Options	SSE	115.71	143.06	227.75	162.00	53.28	41.35
中证500 ETF 期权 CSI 500 Index Options	SSE	49.34	64.80	22.82	110.32	3.81	18.33
华夏科创50ETF期权 Huaxia STAR 50 ETF Options	SSE	--	85.19	--	13.43	--	13.61
易方达科创50ETF期权 Yifangda STAR 50 ETF Options	SSE	--	40.42	--	7.39	--	7.65
沪深300ETF期权 CSI 300 ETF Options	SZSE	13.99	23.50	70.55	48.00	16.76	12.25
深证100ETF股指期权 SZSE 100 ETF Options	SZSE	9.03	15.19	0.00	24.92	0.00	9.06
中证500 ETF期权 CSI 500 ETF Options	SZSE	12.68	19.75	11.94	45.80	1.98	7.50
创业板ETF期权 ChiNext ETF Options	SZSE	46.47	91.16	10.87	68.76	4.75	32.15

5-17 金融期权合约汇总

合约标的物 Underlying Instrument	合约类型 Contracts Type	交易单位 Contract Size	报价单位 Quotation Unit	最小变动价位 Minimum Tick Size	涨跌停板幅度 Limit Up/Limit Down	合约月份 Contracts Months
沪深300指数	看涨期权、看跌期权	手	指数点	0.2点	上一交易日沪深300指数收盘价的±10%	当月、下2个月及随后3个季月
中证1000指数	看涨期权、看跌期权	手	指数点	0.2点	上一交易日中证1000指数收盘价的±10%	当月、下2个月及随后3个季月
上证50指数	看涨期权、看跌期权	手	指数点	0.2点	上一交易日上证50指数收盘价的±10%	当月、下2个月及随后3个季月

数据来源：上海证券交易所、深圳证券交易所、中国金融期货交易所
Source：SSE、SZSE、CFFEX

Collection of Financial Options Contracts

交易时间 Trading Hours	最后交易日 Last Trading Day	到期日 Expiration Day	行权价格 Strike Price	行权方式 Exercise Style	交易代码 Trading Code	上市交易所 Listed Exchange
9:30-11:30，13:00-15:00	合约到期月份的第三个星期五，遇国家法定假日顺延	同最后交易日	行权价格覆盖沪深300指数上一交易日收盘价上下浮动10%对应的价格范围 对当月与下2个月合约：行权价格≤2500点时，行权价格间距为25点；2500点<行权价格≤5000点时，行权价格间距为50点；5000点<行权价格≤10000点时，行权价格间距为100点；行权价格>10000点时，行权价格间距为200点 对随后3个季月合约：行权价格≤2500点时，行权价格间距为50点；2500点<行权价格≤5000点时，行权价格间距为100点；5000点<行权价格≤10000点时，行权价格间距为200点；行权价格>10000点时，行权价格间距为400点	欧式	看涨期权：IO合约月份-C-行权价格 看跌期权：IO合约月份-P-行权价格	中国金融期货交易所
9:30-11:30，13:00-15:00	合约到期月份的第三个星期三，遇国家法定假日顺延	同最后交易日	行权价格覆盖中证1000指数上一交易日收盘价上下浮动10%对应的价格范围 对当月与下2个月合约：行权价格≤2500点时，行权价格间距为25点；2500点<行权价格≤5000点时，行权价格间距为50点；5000点<行权价格≤10000点时，行权价格间距为100点；行权价格>10000点时，行权价格间距为200点 对随后3个季月合约：行权价格≤2500点时，行权价格间距为50点；2500点<行权价格≤5000点时，行权价格间距为100点；5000点<行权价格≤10000点时，行权价格间距为200点；行权价格>10000点时，行权价格间距为400点	欧式	看涨期权：MO合约月份-C-行权价格 看跌期权：MO合约月份-P-行权价格	中国金融期货交易所
9:30-11:30，13:00-15:00	合约到期月份的第三个星期五，遇国家法定假日顺延	同最后交易日	行权价格覆盖上证50指数上一交易日收盘价上下浮动10%对应的价格范围 对当月与下2个月合约：行权价格≤2500点时，行权价格间距为25点；2500点<行权价格≤5000点时，行权价格间距为50点；5000点<行权价格≤10000点时，行权价格间距为100点；行权价格>10000点时，行权价格间距为200点 对随后3个季月合约：行权价格≤2500点时，行权价格间距为50点；2500点<行权价格≤5000点时，行权价格间距为100点；5000点<行权价格≤10000点时，行权价格间距为200点；行权价格>10000点时，行权价格间距为400点	欧式	看涨期权：HO合约月份-C-行权价格 看跌期权：HO合约月份-P-行权价格	中国金融期货交易所

5-17 续表 1

合约标的物 Underlying Instrument	合约类型 Contracts Type	交易单位 Contract Size	报价单位 Quotation Unit	最小变动价位 Minimum Tick Size	涨跌停板幅度 Limit Up/Limit Down	合约月份 Contracts Months
易方达深证100交易型开放式指数基金（证券简称：易方达深证100ETF，证券代码：159901）	认购期权、认沽期权	张	人民币元	0.0001	1.认购期权最大涨幅=max｛合约标的前收盘价×0.5%，min［（2×合约标的前收盘价－行权价格），合约标的前收盘价]×10%｝ 2.认购期权最大跌幅=合约标的前收盘价×10% 3.认沽期权最大涨幅=max｛行权价格×0.5%，min［（2×行权价格－合约标的前收盘价），合约标的前收盘价]×10%｝ 4.认沽期权最大跌幅=合约标的前收盘价×10%	当月、下月及随后两个季月
易方达创业板交易型开放式指数证券投资基金（证券简称：易方达创业板ETF，证券代码：159915）	认购期权、认沽期权	张	人民币元	0.0001	1.认购期权最大涨幅=max｛合约标的前收盘价×0.5%，min［（2×合约标的前收盘价－行权价格），合约标的前收盘价]×20%｝ 2.认购期权最大跌幅=合约标的前收盘价×20% 3.认沽期权最大涨幅=max｛行权价格×0.5%，min［（2×行权价格－合约标的前收盘价），合约标的前收盘价]×20%｝ 4.认沽期权最大跌幅=合约标的前收盘价×20%	当月、下月及随后两个季月
嘉实沪深300交易型开放式指数证券投资基金（证券简称：沪深300ETF，证券代码：159919）	认购期权、认沽期权	张	人民币元	0.0001	1.认购期权最大涨幅=max｛合约标的前收盘价×0.5%，min［（2×合约标的前收盘价－行权价格），合约标的前收盘价]×10%｝ 2.认购期权最大跌幅=合约标的前收盘价×10% 3.认沽期权最大涨幅=max｛行权价格×0.5%，min［（2×行权价格－合约标的前收盘价），合约标的前收盘价]×10%｝ 4.认沽期权最大跌幅=合约标的前收盘价×10%	当月、下月及随后两个季月
嘉实中证500交易型开放式指数证券投资基金（证券简称：中证500ETF，证券代码：159922）	认购期权、认沽期权	张	人民币元	0.0001	1.认购期权最大涨幅=max｛合约标的前收盘价×0.5%，min［（2×合约标的前收盘价－行权价格），合约标的前收盘价]×10%｝ 2.认购期权最大跌幅=合约标的前收盘价×10% 3.认沽期权最大涨幅=max｛行权价格×0.5%，min［（2×行权价格－合约标的前收盘价），合约标的前收盘价]×10%｝ 4.认沽期权最大跌幅=合约标的前收盘价×10%	当月、下月及随后两个季月

continued

交易时间 Trading Hours	最后交易日 Last Trading Day	到期日 Expiration Day	行权价格 Strike Price	行权方式 Exercise Style	交易代码 Trading Code	上市交易所 Listed Exchange
9:15–9:25，9:30–11:30，13:00–15:00	合约到期月份的第四个星期三，遇国家法定假日顺延	同最后交易日	3元或以下为0.05元，3元至5元（含）为0.1元，5元至10元（含）为0.25元，10元至20元（含）为0.5元，20元至50元（含）为1元，50元至100元（含）为2.5元，超过100元的为5元	欧式	看涨期权：159901–C–合约月份–M–行权价格 看跌期权：159901–P–合约月份–M–行权价格	深圳证券交易所
9:15–9:25，9:30–11:30，13:00–15:00	合约到期月份的第四个星期三，遇国家法定假日顺延	同最后交易日	3元或以下为0.05元，3元至5元（含）为0.1元，5元至10元（含）为0.25元，10元至20元（含）为0.5元，20元至50元（含）为1元，50元至100元（含）为2.5元，超过100元的为5元	欧式	看涨期权：159915–C–合约月份–M–行权价格 看跌期权：159915–P–合约月份–M–行权价格	深圳证券交易所
9:15–9:25，9:30–11:30，13:00–15:00	合约到期月份的第四个星期三，遇国家法定假日顺延	同最后交易日	3元或以下为0.05元，3元至5元（含）为0.1元，5元至10元（含）为0.25元，10元至20元（含）为0.5元，20元至50元（含）为1元，50元至100元（含）为2.5元，超过100元的为5元	欧式	看涨期权：159919–C–合约月份–M–行权价格 看跌期权：159919–P–合约月份–M–行权价格	深圳证券交易所
9:15–9:25，9:30–11:30，13:00–15:00	合约到期月份的第四个星期三，遇国家法定假日顺延	同最后交易日	3元或以下为0.05元，3元至5元（含）为0.1元，5元至10元（含）为0.25元，10元至20元（含）为0.5元，20元至50元（含）为1元，50元至100元（含）为2.5元，超过100元的为5元	欧式	看涨期权：159922–C–合约月份–M–行权价格 看跌期权：159922–P–合约月份–M–行权价格	深圳证券交易所

5-17 续表 2

合约标的物 Underlying Instrument	合约类型 Contracts Type	交易单位 Contract Size	报价单位 Quotation Unit	最小变动价位 Minimum Tick Size	涨跌停板幅度 Limit Up/Limit Down	合约月份 Contracts Months
上证50交易型开放式指数证券投资基金（证券简称：“华夏上证50ETF”，证券代码：510050）	认购期权和认沽期权	张	1张或其整数倍	0.0001元	认购期权最大涨幅＝max｛合约标的前收盘价×0.5%，min［（2×合约标的前收盘价－行权价格），合约标的前收盘价］×10%｝ 认购期权最大跌幅＝合约标的前收盘价×10% 认沽期权最大涨幅＝max｛行权价格×0.5%，min［（2×行权价格－合约标的前收盘价），合约标的前收盘价］×10%｝ 认沽期权最大跌幅＝合约标的前收盘价×10%	当月、下月及随后两个季月
华泰柏瑞沪深300交易型开放式指数证券投资基金（证券简称：“沪深300ETF”，证券代码：510300）	认购期权和认沽期权	张	1张或其整数倍	0.0001元	认购期权最大涨幅＝max｛合约标的前收盘价×0.5%，min［（2×合约标的前收盘价－行权价格），合约标的前收盘价］×10%｝ 认购期权最大跌幅＝合约标的前收盘价×10% 认沽期权最大涨幅＝max｛行权价格×0.5%，min［（2×行权价格－合约标的前收盘价），合约标的前收盘价］×10%｝ 认沽期权最大跌幅＝合约标的前收盘价×10%	当月、下月及随后两个季月
南方中证500交易型开放式指数证券投资基金（证券简称：中证500ETF，证券代码：510500）	认购期权和认沽期权	张	1张或其整数倍	0.0001元	认购期权最大涨幅＝max｛合约标的前收盘价×0.5%，min［（2×合约标的前收盘价－行权价格），合约标的前收盘价］×10%｝ 认购期权最大跌幅＝合约标的前收盘价×10% 认沽期权最大涨幅＝max｛行权价格×0.5%，min［（2×行权价格－合约标的前收盘价），合约标的前收盘价］×10%｝ 认沽期权最大跌幅＝合约标的前收盘价×10%	当月、下月及随后两个季月

continued

交易时间 Trading Hours	最后交易日 Last Trading Day	到期日 Expiration Day	行权价格 Strike Price	行权方式 Exercise Style	交易代码 Trading Code	上市交易所 Listed Exchange
上午9:15–9:25，9:30–11:30（9:15–9:25为开盘集合竞价时间）下午13:00–15:00（14:57–15:00为收盘集合竞价时间）	到期月份的第四个星期三（遇法定节假日顺延）	到期月份的第四个星期三（遇法定节假日顺延）	9个（1个平值合约、4个虚值合约、4个实值合约） 3元或以下行权价格间距为0.05元，3元至5元（含）行权价格间距为0.1元，5元至10元（含）行权价格间距为0.25元，10元至20元（含）行权价格间距为0.5元，20元至50元（含）行权价格间距为1元，50元至100元（含）行权价格间距为2.5元，100元以上行权价格间距为5元	到期日行权（欧式）	第1至第6位为合约标的证券代码；第7位为C或P，分别表示认购期权或者认沽期权；第8、9位表示到期年份的后两位数字；第10、11位表示到期月份；第12位期初设为“M”，并根据合约调整次数按照“A”至“Z”依序变更；第13至17位表示行权价格，单位为0.001元	上海证券交易所
上午9:15–9:25，9:30–11:30（9:15–9:25为开盘集合竞价时间）下午13:00–15:00（14:57–15:00为收盘集合竞价时间）	到期月份的第四个星期三（遇法定节假日顺延）	到期月份的第四个星期三（遇法定节假日顺延）	9个（1个平值合约、4个虚值合约、4个实值合约） 3元或以下行权价格间距为0.05元，3元至5元（含）行权价格间距为0.1元，5元至10元（含）行权价格间距为0.25元，10元至20元（含）行权价格间距为0.5元，20元至50元（含）行权价格间距为1元，50元至100元（含）行权价格间距为2.5元，100元以上行权价格间距为5元	到期日行权（欧式）	第1至第6位为合约标的证券代码；第7位为C或P，分别表示认购期权或者认沽期权；第8、9位表示到期年份的后两位数字；第10、11位表示到期月份；第12位期初设为“M”，并根据合约调整次数按照“A”至“Z”依序变更；第13至17位表示行权价格，单位为0.001元	上海证券交易所
上午9:15–9:25，9:30–11:30（9:15–9:25为开盘集合竞价时间）下午13:00–15:00（14:57–15:00为收盘集合竞价时间）	到期月份的第四个星期三（遇法定节假日顺延）	到期月份的第四个星期三（遇法定节假日顺延）	9个（1个平值合约、4个虚值合约、4个实值合约） 3元或以下行权价格间距为0.05元，3元至5元（含）行权价格间距为0.1元，5元至10元（含）行权价格间距为0.25元，10元至20元（含）行权价格间距为0.5元，20元至50元（含）行权价格间距为1元，50元至100元（含）行权价格间距为2.5元，100元以上行权价格间距为5元	到期日行权（欧式）	第1至第6位为合约标的证券代码；第7位为C或P，分别表示认购期权或者认沽期权；第8、9位表示到期年份的后两位数字；第10、11位表示到期月份；第12位期初设为“M”，并根据合约调整次数按照“A”至“Z”依序变更；第13至17位表示行权价格，单位为0.001元	上海证券交易所

5-17 续表 3

合约标的物 Underlying Instrument	合约类型 Contracts Type	交易单位 Contract Size	报价单位 Quotation Unit	最小变动价位 Minimum Tick Size	涨跌停板幅度 Limit Up/Limit Down	合约月份 Contracts Months
华夏上证科创板50成份交易型开放式指数证券投资基金（证券简称：科创50ETF，证券代码：588000）	认购期权和认沽期权	张	1张或其整数倍	0.0001元	认购期权最大涨幅＝max｛合约标的前收盘价×0.5%，min［（2×合约标的前收盘价－行权价格），合约标的前收盘价］×20%｝ 认购期权最大跌幅＝合约标的前收盘价×20% 认沽期权最大涨幅＝max｛行权价格×0.5%，min［（2×行权价格－合约标的前收盘价），合约标的前收盘价］×20%｝ 认沽期权最大跌幅＝合约标的前收盘价×20%	当月、下月及随后两个季月
易方达上证科创板50成份交易型开放式指数证券投资基金（证券简称：科创50ETF易方达，证券代码：588080）	认购期权和认沽期权	张	1张或其整数倍	0.0001元	认购期权最大涨幅＝max｛合约标的前收盘价×0.5%，min［（2×合约标的前收盘价－行权价格），合约标的前收盘价］×20%｝ 认购期权最大跌幅＝合约标的前收盘价×20% 认沽期权最大涨幅＝max｛行权价格×0.5%，min［（2×行权价格－合约标的前收盘价），合约标的前收盘价］×20%｝ 认沽期权最大跌幅＝合约标的前收盘价×20%	当月、下月及随后两个季月

continued

交易时间 Trading Hours	最后交易日 Last Trading Day	到期日 Expiration Day	行权价格 Strike Price	行权方式 Exercise Style	交易代码 Trading Code	上市交易所 Listed Exchange
上午9:15–9:25，9:30–11:30（9:15–9:25为开盘集合竞价时间）下午13:00–15:00（14:57–15:00为收盘集合竞价时间）	到期月份的第四个星期三（遇法定节假日顺延）	到期月份的第四个星期三（遇法定节假日顺延）	9个（1个平值合约、4个虚值合约、4个实值合约） 3元或以下行权价格间距为0.05元，3元至5元（含）行权价格间距为0.1元，5元至10元（含）行权价格间距为0.25元，10元至20元（含）行权价格间距为0.5元，20元至50元（含）行权价格间距为1元，50元至100元（含）行权价格间距为2.5元，100元以上行权价格间距为5元	到期日行权（欧式）	第1至第6位为合约标的证券代码；第7位为C或P，分别表示认购期权或者认沽期权；第8、9位表示到期年份的后两位数字；第10、11位表示到期月份；第12位期初设为“M”，并根据合约调整次数按照“A”至“Z”依序变更；第13至17位表示行权价格，单位为0.001元	上海证券交易所
上午9:15–9:25，9:30–11:30（9:15–9:25为开盘集合竞价时间）下午13:00–15:00（14:57–15:00为收盘集合竞价时间）	到期月份的第四个星期三（遇法定节假日顺延）	到期月份的第四个星期三（遇法定节假日顺延）	9个（1个平值合约、4个虚值合约、4个实值合约） 3元或以下行权价格间距为0.05元，3元至5元（含）行权价格间距为0.1元，5元至10元（含）行权价格间距为0.25元，10元至20元（含）行权价格间距为0.5元，20元至50元（含）行权价格间距为1元，50元至100元（含）行权价格间距为2.5元，100元以上行权价格间距为5元	到期日行权（欧式）	第1至第6位为合约标的证券代码；第7位为C或P，分别表示认购期权或者认沽期权；第8、9位表示到期年份的后两位数字；第10、11位表示到期月份；第12位期初设为“M”，并根据合约调整次数按照“A”至“Z”依序变更；第13至17位表示行权价格，单位为0.001元	上海证券交易所

主要统计指标解释

Explanatory Notes on Main Statistical Indicators

交易保证金　指统计期末已被合约占用的保证金。

公式：交易保证金=合约价值 × 期货交易所规定的交易保证金比率

期货账户数　指统计期末在中国期货市场监控中心有限责任公司办理登记的期货账户数量合计。

期货客户数　指统计期末已在期货市场开户，按照"客户全称相同且证件代码相同"原则合并的客户数量。

涨跌幅　指统计期内期货合约的结算价与前结算价变动幅度。

公式：涨跌幅=（区间最后交易日结算价-区间前一交易日结算价）/区间前一交易日结算价 × 100%

指标说明：1.期货交易品种的涨跌幅以其对应的主力合约进行计算，即通过主力合约的涨跌幅反映期货品种的价格变动幅度。

2.主力合约通常选用统计期末各期货合约中持仓量最大的合约，如持仓量相同则选取成交量最大合约为主力合约。如统计期末该品种的所有合约均无成交和持仓，则选用与统计期末最近且持仓量最大的合约为主力合约。

3.若统计期包括主力合约挂牌日，则区间前一交易日结算价取合约挂牌价。

有效账户数　指在统计期末期货账户中剔除休眠账户和逾期未规范账户后的账户数量。

有效投资者个数　指在统计期末已在期货市场开户，按照"客户全称相同且证件代码相同"原则合并的客户数量。

成交量　指统计期内全部期货（期权）合约成交数量合计。除备注中注明双边口径外，其余均按单边口径统计。

成交金额　指统计期内全部期货（期权）合约成交金额合计。除备注中注明双边口径外，其余均按单边口径统计。

持仓量　指统计期末未平仓期货（期权）合约数量的合计。除备注中注明双边口径外，其余均按单边口径统计。

持仓金额　指统计期末未平仓期货（期权）合约的金额合计。除备注中注明双边口径外，其余均按单边口径统计。

交割量　交割是指期货投资者了结到期未平仓合约的过程，交割量即进行交割的期货合约数量。除备注中注明双边口径外，其余均按单边口径统计。

公式：交割量＝交割合约数量 × 合约单位

交割率　指统计期内期货品种的交割量与合约最大日持仓量的比率。

公式:交割率=交割量/合约存续期内合约最大日持仓量*100%

指标说明：定义中合约最大日持仓量指的是合约存续周期内的最大持仓量。

贰零贰肆

六. 上市和挂牌公司

Listed Companies

贰零贰肆

2023年上市公司及挂牌公司综述

一、公司规模

（一）沪深上市公司规模概况

截至2023年底，沪深两市共有上市公司5107家。其中，沪市2263家，深市2844家；主板、创业板、科创板上市公司数量分别为3208、1333和566家，总市值分别为59.78、11.37和6.16万亿元，流通市值分别为55.37、8.21和3.86万亿元。公司家数前三的行业是制造业，信息传输、软件和信息技术服务业，批发零售业，合计占比78.46%；公司家数前三的辖区是江苏、浙江（不含宁波）、北京，合计占比32.41%。

（二）北交所上市公司规模概况

截至2023年底，北交所共有上市公司239家。总市值为4496.41亿元，流通市值为2263.28亿元。公司家数前三的行业是制造业，信息传输、软件和信息技术服务业，科学研究和技术服务业，合计占比95.40%；公司家数前三的辖区是江苏、北京、浙江（不含宁波），合计占比35.98%。

（三）挂牌公司规模概况

截至2023年底，全国股转系统共有挂牌公司6241家。其中，制造业，信息传输、软件和信息技术服务业，租赁和商务服务业公司数量最多，分别为3206、1155、328家，合计占比75.13%；北京、江苏、广东（不含深圳）是公司数量前三的地区，分别为787、772、570家，合计占比34.11%。

2023年，新挂牌公司326家，总股本248.36亿股。其中，制造业，信息传输、软件和信息技术服务业新挂牌公司最多，分别为244家和31家。

二、沪深上市公司现金分红情况

沪深上市公司现金分红规模稳定。2023年共有3380家公司实施了现金分红，占公司总数的66.18%。现金分红总额17019.67亿元，同比上升4.53%。2023年，分红公司家数前三的行业为制造业，信息传输、软件和信息技术服务业，批发零售业，分别为2330、234和112家，合计占比79.17%；分红金额前三的行业则是制造业、金融业和采矿业，分别为6368.06、5023.89和2490.28亿元，合计占比81.57%。

三、公司财务状况

（一）沪深上市公司财务概况

2023年沪深上市公司实现营业收入72.53万亿元，同比增长1.57%；归属于母公司股东净利润5.27万亿元，同比增长1.85%。截至2023年底，上市公司总资产为421.34万亿元，同比增长9.34%；归属于母公司股东净资产64.25万亿元，同比增长7.86%。2023年底上市公司整体资产负债率83.11%，同比下降1.43个百分点，其中非金融上市公司整体资产负债率57.86%，同比下降6.54个百分点；总资产收益率为1.31%，同比下降0.1个百分点；平均净资产收益率8.50%，同比上下降0.55个百分点。每股净资产为7.60元，每股收益为0.62元，每股经营活动现金流量净额为1.79元。

（二）北交所上市公司财务概况

2023年北交所上市公司实现营业收入1680.93亿元，归属于母公司股东净利润121.01亿元。截至2023年底，北交所上市公司总资产2592.59亿元，归属于母公司股东净资产1500.00亿元。2023年底北交所上市公司整体资产负债率40.70%，总资产收益率4.92%，平均净资产收益率8.67%。每股净资产为4.72元，每股收益为0.38元，每股经营活动现金流量净额为0.41元。

（三）挂牌公司财务概况

2023 年全国股转系统挂牌公司实现营业收入 14676.56 亿元，同比下降 1.28%；利润总额 700.67 亿元，同比上升 10.79%；净利润 580.02 亿元，同比上升 10.87%；经营活动产生的现金流量净额 809.05 亿元，同比下降 11.68%。截至 2023 年底，挂牌公司总资产 22669.68 亿元，同比下降 3.31%；归属母公司净资产 9306.44 亿元，同比下降 0.36%。2023 年底挂牌公司整体资产负债率 57.69%，同比下降 1.24 个百分点；平均净资产收益率 6.23%，同比上升 0.63 个百分点。

6-1　沪深交易所上市公司数量
Number of Listed Companies in SSE and SZSE

单位：家　　(unit)

年份 Year	上交所 SSE 小计 Total	上交所 SSE 主板 Main Board	上交所 SSE 科创板 STAR Market	深交所 SZSE 小计 Total	深交所 SZSE 主板 Main Board	深交所 SZSE 中小板 SME Board	深交所 SZSE 创业板 ChiNext Board	合计 Total
1991	7	7	--	6	6	--	--	13
1992	29	29	--	24	24	--	--	53
1993	106	106	--	77	77	--	--	183
1994	171	171	--	120	120	--	--	291
1995	188	188	--	135	135	--	--	323
1996	293	293	--	237	237	--	--	530
1997	383	383	--	362	362	--	--	745
1998	438	438	--	414	414	--	--	852
1999	484	484	--	465	465	--	--	949
2000	572	572	--	516	516	--	--	1088
2001	646	646	--	514	514	--	--	1160
2002	715	715	--	509	509	--	--	1224
2003	780	780	--	507	507	--	--	1287
2004	837	837	--	540	502	38	--	1377
2005	834	834	--	547	497	50	--	1381
2006	842	842	--	592	490	102	--	1434
2007	860	860	--	690	488	202	--	1550
2008	864	864	--	761	488	273	--	1625
2009	870	870	--	848	485	327	36	1718
2010	894	894	--	1169	485	531	153	2063
2011	931	931	--	1411	484	646	281	2342
2012	954	954	--	1540	484	701	355	2494
2013	953	953	--	1536	480	701	355	2489
2014	995	995	--	1618	480	732	406	2613
2015	1081	1081	--	1746	478	776	492	2827
2016	1182	1182	--	1870	478	822	570	3052
2017	1396	1396	--	2089	476	903	710	3485
2018	1450	1450	--	2134	473	922	739	3584
2019	1572	1502	70	2205	471	943	791	3777
2020	1800	1585	215	2354	468	994	892	4154
2021	2037	1660	377	2578	1488	--	1090	4615
2022	2174	1673	501	2743	1511	--	1232	4917
2023	2263	1697	566	2844	1511	--	1333	5107

注：上市公司数量按上市日口径统计。
数据来源：上海证券交易所、深圳证券交易所
Source:SSE、SZS∃

6-2 分行业沪深交易所上市公司数量
Number of Listed Companies by Industry in SSE and SZSE

单位：家 (unit)

行业 Industry	上交所 SSE		深交所 SZSE		合计 Total	
	2022	2023	2022	2023	2022	2023
农、林、牧、渔 Agriculture,Forestry,Animal Husbandry and Fishery	16	13	32	32	48	45
采矿业 Mining	52	54	28	29	80	83
制造业 Manufacturing	1369	1440	1855	1953	3224	3393
电力、热力、燃气及水生产和供应业 Production and Supply of Electricity,Gas and Water	80	85	51	52	131	137
建筑业 Construction	53	56	56	54	109	110
批发和零售业 Wholesale and Retail Trades	100	98	89	95	189	193
交通运输、仓储和邮政业 Transport,Storage and Post	75	78	36	35	111	113
住宿和餐饮业 Hotels and Catering Services	4	4	4	4	8	8
信息传输、软件和信息技术服务业 Information Transmission,Computer Services and Software	142	155	265	266	407	421
金融业 Financial Intermediation	87	87	41	39	128	126
房地产业 Real Estate	59	53	54	48	113	101
租赁和商务服务业 Leasing and Business Services	21	27	45	43	66	70
科学研究和技术服务业 Scientific Research,Technical Service	38	36	66	70	104	106
水利、环境和公共设施管理业 Management of Water Conservancy,Environment and Public Facilities	33	35	61	64	94	99
居民服务、修理和其他服务业 Resident Services,Repairing and Other Services	0	0	1	1	1	1
教育 Education	5	5	7	7	12	12
卫生和社会工作 Health and Social Works	2	3	14	14	16	17
文化、体育和娱乐业 Culture,Sports and Entertainment	31	31	32	32	63	63
综合 Others	7	3	6	6	13	9

注：上市公司数量按上市日口径统计。
数据来源：上海证券交易所、深圳证券交易所
Source:SSE、SZSE

6-3　分辖区沪深交易所上市公司数量
Number of Listed Companies by Jurisdiction in SSE and SZSE

单位：家
(unit)

辖区	Jurisdiction	上交所 SSE		深交所 SZSE		合计 Total	
		2022	2023	2022	2023	2022	2023
北京	Beijing	223	231	217	217	440	448
天津	Tianjin	37	38	31	32	68	70
河北	Hebei	26	26	43	44	69	70
山西	Shanxi	21	21	17	17	38	38
内蒙古	Inner Mongolia	15	15	10	10	25	25
辽宁	Liaoning	24	24	30	30	54	54
吉林	Jilin	18	19	29	28	47	47
黑龙江	Heilongjiang	27	27	13	13	40	40
上海	Shanghai	304	319	109	112	413	431
江苏	Jiangsu	302	324	307	322	609	646
浙江	Zhejiang	246	258	285	303	531	561
安徽	Anhui	72	77	82	90	154	167
福建	Fujian	45	46	59	57	104	103
江西	Jiangxi	31	33	45	52	76	85
山东	Shandong	84	87	133	139	217	226
河南	Henan	35	34	63	64	98	98
湖北	Hubei	55	57	78	80	133	137
湖南	Hunan	45	48	89	93	134	141
广东	Guangdong	99	102	316	327	415	429
广西	Guangxi	17	17	22	21	39	38
海南	Hainan	10	10	18	18	28	28
重庆	Chongqing	34	36	32	37	66	73
四川	Sichuan	62	61	99	103	161	164
贵州	Guizhou	19	19	16	16	35	35
云南	Yunnan	16	16	24	23	40	39
西藏	Xizang	9	9	13	13	22	22
陕西	Shaanxi	37	39	35	37	72	76
甘肃	Gansu	16	15	20	20	36	35
青海	Qinghai	7	7	4	3	11	10
宁夏	Ningxia	5	5	9	10	14	15
新疆	Xinjiang	28	29	31	31	59	60
深圳	Shenzhen	63	70	333	344	396	414
大连	Dalian	16	16	13	13	29	29
宁波	Ningbo	67	68	45	48	112	116
厦门	Xiamen	23	23	41	43	64	66
青岛	Qingdao	28	28	32	34	60	62
其他	Others	8	9	0	0	8	9

注：1.上市公司数量按上市日口径统计。
2.所属辖区按上市公司注册地划分，注册地在境外的上市公司标记为其他，以注册地(其他)为口径统计IPO家数，以沪深交易所股东大会公告为准。
数据来源：上海证券交易所、深圳证券交易所
Source:SSE、SZSE

6-4 2023年分辖区沪深交易所上市公司数量按行业分布

Number of Listed Companies of SSE and SZSE by Jurisdiction and by Industry in 2023

单位：家 (unit)

辖区	Jurisdiction	农、林、牧、渔 Agriculture, Forestry, Animal Husbandry and Fishery	采矿业 Mining	制造业 Manufacturing	电力、热力、燃气及水生产和供应业 Production and Supply of Electricity, Gas and Water	建筑业 Construction	批发和零售业 Wholesale and Retail Trades	交通运输、仓储和邮政业 Transport, Storage and Post
北京	Beijing	1	13	168	14	22	19	6
天津	Tianjin	0	3	45	2	0	5	4
河北	Hebei	0	2	53	4	1	0	2
山西	Shanxi	0	7	21	4	1	2	2
内蒙古	Inner Mongolia	0	6	16	1	0	0	0
辽宁	Liaoning	0	1	38	3	0	3	1
吉林	Jilin	0	0	29	3	1	2	1
黑龙江	Heilongjiang	2	0	26	2	2	1	2
上海	Shanghai	2	3	232	4	13	24	20
江苏	Jiangsu	2	1	496	7	14	18	10
浙江	Zhejiang	0	2	429	11	8	14	1
安徽	Anhui	2	3	118	2	3	6	2
福建	Fujian	4	2	60	4	1	6	4
江西	Jiangxi	1	0	65	5	0	4	2
山东	Shandong	5	5	179	4	3	8	3
河南	Henan	2	4	74	3	1	1	4
湖北	Hubei	0	0	93	5	4	7	3
湖南	Hunan	4	2	95	3	1	11	2
广东	Guangdong	2	3	323	9	2	6	12
广西	Guangxi	1	1	18	3	0	3	2
海南	Hainan	3	3	13	0	0	0	3
重庆	Chongqing	0	0	44	5	2	3	3
四川	Sichuan	1	3	108	11	3	5	3
贵州	Guizhou	0	1	25	2	0	1	1
云南	Yunnan	2	1	23	2	0	4	0
西藏	Xizang	0	3	13	0	0	0	0
陕西	Shaanxi	0	3	51	3	1	1	0
甘肃	Gansu	3	3	22	1	0	2	0
青海	Qinghai	0	1	8	0	1	0	0
宁夏	Ningxia	1	0	10	2	0	1	1
新疆	Xinjiang	4	5	27	7	3	3	1
深圳	Shenzhen	0	0	267	6	17	21	7
大连	Dalian	1	0	15	3	0	4	3
宁波	Ningbo	1	0	94	2	5	3	4
厦门	Xiamen	0	1	43	0	0	3	2
青岛	Qingdao	1	0	45	0	1	2	2
其他	Others	0	1	7	0	0	0	0

注：1.上市公司数量按上市日口径统计。
2.所属辖区按上市公司注册地划分，注册地在境外的上市公司标记为其他，以注册地(其他)为口径统计IPO家数，以沪深交易所股东大会公告为准。

数据来源：上海证券交易所、深圳证券交易所
Source:SSE、SZSE

6-4 续表 1 continued

单位：家 (unit)

辖区	Jurisdiction	住宿和餐饮业 Hotels and Catering Services	信息传输、软件和信息技术服务业 Information Transmission, Computer Services and Software	金融业 Financial Intermediation	房地产业 Real Estate	租赁和商务服务业 Leasing and Business Services	科学研究和技术服务业 Scientific Research, Technical Service
北京	Beijing	2	109	22	12	12	18
天津	Tianjin	0	2	0	4	1	1
河北	Hebei	0	3	2	2	0	0
山西	Shanxi	0	0	1	0	0	0
内蒙古	Inner Mongolia	0	0	0	0	0	0
辽宁	Liaoning	0	3	0	0	0	0
吉林	Jilin	0	7	1	1	0	0
黑龙江	Heilongjiang	0	1	3	0	0	0
上海	Shanghai	1	51	17	19	10	19
江苏	Jiangsu	1	36	15	8	1	17
浙江	Zhejiang	1	39	9	7	12	5
安徽	Anhui	1	7	3	1	0	4
福建	Fujian	0	15	2	2	1	1
江西	Jiangxi	0	2	2	0	1	0
山东	Shandong	0	12	3	1	0	0
河南	Henan	0	2	3	0	0	2
湖北	Hubei	0	6	3	4	3	1
湖南	Hunan	1	6	3	0	1	1
广东	Guangdong	0	33	4	6	8	10
广西	Guangxi	0	5	1	1	0	1
海南	Hainan	0	0	1	2	1	0
重庆	Chongqing	0	3	3	6	0	1
四川	Sichuan	0	15	3	1	1	4
贵州	Guizhou	0	3	1	0	0	1
云南	Yunnan	0	1	2	2	0	0
西藏	Xizang	0	2	1	1	0	1
陕西	Shaanxi	1	2	3	1	2	2
甘肃	Gansu	0	0	1	0	0	1
青海	Qinghai	0	0	0	0	0	0
宁夏	Ningxia	0	0	0	0	0	0
新疆	Xinjiang	0	3	2	0	1	1
深圳	Shenzhen	0	40	8	17	9	14
大连	Dalian	0	1	0	0	0	0
宁波	Ningbo	0	1	2	2	2	0
厦门	Xiamen	0	7	2	0	3	1
青岛	Qingdao	0	3	3	1	1	0
其他	Others	0	1	0	0	0	0

6-4 续表 2 continued

单位：家 (unit)

辖区	Jurisdiction	水利、环境和公共设施管理业 Management of Water Conservancy, Environment and Public Facilities	居民服务、修理和其他服务业 Resident Services, Repairing and Other Services	教育 Education	卫生和社会工作 Health and Social Works	文化、体育和娱乐业 Culture, Sports and Entertainment	综合 Others
北京	Beijing	13	1	3	1	11	1
天津	Tianjin	1	0	0	0	2	0
河北	Hebei	1	0	0	0	0	0
山西	Shanxi	0	0	0	0	0	0
内蒙古	Inner Mongolia	1	0	0	0	1	0
辽宁	Liaoning	2	0	0	1	2	0
吉林	Jilin	2	0	0	0	0	0
黑龙江	Heilongjiang	0	0	0	0	1	0
上海	Shanghai	6	0	2	1	6	1
江苏	Jiangsu	11	0	2	1	4	2
浙江	Zhejiang	8	0	0	3	12	0
安徽	Anhui	12	0	1	0	2	0
福建	Fujian	1	0	0	0	0	0
江西	Jiangxi	1	0	0	0	2	0
山东	Shandong	1	0	0	0	2	0
河南	Henan	1	0	0	0	1	0
湖北	Hubei	4	0	0	1	3	0
湖南	Hunan	6	0	1	1	3	0
广东	Guangdong	5	0	0	1	3	2
广西	Guangxi	1	0	0	0	0	1
海南	Hainan	0	0	0	0	1	1
重庆	Chongqing	2	0	0	0	1	0
四川	Sichuan	2	0	0	2	2	0
贵州	Guizhou	0	0	0	0	0	0
云南	Yunnan	2	0	0	0	0	0
西藏	Xizang	1	0	0	0	0	0
陕西	Shaanxi	3	0	1	1	1	0
甘肃	Gansu	0	0	0	1	1	0
青海	Qinghai	0	0	0	0	0	0
宁夏	Ningxia	0	0	0	0	0	0
新疆	Xinjiang	1	0	0	1	1	0
深圳	Shenzhen	7	0	0	0	0	1
大连	Dalian	1	0	1	0	0	0
宁波	Ningbo	0	0	0	0	0	0
厦门	Xiamen	2	0	1	1	0	0
青岛	Qingdao	1	0	0	1	1	0
其他	Others	0	0	0	0	0	0

6-5　分股份类型沪深交易所上市公司数量

Number of Listed Companies by Stock Type in SSE and SZSE

单位：家 (unit)

年份 Year	仅发A股 Only A-Shares	仅发B股 Only B-Shares	仅发A、B股 Only A&B Shares	仅发A、H股 Only A&H Shares	发A、B、H股 A,B&H Shares	仅发B、H股 Only B&H Shares	A股合计 Total of A-Shares	B股合计 Total of B-Shares	合计 Total
1994	227	4	54	6	0	0	287	58	291
1995	242	12	58	11	0	0	311	70	323
1996	431	16	69	14	0	0	514	85	530
1997	627	25	76	17	0	0	720	101	745
1998	728	26	80	18	0	0	826	106	852
1999	822	26	82	19	0	0	923	108	949
2000	955	28	86	19	0	0	1060	114	1088
2001	1025	24	88	23	0	0	1136	112	1160
2002	1085	24	87	28	0	0	1200	111	1224
2003	1146	24	87	30	0	0	1263	111	1287
2004	1236	24	86	31	0	0	1353	110	1377
2005	1240	23	86	32	0	0	1358	109	1381
2006	1287	23	86	38	0	0	1411	109	1434
2007	1389	23	86	52	0	0	1527	109	1550
2008	1459	23	85	57	1	0	1602	109	1625
2009	1549	22	85	61	1	0	1696	108	1718
2010	1892	22	85	63	1	0	2041	108	2063
2011	2162	22	85	72	1	0	2320	108	2342
2012	2306	21	84	81	1	1	2472	107	2494
2013	2300	20	84	83	1	1	2468	106	2489
2014	2424	20	82	85	1	1	2592	104	2613
2015	2640	18	81	86	1	1	2808	101	2827
2016	2861	17	81	91	1	1	3034	100	3052
2017	3288	17	81	97	1	1	3467	100	3485
2018	3379	16	81	106	1	1	3567	99	3584
2019	3560	16	79	120	1	1	3760	97	3777
2020	3921	13	77	137	5	1	4140	96	4154
2021	4386	11	77	139	1	1	4603	90	4615
2022	4682	11	73	149	1	1	4905	86	4917
2023	4872	11	73	150	1	0	5096	85	5107

注：1.上市公司数量按上市日口径统计。
　　2.本表H股上市公司指在香港上市、在内地注册的公司。

数据来源：上海证券交易所、深圳证券交易所

Source:SSE、SZSE

6-6 上海证券交易所分股份类型上市公司数量
Number of Listed Companies by Stock Type of SSE

单位：家 (unit)

年份 Year	仅发A股 Only A-Shares	仅发B股 Only B-Shares	仅发A、B股 Only A&B Shares	仅发A、H股 Only A&H Shares	发A、B、H股 A,B&H Shares	仅发B、H股 Only B&H Shares	A股合计 Total of A-Shares	B股合计 Total of B-Shares	合计 Total
1994	131	2	32	6	0	0	169	34	171
1995	142	4	32	10	0	0	184	36	188
1996	240	6	36	11	0	0	287	42	293
1997	321	11	39	12	0	0	372	50	383
1998	373	13	39	13	0	0	425	52	438
1999	417	13	41	13	0	0	471	54	484
2000	504	13	42	13	0	0	559	55	572
2001	573	10	44	19	0	0	636	54	646
2002	639	10	44	22	0	0	705	54	715
2003	702	10	44	24	0	0	770	54	780
2004	759	10	44	24	0	0	827	54	837
2005	755	10	44	25	0	0	824	54	834
2006	756	10	44	32	0	0	832	54	842
2007	761	10	44	45	0	0	850	54	860
2008	760	10	44	50	0	0	854	54	864
2009	762	10	44	54	0	0	860	54	870
2010	784	10	44	56	0	0	884	54	894
2011	816	10	44	61	0	0	921	54	931
2012	833	9	44	67	0	1	944	54	954
2013	832	8	44	68	0	1	944	53	953
2014	873	8	44	69	0	1	986	53	995
2015	959	7	44	70	0	1	1073	52	1081
2016	1056	6	44	75	0	1	1175	51	1182
2017	1265	6	44	80	0	1	1389	51	1396
2018	1312	6	44	87	0	1	1443	51	1450
2019	1425	6	43	97	0	1	1565	50	1572
2020	1642	4	43	110	0	1	1795	48	1800
2021	1878	4	42	112	0	1	2032	47	2037
2022	2012	4	39	118	0	1	2169	44	2174
2023	2099	5	39	120	0	0	2258	44	2263

注：1.上市公司数量按上市日口径统计。
2.本表H股上市公司指在香港上市、在内地注册的公司。

数据来源：上海证券交易所
Source：SSE

6-7　深圳证券交易所分股份类型上市公司数量
Number of Listed Companies by Stock Type of SZSE

单位：家　　(unit)

年份 Year	仅发A股 Only A-Shares	仅发B股 Only B-Shares	仅发A、B股 Only A&B Shares	仅发A、H股 Only A&H Shares	发A、B、H股 A,B&H Shares	仅发B、H股 Only B&H Shares	A股合计 Total of A-Shares	B股合计 Total of B-Shares	合计 Total
1994	96	2	22	0	0	0	118	24	120
1995	100	8	26	1	0	0	127	34	135
1996	191	10	33	3	0	0	227	43	237
1997	306	14	37	5	0	0	348	51	362
1998	355	13	41	5	0	0	401	54	414
1999	405	13	41	6	0	0	452	54	465
2000	451	15	44	6	0	0	501	59	516
2001	452	14	44	4	0	0	500	58	514
2002	446	14	43	6	0	0	495	57	509
2003	444	14	43	6	0	0	493	57	507
2004	477	14	42	7	0	0	526	56	540
2005	485	13	42	7	0	0	534	55	547
2006	531	13	42	6	0	0	579	55	592
2007	628	13	42	7	0	0	677	55	690
2008	699	13	41	7	1	0	748	55	761
2009	787	12	41	7	1	0	836	54	848
2010	1108	12	41	7	1	0	1157	54	1169
2011	1346	12	41	11	1	0	1399	54	1411
2012	1473	12	40	14	1	0	1528	54	1540
2013	1468	12	40	15	1	0	1524	53	1536
2014	1551	12	38	16	1	0	1606	51	1618
2015	1681	11	37	16	1	0	1735	49	1746
2016	1805	11	37	16	1	0	1859	49	1870
2017	2023	11	37	17	1	0	2078	49	2089
2018	2067	10	37	19	1	0	2124	48	2134
2019	2135	10	36	23	1	0	2195	47	2205
2020	2284	9	35	25	1	0	2345	48	2354
2021	2508	7	35	27	1	0	2571	43	2578
2022	2670	7	34	31	1	0	2736	42	2743
2023	2773	6	34	30	1	0	2838	41	2844

注：1.上市公司数量按上市日口径统计。
　　2.本表H股上市公司指在香港上市、在内地注册的公司。
数据来源：深圳证券交易所
Source：SZSE

6-8 按股本规模划分沪深交易所上市公司数量
Number of Listed Companies by Equity Scale in SSE and SZSE

单位：家 (unit)

年份 Year	1亿股以下 Below 100 million shares			1亿-2亿股 100 million-200 million shares			2亿-3亿股 200 million-300 million shares		
	合计 Total	上交所 SSE	深交所 SZSE	合计 Total	上交所 SSE	深交所 SZSE	合计 Total	上交所 SSE	深交所 SZSE
2001	64	35	29	384	204	180	285	153	132
2002	75	50	25	394	224	170	280	152	128
2003	78	55	23	392	240	152	297	163	134
2004	102	51	51	399	250	149	306	181	125
2005	88	41	47	393	236	157	304	182	122
2006	80	29	51	385	211	174	296	174	122
2007	113	22	91	365	172	193	297	169	128
2008	91	17	74	346	136	210	308	152	156
2009	103	16	87	352	118	234	313	137	176
2010	191	11	180	459	109	350	332	115	217
2011	197	10	187	495	82	413	379	112	267
2012	148	8	140	513	70	443	410	107	303
2013	65	5	60	436	55	381	420	103	317
2014	80	12	68	342	61	281	419	97	322
2015	74	15	59	286	80	206	299	91	208
2016	120	24	96	290	80	210	303	106	197
2017	200	54	146	421	148	273	324	135	189
2018	122	40	82	458	163	295	344	136	208
2019	134	55	79	472	185	287	368	148	220
2020	207	109	98	557	217	340	424	184	240
2021	329	174	155	679	281	398	460	191	269
2022	371	195	176	784	319	465	485	200	285
2023	344	164	180	872	371	501	513	204	309

注：1.上市公司数量按上市日口径统计。
2.上表分组遵循"上组限不在内"的原则，如"1亿-2亿股"包括1亿股，不包括2亿股。
数据来源：上海证券交易所、深圳证券交易所
Source:SSE、SZSE

6-8 续表 continued

单位：家 (unit)

年份 Year	3亿-5亿股 300 million-500 million shares			5亿-10亿股 500 million-1000 million shares			10亿股及以上 Above 1000 million shares		
	合计 Total	上交所 SSE	深交所 SZSE	合计 Total	上交所 SSE	深交所 SZSE	合计 Total	上交所 SSE	深交所 SZSE
2001	263	149	114	112	70	42	52	35	17
2002	285	167	118	128	78	50	62	44	18
2003	300	180	120	143	86	57	77	56	21
2004	309	191	118	169	98	71	92	66	26
2005	319	202	117	174	103	71	103	70	33
2006	344	221	123	195	113	82	134	94	40
2007	365	228	137	231	139	92	179	130	49
2008	379	232	147	269	164	105	232	163	69
2009	391	233	158	292	176	116	267	190	77
2010	425	229	196	333	203	130	323	227	96
2011	485	235	250	411	226	185	375	266	109
2012	515	220	295	479	247	232	429	302	127
2013	556	216	340	534	255	279	478	319	159
2014	604	210	394	628	267	361	540	348	192
2015	610	196	414	812	275	537	746	420	326
2016	597	202	395	834	285	549	908	485	423
2017	638	240	398	866	294	572	1036	525	511
2018	640	245	395	905	309	596	1115	557	558
2019	678	268	410	941	323	618	1184	593	591
2020	752	323	429	968	335	633	1246	632	614
2021	830	368	462	1002	355	647	1315	668	647
2022	879	396	483	1039	369	670	1359	695	664
2023	923	422	501	1050	378	672	1405	724	681

6-9 按市值规模划分沪深交易所上市公司数量
Number of Listed Companies by Market Capitalization in SSE and SZSE

单位：家 (unit)

年份 Year	1亿元以下 Below 100 million yuan			1亿-5亿元 100 million-500 million yuan			5亿-10亿元 500 million-1000 million yuan		
	合计 Total	上交所 SSE	深交所 SZSE	合计 Total	上交所 SSE	深交所 SZSE	合计 Total	上交所 SSE	深交所 SZSE
2001	5	5	0	1	0	1	30	14	16
2002	4	4	0	13	5	8	75	35	40
2003	1	1	0	33	19	14	267	142	125
2004	1	0	1	96	48	48	399	237	162
2005	4	2	2	204	107	97	479	270	209
2006	8	7	1	113	57	56	339	174	165
2007	11	10	1	12	1	11	34	11	23
2008	9	8	1	70	33	37	350	151	199
2009	8	8	0	10	2	8	28	10	18
2010	11	11	0	9	2	7	19	7	12
2011	6	6	0	15	5	10	74	24	50
2012	3	3	0	11	3	8	89	23	66
2013	4	2	2	6	2	4	20	9	11
2014	5	1	4	6	2	4	8	4	4
2015	4	2	2	1	0	1	6	0	6
2016	5	2	3	1	0	1	5	1	4
2017	2	2	0	3	0	3	8	3	5
2018	2	2	0	11	2	9	9	4	5
2019	2	2	0	12	3	9	9	6	3
2020	6	6	0	9	4	5	37	15	22
2021	0	0	0	5	0	5	7	3	4
2022	0	0	0	6	2	4	10	5	5
2023	1	0	1	7	2	5	6	1	5

注：1.暂停上市的上市公司市值记为0。
2.上市公司数量按上市日口径统计。
3.上表分组遵循“上组限不在内”的原则，如“10亿-20亿元”包括10亿元，不包括20亿元。

数据来源：上海证券交易所、深圳证券交易所

Source:SSE、SZSE

6-9 续表 continued

单位：家 (unit)

年份 Year	10亿–20亿元 1000 million-2000 million yuan			20亿–30亿元 2000 million-3000 million yuan			30亿–50亿元 3000 million-5000 million yuan			50亿元及以上 Above 5000 million yuan		
	合计 Total	上交所 SSE	深交所 SZSE	合计 Total	上交所 SSE	深交所 SZSE	合计 Total	上交所 SSE	深交所 SZSE	合计 Total	上交所 SSE	深交所 SZSE
2001	306	145	161	357	199	158	286	163	123	175	120	55
2002	536	307	229	290	166	124	177	106	71	129	92	37
2003	496	305	191	196	120	76	142	90	52	152	103	49
2004	486	300	186	149	94	55	123	74	49	123	84	39
2005	383	248	135	113	76	37	93	61	32	105	70	35
2006	423	258	165	173	98	75	156	96	60	222	152	70
2007	220	99	121	271	137	134	321	173	148	681	429	252
2008	498	241	257	225	127	98	180	100	80	293	204	89
2009	236	97	139	309	138	171	389	176	213	738	439	299
2010	192	79	113	339	111	228	541	198	343	952	486	466
2011	584	151	433	496	169	327	470	183	287	697	393	304
2012	650	135	515	503	172	331	496	199	297	742	419	323
2013	456	115	341	490	157	333	592	205	387	921	463	458
2014	135	45	90	380	97	283	693	201	492	1386	645	741
2015	12	5	7	63	32	31	666	203	463	2075	806	1269
2016	11	6	5	14	2	12	510	172	338	2506	999	1507
2017	40	14	26	419	149	270	857	301	556	2156	927	1229
2018	473	179	294	733	245	488	908	328	580	1448	690	758
2019	316	117	199	622	216	406	924	353	571	1892	875	1017
2020	318	132	186	614	225	389	916	336	580	2254	1082	1172
2021	246	104	142	572	212	360	1000	372	628	2785	1346	1439
2022	403	150	253	750	271	479	1137	441	696	2611	1305	1306
2023	168	71	97	774	272	502	1330	514	816	2821	1403	1418

6-10 2023年主板上市公司分行业规模
Industry Scale of Main Board Listed Companies in 2023

行业 Industry	上市公司家数（家） Number of Listed Companies (unit)	上市公司股本（亿股） Share Capital of Listed Companies (100 million shares)	其中：流通股本（亿股） Thereinto: Negotiable Shares (100 million shares)	上市公司市值（亿元） Market Capitalization of Listed Companies (100 million yuan)	其中：流通市值（亿元） Thereinto: Negotiable Market Capitalization (100 million yuan)
农、林、牧、渔 Agriculture,Forestry,Animal Husbandry and Fishery	35	463.29	372.93	4913.23	3698.30
采矿业 Mining	78	4959.48	4777.80	43207.14	41743.76
制造业 Manufacturing	2000	23098.44	21342.71	298882.48	277307.66
电力、热力、燃气及水生产和供应业 Production and Supply of Electricity,Gas and Water	134	4390.14	3900.97	29381.43	25507.80
建筑业 Construction	98	2886.90	2507.17	14335.71	12518.26
批发和零售业 Wholesale and Retail Trades	162	1922.99	1754.74	12956.86	11522.27
交通运输、仓储和邮政业 Transport,Storage and Post	110	4211.39	3884.71	24550.24	22833.15
住宿和餐饮业 Hotels and Catering Services	7	47.38	46.01	712.57	697.60
信息传输、软件和信息技术服务业 Information Transmission,Computer Services and Software	151	2858.05	2164.21	26775.14	22131.67
金融业 Financial Intermediation	123	17638.27	17043.18	111077.38	106678.94
房地产业 Real Estate	100	2247.02	2122.10	11055.76	10512.62
租赁和商务服务业 Leasing and Business Services	55	927.78	863.38	6648.08	6238.70
科学研究和技术服务业 Scientific Research,Technical Service	29	216.89	187.91	3490.48	3251.28
水利、环境和公共设施管理业 Management of Water Conservancy,Environment and Public Facilities	51	432.56	406.34	2897.35	2711.23
居民服务、修理和其他服务业 Resident Services,Repairing and Other Services	0	0.00	0.00	0.00	0.00
教育 Education	10	98.87	82.59	577.55	460.21
卫生和社会工作 Health and Social Works	9	144.08	134.74	1210.35	1163.02
文化、体育和娱乐业 Culture,Sports and Entertainment	47	520.23	475.10	4306.45	3914.30
综合 Others	9	96.81	93.13	801.15	777.06

注：上市公司数量按上市日口径统计。
数据来源：上海证券交易所、深圳证券交易所
Source:SSE、SZSE

6-11 2023年科创板上市公司分行业规模

Industry Scale of STAR Market Listed Companies in 2023

行业 Industry	上市公司家数（家） Number of Listed Companies (unit)	上市公司股本（亿股） Share Capital of Listed Companies (100 million shares)	其中：流通股本（亿股） Thereinto: Negotiable Shares (100 million shares)	上市公司市值（亿元） Market Capitalization of Listed Companies (100 million yuan)	其中：流通市值（亿元） Thereinto: Negotiable Market Capitalization (100 million yuan)
农、林、牧、渔 Agriculture,Forestry,Animal Husbandry and Fishery	0	0.00	0.00	0.00	0.00
采矿业 Mining	0	0.00	0.00	0.00	0.00
制造业 Manufacturing	450	1868.60	1030.74	50969.48	30911.62
电力、热力、燃气及水生产和供应业 Production and Supply of Electricity,Gas and Water	0	0.00	0.00	0.00	0.00
建筑业 Construction	0	0.00	0.00	0.00	0.00
批发和零售业 Wholesale and Retail Trades	0	0.00	0.00	0.00	0.00
交通运输、仓储和邮政业 Transport,Storage and Post	0	0.00	0.00	0.00	0.00
住宿和餐饮业 Hotels and Catering Services	0	0.00	0.00	0.00	0.00
信息传输、软件和信息技术服务业 Information Transmission,Computer Services and Software	87	184.63	125.87	9081.62	6790.88
金融业 Financial Intermediation	0	0.00	0.00	0.00	0.00
房地产业 Real Estate	0	0.00	0.00	0.00	0.00
租赁和商务服务业 Leasing and Business Services	0	0.00	0.00	0.00	0.00
科学研究和技术服务业 Scientific Research,Technical Service	19	52.06	27.96	1321.80	724.60
水利、环境和公共设施管理业 Management of Water Conservancy,Environment and Public Facilities	10	13.50	10.32	244.51	184.23
居民服务、修理和其他服务业 Resident Services,Repairing and Other Services	0	0.00	0.00	0.00	0.00
教育 Education	0	0.00	0.00	0.00	0.00
卫生和社会工作 Health and Social Works	0	0.00	0.00	0.00	0.00
文化、体育和娱乐业 Culture,Sports and Entertainment	0	0.00	0.00	0.00	0.00
综合 Others	0	0.00	0.00	0.00	0.00

注：上市公司数量按上市日口径统计。
数据来源：上海证券交易所
Source:SSE

6-12 2023年创业板上市公司分行业规模
Industry Scale of ChiNext Board Listed Companies in 2023

行业 Industry	上市公司家数(家) Number of Listed Companies (unit)	上市公司股本(亿股) Share Capital of Listed Companies (100 million shares)	其中：流通股本(亿股) Negotiable Shares (100 million shares)	上市公司市值(亿元) Market Capitalization of Listed Companies (100 million yuan)	其中：流通市值(亿元) Negotiable Market Capitalization (100 million yuan)
农、林、牧、渔 Agriculture,Forestry,Animal Husbandry and Fishery	10	109.36	88.82	1804.24	1438.11
采矿业 Mining	5	22.99	20.48	164.83	140.21
制造业 Manufacturing	943	3967.78	2965.23	82510.23	58770.94
电力、热力、燃气及水生产和供应业 Production and Supply of Electricity,Gas and Water	3	17.45	15.82	152.15	138.92
建筑业 Construction	12	68.06	60.93	483.93	396.96
批发和零售业 Wholesale and Retail Trades	31	129.24	70.35	2032.88	918.42
交通运输、仓储和邮政业 Transport,Storage and Post	3	10.48	9.79	96.78	81.65
住宿和餐饮业 Hotels and Catering Services	1	1.94	0.85	44.12	19.32
信息传输、软件和信息技术服务业 Information Transmission,Computer Services and Software	183	920.61	781.28	12919.86	10132.92
金融业 Financial Intermediation	3	168.04	141.06	3316.08	2555.20
房地产业 Real Estate	1	1.69	1.69	42.79	42.79
租赁和商务服务业 Leasing and Business Services	15	72.85	63.63	805.95	649.40
科学研究和技术服务业 Scientific Research,Technical Service	58	181.04	132.21	3671.50	2576.12
水利、环境和公共设施管理业 Management of Water Conservancy,Environment and Public Facilities	38	222.23	177.42	1437.32	1014.49
居民服务、修理和其他服务业 Resident Services,Repairing and Other Services	1	1.30	1.29	16.61	16.44
教育 Education	2	7.32	5.55	50.41	37.13
卫生和社会工作 Health and Social Works	8	123.04	97.49	2291.02	1676.25
文化、体育和娱乐业 Culture,Sports and Entertainment	16	184.62	153.92	1893.20	1457.07
综合 Others	0	0.00	0.00	0.00	0.00

注：上市公司数量按上市日口径统计。
数据来源：深圳证券交易所
Source:SZSE

6-13 2023年分辖区沪深交易所上市公司市值
Market Capitalization of SSE and SZSE Listed Companies by Jurisdiction in 2023

辖区	Jurisdiction	主板 Main Board		科创板 STAR Market		创业板 ChiNext Board	
		上市公司市值(亿元) Market Capitalization of Listed Companies (100 million yuan)	其中：流通市值(亿元) Negotiable Market Capitalization (100 million yuan)	上市公司市值(亿元) Market Capitalization of Listed Companies (100 million yuan)	其中：流通市值(亿元) Negotiable Market Capitalization (100 million yuan)	上市公司市值(亿元) Market Capitalization of Listed Companies (100 million yuan)	其中：流通市值(亿元) Negotiable Market Capitalization (100 million yuan)
北京	Beijing	142195.57	131807.02	8316.77	5795.07	12590.26	10030.84
天津	Tianjin	8189.04	7870.83	2411.93	1083.03	791.77	467.53
河北	Hebei	8746.43	7954.45	180.05	21.65	1455.95	1055.81
山西	Shanxi	8723.35	8399.70	0.00	0.00	139.61	136.74
内蒙古	Inner Mongolia	6437.50	5709.92	0.00	0.00	211.81	185.76
辽宁	Liaoning	2748.34	2638.27	978.71	633.20	872.53	671.07
吉林	Jilin	3393.46	3242.74	344.73	187.96	269.09	210.21
黑龙江	Heilongjiang	3070.56	2752.00	68.58	34.66	291.57	115.41
上海	Shanghai	46436.34	42947.84	11882.27	8584.17	8481.65	5148.33
江苏	Jiangsu	41331.44	38503.87	9402.90	5731.21	11611.33	8056.47
浙江	Zhejiang	42483.65	38480.33	3589.04	2015.80	8602.01	5977.09
安徽	Anhui	12964.30	11935.85	1881.71	911.54	3371.44	2442.61
福建	Fujian	14027.40	13735.62	226.03	208.93	8333.63	7066.33
江西	Jiangxi	5571.15	4672.29	1281.75	592.43	1442.55	948.11
山东	Shandong	20822.31	19006.50	1545.05	902.68	4046.26	2858.30
河南	Henan	11273.62	10091.28	263.07	170.40	1611.54	996.89
湖北	Hubei	10121.39	9553.97	857.51	397.84	2624.09	1932.35
湖南	Hunan	8045.09	7410.67	1596.88	848.97	5214.84	3834.46
广东	Guangdong	34947.83	32066.10	2761.74	1609.24	10981.39	7657.84
广西	Guangxi	2667.56	2416.16	0.00	0.00	82.60	66.04
海南	Hainan	2798.58	2519.69	153.01	68.81	162.30	131.22
重庆	Chongqing	7993.19	7607.23	260.41	93.94	2144.04	1180.49
四川	Sichuan	21797.97	20674.28	1805.50	730.18	2803.71	2079.55
贵州	Guizhou	24224.77	24119.17	339.54	193.44	422.81	370.63
云南	Yunnan	6812.36	6219.94	0.00	0.00	890.22	677.99
西藏	Xizang	1876.68	1735.63	0.00	0.00	390.03	323.68
陕西	Shaanxi	9538.78	8921.50	1463.48	986.47	1621.95	1070.68
甘肃	Gansu	2794.17	2314.94	0.00	0.00	165.39	152.58
青海	Qinghai	1996.90	1995.60	0.00	0.00	0.00	0.00
宁夏	Ningxia	1757.50	1723.53	0.00	0.00	73.04	25.83
新疆	Xinjiang	6565.65	5847.76	634.26	153.75	431.88	248.25
深圳	Shenzhen	51848.49	47220.99	5197.17	3402.34	17143.83	12914.44
大连	Dalian	3369.65	3347.21	143.69	86.25	202.15	92.12
宁波	Ningbo	10003.99	8917.46	422.82	265.44	1683.49	1222.23
厦门	Xiamen	3866.26	3453.96	406.14	279.30	1562.98	1033.56
青岛	Qingdao	4813.04	4502.93	455.32	367.69	1010.20	680.89
其他	Others	1525.08	1350.61	2747.34	2254.94	0.00	0.00

注：所属辖区按上市公司注册地划分，注册地为境外的上市公司标记为“其他”。

数据来源：上海证券交易所、深圳证券交易所

Source:SSE、SZSE

6-14 2023年分行业新上市的沪深交易所上市公司数量

行业 Industry	上交所 SSE		
	新上市 公司家数 (家) Number of Newly Listed Companies (unit)	新上市 公司市值 (亿元) Market Capitalization of Newly Listed Companies (100 million yuan)	占上交所新上市公司 市值比重 (%) Proportion (%)
农、林、牧、渔 Agriculture,Forestry,Animal Husbandry and Fishery	0	0.00	0.00
采矿业 Mining	2	436.06	3.87
制造业 Manufacturing	77	8055.76	71.57
电力、热力、燃气及水生产和供应业 Production and Supply of Electricity,Gas and Water	1	64.29	0.57
建筑业 Construction	2	94.45	0.84
批发和零售业 Wholesale and Retail Trades	1	377.79	3.36
交通运输、仓储和邮政业 Transport,Storage and Post	2	270.58	2.40
住宿和餐饮业 Hotels and Catering Services	0	0.00	0.00
信息传输、软件和信息技术服务业 Information Transmission,Computer Services and Software	13	1165.02	10.35
金融业 Financial Intermediation	1	583.42	5.18
房地产业 Real Estate	0	0.00	0.00
租赁和商务服务业 Leasing and Business Services	1	46.29	0.41
科学研究和技术服务业 Scientific Research,Technical Service	2	141.47	1.26
水利、环境和公共设施管理业 Management of Water Conservancy,Environment and Public Facilities	1	21.01	0.19
居民服务、修理和其他服务业 Resident Services,Repairing and Other Services	0	0.00	0.00
教育 Education	0	0.00	0.00
卫生和社会工作 Health and Social Works	0	0.00	0.00
文化、体育和娱乐业 Culture,Sports and Entertainment	0	0.00	0.00
综合 Others	0	0.00	0.00

注：上市公司数量按上市日口径统计。
数据来源：上海证券交易所、深圳证券交易所
Source:SSE、SZSE

Number of Newly Listed Companies of SSE and SZSE by Industry in 2023

深交所 SZSE			合计 Total		
新上市公司家数（家） Number of Newly Listed Companies (unit)	新上市公司市值（亿元） Market Capitalization of Newly Listed Companies (100 million yuan)	占深交所新上市公司市值比重(%) Proportion (%)	新上市公司家数（家） Number of Newly Listed Companies (unit)	新上市公司市值（亿元） Market Capitalization of Newly Listed Companies (100 million yuan)	占新上市公司市值比重(%) Proportion (%)
0	0.00	0.00	0	0.00	0.00
1	116.05	1.46	3	552.10	2.88
109	5992.88	75.56	186	14048.64	73.22
2	423.22	5.34	3	487.51	2.54
0	0.00	0.00	2	94.45	0.49
6	633.00	7.98	7	1010.79	5.27
0	0.00	0.00	2	270.58	1.41
0	0.00	0.00	0	0.00	0.00
7	388.40	4.90	20	1553.42	8.10
0	0.00	0.00	1	583.42	3.04
0	0.00	0.00	0	0.00	0.00
0	0.00	0.00	1	46.29	0.24
4	172.80	2.18	6	314.27	1.64
3	105.75	1.33	4	126.76	0.66
0	0.00	0.00	0	0.00	0.00
0	0.00	0.00	0	0.00	0.00
1	98.91	1.25	1	98.91	0.52
0	0.00	0.00	0	0.00	0.00
0	0.00	0.00	0	0.00	0.00

6-15　2023年分辖区新上市的沪深交易所上市公司数量

单位：家

辖区	Jurisdiction	上交所 SSE 新上市公司家数（家） Number of Newly Listed Companies (unit)	新上市公司市值（亿元） Market Capitalization of Newly Listed Companies (100 million yuan)	占上交所新上市公司市值比例(%) Proportion (%)
北京	Beijing	9	1669.71	14.83
天津	Tianjin	2	130.61	1.16
河北	Hebei	1	180.05	1.60
山西	Shanxi	0	0.00	0.00
内蒙古	Inner Mongolia	0	0.00	0.00
辽宁	Liaoning	0	0.00	0.00
吉林	Jilin	1	48.06	0.43
黑龙江	Heilongjiang	0	0.00	0.00
上海	Shanghai	16	1707.95	15.17
江苏	Jiangsu	23	2223.40	19.75
浙江	Zhejiang	13	1032.34	9.17
安徽	Anhui	5	801.54	7.12
福建	Fujian	1	108.94	0.97
江西	Jiangxi	2	155.52	1.38
山东	Shandong	3	252.21	2.24
河南	Henan	0	0.00	0.00
湖北	Hubei	3	212.24	1.89
湖南	Hunan	2	238.55	2.12
广东	Guangdong	6	510.34	4.53
广西	Guangxi	0	0.00	0.00
海南	Hainan	0	0.00	0.00
重庆	Chongqing	2	197.44	1.75
四川	Sichuan	2	661.96	5.88
贵州	Guizhou	0	0.00	0.00
云南	Yunnan	0	0.00	0.00
西藏	Xizang	0	0.00	0.00
陕西	Shaanxi	2	107.83	0.96
甘肃	Gansu	0	0.00	0.00
青海	Qinghai	0	0.00	0.00
宁夏	Ningxia	0	0.00	0.00
新疆	Xinjiang	1	56.48	0.50
深圳	Shenzhen	7	741.52	6.59
大连	Dalian	0	0.00	0.00
宁波	Ningbo	1	45.03	0.40
厦门	Xiamen	0	0.00	0.00
青岛	Qingdao	0	0.00	0.00
其他	Others	1	174.39	1.55

注：1.上市公司数量按上市日口径统计。
　　2.所属辖区按上市公司注册地划分，注册地在境外的上市公司标记为其他，以注册地(其他)为口径统计IPO家数，以沪深交易所股东大会公告为准。

数据来源：上海证券交易所、深圳证券交易所
Source:SSE、SZSE

Number of Newly Listed Companies of SSE and SZSE by Jurisdiction in 2023

(unit)

深交所 SZSE			合计 Total		
新上市公司家数(家) Number of Newly Listed Companies (unit)	新上市公司市值(亿元) Market Capitalization of Newly Listed Companies (100 million yuan)	占深交所新上市公司市值比例(%) Proportion (%)	新上市公司家数(家) Number of Newly Listed Companies (unit)	新上市公司市值(亿元) Market Capitalization of Newly Listed Companies (100 million yuan)	占全部新上市公司市值比重(%) Proportion (%)
4	283.52	3.57	13	1953.24	10.18
1	193.73	2.44	3	324.34	1.69
1	45.37	0.57	2	225.42	1.17
0	0.00	0.00	0	0.00	0.00
0	0.00	0.00	0	0.00	0.00
1	54.32	0.68	1	54.32	0.28
0	0.00	0.00	1	48.06	0.25
1	152.87	1.93	1	152.87	0.80
6	300.04	3.78	22	2007.99	10.47
19	874.88	11.03	42	3098.29	16.15
19	685.61	8.64	32	1717.94	8.95
7	324.49	4.09	12	1126.03	5.87
1	29.56	0.37	2	138.50	0.72
7	417.94	5.27	9	573.46	2.99
7	483.66	6.10	10	735.87	3.84
1	96.04	1.21	1	96.04	0.50
1	103.92	1.31	4	316.16	1.65
4	376.97	4.75	6	615.52	3.21
17	818.25	10.32	23	1328.59	6.92
0	0.00	0.00	0	0.00	0.00
0	0.00	0.00	0	0.00	0.00
5	409.57	5.16	7	607.01	3.16
3	192.53	2.43	5	854.49	4.45
1	38.13	0.48	1	38.13	0.20
0	0.00	0.00	0	0.00	0.00
0	0.00	0.00	0	0.00	0.00
3	415.34	5.24	5	523.17	2.73
0	0.00	0.00	0	0.00	0.00
0	0.00	0.00	0	0.00	0.00
1	45.98	0.58	1	45.98	0.24
0	0.00	0.00	1	56.48	0.29
15	1192.45	15.04	22	1933.97	10.08
1	115.96	1.46	1	115.96	0.60
3	125.43	1.58	4	170.46	0.89
2	75.21	0.95	2	75.21	0.39
2	79.23	1.00	2	79.23	0.41
0	0.00	0.00	1	174.39	0.91

6-16 沪深交易所上市公司现金分红情况
Summary of Cash Dividend of Listed Companies in SSE and SZSE

年份 Year	上市公司数量(家) Number of Listed Companies (unit)	其中：分红公司数量(家) Thereinto: Have Distributed Dividend (unit)	现金分红总额(亿元) Total Amount of Dividends Actually Distributed (100 million yuan)
2006	1434	643	784.50
2007	1550	726	1180.05
2008	1625	816	2524.51
2009	1718	855	2526.74
2010	2063	1031	3023.97
2011	2342	1347	3900.69
2012	2494	1688	4764.21
2013	2489	1831	5323.82
2014	2613	1887	7638.62
2015	2827	1977	7876.03
2016	3052	2054	8301.09
2017	3485	2451	9792.79
2018	3584	2832	9400.49
2019	3777	2626	10226.90
2020	4154	2737	13725.07
2021	4615	3086	15605.07
2022	4917	3309	16282.02
2023	5107	3380	17019.67

注：1.上市公司数量按上市日口径统计。
2.分红数据按除权除息日口径，基于上市公司境内总股本计算。

数据来源：中证数据

Source:CSDATA

6-17　分行业沪深交易所上市公司现金分红情况

Summary of Cash Dividend of Listed Companies by Industry in SSE and SZSE

行业 Industry	上市公司数量(家) Number of Listed Companies (unit)		其中：分红公司数量(家) Thereinto: Have Distributed Dividend(unit)		现金分红总额(亿元) Total Amount of Dividends Actually Distributed (100 million yuan)	
	2022	2023	2022	2023	2022	2023
农、林、牧、渔 Agriculture,Forestry,Animal Husbandry and Fishery	48	45	19	18	35.91	72.48
采矿业 Mining	80	83	54	62	1974.39	2490.28
制造业 Manufacturing	3224	3393	2231	2330	6083.81	6368.06
电力、热力、燃气及水生产和供应业 Production and Supply of Electricity,Gas and Water	131	137	84	98	524.25	656.10
建筑业 Construction	109	110	65	60	346.26	397.49
批发和零售业 Wholesale and Retail Trades	189	193	121	112	300.20	209.91
交通运输、仓储和邮政业 Transport,Storage and Post	111	113	85	78	823.01	636.90
住宿和餐饮业 Hotels and Catering Services	8	8	5	4	2.30	1.49
信息传输、软件和信息技术服务业 Information Transmission,Computer Services and Software	407	421	244	234	538.64	477.70
金融业 Financial Intermediation	128	126	111	112	4935.43	5023.89
房地产业 Real Estate	113	101	65	59	375.72	254.54
租赁和商务服务业 Leasing and Business Services	66	70	37	34	109.30	175.88
科学研究和技术服务业 Scientific Research,Technical Service	104	106	79	79	67.80	85.80
水利、环境和公共设施管理业 Management of Water Conservancy,Environment and Public Facilities	94	99	60	53	45.93	53.42
居民服务、修理和其他服务业 Resident Services,Repairing and Other Services	1	1	0	0	0.00	0.00
教育 Education	12	12	3	1	1.39	3.31
卫生和社会工作 Health and Social Works	16	17	5	7	15.22	21.25
文化、体育和娱乐业 Culture,Sports and Entertainment	63	63	36	34	92.22	89.18
综合 Others	13	9	5	5	10.25	2.00

注：1.上市公司数量按上市日口径统计。
　　2.分红数据按除权除息日口径，基于上市公司境内总股本计算。

数据来源：中证数据
Source:CSDATA

6-18 分类别沪深交易所上市公司现金分红情况
Summary of Cash Dividend of Listed Companies by Category in SSE and SZSE

名 称 Item	2022	2023
分红上市公司数量(家)	3309	3380
Number of Listed Companies Have Distributed Dividend (unit)		
其中：主板	2134	2122
Main Board		
科创板	333	374
STAR Market		
创业板	842	884
ChiNext Board		
其中：上交所	1568	1579
SSE		
深交所	1741	1801
SZSE		
上市公司实际分红总额(亿元)	16282.02	17019.67
Total Amount of Dividends Actually Distributed (100 million yuan)		
其中：主板	15294.71	15663.54
Main Board		
科创板	281.86	445.96
STAR Market		
创业板	705.46	910.16
ChiNext Board		
其中：上交所	12295.69	12801.20
SSE		
深交所	3986.34	4218.45
SZSE		

注：1.上市公司数量按上市日口径统计。
2.分红数据按除权除息日口径，基于上市公司境内总股本计算。
数据来源：中证数据
Source:CSDATA

6-19　沪深交易所上市公司主要财务指标
Financial Indicators of Listed Companies in SSE and SZSE

年份 Year	资产规模 Asset Size				经营情况 Business Circumstance	
	总资产（亿元） Total Asset (100 million yuan)	其中：非金融上市公司总资产（亿元） Thereinto: Total Asset of Non-financial Listed Companies (100 million yuan)	归属母公司股东净资产（亿元） Net Asset Attributable to Parent Company Shareholders (100 million yuan)	其中：非金融上市公司归属母公司净资产（亿元） Thereinto:Net Asset Attributable to Parent Company Shareholders of Non-financial Listed Companies (100 million yuan)	营业收入（亿元） Revenue (100 million yuan)	利润总额（亿元） Total Profit (100 million yuan)
1995	4301.61	4024.03	1951.20	1914.24	2202.05	264.91
1996	6346.68	5962.19	2944.35	2895.20	3253.04	347.84
1997	9681.16	9202.94	4828.11	4725.17	5117.70	580.43
1998	12404.86	11836.01	6237.42	6120.51	6246.24	613.45
1999	16174.41	14485.64	7651.99	7458.82	7961.96	795.93
2000	21676.39	18778.83	10068.08	9798.93	10715.19	997.02
2001	30457.30	25862.66	12929.06	12663.01	15398.83	1000.46
2002	41539.86	30653.72	14603.34	14167.44	18908.60	1289.65
2003	53302.61	36167.56	16989.94	16307.99	24874.35	1844.36
2004	63277.29	42776.28	19078.26	18314.86	33885.96	2552.87
2005	72769.33	47907.48	20402.38	19546.93	40784.35	2535.22
2006	221069.33	61114.65	34120.86	24119.59	55555.63	5256.47
2007	414286.97	93475.93	63548.44	40477.95	91931.90	13446.40
2008	487007.21	114899.25	71131.38	46349.41	113233.89	10718.78
2009	617738.72	146061.96	85135.77	55180.06	121654.87	14553.27
2010	862290.24	185015.50	114091.20	69977.02	173389.61	22208.16
2011	1028873.51	228335.20	135847.32	83479.44	221275.29	26107.86
2012	1193598.71	266291.64	156762.70	94557.84	246104.25	26986.96
2013	1330017.51	300540.26	174511.40	108491.44	270556.52	30914.63
2014	1501082.96	339763.64	204689.62	118591.68	289130.24	33287.47
2015	1724649.05	394828.33	243815.18	138978.54	294081.84	34545.36
2016	2019170.62	464045.20	284311.36	163658.63	323793.93	37658.75
2017	2205062.02	540920.63	325028.73	189800.69	391171.88	44941.10
2018	2412856.04	609412.82	359922.26	207529.42	452680.62	46832.22
2019	2807826.22	926671.12	412953.37	262292.94	504793.39	51617.72
2020	3134275.88	760871.53	465259.15	257098.97	531266.93	53682.92
2021	3461538.93	864899.84	528681.38	295664.83	650005.24	65230.00
2022	3853355.07	968151.27	595741.22	344658.63	714104.44	68317.33
2023	4213397.85	1019251.68	642547.90	370536.31	725282.10	68885.20

注：1.每股指标按已发行的普通股股份总数计算。
　　2.每股指标采用整体法计算。
　　3.财务数据按截至2023年12月31日已上市且发布了2023年年报，共5091家上市公司为样本进行统计。

数据来源：中证数据
Source:CSDATA

6-19 续表 1 continued

年份 Year	归属母公司股东净利润(亿元) Net Profit Attributable to Parent Company Shareholders (100 million yuan)	其中：非金融上市公司归属母公司股东净利润(亿元) Thereinto:Net Profit Attributable to Parent Company Shareholders of Non-financial Listed Companies (100 million yuan)	经营活动产生的现金流量净额(亿元) Net Cash Flow from Operating Activities (100 million yuan)	资产负债率(%) Asset-liability Ratio (%)	其中：非金融上市公司资产负债率(%) Thereinto:Asset-liability Ratio of Non-financial Listed Companies (%)
1995	210.99	204.24	--	52.20	49.82
1996	281.75	271.02	--	51.32	49.01
1997	469.86	453.62	--	48.06	46.49
1998	465.91	450.48	449.69	47.58	46.05
1999	617.94	601.50	793.72	50.51	46.08
2000	758.50	736.57	1180.28	51.18	45.09
2001	687.38	666.16	2266.94	54.50	47.45
2002	807.84	766.06	3337.57	61.56	49.33
2003	1221.10	1156.98	3376.18	65.03	50.35
2004	1649.80	1571.88	3808.47	66.69	52.53
2005	1584.55	1496.59	4625.05	68.88	54.55
2006	3469.29	2362.05	11737.86	83.21	56.22
2007	9332.14	5748.67	19916.13	83.60	52.48
2008	8178.61	4193.81	26207.73	84.14	54.70
2009	10666.19	5510.23	28406.09	85.02	57.55
2010	16455.95	8729.75	26158.81	85.74	57.66
2011	19116.22	9608.09	30092.22	85.72	59.06
2012	19652.78	8795.95	45527.09	85.77	60.05
2013	22494.88	9984.22	30509.23	85.75	60.87
2014	24189.85	10222.51	48693.60	85.25	60.69
2015	24719.78	9140.10	84691.48	84.66	60.16
2016	27319.72	12044.25	74060.11	84.64	60.01
2017	33266.58	16779.57	32742.70	83.87	60.07
2018	33644.69	16496.76	46308.72	83.54	60.76
2019	37536.39	20793.30	57069.92	83.69	67.11
2020	39530.81	18485.05	89557.65	83.47	60.34
2021	48461.62	24912.90	72332.47	83.01	59.96
2022	51793.50	27936.51	142639.04	84.54	64.40
2023	52749.90	28536.30	151384.90	83.11	57.86

6-19 续表 2 continued

年份 Year	总资产收益率 (%) ROA (%)	其中：非金融上市公司总资产收益率(%) Thereinto:ROA of Non-financial Listed Companies (%)	平均净资产收益率 (%) Average ROE (%)	其中：非金融上市公司平均净资产收益率 (%) Thereinto:Average ROE of Non-financial Listed Companies (%)	每股指标 Share Index 每股净资产 (元) BPS (yuan)	每股收益 (元) EPS (yuan)	每股经营活动现金流量净额 (元) Net Cash Flow from Operating Activities Per Share (yuan)
1995	4.90	5.08	11.26	11.11	2.29	0.25	--
1996	4.44	4.55	10.63	10.40	2.42	0.23	--
1997	4.85	4.93	11.31	11.15	2.47	0.24	--
1998	3.76	3.81	8.14	8.02	2.46	0.18	0.18
1999	3.82	4.15	8.62	8.59	2.47	0.20	0.26
2000	3.50	3.92	8.29	8.26	2.65	0.20	0.31
2001	2.26	2.58	5.53	5.47	2.48	0.13	0.43
2002	1.94	2.50	5.73	5.58	2.48	0.14	0.57
2003	2.29	3.20	7.61	7.49	2.64	0.19	0.52
2004	2.61	3.67	9.08	9.01	2.66	0.23	0.53
2005	2.18	3.12	7.99	7.87	2.67	0.21	0.61
2006	1.57	3.86	11.52	10.63	2.30	0.23	0.79
2007	2.25	6.15	16.73	15.98	2.85	0.42	0.89
2008	1.68	3.65	12.07	9.57	2.92	0.34	1.08
2009	1.73	3.77	13.60	10.81	3.25	0.41	1.08
2010	1.91	4.72	16.04	13.75	3.43	0.49	0.79
2011	1.86	4.21	15.19	12.39	3.75	0.53	0.83
2012	1.65	3.30	13.35	9.78	4.07	0.51	1.18
2013	1.78	3.52	13.58	10.06	4.29	0.55	0.75
2014	1.71	3.18	12.71	9.14	4.66	0.55	1.11
2015	1.43	2.31	9.47	6.10	4.87	0.49	1.69
2016	1.35	2.60	10.27	7.92	5.73	0.55	1.49
2017	1.51	3.10	10.84	9.40	5.98	0.61	0.60
2018	1.39	2.71	9.75	8.26	5.53	0.52	0.71
2019	1.34	2.25	9.59	8.29	5.93	0.54	0.82
2020	1.26	2.43	8.93	7.53	6.31	0.54	1.22
2021	1.60	3.49	9.65	8.87	6.68	0.63	0.94
2022	1.41	2.99	9.05	8.46	7.30	0.63	1.75
2023	1.31	2.88	8.50	7.95	7.60	0.62	1.79

6-20 2023年沪深交易所上市公司分行业主要财务指标

行业 Industry	资产规模 Asset Size	
	总资产 (亿元) Total Asset (100 million yuan)	归属母公司股东净资产 (亿元) Net Asset Attributable to Parent Company Shareholders (100 million yuan)
农、林、牧、渔 Agriculture,Forestry,Animal Husbandry and Fishery	5808.85	2135.63
采矿业 Mining	97648.84	46549.46
制造业 Manufacturing	409967.69	182960.27
电力、热力、燃气及水生产和供应业 Production and Supply of Electricity,Gas and Water	74603.89	21218.18
建筑业 Construction	153393.64	24658.59
批发和零售业 Wholesale and Retail Trades	29627.85	9398.50
交通运输、仓储和邮政业 Transport,Storage and Post	51670.94	20985.61
住宿和餐饮业 Hotels and Catering Services	936.90	355.32
信息传输、软件和信息技术服务业 Information Transmission,Computer Services and Software	55290.71	31708.09
金融业 Financial Intermediation	3194146.18	272011.60
房地产业 Real Estate	98501.65	15307.30
租赁和商务服务业 Leasing and Business Services	20515.42	4727.48
科学研究和技术服务业 Scientific Research,Technical Service	5027.23	3129.90
水利、环境和公共设施管理业 Management of Water Conservancy,Environment and Public Facilities	8175.59	3066.53
居民服务、修理和其他服务业 Resident Services,Repairing and Other Services	1.62	1.05
教育 Education	294.23	99.76
卫生和社会工作 Health and Social Works	1335.58	726.56
文化、体育和娱乐业 Culture,Sports and Entertainment	5393.90	3174.06
综合 Others	1057.16	334.03

注：1.每股指标按已发行的普通股股份总数计算。
2.每股指标采用整体法计算。
3.财务数据按截至2023年12月31日已上市且发布了2023年年报共5091家上市公司为样本进行统计。
4.平均净资产收益率采用整体法计算，净资产收益率=归属母公司股东净利润*2/(期初归属母公司股东净资产+期末归属母公司股东净资产)

数据来源：中证数据
Source:CSDATA

Financial Indicators of Listed Companies of SSE and SZSE by Industry in 2023

经营情况 Business Circumstance				每股指标 Share Index	
营业收入（亿元） Revenue (100 million yuan)	归属母公司股东净利润（亿元） Net Profit Attributable to Parent Company Shareholders (100 million yuan)	资产负债率（%） Asset-liability Ratio (%)	平均净资产收益率（%） Average ROE (%)	每股净资产（元） BPS (yuan)	每股收益（元） EPS (yuan)
3849.89	-44.48	59.23	-2.11	3.72	-0.08
91134.99	6060.40	45.26	13.37	7.55	0.98
277296.32	14037.48	51.45	7.97	6.22	0.48
23155.44	1824.71	63.81	8.98	4.52	0.39
94886.37	1945.41	76.99	8.22	7.74	0.61
41094.47	371.15	64.57	4.03	4.56	0.18
21063.16	1531.14	53.33	7.53	4.57	0.33
300.90	20.08	60.82	5.72	7.20	0.41
29300.73	1950.09	38.00	6.28	7.36	0.45
91253.77	24213.60	91.17	9.26	11.43	1.02
22049.61	-69.03	74.57	-0.45	6.72	-0.03
22007.59	338.48	66.51	7.37	4.68	0.34
2034.36	233.41	35.45	7.76	6.89	0.51
2132.12	29.31	59.32	0.96	4.70	0.04
6.82	-0.29	35.37	-24.92	0.80	-0.22
103.74	-14.80	63.06	-13.72	0.94	-0.14
798.98	56.56	41.55	8.01	2.72	0.21
2268.83	261.43	39.57	8.48	4.48	0.37
543.51	5.24	55.32	1.58	3.45	0.05

6-21 2023年沪深交易所上市公司分辖区主要财务指标

辖区	Jurisdiction	资产规模 Asset Size			
		总资产（亿元） Total Asset (100 million yuan)	归属母公司股东净资产（亿元） Net Asset Attributable to Parent Company Shareholders (100 million yuan)	营业收入（亿元） Revenue (100 million yuan)	利润总额（亿元） Total Profit (100 million yuan)
北京	Beijing	2415050.47	260088.20	248036.36	28498.21
天津	Tianjin	15876.99	7260.84	7427.36	754.72
河北	Hebei	21647.83	6312.00	10493.51	647.64
山西	Shanxi	11831.18	5390.17	5988.12	879.01
内蒙古	Inner Mongolia	8204.59	3777.23	4680.76	561.60
辽宁	Liaoning	4931.76	2349.62	4273.30	-27.16
吉林	Jilin	5842.33	2208.83	2353.41	90.33
黑龙江	Heilongjiang	9260.38	2013.66	2005.68	64.69
上海	Shanghai	423300.95	61085.09	60615.54	4351.70
江苏	Jiangsu	146087.15	32159.03	34510.11	3073.67
浙江	Zhejiang	110859.19	27857.18	42335.50	2756.42
安徽	Anhui	23342.25	9911.31	14689.72	994.47
福建	Fujian	122163.97	14621.38	13960.52	1758.15
江西	Jiangxi	10863.36	4795.22	11606.32	453.34
山东	Shandong	43387.51	14762.58	21908.23	1619.45
河南	Henan	23058.66	6882.04	9924.55	718.74
湖北	Hubei	21796.39	7733.60	9970.02	490.77
湖南	Hunan	27720.68	8102.89	9327.32	608.36
广东	Guangdong	79458.02	24330.10	35751.44	2276.55
广西	Guangxi	5552.48	1846.43	3556.01	71.67
海南	Hainan	3745.78	1001.55	2035.01	71.93
重庆	Chongqing	36506.51	6083.15	7980.84	441.86
四川	Sichuan	33734.02	10708.84	11956.47	1945.50
贵州	Guizhou	13080.55	4179.36	3194.76	1182.04
云南	Yunnan	8148.39	3696.75	5633.62	400.35
西藏	Xizang	1342.44	673.91	579.28	64.42
陕西	Shaanxi	20091.61	5895.70	7991.76	834.52
甘肃	Gansu	8290.75	1970.08	2332.44	82.54
青海	Qinghai	1614.35	767.88	1029.17	200.50
宁夏	Ningxia	1485.68	758.37	594.54	70.48
新疆	Xinjiang	32950.49	6815.32	7601.78	655.52
深圳	Shenzhen	400382.20	56538.62	64181.36	6754.91
大连	Dalian	10949.21	2933.88	6978.26	324.49
宁波	Ningbo	39066.32	7142.62	7841.26	733.59
厦门	Xiamen	18568.93	3431.37	20577.40	477.15
青岛	Qingdao	18314.96	4203.15	6056.56	532.96
其他	Others	34889.54	22259.94	15303.82	3470.10

注：1.每股指标按已发行的普通股股份总数计算。
2.每股指标采用整体法计算。
3.财务数据按截至2023年12月31日已上市且发布了2023年年报共5091家上市公司为样本进行统计。
4.所属辖区按上市公司注册地划分，注册地在境外的上市公司标记为其他，以注册地(其他)为口径统计IPO家数，以沪深交易所股东大会公告为准。

数据来源：中证数据
Source:CSDATA

Financial Indicators of Listed Companies of SSE and SZSE by Jurisdiction in 2023

经营情况 Business Circumstance				每股指标 Share Index		
归属母公司股东净利润（亿元） Net Profit Attributable to Parent Company Shareholders (100 million yuan)	经营活动产生的现金流量净额（亿元） Net Cash Flow from Operating Activities (100 million yuan)	资产负债率（%） Asset-liability Ratio (%)	平均净资产收益率（%） Average ROE (%)	每股净资产（元） BPS (yuan)	每股收益（元） EPS (yuan)	每股经营活动现金流量净额（元） Net Cash Flow from Operating Activities Per Share (yuan)
22438.87	75204.32	88.21	8.95	8.60	0.74	2.49
573.47	822.65	47.26	8.02	7.01	0.55	0.79
444.35	995.61	65.60	7.15	5.51	0.39	0.87
566.08	848.37	49.77	10.80	5.48	0.58	0.86
424.14	667.56	47.09	11.50	3.70	0.42	0.65
-29.66	186.08	50.91	-1.26	4.15	-0.05	0.33
66.33	248.30	58.48	3.04	4.31	0.13	0.48
15.60	192.87	74.04	0.77	3.08	0.02	0.29
3450.45	11159.16	84.41	5.80	8.72	0.49	1.59
2435.82	5668.51	76.61	7.90	6.53	0.49	1.15
2206.63	6008.42	72.79	8.28	5.86	0.46	1.26
768.65	1079.39	54.00	8.05	6.34	0.49	0.69
1411.23	6041.64	87.27	9.98	10.59	1.02	4.38
397.31	701.06	53.20	8.68	5.93	0.49	0.87
1186.42	2172.37	61.49	8.26	6.27	0.50	0.92
533.98	1046.21	67.20	7.99	5.21	0.40	0.79
376.58	1061.75	61.36	5.02	5.45	0.27	0.75
498.71	1052.79	68.95	6.39	5.71	0.35	0.74
1696.48	4900.48	63.11	7.20	5.95	0.41	1.20
54.81	217.44	60.92	3.04	3.78	0.11	0.44
48.44	179.58	70.61	5.07	1.16	0.06	0.21
340.44	1123.83	81.58	5.76	5.47	0.31	1.01
1275.28	1450.96	66.06	12.32	6.57	0.78	0.89
866.81	865.28	65.83	21.57	14.25	2.96	2.95
300.90	620.49	51.13	8.39	5.30	0.43	0.89
53.74	98.19	46.45	8.12	4.38	0.35	0.64
534.17	679.62	67.12	9.36	5.08	0.46	0.59
54.21	185.48	74.78	2.85	2.86	0.08	0.27
152.67	212.13	45.89	21.63	4.42	0.88	1.22
59.39	130.98	48.48	8.21	3.61	0.28	0.62
400.54	2186.22	73.52	5.97	5.83	0.34	1.87
5002.88	13287.23	83.20	9.18	11.13	0.99	2.62
176.67	822.77	65.69	6.17	3.92	0.24	1.10
619.53	2370.81	80.95	9.12	7.53	0.65	2.50
338.23	688.53	70.92	10.35	8.13	0.80	1.63
438.20	831.01	75.75	10.90	6.83	0.71	1.35
2571.46	5376.79	33.45	11.93	25.96	3.00	6.27

6-22 沪深交易所货币金融服务类上市公司与其他上市公司主要财务指标对比

Financial Indicator of Monetary Financial Listed Companies and Others in SSE and SZSE

年份 Year	总资产(亿元) Total Asset (100 million yuan)		归属母公司股东净利润(亿元) Net Profit Attributable to Parent Company Shareholders (100 million yuan)		平均净资产收益率(%) Average ROE (%)	
	货币金融服务类上市公司 Monetary Financial Listed Companies	其他上市公司 Others	货币金融服务类上市公司 Monetary Financial Listed Companies	其他上市公司 Others	货币金融服务类上市公司 Monetary Financial Listed Companies	其他上市公司 Others
2001	4327.16	26130.14	21.11	666.27	12.31	5.43
2002	10634.08	30905.79	43.43	764.40	15.79	5.53
2003	16756.94	36545.67	63.05	1158.04	14.03	7.43
2004	20123.09	43154.21	84.19	1565.61	14.76	8.89
2005	24438.87	48330.46	106.09	1478.46	15.77	7.72
2006	158639.16	62430.17	1076.63	2392.65	14.02	10.67
2007	298402.19	115884.78	2809.64	6522.50	16.99	16.62
2008	349114.31	137892.90	3734.00	4444.61	18.89	9.26
2009	439733.86	178004.86	4348.33	6317.86	19.20	11.32
2010	638362.13	223928.11	6773.89	9682.06	20.69	13.86
2011	744953.81	283919.70	8750.06	10366.15	21.35	12.21
2012	859022.11	334576.59	10269.28	9383.51	20.98	9.55
2013	951375.30	378642.22	11584.11	10910.76	20.28	10.05
2014	1057628.16	443454.80	12473.85	11716.00	18.59	9.51
2015	1188446.68	536951.56	12696.67	12075.64	14.77	7.42
2016	1393070.19	632689.64	13270.64	14354.96	14.16	10.49
2017	1480171.96	724890.06	13910.26	19356.31	13.32	9.56
2018	1591159.84	821696.20	14825.18	18819.50	12.70	8.24
2019	1881155.09	926671.12	16743.09	20793.30	11.91	8.29
2020	2076948.02	1057327.86	16874.65	22656.16	10.61	7.98
2021	2264015.69	1197523.24	19186.82	29274.80	10.75	9.04
2022	2525743.19	1327611.89	20669.47	31124.03	10.53	8.27
2023	2811847.46	1401550.39	20975.27	31774.63	9.85	7.79

注：1.每股指标按已发行的普通股股份总数计算。
2.每股指标采用整体法计算。
3.财务数据按截至2023年12月31日已上市且发布了2023年年报共5091家上市公司为样本进行统计。

数据来源：中证数据

Source:CSDATA

6-22 续表 continued

年份 Year	每股收益(元) EPS (yuan)		每股净资产(元) BPS (yuan)		每股经营活动现金流量净额(元) Net Cash Flow from Operating Activities Per Share (yuan)	
	货币金融服务类上市公司 Monetary Financial Listed Companies	其他上市公司 Others	货币金融服务类上市公司 Monetary Financial Listed Companies	其他上市公司 Others	货币金融服务类上市公司 Monetary Financial Listed Companies	其他上市公司 Others
2001	0.32	0.13	2.44	2.48	4.89	0.38
2002	0.31	0.13	2.44	2.49	5.85	0.44
2003	0.34	0.19	2.81	2.63	2.50	0.47
2004	0.38	0.23	2.79	2.66	0.91	0.52
2005	0.38	0.20	2.63	2.67	1.27	0.58
2006	0.17	0.28	1.56	2.83	0.95	0.68
2007	0.29	0.52	1.92	3.56	0.93	0.86
2008	0.38	0.30	2.16	3.42	1.66	0.69
2009	0.44	0.39	2.47	3.72	1.12	1.06
2010	0.47	0.51	2.61	4.04	0.77	0.80
2011	0.60	0.48	3.07	4.21	1.22	0.57
2012	0.70	0.39	3.62	4.35	1.75	0.83
2013	0.77	0.42	4.08	4.42	0.80	0.72
2014	0.82	0.41	4.82	4.57	1.63	0.83
2015	0.83	0.35	5.59	4.55	3.75	0.78
2016	0.84	0.66	6.26	4.64	0.30	0.67
2017	1.27	0.45	10.01	4.96	0.91	0.53
2018	0.89	0.39	7.38	4.89	0.52	0.78
2019	0.92	0.40	8.29	5.09	0.37	0.98
2020	0.92	0.41	9.14	5.38	1.94	0.97
2021	1.04	0.50	10.14	5.62	0.72	1.01
2022	1.11	0.49	10.94	6.22	3.54	1.22
2023	1.11	0.48	11.74	6.41	4.07	1.14

6-23　2023年沪深交易所上市公司分行业每股收益

单位：家

行业 Industry	1.00元以上 Above 1.00 yuan	0.80-1.00元 0.80-1.00 yuan	0.50-0.80元 0.50-0.80 yuan
农、林、牧、渔业 Agriculture,Forestry,Animal Husbandry and Fishery	0	2	3
采矿业 Mining	24	6	13
制造业 Manufacturing	597	192	491
电力、热力、燃气及水生产和供应业 Production and Supply of Electricity,Gas and Water	9	8	25
建筑业 Construction	14	6	12
批发和零售业 Wholesale and Retail Trades	20	13	18
交通运输、仓储和邮政业 Transport,Storage and Post	14	5	21
住宿和餐饮业 Hotels and Catering Services	1	1	1
信息传输、软件和信息技术服务业 Information Transmission,Computer Services and Software	34	15	44
金融业 Financial Intermediation	33	11	17
房地产业 Real Estate	5	4	7
租赁和商务服务业 Leasing and Business Services	8	2	3
科学研究和技术服务业 Scientific Research,Technical Service	15	9	15
水利、环境和公共设施管理业 Management of Water Conservancy,Environment and Public Facilities	8	2	17
居民服务、修理和其他服务业 Resident Services,Repairing and Other Services	0	0	0
教育 Education	2	0	0
卫生和社会工作 Health and Social Works	3	0	1
文化、体育和娱乐业 Culture,Sports and Entertainment	10	4	8
综合 Others	0	0	0

注：1.每股指标按已发行的普通股股份总数计算。
　　2.每股指标采用整体法计算。
　　3.财务数据按截至2023年12月31日已上市且发布了2023年年报共5091家上市公司为样本进行统计。
　　4.上表分组遵循"上组限不在内"的原则，如"0.80-1.00元"包括0.80元，不包括1.00元。

数据来源：中证数据
Source:CSDATA

EPS of Listed Companies of SSE and SZSE by Industry in 2023

(unit)

0.20−0.50元 0.20-0.50 yuan	0.10−0.20元 0.10-0.20 yuan	0.05−0.10元 0.05-0.10 yuan	0.00−0.05元 0.00-0.05 yuan	亏损 Deficit	合计 Total
6	3	4	5	22	45
20	1	6	4	9	83
749	301	192	184	676	3382
48	17	8	5	16	136
19	11	4	8	36	110
42	25	16	17	42	193
37	16	3	4	13	113
0	3	0	0	2	8
77	38	31	28	154	421
33	7	9	10	5	125
11	11	13	13	37	101
17	6	9	9	16	70
26	8	7	5	20	105
23	9	4	4	30	97
0	0	0	0	1	1
2	0	0	1	7	12
4	2	0	3	4	17
9	9	4	4	15	63
3	0	1	2	3	9

6-24 2023年沪深交易所上市公司分辖区每股收益

单位：家

辖区	Jurisdiction	1.00元以上 Above 1.00 yuan	0.80-1.00元 0.80-1.00 yuan	0.50-0.80元 0.50-0.80 yuan
北京	Beijing	56	25	57
天津	Tianjin	11	4	8
河北	Hebei	11	5	13
山西	Shanxi	9	2	3
内蒙古	Inner Mongolia	5	2	6
辽宁	Liaoning	7	1	3
吉林	Jilin	4	1	6
黑龙江	Heilongjiang	3	0	8
上海	Shanghai	61	23	68
江苏	Jiangsu	101	60	94
浙江	Zhejiang	97	35	89
安徽	Anhui	33	9	20
福建	Fujian	7	6	13
江西	Jiangxi	11	5	12
山东	Shandong	34	10	34
河南	Henan	23	7	9
湖北	Hubei	20	5	16
湖南	Hunan	26	2	19
广东	Guangdong	59	20	50
广西	Guangxi	3	0	4
海南	Hainan	2	0	2
重庆	Chongqing	11	5	10
四川	Sichuan	26	8	23
贵州	Guizhou	8	2	3
云南	Yunnan	6	2	5
西藏	Xizang	4	0	3
陕西	Shaanxi	14	4	10
甘肃	Gansu	0	1	3
青海	Qinghai	3	0	1
宁夏	Ningxia	0	0	4
新疆	Xinjiang	5	3	8
深圳	Shenzhen	75	15	50
大连	Dalian	3	2	1
宁波	Ningbo	25	7	17
厦门	Xiamen	14	8	10
青岛	Qingdao	15	1	13
其他	Others	5	0	1

注：1.每股指标按已发行的普通股股份总数计算。
2.每股指标采用整体法计算。
3.财务数据按截至2023年12月31日已上市且发布了2023年年报共5091家上市公司为样本进行统计。
4.所属辖区按上市公司注册地划分，注册地在境外的上市公司标记为其他，以注册地(其他)为口径统计IPO家数，以沪深交易所股东大会公告为准。
5.上表分组遵循“上组限不在内”的原则，如“0.80-1.00元”包括0.80元，不包括1.00元。

数据来源：中证数据
Source:CSDATA

EPS of Listed Companies of SSE and SZSE by Jurisdiction in 2023

(unit)

0.20−0.50元 0.20-0.50 yuan	0.10−0.20元 0.10-0.20 yuan	0.05−0.10元 0.05-0.10 yuan	0.00−0.05元 0.00-0.05 yuan	亏损 Deficit	合计 Total
98	45	23	22	119	445
17	7	5	5	13	70
13	6	2	3	16	69
5	4	4	1	10	38
7	2	0	2	1	25
9	3	5	8	18	54
9	2	3	7	15	47
7	4	3	5	10	40
92	37	34	34	82	431
137	61	39	29	122	643
143	53	33	22	88	560
46	11	6	10	32	167
23	7	8	8	29	101
17	9	6	4	21	85
61	19	9	14	45	226
21	7	6	6	19	98
30	15	7	10	34	137
29	11	5	9	40	141
100	35	34	28	100	426
3	5	8	7	8	38
5	2	3	2	11	27
14	7	5	5	16	73
32	20	7	14	34	164
8	4	2	0	8	35
9	1	1	5	10	39
6	0	4	1	4	22
12	8	6	2	20	76
7	6	5	2	11	35
0	2	0	1	3	10
2	2	1	0	6	15
13	6	0	9	16	60
81	43	22	22	104	412
9	4	2	2	6	29
35	10	5	2	15	116
14	3	6	1	10	66
12	6	2	3	10	62
0	0	0	1	2	9

6-25　2023年沪深交易所上市公司分行业每股净资产

单位：家

行业 Industry	5.00元以上 Above 5.00 yuan	3.00-5.00元 3.00-5.00 yuan	2.00-3.00元 2.00-3.00 yuan
农、林、牧、渔业 Agriculture,Forestry,Animal Husbandry and Fishery	11	13	6
采矿业 Mining	43	21	11
制造业 Manufacturing	2009	734	297
电力、热力、燃气及水生产和供应业 Production and Supply of Electricity,Gas and Water	64	40	18
建筑业 Construction	53	19	10
批发和零售业 Wholesale and Retail Trades	93	42	23
交通运输、仓储和邮政业 Transport,Storage and Post	61	31	12
住宿和餐饮业 Hotels and Catering Services	4	1	1
信息传输、软件和信息技术服务业 Information Transmission,Computer Services and Software	229	81	43
金融业 Financial Intermediation	92	22	5
房地产业 Real Estate	46	22	14
租赁和商务服务业 Leasing and Business Services	26	16	7
科学研究和技术服务业 Scientific Research,Technical Service	73	17	7
水利、环境和公共设施管理业 Management of Water Conservancy,Environment and Public Facilities	58	17	10
居民服务、修理和其他服务业 Resident Services,Repairing and Other Services	0	0	0
教育 Education	1	5	2
卫生和社会工作 Health and Social Works	7	2	2
文化、体育和娱乐业 Culture,Sports and Entertainment	22	16	10
综合 Others	2	4	1

注：1.每股指标按已发行的普通股股份总数计算。
2.每股指标采用整体法计算。
3.财务数据按截至2023年12月31日已上市且发布了2023年年报共5091家上市公司为样本进行统计。
4.上表分组遵循“上组限不在内”的原则，如“0.50-1.00元”包括0.50元，不包括1.00元。

数据来源：中证数据
Source:CSDATA

BPS of Listed Companies of SSE and SZSE by Industry in 2023

(unit)

1.00−2.00元 1.00-2.00 yuan	0.50−1.00元 0.50-1.00 yuan	0.00−0.50元 0.00-0.50 yuan	小于0.00元 Below 0.00 yuan	合计 Total
9	2	4	0	45
3	1	4	0	83
194	73	62	13	3382
5	2	7	0	136
11	6	10	1	110
16	8	8	3	193
5	2	1	1	113
1	1	0	0	8
34	20	12	2	421
4	1	1	0	125
6	9	4	0	101
10	5	5	1	70
5	3	0	0	105
7	0	4	1	97
0	1	0	0	1
0	0	2	2	12
3	2	1	0	17
8	1	5	1	63
1	0	1	0	9

6-26　2023年沪深交易所上市公司分辖区每股净资产

单位：家

辖区	Jurisdiction	5.00元以上 Above 5.00 yuan	3.00-5.00元 3.00-5.00 yuan	2.00-3.00元 2.00-3.00 yuan
北京	Beijing	256	90	46
天津	Tianjin	40	9	11
河北	Hebei	41	13	6
山西	Shanxi	18	7	6
内蒙古	Inner Mongolia	11	10	3
辽宁	Liaoning	21	14	6
吉林	Jilin	18	13	3
黑龙江	Heilongjiang	15	11	3
上海	Shanghai	262	92	37
江苏	Jiangsu	408	122	50
浙江	Zhejiang	355	113	53
安徽	Anhui	106	41	12
福建	Fujian	45	30	13
江西	Jiangxi	50	12	15
山东	Shandong	135	47	13
河南	Henan	57	18	13
湖北	Hubei	80	26	5
湖南	Hunan	74	27	12
广东	Guangdong	232	96	46
广西	Guangxi	13	10	6
海南	Hainan	3	6	5
重庆	Chongqing	38	17	10
四川	Sichuan	92	36	19
贵州	Guizhou	18	9	5
云南	Yunnan	20	9	1
西藏	Xizang	9	8	3
陕西	Shaanxi	41	18	8
甘肃	Gansu	8	9	10
青海	Qinghai	4	0	3
宁夏	Ningxia	6	4	2
新疆	Xinjiang	21	19	6
深圳	Shenzhen	231	100	24
大连	Dalian	9	9	2
宁波	Ningbo	71	28	11
厦门	Xiamen	39	16	6
青岛	Qingdao	40	12	5
其他	Others	7	2	0

注：1.每股指标按已发行的普通股股份总数计算。
　　2.每股指标采用整体法计算。
　　3.财务数据按截至2023年12月31日已上市且发布了2023年年报共5091家上市公司为样本进行统计。
　　4.所属辖区按上市公司注册地划分，注册地在境外的上市公司标记为其他，以注册地(其他)为口径统计IPO家数，以沪深交易所股东大会公告为准。
　　5.上表分组遵循“上组限不在内”的原则，如“0.50-1.00元”包括0.50元，不包括1.00元。

数据来源：中证数据
Source:CSDATA

BPS of Listed Companies of SSE and SZSE by Jurisdiction in 2023

(unit)

1.00-2.00元 1.00-2.00 yuan	0.50-1.00元 0.50-1.00 yuan	0.00-0.50元 0.00-0.50 yuan	小于0.00元 Below 0.00 yuan	合计 Total
36	6	8	3	445
6	3	1	0	70
4	1	4	0	69
5	1	1	0	38
1	0	0	0	25
4	4	4	1	54
5	4	3	1	47
5	2	4	0	40
22	10	8	0	431
40	11	9	3	643
20	8	11	0	560
2	3	2	1	167
4	4	3	2	101
4	1	3	0	85
18	7	5	1	226
5	2	1	2	98
10	5	9	2	137
17	7	1	3	141
32	14	6	0	426
4	2	3	0	38
6	4	3	0	27
2	4	2	0	73
7	5	5	0	164
1	0	1	1	35
6	1	2	0	39
1	0	1	0	22
5	2	2	0	76
3	2	3	0	35
3	0	0	0	10
0	0	3	0	15
7	2	5	0	60
23	14	17	3	412
4	3	1	1	29
6	0	0	0	116
1	4	0	0	66
3	1	0	1	62
0	0	0	0	9

6-27 2023年沪深交易所上市公司分行业平均净资产收益率

单位：家

行业 Industry	100%以上 Above 100%	60%-100%	40%-60%
农、林、牧、渔业 Agriculture,Forestry,Animal Husbandry and Fishery	2	0	0
采矿业 Mining	0	0	0
制造业 Manufacturing	1	7	11
电力、热力、燃气及水生产和供应业 Production and Supply of Electricity,Gas and Water	0	0	0
建筑业 Construction	0	0	0
批发和零售业 Wholesale and Retail Trades	0	0	0
交通运输、仓储和邮政业 Transport,Storage and Post	0	0	0
住宿和餐饮业 Hotels and Catering Services	0	0	0
信息传输、软件和信息技术服务业 Information Transmission,Computer Services and Software	0	0	0
金融业 Financial Intermediation	0	0	0
房地产业 Real Estate	0	0	0
租赁和商务服务业 Leasing and Business Services	1	0	0
科学研究和技术服务业 Scientific Research,Technical Service	1	0	0
水利、环境和公共设施管理业 Management of Water Conservancy,Environment and Public Facilities	0	0	0
居民服务、修理和其他服务业 Resident Services,Repairing and Other Services	0	0	0
教育 Education	0	0	0
卫生和社会工作 Health and Social Works	0	0	0
文化、体育和娱乐业 Culture,Sports and Entertainment	0	0	0
综合 Others	0	0	0

注：1.每股指标按已发行的普通股股份总数计算。
2.每股指标采用整体法计算。
3.财务数据按截至2023年12月31日已上市且发布了2023年年报共5091家上市公司为样本进行统计。
4.上表分组遵循“上组限不在内”的原则，如“0%-5%”包括0%，不包括5%。
5.平均净资产收益率采用整体法计算，净资产收益率=归属母公司股东净利润*2/(期初归属母公司股东净资产+期末归属母公司股东净资产)

数据来源：中证数据
Source:CSDATA

ROE of Listed Companies of SSE and SZSE by Industry in 2023

(unit)

30%-40%	20%-30%	10%-20%	5%-10%	0%-5%	小于0% Below 0%	平均净资产为负 Negative Net Asset	合计 Total
0	1	6	4	10	22	0	45
1	9	35	18	11	9	0	83
23	126	702	921	913	667	11	3382
1	1	40	49	27	16	2	136
0	3	24	22	22	35	4	110
0	4	34	50	63	39	3	193
0	1	36	35	28	12	1	113
0	0	1	3	2	2	0	8
1	7	48	86	125	154	0	421
0	0	25	57	38	5	0	125
2	1	9	12	40	37	0	101
1	3	9	16	24	16	0	70
0	0	22	30	32	20	0	105
0	1	14	24	28	30	0	97
0	0	0	0	0	1	0	1
0	2	2	0	1	6	1	12
0	0	4	4	5	4	0	17
0	1	19	15	12	14	2	63
0	0	0	3	3	3	0	9

6-28 2023年沪深交易所上市公司分辖区平均净资产收益率

单位：家

辖区	Jurisdiction	100%以上 Above 100%	60%-100%	40%-60%
北京	Beijing	0	0	0
天津	Tianjin	0	0	0
河北	Hebei	0	0	0
山西	Shanxi	0	0	1
内蒙古	Inner Mongolia	0	0	1
辽宁	Liaoning	0	0	0
吉林	Jilin	0	0	0
黑龙江	Heilongjiang	0	0	0
上海	Shanghai	0	0	0
江苏	Jiangsu	0	2	3
浙江	Zhejiang	1	0	1
安徽	Anhui	0	0	1
福建	Fujian	0	0	0
江西	Jiangxi	1	0	0
山东	Shandong	1	0	0
河南	Henan	0	0	0
湖北	Hubei	0	0	0
湖南	Hunan	0	0	0
广东	Guangdong	0	1	1
广西	Guangxi	0	0	1
海南	Hainan	1	0	0
重庆	Chongqing	0	1	0
四川	Sichuan	0	0	0
贵州	Guizhou	0	0	0
云南	Yunnan	0	0	0
西藏	Tibet	0	0	0
陕西	Shaanxi	0	0	0
甘肃	Gansu	0	0	0
青海	Qinghai	0	1	0
宁夏	Ningxia	0	0	0
新疆	Xinjiang	0	1	0
深圳	Shenzhen	1	1	1
大连	Dalian	0	0	0
宁波	Ningbo	0	0	0
厦门	Xiamen	0	0	0
青岛	Qingdao	0	0	1
其他	Others	0	0	0

注：1.每股指标按已发行的普通股股份总数计算。
2.每股指标采用整体法计算。
3.财务数据按截至2023年12月31日已上市且发布了2023年年报共5091家上市公司为样本进行统计。
4.上表分组遵循“上组限不在内”的原则，如“0%-5%”包括0%，不包括5%。
5.所属辖区按上市公司注册地划分，注册地在境外的上市公司标记为其他，以注册地(其他)为口径统计IPO家数，以沪深交易所股东大会公告为准。
6.平均净资产收益率采用整体法计算，净资产收益率=归属母公司股东净利润*2/(期初归属母公司股东净资产+期末归属母公司股东净资产)

数据来源：中证数据
Source:CSDATA

ROE of Listed Companies of SSE and SZSE by Jurisdiction in 2023

(unit)

30%-40%	20%-30%	10%-20%	5%-10%	0%-5%	小于0% Below 0%	平均净资产为负 Negative Net Asset	合计 Total
1	7	70	124	123	117	3	445
0	2	8	32	15	13	0	70
1	5	15	19	13	16	0	69
0	3	7	9	8	10	0	38
0	1	12	6	4	1	0	25
0	0	7	6	21	16	4	54
0	1	6	9	16	14	1	47
0	1	8	8	12	10	1	40
2	13	75	119	140	82	0	431
4	14	147	188	162	121	2	643
4	19	144	150	153	88	0	560
0	7	36	52	39	31	1	167
1	4	14	23	30	28	1	101
0	2	17	22	22	21	0	85
0	8	49	63	60	44	1	226
1	4	27	28	19	17	2	98
2	2	25	29	44	34	1	137
2	2	35	26	36	37	3	141
0	9	68	118	128	100	1	426
0	0	6	7	16	8	0	38
0	2	4	4	5	11	0	27
0	4	14	20	18	16	0	73
2	5	38	43	42	34	0	164
1	2	7	9	8	7	1	35
0	2	9	9	9	10	0	39
0	2	3	6	7	4	0	22
0	4	13	17	22	20	0	76
0	0	4	8	12	11	0	35
0	2	1	1	2	3	0	10
0	0	2	3	4	6	0	15
0	2	13	11	17	16	0	60
6	15	75	98	110	103	2	412
0	3	6	7	7	6	0	29
1	6	26	39	29	15	0	116
1	5	19	15	16	10	0	66
0	2	17	19	13	10	0	62
0	0	3	2	2	2	0	9

6-29 2023年沪深交易所上市公司分行业每股经营活动产生的现金流量净额

单位：家

行业 Industry	3.00元以上 Above 3.00 yuan	2.50-3.00元 2.50-3.00 yuan	2.00-2.50元 2.00-2.50 yuan
农、林、牧、渔业 Agriculture,Forestry,Animal Husbandry and Fishery	1	0	0
采矿业 Mining	10	6	5
制造业 Manufacturing	151	65	107
电力、热力、燃气及水生产和供应业 Production and Supply of Electricity,Gas and Water	4	7	4
建筑业 Construction	0	1	3
批发和零售业 Wholesale and Retail Trades	15	6	5
交通运输、仓储和邮政业 Transport,Storage and Post	5	3	7
住宿和餐饮业 Hotels and Catering Services	2	1	0
信息传输、软件和信息技术服务业 Information Transmission,Computer Services and Software	7	3	5
金融业 Financial Intermediation	29	11	0
房地产业 Real Estate	7	1	6
租赁和商务服务业 Leasing and Business Services	4	3	2
科学研究和技术服务业 Scientific Research,Technical Service	2	0	2
水利、环境和公共设施管理业 Management of Water Conservancy,Environment and Public Facilities	1	2	3
居民服务、修理和其他服务业 Resident Services,Repairing and Other Services	0	0	0
教育 Education	1	1	0
卫生和社会工作 Health and Social Works	2	2	0
文化、体育和娱乐业 Culture,Sports and Entertainment	0	0	2
综合 Others	0	0	1

注：1.每股指标按已发行的普通股股份总数计算。
2.每股指标采用整体法计算。
3.财务数据按截至2023年12月31日已上市且发布了2023年年报共5091家上市公司为样本进行统计。
4.上表分组遵循“上组限不在内”的原则，如“0.50-1.00元”包括0.50元，不包括1.00元。

数据来源：中证数据
Source:CSDATA

Net Cash Flow from Operating Activities Per Share of Listed Companies of SSE and SZSE by Industry in 2023

(unit)

1.50−2.00元 1.50-2.00 yuan	1.00−1.50元 1.00-1.50 yuan	0.50−1.00元 0.50-1.00 yuan	0.00−0.50元 0.00-0.50 yuan	小于0.00元 below 0.00 yuan	合计 Total
3	5	6	19	11	45
7	16	15	17	7	83
195	389	707	1142	626	3382
12	23	50	30	6	136
4	8	17	32	45	110
13	16	33	61	44	193
7	21	32	32	6	113
0	1	1	3	0	8
13	18	62	177	136	421
8	3	12	18	44	125
6	9	10	25	37	101
3	4	14	31	9	70
7	7	26	47	14	105
5	9	22	35	20	97
0	0	0	1	0	1
1	0	2	2	5	12
1	3	2	7	0	17
3	11	10	26	11	63
0	0	2	4	2	9

6-30　2023年沪深交易所上市公司分辖区每股经营活动产生的现金流量净额

单位：家

辖区	Jurisdiction	3.00元以上 Above 3.00 yuan	2.50-3.00元 2.50-3.00 yuan	2.00-2.50元 2.00-2.50 yuan	1.50-2.00元 1.50-2.00 yuan
北京	Beijing	21	9	15	27
天津	Tianjin	3	1	2	4
河北	Hebei	2	0	5	4
山西	Shanxi	3	1	1	3
内蒙古	Inner Mongolia	2	1	1	1
辽宁	Liaoning	0	1	2	3
吉林	Jilin	2	1	0	1
黑龙江	Heilongjiang	0	0	1	2
上海	Shanghai	31	8	9	17
江苏	Jiangsu	25	12	16	40
浙江	Zhejiang	19	13	20	41
安徽	Anhui	5	5	3	11
福建	Fujian	4	3	4	9
江西	Jiangxi	5	3	1	4
山东	Shandong	5	2	10	11
河南	Henan	2	4	6	4
湖北	Hubei	3	4	1	10
湖南	Hunan	7	2	3	4
广东	Guangdong	15	12	21	25
广西	Guangxi	0	0	0	1
海南	Hainan	1	0	0	0
重庆	Chongqing	7	0	1	1
四川	Sichuan	11	1	4	10
贵州	Guizhou	5	0	1	1
云南	Yunnan	4	1	0	3
西藏	Xizang	1	0	0	2
陕西	Shaanxi	2	1	1	3
甘肃	Gansu	0	0	0	0
青海	Qinghai	0	1	1	1
宁夏	Ningxia	1	0	0	1
新疆	Xinjiang	4	3	1	4
深圳	Shenzhen	26	12	14	21
大连	Dalian	2	0	1	2
宁波	Ningbo	8	4	2	7
厦门	Xiamen	10	2	1	2
青岛	Qingdao	2	3	4	8
其他	Others	3	2	0	0

注：1.每股指标按已发行的普通股股份总数计算。
2.每股指标采用整体法计算。
3.财务数据按截至2023年12月31日已上市且发布了2023年年报共5091家上市公司为样本进行统计。
4.上表分组遵循“上组限不在内”的原则，如“0.50-1.00元”包括0.50元，不包括1.00元。
5.所属辖区按上市公司注册地划分，注册地在境外的上市公司标记为其他，以注册地(其他)为口径统计IPO家数，以沪深交易所股东大会公告为准。

数据来源：中证数据
Source:CSDATA

Net Cash Flow from Operating Activities Per Share of Listed Companies of SSE and SZSE by Jurisdiction in 2023

(unit)

1.00-1.50元 1.00-1.50 yuan	0.50-1.00元 0.50-1.00 yuan	0.00-0.50元 0.00-0.50 yuan	小于0.00元 below 0.00 yuan	合计 Total
28	83	155	107	445
9	18	17	16	70
8	14	29	7	69
2	10	9	9	38
6	7	6	1	25
4	12	19	13	54
0	12	17	14	47
3	9	17	8	40
39	78	145	104	431
87	118	210	135	643
72	124	179	92	560
21	28	64	30	167
9	19	31	22	101
12	15	30	15	85
22	51	68	57	226
11	19	39	13	98
16	32	37	34	137
13	33	55	24	141
47	87	146	73	426
4	11	20	2	38
0	2	20	4	27
10	19	21	14	73
11	34	63	30	164
3	7	12	6	35
5	10	6	10	39
4	3	9	3	22
8	12	31	18	76
3	6	20	6	35
0	0	3	4	10
1	3	6	3	15
6	9	18	15	60
37	77	128	97	412
2	3	10	9	29
20	32	32	11	116
15	15	15	6	66
4	11	21	9	62
1	0	1	2	9

6-31 2023年分辖区沪深上市公司主要科技创新指标
Scientific and Technological Innovation Indicators of Listed Companies of SSE and SZSE by Jurisdiction in 2023

辖区	Jurisdiction	研发投入(亿元) R&D Investments (100 million yuan)	研发强度(%) R&D Intensity (%)
北京	Beijing	4934.54	1.88
天津	Tianjin	252.74	3.40
河北	Hebei	360.00	3.43
山西	Shanxi	106.65	1.78
内蒙古	Inner Mongolia	85.12	1.82
辽宁	Liaoning	112.23	2.63
吉林	Jilin	101.86	4.33
黑龙江	Heilongjiang	48.33	2.41
上海	Shanghai	1707.13	2.79
江苏	Jiangsu	1211.88	3.50
浙江	Zhejiang	1228.15	2.90
安徽	Anhui	475.05	3.23
福建	Fujian	385.22	2.76
江西	Jiangxi	259.74	2.24
山东	Shandong	705.66	3.22
河南	Henan	252.98	2.55
湖北	Hubei	370.59	3.72
湖南	Hunan	344.23	3.69
广东	Guangdong	1196.57	3.35
广西	Guangxi	54.95	1.55
海南	Hainan	19.35	0.95
重庆	Chongqing	245.03	3.07
四川	Sichuan	327.06	2.74
贵州	Guizhou	60.84	1.90
云南	Yunnan	106.64	1.89
西藏	Xizang	32.19	5.56
陕西	Shaanxi	183.71	2.30
甘肃	Gansu	49.45	2.12
青海	Qinghai	17.50	1.70
宁夏	Ningxia	7.88	1.32
新疆	Xinjiang	191.45	2.52
深圳	Shenzhen	1898.82	2.96
大连	Dalian	56.32	0.81
宁波	Ningbo	197.62	2.52
厦门	Xiamen	105.77	0.51
青岛	Qingdao	211.12	3.49
其他	Others	--	--

数据来源：上市公司协会

注：1.统计口径为截至2024年5月31日，剔除已退市和延迟披露上市公司。

2.研发强度计算公式为“研发投入/营业收入”。

6-32　2023年分辖区北交所上市公司主要科技创新指标
Scientific and Technological Innovation Indicators of Listed Companies of BSE by Jurisdiction in 2023

辖区	Jurisdiction	研发投入(亿元) R&D Investments (100 million yuan)	研发强度(%) R&D Intensity (%)
北京	Beijing	12.23	8.66
天津	Tianjin	0.19	6.85
河北	Hebei	3.22	4.30
山西	Shanxi	1.56	11.28
内蒙古	Inner Mongolia	0.14	0.95
辽宁	Liaoning	0.26	3.27
吉林	Jilin	1.00	4.37
黑龙江	Heilongjiang	--	--
上海	Shanghai	4.33	16.67
江苏	Jiangsu	11.13	5.31
浙江	Zhejiang	5.94	5.15
安徽	Anhui	1.66	4.47
福建	Fujian	0.24	1.93
江西	Jiangxi	0.44	4.16
山东	Shandong	5.47	4.57
河南	Henan	2.10	4.93
湖北	Hubei	1.54	5.43
湖南	Hunan	0.97	1.67
广东	Guangdong	4.43	5.92
广西	Guangxi	0.51	4.62
海南	Hainan	--	--
重庆	Chongqing	0.72	2.99
四川	Sichuan	3.16	5.31
贵州	Guizhou	1.93	6.51
云南	Yunnan	0.48	4.29
西藏	Xizang	--	--
陕西	Shaanxi	2.44	2.99
甘肃	Gansu	--	--
青海	Qinghai	--	--
宁夏	Ningxia	0.15	1.92
新疆	Xinjiang	--	--
深圳	Shenzhen	11.69	4.04
大连	Dalian	3.35	5.06
宁波	Ningbo	1.68	4.01
厦门	Xiamen	0.31	13.19
青岛	Qingdao	1.27	2.86
其他	Others	--	--

数据来源：上市公司协会

注：1.统计口径为截至2024年5月31日，剔除已退市和延迟披露上市公司。

2.研发强度计算公式为“研发投入/营业收入”。

6-33 北交所上市公司数量
Number of Listed Companies in BSE

单位：家 (unit)

年份 Year	北交所 BSE
1991	--
1992	--
1993	--
1994	--
1995	--
1996	--
1997	--
1998	--
1999	--
2000	--
2001	--
2002	--
2003	--
2004	--
2005	--
2006	--
2007	--
2008	--
2009	--
2010	--
2011	--
2012	--
2013	--
2014	--
2015	--
2016	--
2017	--
2018	--
2019	--
2020	--
2021	82
2022	162
2023	239

注：上市公司数量按上市日口径统计。
数据来源：北京证券交易所
Source:BSE

6-34　分行业北交所上市公司数量

Number of Listed Companies by Industry in BSE

单位：家　(unit)

行业 Industry	北交所 BSE	
	2022	2023
农、林、牧、渔 Agriculture,Forestry,Animal Husbandry and Fishery	1	2
采矿业 Mining	0	0
制造业 Manufacturing	130	197
电力、热力、燃气及水生产和供应业 Production and Supply of Electricity,Gas and Water	1	1
建筑业 Construction	0	1
批发和零售业 Wholesale and Retail Trades	1	1
交通运输、仓储和邮政业 Transport,Storage and Post	2	2
住宿和餐饮业 Hotels and Catering Services	0	0
信息传输、软件和信息技术服务业 Information Transmission,Computer Services and Software	17	24
金融业 Financial Intermediation	0	0
房地产业 Real Estate	0	0
租赁和商务服务业 Leasing and Business Services	1	1
科学研究和技术服务业 Scientific Research,Technical Service	6	7
水利、环境和公共设施管理业 Management of Water Conservancy,Environment and Public Facilities	3	3
居民服务、修理和其他服务业 Resident Services,Repairing and Other Services	0	0
教育 Education	0	0
卫生和社会工作 Health and Social Works	0	0
文化、体育和娱乐业 Culture,Sports and Entertainment	0	0
综合 Others	0	0

注：上市公司数量按上市日口径统计。

数据来源：北京证券交易所

Source:BSE

6-35　分辖区北交所上市公司数量

Number of Listed Companies by Jurisdiction in BSE

单位：家　　　　(unit)

辖区	Jurisdiction	北交所 BSE 2022	北交所 BSE 2023
北京	Beijing	15	22
天津	Tianjin	2	2
河北	Hebei	5	8
山西	Shanxi	2	3
内蒙古	Inner Mongolia	1	2
辽宁	Liaoning	1	2
吉林	Jilin	2	2
黑龙江	Heilongjiang	0	0
上海	Shanghai	7	10
江苏	Jiangsu	27	43
浙江	Zhejiang	12	21
安徽	Anhui	7	8
福建	Fujian	2	2
江西	Jiangxi	1	3
山东	Shandong	9	15
河南	Henan	9	12
湖北	Hubei	5	9
湖南	Hunan	4	5
广东	Guangdong	14	19
广西	Guangxi	1	3
海南	Hainan	0	0
重庆	Chongqing	4	6
四川	Sichuan	8	9
贵州	Guizhou	0	1
云南	Yunnan	2	2
西藏	Xizang	0	0
陕西	Shaanxi	3	5
甘肃	Gansu	0	0
青海	Qinghai	0	0
宁夏	Ningxia	1	2
新疆	Xinjiang	0	0
深圳	Shenzhen	9	10
大连	Dalian	2	3
宁波	Ningbo	2	4
厦门	Xiamen	0	1
青岛	Qingdao	5	5
其他	Others	0	0

注：1.上市公司数量按上市日口径统计。
　　2.所属辖区按上市公司注册地划分，注册地在境外的上市公司标记为其他，
　　以注册地(其他)为口径统计上市公司家数，以北交所股东大会公告为准。

数据来源：北京证券交易所
Source:BSE

6-36　2023年分辖区北交所上市公司数量按行业分布

Number of Listed Companies of BSE by Jurisdiction and by Industry in 2023

单位：家　　(unit)

辖区	Jurisdiction	农、林、牧、渔业 Agriculture, Forestry, Animal Husbandry and Fishery	采矿业 Mining	制造业 Manufacturing	电力、热力、燃气及水生产和供应业 Production and Supply of Electricity, Gas and Water	建筑业 Construction
北京	Beijing	0	0	12	0	0
天津	Tianjin	0	0	1	0	0
河北	Hebei	0	0	7	0	0
山西	Shanxi	0	0	2	0	0
内蒙古	Inner Mongolia	1	0	1	0	0
辽宁	Liaoning	0	0	2	0	0
吉林	Jilin	0	0	2	0	0
黑龙江	Heilongjiang	0	0	0	0	0
上海	Shanghai	0	0	9	0	0
江苏	Jiangsu	0	0	40	0	1
浙江	Zhejiang	0	0	18	0	0
安徽	Anhui	0	0	8	0	0
福建	Fujian	0	0	1	0	0
江西	Jiangxi	0	0	2	0	0
山东	Shandong	0	0	12	0	0
河南	Henan	1	0	9	0	0
湖北	Hubei	0	0	9	0	0
湖南	Hunan	0	0	3	0	0
广东	Guangdong	0	0	16	0	0
广西	Guangxi	0	0	3	0	0
海南	Hainan	0	0	0	0	0
重庆	Chongqing	0	0	4	0	0
四川	Sichuan	0	0	8	0	0
贵州	Guizhou	0	0	1	0	0
云南	Yunnan	0	0	2	0	0
西藏	Xizang	0	0	0	0	0
陕西	Shaanxi	0	0	4	0	0
甘肃	Gansu	0	0	0	0	0
青海	Qinghai	0	0	0	0	0
宁夏	Ningxia	0	0	1	1	0
新疆	Xinjiang	0	0	0	0	0
深圳	Shenzhen	0	0	9	0	0
大连	Dalian	0	0	3	0	0
宁波	Ningbo	0	0	4	0	0
厦门	Xiamen	0	0	0	0	0
青岛	Qingdao	0	0	4	0	0
其他	Others	0	0	0	0	0

注：1.上市公司数量按上市日口径统计。
　　2.所属辖区按上市公司注册地划分，注册地在境外的上市公司标记为其他，以注册地(其他)为口径统计IPO家数，以北交所股东大会公告为准。

数据来源：北京证券交易所
Source:BSE

6-36 续表 1 continued

单位：家 (unit)

辖区	Jurisdiction	批发和零售业 Wholesale and Retail Trades	交通运输、仓储和邮政业 Transport, Storage and Post	住宿和餐饮业 Hotels and Catering Services	信息传输、软件和信息技术服务业 Information Transmission, Computer Services and Software	金融业 Financial Intermediation
北京	Beijing	0	0	0	6	0
天津	Tianjin	0	0	0	0	0
河北	Hebei	0	0	0	1	0
山西	Shanxi	0	0	0	1	0
内蒙古	Inner Mongolia	0	0	0	0	0
辽宁	Liaoning	0	0	0	0	0
吉林	Jilin	0	0	0	0	0
黑龙江	Heilongjiang	0	0	0	0	0
上海	Shanghai	0	0	0	1	0
江苏	Jiangsu	0	0	0	2	0
浙江	Zhejiang	0	0	0	3	0
安徽	Anhui	0	0	0	0	0
福建	Fujian	0	1	0	0	0
江西	Jiangxi	0	0	0	0	0
山东	Shandong	0	0	0	3	0
河南	Henan	0	0	0	2	0
湖北	Hubei	0	0	0	0	0
湖南	Hunan	1	1	0	0	0
广东	Guangdong	0	0	0	1	0
广西	Guangxi	0	0	0	0	0
海南	Hainan	0	0	0	0	0
重庆	Chongqing	0	0	0	0	0
四川	Sichuan	0	0	0	1	0
贵州	Guizhou	0	0	0	0	0
云南	Yunnan	0	0	0	0	0
西藏	Xizang	0	0	0	0	0
陕西	Shaanxi	0	0	0	1	0
甘肃	Gansu	0	0	0	0	0
青海	Qinghai	0	0	0	0	0
宁夏	Ningxia	0	0	0	0	0
新疆	Xinjiang	0	0	0	0	0
深圳	Shenzhen	0	0	0	1	0
大连	Dalian	0	0	0	0	0
宁波	Ningbo	0	0	0	0	0
厦门	Xiamen	0	0	0	1	0
青岛	Qingdao	0	0	0	0	0
其他	Others	0	0	0	0	0

6-36 续表 2 continued

单位：家 (unit)

辖区	Jurisdiction	房地产业 Real Estate	租赁和商务服务业 Leasing and Business Services	科学研究和技术服务业 Scientific Research, Technical Service	水利、环境和公共设施管理业 Management of Water Conservancy, Environment and Public Facilities
北京	Beijing	0	0	2	2
天津	Tianjin	0	0	1	0
河北	Hebei	0	0	0	0
山西	Shanxi	0	0	0	0
内蒙古	Inner Mongolia	0	0	0	0
辽宁	Liaoning	0	0	0	0
吉林	Jilin	0	0	0	0
黑龙江	Heilongjiang	0	0	0	0
上海	Shanghai	0	0	0	0
江苏	Jiangsu	0	0	0	0
浙江	Zhejiang	0	0	0	0
安徽	Anhui	0	0	0	0
福建	Fujian	0	0	0	0
江西	Jiangxi	0	0	1	0
山东	Shandong	0	0	0	0
河南	Henan	0	0	0	0
湖北	Hubei	0	0	0	0
湖南	Hunan	0	0	0	0
广东	Guangdong	0	0	2	0
广西	Guangxi	0	0	0	0
海南	Hainan	0	0	0	0
重庆	Chongqing	0	0	1	1
四川	Sichuan	0	0	0	0
贵州	Guizhou	0	0	0	0
云南	Yunnan	0	0	0	0
西藏	Xizang	0	0	0	0
陕西	Shaanxi	0	0	0	0
甘肃	Gansu	0	0	0	0
青海	Qinghai	0	0	0	0
宁夏	Ningxia	0	0	0	0
新疆	Xinjiang	0	0	0	0
深圳	Shenzhen	0	0	0	0
大连	Dalian	0	0	0	0
宁波	Ningbo	0	0	0	0
厦门	Xiamen	0	0	0	0
青岛	Qingdao	0	1	0	0
其他	Others	0	0	0	0

6-36 续表 3 continued

单位：家 (unit)

辖区	Jurisdiction	居民服务、修理和其他服务业 Resident Services, Repairing and Other Services	教育 Education	卫生和社会工作 Health and Social Works	文化、体育和娱乐业 Culture, Sports and Entertainment	综合 Others
北京	Beijing	0	0	0	0	0
天津	Tianjin	0	0	0	0	0
河北	Hebei	0	0	0	0	0
山西	Shanxi	0	0	0	0	0
内蒙古	Inner Mongolia	0	0	0	0	0
辽宁	Liaoning	0	0	0	0	0
吉林	Jilin	0	0	0	0	0
黑龙江	Heilongjiang	0	0	0	0	0
上海	Shanghai	0	0	0	0	0
江苏	Jiangsu	0	0	0	0	0
浙江	Zhejiang	0	0	0	0	0
安徽	Anhui	0	0	0	0	0
福建	Fujian	0	0	0	0	0
江西	Jiangxi	0	0	0	0	0
山东	Shandong	0	0	0	0	0
河南	Henan	0	0	0	0	0
湖北	Hubei	0	0	0	0	0
湖南	Hunan	0	0	0	0	0
广东	Guangdong	0	0	0	0	0
广西	Guangxi	0	0	0	0	0
海南	Hainan	0	0	0	0	0
重庆	Chongqing	0	0	0	0	0
四川	Sichuan	0	0	0	0	0
贵州	Guizhou	0	0	0	0	0
云南	Yunnan	0	0	0	0	0
西藏	Xizang	0	0	0	0	0
陕西	Shaanxi	0	0	0	0	0
甘肃	Gansu	0	0	0	0	0
青海	Qinghai	0	0	0	0	0
宁夏	Ningxia	0	0	0	0	0
新疆	Xinjiang	0	0	0	0	0
深圳	Shenzhen	0	0	0	0	0
大连	Dalian	0	0	0	0	0
宁波	Ningbo	0	0	0	0	0
厦门	Xiamen	0	0	0	0	0
青岛	Qingdao	0	0	0	0	0
其他	Others	0	0	0	0	0

6-37　按股本规模划分北交所上市公司数量
Number of Listed Companies by Equity Scale in BSE

单位：家　(unit)

年份 Year	1亿股以下 Below 100 million shares	1亿-2亿股 100 million-200 million shares	2亿-3亿股 200 million-300 million shares
2001	--	--	--
2002	--	--	--
2003	--	--	--
2004	--	--	--
2005	--	--	--
2006	--	--	--
2007	--	--	--
2008	--	--	--
2009	--	--	--
2010	--	--	--
2011	--	--	--
2012	--	--	--
2013	--	--	--
2014	--	--	--
2015	--	--	--
2016	--	--	--
2017	--	--	--
2018	--	--	--
2019	--	--	--
2020	--	--	--
2021	34	34	7
2022	83	59	10
2023	118	92	16

注：1.上市公司数量按上市日口径统计。
2.上表分组遵循“上组限不在内”的原则，如“1亿-2亿股”包括1亿股，不包括2亿股。
数据来源：北京证券交易所
Source:BSE

6-37　续表　continued

单位：家　(unit)

年份 Year	3亿-5亿股 300 million-500 million shares	5亿-10亿股 500 million-1000 million shares	10亿股及以上 Above 1000 million shares
2001	--	--	--
2002	--	--	--
2003	--	--	--
2004	--	--	--
2005	--	--	--
2006	--	--	--
2007	--	--	--
2008	--	--	--
2009	--	--	--
2010	--	--	--
2011	--	--	--
2012	--	--	--
2013	--	--	--
2014	--	--	--
2015	--	--	--
2016	--	--	--
2017	--	--	--
2018	--	--	--
2019	--	--	--
2020	--	--	--
2021	6	0	1
2022	7	2	1
2023	8	3	2

6-38 按市值规模划分北交所上市公司数量
Number of Listed Companies by Market Capitalization in BSE

单位：家 (unit)

年份 Year	1亿元以下 Below 100 million yuan	1亿-5亿元 100 million-500 million yuan	5亿-10亿元 500 million-1000 million yuan
2001	--	--	--
2002	--	--	--
2003	--	--	--
2004	--	--	--
2005	--	--	--
2006	--	--	--
2007	--	--	--
2008	--	--	--
2009	--	--	--
2010	--	--	--
2011	--	--	--
2012	--	--	--
2013	--	--	--
2014	--	--	--
2015	--	--	--
2016	--	--	--
2017	--	--	--
2018	--	--	--
2019	--	--	--
2020	--	--	--
2021	0	0	14
2022	0	32	84
2023	0	0	53

注：1.暂停上市的上市公司市值记为0。
2.上市公司数量按上市日口径统计。
3.上表分组遵循“上组限不在内”的原则，如“10亿-20亿元”包括10亿元，不包括20亿元。

数据来源：北京证券交易所

Source:BSE

6-38 续表 continued

单位：家 (unit)

年份 Year	10亿-20亿元 1000 million-2000 million yuan	20亿-30亿元 2000 million-3000 million yuan	30亿-50亿元 3000 million-5000 million yuan	50亿元及以上 Above 5000 million yuan
2001	--	--	--	--
2002	--	--	--	--
2003	--	--	--	--
2004	--	--	--	--
2005	--	--	--	--
2006	--	--	--	--
2007	--	--	--	--
2008	--	--	--	--
2009	--	--	--	--
2010	--	--	--	--
2011	--	--	--	--
2012	--	--	--	--
2013	--	--	--	--
2014	--	--	--	--
2015	--	--	--	--
2016	--	--	--	--
2017	--	--	--	--
2018	--	--	--	--
2019	--	--	--	--
2020	--	--	--	--
2021	42	13	5	8
2022	30	7	5	4
2023	133	29	16	8

6-39 2023年北交所上市公司分行业规模
Industry Scale of Listed Companies of BSE in 2023

行业 Industry	上市公司股本(亿股) Share Capital of Listed Companies (100 million shares)	其中：流通股本(亿股) Thereinto: Negotiable Shares (100 million shares)	上市公司市值(亿元) Market Capitalization of Listed Companies (100 million yuan)	其中：流通市值(亿元) Negotiable Market Capitalization (100 million yuan)
农、林、牧、渔业 Agriculture,Forestry,Animal Husbandry and Fishery	3.74	1.51	36.07	14.72
采矿业 Mining	0.00	0.00	0.00	0.00
制造业 Manufacturing	263.86	138.21	3862.68	1950.82
电力、热力、燃气及水生产和供应业 Production and Supply of Electricity,Gas and Water	2.35	1.61	13.44	9.23
建筑业 Construction	1.81	1.05	8.88	5.13
批发和零售业 Wholesale and Retail Trades	1.79	0.95	7.98	4.25
交通运输、仓储和邮政业 Transport,Storage and Post	6.47	2.58	38.99	15.64
住宿和餐饮业 Hotels and Catering Services	0.00	0.00	0.00	0.00
信息传输、软件和信息技术服务业 Information Transmission,Computer Services and Software	24.40	14.19	366.14	185.00
金融业 Financial Intermediation	0.00	0.00	0.00	0.00
房地产业 Real Estate	0.00	0.00	0.00	0.00
租赁和商务服务业 Leasing and Business Services	0.65	0.35	12.90	6.99
科学研究和技术服务业 Scientific Research,Technical Service	7.82	4.56	122.06	50.61
水利、环境和公共设施管理业 Management of Water Conservancy,Environment and Public Facilities	5.17	4.14	27.27	20.88
居民服务、修理和其他服务业 Resident Services,Repairing and Other Services	0.00	0.00	0.00	0.00
教育 Education	0.00	0.00	0.00	0.00
卫生和社会工作 Health and Social Works	0.00	0.00	0.00	0.00
文化、体育和娱乐业 Culture,Sports and Entertainment	0.00	0.00	0.00	0.00
综合 Others	0.00	0.00	0.00	0.00

数据来源：北京证券交易所
Source:BSE

6-40　2023年分行业新上市的北交所上市公司数量
Number of Newly Listed Companies of BSE by Industry in 2023

行业 Industry	北交所 BSE		
	新上市 公司家数 (家) Number of Newly Listed Companies (unit)	新上市 公司市值 (亿元) Market Capitalization of Newly Listed Companies (100 million yuan)	占北交所新上市公司 市值比重 (%) Proportion (%)
农、林、牧、渔 业 Agriculture,Forestry,Animal Husbandry and Fishery	1	16.83	1.12
采矿业 Mining	0	0.00	0.00
制造业 Manufacturing	67	1318.62	87.78
电力、热力、燃气及水生产和供应业 Production and Supply of Electricity,Gas and Water	0	0.00	0.00
建筑业 Construction	1	8.88	0.59
批发和零售业 Wholesale and Retail Trades	0	0.00	0.00
交通运输、仓储和邮政业 Transport,Storage and Post	0	0.00	0.00
住宿和餐饮业 Hotels and Catering Services	0	0.00	0.00
信息传输、软件和信息技术服务业 Information Transmission,Computer Services and Software	7	125.14	8.33
金融业 Financial Intermediation	0	0.00	0.00
房地产业 Real Estate	0	0.00	0.00
租赁和商务服务业 Leasing and Business Services	0	0.00	0.00
科学研究和技术服务业 Scientific Research,Technical Service	1	32.80	2.18
水利、环境和公共设施管理业 Management of Water Conservancy,Environment and Public Facilities	0	0.00	0.00
居民服务、修理和其他服务业 Resident Services,Repairing and Other Services	0	0.00	0.00
教育 Education	0	0.00	0.00
卫生和社会工作 Health and Social Works	0	0.00	0.00
文化、体育和娱乐业 Culture,Sports and Entertainment	0	0.00	0.00
综合 Others	0	0.00	0.00

注：上市公司数量按上市日口径统计。
数据来源：北京证券交易所
Source:BSE

6-41　2023年分辖区新上市的北交所上市公司数量
Number of Newly Listed Companies of BSE by Jurisdiction in 2023

单位：家　　(unit)

辖区	Jurisdiction	北交所 BSE		
		新上市公司家数(家) Number of Newly Listed Companies (unit)	新上市公司市值(亿元) Market Capitalization of Newly Listed Companies (100 million yuan)	占北交所新上市公司市值比例(%) Proportion (%)
北京	Beijing	7	229.92	15.30
天津	Tianjin	0	0.00	0.00
河北	Hebei	3	42.10	2.80
山西	Shanxi	1	177.89	11.84
内蒙古	Inner Mongolia	1	16.83	1.12
辽宁	Liaoning	1	13.41	0.89
吉林	Jilin	0	0.00	0.00
黑龙江	Heilongjiang	0	0.00	0.00
上海	Shanghai	3	48.57	3.23
江苏	Jiangsu	16	261.76	17.42
浙江	Zhejiang	9	149.54	9.95
安徽	Anhui	1	10.43	0.69
福建	Fujian	0	0.00	0.00
江西	Jiangxi	2	26.06	1.73
山东	Shandong	6	114.10	7.60
河南	Henan	3	32.18	2.14
湖北	Hubei	4	72.08	4.80
湖南	Hunan	1	9.20	0.61
广东	Guangdong	5	57.13	3.80
广西	Guangxi	2	26.61	1.77
海南	Hainan	0	0.00	0.00
重庆	Chongqing	2	25.03	1.67
四川	Sichuan	1	10.68	0.71
贵州	Guizhou	1	43.72	2.91
云南	Yunnan	0	0.00	0.00
西藏	Xizang	0	0.00	0.00
陕西	Shaanxi	2	38.91	2.59
甘肃	Gansu	0	0.00	0.00
青海	Qinghai	0	0.00	0.00
宁夏	Ningxia	1	15.14	1.01
新疆	Xinjiang	0	0.00	0.00
深圳	Shenzhen	1	19.37	1.29
大连	Dalian	1	10.36	0.69
宁波	Ningbo	2	33.44	2.23
厦门	Xiamen	1	17.80	1.19
青岛	Qingdao	0	0.00	0.00
其他	Others	0	0.00	0.00

注：1.上市公司数量按上市日口径统计。
　　2.所属辖区按上市公司注册地划分，注册地在境外的上市公司标记为其他，以注册地(其他)为口径统计上市公司家数，以北交所股东大会公告为准。

数据来源：北京证券交易所

Source:BSE

6-42　北交所上市公司主要财务指标
Financial Indicators of Listed Companies in BSE

年份 Year	资产规模 Asset Size		经营情况 Business Circumstance			
	总资产（亿元） Total Asset (100 million yuan)	归属母公司股东净资产（亿元） Net Asset Attributable to Parent Company Shareholders (100 million yuan)	营业收入（亿元） Revenue (100 million yuan)	利润总额（亿元） Total Profit (100 million yuan)	归属母公司股东净利润（亿元） Net Profit Attributable to Parent Company Shareholders (100 million yuan)	经营活动产生的现金流量净额（亿元） Net Cash Flow from Operating Activities (100 million yuan)
2021	983.56	567.66	644.94	82.90	70.09	31.57
2022	1777.06	1000.76	1226.66	131.98	116.26	69.34
2023	2592.59	1500.00	1680.93	140.65	121.01	130.31

注：1.每股指标按境内股本数量计算。
2.每股指标采用整体法计算。
3.财务数据按2023年12月31日的上市公司为样本进行统计。
数据来源：北京证券交易所
Source:BSE

6-42　续表　continued

年份 Year	经营情况 Business Circumstance			每股指标 Share Index		
	资产负债率（%） Asset-liability Ratio (%)	总资产收益率（%） ROA (%)	平均净资产收益率（%） Average ROE (%)	每股净资产（元） BPS (yuan)	每股收益（元） EPS (yuan)	每股经营活动现金流量净额（元） Net Cash Flow from Operating Activities Per Share (yuan)
2021	41.16	8.01	13.47	4.72	0.57	0.26
2022	42.23	7.46	13.23	4.69	0.54	0.32
2023	40.70	4.92	8.67	4.72	0.38	0.41

6-43 2023年北交所上市公司分行业主要财务指标

行业 Industry	资产规模 Asset Size	
	总资产 (亿元) Total Asset (100 million yuan)	归属母公司股东净资产 (亿元) Net Asset Attributable to Parent Company Shareholders (100 million yuan)
农、林、牧、渔业 Agriculture,Forestry,Animal Husbandry and Fishery	29.80	13.56
采矿业 Mining	--	--
制造业 Manufacturing	2249.26	1291.12
电力、热力、燃气及水生产和供应业 Production and Supply of Electricity,Gas and Water	9.96	6.37
建筑业 Construction	15.93	7.23
批发和零售业 Wholesale and Retail Trades	18.78	4.64
交通运输、仓储和邮政业 Transport,Storage and Post	32.06	17.87
住宿和餐饮业 Hotels and Catering Services	--	--
信息传输、软件和信息技术服务业 Information Transmission,Computer Services and Software	157.31	104.60
金融业 Financial Intermediation	--	--
房地产业 Real Estate	--	--
租赁和商务服务业 Leasing and Business Services	7.02	5.05
科学研究和技术服务业 Scientific Research,Technical Service	49.94	34.34
水利、环境和公共设施管理业 Management of Water Conservancy,Environment and Public Facilities	22.54	15.22
居民服务、修理和其他服务业 Resident Services,Repairing and Other Services	--	--
教育 Education	--	--
卫生和社会工作 Health and Social Works	--	--
文化、体育和娱乐业 Culture,Sports and Entertainment	--	--
综合 Others	--	--

注：1.每股指标按境内股本数量计算。
2.每股指标采用整体法计算。
3.财务数据按2023年12月31日的上市公司为样本进行统计。

数据来源：北京证券交易所

Source:BSE

Financial Indicators of Listed Companies of BSE by Industry in 2023

经营情况 Business Circumstance				每股指标 Share Index	
营业收入 (亿元) Revenue (100 million yuan)	归属母公司股东净利润 (亿元) Net Profit Attributable to Parent Company Shareholders (100 million yuan)	资产负债率 (%) Asset-liability Ratio (%)	平均净资产收益率 (%) Average ROE (%)	每股净资产 (元) BPS (yuan)	每股收益 (元) EPS (yuan)
17.91	1.73	50.98	14.81	3.62	0.46
--	--	--	--	--	--
1483.63	110.68	41.04	9.25	4.89	0.42
5.43	0.43	35.76	6.80	2.71	0.18
10.04	0.4	54.63	6.24	3.99	0.22
25.94	-0.17	75.10	-3.67	2.60	-0.10
24.42	0.35	43.52	1.90	2.76	0.05
--	--	--	--	--	--
73.10	2.20	33.25	2.22	4.29	0.09
--	--	--	--	--	--
--	--	--	--	--	--
5.58	0.70	28.05	14.33	7.83	1.08
23.71	4.43	30.42	13.66	4.39	0.57
11.16	0.27	31.50	1.80	2.94	0.05
--	--	--	--	--	--
--	--	--	--	--	--
--	--	--	--	--	--
--	--	--	--	--	--
--	--	--	--	--	--

6-44 2023年北交所上市公司分辖区主要财务指标

辖区	Jurisdiction	资产规模 Asset Size 总资产（亿元）Total Asset (100 million yuan)	归属母公司股东净资产（亿元）Net Asset Attributable to Parent Company Shareholders (100 million yuan)	营业收入（亿元）Revenue (100 million yuan)	利润总额（亿元）Total Profit (100 million yuan)
北京	Beijing	313.67	178.66	141.18	7.28
天津	Tianjin	6.80	6.20	2.71	0.58
河北	Hebei	107.84	53.91	75.01	4.31
山西	Shanxi	30.95	19.45	13.81	4.09
内蒙古	Inner Mongolia	29.56	13.01	14.45	1.24
辽宁	Liaoning	18.36	12.17	8.01	1.26
吉林	Jilin	57.54	28.61	22.91	2.78
黑龙江	Heilongjiang	--	--	--	--
上海	Shanghai	69.48	49.66	26.00	3.99
江苏	Jiangsu	314.21	211.51	209.69	23.89
浙江	Zhejiang	160.85	99.31	115.45	8.80
安徽	Anhui	57.60	39.37	37.10	2.71
福建	Fujian	27.71	17.10	12.16	0.13
江西	Jiangxi	29.32	17.72	10.66	1.64
山东	Shandong	111.61	80.26	119.60	9.55
河南	Henan	91.15	66.75	42.46	8.82
湖北	Hubei	58.20	40.81	28.33	2.28
湖南	Hunan	45.77	22.22	58.38	2.77
广东	Guangdong	133.67	99.62	74.73	7.76
广西	Guangxi	27.27	20.56	10.94	1.09
海南	Hainan	--	--	--	--
重庆	Chongqing	42.51	32.19	24.25	2.38
四川	Sichuan	100.03	45.52	59.52	0.31
贵州	Guizhou	49.93	24.16	29.64	-7.03
云南	Yunnan	23.84	14.42	11.12	-0.13
西藏	Xizang	--	--	--	--
陕西	Shaanxi	90.75	46.29	81.52	10.44
甘肃	Gansu	--	--	--	--
青海	Qinghai	--	--	--	--
宁夏	Ningxia	14.66	9.03	7.59	0.79
新疆	Xinjiang	--	--	--	--
深圳	Shenzhen	349.16	151.39	288.92	25.70
大连	Dalian	135.13	44.94	66.26	7.37
宁波	Ningbo	45.94	24.05	41.85	2.97
厦门	Xiamen	5.18	3.05	2.38	0.21
青岛	Qingdao	43.90	28.05	44.29	2.68
其他	Others	--	--	--	--

注：1.每股指标按境内股本数量计算。
2.每股指标采用整体法计算。
3.财务数据按2023年12月31日的上市公司为样本进行统计。
4.所属辖区按上市公司注册地划分，注册地在境外的上市公司标记为其他，以注册地(其他)为口径统计上市公司家数，以北交所股东大会公告为准。

数据来源：北京证券交易所
Source:BSE

Financial Indicators of Listed Companies of BSE by Jurisdiction in 2023

经营情况 Business Circumstance				每股指标 Share Index		
归属母公司股东净利润（亿元） Net Profit Attributable to Parent Company Shareholders (100 million yuan)	经营活动产生的现金流量净额（亿元） Net Cash Flow from Operating Activities (100 million yuan)	资产负债率(%) Asset-liability Ratio (%)	平均净资产收益率(%) Average ROE (%)	每股净资产（元） BPS (yuan)	每股收益（元） EPS (yuan)	每股经营活动现金流量净额（元） Net Cash Flow from Operating Activities Per Share (yuan)
5.13	7.25	42.48	3.02	4.38	0.13	0.18
0.52	0.64	7.13	8.61	3.78	0.32	0.39
3.61	-0.40	48.72	7.31	4.55	0.30	-0.03
3.53	3.00	36.79	20.98	7.58	1.37	1.17
1.02	2.07	52.45	8.93	2.78	0.22	0.44
0.76	0.35	30.01	6.79	5.20	0.32	0.15
2.53	-5.92	50.16	10.54	4.15	0.37	-0.86
--	--	--	--	--	--	--
3.75	5.07	27.58	7.91	3.98	0.30	0.41
21.12	13.95	32.10	10.95	4.50	0.45	0.30
8.02	6.56	38.05	8.81	4.17	0.34	0.28
2.44	3.30	30.93	6.37	5.63	0.35	0.47
0.13	1.86	38.10	0.72	2.43	0.02	0.26
1.33	-2.07	38.51	8.89	6.64	0.50	-0.77
8.41	8.02	27.69	11.66	4.69	0.49	0.47
7.57	3.36	26.65	12.38	4.56	0.52	0.23
1.82	2.15	29.59	4.84	4.41	0.20	0.23
2.35	3.00	50.97	11.19	4.36	0.46	0.59
7.16	8.70	25.03	7.51	4.32	0.31	0.38
1.02	1.48	24.22	5.41	3.16	0.16	0.23
--	--	--	--	--	--	--
2.07	2.93	23.49	6.88	3.98	0.26	0.36
1.31	2.79	52.95	2.87	4.67	0.13	0.29
-6.34	-9.1	51.62	-26.42	3.95	-1.04	-1.49
-0.13	1.27	38.34	-0.91	6.10	-0.06	0.54
--	--	--	--	--	--	--
9.10	5.56	48.28	21.82	5.07	1.00	0.61
--	--	--	--	--	--	--
--	--	--	--	--	--	--
0.68	0.85	38.15	8.15	2.90	0.22	0.27
--	--	--	--	--	--	--
19.50	54.84	50.32	13.79	8.74	1.13	3.17
7.44	6.26	65.60	18.18	8.51	1.41	1.18
2.64	0.11	46.50	11.69	5.55	0.61	0.03
0.23	0.01	40.75	9.21	3.98	0.29	0.01
2.31	2.45	35.91	8.49	5.10	0.42	0.45
--	--	--	--	--	--	--

6-45 2023年北交所上市公司分行业每股收益

单位：家

行业 Industry	1.00元以上 Above 1.00 yuan	0.80-1.00元 0.80-1.00 yuan	0.50-0.80元 0.50-0.80 yuan
农、林、牧、渔业 Agriculture,Forestry,Animal Husbandry and Fishery	0	0	0
采矿业 Mining	0	0	0
制造业 Manufacturing	20	12	51
电力、热力、燃气及水生产和供应业 Production and Supply of Electricity,Gas and Water	0	0	0
建筑业 Construction	0	0	0
批发和零售业 Wholesale and Retail Trades	0	0	0
交通运输、仓储和邮政业 Transport,Storage and Post	0	0	0
住宿和餐饮业 Hotels and Catering Services	0	0	0
信息传输、软件和信息技术服务业 Information Transmission,Computer Services and Software	1	0	6
金融业 Financial Intermediation	0	0	0
房地产业 Real Estate	0	0	0
租赁和商务服务业 Leasing and Business Services	1	0	0
科学研究和技术服务业 Scientific Research,Technical Service	1	0	1
水利、环境和公共设施管理业 Management of Water Conservancy,Environment and Public Facilities	0	0	1
居民服务、修理和其他服务业 Resident Services,Repairing and Other Services	0	0	0
教育 Education	0	0	0
卫生和社会工作 Health and Social Works	0	0	0
文化、体育和娱乐业 Culture,Sports and Entertainment	0	0	0
综合 Others	0	0	0

注：1.每股指标按境内股本数量计算。
2.每股指标采用整体法计算。
3.财务数据按2023年12月31日的上市公司为样本进行统计。
4.上表分组遵循“上组限不在内”的原则，如“0.80-1.00元”包括0.80元，不包括1.00元。

数据来源：北京证券交易所

Source:BSE

EPS of Listed Companies of BSE by Industry in 2023

(unit)

0.20−0.50元 0.20-0.50 yuan	0.10−0.20元 0.10-0.20 yuan	0.05−0.10元 0.05-0.10 yuan	0.00−0.05元 0.00-0.05 yuan	亏损 Deficit	合计 Total
2	0	0	0	0	2
0	0	0	0	0	0
67	21	9	3	14	197
0	1	0	0	0	1
1	0	0	0	0	1
0	0	0	0	1	1
1	0	0	1	0	2
0	0	0	0	0	0
4	4	4	1	4	24
0	0	0	0	0	0
0	0	0	0	0	0
0	0	0	0	0	1
4	0	0	0	1	7
0	0	0	0	2	3
0	0	0	0	0	0
0	0	0	0	0	0
0	0	0	0	0	0
0	0	0	0	0	0
0	0	0	0	0	0

6-46 2023年北交所上市公司分辖区每股收益

单位：家

辖区	Jurisdiction	1.00元以上 Above 1.00 yuan	0.80-1.00元 0.80-1.00 yuan	0.50-0.80元 0.50-0.80 yuan
北京	Beijing	2	0	6
天津	Tianjin	0	0	0
河北	Hebei	1	0	1
山西	Shanxi	1	0	1
内蒙古	Inner Mongolia	0	0	0
辽宁	Liaoning	0	0	0
吉林	Jilin	0	0	0
黑龙江	Heilongjiang	0	0	0
上海	Shanghai	0	0	2
江苏	Jiangsu	6	4	8
浙江	Zhejiang	3	1	3
安徽	Anhui	1	0	3
福建	Fujian	0	0	0
江西	Jiangxi	0	0	2
山东	Shandong	1	1	7
河南	Henan	1	1	2
湖北	Hubei	1	0	4
湖南	Hunan	1	0	0
广东	Guangdong	0	2	5
广西	Guangxi	0	0	0
海南	Hainan	0	0	0
重庆	Chongqing	1	0	2
四川	Sichuan	0	0	4
贵州	Guizhou	0	0	0
云南	Yunnan	0	0	0
西藏	Xizang	0	0	0
陕西	Shaanxi	1	1	2
甘肃	Gansu	0	0	0
青海	Qinghai	0	0	0
宁夏	Ningxia	0	0	0
新疆	Xinjiang	0	0	0
深圳	Shenzhen	1	1	3
大连	Dalian	1	0	0
宁波	Ningbo	0	0	4
厦门	Xiamen	0	0	0
青岛	Qingdao	1	1	0
其他	Others	0	0	0

注：1.每股指标按境内股本数量计算。
2.每股指标采用整体法计算。
3.财务数据按2023年12月31日的上市公司为样本进行统计。
4.所属辖区按上市公司注册地划分，注册地在境外的上市公司标记为其他，以注册地(其他)为口径统计上市公司家数，以北交所股东大会公告为准。
5.上表分组遵循“上组限不在内”的原则，如“0.80-1.00元”包括0.80元，不包括1.00元。

数据来源：北京证券交易所
Source:BSE

EPS of Listed Companies of BSE by Jurisdiction in 2023

(unit)

0.20–0.50元 0.20-0.50 yuan	0.10–0.20元 0.10-0.20 yuan	0.05–0.10元 0.05-0.10 yuan	0.00–0.05元 0.00-0.05 yuan	亏损 Deficit	合计 Total
3	2	4	0	5	22
1	1	0	0	0	2
4	1	0	0	1	8
0	0	0	0	1	3
1	0	0	1	0	2
2	0	0	0	0	2
2	0	0	0	0	2
0	0	0	0	0	0
7	0	0	0	1	10
17	6	1	0	1	43
8	3	0	1	2	21
0	2	1	0	1	8
0	0	1	1	0	2
1	0	0	0	0	3
3	2	1	0	0	15
2	4	1	1	0	12
2	0	0	0	2	9
3	0	0	0	1	5
9	1	0	1	1	19
1	1	1	0	0	3
0	0	0	0	0	0
1	0	0	0	2	6
3	1	0	0	1	9
0	0	0	0	1	1
0	0	0	0	2	2
0	0	0	0	0	0
0	0	1	0	0	5
0	0	0	0	0	0
0	0	0	0	0	0
1	1	0	0	0	2
0	0	0	0	0	0
4	0	1	0	0	10
1	1	0	0	0	3
0	0	0	0	0	4
1	0	0	0	0	1
2	0	1	0	0	5
0	0	0	0	0	0

6-47 2023年北交所上市公司分行业每股净资产

单位：家

行业 Industry	5.00元以上 Above 5.00 yuan	3.00-5.00元 3.00-5.00 yuan	2.00-3.00元 2.00-3.00 yuan
农、林、牧、渔业 Agriculture,Forestry,Animal Husbandry and Fishery	0	2	0
采矿业 Mining	0	0	0
制造业 Manufacturing	89	77	24
电力、热力、燃气及水生产和供应业 Production and Supply of Electricity,Gas and Water	0	0	1
建筑业 Construction	0	1	0
批发和零售业 Wholesale and Retail Trades	0	0	1
交通运输、仓储和邮政业 Transport,Storage and Post	0	1	1
住宿和餐饮业 Hotels and Catering Services	0	0	0
信息传输、软件和信息技术服务业 Information Transmission,Computer Services and Software	11	8	3
金融业 Financial Intermediation	0	0	0
房地产业 Real Estate	0	0	0
租赁和商务服务业 Leasing and Business Services	1	0	0
科学研究和技术服务业 Scientific Research,Technical Service	2	4	1
水利、环境和公共设施管理业 Management of Water Conservancy,Environment and Public Facilities	0	2	1
居民服务、修理和其他服务业 Resident Services,Repairing and Other Services	0	0	0
教育 Education	0	0	0
卫生和社会工作 Health and Social Works	0	0	0
文化、体育和娱乐业 Culture,Sports and Entertainment	0	0	0
综合 Others	0	0	0

注：1.每股指标按境内股本数量计算。
2.每股指标采用整体法计算。
3.财务数据按2023年12月31日的上市公司为样本进行统计。
4.上表分组遵循“上组限不在内”的原则，如“0.50-1.00元”包括0.50元，不包括1.00元。

数据来源：北京证券交易所
Source:BSE

BPS of Listed Companies of BSE by Industry in 2023

(unit)

1.00–2.00元 1.00-2.00 yuan	0.50–1.00元 0.50-1.00 yuan	0.00–0.50元 0.00-0.50 yuan	小于0.00元 Below 0.00 yuan	合计 Total
0	0	0	0	2
0	0	0	0	0
6	1	0	0	197
0	0	0	0	1
0	0	0	0	1
0	0	0	0	1
0	0	0	0	2
0	0	0	0	0
1	1	0	0	24
0	0	0	0	0
0	0	0	0	0
0	0	0	0	1
0	0	0	0	7
0	0	0	0	3
0	0	0	0	0
0	0	0	0	0
0	0	0	0	0
0	0	0	0	0
0	0	0	0	0

6-48　2023年北交所上市公司分辖区每股净资产

单位：家

辖区	Jurisdiction	5.00元以上 Above 5.00 yuan	3.00-5.00元 3.00-5.00 yuan	2.00-3.00元 2.00-3.00 yuan
北京	Beijing	8	10	2
天津	Tianjin	1	0	1
河北	Hebei	2	5	1
山西	Shanxi	2	0	1
内蒙古	Inner Mongolia	0	1	0
辽宁	Liaoning	1	1	0
吉林	Jilin	0	2	0
黑龙江	Heilongjiang	0	0	0
上海	Shanghai	3	5	1
江苏	Jiangsu	20	14	9
浙江	Zhejiang	9	8	2
安徽	Anhui	6	2	0
福建	Fujian	0	0	2
江西	Jiangxi	2	1	0
山东	Shandong	6	7	2
河南	Henan	4	7	1
湖北	Hubei	5	2	1
湖南	Hunan	1	3	1
广东	Guangdong	8	9	1
广西	Guangxi	0	2	1
海南	Hainan	0	0	0
重庆	Chongqing	3	1	2
四川	Sichuan	6	2	1
贵州	Guizhou	0	1	0
云南	Yunnan	1	1	0
西藏	Xizang	0	0	0
陕西	Shaanxi	2	3	0
甘肃	Gansu	0	0	0
青海	Qinghai	0	0	0
宁夏	Ningxia	0	1	1
新疆	Xinjiang	0	0	0
深圳	Shenzhen	6	4	0
大连	Dalian	1	0	1
宁波	Ningbo	3	1	0
厦门	Xiamen	0	1	0
青岛	Qingdao	3	1	1
其他	Others	0	0	0

注：1.每股指标按境内股本数量计算。
2.每股指标采用整体法计算。
3.财务数据按2023年12月31日的上市公司为样本进行统计。
4.所属辖区按上市公司注册地划分，注册地在境外的上市公司标记为其他，以注册地(其他)为口径统计上市公司家数，以北交所股东大会公告为准。
5.上表分组遵循“上组限不在内”的原则，如“0.50-1.00元”包括0.50元，不包括1.00元。

数据来源：北京证券交易所

Source:BSE

BPS of Listed Companies of BSE by Jurisdiction in 2023

(unit)

1.00-2.00元 1.00-2.00 yuan	0.50-1.00元 0.50-1.00 yuan	0.00-0.50元 0.00-0.50 yuan	小于0.00元 Below 0.00 yuan	合计 Total
0	2	0	0	22
0	0	0	0	2
0	0	0	0	8
0	0	0	0	3
1	0	0	0	2
0	0	0	0	2
0	0	0	0	2
0	0	0	0	0
1	0	0	0	10
0	0	0	0	43
2	0	0	0	21
0	0	0	0	8
0	0	0	0	2
0	0	0	0	3
0	0	0	0	15
0	0	0	0	12
1	0	0	0	9
0	0	0	0	5
1	0	0	0	19
0	0	0	0	3
0	0	0	0	0
0	0	0	0	6
0	0	0	0	9
0	0	0	0	1
0	0	0	0	2
0	0	0	0	0
0	0	0	0	5
0	0	0	0	0
0	0	0	0	0
0	0	0	0	2
0	0	0	0	0
0	0	0	0	10
1	0	0	0	3
0	0	0	0	4
0	0	0	0	1
0	0	0	0	5
0	0	0	0	0

6-49　2023年北交所上市公司分行业平均净资产收益率

单位：家

行业 Industry	100%以上 Above 100%	60%-100% 60%-100%	40%-60% 40%-60%
农、林、牧、渔业 Agriculture,Forestry,Animal Husbandry and Fishery	0	0	0
采矿业 Mining	0	0	0
制造业 Manufacturing	0	0	1
电力、热力、燃气及水生产和供应业 Production and Supply of Electricity,Gas and Water	0	0	0
建筑业 Construction	0	0	0
批发和零售业 Wholesale and Retail Trades	0	0	0
交通运输、仓储和邮政业 Transport,Storage and Post	0	0	0
住宿和餐饮业 Hotels and Catering Services	0	0	0
信息传输、软件和信息技术服务业 Information Transmission,Computer Services and Software	0	0	0
金融业 Financial Intermediation	0	0	0
房地产业 Real Estate	0	0	0
租赁和商务服务业 Leasing and Business Services	0	0	0
科学研究和技术服务业 Scientific Research,Technical Service	0	0	0
水利、环境和公共设施管理业 Management of Water Conservancy,Environment and Public Facilities	0	0	0
居民服务、修理和其他服务业 Resident Services,Repairing and Other Services	0	0	0
教育 Education	0	0	0
卫生和社会工作 Health and Social Works	0	0	0
文化、体育和娱乐业 Culture,Sports and Entertainment	0	0	0
综合 Others	0	0	0

注：1.每股指标按境内股本数量计算。
　　2.每股指标采用整体法计算。
　　3.财务数据按2023年12月31日的上市公司为样本进行统计。
　　4.上表分组遵循“上组限不在内”的原则，如“0%-5%”包括0%，不包括5%。
数据来源：北京证券交易所
Source:BSE

ROE of Listed Companies of BSE by Industry in 2023

(unit)

30%-40% 30%-40%	20%-30% 20%-30%	10%-20% 10%-20%	5%-10% 5%-10%	0%-5% 0%-5%	小于0% Below 0%	合计 Total
0	0	2	0	0	0	2
0	0	0	0	0	0	0
2	22	68	58	32	14	197
0	0	0	1	0	0	1
0	0	0	1	0	0	1
0	0	0	0	0	1	1
0	0	0	1	1	0	2
0	0	0	0	0	0	0
0	0	4	7	9	4	24
0	0	0	0	0	0	0
0	0	0	0	0	0	0
0	0	1	0	0	0	1
0	2	1	3	0	1	7
0	0	1	0	0	2	3
0	0	0	0	0	0	0
0	0	0	0	0	0	0
0	0	0	0	0	0	0
0	0	0	0	0	0	0
0	0	0	0	0	0	0

6-50　2023年北交所上市公司分辖区平均净资产收益率

单位：家

辖区	Jurisdiction	100%以上 Above 100%	60%-100% 60%-100%	40%-60% 40%-60%	30%-40% 30%-40%
北京	Beijing	0	0	0	0
天津	Tianjin	0	0	0	0
河北	Hebei	0	0	0	0
山西	Shanxi	0	0	1	0
内蒙古	Inner Mongolia	0	0	0	0
辽宁	Liaoning	0	0	0	0
吉林	Jilin	0	0	0	0
黑龙江	Heilongjiang	0	0	0	0
上海	Shanghai	0	0	0	0
江苏	Jiangsu	0	0	0	1
浙江	Zhejiang	0	0	0	1
安徽	Anhui	0	0	0	0
福建	Fujian	0	0	0	0
江西	Jiangxi	0	0	0	0
山东	Shandong	0	0	0	0
河南	Henan	0	0	0	0
湖北	Hubei	0	0	0	0
湖南	Hunan	0	0	0	0
广东	Guangdong	0	0	0	0
广西	Guangxi	0	0	0	0
海南	Hainan	0	0	0	0
重庆	Chongqing	0	0	0	0
四川	Sichuan	0	0	0	0
贵州	Guizhou	0	0	0	0
云南	Yunnan	0	0	0	0
西藏	Tibet	0	0	0	0
陕西	Shaanxi	0	0	0	0
甘肃	Gansu	0	0	0	0
青海	Qinghai	0	0	0	0
宁夏	Ningxia	0	0	0	0
新疆	Xinjiang	0	0	0	0
深圳	Shenzhen	0	0	0	0
大连	Dalian	0	0	0	0
宁波	Ningbo	0	0	0	0
厦门	Xiamen	0	0	0	0
青岛	Qingdao	0	0	0	0
其他	Others	0	0	0	0

注：1.每股指标按境内股本数量计算。
2.每股指标采用整体法计算。
3.财务数据按2023年12月31日的上市公司为样本进行统计。
4.上表分组遵循“上组限不在内”的原则，如“0%-5%”包括0%，不包括5%。
5.所属辖区按上市公司注册地划分，注册地在境外的上市公司标记为其他，以注册地(其他)为口径统计上市公司家数，以北交所股东大会公告为准。

数据来源：北京证券交易所
Source:BSE

ROE of Listed Companies of BSE by Jurisdiction in 2023

(unit)

20%-30% 20%-30%	10%-20% 10%-20%	5%-10% 5%-10%	0%-5% 0%-5%	小于0% Below 0%	合计 Total
1	6	5	5	5	22
0	0	2	0	0	2
1	2	1	3	1	8
0	0	1	0	1	3
0	1	0	1	0	2
0	0	2	0	0	2
0	1	0	1	0	2
0	0	0	0	0	0
0	4	4	1	1	10
6	15	16	4	1	43
3	4	8	3	2	21
0	3	1	3	1	8
0	0	0	2	0	2
0	1	2	0	0	3
1	8	3	3	0	15
2	3	2	5	0	12
2	2	3	0	2	9
1	1	2	0	1	5
3	3	8	4	1	19
0	1	0	2	0	3
0	0	0	0	0	0
1	2	1	0	2	6
0	5	2	1	1	9
0	0	0	0	1	1
0	0	0	0	2	2
0	0	0	0	0	0
2	2	0	1	0	5
0	0	0	0	0	0
0	0	0	0	0	0
0	1	1	0	0	2
0	0	0	0	0	0
0	5	4	1	0	10
0	3	0	0	0	3
1	2	1	0	0	4
0	0	1	0	0	1
0	2	1	2	0	5
0	0	0	0	0	0

6-51　2023年北交所上市公司分行业每股经营活动产生的现金流量净额

单位：家

行业 Industry	3.00元以上 Above 3.00 yuan	2.50-3.00元 2.50-3.00 yuan	2.00-2.50元 2.00-2.50 yuan
农、林、牧、渔业 Agriculture,Forestry,Animal Husbandry and Fishery	0	0	0
采矿业 Mining	0	0	0
制造业 Manufacturing	2	0	2
电力、热力、燃气及水生产和供应业 Production and Supply of Electricity,Gas and Water	0	0	0
建筑业 Construction	0	0	0
批发和零售业 Wholesale and Retail Trades	0	0	0
交通运输、仓储和邮政业 Transport,Storage and Post	0	0	0
住宿和餐饮业 Hotels and Catering Services	0	0	0
信息传输、软件和信息技术服务业 Information Transmission,Computer Services and Software	0	0	0
金融业 Financial Intermediation	0	0	0
房地产业 Real Estate	0	0	0
租赁和商务服务业 Leasing and Business Services	0	0	0
科学研究和技术服务业 Scientific Research,Technical Service	0	0	0
水利、环境和公共设施管理业 Management of Water Conservancy,Environment and Public Facilities	0	0	0
居民服务、修理和其他服务业 Resident Services,Repairing and Other Services	0	0	0
教育 Education	0	0	0
卫生和社会工作 Health and Social Works	0	0	0
文化、体育和娱乐业 Culture,Sports and Entertainment	0	0	0
综合 Others	0	0	0

注：1.每股指标按境内股本数量计算。
2.每股指标采用整体法计算。
3.财务数据按2023年12月31日的上市公司为样本进行统计。
4.上表分组遵循“上组限不在内”的原则，如“0.50-1.00元”包括0.50元，不包括1.00元。

数据来源：北京证券交易所

Source:BSE

Net Cash Flow from Operating Activities Per Share of Listed Companies of BSE by Industry in 2023

(unit)

1.50-2.00元 1.50-2.00 yuan	1.00-1.50元 1.00-1.50 yuan	0.50-1.00元 0.50-1.00 yuan	0.00-0.50元 0.00-0.50 yuan	小于0.00元 below 0.00 yuan	合计 Total
0	1	0	1	0	2
0	0	0	0	0	0
5	24	40	89	35	197
0	0	0	1	0	1
0	0	0	0	1	1
0	0	1	0	0	1
0	0	0	1	1	2
0	0	0	0	0	0
0	2	2	11	9	24
0	0	0	0	0	0
0	0	0	0	0	0
0	1	0	0	0	1
1	1	2	0	3	7
0	0	0	3	0	3
0	0	0	0	0	0
0	0	0	0	0	0
0	0	0	0	0	0
0	0	0	0	0	0
0	0	0	0	0	0

6-52 2023年北交所上市公司分辖区每股经营活动产生的现金流量净额

单位：家

辖区	Jurisdiction	3.00元以上 Above 3.00 yuan	2.50-3.00元 2.50-3.00 yuan	2.00-2.50元 2.00-2.50 yuan
北京	Beijing	0	0	1
天津	Tianjin	0	0	0
河北	Hebei	0	0	0
山西	Shanxi	1	0	0
内蒙古	Inner Mongolia	0	0	0
辽宁	Liaoning	0	0	0
吉林	Jilin	0	0	0
黑龙江	Heilongjiang	0	0	0
上海	Shanghai	0	0	0
江苏	Jiangsu	0	0	1
浙江	Zhejiang	0	0	0
安徽	Anhui	0	0	0
福建	Fujian	0	0	0
江西	Jiangxi	0	0	0
山东	Shandong	0	0	0
河南	Henan	0	0	0
湖北	Hubei	0	0	0
湖南	Hunan	0	0	0
广东	Guangdong	0	0	0
广西	Guangxi	0	0	0
海南	Hainan	0	0	0
重庆	Chongqing	0	0	0
四川	Sichuan	0	0	0
贵州	Guizhou	0	0	0
云南	Yunnan	0	0	0
西藏	Xizang	0	0	0
陕西	Shaanxi	0	0	0
甘肃	Gansu	0	0	0
青海	Qinghai	0	0	0
宁夏	Ningxia	0	0	0
新疆	Xinjiang	0	0	0
深圳	Shenzhen	1	0	0
大连	Dalian	0	0	0
宁波	Ningbo	0	0	0
厦门	Xiamen	0	0	0
青岛	Qingdao	0	0	0
其他	Others	0	0	0

注：1.每股指标按境内股本数量计算。
2.每股指标采用整体法计算。
3.财务数据按2023年12月31日的上市公司为样本进行统计。
4.上表分组遵循“上组限不在内”的原则，如“0.50–1.00元”包括0.50元，不包括1.00元。
5.所属辖区按上市公司注册地划分，注册地在境外的上市公司标记为其他，以注册地(其他)为口径统计上市公司家数，以北交所股东大会公告为准。

数据来源：北京证券交易所
Source:BSE

Net Cash Flow from Operating Activities Per Share of Listed Companies of BSE by Jurisdiction in 2023

(unit)

1.50-2.00元 1.50-2.00 yuan	1.00-1.50元 1.00-1.50 yuan	0.50-1.00元 0.50-1.00 yuan	0.00-0.50元 0.00-0.50 yuan	小于0.00元 below 0.00 yuan	合计 Total
1	3	1	10	6	22
0	0	1	1	0	2
0	0	2	2	4	8
0	0	0	1	1	3
0	1	0	0	1	2
0	0	0	2	0	2
0	0	0	1	1	2
0	0	0	0	0	0
0	0	5	3	2	10
1	4	7	20	10	43
0	4	3	11	3	21
0	1	3	3	1	8
0	0	0	2	0	2
0	0	1	0	2	3
0	2	6	6	1	15
0	1	1	6	4	12
1	1	0	6	1	9
1	0	1	2	1	5
0	6	2	9	2	19
0	0	0	3	0	3
0	0	0	0	0	0
0	1	2	2	1	6
0	0	3	4	2	9
0	0	0	0	1	1
0	0	1	1	0	2
0	0	0	0	0	0
0	1	2	1	1	5
0	0	0	0	0	0
0	0	0	0	0	0
0	0	0	2	0	2
0	0	0	0	0	0
1	2	2	2	2	10
1	1	0	1	0	3
0	0	1	1	2	4
0	0	0	1	0	1
0	1	1	3	0	5
0	0	0	0	0	0

6-53 按股本规模划分全国股转系统挂牌公司数量

Number of Listed NEEQ Companies by Equity Scale

单位：家 (unit)

年份 Year	合计 Total	1000万股以下 Below 10 million	1000-5000万股 10-50 million	5000万-1亿股 50-100 million	1亿股以上 Above 100 million
2012	200	40	131	25	4
2013	356	68	237	42	9
2014	1572	215	944	324	89
2015	3565	624	1906	709	326
2016	10163	879	5948	2275	1061
2017	11630	922	6844	2627	1237
2018	10691	802	6185	2510	1194
2019	8953	640	5016	2203	1094
2020	8187	846	4200	2097	1044
2021	6932	424	3742	1841	925
2022	6580	375	3435	1852	918
2023	6241	322	3164	1837	918

注：上表分组遵循“上组限不在内”的原则，如“1000万-5000万股”包括1000万股，不包括5000万股。
数据来源：全国中小企业股份转让系统
Source:NEEQ

6-54　2023年分辖区全国股转系统挂牌公司数量按行业分布

Number of Listed NEEQ Companies by Jurisdiction and by Industry in 2023

单位：家　　(unit)

辖区	Jurisdiction	农、林、牧、渔业 Agriculture, Forestry, Animal Husbandry and Fishery	采矿业 Mining	制造业 Manufacturing	电力、热力、燃气及水生产和供应业 Production and Supply of Electricity, Gas and Water	建筑业 Construction	批发和零售业 Wholesale and Retail Trades
北京	Beijing	3	5	181	7	13	43
天津	Tianjin	0	0	69	2	4	3
河北	Hebei	2	0	97	2	5	1
山西	Shanxi	3	0	40	1	7	2
内蒙古	Inner Mongolia	3	1	23	2	2	0
辽宁	Liaoning	1	0	47	2	7	4
吉林	Jilin	1	0	19	1	3	1
黑龙江	Heilongjiang	2	0	26	1	1	4
上海	Shanghai	2	0	160	2	10	22
江苏	Jiangsu	10	1	527	4	32	17
浙江	Zhejiang	8	0	326	4	11	18
安徽	Anhui	6	1	156	8	10	9
福建	Fujian	4	0	73	5	6	6
江西	Jiangxi	1	0	57	1	2	4
山东	Shandong	6	1	199	7	8	12
河南	Henan	5	0	126	4	15	5
湖北	Hubei	6	0	125	3	9	8
湖南	Hunan	4	2	68	3	4	4
广东	Guangdong	9	0	317	9	9	37
广西	Guangxi	3	1	17	1	3	1
海南	Hainan	3	0	7	1	0	3
重庆	Chongqing	1	0	36	1	4	1
四川	Sichuan	5	1	88	3	2	6
贵州	Guizhou	2	0	11	1	4	1
云南	Yunnan	3	0	21	0	5	5
西藏	Xizang	0	2	1	1	0	1
陕西	Shaanxi	2	2	60	2	4	2
甘肃	Gansu	3	0	16	0	0	1
青海	Qinghai	0	0	1	0	0	0
宁夏	Ningxia	5	0	16	0	2	0
新疆	Xinjiang	1	6	12	1	5	2
深圳	Shenzhen	0	0	152	1	8	20
大连	Dalian	4	0	24	0	2	1
宁波	Ningbo	0	0	47	0	1	7
厦门	Xiamen	2	0	37	0	4	4
青岛	Qingdao	1	0	24	0	1	4
其他	Others	0	0	0	0	0	0

注：1.挂牌公司数量按挂牌日口径统计。
　　2.挂牌公司辖区按挂牌公司注册地划分，注册地为境外的标记为“其他”。
数据来源：全国中小企业股份转让系统
Source:NEEQ

6-54 续表 1 continued

单位：家 (unit)

辖区	Jurisdiction	交通运输、仓储和邮政业 Transport, Storage and Post	住宿和餐饮业 Hotels and Catering Services	信息传输、软件和信息技术服务业 Information Transmission, Computer Services and Software	金融业 Financial Intermediation	房地产业 Real Estate	租赁和商务服务业 Leasing and Business Services
北京	Beijing	8	1	303	10	3	82
天津	Tianjin	8	0	17	0	1	7
河北	Hebei	5	1	32	2	1	5
山西	Shanxi	1	0	11	0	0	3
内蒙古	Inner Mongolia	2	1	4	0	1	0
辽宁	Liaoning	2	0	12	0	1	0
吉林	Jilin	1	0	7	0	0	3
黑龙江	Heilongjiang	1	0	11	1	0	2
上海	Shanghai	10	3	117	6	3	45
江苏	Jiangsu	14	2	86	8	5	20
浙江	Zhejiang	3	2	67	10	2	23
安徽	Anhui	1	2	12	3	1	7
福建	Fujian	2	0	22	3	0	2
江西	Jiangxi	1	0	10	0	0	3
山东	Shandong	4	0	50	7	1	11
河南	Henan	2	1	30	0	1	8
湖北	Hubei	3	3	35	1	1	8
湖南	Hunan	3	1	14	1	0	6
广东	Guangdong	14	2	89	7	3	29
广西	Guangxi	0	0	6	0	1	2
海南	Hainan	0	0	4	2	1	3
重庆	Chongqing	3	0	11	1	0	5
四川	Sichuan	4	0	35	1	5	8
贵州	Guizhou	0	0	4	0	1	1
云南	Yunnan	3	0	5	0	0	2
西藏	Xizang	0	0	1	1	0	2
陕西	Shaanxi	1	1	19	3	2	8
甘肃	Gansu	0	0	0	1	0	0
青海	Qinghai	0	0	0	0	0	0
宁夏	Ningxia	1	0	4	0	1	1
新疆	Xinjiang	1	1	7	1	1	0
深圳	Shenzhen	7	0	64	10	4	19
大连	Dalian	0	0	13	1	0	2
宁波	Ningbo	4	0	9	1	1	2
厦门	Xiamen	2	0	30	1	1	5
青岛	Qingdao	7	0	14	0	0	4
其他	Others	0	0	0	0	0	0

6-54　续表 2　continued

单位：家　　(unit)

辖区	Jurisdiction	科学研究和技术服务业 Scientific Research, Technical Service	水利、环境和公共设施管理业 Management of Water Conservancy, Environment and Public Facilities	居民服务、修理和其他服务业 Resident Services, Repairing and other Services	教育 Education	卫生和社会工作 Health and Social Works	文化、体育和娱乐业 Culture, Sports and Entertainment
北京	Beijing	51	15	1	23	6	32
天津	Tianjin	4	1	1	0	0	5
河北	Hebei	9	4	0	0	0	3
山西	Shanxi	6	2	0	2	1	0
内蒙古	Inner Mongolia	2	2	0	1	0	0
辽宁	Liaoning	3	3	0	0	1	1
吉林	Jilin	3	1	1	0	0	0
黑龙江	Heilongjiang	6	0	0	0	0	0
上海	Shanghai	28	3	2	4	3	13
江苏	Jiangsu	27	9	1	1	2	6
浙江	Zhejiang	19	8	0	2	1	9
安徽	Anhui	11	2	0	1	0	1
福建	Fujian	4	1	0	1	0	3
江西	Jiangxi	4	1	0	0	0	0
山东	Shandong	11	3	2	2	3	5
河南	Henan	7	3	0	0	0	3
湖北	Hubei	14	10	0	4	0	4
湖南	Hunan	7	8	0	0	1	1
广东	Guangdong	25	10	0	4	1	5
广西	Guangxi	4	1	0	0	1	1
海南	Hainan	1	0	0	1	0	2
重庆	Chongqing	2	3	0	1	1	2
四川	Sichuan	11	6	1	1	1	0
贵州	Guizhou	5	2	0	0	1	0
云南	Yunnan	5	1	0	1	0	3
西藏	Xizang	0	1	0	0	0	0
陕西	Shaanxi	6	2	1	0	0	2
甘肃	Gansu	1	0	0	0	1	0
青海	Qinghai	1	1	0	0	0	0
宁夏	Ningxia	1	0	0	0	0	0
新疆	Xinjiang	1	4	1	0	0	0
深圳	Shenzhen	9	3	0	3	0	6
大连	Dalian	3	0	0	0	0	0
宁波	Ningbo	4	1	0	0	0	3
厦门	Xiamen	0	0	1	1	0	1
青岛	Qingdao	4	0	0	1	2	0
其他	Others	0	0	0	0	0	0

6-55　2023年新挂牌的全国股转系统挂牌公司数量按行业分布
Dimensions of Newly Listed NEEQ Companies by Industry in 2023

行业 Industry	新挂牌公司家数 （家） Number of Newly Listed Companies (unit)	新挂牌公司总股本 （万股） Share Capital of Newly Listed Companies (10 thousand shares)
农、林、牧、渔业 Agriculture,Forestry,Animal Husbandry and Fishery	2	22332.00
采矿业 Mining	1	10000.00
制造业 Manufacturing	244	1716598.25
电力、热力、燃气及水生产和供应业 Production and Supply of Electricity,Gas and Water	4	123647.08
建筑业 Construction	4	59999.10
批发和零售业 Wholesale and Retail Trades	8	54579.59
交通运输、仓储和邮政业 Transport,Storage and Post	3	23193.21
住宿和餐饮业 Hotels and Catering Services	0	0.00
信息传输、软件和信息技术服务业 Information Transmission,Computer Services and Software	31	133504.08
金融业 Financial Intermediation	0	0.00
房地产业 Real Estate	1	5000.00
租赁和商务服务业 Leasing and Business Services	4	81000.78
科学研究和技术服务业 Scientific Research,Technical Service	18	99188.88
水利、环境和公共设施管理业 Management of Water Conservancy,Environment and Public Facilities	6	154566.20
居民服务、修理和其他服务业 Resident Services，Repairing and other Services	0	0.00
教育 Education	0	0.00
卫生和社会工作 Health and Social Works	0	0.00
文化、体育和娱乐业 Culture,Sports and Entertainment	0	0.00

注：挂牌公司数量按挂牌日口径统计。
数据来源：全国中小企业股份转让系统
Source: NEEQ

6-56　全国股转系统挂牌公司主要财务指标

Financial Indicators of NEEQ Companies

年份 Year	总资产 (亿元) Total Asset (100 million yuan)	净资产 (亿元) Net Asset (100 million yuan)	营业收入 (亿元) Revenue (100 million yuan)	利润总额 (亿元) Total Profit (100 million yuan)	净利润 (亿元) Net Profit (100 million yuan)
2012	239.65	123.00	188.57	19.57	16.45
2013	345.13	185.67	253.54	25.56	21.09
2014	3232.85	1469.44	2174.10	191.84	160.20
2015	11608.91	4786.75	6392.54	648.85	523.93
2016	28266.63	12813.34	17428.80	1428.94	1160.66
2017	30805.51	13727.18	19819.02	1424.01	1154.84
2018	28220.69	12368.57	18527.26	1001.69	808.16
2019	26906.24	11280.42	17039.88	807.05	647.00
2020	22606.06	10098.82	14388.01	767.40	616.03
2021	21817.64	9157.56	14572.86	730.32	590.79
2022	23446.73	9339.80	14866.78	632.41	523.16
2023	22669.68	9306.44	14676.56	700.67	580.02

注：2023年财务数据按披露年报的5553家挂牌公司为样本进行统计。
数据来源：全国中小企业股份转让系统
Source:NEEQ

6-56　续表　continued

年份 Year	经营活动产生的现金流量净额 (亿元) Net Cash Flow from Operating Activities (100 million yuan)	资产负债率 (%) Asset-liability Ratio (%)	净资产收益率 (%) ROE (%)	研发费用 (亿元) R & D expense (100 million yuan)
2012	3.71	48.68	13.37	--
2013	6.78	46.00	11.36	--
2014	189.84	54.55	10.90	--
2015	631.40	57.79	13.02	--
2016	550.69	54.67	9.06	--
2017	540.58	55.44	8.41	--
2018	885.80	56.17	6.53	--
2019	1214.23	58.08	5.88	--
2020	1184.92	55.33	6.10	490.51
2021	1098.87	58.03	6.45	494.03
2022	916.05	58.93	5.60	524.03
2023	809.05	57.69	6.23	512.98

6-57　2023年全国股转系统挂牌公司分行业主要财务指标

行业 Industry	总资产 (亿元) Total Asset (100 million yuan)	归属母公司股东净资产 (亿元) Net Asset Attributable to Parent Company Shareholders (100 million yuan)	营业收入 (亿元) Revenue (100 million yuan)
农、林、牧、渔业 Agriculture,Forestry,Animal Husbandry and Fishery	444.69	151.07	291.35
采矿业 Mining	108.99	51.14	86.47
制造业 Manufacturing	9293.85	4775.58	7021.33
电力、热力、燃气及水生产和供应业 Production and Supply of Electricity,Gas and Water	884.33	299.69	227.71
建筑业 Construction	1021.81	281.48	492.14
批发和零售业 Wholesale and Retail Trades	620.04	255.62	1503.05
交通运输、仓储和邮政业 Transport,Storage and Post	332.23	178.41	329.50
住宿和餐饮业 Hotels and Catering Services	31.01	8.71	30.84
信息传输、软件和信息技术服务业 Information Transmission,Computer Services and Software	2179.91	1018.22	2666.12
金融业 Financial Intermediation	5495.49	1189.09	506.67
房地产业 Real Estate	128.66	81.89	69.09
租赁和商务服务业 Leasing and Business Services	542.06	237.80	679.70
科学研究和技术服务业 Scientific Research,Technical Service	604.21	341.96	337.97
水利、环境和公共设施管理业 Management of Water Conservancy,Environment and Public Facilities	455.18	196.74	187.89
居民服务、修理和其他服务业 Resident Services，Repairing and other Services	10.59	3.22	12.69
教育 Education	37.64	17.59	29.40
卫生和社会工作 Health and Social Works	76.97	34.32	56.44
文化、体育和娱乐业 Culture,Sports and Entertainment	402.03	183.89	148.21

注：财务数据按披露年报的5553家挂牌公司为样本进行统计。
数据来源：全国中小企业股份转让系统
Source:NEEQ

Financial Indicators of NEEQ Companies by Industry in 2023

利润总额（亿元） Total Profit (100 million yuan)	净利润（亿元） Net Profit (100 million yuan)	经营活动产生的现金流量净额（亿元） Net Cash Flow from Operating Activities (100 million yuan)	资产负债率(%) Assetliability Ratio (%)	净资产收益率(%) ROE (%)	研发费用（亿元） R & D expense (100 million yuan)
-6.56	-6.14	13.54	65.16	-4.06	5.59
8.03	6.08	5.65	51.28	11.89	2.10
441.00	383.38	447.21	47.74	8.03	321.42
25.15	19.59	42.00	62.75	6.54	2.55
4.84	2.88	15.71	71.59	1.02	11.06
26.07	19.44	20.39	57.91	7.60	5.51
17.49	13.26	19.23	43.84	7.43	1.92
0.41	0.14	3.95	71.52	1.60	0.15
67.52	57.90	63.42	52.57	5.69	117.55
33.87	23.41	24.85	76.66	1.97	2.08
5.67	4.14	7.41	35.88	5.06	0.13
17.07	12.53	36.59	54.14	5.27	10.56
23.86	19.79	28.80	42.35	5.79	20.63
19.63	14.01	28.18	54.93	7.12	5.24
1.11	0.86	1.99	69.58	26.68	0.11
-0.09	-0.36	1.80	53.89	-2.07	1.22
4.40	3.31	11.06	54.19	9.63	0.53
11.20	5.80	37.29	51.76	3.15	4.64

6-58　2023年全国股转系统挂牌公司分行业每股收益

单位：家

行业 Industry	1.00元及以上 Above 1.00 yuan	0.80-1.00元 0.80-1.00 yuan	0.50-0.80元 0.50-0.80 yuan
农、林、牧、渔业 Agriculture,Forestry,Animal Husbandry and Fishery	2	3	2
采矿业 Mining	0	2	1
制造业 Manufacturing	203	99	308
电力、热力、燃气及水生产和供应业 Production and Supply of Electricity,Gas and Water	2	2	4
建筑业 Construction	1	2	7
批发和零售业 Wholesale and Retail Trades	14	10	15
交通运输、仓储和邮政业 Transport,Storage and Post	7	4	8
住宿和餐饮业 Hotels and Catering Services	1	1	0
信息传输、软件和信息技术服务业 Information Transmission,Computer Services and Software	37	29	71
金融业 Financial Intermediation	1	0	3
房地产业 Real Estate	2	0	7
租赁和商务服务业 Leasing and Business Services	13	7	26
科学研究和技术服务业 Scientific Research,Technical Service	15	10	26
水利、环境和公共设施管理业 Management of Water Conservancy,Environment and Public Facilities	4	5	9
居民服务、修理和其他服务业 Resident Services，Repairing and other Services	0	1	2
教育 Education	1	0	3
卫生和社会工作 Health and Social Works	2	1	4
文化、体育和娱乐业 Culture,Sports and Entertainment	3	1	2

注：1.每股指标按境内股本数量计算。
2.每股指标采用整体法计算。
3.财务数据按披露年报的5553家挂牌公司为样本进行统计。
4.上表分组遵循“上组限不在内”的原则，如“0.80-1.00元”包括0.80元，不包括1.00元。

数据来源：全国中小企业股份转让系统
Source:NEEQ

EPS of Listed NEEQ Companies by Industry in 2023

(unit)

0.20−0.50元 0.20-0.50 yuan	0.10−0.20元 0.10-0.20 yuan	0.05−0.10元 0.05-0.10 yuan	0.00−0.05元 0.00-0.05 yuan	亏损 Deficit	合计 Total
14	8	6	14	33	82
7	2	0	2	5	19
671	338	206	279	803	2907
17	11	6	8	20	70
19	15	16	33	61	154
30	20	15	25	94	223
22	11	5	9	27	93
0	4	0	0	14	20
178	91	81	132	410	1029
11	13	8	15	22	73
11	9	3	2	4	38
56	24	31	26	114	297
59	32	23	31	81	277
15	11	8	12	34	98
0	2	0	0	6	11
5	4	3	9	22	47
5	1	3	1	6	23
11	4	5	13	53	92

6-59　2023年全国股转系统挂牌公司分行业每股净资产

单位：家

行业 Industry	5.00元及以上 Above 5.00 yuan	3.00-5.00元 3.00-5.00 yuan	2.00-3.00元 2.00-3.00 yuan
农、林、牧、渔业 Agriculture,Forestry,Animal Husbandry and Fishery	5	11	22
采矿业 Mining	3	5	4
制造业 Manufacturing	339	610	640
电力、热力、燃气及水生产和供应业 Production and Supply of Electricity,Gas and Water	3	14	17
建筑业 Construction	8	17	22
批发和零售业 Wholesale and Retail Trades	19	30	27
交通运输、仓储和邮政业 Transport,Storage and Post	14	16	17
住宿和餐饮业 Hotels and Catering Services	1	0	1
信息传输、软件和信息技术服务业 Information Transmission,Computer Services and Software	58	128	183
金融业 Financial Intermediation	5	3	13
房地产业 Real Estate	3	9	12
租赁和商务服务业 Leasing and Business Services	8	41	57
科学研究和技术服务业 Scientific Research,Technical Service	31	53	56
水利、环境和公共设施管理业 Management of Water Conservancy,Environment and Public Facilities	10	10	24
居民服务、修理和其他服务业 Resident Services，Repairing and other Services	0	1	0
教育 Education	2	3	3
卫生和社会工作 Health and Social Works	3	4	4
文化、体育和娱乐业 Culture,Sports and Entertainment	5	9	12

注：1.每股指标按境内股本数量计算。
2.每股指标采用整体法计算。
3.财务数据按披露年报的5553家挂牌公司为样本进行统计。
4.上表分组遵循“上组限不在内”的原则，如“0.50-1.00元”包括0.50元，不包括1.00元。

数据来源：全国中小企业股份转让系统

Source:NEEQ

BPS of Listed NEEQ Companies by Industry in 2023

(unit)

1.00−2.00元 1.00-2.00 yuan	0.50−1.00元 0.50-1.00 yuan	0.00−0.50元 0.00-0.50 yuan	小于0.00元 Below 0.00 yuan	合计 Total
27	7	8	2	82
4	2	1	0	19
890	220	166	42	2907
25	7	4	0	70
75	16	12	4	154
78	21	42	6	223
30	11	4	1	93
7	4	3	4	20
316	144	166	34	1029
39	5	8	0	73
12	1	1	0	38
92	27	59	13	297
73	31	24	9	277
38	11	4	1	98
2	4	4	0	11
11	9	15	4	47
9	1	2	0	23
19	16	26	5	92

6-60 2023年全国股转系统挂牌公司分行业净资产收益率

单位：家

行业 Industry	100%及以上 Above 100%	60%-100%	40%-60%	30%-40%
农、林、牧、渔业 Agriculture,Forestry,Animal Husbandry and Fishery	0	0	1	2
采矿业 Mining	0	0	0	0
制造业 Manufacturing	3	7	44	84
电力、热力、燃气及水生产和供应业 Production and Supply of Electricity,Gas and Water	0	0	0	2
建筑业 Construction	0	0	2	1
批发和零售业 Wholesale and Retail Trades	0	2	1	11
交通运输、仓储和邮政业 Transport,Storage and Post	0	0	3	4
住宿和餐饮业 Hotels and Catering Services	0	0	0	1
信息传输、软件和信息技术服务业 Information Transmission,Computer Services and Software	8	9	21	29
金融业 Financial Intermediation	0	0	0	1
房地产业 Real Estate	0	1	1	0
租赁和商务服务业 Leasing and Business Services	3	5	7	7
科学研究和技术服务业 Scientific Research,Technical Service	0	1	3	8
水利、环境和公共设施管理业 Management of Water Conservancy,Environment and Public Facilities	0	1	2	2
居民服务、修理和其他服务业 Resident Services，Repairing and other Services	2	0	1	0
教育 Education	1	1	3	0
卫生和社会工作 Health and Social Works	0	0	0	2
文化、体育和娱乐业 Culture,Sports and Entertainment	1	1	2	0

注：1.财务数据按披露年报的5553家挂牌公司为样本进行统计。
2.上表分组遵循“上组限不在内”的原则，如“5%-10%”包括5%，不包括10%。

数据来源：全国中小企业股份转让系统

Source:NEEQ

ROE of Listed NEEQ Companies by Industry in 2023

(unit)

20%-30%	10%-20%	5%-10%	0%-5%	小于0% Below 0%	净资产为负 Negative Net Asset	合计 Total
2	14	8	22	31	2	82
2	6	3	3	5	0	19
269	715	474	508	761	42	2907
5	12	18	13	20	0	70
5	19	20	46	57	4	154
17	39	30	29	88	6	223
8	22	13	16	26	1	93
0	2	2	0	11	4	20
96	150	140	164	378	34	1029
2	8	21	19	22	0	73
2	14	7	9	4	0	38
29	54	35	42	102	13	297
15	76	40	51	74	9	277
6	20	12	21	33	1	98
1	0	1	0	6	0	11
4	3	6	7	18	4	47
4	4	5	2	6	0	23
4	10	8	13	48	5	92

6-61 2023年全国股转系统挂牌公司分行业每股经营活动产生的现金流量净额

单位：家

行业 Industry	3.00元及以上 Above 3.00 yuan	2.50-3.00元 2.50-3.00 yuan	2.00-2.50元 2.00-2.50 yuan
农、林、牧、渔业 Agriculture,Forestry,Animal Husbandry and Fishery	1	1	0
采矿业 Mining	0	0	0
制造业 Manufacturing	26	13	27
电力、热力、燃气及水生产和供应业 Production and Supply of Electricity,Gas and Water	0	0	1
建筑业 Construction	1	1	1
批发和零售业 Wholesale and Retail Trades	4	1	3
交通运输、仓储和邮政业 Transport,Storage and Post	1	1	1
住宿和餐饮业 Hotels and Catering Services	0	1	2
信息传输、软件和信息技术服务业 Information Transmission,Computer Services and Software	5	1	5
金融业 Financial Intermediation	0	2	3
房地产业 Real Estate	0	1	0
租赁和商务服务业 Leasing and Business Services	6	1	4
科学研究和技术服务业 Scientific Research,Technical Service	2	0	3
水利、环境和公共设施管理业 Management of Water Conservancy,Environment and Public Facilities	1	0	1
居民服务、修理和其他服务业 Resident Services，Repairing and other Services	1	0	0
教育 Education	0	0	1
卫生和社会工作 Health and Social Works	3	0	1
文化、体育和娱乐业 Culture,Sports and Entertainment	2	0	0

注：1.每股指标按境内股本数量计算。
2.每股指标采用整体法计算。
3.财务数据按披露年报的5553家挂牌公司为样本进行统计。
4.上表分组遵循“上组限不在内”的原则，如“0.50-1.00元”包括0.50元，不包括1.00元。

数据来源：全国中小企业股份转让系统
Source:NEEQ

Net Cash Flow from Operating Activities Per Share of Listed NEEQ Companies by Industry in 2023

(unit)

1.50–2.00元 1.50-2.00 yuan	1.00–1.50元 1.00-1.50 yuan	0.50–1.00元 0.50-1.00 yuan	0.00–0.50元 0.00-0.50 yuan	小于0.00元 below 0.00 yuan	合计 Total
1	3	14	32	30	82
0	1	4	10	4	19
52	144	459	1314	872	2907
0	1	14	40	14	70
0	3	7	84	57	154
8	14	26	82	85	223
4	8	13	37	28	93
1	1	4	6	5	20
11	23	99	440	445	1029
0	0	4	33	31	73
2	3	5	15	12	38
7	18	36	119	106	297
6	14	34	123	95	277
1	3	15	48	29	98
0	0	3	5	2	11
0	0	4	21	21	47
1	2	5	8	3	23
3	4	7	38	38	92

主要统计指标解释

Explanatory Notes on Main Statistical Indicators

上市公司家数 指在统计期末其发行的股票在交易所上市的股份有限公司的数量。以股票上市日进行统计，同时发行 A、B 股的上市公司，按一家计算。

挂牌公司家数 指统计期末其股票在全国股转公司挂牌的股份有限公司的数量。

上市公司股本 也称上市公司总股本，是指统计期末上市公司在境内发行的全部股份数量合计，包括 A 股股本、B 股股本和其他不流通的境内股本。

挂牌公司股本 也称挂牌公司总股本，是指统计期末挂牌公司全部股份数量合计。

非限售股本 非限售股本通常也称为流通股本。

计算公式为：非限售股本=上市公司股本-限售股本

股票市值 指统计期末根据上市公司股票价格和对应股票数量计算的股权价值合计。具体统计口径和计算方法如下：如当日无交易价格，采用最后交易日的收盘价；暂停上市股票的价格以零计算；未股改公司的非流通股以流通 A 股价格计算市值；仅发行 B 股的上市公司，其非流通股不进行股票市值计算；对当日除权股票进行市值计算时需要包含在途股份（已登记未上市）的市值。

上市公司市值 指统计期末根据上市公司股票价格和对应股本计算的股权价值合计。

计算公式为：上市公司市值=A 股价格 × A 股股本 +B 股价格 × B 股股本

上市公司流通市值 指上市公司 A 股流通市值和 B 股流通市值的合计。

贰零贰肆

七. 证券期货经营机构

Securities and Futures Institutions

贰零贰肆

2023 年证券基金期货经营机构综述

2023 年，证券基金经营机构合规风控水平持续提升，行业生态进一步改善。一是行业法治基础进一步夯实。《证券期货经营机构私募资产管理业务管理办法》及配套规则、《证券经纪业务管理办法》陆续出台，行业规范运行和功能发挥的法律基础进一步夯实，行业法治化进程和高质量发展进入新阶段，切实保障投资者合法权益。二是对外开放稳步推进。首家外商独资证券公司、5 家外商独资基金管理公司在内的优质境外金融机构获批设立，2 家、1 家基金公司获批设立新加坡子公司、香港子公司，5 家证券公司对境外子公司增资，全年共 81 家合格境外投资者获批。三是行业开展文化专项治理。175 家行业机构联合发布《公募基金行业文化建设自律公约》，营造风清气正的行业生态。

一、证券经营机构发展概况

截至 2023 年底，全国 146 家证券公司，总资产 11.83 万亿元，净资产 2.95 万亿元，负债 8.88 万亿元。本年营业收入 4056.71 亿元，净利润 1376.18 亿元。

二、基金经营机构发展概况

截至 2023 年底，全国基金管理公司 145 家，总资产 3642.89 亿元、净资产 2697.16 亿元，2023 年营业收入 1535.36 亿元、净利润 392.66 亿元。管理资产中，公募基金 27.60 万亿元，社保基金、企职业年金、基本养老金等各类养老资产 5.37 万亿元，基金公司及基金子公司管理的基金专户规模 6.33 万亿元。

三、期货经营机构发展概况

截至 2023 年底，期货行业共有期货公司 150 家，总资产 16529.41 亿元（含客户权益），净资产 1949.61 亿元，净资本 1233.33 亿元，代理客户权益 14202.52 亿元，2023 年实现营业收入 400.05 亿元，净利润 94.80 亿元。

7-1　证券期货经营机构数量

Number of Securities and Futures Institutions

单位：家

(unit)

年份 Year	证券公司家数 Number of Securities Companies			证券分支机构家数 Number of Securities Branches	证券投资咨询机构家数 Number of Security Investment Consulting Institutions
	合计 Total	中资 China-funded	外资参股 Foreign Equity Participation		
1994	91	--	--	2262	--
1995	97	--	--	--	--
1996	94	--	--	2420	--
1997	90	--	--	2412	--
1998	90	--	--	2412	--
1999	90	--	--	2412	--
2000	100	--	--	2680	--
2001	109	--	--	2700	--
2002	127	--	--	2936	--
2003	133	--	--	3020	111
2004	133	--	--	3075	116
2005	116	--	--	3090	109
2006	104	--	--	3105	102
2007	106	--	--	3060	101
2008	107	--	--	3170	100
2009	106	--	--	3956	98
2010	106	97	9	4644	91
2011	109	97	12	5008	88
2012	114	101	13	5261	89
2013	115	102	13	5821	86
2014	121	110	11	6969	84
2015	125	114	11	7705	84
2016	129	116	13	9061	84
2017	131	118	13	10528	84
2018	131	118	13	11013	84
2019	133	118	15	11390	84
2020	138	123	15	11649	83
2021	140	123	17	11931	83
2022	140	123	17	12114	80
2023	146	128	18	12070	78

数据来源：中国证券监督管理委员会、中国证券投资基金业协会
Source: CSRC、AMAC

7-1 续表 1 continued

单位：家 (unit)

年份 Year	基金管理公司家数 Number of Fund Management Companies			基金管理公司专户子公司家数 Number of Subsidiaries of Fund Management Companies	私募基金管理人家数 Number of Private Fund Management Companies
	合计 Total	中资 China-funded	外资参股基金公司 Sino-foreign Joint Venture		
1994	--	--	--	--	--
1995	--	--	--	--	--
1996	--	--	--	--	--
1997	--	--	--	--	--
1998	6	3	3	--	--
1999	10	4	6	--	--
2000	10	4	6	--	--
2001	15	8	7	--	--
2002	21	10	11	--	--
2003	33	15	18	--	--
2004	44	20	24	--	--
2005	52	23	29	--	--
2006	57	23	34	--	--
2007	58	23	35	--	--
2008	60	23	37	4	--
2009	60	23	37	7	--
2010	63	24	39	12	--
2011	69	29	40	15	--
2012	77	34	43	33	--
2013	89	41	48	64	--
2014	95	49	46	73	5052
2015	101	56	45	79	25065
2016	109	64	45	79	17433
2017	113	69	44	79	22446
2018	120	76	44	79	24448
2019	128	84	44	79	24471
2020	133	89	44	79	24561
2021	137	92	45	80	24610
2022	142	95	47	80	23667
2023	145	96	49	70	21625

7-1 续表 2 continued

单位：家

(unit)

年份 Year	期货公司家数 Number of Futures Companies				期货资管子公司家数 Number of Subsidiaries with Asset Management of Futures Company	期货风险管理公司家数 Number of Subsidiaries with Risk Management of Futures Company	期货分支机构家数 Number of Future Branches
	合计 Total	中资 China-funded	中外合资 Sino-foreign Joint Venture	外资 Foreign-funded			
1994	--	--	--	--	--	--	--
1995	--	--	--	--	--	--	--
1996	329	--	--	--	--	--	--
1997	294	--	--	--	--	--	--
1998	278	--	--	--	--	--	--
1999	213	--	--	--	--	--	--
2000	178	--	--	--	--	--	--
2001	200	--	--	--	--	--	--
2002	179	--	--	--	--	--	--
2003	186	--	--	--	--	--	--
2004	188	--	--	--	--	--	--
2005	183	--	--	--	--	--	--
2006	183	--	--	--	--	--	--
2007	177	--	--	--	--	--	--
2008	171	--	--	--	--	--	--
2009	167	--	--	--	--	--	--
2010	163	--	--	--	--	--	--
2011	163	160	3	--	--	--	1186
2012	161	158	3	--	--	--	1330
2013	156	153	3	--	--	20	1469
2014	152	149	3	--	--	33	1547
2015	150	148	2	--	11	51	1618
2016	149	147	2	--	11	62	1603
2017	149	147	2	--	11	70	1725
2018	149	147	2	--	10	79	1909
2019	149	147	2	--	10	86	1957
2020	149	148	0	1	10	88	1939
2021	150	149	0	1	10	97	2092
2022	150	149	0	1	10	100	2128
2023	150	149	0	1	9	101	2185

7-2 2023年证券期货经营机构按监管辖区分布
Regulatory Jurisdiction Distribution of Securities and Futures Institutions in 2023

单位：家 (unit)

辖区	Jurisdiction	证券公司 Securities Companies	证券投资咨询机构 Securities Incestment Consulting Companies	基金管理公司 Fund Management Companies	已登记私募基金管理人 Registered Private Fund Manager	期货公司 Futures Companies	合计 Total
北京	Beijing	20	13	36	3575	20	3664
天津	Tianjin	1	1	1	356	6	365
河北	Hebei	1	1	0	87	1	90
山西	Shanxi	2	2	0	59	2	65
内蒙古	Inner Mongolia	2	0	0	49	0	51
辽宁	Liaoning	2	2	0	63	0	67
吉林	Jilin	2	0	0	47	2	51
黑龙江	Heilongjiang	1	1	0	47	2	51
上海	Shanghai	34	17	66	3973	36	4126
江苏	Jiangsu	6	3	0	1271	9	1289
浙江	Zhejiang	5	3	2	1703	11	1724
安徽	Anhui	2	1	1	227	3	234
福建	Fujian	3	1	0	235	3	242
江西	Jiangxi	2	0	0	249	1	252
山东	Shandong	1	2	0	393	3	399
河南	Henan	1	1	0	159	2	163
湖北	Hubei	2	1	0	393	2	398
湖南	Hunan	3	3	0	268	2	276
广东	Guangdong	7	5	5	1679	9	1705
广西	Guangxi	1	0	0	79	0	80
海南	Hainan	2	1	0	631	2	636
重庆	Chongqing	1	1	1	158	4	165
四川	Sichuan	4	3	1	383	3	394
贵州	Guizhou	2	0	0	63	0	65
云南	Yunnan	2	1	0	67	2	72
西藏	Tibet	2	0	0	154	0	156
陕西	Shaanxi	3	1	0	260	3	267
甘肃	Gansu	1	0	0	36	1	38
青海	Qinghai	1	0	0	12	1	14
宁夏	Ningxia	0	0	0	33	0	33
新疆	Xinjiang	2	0	0	83	2	87
深圳	Shenzhen	22	10	31	3400	14	3477
大连	Dalian	1	1	0	52	0	54
宁波	Ningbo	1	1	0	667	1	670
厦门	Xiamen	2	1	0	339	2	344
青岛	Qingdao	2	1	1	375	1	380
合计	Total	146	78	145	21625	150	22144

注：证券公司和期货公司按照公司注册地所在辖区统计，基金管理公司按照公司办公地所在辖区统计。
数据来源：中国证券监督管理委员会、中国证券投资基金业协会
Source: CSRC、AMAC

7-3　证券期货经营机构业务资格情况

Qualification of Securities and Futures Institutions

单位：家　(unit)

年份 Year	证券公司家数 Number of Securities Companies	其中具有： Which having: 资产管理业务资格 Qualification for Asset Management Business	保荐机构资格 Qualification for Sponsor Institution	基金代销业务资格 Qualification for Fund Sales Agency Business	全国中小企业股份转让系统主办券商业务资格 Qualification for Broker-dealer Business on NEEQ	融资融券业务资格 Qualification for Margin Financing and Securities Lending Business	转融通业务资格 Qualification for Refinancing Business	科创板做市借券业务资格 Qualification for Market Making and Borrowing of Securities on STAR
1995	97	--	--	--	--	--	--	--
1996	94	--	--	--	--	--	--	--
1997	90	--	--	--	--	--	--	--
1998	90	--	--	--	--	--	--	--
1999	90	--	--	--	--	--	--	--
2000	100	--	--	--	--	--	--	--
2001	109	--	--	6	--	--	--	--
2002	127	61	--	13	--	--	--	--
2003	133	70	--	17	--	--	--	--
2004	133	71	75	28	--	--	--	--
2005	116	62	76	10	--	--	--	--
2006	104	53	68	2	--	--	--	--
2007	106	54	67	2	--	--	--	--
2008	107	55	67	22	--	--	--	--
2009	106	69	71	17	--	--	--	--
2010	106	70	72	18	--	25	--	--
2011	109	76	74	18	--	25	--	--
2012	114	87	77	27	66	74	30	--
2013	115	89	79	98	80	84	74	--
2014	121	93	80	77	87	92	81	--
2015	125	95	86	77	95	95	80	--
2016	129	98	92	77	100	93	92	--
2017	131	99	96	96	101	94	92	--
2018	131	99	98	97	102	95	92	--
2019	133	99	99	99	102	94	91	--
2020	138	99	100	98	107	94	93	--
2021	140	100	103	98	110	94	93	--
2022	140	103	103	97	109	95	94	--
2023	146	101	103	98	110	97	94	14

数据来源：中国证券监督管理委员会、全国中小企业股份转让系统、中国证券金融公司
Source: CSRC、NEEQ、CSF

7-3 续表 1 continued

单位：家 (unit)

年份 Year	基金管理公司家数 Number of Fund Management Companies	其中具有：Which having: 私募资产管理业务资格 Qualification for Private Futures A Management Business	QDII业务资格 QDII Qualification	期货公司家数 Number of Future Companies
1995	--	--	--	--
1996	--	--	--	329
1997	--	--	--	294
1998	6	--	--	278
1999	10	--	--	213
2000	10	--	--	178
2001	15	--	--	200
2002	21	--	--	179
2003	33	--	--	186
2004	44	--	--	188
2005	52	--	--	183
2006	57	--	1	183
2007	58	--	15	177
2008	60	32	26	171
2009	60	35	31	167
2010	63	35	31	163
2011	69	63	32	163
2012	77	76	32	161
2013	89	88	32	156
2014	95	95	32	152
2015	101	101	38	150
2016	109	109	42	149
2017	113	93	45	149
2018	120	110	45	149
2019	128	112	48	149
2020	133	115	50	149
2021	137	127	51	150
2022	142	131	55	150
2023	145	133	58	150

7-3　续表 2　continued

单位：家 (unit)

年份 Year	其中具有： Which having: 金融期货经纪业务资格 Qualification for Financial Futures Brokerage Business	期货交易咨询资格 Qualification for Futures Trading Consulting	资产管理业务资格 Qualification for Futures Asset Management Business	做市交易业务试点备案 Pilot Registration for Market Makeing Business	场外衍生品业务试点备案 Pilot Registration for Over-the-counter Derivatives Business
1995	--	--	--	--	--
1996	--	--	--	--	--
1997	--	--	--	--	--
1998	--	--	--	--	--
1999	--	--	--	--	--
2000	--	--	--	--	--
2001	--	--	--	--	--
2002	--	--	--	--	--
2003	--	--	--	--	--
2004	--	--	--	--	--
2005	--	--	--	--	--
2006	--	--	--	--	--
2007	--	--	--	--	--
2008	--	--	--	--	--
2009	--	--	--	--	--
2010	--	--	--	--	--
2011	--	--	--	--	--
2012	152	83	18	--	--
2013	149	88	29	--	--
2014	147	97	46	--	--
2015	148	103	123	--	--
2016	147	102	129	--	--
2017	147	113	129	--	--
2018	147	117	129	--	--
2019	147	120	129	--	--
2020	148	121	129	--	--
2021	148	124	128	--	--
2022	148	124	129	--	--
2023	149	127	119	53	73

7-4 证券公司重要指标情况
Important Indicators of Securities Companies

单位：亿元 (100 million yuan)

年份 Year	总资产 Total Assets	净资产 Net Assets	净资本 Net Capital	营业收入 Operating Revenue	营业利润 Operating Profit	利润总额 Total Profit	净利润 Net Profit	期末风险资本准备 Risk Capital Reserves at the End of This Period
2007	17313.39	3446.91	2976.83	2847.49	1909.42	1910.69	1320.46	--
2008	11912.23	3584.83	2916.62	1247.28	603.88	609.16	500.43	625.25
2009	20286.91	4840.38	3819.54	2052.95	1195.79	1209.43	933.87	975.60
2010	19686.13	5674.36	4338.22	1926.29	999.24	1010.29	783.05	1105.18
2011	15722.53	6298.25	4648.71	1359.32	482.85	503.37	389.06	1071.54
2012	17209.32	6946.15	4964.36	1301.21	401.76	422.88	331.40	604.02
2013	20803.46	7538.15	5193.74	1593.43	571.79	570.70	440.47	850.03
2014	40340.65	9046.75	6645.61	2553.80	1204.08	1238.24	948.50	1216.47
2015	64170.00	14515.42	12523.03	5751.55	3179.84	3189.87	2447.63	1767.00
2016	57934.47	16457.94	14753.54	3286.09	1514.69	1547.44	1232.31	5871.78
2017	61413.53	18482.25	15742.63	3127.65	1388.75	1407.16	1119.74	6473.05
2018	62592.58	18808.32	15704.31	2632.87	831.51	839.93	708.24	6233.45
2019	72586.78	20156.08	16176.61	3599.76	1491.51	1481.87	1194.51	6383.71
2020	89018.09	22962.41	18072.87	4475.69	1835.01	1817.48	1466.91	7221.78
2021	105981.39	25660.32	19924.37	4983.49	2300.07	2276.25	1881.01	7998.38
2022	110616.95	27888.57	20902.02	3950.07	1550.60	1573.32	1433.32	8097.81
2023	118300.94	29520.80	21800.32	4056.71	1540.85	1512.64	1376.18	8672.28

数据来源：中国证券监督管理委员会
Source: CSRC

7-5　2023年证券公司资产负债表
Balance Sheet of Securities Companies in 2023

单位：亿元　　(100 million yuan)

资产	Assets	期初余额 Beginning Balance	期末余额 Ending Balance
资产	**Assets:**		
货币资金	Monetary Assets	19900.36	18366.64
其中：自有资金存款	Thereinto:Self-Owned Fund Deposit	4358.32	4064.89
自有信用资金存款	Self-Owned Credit Fund Deposit	131.36	98.54
客户资金存款	Clients' Capital Deposit	13317.64	12479.20
客户信用资金存款	Clients' Credit Fund Deposit	1856.34	1542.60
结算备付金	Transaction Settlement Funds	5615.45	5646.15
其中：自有备付金	Thereinto: Self-Owned Reserve for Settlement	1863.35	1942.14
客户备付金	Clients' Reserve for Settlement	3324.96	3342.59
信用备付金	Credit Reserve for Settlement	422.72	359.66
拆出资金	Inter-bank Lending Capital	8.24	9.05
融出资金	Capital Lending	14767.29	16174.55
交易性金融资产	Financial Assets Held for Trade	36711.41	40934.98
其中：流动受限证券	Thereinto: Flow Restricted Securities	2479.69	2769.96
衍生金融资产	Derivative Financial Assets	851.36	1026.06
买入返售金融资产	Financial Assets Purchased under Agreements to Resell	5045.19	4944.14
其中：约定购回融出资金	Thereinto:Capital Lending of Pre-arranged Repo	35.00	25.57
股票质押回购融出资金	Capital Lending of Pledge-style Repo	2110.11	2104.10
应收利息	Interests Receivable	11.26	8.82
存出保证金	Margin Paid	1465.53	1308.18
其中：交易保证金	Thereinto:Trading Margin	90.21	84.11
信用保证金	Credit Margin	85.19	55.01
履约保证金	Performance Bond Margin	707.13	651.21
长期股权投资	Long-term Equity Investment	5482.24	5821.60
投资性房地产	Investment Real Estate	52.73	60.68
固定资产	Fixed Assets	455.78	477.84
其中：在建工程	Thereinto:Construction in Progress	40.34	60.65
无形资产	Intangible Assets	206.63	228.41
商誉	Goodwill	42.83	42.83
递延所得税资产	Deferred Income Tax Assets	580.23	494.52
其他资产	Other Assets	1267.41	1512.32
其中：应收款项	Accounts Receivable	924.56	1123.24
应收股利	Dividends Receivable	46.62	80.86
抵债资产	Debt- expiated Assets	0.43	0.43
长期待摊费用	Proxy Cashing Bonds	47.85	56.14
资产总计	**Total Assets**	**110632.17**	**118300.94**

数据来源：中国证券监督管理委员会
Source: CSRC

7-5 续表 continued

单位：亿元 (100 million yuan)

资产	Assets	期初余额 Beginning Balance	期末余额 Ending Balance
负债	**Liabilities:**		
短期借款	Short-term Loan	0.51	0.00
其中：质押借款	Thereinto:Pledge Loan	0.00	0.00
信用借款	Credit Loan	0.51	0.00
拆入资金	Money Borrowing	3501.26	4619.39
其中：转融通融入资金	Thereinto:Money Borrowing from Refinancing Business	975.73	1380.00
交易性金融负债	Financial Liabilities Held for Trade	3099.41	2904.35
衍生金融负债	Derivative Financial Liabilities	786.34	909.53
卖出回购金融资产款	Money from Selling Repo Financial Assets	22907.44	25901.12
其中：报价回购融入资金	Thereinto:Money Borrowing from Quotation-based Repo	1939.33	2467.89
代理买卖证券款	Money from Acting Securities Trading	16617.29	15803.82
信用交易代理买卖证券款	Money from Acting Securities Trading for Credit Transaction	2160.44	1794.38
代理承销证券款	Money from Acting to Underwrite Securities	165.63	22.12
应付职工薪酬	Employee Salary Payable	1191.44	1080.81
应交税费	Tax Payable	169.23	84.47
应付款项	Thereinto:Accounts Payable	5404.53	5917.95
预计负债	Estimated Liabilities	36.02	37.79
长期借款	Long-term Equity Loan	13.83	9.96
应付债券	Bonds Payable	20779.03	21603.82
其中：应付公司债券	Corporate Bonds Payable	15891.91	16936.75
递延所得税负债	Deferred Income Tax Liabilities	53.83	34.89
其他负债	Other Liabilities	6422.40	7385.94
其中：应付利息	Interests Payable	5404.53	5917.95
次级债	Subordinated Debt	3672.72	3624.29
其中：短期次级债	Thereinto:Short-term Subordinated Debt	28.66	24.18
长期次级债	Long-term Subordinated Debt	3644.06	3600.11
负债合计	**Total Liabilities**	**82735.06**	**88780.14**
所有者权益	Owners' Equity:		
实收资本(或股本)	Equity	6067.09	6183.81
资本公积	Capital Reserve	9815.71	9949.38
减：库存股	less:Treasury Stock	25.25	27.14
盈余公积	Surplus Reserve	1466.06	1569.46
一般风险准备	General Contingency Reserve	1786.98	1933.05
交易风险准备	Risk Reserves for Exchange	1693.82	1832.03
未分配利润	Undistributed Profits	5049.61	5404.02
所有者权益合计	**Owner's Equity-Total**	**27897.11**	**29520.80**
负债和所有者权益总计	**Total Liabilities and Owner's Equity**	**110632.17**	**118300.94**

7-6 2023年证券公司利润表

Income Statement of Securities Companies in 2023

单位：亿元

(100 million yuan)

项目	Item	上期金额 Beginning Balance	本期金额 Ending Balance
一、营业收入	**Operating Revenue:**	**3950.27**	**4056.71**
手续费及佣金净收入	Net Income from Commissions	2316.64	1995.63
其中：证券经纪业务净收入	Thereinto:Net Income from Brokerage Business	1286.74	1128.97
其中：代理买卖证券业务净收入	Thereinto: Net Income from Acting Securities Trading	908.26	785.94
交易单元席位租赁净收入	Net Income from Trading Unit Seat Lease	222.74	199.48
代理销售金融产品净收入	Net Income from Financial Sales Agency Business	154.93	142.76
投资银行业务净收入	Net Income from Investment banking Business	662.82	544.06
其中：承销业务净收入	Thereinto: Net Income from Securities Underwriting Business	553.75	458.12
保荐业务净收入	Net Income from Sponsor Business	30.67	21.91
财务顾问业务净收入	Net Income from Financial Advisory Business	75.06	62.02
其中：并购重组财务顾问	Thereinto:Net Income from Merger and Reorganization	13.45	8.18
投资咨询服务净收入	Net Income from Investment Consulting Business	51.91	50.11
资产管理业务净收入	Net Income from Asset Management Business	271.47	225.15
其中：公募基金管理业务净收入(含大集合)	Thereinto:Net Income from Public Funds Management Business	95.03	74.76
集合资产管理业务净收入	Net Income from Aggregate Asset Management Business	95.48	80.65
定向资产管理业务净收入	Net Income from Directional Asset Management Business	69.19	59.27
专项资产管理业务净收入	Net Income from Specific Asset Management Business	11.06	10.27
利息净收入	Net Interests Income	631.59	531.46
其中：1.利息收入	Thereinto: Interests Income	2223.75	2192.57
其中：存放金融同业利息收入	Thereinto: Interests Income of Deposits in Financial Institutions	538.29	507.76
其中：自有资金存款利息收入	Thereinto:Interests Income of Self-Owned Fund Deposit	173.51	152.84
客户资金存款利息收入	Interests Income of Clients' Capital Deposit	364.61	354.92
融资业务利息收入	Interests Income of Financing Business	1170.71	1113.96
其中：融资融券业务利息收入	Thereinto:Interests Income of Margin Requirement	1038.16	992.26
约定购回利息收入	Interests Income of Pre-arranged Repo	1.56	1.81
股票质押回购利息收入	Interests Income of Pledge-style Repo	130.76	119.50
2.利息支出(支出以“－”号填列)	Interests Expense	-1568.30	-1636.91
其中：卖出回购金融资产利息支出	Thereinto: Interests Expense of Repurchase of Financial Assets	-435.04	-547.35
其中：报价回购利息支出	Thereinto: Interests Expense of Price Repurchase	-43.97	-53.87
拆入资金利息支出	Interests Expense of Money Borrowing	-123.37	-147.44
其中：转融通利息支出	Thereinto: Interests Expense of Refinancing	-64.08	-74.84
债券利息支出	Interests Expense of Bonds	-852.01	-808.08

注：净损失以“－”号填列，冲回以“－”列示。

数据来源：中国证券监督管理委员会

Source: CSRC

7–6 续表 continued

单位：亿元 (100 million yuan)

项目	Item	上期金额 Beginning Balance	本期金额 Ending Balance
投资收益	Investment Income	1292.00	1119.93
其中：成本法核算的长期股权投资收益	Thereinto:Return of Investment on Joint Ownership Enterprises	203.26	148.78
权益法核算的长期股权投资收益	Return of Investment on Subsidiary Company	103.08	93.80
处置长期股权的投资收益	Return of Investment on Trading Financial Instrument	0.67	6.15
股权类金融工具的投资收益	Return of Investment on Financial Assets Available for Sales	-287.54	78.89
固定收益类的投资收益	Return of Investment on Held-to-Maturity Investment	918.72	960.85
衍生金融工具的投资收益	Return of Investment on Derivative Financial Instrument	103.31	-199.75
公允价值变动收益	Profit from Fair Value Change	-378.24	338.65
其中：交易性金融工具公允价值变动收益	Thereinto:Fair Value Change of Trading Financial Instrument	110.61	-9.27
衍生金融工具公允价值变动收益	Fair Value Change of Derivative Financial Instrument	297.43	68.27
汇兑收益	Net Exchange Gain	12.19	-9.39
其他业务收入	Other Business Income	15.98	20.11
二、营业支出	**Operating Cost:**	**2399.66**	**2515.86**
营业税金及附加	Business Tax and Surcharges	30.07	27.98
业务及管理费	General and Administrative Expenses	2352.86	2463.60
其中：折旧及摊销	Thereinto:Depreciation and Amortization	227.25	251.38
职工薪酬	Employee Salary	1576.30	1615.24
证券投资者保护基金	Securities Investor Protection Fund	19.75	20.67
资产减值损失	Asset Impairment Loss	4.62	6.94
其他业务成本	Cost of Other Businesses	3.54	5.72
三、营业利润	**Operating Profit:**	**1550.61**	**1540.85**
加：营业外收入	Add: Non-operating Income	39.03	10.72
减：营业外支出	Less: Non-operating Expenditure	16.31	38.93
四、利润总额	Total Profit:	1573.33	1512.64
减：所得税费用	Less: Income Tax	139.66	136.47
五、净利润	Net Profit	1433.67	1376.18

7–7 2023年证券公司净资本表

Net Capital Sheet of Securities Companies in 2023

单位：亿元 (100 million yuan)

项目	Item	期初余额 Beginning Balance	期末余额 Ending Balance
净资产	Net Assets	27894.13	29520.80
减：优先股及永续次级债等	Less:Preferred Stock Perpetual Subordinated Debt etc.	2023.52	2560.31
减：资产项目的风险调整合计	Less: Risk Adjustment of Derivative Financial Assets	7836.37	8231.88
减：或有负债的风险调整合计	Less: Risk Adjustment of Contingent Liabilities	471.45	543.75
加：中国证监会认定或核准的其他调整项目合计	Add: Other Adjustment of CSRC	263.22	258.05
减：中国证监会认定或核准的其他调整项目合计	Less: Other Adjustment of CSRC	54.86	34.26
核心净资本	Core Net Capital	17771.15	18408.66
加：附属净资本	Add: Additional Net Capital	3135.14	3391.66
净资本	Net Capital	20906.29	21800.32

注：2016年6月16日，我会发布了《证券公司风险控制指标计算标准规定》(证监会公告[2016]10号)，自2016年10月1日起施行。自2016年10月起，证券公司净资本按新的风控指标口径计算。

数据来源：中国证券监督管理委员会

Source: CSRC

7-8　2023年证券公司风险资本准备表
Risk Capital Reserve Sheet of Securities Companies in 2023

单位：亿元　(100 million yuan)

项目	Item	期初余额 Beginning Balance	期末余额 Ending Balance
1. 市场风险资本准备	Market Risk Capital Reserves	7254.68	7812.44
2. 信用风险资本准备	Credit Risk Capital Reserves	3803.60	4141.27
3. 操作风险资本准备	Operational Risk Capital Reserves	693.82	701.90
4. 特定风险资本准备	Specific Risk Capital Reserves	107.74	126.47
分类调整前的各项风险资本准备合计	Total Risk Capital Reserves(Before the adjustment)	12761.59	13571.76
分类调整后的各项风险资本准备合计	Total Risk Capital Reserves(After the adjustment)	8117.37	8672.28

注：2016年6月16日，我会发布了《证券公司风险控制指标计算标准规定》(证监会公告[2016]10号)，自2016年10月1日起施行。自2016年10月起，证券公司风险资本准备按新的风控指标口径计算。
数据来源：中国证券监督管理委员会
Source: CSRC

7-9　期货公司重要指标情况
Important Indicators of Futures Companies

单位：亿元　(100 million yuan)

年份 Year	总资产 Total Assets	净资产 Net Assets	净资本 Net Capital	营业收入 Operating Revenue	营业利润 Operating Profit	利润总额 Total Profit	净利润 Net Profit	期末风险资本准备 Risk Capital Reserves at the End of This Period
2013	2569.82	521.87	439.37	184.85	46.77	48.15	35.69	116.57
2014	3431.99	612.74	472.47	198.04	52.91	54.58	40.73	144.45
2015	4749.67	783.41	596.65	236.2	76.87	78.18	59.13	203.44
2016	5438.31	910.54	684.8	233.45	82.13	84.96	64.75	267.76
2017	5247.48	1060.11	750.51	275.47	103.31	104.57	80.79	145.15
2018	5142.50	1100.71	752.04	261.87	32.19	33.65	13.62	133.59
2019	6451.18	1210.16	717.46	272.67	74.70	75.23	56.57	171.63
2020	9845.13	1362.43	789.59	352.27	107.43	107.48	82.96	275.11
2021	13815.76	1614.76	1026.86	494.27	176.22	176.04	137.38	389.21
2022	16997.90	1841.33	1166.45	401.76	141.39	140.42	109.62	467.65
2023	16529.41	1949.61	1233.33	400.05	126.13	123.24	94.80	443.25

数据来源：中国证券监督管理委员会
Source: CSRC

7-10　2023年期货公司资产负债表
Balance Sheet of Futures Companies in 2023

单位：亿元 (100 million yuan)

资产	Assets	期初余额 Beginning Balance	期末余额 Ending Balance
资产:	Assets:		
货币资金	Monetary Assets	9399.15	8823.72
其中：期货保证金存款	Thereinto:Futures Margin Deposit	9174.93	8621.54
应收货币保证金	Monetary Margin Receivable	4649.25	5284.91
应收质押保证金	Pledged Margin Receivable	1601.78	957.27
存出保证金	Margin Paid	0.83	0.84
交易性金融资产	Financial Assets Held for Trade	670.70	735.33
应收结算担保金	Receivable Guaranty Money for Settlement	25.92	43.63
应收风险损失款	Receivable Money for Risk Loss	0.79	1.14
应收手续费及佣金	Fees and Commissions Receivable	1.40	2.57
其他应收款(合计)	Total of Other Receivables	28.75	27.49
应收股利	Dividends Receivable	4.60	3.24
应收利息	Interests Receivable	1.04	0.55
其他应收款	Other Receivable	23.12	23.70
可供出售金融资产	Financial Assets Available for Sales	--	--
持有至到期投资	Held-to-Maturity Investment	--	--
结算备付金	Deposit Reservation for Balance	--	2.49
债权投资	Debit Investment	20.48	23.38
其他权益工具投资	Investment in other equity instruments	0.95	1.05
其他债权投资	Other debit investment	10.86	10.34
买入返售金融资产	Finacial assets purchased under agreement to resell	26.78	22.74
长期股权投资	Long-term Equity Investment	447.66	477.75
期货会员资格投资	Futures Membership Investment	2.10	1.93
持有待售资产	Assets Held for Sale	--	--
固定资产	Fixed Assets	28.78	30.41
使用权资产	Right-of-Use Asset	20.43	19.32
无形资产	Intangible Assets	9.61	10.11
递延所得税资产	Deferred Income Tax Assets	10.91	11.66
其他资产	Other Assets	39.09	41.33
资产总计	Total Assets	16997.90	16529.41

注：因会计准则变更以及报表审计，期初数字可能出现不可比的情况。
数据来源：中国证监会
Source: CSRC

7-10　续表　continued

单位：亿元　(100 million yuan)

负债和所有者权益	Liabilities and Owner's Equity	期初余额 Beginning Balance	期末余额 Ending Balance
负债:	Liabilities:		
短期借款	Short-term Loan	--	--
应付货币保证金	Monetary Margin Payable	13197.10	13269.45
应付质押保证金	Pledged Margin Payable	1609.20	957.99
交易性金融负债	Financial Liabilities Held for Trade	8.10	17.62
期货风险准备金	Capital Reserve for Futures	100.12	110.20
应付期货投资者保障基金	Futures Investors Protection Fund Payable	0.71	0.72
应付职工薪酬	Employee Salary Payable	54.35	50.24
应交税费	Tax Payable	11.62	7.90
其他应付款(合计)	Other Payables	26.74	23.32
其中：应付利息	Interests Payable	0.49	0.59
应付股利	Dividends Payables	2.44	1.44
其他应付款	Other Payable	23.82	21.29
应付手续费及佣金	Fees and Commission Payable	6.52	7.43
代理买卖证券款	Acting trading securities	2.95	4.19
预计负债	Estimated Liabilities	0.57	1.48
持有待售负债	Liabilities Held for Sale	--	--
应付债券合计	Total bonds payables	71.83	68.36
长期借款	Long-term Equity Loan	0.74	0.51
递延所得税负债	Deferred Income Tax Liabilities	3.24	4.20
租赁负债	Lease Liabilities	20.05	18.52
其他负债	Other Liabilities	42.72	37.69
负债合计	Total Liabilities	15156.57	14579.80
所有者权益(或股东权益):	Owners' Equity		
实收资本(或股本)	Equity	1123.09	1158.20
其他权益工具	Total other equity instruments	1.09	1.09
资本公积	Capital Reserve	239.13	245.92
减：库存股	Less:Treasury Stock	--	--
其他综合收益	Other comprehensive income	0.13	0.17
盈余公积	Surplus Reserve	82.59	92.88
一般风险准备	General Contingency Reserve	80.67	91.45
未分配利润	Undistributed Profits	314.62	359.90
所有者权益(或股东权益)合计	Owner's Equity-Total	1841.33	1949.61
负债和所有者权益总计	Total Liabilities and Owner's Equity	16997.90	16529.41

注：因会计准则变更以及报表审计，期初数字可能出现不可比的情况。
数据来源：中国证监会
Source: CSRC

7-11　2023年期货公司利润表
Income Statement of Futures Companies in 2023

单位：亿元　　(100 million yuan)

项目	Item	上期金额 Beginning Balance	本期金额 Ending Balance
营业收入:	**Operating Revenue:**	**401.76**	**400.05**
手续费及佣金净收入	Net Income from Fees and Commissions	246.11	233.95
利息净收入	Net Interests Income	138.73	125.38
投资收益	Investment Income	23.70	24.19
公允价值变动收益	Profit from Fair Value Change	-16.28	4.65
汇兑净收益	Net Exchange Gain	0.05	--
资产处置收益	Asset disposal Income	0.02	0.12
其他收益	Other Income	4.05	3.72
其他业务收入	**Other Business Income**	**5.39**	**8.04**
营业支出:	**Operating Cost:**	**260.37**	**273.92**
提取期货风险准备金	Reserve for Futures Risk	11.00	10.35
税金及附加	Tax and Surcharges	1.36	1.28
业务及管理费	General and Administrative Expenses	245.64	251.71
信用减值损失	**Credit Impairment Loss**	**-0.68**	**1.75**
资产减值损失	Asset Impairment Loss	0.09	2.15
其他业务成本	Cost of Other Businesses	2.95	6.68
营业利润:	**Operating Profit:**	**141.39**	**126.13**
加：营业外收入	**Add: Non-operating Income**	**0.61**	**1.36**
减：营业外支出	**Less: Non-operating Expenditure**	**1.58**	**4.25**
利润总额:	**Total Profit:**	**140.42**	**123.24**
减：所得税费用	Less: Income Tax	30.80	28.44
净利润	**Net Profit**	**109.62**	**94.80**

数据来源：中国证券监督管理委员会
Source: CSRC

7-12　2023年证券公司财务情况前20排名表

Top 20 Securities Companies Ranked by Pecuniary Condition in 2023

排名 Rank	总资产 Total Assets			排名 Rank	净利润 Net Profit		
	公司名称 Company Name	金额(亿元) Amount (100 million yuan)	占比(%) Proportion (%)		公司名称 Company Name	金额(亿元) Amount (100 million yuan)	占比(%) Proportion (%)
1	中信证券	10469.54	8.85	1	中信证券	133.64	9.71
2	国泰君安	6859.51	5.80	2	华泰证券	104.67	7.61
3	华泰证券	6834.81	5.78	3	招商证券	74.22	5.39
4	招商证券	6074.14	5.13	4	银河证券	73.64	5.35
5	广发证券	5846.08	4.94	5	海通证券	73.21	5.32
6	银河证券	5739.28	4.85	6	广发证券	69.85	5.08
7	申万宏源	5268.03	4.45	7	国泰君安	69.69	5.06
8	海通证券	4975.10	4.21	8	国信证券	60.09	4.37
9	中信建投	4699.37	3.97	9	中信建投	59.55	4.33
10	国信证券	4339.69	3.67	10	申万宏源	55.94	4.06
11	中金公司	3254.27	2.75	11	东方财富	54.57	3.97
12	东方证券	2813.23	2.38	12	平安证券	38.07	2.77
13	平安证券	2485.32	2.10	13	东方证券	32.45	2.36
14	光大证券	2244.30	1.90	14	中金公司	24.30	1.77
15	兴业证券	2180.47	1.84	15	东吴证券	22.35	1.62
16	国投证券	2107.64	1.78	16	光大证券	20.59	1.50
17	东方财富	2025.75	1.71	17	国元证券	18.63	1.35
18	方正证券	1965.72	1.66	18	中金财富	17.15	1.25
19	长江证券	1607.80	1.36	19	兴业证券	16.58	1.20
20	中泰证券	1545.76	1.31	20	浙商证券	16.24	1.18
合计		83335.81	70.44	合计		1035.45	75.24

注："占比"是指单个公司数据占全行业公司数据的比重。
数据来源：中国证券监督管理委员会
Source:CSRC

7-13　2023年证券公司股票交易金额前20排名表

Top 20 Securities Companies Ranked by Stock Trading Turnover in 2023

排名 Rank	A股 A-Shares			排名 Rank	B股 B-Shares		
	公司名称 Company Name	金额(亿元) Amount (100 million yuan)	占比(%) Proportion (%)		公司名称 Company Name	金额(亿元) Amount (100 million yuan)	占比(%) Proportion (%)
1	华泰证券	243071.68	7.11	1	招商证券	62.58	7.90
2	中信证券	207956.98	6.08	2	申万宏源	61.59	7.77
3	招商证券	205474.83	6.01	3	海通证券	57.90	7.31
4	东方财富	172298.60	5.04	4	华泰证券	55.02	6.94
5	平安证券	143805.60	4.20	5	国泰君安	51.96	6.56
6	银河证券	141622.35	4.14	6	广发证券	46.05	5.81
7	国泰君安	141139.47	4.13	7	银河证券	40.89	5.16
8	广发证券	135890.89	3.97	8	中信证券	33.23	4.19
9	中信建投	114801.19	3.36	9	国信证券	31.60	3.99
10	海通证券	112551.54	3.29	10	中金公司	28.37	3.58
11	国信证券	108589.85	3.17	11	中金财富	19.87	2.51
12	中泰证券	89169.85	2.61	12	中信建投	17.10	2.16
13	申万宏源	81158.40	2.37	13	方正证券	16.85	2.13
14	中金财富	79886.99	2.34	14	光大证券	16.51	2.08
15	国投证券	76142.58	2.23	15	上海证券	16.25	2.05
16	方正证券	63838.70	1.87	16	东方证券	16.23	2.05
17	长江证券	58625.45	1.71	17	国投证券	14.38	1.81
18	光大证券	55945.12	1.64	18	华鑫证券	14.22	1.79
19	中金公司	54029.59	1.58	19	长江证券	14.12	1.78
20	兴业证券	49016.29	1.43	20	中银国际	12.00	1.51
合计		2335015.95	68.26	合计		626.72	79.09

注：1."占比"是指单个公司数据占全行业公司数据的比重。
　　2.股票交易金额按双边计算。

数据来源：中国证券业协会

Source:SAC

7-14　2023年证券公司债券交易金额前20排名表

Top 20 Securities Companies Ranked by Bond Trading Turnover in 2023

排名 Rank	现货 Spot Transaction		
	公司名称 Company Name	金额(亿元) Amount(100 million yuan)	占比(%) Proportion(%)
1	中信建投	36230.18	9.54
2	中信证券	35704.17	9.40
3	华宝证券	28398.14	7.48
4	华鑫证券	27390.46	7.21
5	国泰君安	24841.62	6.54
6	华泰证券	19423.85	5.11
7	广发证券	16358.97	4.31
8	东方证券	14332.72	3.77
9	东方财富	13518.63	3.56
10	中泰证券	12508.77	3.29
11	银河证券	11830.90	3.12
12	中金公司	9467.08	2.49
13	招商证券	8737.40	2.30
14	国金证券	7306.19	1.92
15	平安证券	6805.96	1.79
16	财通证券	6367.06	1.68
17	光大证券	6328.71	1.67
18	国投证券	6106.85	1.61
19	国信证券	5870.04	1.55
20	海通证券	5546.62	1.46
合计		303074.33	79.81

注：1.本表仅统计交易所债券的交易情况。
2."占比"是指单个公司数据占全行业公司数据的比重。
3.债券交易金额按双边口径计算。

数据来源：中国证券业协会

Source:SAC

7-14 续表 continued

排名 Rank	回购 Repo Transaction		
	公司名称 Company Name	金额(亿元) Amount(100 million yuan)	占比(%) Proportion(%)
1	中信证券	458823.22	13.16
2	中信建投证券	259868.00	7.46
3	华泰证券	215818.64	6.19
4	广发证券	187733.10	5.39
5	国信证券	151102.33	4.33
6	申万宏源	144553.89	4.15
7	国泰君安	139303.99	4.00
8	银河证券	122514.34	3.51
9	招商证券	115284.22	3.31
10	海通证券	111121.35	3.19
11	平安证券	110506.25	3.17
12	国投证券	81649.03	2.34
13	兴业证券	72653.70	2.08
14	光大证券	68232.67	1.96
15	东方证券	64187.82	1.84
16	长江证券	62669.10	1.80
17	中银国际	59462.83	1.71
18	中金财富	58514.27	1.68
19	中金公司	47927.07	1.37
20	东方财富	46955.80	1.35
合计		2578881.62	73.98

7-15　2023年证券公司经纪业务前20排名表

Top 20 Securities Companies Ranked by Brokerage Business in 2023

排名 Rank	代理买卖证券业务净收入(含席位租赁) Net Income from Acting Securities Trading		
	公司名称 Company Name	金额(亿元) Amount(100 million yuan)	占比(%) Proportion(%)
1	国泰君安证券	50.84	5.16
2	中信证券	49.63	5.04
3	华泰证券	46.07	4.68
4	招商证券	44.36	4.50
5	广发证券	43.41	4.40
6	东方财富	40.51	4.11
7	银河证券	40.39	4.10
8	中信建投	37.66	3.82
9	国信证券	36.80	3.73
10	平安证券	31.36	3.18
11	申万宏源	30.13	3.06
12	海通证券	29.70	3.01
13	方正证券	24.74	2.51
14	长江证券	23.89	2.42
15	中泰证券	23.70	2.40
16	国投证券	20.65	2.10
17	光大证券	19.12	1.94
18	兴业证券	17.25	1.75
19	中金财富	16.54	1.68
20	东方证券	15.40	1.56
合计		642.16	65.17

注："占比"是指单个公司数据占全行业公司数据的比重。
数据来源：中国证券业协会
Source: SAC

7-16 2023年证券公司承销与保荐业务前20排名表
Top 20 Securities Companies Ranked by Underwriting Business in 2023

排名 Rank	承销与保荐业务净收入 Net Income of Underwritings and Sponsors			排名 Rank	并购重组财务顾问业务净收入 Net Income of Take Over Consultants		
	公司名称 Company Name	金额(亿元) Amount (100 million yuan)	占比(%) Proportion (%)		公司名称 Company Name	金额(亿元) Amount (100 million yuan)	占比(%) Proportion (%)
1	中信证券	54.08	11.27	1	中金公司	2.13	26.03
2	中信建投	42.98	8.95	2	中信证券	1.48	18.10
3	国泰君安	33.48	6.97	3	华泰联合	0.76	9.29
4	海通证券	29.18	6.08	4	国泰君安	0.57	7.02
5	华泰联合	22.29	4.64	5	中信建投	0.54	6.60
6	中金公司	21.01	4.38	6	国信证券	0.33	3.97
7	民生证券	20.47	4.26	7	招商证券	0.31	3.73
8	国投证券	12.98	2.70	8	中泰证券	0.18	2.22
9	国金证券	12.74	2.65	9	申万宏源承销保荐	0.16	1.98
10	国信证券	12.65	2.64	10	东吴证券	0.15	1.81
11	中泰证券	11.33	2.36	11	海通证券	0.12	1.51
12	招商证券	11.24	2.34	12	国金证券	0.12	1.51
13	光大证券	9.92	2.07	13	国投证券	0.12	1.41
14	东吴证券	9.59	2.00	14	兴业证券	0.10	1.26
15	兴业证券	9.41	1.96	15	华创证券	0.08	1.02
16	东方承销保荐	9.29	1.93	16	长江承销保荐	0.08	0.92
17	平安证券	8.12	1.69	17	恒泰长财	0.07	0.89
18	浙商证券	7.72	1.61	18	开源证券	0.07	0.82
19	财通证券	6.39	1.33	19	广发证券	0.06	0.77
20	申万宏源	6.22	1.30	20	摩根士丹利	0.06	0.69
合计		351.09	73.14	合计		7.49	91.55

注：1."占比"是指单个公司数据占全行业公司数据的比重。
2.包含北交所或新三板精选层数据。
数据来源：中国证券业协会
Source: SAC

7-17　2023年证券公司资产管理业务前20排名表

Top 20 Securities Companies Ranked by Asset Management Business in 2023

排名 Rank	受托管理资金本金总额 Total Collocation Capital			排名 Rank	受托客户资产管理业务净收入 Net Income from Asset Management Business		
	公司名称 Company Name	金额(亿元) Amount (100 million yuan)	占比(%) Proportion (%)		公司名称 Company Name	金额(亿元) Amount (100 million yuan)	占比(%) Proportion (%)
1	中信证券	7144.29	7.98	1	东证资管	20.20	8.97
2	中信资管	6385.85	7.14	2	中信证券	19.32	8.58
3	中金公司	5684.66	6.35	3	财通资管	14.88	6.61
4	国君资管	5247.47	5.86	4	华泰资管	13.42	5.96
5	中信建投	4694.00	5.25	5	国君资管	11.43	5.08
6	中银国际	4680.04	5.23	6	中信建投	7.82	3.47
7	华泰资管	4670.98	5.22	7	招商资管	7.08	3.15
8	平安证券	3401.47	3.80	8	中金公司	6.75	3.00
9	招商资管	2977.94	3.33	9	光证资管	6.31	2.80
10	安信资管	2921.92	3.27	10	中泰资管	5.63	2.50
11	光证资管	2779.67	3.11	11	中银国际	5.39	2.40
12	财通资管	2585.44	2.89	12	国信证券	5.23	2.32
13	东证资管	2128.79	2.38	13	首创证券	5.15	2.29
14	申万资管	2017.44	2.25	14	天风资管	5.14	2.28
15	广发资管	1973.98	2.21	15	华安证券	5.06	2.25
16	国信证券	1583.51	1.77	16	银河金汇资管	4.49	1.99
17	首创证券	1240.41	1.39	17	申万宏源	4.44	1.97
18	国金资管	1235.04	1.38	18	中金财富	4.21	1.87
19	天风资管	1235.02	1.38	19	浙商资管	4.14	1.84
20	中泰资管	1160.94	1.30	20	平安证券	3.78	1.68
合计		65748.86	73.48	合计		159.87	71.01

注：“占比”是指单个公司数据占全行业公司数据的比重。
数据来源：中国证券业协会
Source: SAC

7-18　2023年证券公司客户交易结算资金余额前20排名表

Top 20 Securities Companies Ranked by Balance of Clients' Transaction Settlement Funds in 2023

排名 Rank	客户交易结算资金余额 Balance of Clients' Transaction Settlement Funds		
	公司名称 Company Name	金额(亿元) Amount(100 million yuan)	占比(%) Proportion(%)
1	中信证券	1094.62	7.05
2	广发证券	820.27	5.29
3	华泰证券	797.04	5.14
4	中信建投	681.03	4.39
5	国泰君安	670.50	4.32
6	银河证券	618.64	3.99
7	海通证券	567.28	3.66
8	招商证券	563.46	3.63
9	平安证券	518.67	3.34
10	国信证券	511.87	3.30
11	申万宏源	496.95	3.20
12	东方财富	434.75	2.80
13	中金财富	418.70	2.70
14	长江证券	318.57	2.05
15	中泰证券	302.16	1.95
16	安信证券	300.34	1.94
17	兴业证券	295.73	1.91
18	方正证券	271.61	1.75
19	光大证券	261.64	1.69
20	东方证券	231.31	1.49
合计		10175.12	65.59

注：1.“占比”是指单个公司数据占全行业公司数据的比重。
　　2.“证券交易结算资金”是指“证券市场交易结算资金监控系统”获取的有经纪业务的证券公司全部经纪业务客户(含部分采取证券公司结算模式的资产管理计划)从事证券交易等的人民币交易结算资金，不包括投资者从事B股交易、融资融券业务等的资金，也不包括证券公司自营、QFII以及采用托管人结算模式的证券公司资产管理计划和公开募集证券投资基金等从事证券交易的资金。

数据来源：中国证券投资者保护基金有限责任公司

Source: SIPF

7-19 2023年期货公司期货成交金额前20排名表

Top 20 Futures Companies Ranked by Futures Trading Turnover in 2023

排名 Rank	商品期货 Commodity Futures			排名 Rank	金融期货 Financial Futures		
	公司名称 Company Name	金额(亿元) Amount (100 million yuan)	占比(%) Proportion (%)		公司名称 Company Name	金额(亿元) Amount (100 million yuan)	占比(%) Proportion (%)
1	东证期货	1040569.25	11.99	1	中信期货	436069.42	16.23
2	中信期货	830271.19	9.57	2	东证期货	401239.38	14.94
3	国泰君安期货	530142.27	6.11	3	国泰君安期货	313830.05	11.68
4	海通期货	483661.30	5.57	4	海通期货	152609.64	5.68
5	华泰期货	473367.86	5.46	5	银河期货	88330.67	3.29
6	银河期货	235712.79	2.72	6	华泰期货	83311.10	3.10
7	国投安信期货	206729.87	2.38	7	中信建投期货	67082.67	2.50
8	光大期货	174110.16	2.01	8	国信期货	60169.38	2.24
9	华闻期货	159671.81	1.84	9	华闻期货	51703.53	1.92
10	徽商期货	153714.18	1.77	10	国投安信期货	44681.44	1.66
11	广发期货	141967.98	1.64	11	申银万国期货	44249.07	1.65
12	方正中期期货	141899.79	1.64	12	国金期货	42628.16	1.59
13	中信建投期货	139732.71	1.61	13	永安期货	41981.41	1.56
14	国信期货	139140.57	1.60	14	招商期货	39933.14	1.49
15	中泰期货	131802.11	1.52	15	平安期货	38408.32	1.43
16	华西期货	130262.15	1.50	16	中泰期货	37513.23	1.40
17	永安期货	116988.85	1.35	17	广发期货	36676.86	1.37
18	浙商期货	112963.09	1.30	18	南华期货	30699.65	1.14
19	东吴期货	110124.65	1.27	19	紫金天风期货	30383.91	1.13
20	新湖期货	105843.01	1.22	20	光大期货	29901.82	1.11
合计		5558675.59	64.06	合计		2071402.85	77.11

注：1."占比"是指单个公司数据占全行业公司数据的比重。
2.期货成交金额按双边口径计算。

数据来源:中国证券监督管理委员会、中国期货业协会

Source: CSRC

7-20　2023年期货公司期末客户权益总额前20排名表
Top 20 Futures Companies Ranked by Total Value of Customer Equity in 2023

排名 Rank	公司名称 Company Name	金额(亿元) Amount(100 million yuan)	占比(%) Proportion(%)
1	中信期货	1397.98	9.84
2	国泰君安期货	994.80	7.00
3	东证期货	886.74	6.24
4	华泰期货	673.67	4.74
5	银河期货	520.09	3.66
6	招商期货	504.75	3.55
7	海通期货	499.27	3.52
8	永安期货	456.89	3.22
9	国投安信期货	438.43	3.09
10	广发期货	427.41	3.01
11	中信建投期货	328.27	2.31
12	兴证期货	309.26	2.18
13	浙商期货	270.19	1.90
14	中泰期货	266.73	1.88
15	光大期货	244.06	1.72
16	方正中期期货	234.85	1.65
17	申银万国期货	230.40	1.62
18	南华期货	212.46	1.50
19	国信期货	171.97	1.21
20	中粮期货	169.28	1.19
合计		9237.50	65.04

注："占比"是指单个公司数据占全行业公司数据的比重。
数据来源：中国证券监督管理委员会
Source: CSRC

7-21　2023年期货公司财务情况前20排名表

Top 20 Futures Companies Ranked by Pecuniary Condition in 2023

排名 Rank	公司名称 Company Name	总资产 Total Assets	
		金额(亿元) Amount (100 million yuan)	占比(%) Proportion (%)
1	中信期货	1535.40	9.29
2	国泰君安期货	1108.70	6.71
3	东证期货	960.06	5.81
4	华泰期货	733.42	4.44
5	银河期货	591.41	3.58
6	永安期货	573.12	3.47
7	招商期货	561.32	3.40
8	海通期货	552.20	3.34
9	国投安信期货	483.13	2.92
10	广发期货	468.99	2.84
11	中信建投期货	388.04	2.35
12	兴证期货	334.65	2.02
13	浙商期货	321.56	1.95
14	申银万国期货	297.26	1.80
15	中泰期货	296.65	1.79
16	光大期货	275.97	1.67
17	方正中期期货	260.41	1.58
18	南华期货	258.15	1.56
19	五矿期货	217.81	1.32
20	中粮期货	214.51	1.30
合计		10432.75	63.12

注："占比"是指单个公司数据占全行业公司数据的比重。
数据来源：中国期货业协会
Source: CFA

7-21 续表 continued

排名 Rank	公司名称 Company Name	净利润 Net Profit 金额(亿元) Amount (100 million yuan)	净利润 Net Profit 占比(%) Proportion (%)
1	中信建投期货	6.27	6.61
2	中信期货	5.73	6.04
3	国泰君安期货	5.67	5.98
4	永安期货	5.42	5.72
5	东证期货	5.18	5.47
6	银河期货	5.15	5.43
7	招商期货	4.05	4.28
8	光大期货	3.89	4.10
9	平安期货	3.39	3.58
10	海通期货	2.88	3.04
11	瑞达期货	2.51	2.65
12	国投安信期货	2.50	2.64
13	华泰期货	2.47	2.61
14	申银万国期货	2.47	2.60
15	广发期货	2.36	2.49
16	国信期货	2.26	2.39
17	浙商期货	2.23	2.35
18	方正中期期货	1.89	1.99
19	徽商期货	1.87	1.98
20	乾坤期货	1.69	1.78
合计		69.89	73.73

7-22　2023年期货公司经纪业务收入前20排名表

Top 20 Futures Companies Ranked by Brokerage Business Income in 2023

排名 Rank	公司名称 Company Name	期货公司经纪业务收入 Futures Companies Brokerage Business Income	
		金额(亿元) Amount(100 million yuan)	占比(%) Proportion(%)
1	中信期货	10.68	4.85
2	东证期货	9.84	4.47
3	国泰君安	9.83	4.47
4	中信建投	9.04	4.11
5	东方财富期货	6.00	2.73
6	银河期货	5.91	2.69
7	华泰期货	5.64	2.56
8	方正中期期货	5.49	2.49
9	平安期货	5.18	2.35
10	招商期货	5.17	2.35
11	徽商期货	4.97	2.26
12	先锋期货	4.71	2.14
13	申银万国	4.71	2.14
14	永安期货	4.54	2.06
15	瑞达期货	4.43	2.01
16	广发期货	4.38	1.99
17	浙商期货	4.07	1.85
18	南华期货	4.05	1.84
19	光大期货	4.01	1.82
20	海通期货	3.66	1.67
合计		116.33	52.86

注：1.“占比”是指单个公司数据占全行业公司数据的比重。
　　2.按合并口径统计。
数据来源：中国期货业协会
Source: CFA

7-23　2023年期货公司投资咨询业务收入前20排名表

Top 20 Futures Companies Ranked by Investment Consultant Business Income in 2023

排名 Rank	公司名称 Company Name	投资咨询业务收入 Investment Consultant Business Income	
		金额(亿元) Amount(100 million yuan)	占比(%) Proportion(%)
1	申银万国期货	0.24	25.49
2	招商期货	0.09	9.21
3	国信期货	0.07	7.75
4	银河期货	0.05	5.27
5	浙商期货	0.04	4.47
6	永安期货	0.04	4.17
7	瑞达期货	0.03	3.43
8	华金期货	0.03	3.14
9	创元期货	0.02	2.47
10	英大期货	0.02	2.12
11	浙江新世纪期货	0.02	1.89
12	弘业期货	0.02	1.78
13	恒力期货	0.01	1.55
14	紫金天风期货	0.01	1.42
15	华创期货	0.01	1.38
16	金石期货	0.01	1.29
17	宏源期货	0.01	1.28
18	正信期货	0.01	1.09
19	一德期货	0.01	1.05
20	华闻期货	0.01	1.05
合计		0.78	81.29

注：1.“占比”是指单个公司数据占全行业公司数据的比重。
　　2.按合并口径统计。

数据来源：中国期货业协会

Source: CFA

7-24　2023年期货公司资产管理业务收入前20排名表
Top 20 Futures Companies Ranked by Asset Management Business Income in 2023

排名 Rank	公司名称 Company Name	资产管理业务收入 Asset Management Business Income	
		金额(亿元) Amount(100 million yuan)	占比(%) Proportion(%)
1	海通期货股份有限公司	3.05	24.22
2	中信期货有限公司	1.19	9.47
3	中财期货有限公司	0.95	7.55
4	创元期货股份有限公司	0.40	3.19
5	兴业期货有限公司	0.36	2.90
6	中电投先融(上海)资产管理有限公司	0.36	2.83
7	中信建投期货有限公司	0.36	2.82
8	瑞达期货股份有限公司	0.36	2.82
9	信达期货有限公司	0.26	2.04
10	兴证期货有限公司	0.24	1.93
11	广发期货有限公司	0.23	1.84
12	国泰君安期货有限公司	0.23	1.82
13	方正中期期货有限公司	0.21	1.70
14	中原期货股份有限公司	0.21	1.64
15	中融汇信期货有限公司	0.20	1.56
16	国元期货有限公司	0.18	1.40
17	华创期货有限责任公司	0.16	1.24
18	迈科期货股份有限公司	0.15	1.18
19	华闻期货有限公司	0.15	1.17
20	永安期货股份有限公司	0.14	1.12
合计		9.38	74.44

注：1.“占比”是指单个公司数据占全行业公司数据的比重。
　　2.按合并口径统计。
数据来源：中国期货业协会
Source: CFA

7-25 2023年期货公司风险管理业务收入前20排名表
Top 20 Futures Companies Ranked by Risk Management Business Income in 2023

排名 Rank	公司名称 Company Name	风险管理业务收入 Risk Management Business Income	
		金额(亿元) Amount(100 million yuan)	占比(%) Proportion(%)
1	浙江永安资本管理有限公司	235.76	10.14
2	金瑞前海资本管理(深圳)有限公司	183.20	7.88
3	银河德睿资本管理有限公司	153.97	6.62
4	浙江济海贸易发展有限公司	146.18	6.29
5	浙江浙期实业有限公司	120.25	5.17
6	上期资本管理有限公司	114.44	4.92
7	广期资本管理(上海)有限公司	83.40	3.59
8	国泰君安风险管理有限公司	80.09	3.44
9	国贸启润资本管理有限公司	64.12	2.76
10	上海海通资源管理有限公司	63.06	2.71
11	上海新湖瑞丰金融服务有限公司	62.05	2.67
12	徽丰实业(上海)有限公司	60.22	2.59
13	浙江南华资本管理有限公司	54.88	2.36
14	东证润和资本管理有限公司	52.68	2.27
15	上海东吴玖盈投资管理有限公司	47.78	2.05
16	苏州创元和赢资本管理有限公司	43.87	1.89
17	建信商贸有限责任公司	39.49	1.70
18	华泰长城投资管理有限公司	39.16	1.68
19	上海夯石商贸有限公司	37.92	1.63
20	上海西部永唐投资管理有限公司	36.98	1.59
合计		1719.51	73.94

注：1.“占比”是指单个公司数据占全行业公司数据的比重。
2.按合并口径统计。
3.本表中期货公司指期货公司风险管理子公司。

数据来源：中国期货业协会
Source: CFA

7-26　2023年全国股转系统主办券商推荐业务前20排名表
Top 20 Lead Brokers in the NEEQ System of IPO Recommendation in 2023

排名 Rank	主办券商名称 Name of Lead Brokers	推荐业务 IPO Recommendation 推荐家数 Number of IPO Recommendations	推荐业务 IPO Recommendation 占比(%) Proportion(%)
1	开源证券股份有限公司	27	8.28
2	申万宏源证券承销保荐有限责任公司	21	6.44
3	民生证券股份有限公司	18	5.52
4	东吴证券股份有限公司	14	4.29
5	中泰证券股份有限公司	14	4.29
6	中信建投证券股份有限公司	13	3.99
7	安信证券股份有限公司	11	3.37
8	招商证券股份有限公司	10	3.07
9	中国银河证券股份有限公司	10	3.07
10	国融证券股份有限公司	9	2.76
11	国泰君安证券股份有限公司	9	2.76
12	天风证券股份有限公司	9	2.76
13	长江证券承销保荐有限公司	8	2.45
14	国金证券股份有限公司	7	2.15
15	国元证券股份有限公司	7	2.15
16	山西证券股份有限公司	7	2.15
17	浙商证券股份有限公司	7	2.15
18	中信证券股份有限公司	7	2.15
19	财通证券股份有限公司	6	1.84
20	财信证券股份有限公司	6	1.84
21	第一创业证券承销保荐有限责任公司	6	1.84
22	华安证券股份有限公司	6	1.84
23	华英证券有限责任公司	6	1.84
24	中国国际金融股份有限公司	6	1.84
合计		244	74.85

注：1.“占比”是指单个公司数据占全行业公司数据的比重。
2.以当年新增挂牌公司的推荐券商进行统计。
3.主办券商推荐业务前24排名中，第19名到第24名的主办券商推荐家数相同，故展示前24名。

数据来源：全国中小企业股份转让系统

Source:NEEQ

7-27　2023年全国股转系统主办券商做市业务前20排名表
Top 20 Lead Brokers in the NEEQ System of Market Making in 2023

排名 Rank	主办券商名称 Name of Lead Brokers	做市交易业务 Trading Market Making	
		做市交易金额(亿元) Trading Turnover of Market Making(100 Million Yuan)	占比(%) Proportion(%)
1	东北证券股份有限公司	30.05	14.95
2	安信证券股份有限公司	29.90	14.87
3	中泰证券股份有限公司	25.24	12.55
4	开源证券股份有限公司	23.25	11.56
5	上海证券有限责任公司	14.71	7.32
6	首创证券股份有限公司	12.60	6.27
7	中山证券有限责任公司	7.67	3.81
8	海通证券股份有限公司	5.95	2.96
9	万和证券股份有限公司	5.79	2.88
10	华源证券股份有限公司	5.48	2.73
11	联储证券股份有限公司	5.05	2.51
12	渤海证券股份有限公司	2.74	1.36
13	粤开证券股份有限公司	2.52	1.25
14	财信证券股份有限公司	1.76	0.88
15	天风证券股份有限公司	1.71	0.85
16	第一创业证券股份有限公司	1.68	0.84
17	长江证券股份有限公司	1.65	0.82
18	财达证券股份有限公司	1.37	0.68
19	广发证券股份有限公司	1.32	0.66
20	太平洋证券股份有限公司	1.26	0.63
合计		181.70	90.38

注：1.“占比”是指单个公司数据占全行业公司数据的比重。
　　2.做市交易金额按双边口径计算。
数据来源：全国中小企业股份转让系统
Source:NEEQ

7-28　2023年全国股转系统主办券商经纪业务前20排名表
Top 20 Lead Brokers in the NEEQ System of Brokerage in 2023

排名 Rank	主办券商名称 Name of Lead Brokers	经纪业务 Brokerage 代理买卖证券交易金额(亿元) Amount of Acting Trading Securities (100 Million Yuan)	经纪业务 Brokerage 占比(%) Proportion(%)
1	华泰证券股份有限公司	62.36	6.09
2	国泰君安证券股份有限公司	51.19	5.00
3	中信证券股份有限公司	49.93	4.87
4	招商证券股份有限公司	48.65	4.75
5	中信建投证券股份有限公司	39.97	3.90
6	申万宏源证券有限公司	37.87	3.70
7	广发证券股份有限公司	35.83	3.50
8	中国银河证券股份有限公司	33.72	3.29
9	海通证券股份有限公司	32.00	3.12
10	长江证券股份有限公司	30.31	2.96
11	中泰证券股份有限公司	27.31	2.67
12	平安证券股份有限公司	26.43	2.58
13	光大证券股份有限公司	25.60	2.50
14	东方财富证券股份有限公司	25.17	2.46
15	国信证券股份有限公司	23.76	2.32
16	安信证券股份有限公司	23.36	2.28
17	兴业证券股份有限公司	21.31	2.08
18	东吴证券股份有限公司	20.48	2.00
19	东方证券股份有限公司	19.50	1.90
20	中国中金财富证券有限公司	18.84	1.84
合计		653.59	63.80

注：1．“占比”是指单个公司数据占全行业公司数据的比重。
　　2．代理买卖证券交易金额按双边口径计算。
数据来源：全国中小企业股份转让系统
Source:NEEQ

7-29 2023年分辖区证券公司概况

辖区名称	Name of Jurisdictions	净资产（亿元）Net Assets (100 Million Yuan)	净利润（亿元）Net Profit (100 Million Yuan)	营业收入（亿元）Operating Revenue (100 Million Yuan)	证券经纪业务净收入（亿元）Net Income from Securities Brokerage Business (100 Million Yuan)
北京	Beijing	4174.04	200.92	590.64	139.74
天津	Tianjin	224.39	6.35	15.33	2.93
河北	Hebei	115.21	5.68	21.79	5.33
山西	Shanxi	187.03	5.55	26.23	6.24
内蒙古	Inner Mongolia	116.96	0.53	20.35	7.50
辽宁	Liaoning	48.54	0.55	6.32	1.97
吉林	Jilin	175.06	4.92	27.27	8.94
黑龙江	Heilongjiang	92.33	1.74	8.01	2.26
上海	Shanghai	6795.41	299.11	864.23	201.32
江苏	Jiangsu	2388.25	136.63	305.42	80.58
浙江	Zhejiang	583.21	36.72	112.13	29.67
安徽	Anhui	520.33	30.60	68.59	14.94
福建	Fujian	623.20	21.85	81.04	28.11
江西	Jiangxi	193.57	3.63	27.28	11.08
山东	Shandong	380.39	8.80	70.58	26.10
河南	Henan	145.25	3.72	16.56	4.28
湖北	Hubei	551.64	9.75	69.52	35.19
湖南	Hunan	695.98	26.46	89.48	37.56
广东	Guangdong	1603.90	82.06	199.37	70.70
广西	Guangxi	207.61	2.97	21.07	6.32
海南	Hainan	120.65	0.90	10.95	2.30
重庆	Chongqing	246.99	4.49	18.89	5.41
四川	Sichuan	577.01	20.48	94.55	31.44
贵州	Guizhou	189.75	2.78	30.13	10.93
云南	Yunnan	327.40	9.54	27.75	4.75
西藏	Tibet	647.24	56.10	95.82	46.77
陕西	Shaanxi	510.60	15.96	68.51	13.69
甘肃	Gansu	155.27	2.64	10.62	3.64
青海	Qinghai	49.64	-1.27	3.01	0.19
宁夏	Ningxia	0.00	0.00	0.00	0.00
新疆	Xinjiang	98.77	5.63	20.22	4.95
深圳	Shenzhen	6474.84	365.68	999.31	271.34
大连	Dalian	49.55	0.98	3.68	1.11
宁波	Ningbo	26.79	-1.63	2.88	0.67
厦门	Xiamen	54.92	0.69	4.23	0.67
青岛	Qingdao	165.08	5.21	27.39	8.93

注：所属辖区按证券公司总部注册地划分。
数据来源：机构监管综合信息系统
Source:CISP

Overview of Securities Companies in Different Jurisdictions in 2023

投资银行业务净收入(亿元) Net Income from Investment Banking Business (100 Million Yuan)	投资咨询业务净收入(亿元) Net Income from Investment Consulting Business (100 Million Yuan)	资产管理业务净收入(亿元) Net Income from Asset Management Business (100 Million Yuan)	利息净收入(亿元) Net Interest Income (100 Million Yuan)	投资收益(亿元) Income from Investment (100 Million Yuan)
95.55	9.59	24.83	53.63	148.51
1.35	0.16	0.00	-3.04	12.86
3.03	0.15	1.33	0.80	8.51
2.30	0.38	1.73	-2.23	13.18
2.48	0.43	1.04	3.51	3.60
0.24	0.10	0.01	0.75	2.62
4.86	0.79	0.00	0.38	11.81
0.72	0.40	0.54	0.04	3.43
136.20	10.78	90.83	86.82	286.37
24.54	1.85	3.34	47.70	124.03
16.19	0.74	19.02	10.73	14.49
3.14	0.68	6.04	19.71	22.57
11.71	0.56	3.45	21.59	4.03
2.34	0.78	0.40	8.47	2.99
12.54	1.08	0.00	14.61	10.10
0.89	0.47	0.28	1.25	8.08
8.09	3.01	0.00	7.74	2.01
5.29	0.62	2.40	18.21	15.71
9.26	1.56	5.49	46.44	53.69
1.58	0.35	1.81	3.04	6.69
2.02	0.04	0.15	1.22	2.53
1.33	0.06	0.14	2.67	8.12
16.30	1.66	1.40	19.68	16.99
3.94	1.64	0.67	-1.94	15.50
1.81	0.01	1.58	6.70	9.31
1.13	0.51	0.59	22.81	19.50
13.71	0.60	3.45	4.44	27.29
0.45	0.01	0.11	2.58	5.08
1.89	0.09	0.14	1.26	0.03
0.00	0.00	0.00	0.00	0.00
7.46	0.13	0.00	4.45	0.85
149.58	10.31	53.78	115.78	260.50
0.02	0.00	0.00	2.40	0.12
1.32	0.03	0.00	0.06	0.61
0.68	0.01	0.07	1.48	0.49
0.96	0.33	0.18	7.90	2.98

7-30 2023年分辖区基金公司概况

Overview of Fund Companies in Different Jurisdictions in 2023

辖区名称	Name of Jurisdictions	净资产(亿元) Net Assets (100 Million Yuan)	净利润(亿元) Net Profit (100 Million Yuan)	管理费用收入(亿元) Management Fee Income (100 Million Yuan)
北京	Beijing	677.00	80.60	305.29
天津	Tianjin	134.21	14.91	35.37
河北	Hebei	0.00	0.00	0.00
山西	Shanxi	0.00	0.00	0.00
内蒙古	Inner Mongolia	0.00	0.00	0.00
辽宁	Liaoning	0.00	0.00	0.00
吉林	Jilin	0.00	0.00	0.00
黑龙江	Heilongjiang	0.00	0.00	0.00
上海	Shanghai	1010.88	143.92	528.47
江苏	Jiangsu	0.00	0.00	0.00
浙江	Zhejiang	2.24	0.61	2.88
安徽	Anhui	0.00	0.00	0.00
福建	Fujian	0.00	0.00	0.00
江西	Jiangxi	0.00	0.00	0.00
山东	Shandong	0.00	0.00	0.00
河南	Henan	0.00	0.00	0.00
湖北	Hubei	0.00	0.00	0.00
湖南	Hunan	0.00	0.00	0.00
广东	Guangdong	283.61	53.28	180.51
广西	Guangxi	0.00	0.00	0.00
海南	Hainan	0.00	0.00	0.00
重庆	Chongqing	3.29	0.08	2.42
四川	Sichuan	0.00	0.00	0.00
贵州	Guizhou	0.00	0.00	0.00
云南	Yunnan	0.00	0.00	0.00
西藏	Tibet	0.00	0.00	0.00
陕西	Shaanxi	0.00	0.00	0.00
甘肃	Gansu	0.00	0.00	0.00
青海	Qinghai	0.00	0.00	0.00
宁夏	Ningxia	0.00	0.00	0.00
新疆	Xinjiang	0.00	0.00	0.00
深圳	Shenzhen	582.32	95.92	340.94
大连	Dalian	0.00	0.00	0.00
宁波	Ningbo	0.00	0.00	0.00
厦门	Xiamen	0.00	0.00	0.00
青岛	Qingdao	0.76	0.09	0.22

注：所属辖区按基金公司办公地址划分。
数据来源：机构监管综合信息系统
Source:CISP

7-31　2023年分辖区期货公司概况
Overview of Forward Companies in Different Jurisdictions in 2023

辖区名称	Name of Jurisdictions	净资产(亿元) Net Assets (100 Million Yuan)	净资本(亿元) Net Capital (100 Million Yuan)	净利润(亿元) Net Profit (100 Million Yuan)	营业收入(亿元) Operating Revenue (100 Million Yuan)
北京	Beijing	244.17	146.66	11.56	47.71
天津	Tianjin	42.34	23.51	1.55	6.88
河北	Hebei	3.27	3.24	0.04	0.74
山西	Shanxi	5.28	3.59	0.03	2.00
内蒙古	Inner Mongolia	0.00	0.00	0.00	0.00
辽宁	Liaoning	0.00	0.00	0.00	0.00
吉林	Jilin	1.59	1.57	0.14	2.22
黑龙江	Heilongjiang	1.17	1.10	-0.08	0.06
上海	Shanghai	533.65	379.30	31.71	126.02
江苏	Jiangsu	80.16	49.71	-0.87	13.68
浙江	Zhejiang	245.67	120.43	11.74	39.24
安徽	Anhui	28.67	20.78	3.45	11.99
福建	Fujian	29.41	19.94	0.83	4.64
江西	Jiangxi	6.44	4.72	0.09	0.79
山东	Shandong	31.43	20.96	1.27	7.44
河南	Henan	16.81	9.01	0.02	2.20
湖北	Hubei	16.08	11.79	1.13	4.87
湖南	Hunan	17.47	10.70	0.24	2.23
广东	Guangdong	134.65	83.69	6.67	27.63
广西	Guangxi	0.00	0.00	0.00	0.00
海南	Hainan	9.19	7.34	0.09	1.28
重庆	Chongqing	65.59	39.48	7.28	16.19
四川	Sichuan	22.69	15.69	0.57	3.48
贵州	Guizhou	0.00	0.00	0.00	0.00
云南	Yunnan	14.82	8.58	-0.05	1.00
西藏	Tibet	0.00	0.00	0.00	0.00
陕西	Shaanxi	19.24	12.40	-3.10	3.49
甘肃	Gansu	5.05	2.31	-0.60	0.24
青海	Qinghai	7.77	7.59	0.56	1.31
宁夏	Ningxia	0.00	0.00	0.00	0.00
新疆	Xinjiang	6.43	4.61	-0.18	1.08
深圳	Shenzhen	302.13	195.72	16.50	59.83
大连	Dalian	0.00	0.00	0.00	0.00
宁波	Ningbo	7.17	6.49	0.26	1.81
厦门	Xiamen	41.19	16.94	3.94	9.47
青岛	Qingdao	10.10	5.50	0.01	0.51

注：期货公司及其营业部所属辖区按各自注册地进行划分。
数据来源：中国期货市场监控中心
Source:CFMMC

主要统计指标解释

Explanatory Notes on Main Statistical Indicators

证券公司家数　指统计期末已获得中国证监会颁发经营证券期货业务许可证的证券公司数量合计。证券公司家数以获得经营证券期货业务许可证为标准，已办理机构注销的证券公司从统计中剔除。

证券公司分公司家数　指统计期末经中国证监会批准，依法设立的从事证券业务的证券公司分公司数量合计。

证券公司营业部家数　指统计期末经中国证监会批准，依法设立的从事证券业务的营业网点数量合计。证券营业部家数以获得经营证券期货业务许可证为标准，已办理机构注销的证券营业部从统计中剔除。

期货公司家数　指统计期末经中国证监会批准，并获得中国证监会颁发经营期货业务许可证的期货公司数量合计。期货公司家数以获得经营期货业务许可证为标准，已办理机构注销的期货公司从统计中剔除。

期货公司营业部家数　指统计期末经中国证监会批准，依法设立的从事期货业务的营业网点数量合计。期货营业部家数以获得经营期货业务许可证为标准，已办理机构注销的期货营业部从统计中剔除。

基金管理公司家数　指统计期末经中国证监会批准，并获得经营证券期货业务许可证的基金管理公司的数量合计。基金管理公司家数以获得经营证券期货业务许可证为标准，已办理取消经营证券期货业务许可证的基金管理公司从统计中剔除。

基金管理公司子公司家数　指统计期末经中国证监会批准，依法设立的从事基金管理业务的基金管理公司子公司数量合计。

证券投资咨询机构家数　指统计期末取得经营证券期货业务许可证的证券投资咨询机构的数量合计。指为证券投资人或者客户提供证券投资分析、预测或者建议等直接或者间接有偿咨询服务的机构的数量合计。

总资产　指统计期末证券期货经营机构全部资产总额合计。

净资产　指统计期末证券期货经营机构净资产合计。

净资本　指统计期末证券公司和期货公司净资本金额的合计。

营业收入　指统计期内证券期货经营机构营业收入金额合计。包括手续费及佣金净收入、利息净收入、投资收益、公允价值变动收益、汇兑净收益及其他业务收入等。

利润总额　指统计期内证券期货经营机构利润总额的合计。

净利润　指统计期内证券期货经营机构净利润的合计。

风险资本准备总额　指统计期末全部证券公司风险资本准备的合计。

代理买卖证券业务总额　指统计期内证券公司代理投资者进行证券买卖的金额合计。代理买卖证券总额包含证券公司出租交易单元上所发生的证券买卖金额。

资产管理业务规模　指统计期末证券公司、基金管理公司和期货公司提供专业资产管理服务的资产金额合计，一般按公允价值计算。

期货公司客户权益总额　指统计期末由期货公司带来进行期货交易的客户的资产总额合计，包括被合约占用的保证金以及未被合约占用的可用资金。

就业人员数量　指统计期末在证券公司、基金管理公司和期货公司工作的人员数量合计。

证券交易结算资金　指有经纪业务的证券公司全部经纪业务客户（含部分采取证券公司结算模式的资产管理计划）从事证券交易等的人民币交易结算资金。

期货公司资产管理业务 是指期货公司可以接受客户委托，根据《期货公司监督管理办法》《私募投资基金监督管理暂行办法》规定和合同约定，运用客户资产进行投资，并按照合同约定收取费用或者报酬的业务活动。

期货公司风险管理公司 是指由一家期货公司控股 50%以上的子公司，根据《公司法》设立的以开展风险管理服务为主要业务的有限责任公司或股份有限公司。

期货风险资本准备 是指期货公司在开展各项业务过程中，为应对可能发生的风险损失所需要的资本。

期货经纪业务 是指代理客户进行期货交易并收取交易佣金的业务。

期货交易咨询业务 是指期货公司基于客户委托，期货公司及其从业人员向客户提供风险管理顾问、研究分析、交易咨询等服务并获得合理报酬。

主办券商推荐业务 是指证券公司在全国中小企业股份转让系统推荐申请挂牌公司挂牌，持续督导挂牌公司，为挂牌公司股票发行、并购重组提供的相关服务。

主办券商做市业务 是指证券公司在全国中小企业股份转让系统发布买卖双向报价，并在其报价数量范围内按其报价履行与投资者成交义务的相关业务。

主办券商经纪业务 是指证券公司在全国中小企业股份转让系统代理开立证券账户、代理买卖股票等业务。

贰零贰肆

附录

Appendix

贰零贰肆

附录1-1　2023年世界主要国家(地区)的证券化率

Securitisation Ratio of the World's Major Countries (Regions) in 2023

中文名称 Chinese Name	英文名称 English Name	2022 市值(十亿美元) Market Capitalization (In Billions)	2022 GDP(十亿美元) GDP (In Billions)	2022 证券化率(%) Securitisation Ratio (%)	2023 市值(十亿美元) Market Capitalization (In Billions)	2023 GDP(十亿美元) GDP (In Billions)	2023 证券化率(%) Securitisation Ratio (%)
中国内地	China Mainland	11425.34	17963.17	63.60	10892.23	17794.78	61.21
美国	United States	40297.98	25462.70	158.26	48979.40	27360.94	179.01
日本	Japan	5380.48	4231.14	127.16	6149.20	4212.95	145.96
英国	Britain	3095.98	3070.67	100.82	--	3340.03	--
法国	France	6064.47	2782.91	217.92	6889.03	3030.90	227.29
德国	Germany	1889.66	4072.19	46.40	2178.05	4456.08	48.88
俄罗斯	Russia	530.10	2240.42	23.66	650.49	2021.42	32.18
印度	India	3387.37	3385.09	100.07	4340.13	3549.92	122.26
巴西	Brazil	794.42	1920.10	41.37	991.20	2173.67	45.60
南非	South Africa	1171.75	405.87	288.70	1025.83	377.78	271.54
韩国	Korea	1644.51	1665.25	98.75	1968.00	1712.79	114.90

注：1.计算证券化率所使用各国(地区)股市市值数据来自世界交易所联合会。
　　2.英国(伦敦交易所)自2023年9月开始不公布数据。

数据来源：世界交易所联合会、世界银行

Source: WFE、IBRD

附录1-2 2023年世界主要交易所业务量排名表
Ranking of the World's Major Exchanges by Volume of Business in 2023

中文名称 Chinese Name	英文名称 English Name	2022			
		市值 Market Capitalization		成交金额 Trading Turnover	
		交易所市值（十亿美元） Market Capitalization of Exchange(In Billions)	排名 Ranking	成交金额（十亿美元） Trading Turnover (In Billions)	排名 Ranking
纽约证券交易所	NYSE Euronext(US)	24060.39	1	30288.70	2
纳斯达克证券交易所	NASDAQ OMX	16237.59	2	75242.31	1
泛欧证券交易所	NYSE Euronext(Europe)	6064.47	4	2928.31	8
上海证券交易所	Shanghai Stock Exchange	6724.47	3	14325.22	4
日本交易所集团	Japan Exchange Group	5380.48	5	6650.11	5
深圳证券交易所	Shenzhen Stock Exchange	4700.87	6	19085.06	3
印度国家证券交易所	National Stock Exchange of India Limited	3387.37	8	1775.35	11
香港证券交易所	Hong Kong Exchanges and Clearing	4566.81	7	3017.51	7
多伦多证券交易所集团	TMX Group	2744.72	9	2360.18	9
沙特证券交易所	Saudi Exchange (Tadawul)	2638.59	10	458.60	17
法兰克福证券交易所	Deutsche Börse	1889.66	11	1591.08	12
纳斯达克(北欧)证券交易所	Nasdaq Nordic Exchanges	1856.73	12	969.33	15
瑞士证券交易所	SIX Swiss Exchange	1830.52	13	943.24	16
韩国证券交易所	Korea Exchange	1644.51	15	3048.40	6
台湾证券交易所	Taiwan Stock Exchange	1447.69	16	1890.98	10
澳大利亚证券交易所	ASX Australian Securities Exchange	1679.17	14	1266.34	14
德黑兰证券交易所	Tehran Stock Exchange	1347.58	17	192.65	19
约翰内斯堡证券交易所	Johannesburg Stock Exchange	1171.75	18	360.44	18
巴西证券交易所	B3 - Brasil Bolsa Balcão	794.42	19	1365.04	13
阿布扎比证券交易所	Abu Dhabi Securities Exchange	714.80	20	154.26	20

注：1.此表样本选用2023年末股票市值全球排名前20位的交易所。
2.伦敦交易所自2023年9月开始不公布数据，表中不包含伦敦交易所。

数据来源：世界交易所联合会

Source: WFE

附录1-2 续表 continued

中文名称 Chinese Name	英文名称 English Name	2023 市值 Market Capitalization 交易所市值（十亿美元）Market Capitalization of Exchange(In Billions)	排名 Ranking	成交金额 Trading Turnover 成交金额（十亿美元）Trading Turnover (In Billions)	排名 Ranking
纽约证券交易所	NYSE Euronext(US)	25564.65	1	26508.51	2
纳斯达克证券交易所	NASDAQ OMX	23414.75	2	70434.65	1
泛欧证券交易所	NYSE Euronext(Europe)	6889.03	3	2588.46	7
上海证券交易所	Shanghai Stock Exchange	6524.76	4	12620.08	4
日本交易所集团	Japan Exchange Group	6149.20	5	7133.18	5
深圳证券交易所	Shenzhen Stock Exchange	4367.48	6	17345.40	3
印度国家证券交易所	National Stock Exchange of India Limited	4340.13	7	1957.54	11
香港证券交易所	Hong Kong Exchanges and Clearing	3974.78	8	2431.35	8
多伦多证券交易所集团	TMX Group	3088.36	9	1997.17	10
沙特证券交易所	Saudi Exchange (Tadawul)	3015.36	10	358.70	17
法兰克福证券交易所	Deutsche Börse	2178.05	11	1160.94	13
纳斯达克(北欧)证券交易所	Nasdaq Nordic Exchanges	2119.61	12	806.69	16
瑞士证券交易所	SIX Swiss Exchange	2044.69	13	833.88	15
韩国证券交易所	Korea Exchange	1968.00	14	3651.83	6
台湾证券交易所	Taiwan Stock Exchange	1852.62	15	2023.06	9
澳大利亚证券交易所	ASX Australian Securities Exchange	1788.73	16	1038.09	14
德黑兰证券交易所	Tehran Stock Exchange	1712.53	17	318.34	18
约翰内斯堡证券交易所	Johannesburg Stock Exchange	1025.83	18	287.99	19
巴西证券交易所	B3 - Brasil Bolsa Balcão	991.20	19	1185.05	12
阿布扎比证券交易所	Abu Dhabi Securities Exchange	807.13	20	109.05	20

附录1-3　2023年全球主要经济体资本市场业务量排名表

Ranking of the World's Major Economies by Volume of Business in Capital Markets in 2023

中文名称 Chinese Name	英文名称 English Name	2022				2023			
		市值 Market Capitalization		成交金额 Trading Turnover		市值 Market Capitalization		成交金额 Trading Turnover	
		市值（十亿美元）Market Capitalization (In Billions)	排名 Ranking	成交金额（十亿美元）Trading Turnover (In Billions)	排名 Ranking	市值（十亿美元）Market Capitalization (In Billions)	排名 Ranking	成交金额（十亿美元）Trading Turnover (In Billions)	排名 Ranking
美国	America	40297.98	1	105531.01	1	48979.40	1	96943.16	1
中国内地	China Mainland	11425.34	2	33410.27	2	10892.23	2	29965.48	2
法国	French	6064.47	3	2928.31	6	6889.03	3	2588.46	5
日本	Japan	5380.48	4	6650.11	3	6149.20	4	7133.18	3
印度	India	3387.37	6	1775.35	9	4340.13	5	1957.54	9
中国香港	Hong Kong, China	4566.81	5	3017.51	5	3974.78	6	2431.35	6
加拿大	Cananda	2744.72	7	2360.18	7	3088.36	7	1997.17	8
德国	Germany	1889.66	8	1591.08	10	2178.05	8	1160.94	12
瑞典	Sweden	1856.73	9	969.33	14	2119.61	9	806.69	15
瑞士	Switzerland	1830.52	10	943.24	15	2044.69	10	833.88	14
韩国	Korea	1644.51	12	3048.40	4	1968.00	11	3651.83	4
中国台湾	Taiwan, China	1447.69	13	1890.98	8	1852.62	12	2023.06	7
澳大利亚	Australia	1679.17	11	1266.34	12	1788.73	13	1038.09	13
南非	South Africa	1171.75	14	360.44	17	1025.83	14	287.99	17
巴西	Brazil	794.42	15	1365.04	11	991.20	15	1185.05	11
西班牙	Spain	665.50	16	384.58	16	769.58	16	324.18	16
印度尼西亚	Indonesia	610.29	18	243.50	18	758.30	17	169.31	19
俄罗斯	Russia	530.10	19	1217.74	13	650.49	18	1566.39	10
新加坡	Singapore	619.36	17	224.05	19	608.31	19	192.75	18
墨西哥	Mexico	454.37	20	103.02	20	576.67	20	111.89	20

注：1.各主要经济体市值为所在地在各经济体的会员交易所国内市值合计。
2.此表样本选用2023年末股票市值全球排名前20位的经济体。
3.法国市值为泛欧交易所市值，包含法国、荷兰、比利时、葡萄牙四个国家的市值，因为无法单独提取，所以使用泛欧交易所市值作为法国市值进行计算，法国实际市值应为泛欧交易所市值60%左右。
4.因WFE提供的成交金额不全，个别数据存在缺失情况。
5.伦敦交易所自2023年9月不公布数据，表中不包含英国。

数据来源：世界交易所联合会
Source: WFE

附录1-4 2023年全球期货及期权市场前30大交易所排名表

Ranking of Top 30 Exchanges in Global Futures and Options Markets in 2023

中文名称 Chinese Name	英文名称 English Name	2022		2023	
		期货和期权成交量(百万手) Futures and Option Trading Volume (in millions)	排名 Ranking	期货和期权成交量(百万手) Futures and Option Trading Volume (in millions)	排名 Ranking
印度国家证券交易所	National Stock Exchange of India	38113.51	1	84817.14	1
巴西期货交易所	B3	8313.79	2	8314.95	2
芝加哥商业交易所集团	CME Group	5846.33	3	6099.49	3
孟买证券交易所	BSE	1609.19	13	5873.77	4
芝加哥期权交易所集团	Cboe Global Markets	3476.17	4	3708.46	5
洲际交易所	Intercontinental Exchange	3435.07	5	3656.46	6
郑州商品交易所	Zhengzhou Commodity Exchange	2397.60	8	3532.95	7
纳斯达克证券交易所	Nasdaq	3147.54	6	3203.62	8
大连商品交易所	Dalian Commodity Exchange	2275.20	9	2508.33	9
上海期货交易所	Shanghai Futures Exchange	1943.44	12	2226.96	10
伊斯坦布尔证券交易所	Borsa Istanbul	2726.89	7	2085.60	11
韩国交易所	Korea Exchange	2058.22	10	2038.38	12
欧洲期权与期货交易所	Eurex	1955.73	11	1915.12	13
迈阿密洲际证券交易所	Miami International Holdings	1302.64	14	1589.91	14
莫斯科交易所	Moscow Exchange	1268.39	15	1304.13	15
加拿大TMX集团	TMX Group	760.91	16	865.38	16
香港交易所	Hong Kong Exchanges and Clearing	454.67	17	480.36	17
印度多种商品交易所	Multi Commodity Exchange of India	218.22	22	443.70	18
日本交易所集团	Japan Exchange Group	392.16	18	394.04	19
台湾期货交易所	Taiwan Futures Exchange	384.47	19	324.64	20
阿根廷布宜诺斯艾利斯罗萨里奥交易所	MATba ROFEX	299.74	20	311.21	21
约翰内斯堡证券交易所	JSE Securities Exchange	204.86	23	261.19	22
新加坡交易所	Singapore Exchange	260.18	21	243.14	23
澳大利亚证券交易所	ASX	201.68	24	223.74	24
中国金融期货交易所	China Financial Futures Exchange	151.86	26	168.34	25
泛欧衍生品市场	Euronext	178.66	25	157.86	26
泰国期货交易所	Thailand Futures Exchange	136.32	27	129.49	27
东京金融交易所	Tokyo Financial Exchange	105.44	28	85.71	28
广州期货交易所	Guangzhou Futures Exchange	0.19	30	64.73	29
FairX交易所	FairX	17.76	29	44.10	30

注：1.排名不包括未向FIA报告交易数据的交易所。

2.此表样本选用2023年期货和期权成交量全球排名前30位的交易所。

3.东京证券交易所与大阪证券交易所合并为日本交易所集团，洲际交易所集团收购纽约泛欧交易所，阿根廷阿根廷布宜诺斯艾利斯交易所和罗萨里奥交易所与2019年8月合并。

数据来源：美国期货业协会

Source: FIA

附录1-5　历年退市公司名录

序号 No.	股票代码 Stock Code	退市公司全称 Delisting Company Name	股票简称 Stock Abbreviation	退市日期 Delisting Date
1	000666.SZ	经纬纺织机械股份有限公司	经纬纺机	2023-10-26
2	000616.SZ	海航投资集团股份有限公司	*ST海投	2023-08-23
3	002504.SZ	北京弘高创意建筑设计股份有限公司	*ST弘高	2023-08-21
4	000671.SZ	阳光城集团股份有限公司	ST阳光城	2023-08-16
5	002503.SZ	搜于特集团股份有限公司	*ST搜特	2023-08-11
6	002113.SZ	湖南天润数字娱乐文化传媒股份有限公司	*ST天润	2023-08-11
7	000732.SZ	泰禾集团股份有限公司	ST泰禾	2023-08-04
8	002118.SZ	吉林紫鑫药业股份有限公司	*ST紫鑫	2023-08-04
9	300297.SZ	蓝盾信息安全技术股份有限公司	蓝盾退	2023-07-31
10	000918.SZ	嘉凯城集团股份有限公司	*ST嘉凯	2023-07-28
11	600077.SH	宋都基业投资股份有限公司	*ST宋都	2023-07-25
12	600393.SH	广州粤泰集团股份有限公司	ST粤泰	2023-07-18
13	000667.SZ	美好置业集团股份有限公司	ST美置	2023-07-14
14	300089.SZ	广东文化长城集团股份有限公司	文化退	2023-07-13
15	002751.SZ	深圳市易尚展示股份有限公司	易尚退	2023-07-13
16	300356.SZ	光一科技股份有限公司	光一退	2023-07-13
17	002411.SZ	延安必康制药股份有限公司	必康退	2023-07-12
18	300526.SZ	中潜股份有限公司	中潜退	2023-07-12

注：1.同时发A、B股公司所用股票代码、简称、股价和净资产数据均为其A股对应数据。

2.从2019年开始，退市公司在原有范围基础上增加重组退市-重组上市和重组退市-出清式资产置换。出清式资产置换是指在上市公司实际控制人未发生变更的前提下，上市公司将原有主要业务置出，同时置入新业务。

数据来源：中国证监会、上海证券交易所、深圳证券交易所

Source:CSRC、SSE、SZSE

List of Delisting Companies

退市时股价 Delisting Share Price	退市时每股净资产 Delisting Book Value Per Share	退市原因 Delisting Reason
8.97	14.1913	股东大会作出终止上市决议
0.85	2.8004	在本所仅发行A股股票或者仅发行B股股票的公司，通过本所交易系统连续二十个交易日的每日股票收盘价均低于1元
0.38	-0.3161	在本所仅发行A股股票或者仅发行B股股票的公司，通过本所交易系统连续二十个交易日的每日股票收盘价均低于1元
0.37	1.1305	在本所仅发行A股股票或者仅发行B股股票的公司，通过本所交易系统连续二十个交易日的每日股票收盘价均低于1元
0.42	-0.5931	在本所仅发行A股股票或者仅发行B股股票的公司，通过本所交易系统连续二十个交易日的每日股票收盘价均低于1元
0.41	-0.0548	在本所仅发行A股股票或者仅发行B股股票的公司，通过本所交易系统连续二十个交易日的每日股票收盘价均低于1元
0.43	1.5555	在本所仅发行A股股票或者仅发行B股股票的公司，通过本所交易系统连续二十个交易日的每日股票收盘价均低于1元
0.37	1.0614	在本所仅发行A股股票或者仅发行B股股票的公司，通过本所交易系统连续二十个交易日的每日股票收盘价均低于1元
0.23	-0.7342	因财务类指标被实施退市风险警示后，首个会计年度经审计的净利润为负值且营业收入低于1亿元，或追溯重述后最近一个会计年度净利润为负值且营业收入低于1亿元;因财务类指标被实施退市风险警示后，首个会计年度经审计的期末净资产为负值，或追溯重述后最近一个会计年度期末净资产为负值;因财务类指标被实施退市风险警示后，首个会计年度财务会计报告被出具保留意见、无法表示意见或者否定意见的审计报告
0.49	-0.1351	在本所仅发行A股股票或者仅发行B股股票的公司，通过本所交易系统连续二十个交易日的每日股票收盘价均低于1元
0.41	0.7030	公司股票连续20个交易日的每日收盘价均低于人民币1元
0.37	0.1028	公司股票连续20个交易日的每日收盘价均低于人民币1元
0.58	0.7273	在本所仅发行A股股票或者仅发行B股股票的公司，通过本所交易系统连续二十个交易日的每日股票收盘价均低于1元
0.19	-0.9045	因财务类指标被实施退市风险警示后，首个会计年度经审计的净利润为负值且营业收入低于1亿元，或追溯重述后最近一个会计年度净利润为负值且营业收入低于1亿元;因财务类指标被实施退市风险警示后，首个会计年度经审计的期末净资产为负值，或追溯重述后最近一个会计年度期末净资产为负值;因财务类指标被实施退市风险警示后，首个会计年度财务会计报告被出具保留意见、无法表示意见或者否定意见的审计报告
0.86	3.8219	因触及上市规则第14.3.1条第一款第(一)项至第(三)项情形其股票交易被实施退市风险警示后，首个会计年度财务会计报告被出具保留意见、无法表示意见或者否定意见的审计报告。
1.69	1.0398	因财务类指标被实施退市风险警示后，首个会计年度财务会计报告被出具保留意见、无法表示意见或者否定意见的审计报告
0.62	3.6708	因触及上市规则第14.3.1条第一款第(一)项至第(三)项情形其股票交易被实施退市风险警示后，首个会计年度财务会计报告被出具保留意见、无法表示意见或者否定意见的审计报告。
0.56	1.0804	因财务类指标被实施退市风险警示后，首个会计年度财务会计报告被出具保留意见、无法表示意见或者否定意见的审计报告

附录1-5 续表 1

序号 No.	股票代码 Stock Code	退市公司全称 Delisting Company Name	股票简称 Stock Abbreviation	退市日期 Delisting Date
19	000038.SZ	深圳大通实业股份有限公司	大通退	2023-07-12
20	300392.SZ	北京腾信创新网络营销技术股份有限公司	腾信退	2023-07-10
21	200152.SZ	山东航空股份有限公司	山航B退	2023-07-10
22	002417.SZ	深南金科股份有限公司	深南退	2023-07-10
23	000606.SZ	顺利办信息服务股份有限公司	顺利退	2023-07-06
24	000806.SZ	北海银河生物产业投资股份有限公司	银河退	2023-07-06
25	300273.SZ	珠海和佳医疗设备股份有限公司	和佳退	2023-07-06
26	002781.SZ	江西奇信集团股份有限公司	奇信退	2023-07-05
27	300336.SZ	上海新文化传媒集团股份有限公司	新文退	2023-07-05
28	000540.SZ	中天金融集团股份有限公司	*ST中天	2023-06-30
29	601258.SH	庞大汽贸集团股份有限公司	*ST庞大	2023-06-21

continued

退市时股价 Delisting Share Price	退市时每股净资产 Delisting Book Value Per Share	退市原因 Delisting Reason
0.52	4.5401	因触及上市规则第14.3.1条第一款第(一)项至第(三)项情形其股票交易被实施退市风险警示后，首个会计年度未在法定期限内披露过半数董事保证真实、准确、完整的年度报告。
0.21	-1.7909	因财务类指标被实施退市风险警示后，首个会计年度经审计的期末净资产为负值，或追溯重述后最近一个会计年度期末净资产为负值;因财务类指标被实施退市风险警示后，首个会计年度财务会计报告被出具保留意见、无法表示意见或者否定意见的审计报告
2.73	-20.7425	因触及上市规则第14.3.1条第一款第(一)项至第(三)项情形其股票交易被实施退市风险警示后，首个会计年度经审计的期末净资产为负值，或追溯重述后最近一个会计年度期末净资产为负值。
0.45	0.2688	因触及上市规则第14.3.1条第一款第(一)项至第(三)项情形其股票交易被实施退市风险警示后，首个会计年度经审计的净利润为负值且营业收入低于1亿元，或追溯重述后最近一个会计年度净利润为负值且营业收入低于1亿元。
0.28	0.0654	因触及上市规则第14.3.1条第一款第(一)项至第(三)项情形其股票交易被实施退市风险警示后，首个会计年度经审计的净利润为负值且营业收入低于1亿元，或追溯重述后最近一个会计年度净利润为负值且营业收入低于1亿元。;因触及上市规则第14.3.1条第一款第(一)项至第(三)项情形其股票交易被实施退市风险警示后，首个会计年度财务会计报告被出具保留意见、无法表示意见或者否定意见的审计报告。
0.43	-1.2050	因触及上市规则第14.3.1条第一款第(一)项至第(三)项情形其股票交易被实施退市风险警示后，首个会计年度经审计的期末净资产为负值，或追溯重述后最近一个会计年度期末净资产为负值。;因触及上市规则第14.3.1条第一款第(一)项至第(三)项情形其股票交易被实施退市风险警示后，首个会计年度财务会计报告被出具保留意见、无法表示意见或者否定意见的审计报告。
0.38	0.8798	因财务类指标被实施退市风险警示后，首个会计年度财务会计报告被出具保留意见、无法表示意见或者否定意见的审计报告
0.42	-2.3658	因触及上市规则第14.3.1条第一款第(一)项至第(三)项情形其股票交易被实施退市风险警示后，首个会计年度经审计的期末净资产为负值，或追溯重述后最近一个会计年度期末净资产为负值。;因触及上市规则第14.3.1条第一款第(一)项至第(三)项情形其股票交易被实施退市风险警示后，首个会计年度财务会计报告被出具保留意见、无法表示意见或者否定意见的审计报告。
0.25	0.0732	因财务类指标被实施退市风险警示后，首个会计年度财务会计报告被出具保留意见、无法表示意见或者否定意见的审计报告
0.40	-0.8577	在本所仅发行A股股票或者仅发行B股股票的公司，通过本所交易系统连续二十个交易日的每日股票收盘价均低于1元
0.40	0.9900	公司股票连续20个交易日的每日收盘价均低于人民币1元

附录1-5　续表 2

序号 No.	股票代码 Stock Code	退市公司全称 Delisting Company Name	股票简称 Stock Abbreviation	退市日期 Delisting Date
30	600122.SH	江苏宏图高科技股份有限公司	*ST宏图	2023-06-15
31	000150.SZ	宜华健康医疗股份有限公司	*ST宜康	2023-06-09
32	688086.SH	广东紫晶信息存储技术股份有限公司	*ST紫晶	2023-05-31
33	688555.SH	泽达易盛(天津)科技股份有限公司	*ST泽达	2023-05-31
34	600466.SH	四川蓝光发展股份有限公司	*ST蓝光	2023-05-30
35	300309.SZ	吉艾科技集团股份公司	吉艾退	2023-05-30
36	300330.SZ	上海华虹计通智能系统股份有限公司	计通退	2023-05-24
37	600767.SH	运盛(成都)医疗科技股份有限公司	*ST运盛	2023-05-23
38	600242.SH	中昌大数据股份有限公司	*ST中昌	2023-05-23
39	600781.SH	辅仁药业集团制药股份有限公司	*ST辅仁	2023-05-22
40	600532.SH	上海智汇未来医疗服务股份有限公司	*ST未来	2023-05-22
41	002499.SZ	科林环保装备股份有限公司	科林退	2023-04-18
42	000587.SZ	金洲慈航集团股份有限公司	*ST金洲	2023-04-03
43	600139.SH	内蒙古西部资源股份公司	*ST西源	2023-03-20
44	600311.SH	甘肃荣华实业(集团)股份有限公司	*ST荣华	2023-03-20
45	002013.SZ	中航工业机电系统股份有限公司	中航机电	2023-03-17
46	600260.SH	湖北凯乐科技股份有限公司	*ST凯乐	2023-02-08
47	600361.SH	北京华联综合超市股份有限公司	华联综超	2022-10-13
48	600995.SH	南方文山电力股份有限公司	文山电力	2022-08-11
49	600861.SH	北京城乡商业(集团)股份有限公司	北京城乡	2022-07-27
50	300312.SZ	邦讯技术股份有限公司	邦讯退	2022-07-04
51	000673.SZ	当代东方投资股份有限公司	当代退	2022-07-04

continued

退市时股价 Delisting Share Price	退市时每股净资产 Delisting Book Value Per Share	退市原因 Delisting Reason
0.38	-2.6079	公司股票连续20个交易日的每日收盘价均低于人民币1元
0.51	-0.9775	在本所仅发行A股股票或者仅发行B股股票的公司，通过本所交易系统连续二十个交易日的每日股票收盘价均低于1元
2.42	-3.4100	强制退市-重大违法类
4.14	9.6700	强制退市-重大违法类
0.40	-14.0436	公司股票连续20个交易日的每日收盘价均低于人民币1元
0.23	-2.1613	因财务类指标被实施退市风险警示后，首个会计年度经审计的净利润为负值且营业收入低于1亿元，或追溯重述后最近一个会计年度净利润为负值且营业收入低于1亿元;因财务类指标被实施退市风险警示后，首个会计年度经审计的期末净资产为负值，或追溯重述后最近一个会计年度期末净资产为负值;因财务类指标被实施退市风险警示后，首个会计年度财务会计报告被出具保留意见、无法表示意见或者否定意见的审计报告
2.45	2.0749	欺诈发行、重大信息披露违法或者其他严重损害证券市场秩序的重大违法行为
4.16	0.4759	被实施财务类退市风险警示后，首个会计年度经审计净利润为负值且营业收入低于1亿元
0.45	-0.5500	被实施财务类退市风险警示后，首个会计年度经审计净利润为负值且营业收入低于1亿元、首个会计年度经审计期末净资产为负、审计意见为无法表示意见
0.84	-3.4000	被实施财务类退市风险警示后，首个会计年度经审计期末净资产为负、审计意见为无法表示意见
3.34	1.9413	被实施财务类退市风险警示后，首个会计年度审计意见为无法表示意见
0.86	-0.0745	因触及上市规则第14.3.1条第一款第(一)项至第(三)项情形其股票交易被实施退市风险警示后，首个会计年度因不符合第14.3.7条规定的条件，其撤销退市风险警示申请未被本所审核同意。
0.72	0.0237	在本所仅发行A股股票或者仅发行B股股票的公司，通过本所交易系统连续二十个交易日的每日股票收盘价均低于1元
0.74	-0.8998	公司股票连续20个交易日的每日收盘价均低于人民币1元
0.61	-0.2731	公司股票连续20个交易日的每日收盘价均低于人民币1元
10.78	3.7407	本所规定的其他情形
0.47	-2.1233	公司股票连续20个交易日的每日收盘价均低于人民币1元
6.17	2.7195	重组退市-重组上市
18.33	4.6700	重组退市-出清式资产置换
21.07	6.6712	重组退市-出清式资产置换
0.30	-0.8614	被实施财务类退市风险警示后，首个会计年度未在法定期限内披露年报
0.25	-0.0030	被实施财务类退市风险警示后，首个会计年度财务报告被出具无法表示意见的审计报告

附录1-5 续表 3

序号 No.	股票代码 Stock Code	退市公司全称 Delisting Company Name	股票简称 Stock Abbreviation	退市日期 Delisting Date
52	300202.SZ	聚龙股份有限公司	聚龙退	2022-07-04
53	300038.SZ	北京数知科技股份有限公司	数知退	2022-06-30
54	300367.SZ	东方网力科技股份有限公司	网力退	2022-06-30
55	300023.SZ	西安宝德自动化股份有限公司	宝德退	2022-06-29
56	000613.SZ	海南大东海旅游中心股份有限公司	东海A退	2022-06-29
57	200613.SZ	海南大东海旅游中心股份有限公司	东海B退	2022-06-29
58	000611.SZ	内蒙古天首科技发展股份有限公司	天首退	2022-06-28
59	002464.SZ	众应互联科技股份有限公司	众应退	2022-06-28
60	300325.SZ	江苏德威新材料股份有限公司	德威退	2022-06-28
61	002447.SZ	大连晨鑫网络科技股份有限公司	晨鑫退	2022-06-27
62	300064.SZ	郑州华晶金刚石股份有限公司	金刚退	2022-06-27
63	002684.SZ	猛狮新能源科技(河南)股份有限公司	猛狮退	2022-06-27
64	000502.SZ	绿景控股股份有限公司	绿景退	2022-06-27
65	002147.SZ	新光圆成股份有限公司	新光退	2022-06-23
66	002770.SZ	河南科迪乳业股份有限公司	科迪退	2022-06-23
67	300178.SZ	腾邦国际商业服务集团股份有限公司	腾邦退	2022-06-22
68	002618.SZ	深圳丹邦科技股份有限公司	丹邦退	2022-06-22
69	002473.SZ	宁波圣莱达电器股份有限公司	圣莱退	2022-06-22
70	600896.SH	览海医疗产业投资股份有限公司	*ST海医	2022-06-20
71	002260.SZ	德奥通用航空股份有限公司	德奥退	2022-06-17
72	000687.SZ	华讯方舟股份有限公司	华讯退	2022-06-17
73	600555.SH	海航创新股份有限公司	*ST海创	2022-06-08
74	600385.SH	山东金泰集团股份有限公司	*ST金泰	2022-06-01

continued

退市时股价 Delisting Share Price	退市时每股净资产 Delisting Book Value Per Share	退市原因 Delisting Reason
0.50	2.1606	被实施财务类退市风险警示后，首个会计年度财务报告被出具无法表示意见的审计报告
0.30	1.1658	被实施财务类退市风险警示后，首个会计年度财务报告被出具无法表示意见的审计报告
0.29	-1.3506	被实施财务类退市风险警示后，首个会计年度经审计期末净资产为负、财务报告被出具无法表示意见的审计报告
1.09	1.8440	被实施财务类退市风险警示后，首个会计年度经审计净利润为负值且营业收入低于1亿元
0.58	0.1934	被实施财务类退市风险警示后，首个会计年度经审计净利润为负值且营业收入低于1亿元、财务报告被出具无法表示意见的审计报告
0.30	0.1934	被实施财务类退市风险警示后，首个会计年度经审计净利润为负值且营业收入低于1亿元、财务报告被出具无法表示意见的审计报告
1.39	1.0320	被实施财务类退市风险警示后，首个会计年度经审计净利润为负值且营业收入低于1亿元、财务报告被出具无法表示意见的审计报告
0.26	0.0517	被实施财务类退市风险警示后，首个会计年度财务报告被出具无法表示意见的审计报告
0.25	-0.5162	被实施财务类退市风险警示后，首个会计年度经审计期末净资产为负、财务报告被出具无法表示意见的审计报告
0.19	0.1598	被实施财务类退市风险警示后，首个会计年度经审计净利润为负值且营业收入低于1亿元
1.32	-0.7678	被实施财务类退市风险警示后，首个会计年度经审计期末净资产为负、财务报告被出具无法表示意见的审计报告
0.69	-0.0230	被实施财务类退市风险警示后，首个会计年度财务报告被出具无法表示意见的审计报告
0.59	0.8306	被实施财务类退市风险警示后，首个会计年度经审计净利润为负值且营业收入低于1亿元、财务报告被出具无法表示意见的审计报告
0.37	0.0251	被实施财务类退市风险警示后，年度财务报告被出具保留意见的审计报告
0.60	0.1207	连续2年财务会计报告被出具无法表示意见的审计报告
0.20	-2.1025	被实施财务类退市风险警示后，首个会计年度经审计期末净资产为负、财务报告被出具无法表示意见的审计报告
1.26	1.6105	被实施财务类退市风险警示后，首个会计年度财务报告被出具无法表示意见的审计报告
0.79	0.1116	被实施财务类退市风险警示后，首个会计年度经审计净利润为负值且营业收入低于1亿元、经审计期末净资产为负
1.74	1.8708	强制退市-财务类
0.53	0.2505	暂停上市后恢复上市申请未被审核同意
0.29	-2.8154	被实施财务类退市风险警示后，首个会计年度经审计净利润为负值且营业收入低于1亿元、经审计期末净资产为负、财务报告被出具无法表示意见的审计报告
1.22	0.4695	强制退市-财务类
3.33	0.1429	强制退市-财务类

附录1-5　续表 4

序号 No.	股票代码 Stock Code	退市公司全称 Delisting Company Name	股票简称 Stock Abbreviation	退市日期 Delisting Date
75	600090.SH	新疆同济堂健康产业股份有限公司	*ST济堂	2022-06-01
76	600870.SH	世秾泰宇节科技股份有限公司	*ST厦华	2022-05-25
77	600146.SH	商赢环球股份有限公司	*ST环球	2022-05-25
78	000585.SZ	东北电气发展股份有限公司	东电退	2022-05-24
79	000835.SZ	长城国际动漫游戏股份有限公司	长动退	2022-05-23
80	600093.SH	易见供应链管理股份有限公司	*ST易见	2022-05-18
81	600091.SH	包头明天科技股份有限公司	*ST明科	2022-05-17
82	600890.SH	中房置业股份有限公司	*ST中房	2022-05-17
83	600652.SH	上海域潇稀土股份有限公司	*ST游久	2022-05-17
84	600275.SH	湖北武昌鱼股份有限公司	*ST昌鱼	2022-05-17
85	600856.SH	中兴天恒能源科技(北京)股份公司	*ST中天	2022-05-17
86	600209.SH	罗顿发展股份有限公司	*ST罗顿	2022-05-17
87	600695.SH	上海绿庭投资控股集团股份有限公司	*ST绿庭	2022-05-09
88	600291.SH	内蒙古西水创业股份有限公司	*ST西水	2022-05-09
89	002619.SZ	艾格拉斯股份有限公司	*ST艾格	2022-04-28
90	603157.SH	新疆拉夏贝尔服饰股份有限公司	*ST拉夏	2022-04-14
91	603996.SH	中新科技集团股份有限公司	*ST中新	2022-04-14
92	600145.SH	新疆亿路万源实业控股股份有限公司	*ST新亿	2022-03-22
93	900933.SH	华新水泥股份有限公司	华新B股	2022-03-17
94	600382.SH	广东明珠集团股份有限公司	*ST广珠	2022-02-12
95	603031.SH	安徽安德利百货股份有限公司	安德利	2022-01-28
96	000780.SZ	内蒙古平庄能源股份有限公司	ST平能	2022-01-24
97	600723.SH	北京首商集团股份有限公司	首商股份	2021-10-22
98	000737.SZ	南风化工集团股份有限公司	南风化工	2021-10-15
99	300362.SZ	成都天翔环境股份有限公司	天翔退	2021-08-30
100	600068.SH	中国葛洲坝集团股份有限公司	葛洲坝	2021-08-25
101	000760.SZ	斯太尔动力股份有限公司	斯太退	2021-07-23
102	002359.SZ	北讯集团股份有限公司	北讯退	2021-07-23
103	200986.SZ	佛山华新包装股份有限公司	粤华包B	2021-07-21

continued

退市时股价 Delisting Share Price	退市时每股净资产 Delisting Book Value Per Share	退市原因 Delisting Reason
0.96	2.6326	强制退市-财务类
3.55	0.0172	强制退市-财务类
1.19	0.8168	强制退市-财务类
0.35	-0.2183	被实施财务类退市风险警示后，首个会计年度经审计净利润为负值且营业收入低于1亿元、经审计期末净资产为负
0.35	-3.2774	被实施财务类退市风险警示后，首个会计年度经审计净利润为负值且营业收入低于1亿元、经审计期末净资产为负、财务报告被出具无法表示意见的审计报告
0.78	-4.5305	强制退市-财务类
0.85	1.8919	强制退市-财务类
0.83	0.3655	强制退市-财务类
1.02	1.9951	强制退市-财务类
0.97	0.0079	强制退市-财务类
0.83	-5.4019	强制退市-财务类
2.08	0.7397	强制退市-财务类
1.70	0.9134	强制退市-财务类
1.73	1.7794	强制退市-财务类
0.56	1.1473	连续20个交易日的每日股票收盘价均低于1元
1.05	-2.7740	强制退市-财务类
0.96	-8.1745	强制退市-财务类
1.03	0.3638	强制退市-重大违法
1.88	12.7492	主动退市
5.87	5.2498	重组退市-出清式资产置换
49.50	5.0176	重组退市-出清式资产置换
10.95	2.6942	被吸收合并
9.42	6.0785	重组退市-吸收合并
7.90	0.9229	重组退市-出清式资产置换
1.34	0.4069	暂停上市后恢复上市申请未被审核同意
9.30	7.4596	重组退市-吸收合并
0.26	-0.0349	连续3年净利润为负值，第4年未在法定期限内披露年报（同时存在重大违法强制退市情形）
0.35	0.8410	连续2年财务会计报告被出具无法表示意见，第3年未在法定期限内披露年报
5.51	4.3139	重组退市-吸收合并

附录1-5 续表 5

序号 No.	股票代码 Stock Code	退市公司全称 Delisting Company Name	股票简称 Stock Abbreviation	退市日期 Delisting Date
104	002711.SZ	欧浦智网股份有限公司	欧浦退	2021-07-15
105	600662.SH	上海强生控股股份有限公司	强生控股	2021-06-04
106	002450.SZ	康得新复合材料集团股份有限公司	康得退	2021-05-31
107	200168.SZ	广东舜喆(集团)股份有限公司	*ST舜喆B	2021-05-26
108	600485.SH	北京信威科技集团股份有限公司	*ST信威	2021-05-25
109	600614.SH	鹏起科技发展股份有限公司	*ST鹏起	2021-05-25
110	600634.SH	上海富控互动娱乐股份有限公司	*ST富控	2021-05-25
111	002071.SZ	长城影视股份有限公司	*ST长城	2021-05-07
112	000662.SZ	天夏智慧城市科技股份有限公司	*ST天夏	2021-04-12
113	600247.SH	吉林成城集团股份有限公司	*ST成城	2021-03-15
114	600978.SH	宜华生活科技股份有限公司	*ST宜生	2021-03-15
115	600677.SH	航天通信控股集团股份有限公司	*ST航通	2021-03-11
116	600891.SH	哈尔滨秋林集团股份有限公司	*ST秋林	2021-03-11
117	600701.SH	哈尔滨工大高新技术产业开发股份有限公司	*ST工新	2021-03-05
118	600687.SH	甘肃刚泰控股(集团)股份有限公司	*ST刚泰	2021-03-03
119	600228.SH	江西昌九生物化工股份有限公司	ST昌九	2021-02-24
120	000727.SZ	南京华东电子信息科技股份有限公司	*ST东科	2021-01-14
121	600086.SH	东方金钰股份有限公司	*ST金钰	2021-01-13
122	600317.SH	营口港务股份有限公司	营口港	2021-01-06
123	000939.SZ	凯迪生态环境科技股份有限公司	凯迪退	2020/12/17
124	600817.SH	郑州德恒宏盛科技发展股份有限公司	ST宏盛	2020-12-17
125	900956.SH	黄石东贝电器股份有限公司	东贝B股	2020-12-15
126	300431.SZ	暴风集团股份有限公司	暴风退	2020-11-23
127	000927.SZ	天津一汽夏利汽车股份有限公司	*ST夏利	2020-11-10
128	300216.SZ	湖南千山制药机械股份有限公司	千山退	2020-09-16
129	300156.SZ	神雾环保技术股份有限公司	神雾退	2020-08-25
130	300090.SZ	安徽盛运环保(集团)股份有限公司	盛运退	2020-08-25
131	002220.SZ	大连天宝绿色食品股份有限公司	天宝退	2020-08-11
132	300028.SZ	金亚科技股份有限公司	金亚退	2020-08-03
133	300104.SZ	乐视网信息技术(北京)股份有限公司	乐视退	2020-07-21
134	200160.SZ	东沣科技集团股份有限公司	东沣B退	2020-07-21
135	002509.SZ	天广中茂股份有限公司	天茂退	2020-07-20
136	002604.SZ	山东龙力生物科技股份有限公司	龙力退	2020-07-15
137	900951.SH	大化集团大连化工股份有限公司	退市大化B	2020-07-02
138	600069.SH	河南银鸽实业投资股份有限公司	退市银鸽	2020-07-02
139	000691.SZ	海南亚太实业发展股份有限公司	亚太实业	2020-06-30
140	002758.SZ	浙江华通医药股份有限公司	华通医药	2020-06-26
141	600175.SH	美都能源股份有限公司	退市美都	2020-06-17
142	002532.SZ	新界泵业集团股份有限公司	新界泵业	2020-06-11
143	600821.SH	天津劝业场(集团)股份有限公司	*ST劝业	2020-06-05
144	601558.SH	华锐风电科技(集团)股份有限公司	退市锐电	2020-04-30

continued

退市时股价 Delisting Share Price	退市时每股净资产 Delisting Book Value Per Share	退市原因 Delisting Reason
0.32	-2.3656	连续2年财务会计报告被出具无法表示意见且净资产为负值，第3年净利润、扣非净利润、净资产为负值且财务会计报告被出具无法表示意见
9.13	3.0611	重组退市-出清式资产置换
0.20	-2.7237	连续2年财务会计报告被出具无法表示意见，第3年净利润、扣非净利润、净资产为负值且财务会计报告被出具无法表示意见(同时存在重大违法强制退市情形)
0.70	0.9185	连续20个交易日收盘价低于1元
1.39	-5.1497	暂停上市后终止上市(适用退市老规)
0.74	0.0048	暂停上市后终止上市(适用退市老规)
0.82	-7.6193	暂停上市后终止上市(适用退市老规)
0.31	-2.0048	连续20个交易日收盘价低于1元
0.25	0.5951	连续20个交易日收盘价低于1元
0.65	-0.3277	连续20个交易日收盘价低于1元
0.52	4.8182	连续20个交易日收盘价低于1元
3.01	-0.4090	主动退市
1.19	-3.5853	暂停上市后终止上市(适用退市老规)
1.17	-5.7762	暂停上市后终止上市(适用退市老规)
0.50	0.5944	连续20个交易日收盘价低于1元
11.12	0.1102	重组退市-出清式资产置换
2.44	0.3335	重组退市-出清式资产置换
0.86	-0.2400	连续20个交易日收盘价低于1元
2.58	2.0031	重组退市-吸收合并
0.15	-0.9175	连续3年亏损，第4年净利润、净资产为负，被出具无法表示意见审计报告
14.88	0.6120	重组退市-重组上市
3.07	6.0859	重组退市-吸收合并
0.28	-1.9223	未在法定期限内披露年度报告
3.82	1.3134	重组退市-出清式资产置换
0.19	-7.6393	2年净资产为负，第2年净利润、扣非净利润、净资产均为负，且审计意见类型为无法表示意见。
0.12	-0.3100	连续20个交易日收盘价低于1元
0.12	-2.8014	连续20个交易日收盘价低于1元
0.26	0.5425	连续20个交易日收盘价低于1元
0.30	0.3175	连续3年亏损，第4年净利润、扣非净利润、净资产均为负。
0.18	-3.6343	2年净资产为负，第2年净利润、扣非净利润、净资产均为负，且审计意见类型为保留意见。
0.18	0.3572	连续20个交易日收盘价低于1元
0.15	0.6060	连续20个交易日收盘价低于1元
0.25	-6.9159	连续三年亏损，且审计意见类型为无法表示意见
0.07	-0.7692	强制退市-交易类
0.92	0.8092	强制退市-交易类
5.09	0.2327	重组退市-出清式资产置换
11.07	12.5424	重组退市-重组上市
0.41	2.5717	强制退市-交易类
7.18	3.6993	重组退市-重组上市
3.96	-0.0436	重组退市-出清式资产置换
0.65	0.2495	强制退市-交易类

附录1-5 续表 6

序号 No.	股票代码 Stock Code	退市公司全称 Delisting Company Name	股票简称 Stock Abbreviation	退市日期 Delisting Date
145	600074.SH	江苏保千里视像科技集团股份有限公司	退市保千	2020-04-01
146	000800.SZ	一汽轿车股份有限公司	一汽轿车	2020-02-28
147	002082.SZ	万邦德新材股份有限公司	万邦德	2020-01-16
148	000018.SZ	神州长城股份有限公司	神城A退	2020-01-07
149	200018.SZ	神州长城股份有限公司	神城B退	2020-01-07
150	002793.SZ	浙江东音泵业股份有限公司	东音股份	2019-12-31
151	300111.SZ	浙江向日葵光能科技股份有限公司	向日葵	2019-12-31
152	000953.SZ	广西河池化工股份有限公司	*ST河化	2019-12-24
153	002761.SZ	多喜爱集团股份有限公司	多喜爱	2019-12-17
154	600747.SH	大连大福控股股份有限公司	退市大控	2019-12-12
155	600240.SH	北京华业资本控股股份有限公司	退市华业	2019-12-04
156	002143.SZ	印纪娱乐传媒股份有限公司	印纪退	2019-11-29
157	002680.SZ	长生生物科技股份有限公司	长生退	2019-11-27
158	000785.SZ	武汉中商集团股份有限公司	武汉中商	2019-11-26
159	600131.SH	四川岷江水利电力股份有限公司	岷江水电	2019-11-01
160	002018.SZ	安徽华信国际控股股份有限公司	华信退	2019-11-01
161	002459.SZ	秦皇岛天业通联重工股份有限公司	天业通联	2019-10-28
162	002477.SZ	雏鹰农牧集团股份有限公司	雏鹰退	2019-10-16
163	600732.SH	上海新梅置业股份有限公司	ST新梅	2019-09-06
164	600556.SH	广西慧金科技股份有限公司	ST慧球	2019-09-06
165	600401.SH	海润光伏科技股份有限公司	退市海润	2019-07-12
166	000693.SZ	成都华泽钴镍材料股份有限公司	华泽退	2019-07-09
167	002070.SZ	福建众和股份有限公司	众和退	2019-07-09
168	000418.SZ	无锡小天鹅股份有限公司	小天鹅A	2019-06-21
169	200418.SZ	无锡小天鹅股份有限公司	小天鹅B	2019-05-27
170	600680.SH	上海普天邮通科技股份有限公司	*ST上普	2019-05-23
171	900930.SH	上海普天邮通科技股份有限公司	*ST沪普B	2019-05-23
172	002015.SZ	江苏霞客环保色纺股份有限公司	霞客环保	2019-04-25
173	002059.SZ	云南旅游股份有限公司	云南旅游	2019-03-29
174	002053.SZ	云南能源投资股份有限公司	云南能投	2019-02-27
175	600877.SH	中国嘉陵工业股份有限公司(集团)	*ST嘉陵	2019-01-30
176	600270.SH	中外运空运发展股份有限公司	外运发展	2018-12-28
177	000979.SZ	中弘控股股份有限公司	中弘退	2018-12-28
178	000511.SZ	银基烯碳新材料集团股份有限公司	烯碳退	2018-07-18
179	600806.SH	沈机集团昆明机床股份有限公司	退市昆机	2018-07-13
180	600432.SH	吉林吉恩镍业股份有限公司	退市吉恩	2018-07-13
181	200053.SZ	深圳赤湾石油基地股份有限公司	深基地Ｂ	2018-06-15
182	000916.SZ	华北高速公路股份有限公司	华北高速(退市)	2017-12-25
183	300372.SZ	丹东欣泰电气股份有限公司	欣泰退(退市)	2017-08-28
184	000033.SZ	深圳新都酒店股份有限公司	新都退(退市)	2017-07-07
185	600005.SH	武汉钢铁股份有限公司	武钢股份(退市)	2017-02-14
186	000748.SZ	长城信息产业股份有限公司	长城信息(退市)	2017-01-18
187	900935.SH	上海阳晨投资股份有限公司	阳晨B股(退市)	2016-12-16
188	600656.SH	珠海市博元投资股份有限公司	退市博元(退市)	2016-05-13
189	000024.SZ	招商局地产控股股份有限公司	招商地产(退市)	2015-12-30
190	200024.SZ	招商局地产控股股份有限公司	招商局B(退市)	2015-12-11
191	900950.SH	江苏新城地产股份有限公司	新城B股(退市)	2015-11-23
192	300186.SZ	广东大华农动物保健品股份有限公司	大华农(退市)	2015-11-02
193	200770.SZ	武汉锅炉股份有限公司	武锅B(退市)	2015-07-13
194	000594.SZ	天津国恒铁路控股股份有限公司	国恒(退市)	2015-07-13
195	601268.SH	国机重型装备集团股份有限公司	*ST二重(退市)	2015-05-21
196	600832.SH	上海东方明珠(集团)股份有限公司	东方明珠(退市)	2015-05-20

continued

退市时股价 Delisting Share Price	退市时每股净资产 Delisting Book Value Per Share	退市原因 Delisting Reason
1.04	-2.4525	强制退市-财务类
9.00	4.9468	重组退市-出清式资产置换
9.87	6.2726	重组退市-重组上市
0.27	-0.7640	连续20个交易日收盘价低于1元
0.17	-0.7640	连续20个交易日收盘价低于1元
13.50	2.7765	重组退市-重组上市
2.34	0.3416	重组退市-出清式资产置换
4.10	-0.8495	重组退市-出清式资产置换
11.56	5.5798	重组退市-重组上市
0.26	0.2848	其它不符合挂牌的情形
0.86	-3.3844	强制退市-交易类
0.25	0.6090	连续20个交易日收盘价低于1元
0.77	3.8467	重大违法强制退市
9.97	1.9727	重组退市-重组上市
21.65	2.6000	重组退市-出清式资产置换
0.26	-0.5249	连续20个交易日收盘价低于1元
11.63	5.5925	重组退市-重组上市
0.17	-0.1420	连续20个交易日收盘价低于1元
8.63	1.0299	重组退市-重组上市
7.92	-0.0119	重组退市-重组上市
0.15	-0.8366	连续三年亏损
0.37	-2.9437	暂停上市后未披露定期报告
0.71	-1.9063	连续三年亏损
57.39	14.1189	重组退市-吸收合并
51.65	14.1189	重组退市-吸收合并
7.69	0.3704	其它不符合挂牌的情形
0.40	0.3704	其它不符合挂牌的情形
6.33	1.3204	重组退市-重组上市
6.93	2.7159	重组退市-重组上市
7.62	4.3348	重组退市-重组上市
4.48	-0.2804	重组退市-出清式资产置换
20.99	9.0350	重组退市-吸收合并
0.22	0.8731	连续20个交易日收盘价低于1元
0.61	0.8440	连续三年亏损
1.47	-0.0720	连续三年亏损
1.38	-0.1237	连续三年亏损
22.75	7.3792	重组退市-吸收合并
8.82	4.4121	重组退市-吸收合并
1.48	2.8728	其它不符合挂牌的情形
1.70	0.0448	连续三年亏损
3.71	2.8247	重组退市-吸收合并
20.31	5.1469	重组退市-吸收合并
2.92	2.6470	重组退市-吸收合并
4.49	2.3633	其它不符合挂牌的情形
40.50	12.7608	重组退市-吸收合并
35.30	12.7608	重组退市-吸收合并
2.22	5.3324	重组退市-吸收合并
45.72	3.9355	重组退市-吸收合并
2.05	-4.8625	连续四年亏损
1.29	1.7278	连续四年亏损
2.35	-2.7793	连续四年亏损
23.18	3.1361	重组退市-吸收合并

附录1-5 续表 7

序号 No.	股票代码 Stock Code	退市公司全称 Delisting Company Name	股票简称 Stock Abbreviation	退市日期 Delisting Date
197	601299.SH	中国北车股份有限公司	中国北车(退市)	2015-05-20
198	000562.SZ	宏源证券股份有限公司	宏源证券(退市)	2015-01-26
199	200002.SZ	万科企业股份有限公司	万科B(退市)	2014-06-19
200	600087.SH	中国长江航运集团南京油运股份有限公司	长油(退市)	2014-06-05
201	200513.SZ	丽珠医药集团股份有限公司	丽珠B(退市)	2014-01-10
202	900949.SH	浙江东南发电股份有限公司	东电B股(退市)	2013-11-07
203	000527.SZ	广东美的电器股份有限公司	美的电器(退市)	2013-09-18
204	000602.SZ	广东金马旅游集团股份有限公司	金马集团(退市)	2013-08-14
205	600253.SH	河南天方药业股份有限公司	天方药业(退市)	2013-07-15
206	000522.SZ	广州白云山制药股份有限公司	白云山A(退市)	2013-04-26
207	000805.SZ	江苏高能时代在线股份有限公司	*ST炎黄(退市)	2013-03-27
208	000787.SZ	创智信息科技股份有限公司	*ST创智(退市)	2013-02-08
209	200039.SZ	中国国际海运集装箱(集团)股份有限公司	中集B(退市)	2012-12-14
210	600991.SH	广汽长丰汽车股份有限公司	广汽长丰(退市)	2012-03-20
211	600263.SH	路桥集团国际建设股份有限公司	路桥建设(退市)	2012-03-01
212	600102.SH	莱芜钢铁股份有限公司	莱钢股份(退市)	2012-02-28
213	600631.SH	上海百联集团股份有限公司(原)	百联股份(退市)	2011-08-23
214	000578.SZ	青海盐湖工业集团股份有限公司	盐湖集团(退市)	2011-03-22
215	600553.SH	河北太行水泥股份有限公司	太行水泥(退市)	2011-02-18
216	600003.SH	东北高速公路股份有限公司	ST东北高(退市)	2010-02-26
217	600607.SH	上海实业医药投资股份有限公司	上实医药(退市)	2010-02-12
218	600842.SH	上海中西药业股份有限公司	中西药业(退市)	2010-02-12
219	600591.SH	上海航空股份有限公司	*ST上航(退市)	2010-01-25
220	600001.SH	邯郸钢铁股份有限公司	邯郸钢铁(退市)	2009-12-29
221	600357.SH	承德新新钒钛股份有限公司	承德钒钛(退市)	2009-12-29
222	200041.SZ	深圳本鲁克斯实业股份有限公司	*ST本实B(退市)	2009-12-04
223	600840.SH	浙江新湖创业投资股份有限公司	新湖创业(退市)	2009-08-27
224	000515.SZ	攀钢集团重庆钛业股份有限公司	攀渝钛业(退市)	2009-05-06
225	000569.SZ	攀钢集团四川长城特殊钢股份有限公司	长城股份(退市)	2009-05-06
226	600627.SH	上海输配电股份有限公司	上电股份(退市)	2008-11-26
227	600786.SH	东方电气集团东方锅炉股份有限公司	东方锅炉(退市)	2008-03-18
228	600472.SH	包头铝业股份有限公司	包头铝业(退市)	2007-12-26
229	600065.SH	大庆联谊石化股份有限公司	*ST联谊(退市)	2007-12-13
230	600762.SH	衡阳市金荔科技农业股份有限公司	S*ST金荔(退市)	2007-11-20
231	600181.SH	云大科技股份有限公司	*ST云大(退市)	2007-06-01
232	600286.SH	湖南国光瓷业集团股份有限公司	S*ST国瓷(退市)	2007-05-31
233	000583.SZ	四川托普软件投资股份有限公司	S*ST托普(退市)	2007-05-21
234	600205.SH	山东铝业股份有限公司	S山东铝(退市)	2007-04-30
235	600296.SH	兰州铝业股份有限公司	S兰铝(退市)	2007-04-30
236	000549.SZ	湘火炬汽车集团股份有限公司	S湘火炬(退市)	2007-04-27
237	000699.SZ	佳木斯金地造纸股份有限公司	S*ST佳纸(退市)	2007-04-04
238	600772.SH	中油龙昌股份有限公司	S*ST龙昌(退市)	2006-11-30
239	600092.SH	陕西精密合金股份有限公司	S*ST精密(退市)	2006-11-30
240	600018.SH	上海港集装箱股份有限公司	上港集箱(退市)	2006-10-20
241	000832.SZ	黑龙江龙涤股份有限公司	*ST龙涤(退市)	2006-06-29
242	600002.SH	中国石化齐鲁股份有限公司	齐鲁石化(退市)	2006-04-24
243	000406.SZ	中国石化胜利油田大明(集团)股份有限公司	石油大明(退市)	2006-04-21
244	000866.SZ	中国石化扬子石油化工股份有限公司	扬子石化(退市)	2006-04-21
245	000956.SZ	中国石化中原油气高新股份有限公司	中原油气(退市)	2006-04-21
246	600659.SH	辽宁闽越花雕股份有限公司	*ST花雕(退市)	2006-03-23
247	000618.SZ	吉林化学工业股份有限公司	吉林化工(退市)	2006-02-20
248	000763.SZ	锦州石化股份有限公司	锦州石化(退市)	2006-01-04

continued

退市时股价 Delisting Share Price	退市时每股净资产 Delisting Book Value Per Share	退市原因 Delisting Reason
29.98	4.06	重组退市-吸收合并
30.50	3.98	重组退市-吸收合并
12.41	6.68	转板上市
0.83	-0.70	连续三年亏损
37.92	11.31	转板上市
0.83	5.15	重组退市-吸收合并
14.02	6.67	重组退市-吸收合并
13.41	3.60	私有化
6.26	2.12	重组退市-吸收合并
23.27	3.55	重组退市-吸收合并
1.88	0.24	连续三年亏损
4.68	0.04	连续三年亏损
9.70	7.16	转板上市
17.82	4.47	重组退市-吸收合并
16.43	5.27	重组退市-吸收合并
7.13	6.70	重组退市-吸收合并
15.68	6.11	重组退市-吸收合并
24.44	2.92	重组退市-吸收合并
14.98	2.49	重组退市-吸收合并
3.87	3.11	证券置换
23.52	6.28	重组退市-吸收合并
13.96	1.71	重组退市-吸收合并
7.27	0.84	重组退市-吸收合并
5.29	4.41	重组退市-吸收合并
7.40	3.55	重组退市-吸收合并
1.16	-6.45	暂停上市后未披露定期报告
23.80	2.80	重组退市-吸收合并
15.29	1.34	重组退市-吸收合并
7.05	0.05	重组退市-吸收合并
28.73	5.40	重组退市-吸收合并
82.20	6.44	私有化
51.82	4.97	重组退市-吸收合并
1.70	0.61	连续三年亏损
0.77	-3.43	连续三年亏损
1.02	-0.67	连续四年亏损
0.67	-4.20	连续三年亏损
0.76	-6.08	连续三年亏损
25.41	6.03	重组退市-吸收合并
14.61	5.85	重组退市-吸收合并
8.90	2.17	重组退市-吸收合并
0.81	-3.14	连续三年亏损
1.30	1.82	暂停上市后未披露定期报告
0.96	-2.00	暂停上市后未披露定期报告
16.37	4.06	重组退市-吸收合并
1.45	-1.86	连续三年亏损
10.09	3.92	私有化
10.12	5.20	私有化
13.84	6.13	私有化
11.91	6.25	私有化
1.41	0.88	暂停上市后未披露定期报告
5.24	1.60	私有化
4.22	1.01	私有化

附录1-5 续表 8

序号 No.	股票代码 Stock Code	退市公司全称 Delisting Company Name	股票简称 Stock Abbreviation	退市日期 Delisting Date
249	600799.SH	黑龙江省科利华网络股份有限公司	*ST龙科(退市)	2006-01-04
250	000817.SZ	辽河金马油田股份有限公司	辽河油田(退市)	2006-01-04
251	600752.SH	哈慈股份有限公司	*ST哈慈(退市)	2005-09-22
252	000827.SZ	大连长兴实业股份有限公司	*ST长兴(退市)	2005-09-21
253	000769.SZ	沈阳菲菲澳家现代农业股份有限公司	*ST大菲(退市)	2005-09-21
254	600899.SH	浙江信联股份有限公司	*ST信联(退市)	2005-09-21
255	200057.SZ	深圳大洋海运股份有限公司	*ST大洋B(退市)	2005-09-21
256	000535.SZ	猴王股份有限公司	*ST猴王(退市)	2005-09-21
257	600700.SH	陕西煤航数码测绘(集团)股份有限公司	*ST数码(退市)	2005-09-20
258	600852.SH	中国四川国际合作股份有限公司	*ST中川(退市)	2005-09-16
259	600672.SH	广东华圣科技投资股份有限公司	*ST华圣(退市)	2005-08-05
260	000765.SZ	汇绿生态科技集团股份有限公司	*ST华信(退市)	2005-07-04
261	600788.SH	西安达尔曼实业股份有限公司	*ST达曼(退市)	2005-03-25
262	600632.SH	上海华联商厦股份有限公司	华联商厦(退市)	2004-11-18
263	000621.SZ	比特科技控股股份有限公司	*ST比特(退市)	2004-09-27
264	600670.SH	长春高斯达生物科技集团股份有限公司	*ST斯达(退市)	2004-09-24
265	000730.SZ	沈阳天创信息科技股份有限公司	*ST环保(退市)	2004-09-24
266	000013.SZ	深圳石化工业集团股份有限公司	*ST石化A(退市)	2004-09-20
267	000765.SZ	汇绿生态科技集团股份有限公司	*ST华信(退市)	2005-07-04
268	600788.SH	西安达尔曼实业股份有限公司	*ST达曼(退市)	2005-03-25
269	600632.SH	上海华联商厦股份有限公司	华联商厦(退市)	2004-11-18
270	000621.SZ	比特科技控股股份有限公司	*ST比特(退市)	2004-09-27
271	600670.SH	长春高斯达生物科技集团股份有限公司	*ST斯达(退市)	2004-09-24
272	000730.SZ	沈阳天创信息科技股份有限公司	*ST环保(退市)	2004-09-24
273	000013.SZ	深圳石化工业集团股份有限公司	*ST石化A(退市)	2004-09-20
274	200013.SZ	深圳石化工业集团股份有限公司	*ST石化B(退市)	2004-09-20
275	600878.SH	大连北大科技(集团)股份有限公司	*ST北科(退市)	2004-09-15
276	600669.SH	鞍山合成(集团)股份有限公司	*ST鞍成(退市)	2004-09-15
277	000660.SZ	广州大通资源开发股份有限公司	*ST南华(退市)	2004-09-13
278	000405.SZ	珠海金马控股股份有限公司	ST鑫光(退市)	2004-03-19
279	000542.SZ	TCL通讯设备股份有限公司	TCL通讯(退市)	2004-01-13
280	600646.SH	上海国嘉实业股份有限公司	ST国嘉(退市)	2003-09-22
281	000412.SZ	长春北方五环实业股份有限公司	ST五环(退市)	2003-09-19
282	000047.SZ	深圳市中侨发展股份有限公司	ST中侨(退市)	2003-05-30
283	600709.SH	湖北洪湖生态农业股份有限公司	ST生态(退市)	2003-05-23
284	000658.SZ	厦门海洋实业(集团)股份有限公司	ST海洋(退市)	2002-09-20
285	600813.SH	辽宁华夏大地生态技术股份有限公司	ST鞍一工(退市)	2002-09-16
286	000653.SZ	福建九州集团股份有限公司	ST九州(退市)	2002-09-13
287	000689.SZ	汕头宏业(集团)股份有限公司	ST宏业(退市)	2002-09-05
288	000675.SZ	四川银山化工(集团)股份有限公司	ST银山(退市)	2002-08-20
289	200003.SZ	金田实业(集团)股份有限公司	PT金田B(退市)	2002-06-14
290	000003.SZ	金田实业(集团)股份有限公司	PT金田A(退市)	2002-06-14
291	000556.SZ	南洋航运集团股份有限公司	PT南洋(退市)	2002-05-29
292	200015.SZ	深圳中浩(集团)股份有限公司	PT中浩B(退市)	2001-10-22
293	000015.SZ	深圳中浩(集团)股份有限公司	PT中浩A(退市)	2001-10-22
294	000588.SZ	广东金曼集团股份有限公司	PT粤金曼(退市)	2001-06-15
295	600625.SH	上海水仙电器股份有限公司	PT水仙(退市)	2001-04-23
296	900931.SH	上海水仙电器股份有限公司	PT水仙B(退市)	2001-04-23
297	000508.SZ	海南民源现代农业发展股份有限公司	琼民源A(退市)	1999-07-12

continued

退市时股价 Delisting Share Price	退市时每股净资产 Delisting Book Value Per Share	退市原因 Delisting Reason
0.54	-1.20	连续三年亏损
8.75	2.95	私有化
0.84	0.27	连续三年亏损
1.16	0.19	连续三年亏损
0.90	0.29	连续三年亏损
1.13	-1.14	连续三年亏损
0.27	-1.21	连续三年亏损
0.50	-2.23	连续三年亏损
0.64	-1.76	连续三年亏损
0.72	-3.18	连续三年亏损
0.70	-1.09	连续三年亏损
2.36	-1.15	连续三年亏损
0.91	-3.07	连续三年亏损
9.53	4.00	重组退市-吸收合并
2.66	-1.42	连续三年亏损
2.87	-0.88	连续三年亏损
2.60	0.10	连续三年亏损
2.47	-8.80	连续三年亏损
2.36	-1.15	连续三年亏损
0.91	-3.07	连续三年亏损
9.53	4.00	重组退市-吸收合并
2.66	-1.42	连续三年亏损
2.87	-0.88	连续三年亏损
2.60	0.10	连续三年亏损
2.47	-8.80	连续三年亏损
1.47	-8.80	连续三年亏损
2.64	-1.78	连续三年亏损
2.19	-2.20	连续三年亏损
2.38	-5.32	连续三年亏损
2.86	-0.31	连续三年亏损
27.34	3.29	重组退市-吸收合并
5.82	-2.74	连续三年亏损
2.89	-0.16	连续三年亏损
8.03	-4.13	连续三年亏损
3.02	-0.23	连续三年亏损
4.24	-3.22	连续三年亏损
3.83	-3.50	连续三年亏损
2.51	-4.45	连续三年亏损
4.88	-4.15	连续三年亏损
7.94	-1.54	连续三年亏损
1.60	-2.99	连续三年亏损
2.71	-2.99	连续三年亏损
1.50	0.73	连续三年亏损
1.95	-6.50	连续三年亏损
6.85	-6.50	连续三年亏损
4.37	1.08	连续三年亏损
4.80	-0.25	连续三年亏损
0.18	-0.25	连续三年亏损
23.50	4.03	证券置换

附录1-6　2023年境外上市公司名录
List of Overseas Listed Company in 2023

序号 No.	股票代码 Stock Code	上市场所 Listed Exchange	公司全称 Company Name	对应A股代码 Corresponding A Stock Code
1	0168.HK	香港联交所主板	青岛啤酒股份有限公司	600600.SH
2	0338.HK	香港联交所主板	中国石化上海石油化工股份有限公司	600688.SH
3	0187.HK	香港联交所主板	北京京城机电股份有限公司	600860.SH
4	0317.HK	香港联交所主板	中船海洋与防务装备股份有限公司	600685.SH
5	0323.HK	香港联交所主板	马鞍山钢铁股份有限公司	600808.SH
6	1033.HK	香港联交所主板	中石化石油工程技术服务股份有限公司	600871.SH
7	1065.HK	香港联交所主板	天津创业环保集团股份有限公司	600874.SH
8	1072.HK	香港联交所主板	东方电气股份有限公司	600875.SH
9	1108.HK	香港联交所主板	凯盛新能源股份有限公司	600876.SH
10	1138.HK	香港联交所主板	中远海运能源运输股份有限公司	600026.SH
11	0042.HK	香港联交所主板	东北电气发展股份有限公司	000585.SZ
12	0553.HK	香港联交所主板	南京熊猫电子股份有限公司	600775.SH
13	0525.HK	香港联交所主板	广深铁路股份有限公司	601333.SH
14	0921.HK	香港联交所主板	海信家电集团股份有限公司	000921.SZ
15	0995.HK	香港联交所主板	安徽皖通高速公路股份有限公司	600012.SH
16	0719.HK	香港联交所主板	山东新华制药股份有限公司	000756.SZ
17	0670.HK	香港联交所主板	中国东方航空股份有限公司	600115.SH
18	0548.HK	香港联交所主板	深圳高速公路集团股份有限公司	600548.SH
19	0991.HK	香港联交所主板	大唐国际发电股份有限公司	601991.SH
20	0588.HK	香港联交所主板	北京北辰实业股份有限公司	601588.SH
21	0358.HK	香港联交所主板	江西铜业股份有限公司	600362.SH
22	0038.HK	香港联交所主板	第一拖拉机股份有限公司	601038.SH
23	0177.HK	香港联交所主板	江苏宁沪高速公路股份有限公司	600377.SH
24	0347.HK	香港联交所主板	鞍钢股份有限公司	000898.SZ
25	1055.HK	香港联交所主板	中国南方航空股份有限公司	600029.SH
26	0107.HK	香港联交所主板	四川成渝高速公路股份有限公司	601107.SH
27	1053.HK	香港联交所主板	重庆钢铁股份有限公司	601005.SH
28	0914.HK	香港联交所主板	安徽海螺水泥股份有限公司	600585.SH
29	0874.HK	香港联交所主板	广州白云山医药集团股份有限公司	600332.SH
30	0902.HK	香港联交所主板	华能国际电力股份有限公司	600011.SH
31	1171.HK	香港联交所主板	兖矿能源集团股份有限公司	600188.SH
32	1071.HK	香港联交所主板	华电国际电力股份有限公司	600027.SH
33	0857.HK	香港联交所主板	中国石油天然气股份有限公司	601857.SH
34	1385.HK	香港联交所主板	上海复旦微电子集团股份有限公司	688385.SH
35	0386.HK	香港联交所主板	中国石油化工股份有限公司	600028.SH
36	2600.HK	香港联交所主板	中国铝业股份有限公司	601600.SH
37	1211.HK	香港联交所主板	比亚迪股份有限公司	002594.SZ
38	1349.HK	香港联交所主板	上海复旦张江生物医药股份有限公司	688505.SH
39	0728.HK	香港联交所主板	中国电信股份有限公司	601728.SH
40	2883.HK	香港联交所主板	中海油田服务股份有限公司	601808.SH
41	0895.HK	香港联交所主板	东江环保股份有限公司	002672.SZ
42	0598.HK	香港联交所主板	中国外运股份有限公司	601598.SH
43	2218.HK	香港联交所主板	烟台北方安德利果汁股份有限公司	605198.SH
44	2333.HK	香港联交所主板	长城汽车股份有限公司	601633.SH
45	2628.HK	香港联交所主板	中国人寿保险股份有限公司	601628.SH

数据来源：中国证监会
Source: CSRC

附录1-6 续表 1 continued

序号 No.	股票代码 Stock Code	上市场所 Listed Exchange	公司全称 Company Name	对应A股代码 Corresponding A Stock Code
46	2899.HK	香港联交所主板	紫金矿业集团股份有限公司	601899.SH
47	2338.HK	香港联交所主板	潍柴动力股份有限公司	000338.SZ
48	0568.HK	香港联交所主板	山东墨龙石油机械股份有限公司	002490.SZ
49	2866.HK	香港联交所主板	中远海运发展股份有限公司	601866.SH
50	2318.HK	香港联交所主板	中国平安保险(集团)股份有限公司	601318.SH
51	0763.HK	香港联交所主板	中兴通讯股份有限公司	000063.SZ
52	0753.HK	香港联交所主板	中国国际航空股份有限公司	601111.SH
53	2727.HK	香港联交所主板	上海电气集团股份有限公司	601727.SH
54	1088.HK	香港联交所主板	中国神华能源股份有限公司	601088.SH
55	3328.HK	香港联交所主板	交通银行股份有限公司	601328.SH
56	1919.HK	香港联交所主板	中远海运控股股份有限公司	601919.SH
57	0939.HK	香港联交所主板	中国建设银行股份有限公司	601939.SH
58	2880.HK	香港联交所主板	辽宁港口股份有限公司	601880.SH
59	1057.HK	香港联交所主板	浙江世宝股份有限公司	002703.SZ
60	3988.HK	香港联交所主板	中国银行股份有限公司	601988.SH
61	3968.HK	香港联交所主板	招商银行股份有限公司	600036.SH
62	1398.HK	香港联交所主板	中国工商银行股份有限公司	601398.SH
63	1800.HK	香港联交所主板	中国交通建设股份有限公司	601800.SH
64	1898.HK	香港联交所主板	中国中煤能源股份有限公司	601898.SH
65	3898.HK	香港联交所主板	株洲中车时代电气股份有限公司	688187.SH
66	3993.HK	香港联交所主板	洛阳栾川钼业集团股份有限公司	603993.SH
67	0998.HK	香港联交所主板	中信银行股份有限公司	601998.SH
68	0811.HK	香港联交所主板	新华文轩出版传媒股份有限公司	601811.SH
69	0390.HK	香港联交所主板	中国中铁股份有限公司	601390.SH
70	1186.HK	香港联交所主板	中国铁建股份有限公司	601186.SH
71	1812.HK	香港联交所主板	山东晨鸣纸业集团股份有限公司	000488.SZ
72	1766.HK	香港联交所主板	中国中车股份有限公司	601766.SH
73	2009.HK	香港联交所主板	北京金隅集团股份有限公司	601992.SH
74	1618.HK	香港联交所主板	中国冶金科工股份有限公司	601618.SH
75	1988.HK	香港联交所主板	中国民生银行股份有限公司	600016.SH
76	0916.HK	香港联交所主板	龙源电力集团股份有限公司	001289.SZ
77	2601.HK	香港联交所主板	中国太平洋保险(集团)股份有限公司	601601.SH
78	1288.HK	香港联交所主板	中国农业银行股份有限公司	601288.SH
79	2238.HK	香港联交所主板	广州汽车集团股份有限公司	601238.SH
80	2208.HK	香港联交所主板	金风科技股份有限公司	002202.SZ
81	0956.HK	香港联交所主板	新天绿色能源股份有限公司	600956.SH
82	3618.HK	香港联交所主板	重庆农村商业银行股份有限公司	601077.SH
83	1157.HK	香港联交所主板	中联重科股份有限公司	000157.SZ
84	2607.HK	香港联交所主板	上海医药集团股份有限公司	601607.SH
85	6030.HK	香港联交所主板	中信证券股份有限公司	600030.SH
86	1336.HK	香港联交所主板	新华人寿保险股份有限公司	601336.SH
87	6837.HK	香港联交所主板	海通证券股份有限公司	600837.SH
88	2068.HK	香港联交所主板	中铝国际工程股份有限公司	601068.SH
89	2196.HK	香港联交所主板	上海复星医药(集团)股份有限公司	600196.SH
90	0564.HK	香港联交所主板	郑州煤矿机械集团股份有限公司	601717.SH

附录1-6　续表 2　continued

序号 No.	股票代码 Stock Code	上市场所 Listed Exchange	公司全称 Company Name	对应A股代码 Corresponding A Stock Code
91	1339.HK	香港联交所主板	中国人民保险集团股份有限公司	601319.SH
92	2039.HK	香港联交所主板	中国国际海运集装箱(集团)股份有限公司	000039.SZ
93	6881.HK	香港联交所主板	中国银河证券股份有限公司	601881.SH
94	1963.HK	香港联交所主板	重庆银行股份有限公司	601963.SH
95	3369.HK	香港联交所主板	秦皇岛港股份有限公司	601326.SH
96	6818.HK	香港联交所主板	中国光大银行股份有限公司	601818.SH
97	1513.HK	香港联交所主板	丽珠医药集团股份有限公司	000513.SZ
98	6198.HK	香港联交所主板	青岛港国际股份有限公司	601298.SH
99	1330.HK	香港联交所主板	绿色动力环保集团股份有限公司	601330.SH
100	1375.HK	香港联交所主板	中原证券股份有限公司	601375.SH
101	2202.HK	香港联交所主板	万科企业股份有限公司	000002.SZ
102	6116.HK	香港联交所主板	新疆拉夏贝尔服饰股份有限公司	603157.SH
103	1816.HK	香港联交所主板	中国广核电力股份有限公司	003816.SZ
104	6869.HK	香港联交所主板	长飞光纤光缆股份有限公司	601869.SH
105	1858.HK	香港联交所主板	北京市春立正达医疗器械股份有限公司	688236.SH
106	3606.HK	香港联交所主板	福耀玻璃工业集团股份有限公司	600660.SH
107	1776.HK	香港联交所主板	广发证券股份有限公司	000776.SZ
108	6826.HK	香港联交所主板	上海昊海生物科技股份有限公司	688366.SH
109	6886.HK	香港联交所主板	华泰证券股份有限公司	601688.SH
110	1528.HK	香港联交所主板	红星美凯龙家居集团股份有限公司	601828.SH
111	1456.HK	香港联交所主板	国联证券股份有限公司	601456.SH
112	3969.HK	香港联交所主板	中国铁路通信信号股份有限公司	688009.SH
113	3908.HK	香港联交所主板	中国国际金融股份有限公司	601995.SH
114	6865.HK	香港联交所主板	福莱特玻璃集团股份有限公司	601865.SH
115	3866.HK	香港联交所主板	青岛银行股份有限公司	002948.SZ
116	3996.HK	香港联交所主板	中国能源建设股份有限公司	601868.SH
117	6196.HK	香港联交所主板	郑州银行股份有限公司	002936.SZ
118	3678.HK	香港联交所主板	弘业期货股份有限公司	001236.SZ
119	2016.HK	香港联交所主板	浙商银行股份有限公司	601916.SH
120	3958.HK	香港联交所主板	东方证券股份有限公司	600958.SH
121	6178.HK	香港联交所主板	光大证券股份有限公司	601788.SH
122	1658.HK	香港联交所主板	中国邮政储蓄银行股份有限公司	601658.SH
123	6099.HK	香港联交所主板	招商证券股份有限公司	600999.SH
124	1635.HK	香港联交所主板	上海大众公用事业(集团)股份有限公司	600635.SH
125	6066.HK	香港联交所主板	中信建投证券股份有限公司	601066.SH
126	2611.HK	香港联交所主板	国泰君安证券股份有限公司	601211.SH
127	1787.HK	香港联交所主板	山东黄金矿业股份有限公司	600547.SH
128	1772.HK	香港联交所主板	江西赣锋锂业集团股份有限公司	002460.SZ
129	2359.HK	香港联交所主板	无锡药明康德新药开发股份有限公司	603259.SH
130	1877.HK	香港联交所主板	上海君实生物医药科技股份有限公司	688180.SH
131	6185.HK	香港联交所主板	康希诺生物股份公司	688185.SH
132	6806.HK	香港联交所主板	申万宏源集团股份有限公司	000166.SZ
133	1839.HK	香港联交所主板	中集车辆(集团)股份有限公司	301039.SZ
134	3759.HK	香港联交所主板	康龙化成(北京)新药技术股份有限公司	300759.SZ
135	9989.HK	香港联交所主板	深圳市海普瑞药业集团股份有限公司	002399.SZ

附录1-6 续表 3 continued

序号 No.	股票代码 Stock Code	上市场所 Listed Exchange	公司全称 Company Name	对应A股代码 Corresponding A Stock Code
136	3347.HK	香港联交所主板	杭州泰格医药科技股份有限公司	300347.SZ
137	9995.HK	香港联交所主板	荣昌生物制药(烟台)股份有限公司	688331.SH
138	6690.HK	香港联交所主板	海尔智家股份有限公司	600690.SH
139	6127.HK	香港联交所主板	北京昭衍新药研究中心股份有限公司	603127.SH
140	6821.HK	香港联交所主板	凯莱英医药集团(天津)股份有限公司	002821.SZ
141	6680.HK	香港联交所主板	江西金力永磁科技股份有限公司	300748.SZ
142	6655.HK	香港联交所主板	华新水泥股份有限公司	600801.SH
143	9696.HK	香港联交所主板	天齐锂业股份有限公司	002466.SZ
144	1880.HK	香港联交所主板	中国旅游集团中免股份有限公司	601888.SH
145	2402.HK	香港联交所主板	北京亿华通科技股份有限公司	688339.SH
146	1122.HK	香港联交所主板	庆铃汽车股份有限公司	
147	1202.HK	香港联交所主板	成都四威科技股份有限公司	
148	1133.HK	香港联交所主板	哈尔滨电气股份有限公司	
149	0576.HK	香港联交所主板	浙江沪杭甬高速公路股份有限公司	
150	0747.HK	香港联交所主板	沈阳公用发展股份有限公司	
151	0694.HK	香港联交所主板	北京首都国际机场股份有限公司	
152	8095.HK	香港联交所创业板	北京北大青鸟环宇科技股份有限公司	
153	1666.HK	香港联交所主板	北京同仁堂科技发展股份有限公司	
154	0696.HK	香港联交所主板	中国民航信息网络股份有限公司	
155	8045.HK	香港联交所创业板	江苏南大苏富特科技股份有限公司	
156	8049.HK	香港联交所创业板	吉林省辉南长龙生化药业股份有限公司	
157	1075.HK	香港联交所主板	首都信息发展股份有限公司	
158	8106.HK	香港联交所创业板	浙江升华兰德科技股份有限公司	
159	8189.HK	香港联交所创业板	天津泰达生物医学工程股份有限公司	
160	0954.HK	香港联交所主板	常茂生物化学工程股份有限公司	
161	8205.HK	香港联交所创业板	上海交大慧谷信息产业股份有限公司	
162	2488.HK	香港联交所主板	深圳市元征科技股份有限公司	
163	8211.HK	香港联交所创业板	浙江永安融通控股股份有限公司	
164	0357.HK	香港联交所主板	海南美兰国际空港股份有限公司	
165	2176.HK	香港联交所主板	赛迪顾问股份有限公司	
166	0980.HK	香港联交所主板	联华超市股份有限公司	
167	2355.HK	香港联交所主板	宝业集团股份有限公司	
168	2357.HK	香港联交所主板	中国航空科技工业股份有限公司	
169	8227.HK	香港联交所创业板	西安海天天线科技股份有限公司	
170	2328.HK	香港联交所主板	中国人民财产保险股份有限公司	
171	8249.HK	香港联交所创业板	浙江瑞远智控科技股份有限公司	
172	1265.HK	香港联交所主板	天津津燃公用事业股份有限公司	
173	1066.HK	香港联交所主板	山东威高集团医用高分子制品股份有限公司	
174	8286.HK	香港联交所创业板	山西长城微光器材股份有限公司	
175	1708.HK	香港联交所主板	南京三宝科技股份有限公司	
176	8115.HK	香港联交所创业板	上海青浦消防器材股份有限公司	
177	0438.HK	香港联交所主板	彩虹集团新能源股份有限公司	
178	1000.HK	香港联交所主板	北青传媒股份有限公司	
179	2777.HK	香港联交所主板	广州富力地产股份有限公司	
180	8329.HK	香港联交所创业板	深圳市海王英特龙生物技术股份有限公司	

附录1-6　续表 4　continued

序号 No.	股票代码 Stock Code	上市场所 Listed Exchange	公司全称 Company Name	对应A股代码 Corresponding A Stock Code
181	3399.HK	香港联交所主板	广东粤运交通股份有限公司	
182	0489.HK	香港联交所主板	东风汽车集团股份有限公司	
183	3330.HK	香港联交所主板	灵宝黄金集团股份有限公司	
184	1292.HK	香港联交所主板	重庆长安民生物流股份有限公司	
185	8247.HK	香港联交所创业板	中生北控生物科技股份有限公司	
186	0840.HK	香港联交所主板	新疆天业节水灌溉股份有限公司	
187	3323.HK	香港联交所主板	中国建材股份有限公司	
188	0814.HK	香港联交所主板	北京京客隆商业集团股份有限公司	
189	3983.HK	香港联交所主板	中海石油化学股份有限公司	
190	0552.HK	香港联交所主板	中国通信服务股份有限公司	
191	1818.HK	香港联交所主板	招金矿业股份有限公司	
192	3833.HK	香港联交所主板	新疆新鑫矿业股份有限公司	
193	8348.HK	香港联交所创业板	天津滨海泰达物流集团股份有限公司	
194	2722.HK	香港联交所主板	重庆机电股份有限公司	
195	1099.HK	香港联交所主板	国药控股股份有限公司	
196	1798.HK	香港联交所主板	中国大唐集团新能源股份有限公司	
197	0579.HK	香港联交所主板	北京京能清洁能源电力股份有限公司	
198	2386.HK	香港联交所主板	中石化炼化工程(集团)股份有限公司	
199	3698.HK	香港联交所主板	徽商银行股份有限公司	
200	1359.HK	香港联交所主板	中国信达资产管理股份有限公司	
201	3332.HK	香港联交所主板	南京中生联合股份有限公司	
202	6138.HK	香港联交所主板	哈尔滨银行股份有限公司	
203	3903.HK	香港联交所主板	瀚华金控股份有限公司	
204	1588.HK	香港联交所主板	畅捷通信息技术股份有限公司	
205	1599.HK	香港联交所主板	北京城建设计发展集团股份有限公司	
206	6188.HK	香港联交所主板	北京迪信通商贸股份有限公司	
207	1289.HK	香港联交所主板	无锡盛力达科技股份有限公司	
208	1958.HK	香港联交所主板	北京汽车股份有限公司	
209	2066.HK	香港联交所主板	盛京银行股份有限公司	
210	6866.HK	香港联交所主板	佐力科创小额贷款股份有限公司	
211	8139.HK	香港联交所创业板	浙江长安仁恒科技股份有限公司	
212	6839.HK	香港联交所主板	云南水务投资股份有限公司	
213	3396.HK	香港联交所主板	联想控股股份有限公司	
214	1461.HK	香港联交所主板	中泰期货股份有限公司	
215	1527.HK	香港联交所主板	浙江天洁环境科技股份有限公司	
216	1476.HK	香港联交所主板	恒泰证券股份有限公司	
217	1508.HK	香港联交所主板	中国再保险(集团)股份有限公司	
218	2799.HK	香港联交所主板	中国中信金融资产管理股份有限公司	
219	2120.HK	香港联交所主板	温州康宁医院股份有限公司	
220	2289.HK	香港联交所主板	创美药业股份有限公司	
221	1786.HK	香港联交所主板	中国铁建高新装备股份有限公司	
222	1543.HK	香港联交所主板	广东中盈盛达融资担保投资股份有限公司	
223	1558.HK	香港联交所主板	宜昌东阳光长江药业股份有限公司	
224	1799.HK	香港联交所主板	新特能源股份有限公司	
225	1459.HK	香港联交所主板	巨匠建设集团股份有限公司	

附录1-6 续表 5 continued

序号 No.	股票代码 Stock Code	上市场所 Listed Exchange	公司全称 Company Name	对应A股代码 Corresponding A Stock Code
226	1578.HK	香港联交所主板	天津银行股份有限公司	
227	1606.HK	香港联交所主板	国银金融租赁股份有限公司	
228	1577.HK	香港联交所主板	泉州汇鑫小额贷款股份有限公司	
229	3689.HK	香港联交所主板	广东康华医疗股份有限公司	
230	1272.HK	香港联交所主板	大唐环境产业集团股份有限公司	
231	6189.HK	香港联交所主板	广东爱得威建设(集团)股份有限公司	
232	1596.HK	香港联交所主板	河北翼辰实业集团股份有限公司	
233	6122.HK	香港联交所主板	吉林九台农村商业银行股份有限公司	
234	2281.HK	香港联交所主板	泸州市兴泸水务(集团)股份有限公司	
235	3768.HK	香港联交所主板	昆明滇池水务股份有限公司	
236	1915.HK	香港联交所主板	扬州市广陵区泰和农村小额贷款股份有限公司	
237	8452.HK	香港联交所创业板	富银融资租赁(深圳)股份有限公司	
238	1551.HK	香港联交所主板	广州农村商业银行股份有限公司	
239	1216.HK	香港联交所主板	中原银行股份有限公司	
240	6060.HK	香港联交所主板	众安在线财产保险股份有限公司	
241	6885.HK	香港联交所主板	河南金马能源股份有限公司	
242	1697.HK	香港联交所主板	山东省国际信托股份有限公司	
243	1727.HK	香港联交所主板	河北建设集团股份有限公司	
244	2139.HK	香港联交所主板	甘肃银行股份有限公司	
245	3319.HK	香港联交所主板	雅生活智慧城市服务股份有限公司	
246	1671.HK	香港联交所主板	天津天保能源股份有限公司	
247	1916.HK	香港联交所主板	江西银行股份有限公司	
248	1749.HK	香港联交所主板	杉杉品牌运营股份有限公司	
249	1763.HK	香港联交所主板	中国同辐股份有限公司	
250	6190.HK	香港联交所主板	九江银行股份有限公司	
251	1576.HK	香港联交所主板	齐鲁高速公路股份有限公司	
252	0788.HK	香港联交所主板	中国铁塔股份有限公司	
253	1835.HK	香港联交所主板	上海瑞威资产管理股份有限公司	
254	1983.HK	香港联交所主板	泸州银行股份有限公司	
255	1713.HK	香港联交所主板	四川能投发展股份有限公司	
256	1785.HK	香港联交所主板	成都高速公路股份有限公司	
257	1905.HK	香港联交所主板	海通恒信国际融资租赁股份有限公司	
258	6117.HK	香港联交所主板	日照港裕廊股份有限公司	
259	2558.HK	香港联交所主板	晋商银行股份有限公司	
260	2696.HK	香港联交所主板	上海复宏汉霖生物技术股份有限公司	
261	1853.HK	香港联交所主板	吉林省春城热力股份有限公司	
262	1847.HK	香港联交所主板	云南建投绿色高性能混凝土股份有限公司	
263	2163.HK	香港联交所主板	长沙远大住宅工业集团股份有限公司	
264	1501.HK	香港联交所主板	上海瑛泰医疗器械股份有限公司	
265	2500.HK	香港联交所主板	杭州启明医疗器械股份有限公司	
266	6049.HK	香港联交所主板	保利物业服务股份有限公司	
267	6199.HK	香港联交所主板	贵州银行股份有限公司	
268	1542.HK	香港联交所主板	台州市水务集团股份有限公司	
269	1601.HK	香港联交所主板	中关村科技租赁股份有限公司	
270	1502.HK	香港联交所主板	金融街物业股份有限公司	

附录1-6 续表 6 continued

序号 No.	股票代码 Stock Code	上市场所 Listed Exchange	公司全称 Company Name	对应A股代码 Corresponding A Stock Code
271	9668.HK	香港联交所主板	渤海银行股份有限公司	
272	9908.HK	香港联交所主板	嘉兴市燃气集团股份有限公司	
273	9977.HK	香港联交所主板	山东凤祥股份有限公司	
274	9633.HK	香港联交所主板	农夫山泉股份有限公司	
275	9677.HK	香港联交所主板	威海市商业银行股份有限公司	
276	9666.HK	香港联交所主板	金科智慧服务集团股份有限公司	
277	1379.HK	香港联交所主板	温岭浙江工量刃具交易中心股份有限公司	
278	2146.HK	香港联交所主板	荣万家生活服务股份有限公司	
279	2170.HK	香港联交所主板	苏州贝康医疗股份有限公司	
280	2190.HK	香港联交所主板	归创通桥医疗科技股份有限公司	
281	6609.HK	香港联交所主板	上海心玮医疗科技股份有限公司	
282	9889.HK	香港联交所主板	东莞农村商业银行股份有限公司	
283	2235.HK	香港联交所主板	微泰医疗器械(杭州)股份有限公司	
284	2252.HK	香港联交所主板	上海微创医疗机器人(集团)股份有限公司	
285	2251.HK	香港联交所主板	北京鹰瞳科技发展股份有限公司	
286	2210.HK	香港联交所主板	北京京城佳业物业股份有限公司	
287	9699.HK	香港联交所主板	杭州顺丰同城实业股份有限公司	
288	2276.HK	香港联交所主板	上海康耐特光学科技集团股份有限公司	
289	2185.HK	香港联交所主板	上海百心安生物技术股份有限公司	
290	2121.HK	香港联交所主板	青岛创新奇智科技集团股份有限公司	
291	9878.HK	香港联交所主板	汇通达网络股份有限公司	
292	2157.HK	香港联交所主板	乐普生物科技股份有限公司	
293	2179.HK	香港联交所主板	江苏瑞科生物技术股份有限公司	
294	2352.HK	香港联交所主板	东原仁知城市运营服务集团股份有限公司	
295	2376.HK	香港联交所主板	鲁商生活服务股份有限公司	
296	6661.HK	香港联交所主板	湖州燃气股份有限公司	
297	2418.HK	香港联交所主板	德银天下股份有限公司	
298	2152.HK	香港联交所主板	苏新美好生活服务股份有限公司	
299	2315.HK	香港联交所主板	百奥赛图(北京)医药科技股份有限公司	
300	6689.HK	香港联交所主板	重庆洪九果品股份有限公司	
301	2602.HK	香港联交所主板	万物云空间科技服务股份有限公司	
302	9863.HK	香港联交所主板	浙江零跑科技股份有限公司	
303	6660.HK	香港联交所主板	艾美疫苗股份有限公司	
304	3931.HK	香港联交所主板	中创新航科技集团股份有限公司	
305	9877.HK	香港联交所主板	宁波健世科技股份有限公司	
306	2291.HK	香港联交所主板	乐普心泰医疗科技(上海)股份有限公司	
307	2245.HK	香港联交所主板	宁波力勤资源科技股份有限公司	
308	6963.HK	香港联交所主板	阳光保险集团股份有限公司	
309	2145.HK	香港联交所主板	上海上美化妆品股份有限公司	
310	6955.HK	香港联交所主板	山东博安生物技术股份有限公司	
311	6922.HK	香港联交所主板	康沣生物科技(上海)股份有限公司	
312	2411.HK	香港联交所主板	深圳百果园实业(集团)股份有限公司	
313	2450.HK	香港联交所主板	淮北绿金产业投资股份有限公司	
314	2482.HK	香港联交所主板	合肥维天运通信息科技股份有限公司	
315	2480.HK	香港联交所主板	北京绿竹生物技术股份有限公司	

附录1-6 续表 7 continued

序号 No.	股票代码 Stock Code	上市场所 Listed Exchange	公司全称 Company Name	对应A股代码 Corresponding A Stock Code
316	2481.HK	香港联交所主板	慧居科技股份有限公司	
317	6990.HK	香港联交所主板	四川科伦博泰生物医药股份有限公司	
318	1541.HK	香港联交所主板	宜明昂科生物医药技术(上海)股份有限公司	
319	2496.HK	香港联交所主板	武汉友芝友生物制药股份有限公司	
320	6682.HK	香港联交所主板	北京第四范式智能技术股份有限公司	
321	1973.HK	香港联交所主板	深圳市天图投资管理股份有限公司	
322	9676.HK	香港联交所主板	十月稻田集团股份有限公司	
323	2517.HK	香港联交所主板	锅圈食品(上海)股份有限公司	
324	2429.HK	香港联交所主板	北京友宝在线科技股份有限公司	
325	2499.HK	香港联交所主板	广州佛朗斯股份有限公司	
326	2520.HK	香港联交所主板	山西省安装集团股份有限公司	
327	9663.HK	香港联交所主板	国鸿氢能科技(嘉兴)股份有限公司	
328	2419.HK	香港联交所主板	四川德康农牧食品集团股份有限公司	
329	1497.HK	香港联交所主板	厦门燕之屋燕窝产业股份有限公司	
330	0666.HK	香港联交所主板	瑞浦兰钧能源股份有限公司	
331	1274.HK	香港联交所主板	知行汽车科技(苏州)股份有限公司	
332	2502.HK	香港联交所主板	河南金源氢化化工股份有限公司	
333	6911.HK	香港联交所主板	普洱澜沧古茶股份有限公司	
334	2149.HK	香港联交所主板	苏州贝克微电子股份有限公司	
335	9880.HK	香港联交所主板	深圳市优必选科技股份有限公司	
336	GEM.SIX	SIX瑞士证券交易所主板	格林美股份有限公司	002340.SZ
337	GOTION.SIX	SIX瑞士证券交易所主板	国轩高科股份有限公司	002074.SZ
338	KEDA.SIX	SIX瑞士证券交易所主板	科达制造股份有限公司	600499.SH
339	SSNE.SIX	SIX瑞士证券交易所主板	宁波杉杉股份有限公司	600884.SH
340	LEPU.SIX	SIX瑞士证券交易所主板	乐普(北京)医疗器械股份有限公司	300003.SZ
341	JCARE.SIX	SIX瑞士证券交易所主板	健康元药业集团股份有限公司	600380.SH
342	SWD.SIX	SIX瑞士证券交易所主板	欣旺达电子股份有限公司	300207.SZ
343	GSI.SIX	SIX瑞士证券交易所主板	杭州巨星科技股份有限公司	002444.SZ
344	DFSH.SIX	SIX瑞士证券交易所主板	江苏东方盛虹股份有限公司	000301.SZ
345	ZHT.SIX	SIX瑞士证券交易所主板	浙江杭可科技股份有限公司	688006.SH
346	FDCB.SIX	SIX瑞士证券交易所主板	方大炭素新材料科技股份有限公司	600516.SH
347	SUPCON.SIX	SIX瑞士证券交易所主板	中控技术股份有限公司	688777.SH
348	YJET.SIX	SIX瑞士证券交易所主板	扬州扬杰电子科技股份有限公司	300373.SZ
349	KUDO.SIX	SIX瑞士证券交易所主板	昆山东威科技股份有限公司	688700.SH
350	HUAYO.SIX	SIX瑞士证券交易所主板	浙江华友钴业股份有限公司	603799.SH
351	WILL.SIX	SIX瑞士证券交易所主板	上海韦尔半导体股份有限公司	603501.SH
352	SENIOR.SIX	SIX瑞士证券交易所主板	深圳市星源材质科技股份有限公司	300568.SZ
353	DAT.L	伦敦证券交易所主板	大唐国际发电股份有限公司	601991.SH
354	AIRC.L	伦敦证券交易所主板	中国国际航空股份有限公司	601111.SH
355	HTSC.L	伦敦证券交易所主板	华泰证券股份有限公司	601688.SH
356	CPIC.L	伦敦证券交易所主板	中国太平洋保险(集团)股份有限公司	601601.SH
357	CYPC.L	伦敦证券交易所主板	中国长江电力股份有限公司	600900.SH
358	SDIC.L	伦敦证券交易所主板	国投电力控股股份有限公司	600886.SH
359	MYSE.L	伦敦证券交易所主板	明阳智慧能源集团股份公司	601615.SH
360	690D.DF	法兰克福证券交易所主板	海尔智家股份有限公司	600690.SH
361	T14.SG	新加坡证券交易所主板	津药达仁堂集团股份有限公司	600329.SH

附录1-7　2023年境内公司境外发行股票情况表

序号 No.	股票代码 Stock Code	公司名称 Company Name	上市地点 Listing Place	上市时间 Listing Date
1	2402.HK	亿华通	香港主板	2023-01-12
2	2411.HK	百果园集团	香港主板	2023-01-16
3	2450.HK	淮北绿金股份	香港主板	2023-01-20
4	2202.HK	万科企业	香港主板	2023-03-09
5	2482.HK	维天运通	香港主板	2023-03-09
6	6689.HK	洪九果品	香港主板	2023-04-19
7	2480.HK	绿竹生物-B	香港主板	2023-05-08
8	2121.HK	创新奇智	香港主板	2023-06-14
9	2481.HK	慧居科技	香港主板	2023-07-10
10	6990.HK	科伦博泰生物-B	香港主板	2023-07-11
11	6190.HK	九江银行	香港主板	2023-07-26
12	2016.HK	浙商银行	香港主板	2023-07-26
13	3330.HK	灵宝黄金	香港主板	2023-08-18
14	1541.HK	宜明昂科-B	香港主板	2023-09-05
15	9977.HK	凤祥股份	香港主板	2023-09-11
16	2496.HK	友芝友生物-B	香港主板	2023-09-25
17	6682.HK	第四范式	香港主板	2023-09-28
18	1973.HK	天图投资	香港主板	2023-10-06
19	9676.HK	十月稻田	香港主板	2023-10-12
20	2517.HK	锅圈	香港主板	2023-11-02
21	2429.HK	友宝在线	香港主板	2023-11-03
22	2499.HK	佛朗斯股份	香港主板	2023-11-10
23	9863.HK	零跑汽车	香港主板	2023-11-20
24	2520.HK	山西安装	香港主板	2023-11-22
25	9663.HK	国鸿氢能	香港主板	2023-12-05
26	2419.HK	德康农牧	香港主板	2023-12-06
27	0576.HK	浙江沪杭甬	香港主板	2023-12-12
28	1497.HK	燕之屋	香港主板	2023-12-12
29	0666.HK	瑞浦兰钧	香港主板	2023-12-18
30	1274.HK	知行汽车科技	香港主板	2023-12-20
31	2502.HK	金源氢化	香港主板	2023-12-20
32	6188.HK	迪信通	香港主板	2023-12-22
33	6911.HK	澜沧古茶	香港主板	2023-12-22
34	2149.HK	贝克微	香港主板	2023-12-28
35	1551.HK	广州农商银行	香港主板	2023-12-29
36	9880.HK	优必选	香港主板	2023-12-29
37	FDCB.SIX	方大炭素(GDR)	瑞士主板	2023-03-15
38	HUAYO.SIX	华友钴业(GDR)	瑞士主板	2023-07-07
39	KUDO.SIX	东威科技(GDR)	瑞士主板	2023-06-13
40	SENIOR.SIX	星源材质(GDR)	瑞士主板	2023-12-18
41	SUPCON.SIX	中控技术(GDR)	瑞士主板	2023-04-17
42	WILL.SIX	韦尔股份(GDR)	瑞士主板	2023-11-10
43	YJET.SIX	扬杰科技(GDR)	瑞士主板	2023-04-18
44	ZHT.SIX	杭可科技(GDR)	瑞士主板	2023-02-22

数据来源：中国证券监督管理委员会
Source:CSRC

List of Domestic Companies Issued Overseas in 2023

发行价格 Issue Price	发行数量（百万股） The Number of Issued (million shares)	筹资金额 Proceeds Raised through Offering of Shares	发行方式 Issue Mode
60港元	18.30	10.98亿港元	IPO
5.6港元	88.54	4.96亿港元	IPO
1.91港元	66.00	1.26亿港元	IPO
13.05港元	300.00	39.15亿港元	增发(配售)
2.9港元	43.21	1.25亿港元	IPO
23.61港元	14.96	3.53亿港元	增发(配售)
32.8港元	10.39	3.41亿港元	IPO
19.7港元	19.90	3.92亿港元	增发(配售)
3.6港元	75.60	2.72亿港元	IPO
60.6港元	25.81	15.64亿港元	IPO
9.79港元	75.00	7.34亿港元	增发(配售)
2.23港元	1366.20	30.47亿港元	增发(供股)
0.85港元	319.77	2.72亿港元	增发(配售)
18.6港元	18.07	3.36亿港元	IPO
1.5132港元	182.62	2.76亿港元	增发(配售)
16港元	11.85	1.9亿港元	IPO
55.6港元	20.19	11.23亿港元	IPO
6.5港元	173.26	11.26亿港元	IPO
15.36港元	53.41	8.2亿港元	IPO
5.98港元	77.36	4.63亿港元	IPO
10.35港元	22.58	2.34亿港元	IPO
14.28港元	12.14	1.73亿港元	IPO
43.8港元	194.26	85.09亿港元	增发(配售)
2.18港元	373.49	8.14亿港元	IPO
19.66港元	79.52	15.63亿港元	IPO
36.95港元	26.91	9.94亿港元	IPO
4.06港元	544.86	22.12亿港元	增发(供股)
9.7港元	32.00	3.1亿港元	IPO
18.3港元	116.07	21.24亿港元	IPO
29.65港元	22.12	6.56亿港元	IPO
1.2港元	238.91	2.87亿港元	IPO
1.7港元	154.00	2.62亿港元	增发(配售)
10.7港元	21.00	2.25亿港元	IPO
27.47港元	15.00	4.12亿港元	IPO
2.37港元	549.59	13.03亿港元	增发(配售)
90港元	11.57	10.42亿港元	IPO
8.63 美元	22.00	1.9亿美元	IPO
11.65 美元	50.00	5.83亿美元	IPO
17.8 美元	5.89	1.05亿美元	IPO
9.46 美元	12.68	1.2亿美元	IPO
26.94 美元	20.96	5.65亿美元	IPO
14.35 美元	31.00	4.45亿美元	IPO
15 美元	14.34	2.15亿美元	IPO
13.69 美元	12.63	1.73亿美元	IPO

附录1-8　2023年证券公司名录

序号 No.	公司名称 Company Name	注册资本 (亿元) Registered Capital (100 million yuan)	注册地 Place of Regis-tration	从业人员数量 (个) Number of Practi-tioner (unit)
1	爱建证券有限责任公司	14.00	上海	889
2	国投证券股份有限公司	100.00	深圳	7594
3	北京高华证券有限责任公司	10.86	北京	78
4	渤海证券股份有限公司	80.37	天津	1716
5	财达证券股份有限公司	32.45	河北	2935
6	财信证券股份有限公司	66.98	湖南	2572
7	财通证券股份有限公司	46.44	浙江	4177
8	财通证券资产管理有限公司	2.00	浙江	387
9	长城国瑞证券有限公司	33.50	厦门	530
10	长城证券股份有限公司	40.34	深圳	3526
11	长江证券(上海)资产管理有限公司	23.00	上海	169
12	长江证券承销保荐有限公司	3.00	上海	481
13	长江证券股份有限公司	55.30	湖北	7122
14	麦高证券有限责任公司	10.00	辽宁	584
15	川财证券有限责任公司	10.00	四川	488
16	大通证券股份有限公司	33.00	大连	943
17	大同证券有限责任公司	8.24	山西	1036
18	德邦证券股份有限公司	39.67	上海	1370
19	第一创业证券承销保荐有限责任公司	4.00	北京	213
20	第一创业证券股份有限公司	42.02	深圳	2417
21	东北证券股份有限公司	23.40	吉林	3224
22	东方证券承销保荐有限公司	8.00	上海	963
23	东方证券股份有限公司	84.97	上海	5254
24	东海证券股份有限公司	18.56	江苏	2426
25	东莞证券股份有限公司	15.00	广东	3493
26	东吴证券股份有限公司	50.08	江苏	3758
27	东兴证券股份有限公司	32.32	北京	2612
28	方正证券股份有限公司	82.32	湖南	8086
29	高盛(中国)证券有限责任公司	33.86	北京	329
30	光大证券股份有限公司	46.11	上海	6188
31	广发证券股份有限公司	76.21	广东	11915
32	广发证券资产管理(广东)有限公司	10.00	广东	182
33	中信证券华南股份有限公司	50.91	广东	1002

注：1.全国中小企业股份转让系统主办券商资格指可开展推荐业务、经纪业务或做市业务的任意一项业务。
2.转融通业务资格指可开展转融资、转融券、代理转融资或代理转融券的任意一项业务。

数据来源：中国证监会、中国证券业协会、全国中小企业股份转让系统、中国证券金融公司、上海证券交易所、深圳证券交易所

Source: CSRC、SAC 、NEEQ、CSF、SSE、SZSE

List of Securities Companies in 2023

是否具有以下业务资格 Business Qualification Available				
融资融券 Margin Require-ment Business	转融通 Refinan-cing Business	科创板做市借券 Market Making and Securities Lending Business on the STAR Market	全国中小企业股份转让系统主办券商 Broker-dealer Business on NEEQ	股票质押式回购 Pledge-style Repo Business
是	是	否	是	是
是	是	是	是	是
否	否	否	否	否
是	是	否	是	是
是	是	否	是	是
是	是	否	是	是
是	是	否	是	是
否	否	否	否	否
是	是	否	是	是
是	是	否	是	是
否	否	否	否	否
否	否	否	是	否
是	是	否	是	是
否	否	否	是	是
是	是	否	是	是
是	是	否	是	是
是	是	否	是	是
是	是	否	是	是
否	否	否	是	否
是	是	否	是	是
是	是	否	是	是
否	否	否	否	否
是	是	否	是	是
是	是	否	是	是
是	是	否	是	是
是	是	否	是	是
是	是	否	是	是
是	是	是	是	是
否	否	否	否	否
是	是	是	是	是
是	是	是	是	是
否	否	否	否	否
是	是	否	是	是

附录1-8　续表 1

序号 No.	公司名称 Company Name	注册资本 (亿元) Registered Capital (100 million yuan)	注册地 Place of Registration	从业人员数量 (个) Number of Practitioner (unit)
34	国都证券股份有限公司	58.30	北京	1120
35	国海证券股份有限公司	63.86	广西	3054
36	国金证券股份有限公司	37.24	四川	5009
37	国开证券股份有限公司	95.00	北京	485
38	国联证券股份有限公司	28.32	江苏	2678
39	国盛证券有限责任公司	46.95	江西	2456
40	国泰君安证券股份有限公司	89.07	上海	11893
41	国信证券股份有限公司	96.12	深圳	11253
42	国元证券股份有限公司	43.64	安徽	4374
43	中天国富证券有限公司	32.80	贵州	521
44	海通证券股份有限公司	130.64	上海	8279
45	恒泰长财证券有限责任公司	2.00	吉林	142
46	恒泰证券股份有限公司	26.05	内蒙古	2648
47	红塔证券股份有限公司	47.17	云南	1188
48	宏信证券有限责任公司	10.00	四川	922
49	华安证券股份有限公司	46.98	安徽	3425
50	华宝证券股份有限公司	40.00	上海	1145
51	华创证券有限责任公司	113.39	贵州	2750
52	华福证券有限责任公司	33.00	福建	4872
53	华金证券股份有限公司	34.50	上海	1218
54	华林证券股份有限公司	27.00	西藏	1850
55	华龙证券股份有限公司	63.35	甘肃	1778
56	国新证券股份有限公司	58.41	北京	2250
57	华泰联合证券有限责任公司	9.97	深圳	1323
58	华泰证券(上海)资产管理有限公司	26.00	上海	350
59	华泰证券股份有限公司	90.75	江苏	9585
60	华西证券股份有限公司	26.25	四川	4025
61	华鑫证券有限责任公司	36.00	深圳	1994
62	华英证券有限责任公司	2.00	江苏	488
63	江海证券有限公司	67.67	黑龙江	1913
64	金通证券有限责任公司	1.35	浙江	6
65	金元证券股份有限公司	40.31	海南	1446
66	华源证券股份有限公司	33.70	青海	2265
67	开源证券股份有限公司	46.14	陕西	3264
68	粤开证券股份有限公司	33.23	广东	1574
69	民生证券股份有限公司	113.84	上海	3114
70	摩根士丹利证券(中国)有限公司	17.18	上海	135
71	南京证券股份有限公司	36.86	江苏	2364

continued

是否具有以下业务资格 Business Qualification Available				
融资融券 Margin Require-ment Business	转融通 Refinan-cing Business	科创板做市借券 Market Making and Securities Lending Business on the STAR Market	全国中小企业股份转让系统主办券商 Broker-dealer Business on NEEQ	股票质押式回购 Pledge-style Repo Business
是	是	否	是	是
是	是	是	是	是
是	是	否	是	是
是	是	否	是	是
是	是	否	是	是
是	是	否	是	是
是	是	是	是	是
是	是	是	是	是
是	是	否	是	是
否	否	否	是	否
是	是	是	是	是
否	否	否	是	否
是	是	否	是	是
是	是	否	是	是
是	是	否	是	是
是	是	否	是	是
是	是	否	是	是
是	是	否	是	是
是	是	否	是	是
是	是	否	是	是
是	是	否	是	是
是	是	否	是	是
是	是	否	是	是
否	否	否	是	否
否	否	否	否	否
是	是	是	是	是
是	是	否	是	是
是	是	否	是	是
否	否	否	是	否
是	是	否	是	是
是	否	否	否	否
是	是	否	是	是
是	是	否	是	是
是	是	否	是	是
是	是	否	是	是
是	是	否	是	是
否	否	否	否	否
是	是	否	是	是

附录1-8 续表 2

序号 No.	公司名称 Company Name	注册资本 (亿元) Registered Capital (100 million yuan)	注册地 Place of Registration	从业人员数量 (个) Number of Practitioner (unit)
72	平安证券股份有限公司	138.00	深圳	4244
73	中泰证券(上海)资产管理有限公司	1.67	上海	175
74	中泰证券股份有限公司	69.69	山东	8615
75	国融证券股份有限公司	17.83	内蒙古	1863
76	瑞信证券(中国)有限公司	10.89	北京	125
77	瑞银证券有限责任公司	14.90	北京	368
78	山西证券股份有限公司	35.90	山西	2304
79	上海东方证券资产管理有限公司	3.00	上海	375
80	上海光大证券资产管理有限公司	2.00	上海	202
81	上海国泰君安证券资产管理有限公司	20.00	上海	321
82	上海海通证券资产管理有限公司	22.00	上海	181
83	上海证券有限责任公司	53.27	上海	2044
84	申万宏源西部证券有限公司	57.00	新疆	909
85	申万宏源证券承销保荐有限责任公司	10.00	新疆	908
86	申万宏源证券有限公司	535.00	上海	7648
87	世纪证券有限责任公司	40.00	深圳	1521
88	首创证券股份有限公司	27.33	北京	1816
89	太平洋证券股份有限公司	68.16	云南	1977
90	天风证券股份有限公司	86.66	湖北	3481
91	万和证券股份有限公司	22.73	海南	1375
92	万联证券股份有限公司	59.54	广东	2224
93	五矿证券有限公司	97.98	深圳	1663
94	西部证券股份有限公司	44.70	陕西	2703
95	东方财富证券股份有限公司	121.00	西藏	2947
96	西南证券股份有限公司	66.45	重庆	2410
97	湘财证券股份有限公司	45.91	湖南	2063
98	诚通证券股份有限公司	29.10	北京	1358
99	信达证券股份有限公司	32.43	北京	2677
100	兴业证券股份有限公司	86.36	福建	8608
101	兴证证券资产管理有限公司	8.00	福建	156
102	银河金汇证券资产管理有限公司	10.00	深圳	150
103	银泰证券有限责任公司	14.00	深圳	1166
104	英大证券有限责任公司	43.36	深圳	1141
105	招商证券股份有限公司	86.97	深圳	9052
106	招商证券资产管理有限公司	10.00	深圳	149
107	浙江浙商证券资产管理有限公司	12.00	浙江	177
108	浙商证券股份有限公司	38.78	浙江	4285
109	中德证券有限责任公司	10.00	北京	298

continued

是否具有以下业务资格 Business Qualification Available				
融资融券 Margin Requirement Business	转融通 Refinancing Business	科创板做市借券 Market Making and Securities Lending Business on the STAR Market	全国中小企业股份转让系统主办券商 Broker-dealer Business on NEEQ	股票质押式回购 Pledge-style Repo Business
是	是	否	是	是
否	否	否	否	否
是	是	否	是	是
是	是	否	是	是
否	否	否	否	否
是	是	否	是	否
是	是	否	是	是
否	否	否	否	否
否	否	否	否	否
否	否	否	否	否
否	否	否	否	否
是	是	否	是	是
是	是	否	是	是
否	否	否	是	否
是	是	是	是	是
是	是	否	是	是
是	是	否	是	是
是	是	否	是	是
是	是	否	是	是
是	是	否	是	是
是	是	否	是	是
是	是	否	是	是
是	是	否	是	是
是	是	否	是	是
是	是	否	是	是
是	是	否	是	是
是	是	否	是	是
是	是	否	是	是
是	是	否	是	是
否	否	否	否	否
否	否	否	否	否
是	是	否	是	是
是	是	否	是	是
是	是	是	是	是
否	否	否	否	否
否	否	否	否	否
是	是	否	是	是
否	否	否	否	否

附录1-8　续表 3

序号 No.	公司名称 Company Name	注册资本 (亿元) Registered Capital (100 million yuan)	注册地 Place of Registration	从业人员数量(个) Number of Practitioner (unit)
110	中国国际金融股份有限公司	48.27	北京	6167
111	方正证券承销保荐有限责任公司	14.00	北京	323
112	中国银河证券股份有限公司	101.37	北京	10921
113	中国中金财富证券有限公司	80.00	深圳	6631
114	中航证券有限公司	73.28	江西	2128
115	中山证券有限责任公司	17.80	深圳	1646
116	中天证券股份有限公司	22.25	辽宁	894
117	中信建投证券股份有限公司	77.57	北京	11974
118	中信证券(山东)有限责任公司	24.94	青岛	2713
119	中信证券股份有限公司	148.21	深圳	15604
120	中银国际证券股份有限公司	27.78	上海	3411
121	中邮证券有限责任公司	50.60	陕西	1513
122	中原证券股份有限公司	46.43	河南	2572
123	联储证券股份有限公司	0.00	青岛	1836
124	国盛证券资产管理有限公司	8.00	深圳	51
125	东证融汇证券资产管理有限公司	7.00	上海	127
126	渤海汇金证券资产管理有限公司	11.00	深圳	142
127	申港证券股份有限公司	4.32	上海	1171
128	华兴证券有限公司	30.24	上海	258
129	汇丰前海证券有限责任公司	18.00	深圳	236
130	东亚前海证券有限责任公司	15.00	深圳	414
131	野村东方国际证券有限公司	20.00	上海	244
132	摩根大通证券(中国)有限公司	19.99	上海	190
133	安信证券资产管理有限公司	10.00	深圳	129
134	金圆统一证券有限公司	15.00	厦门	212
135	甬兴证券有限公司	30.00	宁波	663
136	上海甬兴证券资产管理有限公司	4.00	上海	41
137	天风(上海)证券资产管理有限公司	10.00	上海	161
138	德邦证券资产管理有限公司	10.50	上海	102
139	星展证券(中国)有限公司	15.00	上海	122
140	大和证券(中国)有限责任公司	10.00	北京	94
141	国金证券资产管理有限公司	11.00	上海	129
142	万联证券资产管理(广东)有限公司	5.00	广东	68
143	山证(上海)资产管理有限公司	5.00	上海	124
144	申万宏源证券资产管理有限公司	25.00	上海	245
145	中信证券资产管理有限公司	10.00	北京	252
146	渣打证券(中国)有限公司	10.50	北京	64

continued

是否具有以下业务资格 Business Qualification Available				
融资融券 Margin Requirement Business	转融通 Refinancing Business	科创板做市借券 Market Making and Securities Lending Business on the STAR Market	全国中小企业股份转让系统主办券商 Broker-dealer Business on NEEQ	股票质押式回购 Pledge-style Repo Business
是	是	否	是	是
否	否	否	是	是
是	是	是	是	是
是	是	否	是	是
是	是	否	是	是
是	是	否	是	是
是	是	否	是	是
是	是	是	是	是
是	是	否	是	否
是	是	是	是	是
是	是	否	是	是
是	是	否	是	是
是	是	否	是	是
是	是	否	是	是
否	否	否	否	否
否	否	否	否	否
否	否	否	否	否
是	否	否	是	是
否	否	否	是	否
否	否	否	否	否
是	否	否	是	否
否	否	否	否	否
否	否	否	否	否
否	否	否	否	否
否	否	否	是	否
否	否	否	是	是
否	否	否	否	否
否	否	否	否	否
否	否	否	否	否
否	否	否	是	否
否	否	否	是	否
否	否	否	否	否
否	否	否	否	否
否	否	否	否	否
否	否	否	否	否
否	否	否	否	否
否	否	否	否	否

附录1-9　2023年具有外资股业务资格的境外证券经营机构名录

List of Overseas Securities Institutions with Foreign Business Qualification in 2023

序号 No.	公司名称 Company Name	注册地 Place of Registration	资格种类 Qualification Type
1	星展唯高达香港有限公司	香港	外资股经纪、外资股主承销
2	麦格理资本股份有限公司	香港	外资股经纪、外资股主承销
3	百德能证券有限公司	香港	外资股经纪、外资股主承销
4	宝来证券(香港)有限公司	香港	外资股经纪、外资股主承销
5	倍利证券(香港)有限公司	香港	外资股主承销
6	大福证券有限公司	香港	外资股经纪、外资股主承销
7	大和证券住银资本市场(香港)有限公司	香港	外资股经纪、外资股主承销
8	德意志证券亚洲有限公司	香港	外资股经纪、外资股主承销
9	帝杰亚洲有限公司	香港	外资股经纪、外资股主承销
10	东方惠嘉证券有限公司	香港	外资股经纪、外资股主承销
11	东亚证券有限公司	香港	外资股经纪
12	东洋证券亚洲有限公司	香港	外资股经纪
13	东洋证券株式会社	香港	外资股经纪、外资股主承销
14	发展证券香港有限公司	香港	外资股经纪
15	法国巴黎融资(亚太)有限公司	香港	外资股主承销
16	法国巴黎证券(亚洲)有限公司	香港	外资股经纪、外资股主承销
17	法国兴业证券(香港)有限公司	香港	外资股经纪、外资股主承销
18	高盛(亚洲)有限责任公司	香港	外资股经纪、外资股主承销
19	东盛证券(经纪)有限公司	香港	外资股经纪、外资股主承销
20	广利证券有限公司	香港	外资股经纪
21	联昌国际(香港)有限公司	香港	外资股经纪
22	和升国际有限公司	香港	外资股经纪、外资股主承销
23	荷银融资亚洲有限公司	香港	外资股主承销
24	荷银证券亚洲有限公司	香港	外资股经纪
25	亨泰证券有限公司	香港	外资股经纪
26	恒生证券有限公司	香港	外资股经纪
27	汇富证券有限公司	香港	外资股经纪、外资股主承销
28	极讯亚太有限公司	香港	外资股经纪
29	加拿大怡东融资有限公司	香港	外资股主承销
30	加怡证券经纪有限公司	香港	外资股经纪
31	嘉诚亚洲有限公司	香港	外资股经纪、外资股主承销
32	嘉佳证券有限公司	香港	外资股经纪
33	永丰金证券(亚洲)有限公司	香港	外资股经纪、外资股主承销
34	京华山-国际(香港)有限公司	香港	外资股经纪、外资股主承销
35	京华证券国际有限公司	香港	外资股经纪、外资股主承销
36	凯基证券亚洲有限公司	香港	外资股经纪、外资股主承销

数据来源：中国证券监督管理委员会
Source: CSRC

附录1-9 续表 continued

序号 No.	公司名称 Company Name	注册地 Place of Registration	资格种类 Qualification Type
37	乐金投资证券公司	香港	外资股经纪、外资股主承销
38	里昂证券有限公司	香港	外资股经纪、外资股主承销
39	摩根士丹利亚洲有限公司	香港	外资股经纪
40	内藤证券株式会社	香港	外资股经纪
41	培基证券有限公司	香港	外资股主承销
42	群益证券(香港)有限公司	香港	外资股经纪、外资股主承销
43	软库金汇投资服务有限公司	香港	外资股经纪、外资股主承销
44	瑞士信贷(香港)有限公司	香港	外资股经纪、外资股主承销
45	三星证券株式会社	香港	外资股经纪、外资股主承销
46	顺隆证券行有限公司	香港	外资股经纪
47	所罗门美邦香港有限公司	香港	外资股经纪
48	万信证券有限公司	香港	外资股经纪
49	联昌国际(香港)有限公司	香港	外资股经纪
50	光大证券投资服务(香港)有限公司	香港	外资股经纪、外资股主承销
51	新加坡大华亚洲(香港)有限公司	香港	外资股主承销
52	新加坡发展亚洲融资有限公司	香港	外资股主承销
53	新日本证券国际(香港)有限公司	香港	外资股经纪、外资股主承销
54	信诚证券有限公司	香港	外资股经纪
55	野村国际(香港)有限公司	香港	外资股经纪、外资股主承销
56	怡富证券有限公司	香港	外资股经纪、外资股主承销
57	英明证券有限公司	香港	外资股经纪
58	元富证券(香港)有限公司	香港	外资股经纪、外资股主承销
59	中银国际证券有限公司	香港	外资股经纪
60	周生生证券有限公司	香港	外资股经纪
61	大华继显(香港)有限公司	香港	外资股经纪
62	东海东京证券公司	香港	外资股经纪
63	中国国际金融香港有限公司	香港	外资股经纪
64	美林远东有限公司	香港	外资股经纪
65	敦沛证券有限公司	香港	外资股经纪
66	瑞银证券亚洲有限公司	香港	外资股经纪
67	日本日联飞翼证券股份有限公司	香港	外资股经纪
68	香港上海汇丰银行有限公司	香港	外资股经纪
69	国泰君安证券(香港)有限公司	香港	外资股经纪
70	致富证券有限公司	香港	外资股经纪
71	申万宏源证券(香港)有限公司	香港	外资股经纪
72	国信证券(香港)经纪有限公司	香港	外资股经纪
73	万赢证券有限公司	香港	外资股经纪

附录1-10　2023年公募基金管理人名录

序号 No.	公募基金管理人 Public Fund Management Company	注册资本（亿元） Registered Capital (100 million yuan)	注册地 Place of Registration
1	国泰基金管理有限公司	1.10	上海
2	南方基金管理股份有限公司	3.62	深圳
3	华夏基金管理有限公司	2.38	北京
4	华安基金管理有限公司	1.50	上海
5	博时基金管理有限公司	2.50	深圳
6	鹏华基金管理有限公司	1.50	深圳
7	长盛基金管理有限公司	2.06	深圳
8	嘉实基金管理有限公司	1.50	上海
9	大成基金管理有限公司	2.00	深圳
10	富国基金管理有限公司	5.20	上海
11	易方达基金管理有限公司	1.32	广东
12	宝盈基金管理有限公司	1.00	深圳
13	融通基金管理有限公司	1.25	深圳
14	银华基金管理股份有限公司	2.22	深圳
15	长城基金管理有限公司	1.50	深圳
16	银河基金管理有限公司	2.00	上海
17	宏利基金管理有限公司	1.80	北京
18	国投瑞银基金管理有限公司	1.00	上海
19	万家基金管理有限公司	3.00	上海
20	金鹰基金管理有限公司	5.10	广州
21	招商基金管理有限公司	13.10	深圳
22	华宝基金管理有限公司	1.50	上海
23	摩根士丹利基金管理(中国)有限公司	6.00	深圳
24	国联安基金管理有限公司	1.50	上海
25	海富通基金管理有限公司	3.00	上海
26	长信基金管理有限责任公司	1.65	上海
27	泰信基金管理有限公司	2.00	上海
28	天治基金管理有限公司	1.60	上海
29	景顺长城基金管理有限公司	1.30	深圳
30	广发基金管理有限公司	1.41	广东
31	兴证全球基金管理有限公司	1.50	上海
32	诺安基金管理有限公司	1.50	深圳
33	申万菱信基金管理有限公司	1.50	上海
34	中海基金管理有限公司	1.47	上海
35	光大保德信基金管理有限公司	1.60	上海
36	华富基金管理有限公司	2.50	上海
37	摩根基金管理(中国)有限公司	2.50	上海

数据来源：中国证券监督管理委员会
Source: CSRC

List of Public Fund Management Companies in 2023

员工数量 Number of Employees (unit)	管理基金只数（只） Number of Funds (unit)	管理基金份额（亿份） Fund Units (100 million units)	管理基金资产规模（亿元） Fund Asset Value (100 million yuan)
413	260	5967.27	6049.48
990	354	10298.93	10679.81
1239	412	13036.68	13176.26
505	248	5482.92	6040.58
834	367	9326.02	9658.12
598	313	8038.35	8063.93
196	70	756.16	799.95
1036	334	8226.32	8746.48
360	170	2203.06	2447.26
779	330	8439.76	8912.30
1277	367	15690.97	16772.47
174	61	639.75	673.31
259	83	1336.71	1453.31
678	197	4960.67	5046.53
256	103	2965.33	3050.97
190	83	883.02	1035.61
164	61	648.59	680.46
274	99	2609.87	2717.34
315	140	3814.95	3941.55
165	65	610.84	681.41
602	289	8445.89	8625.28
347	138	3644.93	3213.25
169	35	179.77	198.19
165	81	1263.71	1225.43
338	88	1185.63	1509.56
244	90	1736.43	1682.49
119	33	546.71	570.75
76	15	104.47	108.63
388	179	4734.69	5153.96
835	371	12015.25	12209.24
335	65	5418.88	5614.85
224	61	1594.92	1751.93
208	79	784.22	789.06
142	33	177.72	150.59
184	71	798.60	811.51
178	61	1076.78	1126.91
404	94	1264.36	1303.02

附录1-10 续表 1

序号 No.	公募基金管理人 Public Fund Management Company	注册资本（亿元） Registered Capital (100 million yuan)	注册地 Place of Registration
38	东方基金管理股份有限公司	3.33	北京
39	中银基金管理有限公司	1.00	上海
40	东吴基金管理有限公司	1.00	上海
41	国海富兰克林基金管理有限公司	2.20	广西
42	天弘基金管理有限公司	5.14	天津
43	华泰柏瑞基金管理有限公司	2.00	上海
44	新华基金管理股份有限公司	2.18	重庆
45	汇添富基金管理股份有限公司	1.33	上海
46	工银瑞信基金管理有限公司	2.00	北京
47	交银施罗德基金管理有限公司	20.00	上海
48	中信保诚基金管理有限公司	2.00	上海
49	建信基金管理有限责任公司	2.00	北京
50	华商基金管理有限公司	1.00	北京
51	汇丰晋信基金管理有限公司	2.00	上海
52	益民基金管理有限公司	1.00	重庆
53	中邮创业基金管理股份有限公司	3.04	北京
54	信达澳亚基金管理有限公司	1.00	深圳
55	诺德基金管理有限公司	1.00	上海
56	中欧基金管理有限公司	2.20	上海
57	浦银安盛基金管理有限公司	12.00	上海
58	农银汇理基金管理有限公司	17.50	上海
59	民生加银基金管理有限公司	3.00	深圳
60	西部利得基金管理有限公司	3.70	上海
61	浙商基金管理有限公司	3.00	浙江
62	平安基金管理有限公司	13.00	深圳
63	富安达基金管理有限公司	8.18	上海
64	财通基金管理有限公司	2.00	上海
65	方正富邦基金管理有限公司	6.60	北京
66	长安基金管理有限公司	2.70	上海
67	国金基金管理有限公司	3.60	北京
68	安信基金管理有限责任公司	5.06	深圳
69	德邦基金管理有限公司	5.90	上海
70	华宸未来基金管理有限公司	2.00	上海
71	红塔红土基金管理有限公司	4.96	深圳
72	英大基金管理有限公司	11.46	北京
73	江信基金管理有限公司	1.80	北京
74	太平基金管理有限公司	6.50	上海
75	华润元大基金管理有限公司	6.00	深圳
76	前海开源基金管理有限公司	2.00	深圳
77	东海基金管理有限责任公司	1.65	上海

continued

员工数量 Number of Employees (unit)	管理基金只数（只） Number of Funds (unit)	管理基金份额（亿份） Fund Units (100 million units)	管理基金资产规模（亿元） Fund Asset Value (100 million yuan)
227	63	784.19	911.24
415	159	4187.79	4845.78
126	34	226.94	256.50
156	44	692.68	747.78
710	189	11128.90	11072.50
313	150	2926.31	3801.36
156	43	451.57	480.92
886	318	8214.92	8279.01
714	247	7168.98	7335.79
364	127	4404.93	4874.03
209	80	1204.70	1267.39
620	163	6927.98	7324.48
212	87	1054.50	1283.43
188	36	429.38	512.20
48	6	10.54	10.79
199	55	567.68	585.32
255	66	922.67	953.16
156	40	445.42	467.24
485	165	4351.44	4635.72
305	105	3304.52	3346.21
246	77	1526.70	1667.36
249	100	1339.18	1350.13
213	65	808.95	867.59
128	43	484.59	511.22
394	194	5366.17	5667.39
89	25	69.03	71.15
258	47	786.59	842.16
142	46	620.34	611.60
95	24	231.73	222.58
154	28	517.94	638.14
236	87	1056.14	1185.80
141	31	496.68	515.46
41	3	10.55	12.70
58	21	109.65	109.87
96	29	536.58	552.31
68	9	28.73	32.00
142	35	591.64	576.01
64	16	287.36	294.10
270	96	830.17	976.31
74	15	212.35	220.68

附录1-10　续表 2

序号 No.	公募基金管理人 Public Fund Management Company	注册资本（亿元） Registered Capital (100 million yuan)	注册地 Place of Registration
78	中加基金管理有限公司	4.65	北京
79	兴业基金管理有限公司	12.00	福建
80	国联基金管理有限公司	7.50	深圳
81	北京京管泰富基金管理有限责任公司	3.60	北京
82	中信建投基金管理有限公司	4.50	北京
83	上银基金管理有限公司	3.00	上海
84	鑫元基金管理有限公司	17.00	上海
85	永赢基金管理有限公司	9.00	浙江
86	兴银基金管理有限责任公司	1.43	福建
87	国寿安保基金管理有限公司	12.88	上海
88	圆信永丰基金管理有限公司	2.00	福建
89	中金基金管理有限公司	5.00	北京
90	北信瑞丰基金管理有限公司	17.00	北京
91	红土创新基金管理有限公司	4.00	深圳
92	嘉合基金管理有限公司	3.00	上海
93	创金合信基金管理有限公司	2.61	深圳
94	九泰基金管理有限公司	3.00	北京
95	泓德基金管理有限公司	1.43	西藏
96	金信基金管理有限公司	1.00	深圳
97	中科沃土基金管理有限公司	2.42	广东
98	新沃基金管理有限公司	1.40	青岛
99	富荣基金管理有限公司	2.00	广东
100	鹏扬基金管理有限公司	1.18	上海
101	中航基金管理有限公司	3.00	北京
102	新疆前海联合基金管理有限公司	2.00	新疆
103	华泰保兴基金管理有限公司	2.40	上海
104	先锋基金管理有限公司	1.50	深圳
105	汇安基金管理有限责任公司	1.00	上海
106	恒生前海基金管理有限公司	5.00	深圳
107	格林基金管理有限公司	2.00	北京
108	凯石基金管理有限公司	1.50	上海
109	南华基金管理有限公司	2.50	浙江
110	金元顺安基金管理有限公司	3.40	上海
111	东方阿尔法基金管理有限公司	1.00	深圳
112	国融基金管理有限公司	2.20	上海
113	恒越基金管理有限公司	2.00	上海
114	博道基金管理有限公司	1.00	上海
115	合煦智远基金管理有限公司	1.05	深圳
116	弘毅远方基金管理有限公司	3.10	上海
117	蜂巢基金管理有限公司	1.00	上海

continued

员工数量 Number of Employees (unit)	管理基金只数（只） Number of Funds (unit)	管理基金份额（亿份） Fund Units (100 million units)	管理基金资产规模（亿元） Fund Asset Value (100 million yuan)
189	73	1242.87	1289.88
271	90	2565.95	2618.30
216	85	1090.42	1142.21
47	3	122.06	122.99
208	54	597.21	681.49
131	51	1655.97	1693.21
219	71	1606.74	1642.48
344	121	3534.25	3598.85
161	50	1237.79	1252.20
272	98	2914.64	2706.76
110	31	319.64	384.15
168	49	1080.99	1291.55
78	15	26.53	32.10
79	21	174.73	200.45
103	25	372.49	381.94
438	100	1140.54	1188.58
68	23	16.23	14.52
144	41	571.68	531.12
54	20	90.01	106.92
57	7	9.77	11.17
41	6	52.99	52.98
108	19	151.54	160.23
250	82	958.29	951.19
94	22	336.02	375.95
103	27	105.33	110.19
111	27	309.70	335.83
40	9	36.34	29.99
134	62	399.13	404.69
72	20	106.01	110.29
102	27	237.04	241.36
71	2	2.88	2.17
71	15	152.35	172.49
129	19	276.58	311.15
34	8	74.01	62.77
44	9	36.72	38.62
76	16	54.08	47.51
94	28	204.71	207.94
32	5	5.50	5.64
47	8	16.22	15.30
55	26	440.95	466.47

附录1-10 续表 3

序号 No.	公募基金管理人 Public Fund Management Company	注册资本 (亿元) Registered Capital (100 million yuan)	注册地 Place of Registration
118	湘财基金管理有限公司	3.00	上海
119	睿远基金管理有限公司	1.00	上海
120	中庚基金管理有限公司	2.11	上海
121	淳厚基金管理有限公司	1.00	上海
122	朱雀基金管理有限公司	1.50	陕西
123	同泰基金管理有限公司	1.00	深圳
124	惠升基金管理有限责任公司	1.20	西藏
125	博远基金管理有限公司	1.00	深圳
126	西藏东财基金管理有限公司	10.00	西藏
127	国新国证基金管理有限公司	2.00	河北
128	明亚基金管理有限责任公司	1.10	深圳
129	达诚基金管理有限公司	1.10	上海
130	兴华基金管理有限公司	1.00	青岛
131	东兴基金管理有限公司	2.00	北京
132	汇泉基金管理有限公司	1.00	北京
133	瑞达基金管理有限公司	1.70	厦门
134	百嘉基金管理有限公司	1.00	广州
135	尚正基金管理有限公司	12.00	深圳
136	贝莱德基金管理有限公司	10.00	上海
137	易米基金管理有限公司	1.50	上海
138	兴合基金管理有限公司	1.00	安徽
139	泉果基金管理有限公司	1.00	上海
140	路博迈基金管理(中国)有限公司	3.00	上海
141	富达基金管理(中国)有限公司	1.60	上海
142	华西基金管理有限责任公司	1.00	四川
143	施罗德基金管理(中国)有限公司	5.03	上海
144	泰康基金管理有限公司	1.20	北京
145	联博基金管理有限公司	2.00	上海
146	上海东方证券资产管理有限公司	3.00	上海
147	山证(上海)资产管理有限公司	5.00	上海
148	国都证券股份有限公司	58.30	北京
149	浙江浙商证券资产管理有限公司	12.00	浙江
150	渤海汇金证券资产管理有限公司	11.00	深圳
151	北京高华证券有限责任公司	10.86	北京
152	中银国际证券股份有限公司	27.78	上海
153	财通证券资产管理有限公司	2.00	浙江
154	长江证券(上海)资产管理有限公司	23.00	上海
155	华泰证券(上海)资产管理有限公司	26.00	上海
156	中国人保资产管理有限公司	12.98	上海
157	中泰证券(上海)资产管理有限公司	1.67	上海
158	上海国泰君安证券资产管理有限公司	20.00	上海

continued

员工数量 Number of Employees (unit)	管理基金只数（只） Number of Funds (unit)	管理基金份额（亿份） Fund Units (100 million units)	管理基金资产规模（亿元） Fund Asset Value (100 million yuan)
79	15	43.58	40.75
116	4	390.49	428.15
85	6	200.94	303.65
78	26	305.41	324.18
99	9	143.55	138.13
48	22	57.38	60.87
76	23	484.46	482.76
43	9	99.34	100.34
71	42	109.65	91.49
75	11	74.60	76.96
50	4	7.05	7.00
47	7	53.39	55.04
64	9	63.98	65.95
77	18	419.70	443.96
52	6	32.58	21.26
29	4	1.30	0.94
43	9	47.03	53.89
32	8	35.62	36.02
108	7	101.17	80.43
62	7	5.30	4.91
35	4	1.78	2.44
95	3	198.26	150.75
66	5	103.11	102.63
124	2	46.91	46.00
47	3	3.85	3.70
55	1	12.84	12.84
193	77	947.86	1019.14
42	0	0.00	0.00
375	101	1597.03	1833.80
122	20	281.87	299.59
12	3	1.00	0.69
180	29	275.06	313.87
142	15	195.38	197.40
0	0	0.00	0.00
0	50	1208.43	1288.07
372	64	1080.42	1143.62
171	34	178.91	179.02
354	41	928.81	959.36
64	22	131.38	133.73
168	27	342.18	390.56
325	48	487.49	537.47

附录1-11　2023年证券投资基金托管人名录
List of Securities Investment Fund Custodians in 2023

序号 No.	托管人名称 Fund Custodian	注册地 Place of Registration	取得托管资格时间 Custody Qualification-obtaining Time	托管基金只数(只) Number of Funds under Custody (unit)	托管基金份额(亿份) Fund Units under Custody (100 million units)	托管基金资产规模(亿元) Fund Asset Value under Custody (100 million yuan)
1	中国工商银行股份有限公司	北京	1998年2月	1414	32400.06	37124.85
2	中国农业银行股份有限公司	北京	1998年5月	842	15054.04	16318.86
3	中国银行股份有限公司	北京	1998年7月	1068	21075.78	21963.28
4	中国建设银行股份有限公司	北京	1998年3月	1335	32600.84	33583.75
5	交通银行股份有限公司	上海	1998年7月	763	17734.92	18005.98
6	华夏银行股份有限公司	北京	2005年2月	148	3220.59	3268.19
7	中国光大银行股份有限公司	北京	2002年10月	309	5947.95	6245.88
8	招商银行股份有限公司	深圳	2002年11月	1251	19357.00	19859.74
9	中信银行股份有限公司	北京	2004年8月	356	20949.25	21762.51
10	中国民生银行股份有限公司	北京	2004年7月	335	11492.23	11615.09
11	兴业银行股份有限公司	福建	2005年4月	687	22063.01	22739.90
12	上海浦东发展银行股份有限公司	上海	2003年9月	430	12670.37	12930.08
13	北京银行股份有限公司	北京	2008年6月	94	1191.07	1253.84
14	平安银行股份有限公司	深圳	2008年8月	280	6989.26	7088.85
15	广发银行股份有限公司	广东	2009年5月	67	4491.30	4325.21
16	中国邮政储蓄银行股份有限公司	北京	2009年7月	375	7070.88	7394.94
17	上海银行股份有限公司	上海	2009年8月	138	2636.59	2666.19
18	渤海银行股份有限公司	天津	2010年6月	33	1021.86	1048.63
19	宁波银行股份有限公司	浙江	2012年11月	124	1822.33	1888.90
20	浙商银行股份有限公司	浙江	2013年11月	259	4317.17	4341.34
21	海通证券股份有限公司	上海	2013年12月	26	80.58	72.10
22	国信证券股份有限公司	深圳	2013年12月	30	115.89	93.92
23	徽商银行股份有限公司	安徽	2014年1月	35	1027.49	1049.28
24	广州农村商业银行股份有限公司	广东	2014年1月	21	316.02	342.57
25	招商证券股份有限公司	深圳	2014年1月	62	1035.29	1074.51
26	中国证券登记结算有限责任公司	北京	2014年3月	6	753.39	753.39
27	恒丰银行股份有限公司	山东	2014年2月	68	1240.69	1265.83
28	杭州银行股份有限公司	浙江	2014年3月	90	2065.98	2255.89
29	南京银行股份有限公司	江苏	2014年4月	69	1257.41	1309.92
30	广发证券股份有限公司	广东	2014年5月	63	442.25	469.80

数据来源：中国证券监督管理委员会
Source:　CSRC

附录1-11　续表　continued

序号 No.	托管人名称 Fund Custodian	注册地 Place of Registration	取得托管资格时间 Custody Qualification-obtaining Time	托管基金只数(只) Number of Funds under Custody (unit)	托管基金份额(亿份) Fund Units under Custody (100 million units)	托管基金资产规模(亿元) Fund Asset Value under Custody (100 million yuan)
31	国泰君安证券股份有限公司	上海	2014年5月	65	1643.78	1753.74
32	江苏银行股份有限公司	江苏	2014年5月	134	4357.52	4573.68
33	中国银河证券股份有限公司	北京	2014年6月	34	151.90	113.04
34	华泰证券股份有限公司	江苏	2014年9月	50	237.86	236.88
35	中信证券股份有限公司	深圳	2014年10月	83	550.50	534.94
36	兴业证券股份有限公司	福建	2014年11月	10	76.49	88.83
37	中国证券金融股份有限公司	北京	2015年6月	--	--	--
38	中信建投证券股份有限公司	北京	2015年2月	87	1250.44	1128.29
39	中国国际金融股份有限公司	北京	2015年6月	9	20.59	17.43
40	恒泰证券股份有限公司	内蒙古	2015年8月	3	8.95	6.24
41	中泰证券股份有限公司	山东	2015年12月	8	11.10	12.28
42	国投证券股份有限公司	深圳	2018年9月	5	14.16	13.17
43	东方证券股份有限公司	上海	2018年10月	5	90.56	82.61
44	申万宏源证券有限公司	上海	2019年7月	13	109.96	66.07
45	渣打银行(中国)有限公司	上海	2018年10月	3	4.28	3.68
46	华鑫证券有限责任公司	深圳	2020年6月	1	0.47	0.28
47	光大证券股份有限公司	上海	2020年6月	16	53.07	37.25
48	华福证券有限责任公司	福建	2020年7月	4	83.10	84.49
49	万联证券股份有限公司	广东	2020年6月	--	--	--
50	华安证券股份有限公司	安徽	2020年7月	1	0.16	0.15
51	国元证券股份有限公司	安徽	2020年9月	--	--	--
52	财通证券股份有限公司	浙江	2020年10月	5	8.16	8.06
53	国金证券股份有限公司	四川	2017年6月	6	31.99	31.71
54	长城证券股份有限公司	深圳	2020年9月	1	0.05	0.04
55	长江证券股份有限公司	湖北	2020年12月	1	1.79	1.79
56	花旗银行(中国)有限公司	上海	2020年8月	--	--	--
57	浙商证券股份有限公司	浙江	2021年9月	--	--	--
58	德意志银行(中国)有限公司	北京	2020年12月	--	--	--
59	苏州银行股份有限公司	江苏	2022年3月	2	14.37	14.44
60	南京证券股份有限公司	江苏	2022年1月	--	--	--
61	东方财富证券股份有限公司	西藏	2022年5月	--	--	--
62	青岛银行股份有限公司	青岛	2022年7月	3	89.15	89.48

附录1-12　2023年公开募集证券投资基金销售机构名录
List of Public Securities Investment Fund Sales Institutions in 2023

序号 No.	销售机构名称 Sales Institution Name	销售机构类型 Sales Institution Type	取得销售资格时间 Sales Qualification-Obtaining Time	注册地 Place of Registration
1	中国建设银行股份有限公司	商业银行	2001年7月	北京市
2	交通银行股份有限公司	商业银行	2001年7月	上海市
3	中国工商银行股份有限公司	商业银行	2001年8月	北京市
4	中国银行股份有限公司	商业银行	2001年12月	北京市
5	中国农业银行股份有限公司	商业银行	2001年12月	北京市
6	招商银行股份有限公司	商业银行	2001年12月	广东省深圳市
7	中信银行股份有限公司	商业银行	2002年1月	北京市
8	上海浦东发展银行股份有限公司	商业银行	2002年5月	上海市
9	平安银行股份有限公司	商业银行	2002年5月	广东省深圳市
10	兴业银行股份有限公司	商业银行	2002年8月	福建省福州市
11	中国民生银行股份有限公司	商业银行	2002年9月	北京市
12	中国光大银行股份有限公司	商业银行	2003年1月	北京市
13	华夏银行股份有限公司	商业银行	2004年11月	北京市
14	广发银行股份有限公司	商业银行	2005年7月	广东省广州市
15	中国邮政储蓄银行股份有限公司	商业银行	2007年6月	北京市
16	浙商银行股份有限公司	商业银行	2008年8月	浙江省杭州市
17	渤海银行股份有限公司	商业银行	2009年10月	天津市
18	恒丰银行股份有限公司	商业银行	2014年1月	山东省济南市
19	北京银行股份有限公司	商业银行	2004年10月	北京市
20	上海银行股份有限公司	商业银行	2005年1月	上海市
21	宁波银行股份有限公司	商业银行	2008年2月	浙江省宁波市
22	青岛银行股份有限公司	商业银行	2008年5月	山东省青岛市
23	徽商银行股份有限公司	商业银行	2008年7月	安徽省合肥市
24	东莞银行股份有限公司	商业银行	2008年10月	广东省东莞市
25	南京银行股份有限公司	商业银行	2008年10月	江苏省南京市
26	杭州银行股份有限公司	商业银行	2009年1月	浙江省杭州市
27	临商银行股份有限公司	商业银行	2009年2月	山东省临沂市
28	温州银行股份有限公司	商业银行	2009年5月	浙江省温州市
29	汉口银行股份有限公司	商业银行	2009年6月	湖北省武汉市
30	江苏银行股份有限公司	商业银行	2009年9月	江苏省南京市
31	乌鲁木齐银行股份有限公司	商业银行	2010年2月	新疆维吾尔自治区乌鲁木齐市
32	烟台银行股份有限公司	商业银行	2010年6月	山东省烟台市
33	齐商银行股份有限公司	商业银行	2010年9月	山东省淄博市
34	大连银行股份有限公司	商业银行	2010年10月	辽宁省大连市
35	浙江民泰商业银行股份有限公司	商业银行	2010年10月	浙江省台州市
36	哈尔滨银行股份有限公司	商业银行	2010年10月	黑龙江省哈尔滨市
37	浙江稠州商业银行股份有限公司	商业银行	2010年11月	浙江省义乌市
38	重庆银行股份有限公司	商业银行	2010年11月	重庆市
39	天津银行股份有限公司	商业银行	2011年2月	天津市
40	河北银行股份有限公司	商业银行	2011年5月	河北省石家庄市
41	嘉兴银行股份有限公司	商业银行	2011年6月	浙江省嘉兴市
42	广州银行股份有限公司	商业银行	2011年7月	广东省广州市
43	长沙银行股份有限公司	商业银行	2011年9月	湖南省长沙市
44	西安银行股份有限公司	商业银行	2011年9月	陕西省西安
45	金华银行股份有限公司	商业银行	2011年9月	浙江省金华市

数据来源：中国证券监督管理委员会
Source: CSRC

附录1-12　续表 1　continued

序号 No.	销售机构名称 Sales Institution Name	销售机构类型 Sales Institution Type	取得销售资格时间 Sales Qualification-Obtaining Time	注册地 Place of Registration
46	郑州银行股份有限公司	商业银行	2012年4月	河南省郑州市
47	厦门银行股份有限公司	商业银行	2012年5月	福建省厦门市
48	吉林银行股份有限公司	商业银行	2012年10月	吉林省长春市
49	珠海华润银行股份有限公司	商业银行	2012年12月	广东省珠海市
50	苏州银行股份有限公司	商业银行	2012年12月	江苏省苏州市
51	威海市商业银行股份有限公司	商业银行	2013年2月	山东省威海市
52	四川天府银行股份有限公司	商业银行	2013年2月	四川省南充市
53	长安银行股份有限公司	商业银行	2013年6月	陕西省西安
54	晋商银行股份有限公司	商业银行	2013年8月	山西省太原市
55	富滇银行股份有限公司	商业银行	2013年8月	云南省昆明市
56	昆仑银行股份有限公司	商业银行	2013年9月	新疆维吾尔自治区克拉玛依市
57	日照银行股份有限公司	商业银行	2013年11月	山东省日照市
58	福建海峡银行股份有限公司	商业银行	2013年12月	福建省福州市
59	潍坊银行股份有限公司	商业银行	2013年12月	山东省潍坊市
60	江西银行股份有限公司	商业银行	2013年12月	江西省南昌市
61	绍兴银行股份有限公司	商业银行	2013年12月	浙江省绍兴市
62	广东华兴银行股份有限公司	商业银行	2014年4月	广东省广州市
63	成都银行股份有限公司	商业银行	2014年7月	四川省成都市
64	泉州银行股份有限公司	商业银行	2014年8月	福建省泉州市
65	龙江银行股份有限公司	商业银行	2014年8月	黑龙江省哈尔滨市
66	浙江泰隆商业银行股份有限公司	商业银行	2014年10月	浙江省台州市
67	兰州银行股份有限公司	商业银行	2014年11月	甘肃省兰州市
68	锦州银行股份有限公司	商业银行	2015年1月	辽宁省锦州市
69	长城华西银行股份有限公司	商业银行	2015年3月	四川省德阳市
70	湖南银行股份有限公司	商业银行	2015年4月	湖南省长沙市
71	盛京银行股份有限公司	商业银行	2015年5月	辽宁省沈阳市
72	贵阳银行股份有限公司	商业银行	2015年5月	贵州省贵阳市
73	深圳前海微众银行股份有限公司	商业银行	2015年7月	广东省深圳市
74	广东南粤银行股份有限公司	商业银行	2015年8月	广东省湛江市
75	桂林银行股份有限公司	商业银行	2015年8月	广西壮族自治区桂林市
76	德州银行股份有限公司	商业银行	2015年10月	山东省德州市
77	中原银行股份有限公司	商业银行	2015年10月	河南省郑州市
78	浙江网商银行股份有限公司	商业银行	2015年11月	浙江省杭州市
79	云南红塔银行股份有限公司	商业银行	2016年1月	云南省玉溪市
80	宁夏银行股份有限公司	商业银行	2016年3月	宁夏回族自治区银川市
81	青海银行股份有限公司	商业银行	2019年5月	青海省西宁市
82	湖北银行股份有限公司	商业银行	2016年5月	湖北省武汉市
83	厦门国际银行股份有限公司	商业银行	2016年6月	福建省厦门市
84	营口银行股份有限公司	商业银行	2016年7月	辽宁省营口市
85	内蒙古银行股份有限公司	商业银行	2016年7月	内蒙古自治区呼和浩特市
86	贵州银行股份有限公司	商业银行	2016年8月	贵州省贵阳市
87	阜新银行股份有限公司	商业银行	2016年9月	辽宁省阜新市
88	九江银行股份有限公司	商业银行	2016年10月	江西省九江市
89	唐山银行股份有限公司	商业银行	2016年12月	河北省唐山市
90	赣州银行股份有限公司	商业银行	2017年11月	江西省赣州市

附录1-12 续表 2 continued

序号 No.	销售机构名称 Sales Institution Name	销售机构类型 Sales Institution Type	取得销售资格时间 Sales Qualification-Obtaining Time	注册地 Place of Registration
91	上饶银行股份有限公司	商业银行	2017年12月	江西省上饶市
92	海南银行股份有限公司	商业银行	2020年4月	海南省海口市
93	中信百信银行股份有限公司	商业银行	2020年6月	北京市
94	蒙商银行股份有限公司	商业银行	2021年5月	内蒙古自治区包头市
95	齐鲁银行股份有限公司	商业银行	2022年8月	山东省济南市
96	上海农村商业银行股份有限公司	商业银行	2008年2月	上海市
97	北京农村商业银行股份有限公司	商业银行	2008年4月	北京市
98	江苏张家港农村商业银行股份有限公司	商业银行	2009年12月	江苏省苏州市
99	深圳农村商业银行股份有限公司	商业银行	2010年1月	广东省深圳市
100	东莞农村商业银行股份有限公司	商业银行	2011年2月	广东省东莞市
101	江苏常熟农村商业银行股份有限公司	商业银行	2011年7月	江苏省苏州市
102	广东顺德农村商业银行股份有限公司	商业银行	2011年8月	广东省佛山市
103	重庆农村商业银行股份有限公司	商业银行	2011年8月	重庆市
104	江苏江南农村商业银行股份有限公司	商业银行	2011年9月	江苏省常州市
105	江苏江阴农村商业银行股份有限公司	商业银行	2011年9月	江苏省无锡市
106	江苏苏州农村商业银行股份有限公司	商业银行	2011年9月	江苏省苏州市
107	江苏昆山农村商业银行股份有限公司	商业银行	2011年10月	江苏省苏州市
108	广州农村商业银行股份有限公司	商业银行	2012年7月	广东省广州市
109	成都农村商业银行股份有限公司	商业银行	2012年9月	四川省成都市
110	杭州联合农村商业银行股份有限公司	商业银行	2013年2月	浙江省杭州市
111	无锡农村商业银行股份有限公司	商业银行	2013年11月	江苏省无锡市
112	浙江绍兴瑞丰农村商业银行股份有限公司	商业银行	2014年1月	浙江省绍兴市
113	浙江温州龙湾农村商业银行股份有限公司	商业银行	2014年2月	浙江省温州市
114	广东南海农村商业银行股份有限公司	商业银行	2014年3月	广东省佛山市
115	天津农村商业银行股份有限公司	商业银行	2014年7月	天津市
116	长春农村商业银行股份有限公司	商业银行	2014年10月	吉林省长春市
117	浙江温州鹿城农村商业银行股份有限公司	商业银行	2015年1月	浙江省温州市
118	浙江乐清农村商业银行股份有限公司	商业银行	2015年5月	浙江省乐清市
119	宁波慈溪农村商业银行股份有限公司	商业银行	2015年6月	浙江省宁波市
120	浙江临海农村商业银行股份有限公司	商业银行	2015年7月	浙江省临海市
121	天津滨海农村商业银行股份有限公司	商业银行	2015年7月	天津市
122	佛山农村商业银行股份有限公司	商业银行	2015年9月	广东省佛山市
123	青岛农村商业银行股份有限公司	商业银行	2015年9月	山东省青岛市
124	江苏紫金农村商业银行股份有限公司	商业银行	2015年11月	江苏省南京市
125	浙江义乌农村商业银行股份有限公司	商业银行	2015年11月	浙江省义乌市
126	浙江新昌农村商业银行股份有限公司	商业银行	2015年11月	浙江省新昌县
127	浙江杭州余杭农村商业银行股份有限公司	商业银行	2016年2月	浙江省杭州市
128	浙江瑞安农村商业银行股份有限公司	商业银行	2016年2月	浙江省瑞安市
129	武汉农村商业银行股份有限公司	商业银行	2016年5月	湖北省武汉市
130	浙江德清农村商业银行股份有限公司	商业银行	2016年6月	浙江省德清县
131	浙江富阳农村商业银行股份有限公司	商业银行	2016年7月	浙江省杭州市
132	浙江温州瓯海农村商业银行股份有限公司	商业银行	2016年8月	浙江省温州市
133	福建漳州农村商业银行股份有限公司	商业银行	2016年9月	福建省漳州市
134	浙江萧山农村商业银行股份有限公司	商业银行	2016年9月	浙江省杭州市
135	福建石狮农村商业银行股份有限公司	商业银行	2017年1月	福建省泉州市

附录1-12 续表 3 continued

序号 No.	销售机构名称 Sales Institution Name	销售机构类型 Sales Institution Type	取得销售资格时间 Sales Qualification-Obtaining Time	注册地 Place of Registration
136	宁波鄞州农村商业银行股份有限公司	商业银行	2017年4月	浙江省宁波市
137	渣打银行(中国)有限公司	商业银行	2013年6月	上海市
138	大华银行(中国)有限公司	商业银行	2013年6月	上海市
139	花旗银行(中国)有限公司	商业银行	2013年6月	上海市
140	东亚银行(中国)有限公司	商业银行	2013年6月	上海市
141	星展银行(中国)有限公司	商业银行	2013年6月	上海市
142	汇丰银行(中国)有限公司	商业银行	2013年6月	上海市
143	南洋商业银行(中国)有限公司	商业银行	2013年6月	上海市
144	恒生银行(中国)有限公司	商业银行	2013年7月	上海市
145	摩根大通银行(中国)有限公司	商业银行	2013年9月	北京市
146	华侨永亨银行(中国)有限公司	商业银行	2013年10月	上海市
147	华商银行	商业银行	2016年9月	广东省深圳市
148	瑞士银行(中国)有限公司	商业银行	2018年1月	北京市
149	国泰君安证券股份有限公司	证券公司	2002年7月	上海市
150	广发证券股份有限公司	证券公司	2002年8月	广东省广州市
151	国信证券股份有限公司	证券公司	2002年8月	广东省深圳市
152	招商证券股份有限公司	证券公司	2002年8月	广东省深圳市
153	中信证券股份有限公司	证券公司	2002年8月	广东省深圳市
154	海通证券股份有限公司	证券公司	2002年10月	上海市
155	民生证券股份有限公司	证券公司	2003年1月	上海市
156	华龙证券股份有限公司	证券公司	2003年1月	甘肃省兰州市
157	西南证券股份有限公司	证券公司	2003年1月	重庆市
158	大同证券有限责任公司	证券公司	2003年1月	山西省太原市
159	山西证券股份有限公司	证券公司	2003年1月	山西省太原市
160	国元证券股份有限公司	证券公司	2003年2月	安徽省合肥市
161	兴业证券股份有限公司	证券公司	2003年2月	福建省福州市
162	万联证券股份有限公司	证券公司	2003年2月	广东省广州市
163	华泰证券股份有限公司	证券公司	2003年2月	江苏省苏州市
164	长江证券股份有限公司	证券公司	2003年2月	湖北省武汉市
165	渤海证券股份有限公司	证券公司	2003年2月	天津市
166	中信证券(山东)有限责任公司	证券公司	2003年2月	山东省青岛市
167	中信证券华南股份有限公司	证券公司	2003年2月	广东省广州市
168	湘财证券股份有限公司	证券公司	2003年3月	湖南省长沙市
169	东吴证券股份有限公司	证券公司	2003年12月	江苏省苏州市
170	东方证券股份有限公司	证券公司	2004年4月	上海市
171	光大证券股份有限公司	证券公司	2004年4月	上海市
172	上海证券有限责任公司	证券公司	2004年5月	上海市
173	国联证券股份有限公司	证券公司	2004年6月	江苏省无锡市
174	浙商证券股份有限公司	证券公司	2004年6月	浙江省杭州市
175	东北证券股份有限公司	证券公司	2004年7月	吉林省长春市
176	华安证券股份有限公司	证券公司	2004年8月	安徽省合肥市
177	南京证券股份有限公司	证券公司	2004年8月	江苏省南京市
178	平安证券股份有限公司	证券公司	2004年8月	广东省深圳市
179	长城证券股份有限公司	证券公司	2004年8月	广东省深圳市
180	东莞证券股份有限公司	证券公司	2004年9月	广东省东莞市

附录1-12 续表 4 continued

序号 No.	销售机构名称 Sales Institution Name	销售机构类型 Sales Institution Type	取得销售资格时间 Sales Qualification-Obtaining Time	注册地 Place of Registration
181	财信证券有限责任公司	证券公司	2004年9月	湖南省长沙市
182	东海证券股份有限公司	证券公司	2004年9月	江苏省常州市
183	国海证券股份有限公司	证券公司	2004年9月	广西壮族自治区桂林市
184	中原证券股份有限公司	证券公司	2004年10月	河南省郑州市
185	中银国际证券股份有限公司	证券公司	2004年11月	上海市
186	国都证券股份有限公司	证券公司	2004年11月	北京市
187	新时代证券股份有限公司	证券公司	2004年11月	北京市
188	中泰证券股份有限公司	证券公司	2004年11月	山东省济南市
189	恒泰证券股份有限公司	证券公司	2004年11月	内蒙古自治区呼和浩特市
190	华西证券股份有限公司	证券公司	2004年11月	四川省成都市
191	国盛证券有限责任公司	证券公司	2004年11月	江西省南昌市
192	中国国际金融股份有限公司	证券公司	2004年12月	北京市
193	华福证券有限责任公司	证券公司	2005年1月	福建省福州市
194	德邦证券股份有限公司	证券公司	2005年2月	上海市
195	世纪证券有限责任公司	证券公司	2005年2月	广东省深圳市
196	第一创业证券股份有限公司	证券公司	2005年3月	广东省深圳市
197	中航证券有限公司	证券公司	2005年4月	江西省南昌市
198	西部证券股份有限公司	证券公司	2005年4月	陕西省西安
199	金元证券股份有限公司	证券公司	2005年4月	海南省海口市
200	中信建投证券股份有限公司	证券公司	2005年12月	北京市
201	财通证券股份有限公司	证券公司	2006年7月	浙江省杭州市
202	安信证券股份有限公司	证券公司	2007年4月	广东省深圳市
203	中国银河证券股份有限公司	证券公司	2007年5月	北京市
204	华鑫证券有限责任公司	证券公司	2008年1月	广东省深圳市
205	瑞银证券有限责任公司	证券公司	2008年2月	北京市
206	国金证券股份有限公司	证券公司	2008年3月	四川省成都市
207	中国中金财富证券有限公司	证券公司	2008年3月	广东省深圳市
208	中山证券有限责任公司	证券公司	2008年3月	广东省深圳市
209	红塔证券股份有限公司	证券公司	2008年3月	云南省昆明市
210	国融证券股份有限公司	证券公司	2008年5月	内蒙古自治区呼和浩特市
211	东方财富证券股份有限公司	证券公司	2008年5月	西藏自治区拉萨市
212	粤开证券股份有限公司	证券公司	2008年6月	广东省广州市
213	方正证券股份有限公司	证券公司	2008年6月	湖南省长沙市
214	江海证券有限公司	证券公司	2008年8月	黑龙江省哈尔滨市
215	银泰证券有限责任公司	证券公司	2008年12月	广东省深圳市
216	华宝证券股份有限公司	证券公司	2009年1月	上海市
217	爱建证券有限责任公司	证券公司	2009年1月	上海市
218	长城国瑞证券有限公司	证券公司	2009年1月	福建省厦门市
219	英大证券有限责任公司	证券公司	2009年3月	广东省深圳市
220	信达证券股份有限公司	证券公司	2009年7月	北京市
221	东兴证券股份有限公司	证券公司	2009年7月	北京市
222	国新证券股份有限公司	证券公司	2009年9月	北京市
223	大通证券股份有限公司	证券公司	2009年12月	辽宁省大连市
224	财达证券股份有限公司	证券公司	2009年12月	河北省石家庄市
225	中天证券股份有限公司	证券公司	2010年1月	辽宁省沈阳市

附录1-12 续表 5 continued

序号 No.	销售机构名称 Sales Institution Name	销售机构类型 Sales Institution Type	取得销售资格时间 Sales Qualification-Obtaining Time	注册地 Place of Registration
226	五矿证券有限公司	证券公司	2010年4月	广东省深圳市
227	北京高华证券有限责任公司	证券公司	2010年5月	北京市
228	华创证券有限责任公司	证券公司	2010年6月	贵州省贵阳市
229	万和证券股份有限公司	证券公司	2010年9月	海南省海口市
230	中邮证券有限责任公司	证券公司	2010年11月	陕西省西安
231	首创证券股份有限公司	证券公司	2011年2月	北京市
232	国开证券股份有限公司	证券公司	2011年5月	北京市
233	太平洋证券股份有限公司	证券公司	2012年11月	云南省昆明市
234	开源证券股份有限公司	证券公司	2012年12月	陕西省西安
235	麦高证券有限责任公司	证券公司	2013年2月	辽宁省辽阳市
236	天风证券股份有限公司	证券公司	2013年4月	湖北省武汉市
237	宏信证券有限责任公司	证券公司	2013年6月	四川省成都市
238	川财证券有限责任公司	证券公司	2014年1月	四川省成都市
239	申万宏源西部证券有限公司	证券公司	2015年1月	新疆维吾尔自治区乌鲁木齐市
240	申万宏源证券有限公司	证券公司	2002年10月	上海市
241	华金证券股份有限公司	证券公司	2013年8月	上海市
242	华林证券股份有限公司	证券公司	2004年11月	西藏自治区拉萨市
243	九州证券股份有限公司	证券公司	2008年8月	青海省西宁市
244	联储证券有限责任公司	证券公司	2015年11月	山东省青岛市
245	甬兴证券股份有限公司	证券公司	2020年1月	浙江省宁波市
246	申港证券股份有限公司	证券公司	2023年4月	上海市
247	中信建投期货有限公司	期货公司	2013年9月	重庆市
248	中国国际期货股份有限公司	期货公司	2013年11月	北京市
249	兴证期货有限公司	期货公司	2014年7月	福建省福州市
250	海通期货股份有限公司	期货公司	2014年8月	上海市
251	中州期货有限公司	期货公司	2014年11月	山东省烟台市
252	中信期货有限公司	期货公司	2014年11月	广东省深圳市
253	安粮期货股份有限公司	期货公司	2015年1月	安徽省合肥市
254	物产中大期货有限公司	期货公司	2015年1月	浙江省杭州市
255	申银万国期货有限公司	期货公司	2015年2月	上海市
256	广发期货有限公司	期货公司	2015年2月	广东省广州市
257	徽商期货有限责任公司	期货公司	2015年3月	安徽省合肥市
258	上海东证期货有限公司	期货公司	2015年5月	上海市
259	东海期货有限责任公司	期货公司	2015年7月	江苏省常州市
260	中投天琪期货有限公司	期货公司	2015年8月	广东省深圳市
261	银河期货有限公司	期货公司	2015年10月	北京市
262	南华期货股份有限公司	期货公司	2016年2月	浙江省杭州市
263	永安期货股份有限公司	期货公司	2016年3月	浙江省杭州市
264	弘业期货股份有限公司	期货公司	2016年4月	江苏省南京市
265	华泰期货有限公司	期货公司	2016年8月	广东省广州市
266	大有期货有限公司	期货公司	2016年8月	湖南省长沙市
267	华融融达期货股份有限公司	期货公司	2016年8月	河南省郑州市
268	长江期货股份有限公司	期货公司	2016年9月	湖北省武汉市
269	中衍期货有限公司	期货公司	2016年11月	北京市
270	和合期货有限公司	期货公司	2016年12月	山西省太原市

附录1-12 续表 6 continued

序号 No.	销售机构名称 Sales Institution Name	销售机构类型 Sales Institution Type	取得销售资格时间 Sales Qualification-Obtaining Time	注册地 Place of Registration
271	光大期货有限公司	期货公司	2017年1月	上海市
272	新纪元期货股份有限公司	期货公司	2017年1月	江苏省徐州市
273	西部期货有限公司	期货公司	2017年3月	陕西省西安市
274	宏源期货有限公司	期货公司	2019年11月	北京市
275	方正中期期货有限公司	期货公司	2019年11月	北京市
276	国贸期货有限公司	期货公司	2022年9月	福建省厦门市
277	浙商期货有限公司	期货公司	2023年2月	浙江省杭州市
278	阳光人寿保险股份有限公司	保险公司	2014年6月	海南省三亚市
279	中国平安人寿保险股份有限公司	保险公司	2014年7月	广东省深圳市
280	中宏人寿保险有限公司	保险公司	2014年12月	上海市
281	中国人寿保股份有限公司	保险公司	2015年3月	北京市
282	泰康人寿保险有限责任公司	保险公司	2023年3月	北京市
283	华瑞保险销售有限公司	保险代理公司和保险经纪公司	2014年11月	上海市
284	玄元保险代理有限公司	保险代理公司和保险经纪公司	2014年12月	上海市
285	方德保险代理有限公司	保险代理公司和保险经纪公司	2016年2月	北京市
286	汇丰保险经纪有限公司	保险代理公司和保险经纪公司	2023年7月	北京市
287	天相投资顾问有限公司	证券投资咨询机构	2004年7月	北京市
288	鼎信汇金(北京)投资管理有限公司	证券投资咨询机构	2012年5月	北京市
289	江苏金百临投资咨询股份有限公司	证券投资咨询机构	2012年5月	江苏省无锡市
290	和讯信息科技有限公司	证券投资咨询机构	2012年6月	北京市
291	深圳市新兰德证券投资咨询有限公司	证券投资咨询机构	2012年9月	广东省深圳市
292	厦门市鑫鼎盛控股有限公司	证券投资咨询机构	2013年2月	福建省厦门市
293	江苏天鼎证券投资咨询有限公司	证券投资咨询机构	2016年6月	江苏省南京市
294	和信证券投资咨询股份有限公司	证券投资咨询机构	2016年8月	河南省郑州市
295	财咨道信息技术有限公司	证券投资咨询机构	2016年9月	辽宁省沈阳市
296	诺亚正行基金销售有限公司	独立基金销售机构	2012年2月	上海市
297	上海天天基金销售有限公司	独立基金销售机构	2012年2月	上海市
298	深圳众禄基金销售股份有限公司	独立基金销售机构	2012年2月	广东省深圳市
299	上海好买基金销售有限公司	独立基金销售机构	2012年2月	上海市
300	上海长量基金销售有限公司	独立基金销售机构	2012年4月	上海市
301	蚂蚁(杭州)基金销售有限公司	独立基金销售机构	2012年4月	浙江省杭州市
302	浙江同花顺基金销售有限公司	独立基金销售机构	2012年4月	浙江省杭州市
303	北京展恒基金销售股份有限公司	独立基金销售机构	2012年6月	北京市
304	上海利得基金销售有限公司	独立基金销售机构	2012年8月	上海市
305	天津市润泽基金销售有限公司	独立基金销售机构	2012年10月	天津市
306	北京中期时代基金销售有限公司	独立基金销售机构	2012年11月	北京市
307	北京创金启富基金销售有限公司	独立基金销售机构	2012年12月	北京市
308	浙江金观诚基金销售有限公司	独立基金销售机构	2012年12月	浙江省杭州市
309	浦领基金销售有限公司	独立基金销售机构	2013年2月	北京市
310	北京中天嘉华基金销售有限公司	独立基金销售机构	2013年2月	北京市
311	北京增财基金销售有限公司	独立基金销售机构	2013年2月	北京市
312	宜信普泽(北京)基金销售有限公司	独立基金销售机构	2013年2月	北京市
313	泛华普益基金销售有限公司	独立基金销售机构	2013年2月	四川省成都市
314	深圳腾元基金销售有限公司	独立基金销售机构	2013年3月	广东省深圳市
315	通华财富(上海)基金销售有限公司	独立基金销售机构	2013年6月	上海市

附录1-12 续表 7 continued

序号 No.	销售机构名称 Sales Institution Name	销售机构类型 Sales Institution Type	取得销售资格时间 Sales Qualification-Obtaining Time	注册地 Place of Registration
316	北京中植基金销售有限公司	独立基金销售机构	2013年8月	北京市
317	深圳前海汇联基金销售有限公司	独立基金销售机构	2013年9月	广东省深圳市
318	北京钱景基金销售有限公司	独立基金销售机构	2013年11月	北京市
319	一路财富(深圳)基金销售有限公司	独立基金销售机构	2013年12月	广东省深圳市
320	海银基金销售有限公司	独立基金销售机构	2014年1月	上海市
321	成都华羿恒信基金销售有限公司	独立基金销售机构	2014年1月	四川省成都市
322	上海财咖啡基金销售有限公司	独立基金销售机构	2014年3月	上海市
323	上海云智慧基金销售有限公司	独立基金销售机构	2014年3月	上海市
324	北京新浪仓石基金销售有限公司	独立基金销售机构	2014年3月	北京市
325	北京加和基金销售有限公司	独立基金销售机构	2014年4月	北京市
326	北京辉腾汇富基金销售有限公司	独立基金销售机构	2014年4月	北京市
327	济安财富(北京)基金销售有限公司	独立基金销售机构	2014年5月	北京市
328	福克斯(北京)基金销售有限公司	独立基金销售机构	2014年8月	北京市
329	扬州国信嘉利基金销售有限公司	独立基金销售机构	2014年9月	江苏省扬州市
330	深圳市锦安基金销售有限公司	独立基金销售机构	2014年9月	广东省深圳市
331	上海联泰基金销售有限公司	独立基金销售机构	2014年10月	上海市
332	上海钜派钰茂基金销售有限公司	独立基金销售机构	2014年11月	上海市
333	上海汇付基金销售有限公司	独立基金销售机构	2014年12月	上海市
334	北京坤元基金销售有限公司	独立基金销售机构	2014年12月	北京市
335	泰信财富基金销售有限公司	独立基金销售机构	2014年12月	北京市
336	江西正融基金销售有限公司	独立基金销售机构	2014年12月	江西省南昌市
337	深圳市金海九州基金销售有限公司	独立基金销售机构	2014年12月	广东省深圳市
338	北京富国大通基金销售有限公司	独立基金销售机构	2015年1月	北京市
339	北京微动利基金销售有限公司	独立基金销售机构	2015年2月	北京市
340	上海基煜基金销售有限公司	独立基金销售机构	2015年3月	上海市
341	利和财富(上海)基金销售有限公司	独立基金销售机构	2015年4月	上海市
342	上海景谷基金销售有限公司	独立基金销售机构	2015年5月	上海市
343	上海凯石财富基金销售有限公司	独立基金销售机构	2015年7月	上海市
344	上海中正达广基金销售有限公司	独立基金销售机构	2015年7月	上海市
345	上海攀赢基金销售有限公司	独立基金销售机构	2015年7月	上海市
346	北京恒宇天泽基金销售有限公司	独立基金销售机构	2015年7月	北京市
347	北京虹点基金销售有限公司	独立基金销售机构	2015年7月	北京市
348	上海陆金所基金销售有限公司	独立基金销售机构	2015年8月	上海市
349	珠海盈米基金销售有限公司	独立基金销售机构	2015年8月	广东省珠海市
350	和耕传承基金销售有限公司	独立基金销售机构	2015年8月	河南省郑州市
351	深圳安见基金销售有限公司	独立基金销售机构	2015年8月	广东省深圳市
352	深圳新华信通基金销售有限公司	独立基金销售机构	2015年8月	广东省深圳市
353	武汉市伯嘉基金销售有限公司	独立基金销售机构	2015年8月	湖北省武汉市
354	深圳富济基金销售有限公司	独立基金销售机构	2015年9月	广东省深圳市
355	成都万华源基金销售有限责任公司	独立基金销售机构	2015年9月	四川省成都市
356	中证金牛(北京)基金销售有限公司	独立基金销售机构	2015年10月	北京市
357	北京懒猫基金销售有限公司	独立基金销售机构	2015年10月	北京市
358	上海爱建基金销售有限公司	独立基金销售机构	2015年11月	上海市
359	北京电盈基金销售有限公司	独立基金销售机构	2015年11月	北京市
360	大连网金基金销售有限公司	独立基金销售机构	2015年12月	辽宁省大连市

附录1-12　续表 8　continued

序号 No.	销售机构名称 Sales Institution Name	销售机构类型 Sales Institution Type	取得销售资格时间 Sales Qualification-Obtaining Time	注册地 Place of Registration
361	京东肯特瑞基金销售有限公司	独立基金销售机构	2015年12月	北京市
362	深圳秋实惠智基金销售有限公司	独立基金销售机构	2015年12月	广东省深圳市
363	深圳市小牛基金销售有限公司	独立基金销售机构	2015年12月	广东省深圳市
364	中民财富基金销售(上海)有限公司	独立基金销售机构	2016年1月	上海市
365	北京雪球基金销售有限公司	独立基金销售机构	2016年1月	北京市
366	奕丰基金销售有限公司	独立基金销售机构	2016年1月	广东省深圳市
367	上海云湾基金销售有限公司	独立基金销售机构	2016年2月	上海市
368	乾道基金销售有限公司	独立基金销售机构	2016年3月	北京市
369	北京格上富信基金销售有限公司	独立基金销售机构	2016年2月	北京市
370	深圳市金斧子基金销售有限公司	独立基金销售机构	2016年2月	广东省深圳市
371	深圳市前海排排网基金销售有限责任公司	独立基金销售机构	2016年2月	广东省深圳市
372	深圳前海财厚基金销售有限公司	独立基金销售机构	2016年2月	广东省深圳市
373	深圳市华融基金销售有限公司	独立基金销售机构	2016年2月	广东省深圳市
374	北京汇成基金销售有限公司	独立基金销售机构	2016年3月	北京市
375	北京广源达信基金销售有限公司	独立基金销售机构	2016年3月	北京市
376	南京苏宁基金销售有限公司	独立基金销售机构	2016年3月	江苏省南京市
377	深圳信诚基金销售有限公司	独立基金销售机构	2016年3月	广东省深圳市
378	上海万得基金销售有限公司	独立基金销售机构	2016年5月	上海市
379	天津国美基金销售有限公司	独立基金销售机构	2016年6月	天津市
380	众惠基金销售有限公司	独立基金销售机构	2016年7月	贵州省贵阳市
381	上海有鱼基金销售有限公司	独立基金销售机构	2016年8月	上海市
382	上海挖财基金销售有限公司	独立基金销售机构	2016年8月	上海市
383	江苏汇林保大基金销售有限公司	独立基金销售机构	2016年9月	江苏省南京市
384	大河财富基金销售有限公司	独立基金销售机构	2016年10月	贵州省贵阳市
385	嘉晟瑞信(天津)基金销售有限公司	独立基金销售机构	2016年10月	天津市
386	喜鹊财富基金销售有限公司	独立基金销售机构	2016年12月	西藏自治区拉萨市
387	贵州省贵文文化基金销售有限公司	独立基金销售机构	2016年12月	贵州省贵阳市
388	资舟基金销售有限公司	独立基金销售机构	2017年1月	辽宁省大连市
389	洪泰财富(青岛)基金销售有限责任公司	独立基金销售机构	2017年1月	山东省青岛市
390	青岛乐弘基金销售有限公司	独立基金销售机构	2017年1月	山东省青岛市
391	上海陆享基金销售有限公司	独立基金销售机构	2017年4月	上海市
392	民商基金销售(上海)有限公司	独立基金销售机构	2017年10月	上海市
393	腾安基金销售(深圳)有限公司	独立基金销售机构	2018年1月	广东省深圳市
394	北京度小满基金销售有限公司	独立基金销售机构	2018年8月	北京市
395	青岛意才基金销售有限公司	独立基金销售机构	2019年10月	山东省青岛市
396	瑞银基金销售(深圳)有限公司	独立基金销售机构	2021年9月	广东省深圳市
397	嘉实财富管理有限公司	基金公司销售子公司	2012年12月	上海市
398	上海国金理益财富基金销售有限公司	基金公司销售子公司	2013年11月	上海市
399	上海中欧财富基金销售有限公司	基金公司销售子公司	2015年7月	上海市
400	九泰基金销售(北京)有限公司	基金公司销售子公司	2015年8月	北京市
401	上海华夏财富投资管理有限公司	基金公司销售子公司	2015年11月	上海市
402	万家财富基金销售(天津)有限公司	基金公司销售子公司	2015年12月	天津市
403	博时财富基金销售有限公司	基金公司销售子公司	2021年8月	深圳市

附录1-13 2023年合格境外投资者(QFII、RQFII)名录
List of QFII、RQFII in 2023

序号 No.	QFII、RQFII名称 Name	取得资格时间 Qualification-obtaining Time
1	瑞士银行	2003年5月23日
2	野村证券株式会社	2003年5月23日
3	摩根士丹利国际股份有限公司	2003年6月5日
4	花旗环球金融有限公司	2003年6月5日
5	高盛公司	2003年7月4日
6	德意志银行	2003年7月30日
7	香港上海汇丰银行有限公司	2003年8月4日
8	摩根大通银行	2003年9月30日
9	瑞士信贷(香港)有限公司	2003年10月24日
10	渣打银行(香港)有限公司	2003年12月11日
11	日兴资产管理有限公司	2003年12月11日
12	美林国际	2004年4月30日
13	恒生银行有限公司	2004年5月10日
14	大和证券株式会社	2004年5月10日
15	比尔及梅林达盖茨信托基金会	2004年7月19日
16	景顺资产管理有限公司	2004年8月4日
17	法国兴业银行	2004年9月2日
18	巴克莱银行	2004年9月15日
19	德国商业银行	2004年9月27日
20	法国巴黎银行	2004年9月29日
21	加拿大鲍尔公司	2004年10月15日
22	东方汇理银行	2004年10月15日
23	高盛国际资产管理公司	2005年5月9日
24	马丁可利投资管理有限公司	2005年10月25日
25	新加坡政府投资有限公司	2005年10月25日
26	柏瑞投资有限责任公司	2005年11月14日
27	淡马锡富敦投资有限公司	2005年11月15日
28	日本第一生命保险株式会社	2005年12月28日
29	星展银行有限公司	2006年2月13日
30	加拿大丰业银行	2006年4月10日
31	比联金融产品英国有限公司	2006年4月10日
32	爱德蒙得洛希尔(法国)	2006年4月10日
33	耶鲁大学	2006年4月14日
34	摩根士丹利投资管理公司	2006年7月7日
35	瀚亚投资(香港)有限公司	2006年7月7日
36	斯坦福大学	2006年8月5日
37	大华银行有限公司	2006年8月5日
38	施罗德投资管理有限公司	2006年8月29日
39	汇丰环球投资管理(香港)有限公司	2006年9月5日
40	瑞穗证券株式会社	2006年9月5日
41	三井住友德思资产管理株式会社	2006年9月25日
42	瑞银资产管理(新加坡)有限公司	2006年9月25日
43	挪威中央银行	2006年10月24日
44	百达资产管理有限公司	2006年10月25日
45	哥伦比亚大学	2008年3月12日
46	荷宝基金管理公司	2008年5月5日
47	道富环球投资管理亚洲有限公司	2008年5月16日
48	比利时联合资产管理有限公司	2008年6月2日
49	铂金投资管理有限公司	2008年6月2日
50	未来资产基金管理公司	2008年7月25日
51	安达国际控股有限公司	2008年8月5日
52	魁北克储蓄投资集团	2008年8月22日
53	哈佛大学	2008年8月22日

数据来源：中国证券监督管理委员会
Source: CSRC

附录1-13 续表 1 continued

序号 No.	QFII、RQFII名称 Name	取得资格时间 Qualification-obtaining Time
54	三星资产运用株式会社	2008年8月25日
55	联博有限公司	2008年8月28日
56	新加坡华侨银行股份有限公司	2008年8月28日
57	首源投资(英国)有限公司	2008年9月11日
58	大和资产管理株式会社	2008年9月11日
59	普徕仕投资公司	2008年9月12日
60	壳牌资产管理有限公司	2008年9月12日
61	瑞士信贷银行股份有限公司	2008年10月14日
62	大华资产管理有限公司	2008年11月28日
63	阿布达比投资局	2008年12月3日
64	安联环球投资有限公司	2008年12月16日
65	资本国际公司	2008年12月18日
66	三菱日联摩根士丹利证券股份有限公司	2008年12月29日
67	韩华资产运用株式会社	2009年2月5日
68	韩国产业银行	2009年4月23日
69	韩国友利银行股份有限公司	2009年5月4日
70	马来西亚国家银行	2009年5月19日
71	邓普顿投资顾问有限公司	2009年6月5日
72	东亚联丰投资管理有限公司	2009年6月18日
73	三井住友信托银行股份有限公司	2009年6月26日
74	韩国投资信托运用株式会社	2009年7月21日
75	霸菱资产管理有限公司	2009年8月6日
76	安石投资管理有限公司	2009年9月14日
77	纽约梅隆资产管理国际有限公司	2009年11月6日
78	宏利投资管理(香港)有限公司	2009年11月20日
79	野村资产管理株式会社	2009年11月23日
80	友利资产运用株式会社	2009年12月11日
81	加拿大皇家银行	2009年12月23日
82	英杰华投资集团全球服务有限公司	2009年12月28日
83	顶峰资产管理有限公司	2010年4月20日
84	欧非资产管理公司	2010年5月21日
85	安本亚洲有限公司	2010年7月6日
86	KB资产运用	2010年8月9日
87	富达基金(香港)有限公司	2010年9月1日
88	香港金融管理局	2010年10月27日
89	富邦证券投资信托股份有限公司	2010年10月29日
90	群益证券投资信托股份有限公司	2010年10月29日
91	蒙特利尔银行投资公司	2010年12月6日
92	瑞士宝盛银行	2010年12月14日
93	科提比资产运用株式会社	2010年12月28日
94	领先资产管理	2011年2月16日
95	元大证券投资信托股份有限公司	2011年3月4日
96	忠利保险有限公司	2011年3月18日
97	西班牙对外银行有限公司	2011年5月6日
98	国泰证券投资信托股份有限公司	2011年6月9日
99	复华证券投资信托股份有限公司	2011年6月9日
100	亢简资产管理公司	2011年6月24日
101	贝莱德机构信托公司	2011年7月14日
102	东方汇理资产管理香港有限公司	2011年7月14日
103	GMO有限责任公司	2011年8月9日
104	新加坡金融管理局	2011年10月8日
105	中国人寿保险股份有限公司(台湾)	2011年10月26日
106	新光人寿保险股份有限公司	2011年10月26日

附录1-13 续表 2 continued

序号 No.	QFII、RQFII名称 Name	取得资格时间 Qualification-obtaining Time
107	普林斯顿大学	2011年11月25日
108	泛运公司	2011年12月9日
109	加拿大年金计划投资委员会	2011年12月9日
110	瀚博环球投资公司	2011年12月13日
111	安耐德合伙人有限公司	2011年12月13日
112	泰国银行	2011年12月16日
113	博时基金(国际)有限公司	2011年12月21日
114	大成国际资产管理有限公司	2011年12月21日
115	华安资产管理(香港)有限公司	2011年12月21日
116	科威特政府投资局	2011年12月21日
117	北美信托环球投资公司	2011年12月21日
118	台湾人寿保险股份有限公司	2011年12月21日
119	韩国银行	2011年12月21日
120	华夏基金(香港)有限公司	2011年12月21日
121	汇添富资产管理(香港)有限公司	2011年12月21日
122	嘉实国际资产管理有限公司	2011年12月21日
123	南方东英资产管理有限公司	2011年12月21日
124	易方达资产管理(香港)有限公司	2011年12月21日
125	中国国际金融(国际)有限公司	2011年12月22日
126	国信证券(香港)金融控股有限公司	2011年12月22日
127	光大证券金融控股有限公司	2011年12月22日
128	华泰金融控股(香港)有限公司	2011年12月22日
129	国泰君安金融控股有限公司	2011年12月22日
130	海通国际控股有限公司	2011年12月22日
131	广发控股(香港)有限公司	2011年12月22日
132	招商证券国际有限公司	2011年12月22日
133	申万宏源(国际)集团有限公司	2011年12月22日
134	中信证券国际有限公司	2011年12月22日
135	安信国际金融控股有限公司	2011年12月22日
136	国元国际控股有限公司	2011年12月22日
137	安大略省教师养老金计划委员会	2011年12月22日
138	罗素投资爱尔兰有限公司	2011年12月28日
139	韩国投资公司	2011年12月28日
140	迈世勒资产管理有限责任公司	2011年12月31日
141	华宜资产运用有限公司	2011年12月31日
142	国民年金公团(韩国)	2012年1月5日
143	新韩资产运用株式会社	2012年1月5日
144	三商美邦人寿保险股份有限公司	2012年1月30日
145	保德信证券投资信托股份有限公司	2012年1月31日
146	信安环球投资有限公司	2012年1月31日
147	全球人寿保险股份有限公司	2012年2月3日
148	大众信托基金有限公司	2012年2月3日
149	明治安田资产管理有限公司	2012年2月27日
150	国泰人寿保险股份有限公司	2012年2月28日
151	富邦人寿保险股份有限公司	2012年3月1日
152	友邦保险有限公司	2012年3月5日
153	纽伯格伯曼欧洲有限公司	2012年3月5日
154	马来西亚国库控股公司	2012年3月7日
155	资本研究与管理公司	2012年3月9日
156	日本东京海上资产管理株式会社	2012年3月14日
157	韩亚证券株式会社	2012年3月29日
158	兴元资产管理有限公司	2012年3月30日
159	伦敦市投资管理有限公司	2012年3月30日

附录1-13 续表 3 continued

序号 No.	QFII、RQFII名称 Name	取得资格时间 Qualification-obtaining Time
160	摩根资产管理(英国)有限公司	2012年3月30日
161	思佰益冈三资产管理股份有限公司	2012年3月30日
162	预知投资管理公司	2012年4月18日
163	东部资产运用株式会社	2012年4月20日
164	骏利亨德森投资英国有限公司	2012年4月28日
165	欧利盛资产管理有限公司	2012年5月2日
166	中银国际英国保诚资产管理有限公司	2012年5月3日
167	富敦资金管理有限公司	2012年5月4日
168	利安资金管理公司	2012年5月7日
169	忠利银行基金管理卢森堡有限责任公司	2012年5月23日
170	威廉博莱公司	2012年5月24日
171	晋达英国有限公司	2012年5月28日
172	安智投资管理亚太(香港)有限公司	2012年6月4日
173	三菱日联国际资产管理公司	2012年6月4日
174	中银集团人寿保险有限公司	2012年7月12日
175	霍尔资本有限公司	2012年8月6日
176	得克萨斯大学体系董事会	2012年8月6日
177	南山人寿保险股份有限公司	2012年8月6日
178	工银瑞信资产管理(国际)有限公司	2012年8月7日
179	广发国际资产管理有限公司	2012年8月7日
180	SUVA瑞士国家工伤保险机构	2012年8月13日
181	不列颠哥伦比亚省投资管理公司	2012年8月17日
182	惠理基金管理香港有限公司	2012年8月21日
183	安大略退休金管理委员会	2012年8月29日
184	教会养老基金	2012年8月31日
185	麦格理银行有限公司	2012年9月4日
186	海通国际资产管理(香港)有限公司	2012年9月20日
187	IDG资本管理(香港)有限公司	2012年9月20日
188	瑞典第二国家养老金	2012年9月20日
189	杜克大学	2012年9月24日
190	卡塔尔控股有限责任公司	2012年9月25日
191	瑞士盈丰银行股份有限公司	2012年9月26日
192	贝莱德资产管理北亚有限公司	2012年10月26日
193	海拓投资管理公司	2012年10月26日
194	奥博医疗顾问有限公司	2012年10月26日
195	新思路投资有限公司	2012年10月26日
196	摩根证券投资信托股份有限公司	2012年11月5日
197	全球保险集团美国投资管理有限公司	2012年11月5日
198	鼎晖投资咨询新加坡有限公司	2012年11月7日
199	瑞典北欧斯安银行有限公司	2012年11月12日
200	道明资产管理公司	2012年11月21日
201	统一证券投资信托股份有限公司	2012年11月21日
202	毕盛资产管理有限公司	2012年11月27日
203	中信里昂资产管理有限公司	2012年12月11日
204	太平洋投资策略有限公司	2012年12月11日
205	HHLR管理有限公司	2012年12月11日
206	永丰证券投资信托股份有限公司	2012年12月13日
207	富国资产管理(香港)有限公司	2012年12月17日
208	宜思投资管理有限责任公司	2013年1月7日
209	第一金证券投资信托股份有限公司	2013年1月24日
210	瑞银资产管理(香港)有限公司	2013年1月24日
211	太平洋投资管理公司亚洲私营有限公司	2013年1月24日
212	EJS投资管理有限公司	2013年1月31日

附录1-13 续表 4 continued

序号 No.	QFII、RQFII名称 Name	取得资格时间 Qualification-obtaining Time
213	国泰君安资产管理(亚洲)有限公司	2013年2月21日
214	诺安基金(香港)有限公司	2013年2月22日
215	招商证券资产管理(香港)有限公司	2013年2月22日
216	泰康资产管理(香港)有限公司	2013年2月22日
217	国民证券株式会社	2013年3月22日
218	工银资管(全球)有限公司	2013年3月25日
219	建银国际资产管理有限公司	2013年3月25日
220	Azimut投资股份有限公司	2013年4月11日
221	亚洲资本再保险集团私人有限公司	2013年4月11日
222	兴证(香港)金融控股有限公司	2013年4月25日
223	台新证券投资信托股份有限公司	2013年4月27日
224	汇丰证券投资信托股份有限公司	2013年5月10日
225	农银国际资产管理有限公司	2013年5月15日
226	太平资产管理(香港)有限公司	2013年5月15日
227	东吴证券(国际)金融控股有限公司	2013年5月16日
228	中国国际金融香港资产管理有限公司	2013年5月16日
229	东方金融控股(香港)有限公司	2013年5月23日
230	中国光大资产管理有限公司	2013年5月30日
231	恒生投资管理有限公司	2013年6月4日
232	兆丰国际证券投资信托股份有限公司	2013年6月4日
233	法国巴黎投资管理亚洲有限公司	2013年6月19日
234	圣母大学	2013年6月19日
235	横华国际资产管理有限公司	2013年7月15日
236	长江证券国际金融集团有限公司	2013年7月15日
237	纽堡亚洲	2013年7月15日
238	华南永昌证券投资信托股份有限公司	2013年7月15日
239	景林资产管理香港有限公司	2013年7月15日
240	中银香港资产管理有限公司	2013年7月15日
241	中国平安资产管理(香港)有限公司	2013年7月19日
242	信达国际资产管理有限公司	2013年7月19日
243	弘收投资管理(香港)有限公司	2013年7月19日
244	东亚银行有限公司	2013年8月15日
245	永丰金资产管理(亚洲)有限公司	2013年8月15日
246	交银国际资产管理有限公司	2013年8月20日
247	中国东方国际资产管理有限公司	2013年8月20日
248	中国信托人寿保险股份有限公司	2013年8月20日
249	凯思博投资管理(香港)有限公司	2013年8月20日
250	富邦产物保险股份有限公司	2013年8月26日
251	欧特咨询有限公司	2013年8月26日
252	盛树投资管理有限公司	2013年8月26日
253	柏瑞投资香港有限公司	2013年9月26日
254	创兴银行有限公司	2013年9月26日
255	梅奥诊所	2013年9月29日
256	国信证券(香港)资产管理有限公司	2013年9月29日
257	政府养老基金(泰国)	2013年10月24日
258	CSAM资产管理有限公司	2013年10月30日
259	摩根资产管理(亚太)有限公司	2013年10月30日
260	未来资产环球投资(香港)有限公司	2013年10月30日
261	香港沪光国际投资管理有限公司	2013年10月30日
262	中信建投(国际)金融控股有限公司	2013年10月30日
263	狮诚控股国际私人有限公司	2013年10月30日
264	中国人寿富兰克林资产管理有限公司	2013年10月30日
265	瑞银韩亚资产运用株式会社	2013年10月31日

附录1-13 续表 5 continued

序号 No.	QFII、RQFII名称 Name	取得资格时间 Qualification-obtaining Time
266	国泰世华商业银行股份有限公司	2013年11月7日
267	立陶宛银行	2013年11月23日
268	富兰克林华美证券投资信托股份有限公司	2013年11月23日
269	中国信托商业银行股份有限公司	2013年11月23日
270	国金证券(香港)有限公司	2013年12月6日
271	中国银河国际控股有限公司	2013年12月11日
272	招商永隆资产管理有限公司	2013年12月30日
273	华宝资产管理(香港)有限公司	2014年1月20日
274	易亚投资管理有限公司	2014年1月20日
275	华盛顿大学	2014年1月23日
276	澳门金融管理局	2014年1月27日
277	史帝夫尼可洛司股份有限公司	2014年1月27日
278	Invesco PowerShares资产管理有限公司	2014年1月27日
279	瑞士再保险私人有限公司	2014年1月27日
280	Nordea投资管理公司	2014年1月27日
281	嘉理资产管理有限公司	2014年3月6日
282	施罗德投资管理(香港)有限公司	2014年3月6日
283	街口证券投资信托股份有限公司	2014年3月11日
284	喀斯喀特有限责任公司	2014年3月11日
285	铭基国际投资公司	2014年3月12日
286	奥本海默基金公司	2014年3月19日
287	越秀资产管理有限公司	2014年3月26日
288	润晖投资管理香港有限公司	2014年3月27日
289	高观投资有限公司	2014年4月8日
290	赤子之心资本亚洲有限公司	2014年4月15日
291	招商资产(香港)有限公司	2014年5月21日
292	日兴资产管理亚洲有限公司	2014年5月21日
293	辉立资本管理(香港)有限公司	2014年6月3日
294	台新国际商业银行股份有限公司	2014年6月3日
295	长盛基金(香港)有限公司	2014年6月12日
296	贝莱德顾问(英国)有限公司	2014年6月13日
297	汇丰环球资产管理(英国)有限公司	2014年6月16日
298	花旗集团基金管理有限公司	2014年6月16日
299	中泰金融国际有限公司	2014年6月27日
300	三星资产运用(香港)有限公司	2014年6月30日
301	爱斯普乐基金管理公司	2014年7月24日
302	新华资产管理(香港)有限公司	2014年7月24日
303	彭博家族基金会	2014年7月25日
304	元富证券(香港)有限公司	2014年7月28日
305	石溪集团	2014年7月28日
306	财通国际资产管理有限公司	2014年8月12日
307	联博香港有限公司	2014年8月12日
308	元大证券(香港)有限公司	2014年8月15日
309	安本亚洲有限公司	2014年8月15日
310	法国巴黎资产管理(法国)	2014年8月27日
311	晋达英国有限公司	2014年8月28日
312	凯敏雅克资产管理公司	2014年9月19日
313	麻省理工学院	2014年9月19日
314	万金全球香港有限公司	2014年9月22日
315	高盛国际	2014年9月22日
316	安盛基金管理有限公司	2014年10月8日
317	融通国际资产管理有限公司	2014年10月8日
318	上海商业银行有限公司	2014年10月13日

附录1-13 续表 6 continued

序号 No.	QFII、RQFII名称 Name	取得资格时间 Qualification-obtaining Time
319	中诚国际资本有限公司	2014年10月31日
320	亨茂资产管理有限公司	2014年11月19日
321	赛德堡资本(英国)有限公司	2014年11月19日
322	霸菱资产管理(亚洲)有限公司	2014年11月25日
323	信安资金管理(亚洲)有限公司	2014年11月25日
324	施罗德投资管理(新加坡)有限公司	2014年12月1日
325	未来资产环球投资有限公司	2014年12月4日
326	威灵顿投资管理国际有限公司	2014年12月10日
327	摩根资产管理(新加坡)有限公司	2014年12月24日
328	NH-AMUNDI资产管理有限公司	2014年12月26日
329	加百利投资管理(香港)有限公司	2014年12月26日
330	申万宏源投资管理(亚洲)有限公司	2014年12月30日
331	宾夕法尼亚大学校董会	2015年1月5日
332	广发资产管理(香港)有限公司	2015年1月7日
333	路伯迈新加坡有限公司	2015年1月22日
334	TRUSTON资产管理有限公司	2015年1月22日
335	大信资产运用株式会社	2015年1月22日
336	麦盛资产管理(亚洲)有限公司	2015年1月22日
337	景顺投资管理有限公司	2015年2月6日
338	MY Asset投资管理有限公司	2015年2月6日
339	新韩投资证券股份有限公司	2015年2月16日
340	兴国资产管理公司	2015年2月16日
341	英杰华投资亚洲私人有限公司	2015年2月17日
342	玉山商业银行股份有限公司	2015年2月27日
343	KKR新加坡有限公司	2015年3月2日
344	领航投资澳洲有限公司	2015年3月2日
345	兴元投资管理有限公司	2015年3月6日
346	未来资产证券 株式会社	2015年3月25日
347	加利福尼亚大学校董会	2015年3月25日
348	信诚资产管理(新加坡)有限公司	2015年3月31日
349	三星生命保险(株)	2015年3月31日
350	教保安盛资产运用(株)	2015年4月2日
351	迈睿思资产管理有限公司	2015年4月8日
352	安联环球投资新加坡有限公司	2015年4月8日
353	方圆基金管理(香港)有限公司	2015年4月8日
354	三星证券株式会社	2015年4月17日
355	GAM国际管理有限公司	2015年4月17日
356	华宜资产运用株式会社	2015年5月6日
357	文莱投资局	2015年5月7日
358	台湾银行股份有限公司	2015年5月20日
359	淡水泉(香港)投资管理有限公司	2015年5月20日
360	安联证券投资信托股份有限公司	2015年5月21日
361	瑞士再保险股份有限公司	2015年6月2日
362	安信资产管理(香港)有限公司	2015年6月2日
363	日盛证券投资信托股份有限公司	2015年6月2日
364	蓝海资产管理公司	2015年6月26日
365	KB资产运用有限公司	2015年6月29日
366	CI投资管理公司	2015年6月29日
367	泛亚投资管理有限公司	2015年6月29日
368	元大证券株式会社	2015年7月28日
369	大信证券(株)	2015年7月28日
370	UBI资产管理公司	2015年7月28日
371	韩国投资证券株式会社	2015年8月10日

附录1-13 续表 7 continued

序号 No.	QFII、RQFII名称 Name	取得资格时间 Qualification-obtaining Time
372	IBK投资证券株式会社	2015年8月10日
373	三星火灾海上保险公司	2015年8月31日
374	东方汇理资产管理新加坡有限公司	2015年8月31日
375	Multi Asset基金管理公司	2015年8月31日
376	忠诚保险有限公司	2015年8月31日
377	东方汇理资产管理	2015年9月17日
378	Kiwoom投资资产管理有限公司	2015年9月23日
379	现代投资公司(株)	2015年10月9日
380	挚信投资顾问(香港)有限公司	2015年10月12日
381	中国工商银行(欧洲)有限公司	2015年11月2日
382	瀚亚证券投资信托股份有限公司	2015年11月2日
383	中国银行(欧洲)有限公司	2015年11月3日
384	柏瑞证券投资信托股份有限公司	2015年11月24日
385	保宁资产有限公司	2016年1月13日
386	贝莱德(新加坡)有限公司	2016年1月25日
387	野村资产管理欧洲有限公司	2016年2月1日
388	法国工商信贷银行有限公司	2016年2月22日
389	忠利投资卢森堡有限公司	2016年2月22日
390	OCTO资产管理公司	2016年2月26日
391	Avanda投资管理私人有限公司	2016年3月15日
392	瀚亚投资(新加坡)有限公司	2016年3月17日
393	国泰全球投资管理有限公司	2016年3月17日
394	广发金融交易(英国)有限公司	2016年4月1日
395	安盛投资管理有限公司(巴黎)	2016年4月1日
396	辉立资金管理有限公司	2016年4月26日
397	第一商业银行股份有限公司	2016年5月3日
398	迈达思基金管理有限公司	2016年5月6日
399	富达投资管理(新加坡)有限公司	2016年6月6日
400	爱德蒙得洛希尔资产管理(法国)有限公司	2016年6月8日
401	荷宝卢森堡股份有限公司	2016年6月8日
402	元大证券股份有限公司	2016年7月19日
403	有进投资证券公司	2016年8月12日
404	中国光大证券资产管理有限公司	2016年8月12日
405	株式会社新韩银行	2016年8月22日
406	领航集团有限公司	2016年9月1日
407	开泰基金管理有限公司	2016年9月9日
408	中邮创业国际资产管理有限公司	2016年9月9日
409	摩根大通证券股份有限公司	2016年9月28日
410	罗素投资管理(澳大利亚)有限公司	2016年10月27日
411	贝莱德基金顾问公司	2016年11月25日
412	Lemanik资产管理股份有限公司	2016年11月25日
413	东方汇理资产管理(卢森堡)公司	2016年12月20日
414	招银国际资产管理有限公司	2017年1月5日
415	中加国际资产管理有限公司	2017年1月10日
416	信安资产管理有限公司	2017年1月18日
417	Aware养老金私人有限公司	2017年1月18日
418	海通银行	2017年2月13日
419	范达投资有限公司	2017年2月23日
420	兴证国际资产管理有限公司	2017年6月19日
421	申万宏源新加坡私人有限公司	2017年7月27日
422	Acadian资产管理有限责任公司	2017年7月27日
423	山证国际资产管理有限公司	2017年8月14日
424	新加坡联盟投资管理有限公司	2017年8月18日

附录1-13 续表 8 continued

序号 No.	QFII、RQFII名称 Name	取得资格时间 Qualification-obtaining Time
425	WisdomTree资产管理公司	2017年10月16日
426	荷兰汇盈资产管理公司	2017年11月28日
427	海克利尔国际投资有限责任公司	2018年1月8日
428	美国桥水投资公司	2018年5月25日
429	道富环球投资爱尔兰有限公司	2018年5月31日
430	道富环球投资信托公司	2018年5月31日
431	道富环球投资资产管理有限公司	2018年5月31日
432	道富环球投资有限公司	2018年5月31日
433	富善国际资产管理(香港)有限公司	2018年7月16日
434	WisdomTree管理有限公司	2018年8月15日
435	中泰国际资产管理有限公司	2018年8月15日
436	耀之国际资产管理有限公司	2018年9月6日
437	三井住友银行股份有限公司	2018年9月30日
438	银华国际资本管理公司	2018年10月8日
439	中国人保香港资产管理有限公司	2018年10月12日
440	中邮国际(英国)有限公司	2018年10月23日
441	瑞士嘉盛银行有限公司	2018年11月20日
442	东吴中新资产管理(亚洲)有限公司	2018年12月3日
443	雪湖资本(香港)有限公司	2018年12月14日
444	富达管理及研究公司有限责任公司	2018年12月18日
445	盘谷资产管理有限公司	2019年2月15日
446	柏瑞投资爱尔兰有限公司	2019年2月26日
447	思达资本(香港)有限公司	2019年2月27日
448	国际货币基金组织	2019年3月5日
449	野村新加坡有限公司	2019年3月12日
450	乐瑞资产管理(香港)有限公司	2019年4月17日
451	时和资产管理有限公司	2019年4月17日
452	三菱日联银行股份有限公司	2019年4月23日
453	新分享资产管理有限公司	2019年4月28日
454	国际金融公司	2019年7月1日
455	泰京资产管理股份有限公司	2019年7月3日
456	远信资本投资管理有限公司	2019年7月17日
457	方正资产管理(香港)有限公司	2019年8月19日
458	新永安国际资产管理有限公司	2019年8月22日
459	马歇尔·伟世有限责任公司	2019年8月22日
460	煿一资产管理有限公司	2019年11月8日
461	思佰益资产管理株式会社	2019年11月14日
462	同方证券有限公司	2019年11月26日
463	范德堡大学	2019年11月26日
464	高都管理有限责任公司	2019年12月17日
465	复星国际证券有限公司	2019年12月31日
466	喜马拉雅资本管理公司	2020年2月12日
467	易亚阿尔法投资管理有限公司	2020年2月25日
468	绿洲管理(香港)	2020年3月25日
469	金涌资本管理有限公司	2020年4月1日
470	Join Asset国际资产运用株式会社	2020年4月1日
471	三井住友信托资产管理股份有限公司	2020年4月1日
472	华德国际资产管理有限公司	2020年4月7日
473	泰斯克威尔资产管理公司	2020年4月13日
474	WT资产管理有限公司	2020年5月7日
475	Baillie Gifford Overseas Limited	2020年5月11日
476	首源投资(香港)有限公司	2020年5月13日
477	亚升资本私人有限公司	2020年5月13日

附录1-13 续表 9 continued

序号 No.	QFII、RQFII名称 Name	取得资格时间 Qualification-obtaining Time
478	C.M. 资本顾问公司	2020年5月13日
479	建行证券有限公司	2020年6月2日
480	简街香港有限公司	2020年6月2日
481	九天管理(香港)有限公司	2020年8月13日
482	浦银国际投资管理有限公司	2020年8月27日
483	AHL有限责任合伙	2020年8月27日
484	格盛投资管理有限责任公司	2020年8月27日
485	普徕仕国际有限公司	2020年9月7日
486	晋达北美公司	2020年9月10日
487	弘业国际资产管理有限公司	2020年9月27日
488	立方科研资产管理有限公司	2020年9月28日
489	析理资本有限公司	2020年10月10日
490	琅润资本管理有限公司	2020年10月10日
491	元盛资产管理有限公司	2020年10月15日
492	HardingLoevner有限合伙	2020年11月16日
493	瑞达国际资产管理(香港)有限公司	2020年11月16日
494	昊青咨询管理有限公司	2020年11月16日
495	LAV环球管理有限公司	2020年11月16日
496	三星风险投资株式会社	2020年11月16日
497	澳帝桦澳大利亚有限公司	2020年11月16日
498	克而瑞证券有限公司	2020年11月16日
499	开域资本(新加坡)有限公司	2020年11月16日
500	博裕资本投资管理有限公司	2020年11月16日
501	ArtisanPartners有限合伙	2020年11月16日
502	西北投资管理(香港)有限公司	2020年11月16日
503	璞林资本(香港)有限公司	2020年11月16日
504	布洛德峰投资顾问有限公司	2020年11月16日
505	金信期盈证券(香港)有限公司	2020年11月17日
506	联威投资有限公司	2020年11月17日
507	瑞士经纬投资有限公司	2020年11月17日
508	嘉谟证券有限公司	2020年11月23日
509	瑞明资本有限公司	2020年11月23日
510	智睿投资顾问有限公司	2020年11月25日
511	未来资产证券(香港)有限公司	2020年12月3日
512	中国银行(新西兰)有限公司	2020年12月3日
513	民银资产管理有限公司	2020年12月7日
514	美国华平有限公司	2020年12月7日
515	平证资产管理(香港)有限公司	2020年12月7日
516	维世资产管理(香港)有限公司	2020年12月10日
517	巨柏资产管理(香港)有限公司	2020年12月15日
518	雅典娜私人有限公司	2020年12月15日
519	建信资产管理(香港)有限公司	2020年12月15日
520	中信信惠国际资本(香港)有限公司	2020年12月15日
521	德弘美元基金管理公司	2020年12月14日
522	彬元资本有限公司	2020年12月14日
523	中欧基金国际有限公司	2020年12月14日
524	凯雷毛里求斯CIS投资管理公司	2020年12月14日
525	BFAM合伙(香港)有限公司	2020年12月14日
526	幻方资本管理(香港)有限公司	2020年12月14日
527	红杉中国投资管理有限公司	2020年12月14日
528	伟华电子有限公司	2020年12月14日
529	山河资本管理香港咨询有限公司	2020年12月14日
530	Systematica投资有限公司	2020年12月14日

附录1-13 续表 10 continued

序号 No.	QFII、RQFII名称 Name	取得资格时间 Qualification-obtaining Time
531	太盟亚洲资本有限公司	2020年12月14日
532	华乐资本有限公司	2020年12月14日
533	淘金者证券(香港)有限公司	2020年12月14日
534	美国金瑞基金管理有限公司	2020年12月14日
535	隆奥资产管理(欧洲)有限公司	2020年12月25日
536	高谛安资本新加坡私人有限公司	2020年12月25日
537	裕丰资产管理有限公司	2021年1月5日
538	Bradesco资产管理有限公司	2021年1月5日
539	光银国际资产管理有限公司	2021年1月5日
540	香港资产管理有限公司	2021年1月15日
541	富德资产管理(香港)有限公司	2021年1月15日
542	保德信投资管理定量解决方案有限责任公司	2021年1月26日
543	东兴证券(香港)资产管理公司	2021年1月26日
544	永安国富资产管理(香港)有限公司	2021年2月3日
545	泓赟投资管理有限公司	2021年2月9日
546	海纳亚太有限公司	2021年2月9日
547	新光证券投资信托股份有限公司	2021年2月10日
548	HRTC有限公司	2021年2月10日
549	瀚诺有限公司	2021年2月10日
550	才华资本管理有限公司	2021年2月10日
551	德骥资本管理公司	2021年2月10日
552	泰仁资本有限公司	2021年2月10日
553	锐联资产管理有限公司	2021年2月10日
554	千禧新加坡资产管理有限公司	2021年2月25日
555	建晙实业投资	2021年3月4日
556	皮尔亨特公司	2021年3月4日
557	阶乘管理有限公司	2021年3月16日
558	金祠资产管理(香港)有限公司	2021年3月16日
559	迈普斯资本管理有限公司	2021年3月16日
560	长龙投资管理有限公司	2021年3月16日
561	睿亚资产管理有限公司	2021年3月16日
562	Oberweis资产管理公司	2021年3月16日
563	中泰国际资产管理(新加坡)有限公司	2021年3月18日
564	长廊资产管理有限公司	2021年3月18日
565	凯华投资香港有限公司	2021年3月17日
566	胜利证券有限公司	2021年3月22日
567	AROHI 资产管理有限公司	2021年3月26日
568	晨曦投资管理有限公司	2021年3月31日
569	时富资产管理有限公司	2021年4月2日
570	方瀛研究与投资(香港)有限公司	2021年4月12日
571	云栖资本有限公司	2021年4月20日
572	中环资产投资有限公司	2021年4月20日
573	永丰金证券股份有限公司	2021年4月20日
574	腾新投资有限公司	2021年4月20日
575	衍盛中国(香港)有限公司	2021年4月20日
576	柏基公司	2021年4月30日
577	鸿昇证券有限公司	2021年4月30日
578	黑石另类投资方案有限责任公司	2021年5月14日
579	DNCA金融	2021年5月14日
580	华富建业资产管理有限公司	2021年5月19日
581	Eclipse 期货(香港)有限公司	2021年5月19日
582	三信(香港)控股有限公司	2021年5月21日
583	BPC有限公司	2021年5月26日

附录1-13　续表 11　continued

序号 No.	QFII、RQFII名称 Name	取得资格时间 Qualification-obtaining Time
584	GLP Capital Investment 4 (HK) Limited	2021年5月6日
585	尚川实业有限公司	2021年6月28日
586	东英投资管理有限公司	2021年6月17日
587	保银资产管理有限公司	2021年6月16日
588	WCM投资管理有限责任公司	2021年6月17日
589	迈凯希金融公司	2021年6月11日
590	安联环球投资亚太有限公司	2021年6月10日
591	Al Mehwar商业投资有限责任公司	2021年6月16日
592	元库证券有限公司	2021年6月17日
593	Quaero资本有限责任合伙	2021年6月18日
594	沛达投资管理有限公司	2021年6月24日
595	鲍尔可持续发展投资管理有限公司	2021年6月28日
596	De Tiger资本有限公司	2021年6月24日
597	大岩资本香港有限公司	2021年6月24日
598	磊亚投资顾问有限公司	2021年6月4日
599	DTL量化投资管理有限公司	2021年7月5日
600	佰利资产管理有限合伙	2021年7月5日
601	台中银证券投资信托股份有限公司	2021年7月5日
602	源峰基金管理有限公司	2021年7月5日
603	清池资本(香港)有限公司	2021年7月5日
604	鼎亚资本(新加坡)私人有限公司	2021年7月5日
605	涛合研究资本新加坡有限公司	2021年7月19日
606	天元资本有限公司	2021年7月21日
607	KENSHO控股有限公司	2021年7月22日
608	邮政银行资产管理公司	2021年7月26日
609	凯基国际(香港)有限公司	2021年7月28日
610	赛格资产管理有限公司	2021年7月28日
611	中国银河国际资产管理(香港)有限公司	2021年8月11日
612	社会保险总局	2021年8月19日
613	科威特投资办公室	2021年8月24日
614	淡明资本私人有限公司	2021年8月25日
615	Timefolio资产管理新加坡私人投资有限公司	2021年9月17日
616	启行资本管理新加坡私人有限公司	2021年9月2日
617	贝恩资本(新加坡)有限公司	2021年9月2日
618	无极资本管理有限公司	2021年9月17日
619	立格资本投资有限公司	2021年9月2日
620	腾跃基金	2021年9月17日
621	海德资产管理有限公司	2021年9月3日
622	中达资产管理有限公司	2021年9月2日
623	文渊资本管理有限公司	2021年9月17日
624	LMR Partners有限公司	2021年9月2日
625	贝克兄弟顾问有限合伙	2021年9月3日
626	天风国际资产管理有限公司	2021年9月17日
627	路博迈投资顾问有限责任公司	2021年9月17日
628	法拉龙资本投资有限责任公司	2021年9月15日
629	威廉欧奈尔全球投资顾问公司	2021年9月24日
630	丰晟资本管理有限公司	2021年9月24日
631	弘源资本有限公司	2021年10月14日
632	国联证券国际资产管理有限公司	2021年10月28日
633	中信证券国际资本管理有限公司	2021年10月15日
634	元库资产管理有限公司	2021年10月28日
635	黑石另类资产管理有限合伙	2021年10月25日
636	首源投资(新加坡)	2021年10月26日

附录1-13 续表 12 continued

序号 No.	QFII、RQFII名称 Name	取得资格时间 Qualification-obtaining Time
637	塔菲石资本管理有限公司	2021年11月1日
638	好买香港有限公司	2021年11月1日
639	华普资本有限公司	2021年11月1日
640	第一上海证券有限公司	2021年11月1日
641	公共投资基金	2021年11月5日
642	Weiss资产管理有限合伙	2021年11月11日
643	南华资产管理(新加坡)有限公司	2021年11月9日
644	信银(香港)资本有限公司	2021年11月26日
645	橡树资本管理有限公司	2021年11月26日
646	扬帆资本(新加坡)私人有限公司	2021年11月29日
647	六福资产管理(香港)有限公司	2021年12月14日
648	迈德瑞资产管理有限公司	2021年12月14日
649	中国信托证券投资信托股份有限公司	2021年12月21日
650	信安证券投资股份有限公司	2021年12月1日
651	中国资本投资管理有限公司	2021年12月6日
652	加皇环球资产管理(亚洲)有限公司	2021年12月2日
653	盛富德战略顾问(新加坡)有限公司	2021年12月14日
654	安本香港有限公司	2021年12月23日
655	亿度资本合伙人有限公司	2022年1月12日
656	SPB银行股份公司	2022年1月14日
657	拓可资本(香港)有限公司	2022年1月21日
658	融石资本有限公司 (新加坡)	2022年1月28日
659	东方汇理意大利有限公司	2022年1月29日
660	首源投资Realindex私人有限公司	2022年2月18日
661	首源投资(澳大利亚)IM有限公司	2022年2月18日
662	首源投资(澳大利亚)RE有限公司	2022年2月18日
663	灯塔投资合伙有限公司	2022年2月17日
664	瑞橡资本管理有限公司	2022年2月28日
665	首程控股有限公司	2022年3月1日
666	东方资产管理(香港)有限公司	2022年3月15日
667	禾瑞添资本管理有限公司	2022年3月18日
668	Origin资产管理有限责任合伙	2022年3月25日
669	瀚嘉资产管理有限公司	2022年4月6日
670	中国太保投资管理(香港)有限公司	2022年4月6日
671	博领资产管理有限公司	2022年4月19日
672	摩根大通基石有限公司	2022年4月22日
673	美国富港银行	2022年4月25日
674	胜利资本管理公司	2022年4月27日
675	瓦萨奇顾问有限合伙	2022年5月6日
676	阿托斯资本有限公司	2022年5月13日
677	盛诺金基金管理有限公司	2022年5月13日
678	南方东英资产管理有限公司(新加坡)	2022年5月16日
679	璟裕资本管理有限公司	2022年5月17日
680	澎睿投资管理有限公司	2022年5月20日
681	大道环球(香港)有限公司	2022年5月23日
682	福途新加坡私人有限公司	2022年5月29日
683	博石资本有限公司	2022年5月29日
684	盛诺投资有限合伙	2022年5月30日
685	高腾国际资产管理有限公司	2022年6月7日
686	Numeric投资者有限责任公司	2022年6月13日
687	林顿顾问(香港)有限公司	2022年7月18日
688	欧力士亚洲资本有限公司	2022年7月18日
689	Investmath有限公司	2022年7月19日

附录1-13 续表 13 continued

序号 No.	QFII、RQFII名称 Name	取得资格时间 Qualification-obtaining Time
690	BlueCrest资本管理泽西有限公司	2022年7月22日
691	Connor, Clark & Lunn 投资管理有限公司	2022年8月12日
692	联丰亨保险有限公司	2022年8月18日
693	联丰亨人寿保险股份有限公司	2022年8月18日
694	Alpha Oryx有限公司	2022年8月18日
695	澳门国际银行股份有限公司	2022年8月18日
696	志投顾问有限公司	2022年8月24日
697	自由金融全球有限公司	2022年9月5日
698	富盈交易亚洲有限公司	2022年9月15日
699	德劭(亚太)有限公司	2022年9月15日
700	ASL证券股份有限公司	2022年9月22日
701	ALT投资管理有限公司	2022年9月22日
702	信庭投资国际有限公司	2022年9月26日
703	盈为资本有限责任公司	2022年9月26日
704	英卓投资管理有限公司	2022年9月26日
705	拔萃国际资产管理有限公司	2022年9月27日
706	阿通联有限责任公司	2022年9月28日
707	百润资本管理公司	2022年9月28日
708	BAMCO公司	2022年9月28日
709	焦点视野DMCC公司	2022年10月11日
710	亚狮资本(香港)有限公司	2022年10月24日
711	梅萨投资合伙公司	2022年10月26日
712	领升基金管理公司	2022年11月1日
713	圣彼得堡银行	2022年11月4日
714	兴隆国际金业交易有限公司	2022年11月7日
715	约翰街资本有限公司	2022年11月7日
716	亮点资本有限公司	2022年11月15日
717	威灵顿管理香港有限公司	2022年11月17日
718	复瑞渤商贸新加坡有限公司	2022年11月17日
719	XTX市场有限公司	2022年11月21日
720	古塔资本(新加坡)有限公司	2022年11月29日
721	格林兰特投资管理	2022年11月30日
722	宽立资本有限公司	2022年12月4日
723	部门基金服务股份公司	2022年12月7日
724	伊藤忠塑胶私人有限公司	2022年12月30日
725	传译趋势私人有限公司	2022年12月30日
726	联发科技股份有限公司	2023年1月5日
727	常春藤资产管理(香港)有限公司	2023年1月16日
728	英特佩克理财与投资顾问公司	2023年1月16日
729	凯穆私人有限公司	2023年1月17日
730	城堡证券中国有限公司	2023年1月17日
731	瑞丰证券有限公司	2023年1月20日
732	金鍪证券有限公司	2023年2月8日
733	四邦实业有限公司	2023年2月10日
734	国际标准矢量资产管理	2023年2月16日
735	瑞再亚洲直接投资有限公司	2023年2月16日
736	英格斯投资资产管理公司	2023年2月16日
737	弘量研究有限公司	2023年2月16日
738	永丰金证券(亚洲)有限公司	2023年2月16日
739	阿班斯全球有限公司	2023年2月16日
740	东方艾克斯投资有限责任公司	2023年2月16日
741	瑞银资产管理瑞士股份公司	2023年2月20日
742	托克亚洲贸易私人有限公司	2023年2月28日

附录1-13　续表 14　continued

序号 No.	QFII、RQFII名称 Name	取得资格时间 Qualification-obtaining Time
743	安磐资本(亚洲)私人投资有限公司	2023年3月2日
744	西纳拉银行	2023年3月14日
745	博恩霍华德 (香港) 有限公司	2023年3月14日
746	塔瀚金融有限公司	2023年3月16日
747	博裕资本管理(新加坡)有限公司	2023年3月16日
748	冠力资产管理有限公司	2023年3月20日
749	萨默塞特资产管理有限公司	2023年3月20日
750	道锐贰新加坡私人有限公司	2023年4月4日
751	矩点资本有限责任合伙企业	2023年4月11日
752	全球统计资产管理资本有限责任合伙	2023年4月18日
753	钜集资产管理有限公司	2023年4月23日
754	澳帝华新加坡有限公司	2023年4月23日
755	资本基金管理有限公司	2023年4月24日
756	资本伙伴证券株式会社	2023年4月26日
757	华态私人有限合伙企业	2023年5月4日
758	城堡投资亚洲有限公司	2023年5月27日
759	新加坡瀚朗科技有限公司	2023年6月7日
760	十八里亚洲有限公司	2023年6月7日
761	凯石通投资顾问(香港)有限公司	2023年6月14日
762	博行睿致投资管理有限责任合伙公司	2023年6月14日
763	致富证券有限公司	2023年6月19日
764	逸兴资本有限公司	2023年6月19日
765	博灏香港有限公司	2023年6月30日
766	九边投资有限公司	2023年7月11日
767	瑞士恩贝尔商业银行股份有限公司	2023年7月13日
768	大横琴股份(香港)有限公司	2023年7月13日
769	白云投资有限公司	2023年7月27日
770	国际货币基金组织投资资金	2023年7月28日
771	科氏石油炼制国际有限公司	2023年7月28日
772	量锋资产管理私人有限公司	2023年8月3日
773	卡普立投资管理公司	2023年8月9日
774	诺伊曼咨询香港有限公司	2023年8月9日
775	碧辟新加坡私人有限公司	2023年8月17日
776	太白投资有限公司	2023年8月25日
777	易可达金融(新加坡)有限公司	2023年9月1日
778	鹏特资本管理有限公司	2023年9月5日
779	红杉资本中国公开市场投资基金管理公司	2023年9月11日
780	博大资产管理(香港)有限公司	2023年9月11日
781	指南针亚洲合伙人有限合伙	2023年9月15日
782	翌星资本私人有限公司	2023年9月19日
783	银河-联昌证券(新加坡)私人有限公司	2023年9月22日
784	吉尼斯资产管理有限公司	2023年9月22日
785	德太资本新加坡有限公司	2023年10月7日
786	希佰资有限公司	2023年10月7日
787	柏瑞投资亚洲有限公司	2023年10月10日
788	奥地利瑞芬森银行封闭式股份公司	2023年10月23日
789	新加坡(热联)钢铁有限公司	2023年10月31日
790	奥地利瑞芬森资本资产管理有限责任公司	2023年11月1日
791	大象投资管理有限公司	2023年11月6日
792	富乔鑫资本(新加坡)有限公司	2023年11月7日
793	能敬资本管理有限公司	2023年11月9日
794	五矿企荣有限公司	2023年11月9日
795	东久新宜(开曼)投资第一控股有限公司	2023年11月14日
796	安润嘉有限公司	2023年11月18日
797	招银国际(新加坡)私人有限公司	2023年11月18日
798	中银(新加坡)资产管理有限公司	2023年11月22日
799	英格斯银行股份公司	2023年11月24日
800	倍嵘资本有限公司	2023年11月24日
801	复兴证券有限公司	2023年12月4日
802	太一资本管理有限公司	2023年12月7日
803	圆收资本	2023年12月11日
804	睿远基金(香港)有限公司	2023年12月12日
805	浙商国际金融控股有限公司	2023年12月12日
806	前诺投资管理有限公司	2023年12月20日

附录1-14　2023年期货公司名录

序号 No.	公司名称 Company Name	注册资本（亿元） Registered Capital (100 million yuan)	注册地 Place of Registration	成立时间 Established Time
1	中信期货有限公司	76.00	深圳	1993-03-30
2	国泰君安期货有限公司	50.00	上海	2000-04-06
3	银河期货有限公司	45.00	北京	2006-12-25
4	上海东证期货有限公司	43.00	上海	1995-12-08
5	华泰期货有限公司	39.39	广东	1995-07-10
6	招商期货有限公司	35.98	深圳	1993-01-04
7	五矿期货有限公司	27.15	深圳	1993-04-21
8	国信期货有限责任公司	20.00	上海	1995-05-04
9	广发期货有限公司	19.00	广东	1993-03-23
10	国投安信期货有限公司	18.86	上海	1993-04-23
11	华融融达期货股份有限公司	18.30	河南	1993-04-08
12	广州期货股份有限公司	16.50	广东	2003-08-22
13	兴证期货有限公司	16.00	福建	1995-12-14
14	光大期货有限公司	15.00	上海	1993-04-08
15	永安期货股份有限公司	14.56	浙江	1992-09-07
16	申银万国期货有限公司	14.42	上海	1993-01-07
17	中信建投期货有限公司	14.00	重庆	1993-03-16
18	浙商期货有限公司	13.71	浙江	1995-09-07
19	海通期货股份有限公司	13.02	上海	1993-03-18
20	格林大华期货有限公司	13.00	北京	1993-02-28
21	上海中期期货股份有限公司	12.00	上海	1995-09-19
22	东吴期货有限公司	10.32	上海	1993-03-18
23	中电投先融期货股份有限公司	10.10	重庆	1995-08-23
24	弘业期货股份有限公司	10.08	江苏	1995-07-31
25	方正中期期货有限公司	10.05	北京	2005-08-09
26	中泰期货股份有限公司	10.02	山东	1995-06-05
27	中金财富期货有限公司	10.00	深圳	2009-11-12
28	宏源期货有限公司	10.00	北京	1995-05-02
29	建信期货有限责任公司	10.00	上海	1993-04-26
30	海证期货有限公司	10.00	上海	1995-12-14
31	华金期货有限公司	10.00	天津	1995-06-26
32	红塔期货有限责任公司	10.00	云南	1993-04-13
33	中国国际期货股份有限公司	10.00	北京	1995-10-30
34	山东港信期货有限公司	10.00	青岛	2021-02-22
35	大地期货有限公司	9.98	浙江	1995-09-05
36	东海期货有限责任公司	9.87	江苏	1995-02-25

数据来源：中国证监会、中国期货市场监控中心、中国期货业协会
Source: CSRC、CFMMC、CFA

List of Futures Companies in 2023

员工数量（个） Number of Practitioner (unit)	2023年分类评级 Category Rating for 2023	是否具有以下业务资格 Business Qualification Available				
		金融期货经纪业务资格 Qualification for Financial Futures Brokerage Business	期货交易咨询资格 Qualification for Futures Trading Consulting	资产管理业务资格 Qualification for Asset Management Business	做市交易业务试点备案 Registration for Market Making Business	场外衍生品业务试点备案 Registration for Over-the-counter Derivatives Business
1896	AA	是	是	是	是	是
978	AA	是	是	是	是	是
792	AA	是	是	是	是	是
997	AA	是	是	是	是	是
768	AA	是	是	是	是	是
208	AA	是	是	是	是	是
410	AA	是	是	是	是	是
379	A	是	是	是	是	是
558	AA	是	是	是	是	是
440	AA	是	是	是	是	是
243	A	是	是	是	是	是
252	A	是	是	是	是	是
279	A	是	否	是	是	是
646	AA	是	是	是	是	是
930	AA	是	是	是	是	是
493	AA	是	是	是	是	是
728	AA	是	是	是	是	是
539	AA	是	是	是	是	是
708	AA	是	是	是	是	是
338	A	是	是	是	是	是
252	BBB	是	是	是	是	是
362	A	是	是	是	是	是
124	BB	是	是	是	否	是
605	A	是	是	是	是	是
627	AA	是	是	是	是	是
667	AA	是	是	是	是	是
114	A	是	是	否	否	否
453	AA	是	是	是	是	是
298	A	是	是	是	否	是
262	A	是	是	是	否	是
148	BBB	是	是	是	否	否
169	BBB	是	是	是	是	是
242	A	是	是	是	是	是
89	BBB	是	否	否	否	否
264	BBB	是	是	是	是	是
350	A	是	是	是	是	是

附录1-14　续表 1

序号 No.	公司名称 Company Name	注册资本 (亿元) Registered Capital (100 million yuan)	注册地 Place of Registration	成立时间 Established Time
37	金瑞期货股份有限公司	9.33	深圳	1996-03-18
38	创元期货股份有限公司	9.00	江苏	1995-02-25
39	西南期货有限公司	8.50	重庆	1995-06-26
40	中粮期货有限公司	8.46	北京	1996-03-01
41	大有期货有限公司	8.30	湖南	2003-12-19
42	国贸期货有限公司	8.20	厦门	1995-12-07
43	混沌天成期货股份有限公司	8.10	深圳	1995-01-03
44	国元期货有限公司	8.02	北京	1996-04-17
45	华西期货有限责任公司	8.00	四川	1993-03-20
46	广州金控期货有限公司	8.00	广东	2003-06-13
47	西部期货有限公司	8.00	陕西	1993-03-29
48	摩根大通期货有限公司	7.75	广东	1996-05-27
49	恒力期货有限公司	7.50	上海	1996-03-21
50	财信期货有限公司	7.50	湖南	2005-08-01
51	平安期货有限公司	7.22	深圳	1996-04-10
52	上海浙石期货经纪有限公司	7.00	上海	1995-05-19
53	新纪元期货股份有限公司	6.75	江苏	1995-03-15
54	英大期货有限公司	6.58	北京	1996-04-17
55	南华期货股份有限公司	6.10	浙江	1996-05-28
56	华安期货有限责任公司	6.00	安徽	1995-05-15
57	江西瑞奇期货有限公司	6.00	江西	1993-04-10
58	山金期货有限公司	6.00	天津	1992-11-24
59	宝城期货有限责任公司	6.00	浙江	1993-03-27
60	信达期货有限公司	6.00	浙江	1995-10-05
61	国海良时期货有限公司	6.00	浙江	1996-05-22
62	物产中大期货有限公司	6.00	浙江	1993-09-18
63	首创京都期货有限公司	6.00	北京	1993-03-06
64	国盛期货有限责任公司	5.98	上海	1995-07-01
65	长江期货股份有限公司	5.88	湖北	1996-07-24
66	深圳市中金岭南期货有限公司	5.60	深圳	1993-03-19
67	中钢期货有限公司	5.57	北京	1996-07-10
68	华闻期货有限公司	5.50	上海	1995-07-31
69	一德期货有限公司	5.50	天津	1995-07-10
70	瑞银期货有限责任公司	5.40	上海	1995-07-10
71	紫金天风期货股份有限公司	5.24	上海	1996-03-29
72	东兴期货有限责任公司	5.18	上海	1995-10-23
73	锦泰期货有限公司	5.07	江苏	1995-09-28
74	渤海期货股份有限公司	5.00	上海	1996-01-12
75	海航期货股份有限公司	5.00	深圳	1993-02-22

continued

员工数量（个） Number of Practitioner (unit)	2023年分类评级 Category Rating for 2023	是否具有以下业务资格 Business Qualification Available				
		金融期货经纪业务资格 Qualification for Financial Futures Brokerage Business	期货交易咨询资格 Qualification for Futures Trading Consulting	资产管理业务资格 Qualification for Asset Management Business	做市交易业务试点备案 Registration for Market Making Business	场外衍生品业务试点备案 Registration for Over-the-counter Derivatives Business
227	A	是	是	是	是	是
416	A	是	是	是	是	是
169	BBB	是	是	是	否	是
439	AA	是	是	是	是	是
213	BBB	是	是	是	是	是
372	A	是	是	是	是	是
155	BB	是	是	是	否	否
281	A	是	是	是	是	是
111	A	是	是	是	是	是
191	BB	是	是	是	否	是
220	BBB	是	是	是	否	是
42	BBB	是	否	否	否	否
185	BBB	是	是	是	否	否
217	BBB	是	是	是	否	是
115	A	是	是	是	否	是
43	BBB	是	否	是	否	否
136	CC	是	是	否	否	否
148	BB	是	是	是	是	否
683	AA	是	是	是	是	是
336	A	是	是	是	是	是
200	BBB	是	是	否	是	是
161	BBB	是	是	是	否	否
196	A	是	是	是	否	否
292	A	是	是	是	否	否
303	A	是	是	是	是	是
314	A	是	是	是	是	是
73	BBB	是	否	是	否	否
126	BB	是	否	否	否	否
294	A	是	是	是	是	是
77	BB	是	否	是	否	否
91	BBB	是	是	否	否	否
564	A	是	是	是	否	否
356	A	是	是	是	否	是
30	BBB	是	否	否	否	否
228	A	是	是	是	否	是
129	BBB	是	是	是	否	是
133	BBB	是	是	是	是	是
192	BBB	是	是	是	否	是
132	BB	是	是	是	否	否

附录1-14 续表 2

序号 No.	公司名称 Company Name	注册资本（亿元） Registered Capital (100 million yuan)	注册地 Place of Registration	成立时间 Established Time
76	华龙期货股份有限公司	5.00	甘肃	1992-11-12
77	安粮期货股份有限公司	5.00	安徽	1996-07-09
78	和融期货有限责任公司	5.00	天津	2001-04-24
79	宁证期货有限责任公司	5.00	江苏	1995-05-18
80	财达期货有限公司	5.00	天津	1996-03-01
81	兴业期货有限公司	5.00	宁波	1993-03-22
82	中融汇信期货有限公司	5.00	上海	1995-12-14
83	长安期货有限公司	4.93	陕西	1993-04-06
84	道通期货经纪有限公司	4.50	江苏	1995-09-10
85	东航期货有限责任公司	4.50	上海	1995-02-11
86	国联期货股份有限公司	4.50	江苏	1993-04-30
87	云财富期货有限公司	4.50	新疆	1993-05-29
88	瑞达期货股份有限公司	4.45	厦门	1993-03-24
89	徽商期货有限责任公司	4.10	安徽	1996-02-14
90	和合期货有限公司	3.90	山西	1993-04-22
91	九州期货有限公司	3.76	北京	1993-04-18
92	华联期货有限公司	3.76	广东	1993-04-10
93	国富期货有限公司	3.65	上海	1992-12-16
94	民生期货有限公司	3.61	北京	1996-01-29
95	上海东方财富期货有限公司	3.60	上海	1995-05-15
96	新湖期货股份有限公司	3.60	上海	1995-10-23
97	津投期货经纪有限公司	3.58	天津	2004-05-31
98	晟鑫期货经纪有限公司	3.52	北京	1995-11-22
99	中金期货有限公司	3.50	青海	2004-07-22
100	中银国际期货有限责任公司	3.50	上海	2008-01-21
101	中原期货股份有限公司	3.30	河南	1993-04-18
102	迈科期货股份有限公司	3.28	陕西	1993-12-20
103	倍特期货有限公司	3.20	四川	1993-02-08
104	国新国证期货有限责任公司	3.20	海南	1993-09-22
105	中州期货有限公司	3.10	广东	1995-09-21
106	正信期货有限公司	3.00	湖北	1995-05-15
107	福能期货股份有限公司	3.00	福建	1995-05-18
108	铜冠金源期货有限公司	3.00	上海	1992-11-30
109	中财期货有限公司	3.00	上海	1995-02-25
110	神华期货有限公司	3.00	深圳	1995-01-06
111	国金期货有限责任公司	3.00	四川	1993-07-28
112	云晨期货有限责任公司	3.00	云南	2002-03-07
113	盛达期货有限公司	3.00	浙江	2003-07-07
114	华鑫期货有限公司	2.90	上海	1992-12-23

continued

员工数量（个） Number of Practitioner (unit)	2023年分类评级 Category Rating for 2023	是否具有以下业务资格 Business Qualification Available				
		金融期货经纪业务资格 Qualification for Financial Futures Brokerage Business	期货交易咨询资格 Qualification for Futures Trading Consulting	资产管理业务资格 Qualification for Asset Management Business	做市交易业务试点备案 Registration for Market Making Business	场外衍生品业务试点备案 Registration for Over-the-counter Derivatives Business
95	BBB	是	是	否	否	否
327	BBB	是	是	是	否	是
60	BB	是	否	否	否	否
157	BBB	是	是	是	否	否
173	BBB	是	是	是	否	否
157	A	是	是	是	否	是
207	BBB	是	是	是	否	是
211	BBB	是	是	是	否	是
95	BB	是	是	是	否	否
130	BBB	是	是	是	否	是
370	A	是	是	是	否	是
111	BBB	是	是	否	否	否
805	AA	是	是	是	是	是
562	A	是	是	是	是	是
284	BB	是	是	否	否	否
142	BBB	是	是	是	否	否
177	BBB	是	是	是	否	是
122	A	是	是	是	否	是
279	BB	是	是	是	否	是
147	A	是	否	否	否	否
443	AA	是	是	是	是	是
65	B	是	是	否	否	否
58	BB	是	否	否	否	否
58	A	是	否	是	否	否
131	BBB	是	是	是	否	否
196	BB	是	是	是	是	是
233	B	是	是	是	否	否
118	BBB	是	是	是	否	是
88	BB	是	否	是	否	否
195	BB	是	是	是	否	否
360	B	是	是	是	是	是
209	BBB	是	是	是	否	否
97	BBB	是	是	是	否	否
363	BBB	是	是	是	是	是
89	BBB	是	是	否	否	否
250	BBB	是	是	是	否	否
65	BB	是	否	否	是	否
111	B	是	是	是	否	否
131	CCC	是	是	是	否	否

附录1-14　续表 3

序号 No.	公司名称 Company Name	注册资本（亿元） Registered Capital (100 million yuan)	注册地 Place of Registration	成立时间 Established Time
115	金元期货股份有限公司	2.86	海南	1991-12-03
116	江海汇鑫期货有限公司	2.80	山东	1995-05-02
117	中航期货有限公司	2.80	深圳	1993-04-07
118	中衍期货有限公司	2.50	北京	1996-03-29
119	浙江新世纪期货有限公司	2.50	浙江	1993-09-18
120	恒银期货有限公司	2.47	河北	1995-09-21
121	上海东方期货经纪有限责任公司	2.45	上海	1993-04-14
122	金石期货有限公司	2.40	新疆	1995-03-31
123	乾坤期货有限公司	2.11	深圳	1993-11-05
124	山东齐盛期货有限公司	2.05	山东	1993-04-09
125	北京首创期货有限责任公司	2.00	北京	1996-01-12
126	国都期货有限公司	2.00	北京	1992-09-24
127	冠通期货股份有限公司	1.90	北京	1996-12-03
128	中天期货有限责任公司	1.86	北京	1997-01-16
129	天鸿期货经纪有限公司	1.81	上海	1996-06-13
130	金信期货有限公司	1.80	上海	1995-10-23
131	鑫鼎盛期货有限公司	1.80	福建	1995-10-04
132	第一创业期货有限责任公司	1.70	北京	1993-03-31
133	东方汇金期货有限公司	1.53	吉林	2004-12-28
134	前海期货有限公司	1.50	深圳	1995-07-07
135	上海大陆期货有限公司	1.50	上海	1993-04-21
136	先锋期货股份有限公司	1.50	深圳	1993-03-26
137	天富期货有限公司	1.50	吉林	1996-04-17
138	长城期货股份有限公司	1.47	广东	1996-04-10
139	中辉期货有限公司	1.43	上海	1993-12-04
140	上海东亚期货有限公司	1.40	上海	1993-04-17
141	通惠期货有限公司	1.25	上海	1995-10-30
142	恒泰期货股份有限公司	1.25	上海	1992-12-20
143	佛山金控期货有限公司	1.20	广东	1996-01-18
144	大越期货股份有限公司	1.20	浙江	1995-09-14
145	大通期货经纪有限公司	1.12	黑龙江	1996-03-01
146	金鹏期货经纪有限公司	1.01	北京	1991-05-15
147	山西三立期货经纪有限公司	1.00	山西	1993-12-20
148	华创期货有限责任公司	1.00	重庆	1995-08-23
149	江苏东华期货有限公司	0.86	江苏	1993-10-19
150	永商期货有限公司	0.70	黑龙江	1996-02-12

continued

员工数量（个） Number of Practitioner (unit)	2023年分类评级 Category Rating for 2023	是否具有以下业务资格 Business Qualification Available				
		金融期货经纪业务资格 Qualification for Financial Futures Brokerage Business	期货交易咨询资格 Qualification for Futures Trading Consulting	资产管理业务资格 Qualification for Asset Management Business	做市交易业务试点备案 Registration for Market Making Business	场外衍生品业务试点备案 Registration for Over-the-counter Derivatives Business
139	BBB	是	是	是	否	否
120	BB	是	是	是	否	否
102	BB	是	是	否	否	否
154	BBB	是	是	是	否	否
217	BB	是	是	是	是	是
189	CC	是	是	否	否	否
23	D	否	否	否	否	否
142	BB	是	是	是	否	否
33	BBB	是	否	否	否	否
169	BB	是	是	是	否	否
213	BB	是	是	是	否	否
69	BB	是	是	否	否	否
206	BB	是	是	是	否	否
123	BB	是	是	否	否	否
64	CC	是	否	否	否	否
173	B	是	是	是	否	否
164	CC	是	否	是	否	否
41	BB	是	是	是	否	否
216	CCC	是	否	是	否	否
393	CCC	是	是	否	否	否
136	BB	是	是	否	否	否
206	BBB	是	是	是	否	否
93	CCC	是	是	是	否	否
70	BB	是	是	否	否	否
455	BBB	是	是	是	否	否
244	BB	是	是	是	否	否
41	B	是	是	否	否	否
101	BB	是	是	是	否	否
129	BB	是	是	是	否	否
146	BB	是	是	是	否	否
27	C	是	否	否	否	否
51	BB	是	是	是	否	否
142	B	是	是	否	否	否
144	BB	是	是	是	否	否
109	B	是	否	是	否	否
23	CCC	是	否	否	否	否

附录1-15　2023年证券投资咨询机构名录
List of Securities Investment Consulting Institutions in 2023

序号 No.	机构名称 Company Name	注册地 Place of Registration
1	鼎信汇金(北京)投资管理有限公司	北京
2	和讯信息科技有限公司	北京
3	北京指南针科技发展股份有限公司	北京
4	北京中富金石咨询有限公司	北京
5	股掌柜证券投资咨询有限公司	湖南
6	北京博星证券投资顾问有限公司	北京
7	北京东方高圣投资顾问有限公司	北京
8	北京海问咨询有限公司	北京
9	北京格隆汇投资顾问有限公司	北京
10	北京股商证券投资咨询有限公司	北京
11	上海益学智迅科技发展有限公司	上海
12	北京中方信富投资管理咨询有限公司	北京
13	上海中和应泰财务顾问有限公司	上海
14	点牛优选有限公司	山西
15	北京首证投资顾问有限公司	北京
16	北京和众汇富科技股份有限公司	北京
17	北京天相财富管理顾问有限公司	北京
18	辽宁弘历投资咨询有限公司	辽宁
19	财咨道信息技术有限公司	辽宁
20	四川钱坤云智能科技有限公司	四川
21	成都汇阳投资顾问有限公司	四川
22	四川大决策证券投资顾问有限公司	四川
23	杭州顶点财经网络传媒有限公司	浙江
24	浙江同花顺云软件有限公司	浙江
25	广州市万隆证券咨询顾问有限公司	广东
26	上海汇正财经顾问有限公司	上海
27	广州越声理财咨询有限公司	广东
28	广东科德投资顾问有限公司	广东
29	广东博众智能科技投资有限公司	广东
30	湖南金证投资咨询顾问有限公司	湖南
31	湖南爱赢证券投资顾问有限公司	湖南
32	广州经传多赢投资咨询有限公司	广东
33	深圳市国诚投资咨询有限公司	深圳
34	深圳市珞珈投资咨询有限公司	深圳
35	深圳市启富证券投资顾问有限公司	深圳
36	深圳市中证投资资讯有限公司	深圳
37	深圳市尊悦证券资讯有限公司	深圳
38	深圳德讯证券顾问有限公司	深圳
39	深圳怀新企业投资顾问股份有限公司	深圳

数据来源：中国证券监督管理委员会
Source: CSRC

附录1-15 续表 continued

序号 No.	机构名称 Company Name	注册地 Place of Registration
40	中广云信息科技(深圳)有限公司	深圳
41	慧研智投科技有限公司	山西
42	深圳市新兰德证券投资咨询有限公司	深圳
43	上海东方财富证券投资咨询有限公司	上海
44	上海海能证券投资顾问有限公司	上海
45	深圳市优品投资顾问有限公司	深圳
46	上海凯石证券投资咨询有限公司	上海
47	利多星(上海)投资管理有限公司	上海
48	上海荣正企业咨询服务(集团)股份有限公司	上海
49	上海证券之星综合研究有限公司	上海
50	上海申银万国证券研究所有限公司	上海
51	上海世基投资顾问有限公司	上海
52	江苏百瑞赢证券咨询有限公司	江苏
53	上海亚商投资顾问有限公司	上海
54	益盟股份有限公司	上海
55	上海智蚁理财顾问有限公司	上海
56	上海证券通投资资讯科技有限公司	上海
57	陕西巨丰投资资讯有限责任公司	陕西
58	联合信用投资咨询有限公司	天津
59	大连华讯投资股份有限公司	大连
60	海南港澳资讯产业股份有限公司	海南
61	海顺证券投资咨询有限公司	宁波
62	重庆东金投资顾问有限公司	重庆
63	和信证券投资咨询股份有限公司	河南
64	云南约牛证券投资咨询有限公司	云南
65	安徽华安新兴证券投资咨询有限责任公司	安徽
66	启明星云数据技术有限公司	上海
67	青岛大摩证券投资有限公司	青岛
68	河北源达信息技术股份有限公司	河北
69	山东神光咨询服务有限责任公司	山东
70	山东阿牛智投资本管理有限公司	山东
71	江苏金百临投资咨询股份有限公司	江苏
72	江苏天鼎证券投资咨询有限公司	江苏
73	厦门市鑫鼎盛控股有限公司	厦门
74	上海九方云智能科技有限公司	上海
75	杭州高能云科技有限公司	浙江
76	武汉云掌数字科技有限公司	湖北
77	福建中讯证券研究有限责任公司	福建
78	黑龙江省容维证券数据程序化有限公司	黑龙江

附录1-16　2023年区域性股权市场运营机构名录

Participants of Regional Stock Market in 2023

序号 No.	名称 Company Name	注册地 Place of Registration	注册资本(亿元) Registered Capital (100 million yuan)	营业收入(亿元) Revenue (100 million yuan)
1	北京股权交易中心	北京	4.00	0.24
2	上海股权托管交易中心	上海	2.68	0.61
3	天津滨海柜台交易市场	天津	2.20	0.10
4	重庆股份转让中心	重庆	0.90	1.33
5	浙江股权交易中心	浙江	1.00	0.27
6	宁波股权交易中心	宁波	0.80	0.11
7	广东股权交易中心	广东	3.11	0.30
8	深圳前海股权交易中心	深圳	5.00	0.34
9	齐鲁股权交易中心	山东	2.25	0.37
10	青岛蓝海股权交易中心	青岛	1.00	0.17
11	武汉股权托管交易中心	湖北	1.00	0.20
12	湖南股权交易所	湖南	1.00	0.23
13	安徽省股权托管交易中心	安徽	2.00	0.48
14	辽宁股权交易中心	辽宁	1.00	0.12
15	大连股权交易中心	大连	0.50	0.01
16	天府(四川)联合股权交易中心	四川	1.00	0.16
17	广西北部湾股权交易所	广西	2.20	0.20
18	甘肃股权交易中心	甘肃	4.38	0.04
19	青海股权交易中心	青海	2.36	0.33
20	新疆股权交易中心	新疆	1.10	0.08
21	雄安股权交易所	河北	0.45	0.40
22	山西股权交易中心	山西	1.47	0.31
23	陕西股权交易中心	陕西	1.20	0.06
24	海峡股权交易中心	福建	2.10	0.30
25	厦门两岸股权交易中心	厦门	0.90	0.04
26	吉林股权交易所	吉林	1.00	0.01
27	内蒙古股权交易中心	内蒙古	1.94	0.13
28	贵州股权交易中心	贵州	1.00	0.81
29	江苏股权交易中心	江苏	2.00	0.47
30	海南股权交易中心	海南	0.50	0.10
31	宁夏股权托管交易中心	宁夏	0.60	0.03
32	哈尔滨股权交易中心	黑龙江	1.00	0.02
33	中原股权交易中心	河南	3.50	0.04
34	江西联合股权交易中心	江西	3.41	0.22
35	云南省股权交易中心	云南	1.00	0.18

数据来源：中国证券监督管理委员会
Source: CSRC

附录1-17 2023年外资证券经营机构驻华代表处名录

List of Chinese Representative Offices of Foreign Securities Institutions in 2023

序号 No.	机构名称 Company Name	所在地 Location
1	日本盛华日兴证券株式会社北京代表处	北京
2	韩国投资证券株式会社北京代表处	北京
3	加拿大迈凯希金融公司北京代表处	北京
4	美国富瑞金融集团北京代表处	北京
5	韩国三星证券公司北京代表处	北京
6	香港致富证券有限公司北京代表处	北京
7	美国桥水投资公司北京代表处	北京
8	新加坡摩根士丹利投资管理公司北京代表处	北京
9	法国法盛投资管理公司北京代表处	北京
10	富达基金(香港)有限公司北京代表处	北京
11	交银国际控股有限公司北京代表处	北京
12	韩国未来资产证券股份有限公司北京代表处	北京
13	日本三井住友信托银行股份有限公司(证券业务)北京代表处	北京
14	香港摩根资产管理(亚太)有限公司北京代表处	北京
15	蒙特利尔银行利时证券公司北京代表处	北京
16	香港第一上海融资有限公司北京代表处	北京
17	日本瑞穗证券股份有限公司北京代表处	北京
18	德意志银行股份有限公司(证券业务)北京代表处	北京
19	香港摩根大通证券(亚太)有限公司北京代表处	北京
20	台湾元大证券股份有限公司北京代表处	北京
21	香港上海汇丰银行有限公司(证券业务)北京代表处	北京
22	京华山一国际(香港)有限公司北京代表处	北京
23	信安环球投资有限公司北京代表处	北京
24	邓普顿国际股份有限公司北京代表处	北京
25	中银国际控股有限公司北京代表处	北京
26	法国巴黎资本(亚洲)有限公司北京代表处	北京
27	摩根士丹利亚洲有限公司北京代表处	北京
28	花旗环球金融中国有限公司北京代表处	北京
29	美林国际有限公司北京代表处	北京
30	高盛(中国)有限责任公司北京代表处	北京
31	瑞士信贷(香港)有限公司北京代表处	北京
32	日本大和证券株式会社北京代表处	北京
33	日本野村证券株式会社北京代表处	北京
34	香港富盈交易香港有限公司上海代表处	上海
35	新加坡萨默塞特资本管理有限公司上海代表处	上海

数据来源：中国证券监督管理委员会
Source: CSRC

附录1-17 续表 continued

序号 No.	机构名称 Company Name	所在地 Location
36	台湾美好证券股份有限公司上海代表处	上海
37	富兰克林华美证券投资信托股份有限公司上海代表处	上海
38	韩国未来资产证券股份有限公司上海代表处	上海
39	韩国投资信托运用株式会社上海代表处	上海
40	华南永昌综合证券股份有限公司上海代表处	上海
41	蓝泽证券股份有限公司上海代表处	上海
42	韩国新韩投资证券股份有限公司上海代表处	上海
43	东洋证券股份有限公司上海代表处	上海
44	致富证券有限公司上海代表处	上海
45	麦格理证券(澳大利亚)股份有限公司上海代表处	上海
46	冈三证券股份有限公司上海代表处	上海
47	日本瑞穗证券股份有限公司上海代表处	上海
48	台湾元大证券股份有限公司上海代表处	上海
49	瑞士信贷(香港)有限公司上海代表处	上海
50	内藤证券公司上海代表处	上海
51	香港上海汇丰银行有限公司(证券业务)上海代表处	上海
52	海通国际证券有限公司上海代表处	上海
53	凯基证券亚洲有限公司上海代表处	上海
54	永丰金证券(亚洲)有限公司上海代表处	上海
55	韩国国民证券公司上海代表处	上海
56	群益国际控股有限公司上海代表处	上海
57	韩国农协投资证券公司上海代表处	上海
58	高盛(中国)有限责任公司上海代表处	上海
59	中信里昂证券有限公司上海代表处	上海
60	美国美林国际有限公司上海代表处	上海
61	法国巴黎资本(亚洲)有限公司上海代表处	上海
62	野村证券株式会社上海代表处	上海
63	元大证券(香港)有限公司深圳代表处	深圳
64	香港致富证券有限公司深圳代表处	深圳
65	香港中国通海证券有限公司沈阳代表处	沈阳

附录1-18 2023年境外证券交易所驻华代表处名录

List of Chinese Representative Offices of Foreign Exchanges in 2023

序号 No.	中文名称 Chinese Name	英文名称 English Name	代表处名称 Office Name	代表处所在地 Location
1	香港交易及结算所有限公司北京代表处	Hong Kong Exchanges and Clearing Limited Beijing Representative Office	香港交易及结算所有限公司北京代表处	北京
2	美国纽约证券交易所有限责任公司北京代表处	New York Stock Exchange LLC Beijing Representative Office	美国纽约证券交易所有限责任公司北京代表处	北京
3	美国纳斯达克股票市场有限责任公司北京代表处	Nasdaq Stock Market, LLC. Beijing Representative Office	美国纳斯达克股票市场有限责任公司北京代表处	北京
4	日本东京证券交易所株式会社北京代表处	Tokyo Stock Exchange, Inc. Beijing Representative Office	日本东京证券交易所株式会社北京代表处	北京
5	韩国交易所北京代表处	KOREAEXCHANGE, INC. BEIJING REPRESENTATIVE OFFICE	韩国交易所北京代表处	北京
6	新加坡交易所有限公司北京代表处	Singapore Exchange Limited Beijing Representative Office	新加坡交易所有限公司北京代表处	北京
7	伦敦证券交易所有限责任公司北京代表处	London Stock Exchange Plc Beijing Representative Office	伦敦证券交易所有限责任公司北京代表处	北京
8	德国德意志交易所股份有限公司北京代表处	Deutsche Boerse AG Beijing Representative Office	德国德意志交易所股份有限公司北京代表处	北京
9	巴西证券期货交易所上海代表处	B3 S.A.Shanghai Representative Office	巴西证券期货交易所上海代表处	上海
10	美国纽约商品交易所股份有限公司北京代表处	New York Mercantile Exchange Co.,Ltd. Beijing Representative Office	美国纽约商品交易所股份有限公司北京代表处	北京
11	美国芝加哥期货交易所股份有限公司北京代表处	Chicago board of Trade Co.,Ltd. Beijing Representative Office	美国芝加哥期货交易所股份有限公司北京代表处	北京
12	美国纽约商业交易所股份有限公司北京代表处	COMEX Co.,Ltd. Beijing Representative Office	美国纽约商业交易所股份有限公司北京代表处	北京
13	美国芝加哥商业交易所股份有限公司北京代表处	Chicago Mercantile Exchange Co.,Ltd. Beijing Representative Office	美国芝加哥商业交易所股份有限公司北京代表处	北京

数据来源：中国证券监督管理委员会

Source: CSRC

附录1-19 沪深交易所市场证券登记存管情况

Depository Securities Statistics of Shanghai & Shenzhen Stock Exchange Market

年份 Year	登记存管证券只数(只) Number of Securities in Deposit (unit)				
	股票 Stock	权证 Warrants	债券现货(不含资产证券化产品) Bond(Asset Backed Securities Not Included)	基金 Fund	资产证券化产品 Asset Backed Securities
2005	1468	7	162	68	4
2006	1532	27	179	79	27
2007	1637	14	179	71	20
2008	1713	17	200	71	17
2009	1775	12	352	91	10
2010	2160	4	462	146	4
2011	2432	0	640	226	6
2012	2579	0	1170	330	15
2013	2575	0	2034	436	26
2014	2697	0	3007	516	119
2015	2911	0	4088	750	795
2016	3150	0	6995	778	2132
2017	3570	0	8288	804	2787
2018	3669	0	9351	917	3407
2019	3861	0	11257	1014	4653
2020	4239	0	14739	1016	5998
2021	4696	0	18099	1169	6431
2022	4992	0	20196	1297	6240
2023	5182	0	22591	1421	6599

注：1.登记存管证券包括A股、B股、权证、国债、地方债、政策性金融债、企业债、公司债、可转债、分离式可转债、中小企业私募债、封闭式基金、ETF、LOF、实时申赎货币基金、公募基础设施基金(REITs)和资产证券化产品，不包括开放式基金和债券回购。

2.登记存管证券只数、总市值统计中，包括已在中国结算办理发行登记但尚未在交易所上市的证券和已从交易所退市但尚未在中国结算办理退市登记的证券；总市值计算中,纯B股上市公司的非流通股暂未纳入计算。

3.非限售市值按期末收盘价计算。

4.B股市值以12月最后一个周五国家外汇管理局公布的汇率中间价换算成人民币。

5.表中数据为沪深两市合计数。

6.登记存管证券只数不包括存管面值为零的证券。

数据来源：中国证券登记结算公司

Source: CSDC

附录1-19 续表 1 continued

年份 Year	登记存管证券总市值(亿元) Market Capitalization of Depository Securities(100 million yuan)				
	股票 Stock	权证 Warrants	债券现货(不含资产证券化产品) Bond(Asset Backed Securities Not Included)	基金 Fund	资产证券化产品 Asset Backed Securities
2005	32448.52	60.62	4796.24	608.64	58.08
2006	90294.17	329.37	3499.79	1424.70	163.63
2007	327970.22	494.10	3169.92	4356.91	109.39
2008	121778.98	174.50	4365.83	816.80	82.10
2009	244783.34	209.27	4698.97	1784.06	42.24
2010	266492.22	14.51	6300.53	1965.20	10.68
2011	215223.68	0.00	8252.59	1821.49	8.72
2012	230554.55	0.00	11882.23	2662.00	32.33
2013	239584.89	0.00	19542.91	2873.61	64.52
2014	374481.66	0.00	26667.00	4381.27	307.12
2015	532001.64	0.00	40016.03	7027.27	1423.98
2016	508759.22	0.00	70984.64	5804.87	4226.04
2017	568204.05	0.00	83035.95	4616.80	7482.43
2018	435066.16	0.00	91066.07	6014.39	11627.46
2019	593341.27	0.00	107604.49	8229.29	15331.21
2020	797385.72	0.00	137749.42	12089.67	20248.59
2021	915847.44	0.00	161365.95	15345.79	21404.37
2022	787621.96	0.00	169672.86	17413.69	18351.68
2023	772713.72	0.00	184341.30	21756.71	18227.42

附录1-19 续表 2 continued

年份 Year	登记存管证券非限售市值(亿元) Negotiable Market Capitalization of Depository Securities(100 million yuan)			
	股票 Stock	权证 Warrants	基金 Fund	资产证券化产品 Asset Backed Securities
2005	14702.47	60.61	603.99	58.08
2006	87034.97	281.19	1413.46	162.58
2007	325326.79	477.73	4330.98	108.40
2008	121115.56	171.86	812.62	81.17
2009	151879.52	2537.70	1777.42	41.32
2010	196097.02	2342.79	1958.95	9.75
2011	166975.06	0.00	1817.36	8.00
2012	184256.53	0.00	2657.84	32.33
2013	206303.34	0.00	2870.00	64.52
2014	326384.35	0.00	4380.25	307.12
2015	439028.12	0.00	7025.96	1423.98
2016	410049.21	0.00	5804.06	4226.04
2017	465444.49	0.00	4616.80	7482.43
2018	366374.18	0.00	6014.39	11627.46
2019	500768.51	0.00	8229.29	15331.21
2020	669915.04	0.00	12089.67	20248.59
2021	781864.80	0.00	15054.12	21404.37
2022	687040.31	0.00	16998.34	18351.68
2023	697551.32	0.00	21404.47	18227.42

附录1-20　2023年上海证券交易所收费标准
Shanghai Stock Exchange Charging Standard in 2023

业务类别		收费项目	收费标准	收费对象	阶段性调整情况	备注
上市	主板人民币普通股票（A股）、人民币特种股票（B股）、存托凭证	上市初费	普通股总股本（总份数）≤2亿的，7万元	上市公司交上交所	暂免	优先股收费标准按表中标准的80%确定，并适用同板块免收规定。
			2亿＜总股本（总份数）≤4亿的，10万元		暂免	
			4亿＜总股本（总份数）≤6亿的，12.5万元		自2023年1月1日起至2023年12月31日暂免	
			6亿＜总股本（总份数）≤8亿的，15万元		自2023年1月1日起至2023年12月31日暂免	
			总股本（总份数）＞8亿的，17.5万元		自2023年1月1日起至2023年12月31日暂免	
		上市年费	上年末普通股总股本（总份数）≤2亿的，2.5万元/年	上市公司交上交所	暂免	
			2亿＜总股本（总份数）≤4亿的，4万元/年		暂免	
			4亿＜总股本（总份数）≤6亿的，5万元/年		自2023年1月1日起至2023年12月31日暂免	
			6亿＜总股本（总份数）≤8亿的，6万元/年		自2023年1月1日起至2023年12月31日暂免	
			总股本（总份数）＞8亿的，7.5万元/年		自2023年1月1日起至2023年12月31日暂免	
			上市不足1年的，按实际上市月份计算，上市当月为1个月			
	科创板人民币普通股票、存托凭证	上市初费	普通股总股本（总份数）≤2亿的，3.5万元	上市公司交上交所	暂免	优先股收费标准按表中标准的80%确定，并适用同板块免收规定。
			2亿＜总股本（总份数）≤4亿的，5万元		暂免	

注：1.本表根据《上海证券交易所收费管理规则适用指引第1号——收费项目及标准》编制。

2.本表收费标准为价税合计数。

3.本表所称“股票”包括主板股票、科创板股票。

数据来源：上海证券交易所

Source:SSE

附录1-20 续表 1 continued

业务类别		收费项目	收费标准	收费对象	阶段性调整情况	备注
上市	科创板人民币普通股票、存托凭证	上市初费	4亿＜总股本（总份数）≤6亿的，6.25万元	上市公司交上交所	暂免	优先股收费标准按表中标准的80%确定，并适用同板块免收规定。
			6亿＜总股本（总份数）≤8亿的，7.5万元		暂免	
			总股本（总份数）＞8亿的，8.75万元		暂免	
		上市年费	上年末普通股总股本（总份数）≤2亿的，1.25万元/年	上市公司交上交所	暂免	
			2亿＜总股本（总份数）≤4亿的，2万元/年		暂免	
			4亿＜总股本（总份数）≤6亿的，2.5万元/年		暂免	
			6亿＜总股本（总份数）≤8亿的，3万元/年		暂免	
			总股本（总份数）＞8亿的，3.75万元/年		暂免	
			上市不足1年的，按实际上市月份计算，上市当月为1个月			
	基金（封闭式基金、ETF、LOF）	上市初费	3万元	基金管理人交上交所	普通LOF暂免，ETF暂免	
		上市年费	6万元/年	基金管理人交上交所	普通LOF暂免，ETF暂免	
	基础设施公募REITs	上市初费	3万元，同一REITs代码扩募不再收取上市初费	基金管理人交上交所	暂免	
		上市年费	6万元/年，同一REITs代码，扩募前与扩募后每年合并收取一次上市年费	基金管理人交上交所	暂免	
	债券及资产支持证券	上市初费	上市（挂牌）总额的0.01%，最低收取5000元，最高不超过2万元，发行人已有股票或债券在本所上市的免收	发行人交上交所	暂免	
		上市年费	上市总额的0.0005%，最低收取1000元，单个发行人不超过1万元，发行人为本所上市公司的免收	发行人交上交所	暂免	
			上市不足1年的，按实际上市月份计算，上市当月为1个月			

附录1-20 续表 2 continued

业务类别		收费项目	收费标准	收费对象	阶段性调整情况	备注
交易	人民币普通股票（A股）竞价交易	经手费	成交金额的 0.00341%（双向）	会员等交上交所		含科创板股票盘后固定价格交易； 自2023年8月28日起，将A股交易经手费标准由原按成交金额的0.00487%双向收取，下调至按成交金额的0.00341%双向收取。
交易	人民币特种股票（B股）竞价交易	经手费	成交金额的 0.00341%（双向）	会员等交上交所		自2023年8月28日起，将B股交易经手费标准由原按成交金额的0.00487%双向收取，下调至按成交金额的0.00341%双向收取。
交易	存托凭证竞价交易	经手费	成交金额的 0.00341%（双向）	会员等交上交所		含科创板存托凭证盘后固定价格交易； 自2023年8月28日起，将存托凭证交易经手费标准由原按成交金额的0.00487%双向收取，下调至按成交金额的0.00341%双向收取。
交易	可交换公司债券换股交易	经手费	成交金额的 0.00341%（双向）	会员等交上交所		自2023年8月28日起，将可交换公司债券换股交易经手费标准由原按成交金额的0.00487%双向收取，下调至按成交金额的0.00341%双向收取。
交易	股份协议转让	经手费	同二级市场竞价交易经手费，双向收取，单向每笔最低50元、最高10万元	协议双方交上交所		含科创板上市公司股东非公开转让、配售方式转让首发前股份
交易	优先股竞价交易	经手费	成交金额的0.0001%（双向）	会员等交上交所		
交易	债券现券及资产支持证券竞价、报价、询价、回售和协议交易	经手费	成交金额的0.0001%（双向），单笔最高不超过100元	会员等交上交所	自2022年7月1日起至2025年6月30日暂免	债券现券包括国债、地方政府债、政策性金融债、公司债、企业债、可交换债及其他债券
交易	可转换公司债券竞价、报价、询价、回售和协议交易	经手费	成交金额的0.004%（双向）	会员等交上交所	1.除上市公司可转换公司债券以外，自2022年7月1日起至2025年6月30日暂免； 2.上市公司可转换公司债券回售交易经手费自2022年7月1日起至2025年6月30日暂免。	
交易	国债预发行	经手费	参照国债现券交易的收费标准执行	会员等交上交所	试点期间暂免	
交易	信用保护工具	经手费	按成交名义本金金额的0.00015%收取（双向），单笔最高不超过200元	会员等交上交所	试点期间暂免	含信用保护合约业务和信用保护凭证业务
交易	资产管理计划份额转让	经手费	按转让金额的0.00009%向转让双方收取转让经手费，单笔最高不超过100元	会员等交上交所	暂免	

附录1-20 续表 3 continued

业务类别		收费项目	收费标准	收费对象	阶段性调整情况	备注
交易	基金（封闭式基金、ETF、LOF）竞价交易	经手费	成交金额的 0.004%（双向）	会员等交上交所	货币ETF、债券ETF暂免	
	基础设施公募REITs竞价交易	经手费	成交金额的 0.0045%（双向）	基金管理人交上交所	试点期间暂免	含非限售份额要约收购
	基础设施公募REITs报价、询价、指定对手方和协议交易	经手费	相对于竞价市场同品种费率下浮 50%（双向）	基金管理人交上交所	试点期间暂免	
	期权	经手费	合约标的为股票的，每张3元；合约标的为交易所交易基金的，每张1.3元	期权经营机构等交上交所	暂免收取卖出开仓交易经手费	
	债券质押式三方回购	经手费	一天期按成交金额的0.00005%收取（双向），其他期限按成交金额的0.00015%收取（双向），单笔最高不超过200元	会员等交上交所	试点期间暂免	
	债券通用质押式回购	经手费	一天期按成交金额的0.00005%收取（双向），其他期限按成交金额的0.00015%收取（双向），单笔最高不超过100元	会员等交上交所	试点期间暂免	
	债券质押式协议回购	经手费	一天期按成交金额的0.00005%收取（双向），其他期限按成交金额的0.00015%收取（双向），单笔最高不超过200元	会员等交上交所	试点期间暂免	
	质押式报价回购	经手费	一天期按成交金额的0.00005%向证券公司单向收取，其他期限按成交金额的0.00015%向证券公司单向收取，单笔单向最高不超过200元	会员等交上交所	试点期间暂免	
	股票质押式回购	经手费	按每笔初始交易金额的0.001%向融入方单向收取，起点5元人民币，最高不超过100元人民币	会员等交上交所		
	约定购回式证券交易	经手费	按现有股票、基金或债券现券交易收费标准在初始交易及购回交易中收取	会员等交上交所	除上市公司可转换公司债券约定购回式以外的债券约定购回式交易经手费自2022年7月1日起至2025年6月30日暂免	

附录1-20　续表 4　continued

业务类别			收费项目	收费标准	收费对象	阶段性调整情况	备注
交易	大宗交易（含大宗专场）	人民币普通股票（A股）、人民币特种股票（B股）	经手费	相对于竞价市场同品种费率下浮30%	会员等交上交所		
		存托凭证	经手费	相对于竞价市场同品种费率下浮30%	会员等交上交所		
		优先股	经手费	成交金额的0.0001%的90%，最高不超过100元/笔(双向)	会员等交上交所		
		基金（封闭式基金、ETF、LOF）	经手费	相对于竞价市场同品种费率下浮 50%（双向）	会员等交上交所	货币ETF、债券ETF暂免	
		基础设施公募REITs	经手费	相对于竞价市场同品种费率下浮 50%（双向）	基金管理人交上交所	试点期间暂免	
交易单元			使用费	会员等机构拥有的每个席位可抵免一个交易单元的使用费；对超出其席位数量的部分，本所收取每个交易单元每年4.5万元的交易单元使用费	会员等交上交所	暂免收取债券现券及回购交易专用的交易单元使用费； 自2022年7月1日起至2024年6月30日，交易单元使用费下调至每个交易单元每年3万元。	计费期间为上年12月1日至当年11月30日
其他业务			收费项目、标准、收取方式等按照相关业务规定执行。				

附录1-20 续表 5 continued

业务类别		收费项目	收费标准	收费对象	阶段性调整情况	备注
竞价交易	A股	证管费	成交金额的0.002%（双向）	会员等交中国证监会（上交所代收）		
	B股	证管费	成交金额的0.002%（双向）	会员等交中国证监会（上交所代收）		
	优先股	证管费	成交金额的0.002%（双向）	会员等交中国证监会（上交所代收）		
大宗交易	A段	证管费	同同品种竞价交易	会员等交中国证监会（上交所代收）		
	B股	证管费	同同品种竞价交易	会员等交中国证监会（上交所代收）		
	优先股	证管费	同同品种竞价交易	会员等交中国证监会（上交所代收）		

附录1-21　2023年深圳证券交易所收费标准

Shenzhen Stock Exchange Charging Standard in 2023

收费对象 Charge Members	收费项目 Charging Item	收费标的 Charging Object	收费标准 Fee Standard	备注 Remarks
投资者	证券交易经手费	A股	按成交额双边收取0.0341‰	1.大宗交易收费：A股大宗交易按标准费率下浮30%收取；B股、基金大宗交易按标准费率下浮50%收取。2.约定购回式证券交易参照相应品种大宗交易收费标准执行。3.债券ETF、货币ETF暂免收取证券交易经手费。4.资产管理计划份额转让暂免收取转让经手费。5.自2022年7月1日起至2025年6月30日免收债券（不含可转债）及资产支持证券的交易经手费。6.自2023年8月28日起，本所A股、B股交易经手费收费标准由按成交金额的0.0487‰双边收取下调至按成交金额的0.0341‰双边收取。
		B股		
		基金	按成交额双边收取0.04‰	
		优先股	试点期间按普通股标准的80%收取	
		权证	按成交额双边收取0.045‰	
		国债现货/地方债	成交金额在100万元以下（含）每笔收0.1元；成交金额在100万元以上每笔收10元。	
		企业债/公司债现货		
		资产支持证券		
		政策性金融债/铁道债		
		债券通用质押式回购/债券质押式协议回购/债券质押式三方回购	暂免收取	
		股票质押式回购	按每笔初始交易质押标的证券面值1‰收取，最高不超过100元。	
		可转换公司债/可交换公司债	按成交金额双边收取0.04‰	
		质押式报价回购	暂免收取	
		股票期权合约	每张股票期权合约收取交易经手费1.3元	股票期权试点初期暂免收取卖出开仓交易（含备兑开仓）的相应交易经手费
	证券交易监管费	A股	按成交额双边收取0.02‰	代中国证监会收取
		B股		
		优先股		
发行人	上市初费	A股/B股	总股本2亿以下（含），30万元；总股本2亿至4亿（含），45万元；总股本4亿至6亿（含），55万元；总股本6亿至8亿（含），60万元；总股本8亿以上，65万元。	1.自2021年6月1日起，本所暂免收取总股本8亿股（含）以下的上市公司上市初费；总股本8亿股以上的上市公司上市初费，本所在此标准上减半取整后再减半收取，即17.5万元；创业板再减半收取，即8.75万元。总股本为A、B股合计。 2.免收深市上市公司2022年度、2023年度上市初费。
		优先股	试点期间按普通股标准的80%收取	

注：深交所收费及代收税费标准为2023年8月版本。
数据来源：深圳证券交易所
Source:SZSE

附录1-21 续表 1 continued

<table>
<tr><th>收费对象
Charge Members</th><th>收费项目
Charging Item</th><th>收费标的
Charging Object</th><th>收费标准
Fee Standard</th><th>备注
Remarks</th></tr>
<tr><td rowspan="15">发行人</td><td rowspan="6">上市初费</td><td rowspan="2">基金</td><td rowspan="2">3万元</td><td>1.暂免收取ETF上市初费。</td></tr>
<tr><td>2.免收2022年度、2023年度基金上市初费。</td></tr>
<tr><td>权证</td><td>20万元</td><td></td></tr>
<tr><td>企业债/公司债</td><td>暂免收取</td><td></td></tr>
<tr><td>可转换公司债/可交换公司债</td><td>暂免收取</td><td></td></tr>
<tr><td>资产支持证券</td><td>暂免收取</td><td></td></tr>
<tr><td rowspan="9">上市年费</td><td rowspan="2">A股/B股</td><td rowspan="2">总股本2亿以下（含），5万元；总股本2亿至4亿（含），8万元；总股本4亿至6亿（含），10万元；总股本6亿至8亿（含），12万元；总股本8亿以上，15万元。</td><td>1.自2021年6月1日起，本所暂免收取总股本8亿股（含）以下的上市公司上市年费；总股本8亿股以上的上市公司上市年费，本所在此标准上减半收取，即7.5万元；创业板再减半收取，即3.75万元。总股本为A、B股合计。</td></tr>
<tr><td>2.免收深市上市公司2022年度、2023年度上市年费。</td></tr>
<tr><td>优先股</td><td>试点期间按普通股标准的80%收取</td><td></td></tr>
<tr><td rowspan="2">基金</td><td rowspan="2">6万元</td><td>1.自2020年1月1日起，暂免收取ETF上市年费。</td></tr>
<tr><td>2.免收2022年度、2023年度基金上市年费。</td></tr>
<tr><td>企业债/公司债</td><td>暂免收取</td><td></td></tr>
<tr><td>可转换公司债/可交换公司债</td><td>暂免收取</td><td></td></tr>
<tr><td>资产支持证券</td><td>暂免收取</td><td></td></tr>
</table>

附录1-21 续表 2 continued

收费对象 Charge Members	收费项目 Charging Item	收费标的 Charging Object	收费标准 Fee Standard	备注 Remarks
会员	席位费	席位	普通60万元/个，特别席位20万元/个。	
	会员管理费用	交易单元	1. 交易单元使用费：对会员使用超出交费席位（指已交席位初费的席位）数量以外的交易单元，每年收取30000元/个的交易单元使用费。	
			2. 流速费：对会员使用超出交费席位（指已交席位初费的席位）数量以外的流速，每年收取9600元/份的流速费。每份流速为50笔/秒。	2014年7月1日起，由深圳证券通信公司收取。
			3. 流量费：每笔交易类申报（指买入、卖出、撤单申报）收取0.1元，每笔非交易类申报（指除买入、卖出、撤单以外的申报）收取0.01元。	1.2014年7月1日起，本所与深圳证券通信公司按6:4比例分别收取；2.会员每个席位每年享有的交易类、非交易类免费申报笔数均为3万笔；3.债券ETF、货币ETF免收交易单元流量费；4.暂免收取流动性服务商为上市基金提供流动性服务产生的交易单元流量费；5.暂免收取期权业务相关的交易单元流量费；6.自2022年7月1日起至2025年6月30日免收债券（不含可转债）及资产支持证券流量费；7.免收深市基金2023年的交易单元流量费。

附录1-22　2023年北京证券交易所收费标准
Beijing Stock Exchange Charging Standard in 2023

<table>
<tr><th>收费对象
Charge Members</th><th>收费项目
Charging Item</th><th>收费标的
Charging Object</th><th>收费标准
Fee Standard</th><th>备注
Remarks</th></tr>
<tr><td rowspan="14">上市公司</td><td rowspan="7">上市初费</td><td rowspan="4">普通股</td><td>总股本2000万股（含）以下，3万元;</td><td rowspan="5">1.已在全国股转系统缴纳挂牌初费的，暂免收取上市初费。
2.暂免收取注册地在内蒙古、广西、西藏、宁夏和新疆5个民族自治地区的上市公司上市初费。
3.暂免收取注册在贫困地区的上市公司上市初费。</td></tr>
<tr><td>总股本2000-5000万股（含），5万元;</td></tr>
<tr><td>总股本5000万-1亿股（含），8万元;</td></tr>
<tr><td>总股本1亿股以上，10万元。</td></tr>
<tr><td>优先股</td><td>按普通股标准收取。</td></tr>
<tr><td>可转换公司债券</td><td>暂免收取。</td><td></td></tr>
<tr><td>公司债券（含企业债券）</td><td>暂免收取。</td><td></td></tr>
<tr><td rowspan="7">上市年费</td><td rowspan="4">普通股</td><td>总股本2000万股（含）以下，2万元;</td><td rowspan="5">1.暂免收取注册地在内蒙古、广西、西藏、宁夏和新疆5个民族自治地区的上市公司上市年费。
2.京津冀、东北三省地区受汛情影响严重的上市公司，经申请，可减免2023年上市年费。</td></tr>
<tr><td>总股本2000-5000万股（含），3万元;</td></tr>
<tr><td>总股本5000万-1亿股（含），4万元;</td></tr>
<tr><td>总股本1亿股以上，5万元。</td></tr>
<tr><td>优先股</td><td>按普通股标准收取。</td></tr>
<tr><td>可转换公司债券</td><td>暂免收取。</td><td></td></tr>
<tr><td>公司债券（含企业债券）</td><td>暂免收取。</td><td></td></tr>
</table>

数据来源：北京证券交易所
Source:BJSE

附录1-22　续表 1　continued

收费对象 Charge Members	收费项目 Charging Item	收费标的 Charging Object	收费标准 Fee Standard	备注 Remarks
投资者	交易经手费	普通股	按成交金额的0.125‰双边收取。	
		优先股		
		股份协议转让	按成交金额的0.125‰双边收取，单向每笔最高10万元。无成交金额或者每股成交金额低于每股面值的，以转让股份总面值计算收取。	
		可转换公司债券	按普通股经手费标准减半收取。	
		债券现券	暂免收取。	暂免收取债券现券（不含可转换公司债券）交易经手费至2025年6月30日。
会员	交易单元费	交易单元	交易单元开设初费：50万元，在首次申请开通交易单元时收取，以后增设交易单元不再收取。	1.北交所和全国股转系统共用交易单元，已在全国股转系统开通首个交易单元的交易参与人无需交纳交易单元开设初费。新开设首个交易单元的，交易单元开设初费由北交所和全国股转公司各收取25万元；仅申请北交所首个交易单元或全国股转系统首个交易单元的，交易单元开设初费由北交所或全国股转公司按标准单独收取。2.交易单元使用费、流速费、流量费由北交所和全国股转公司按交易类申报笔数比例收取。3.暂免收取债券专用交易单元使用费、债券专用交易单元流速费、债券现券（不含可转换公司债券）交易的流量费；对于非会员类债券交易参与人，暂免收取交易单元开设初费。
			1.交易单元使用费：每个交易单元每年3万元。	
			2.流速费：总流速超出其享有的免费标准流速之和的部分，按每个标准流速每年5000元收取。	
			3.流量费：每年流量费总额=（交易参与人所属各交易单元的年交易类申报笔数总和-该交易参与人享有的年交易类免费申报笔数）×0.15元/笔+（交易参与人所属各交易单元的年非交易类申报笔数总和-该交易参与人享有的年非交易类免费申报笔数）×0.01元/笔。其中：1.交易类申报包括买申报、卖申报和撤销申报；非交易类申报指除交易类申报外的其他申报，包括新股申购申报、可转债转股和回售申报等。2.每个交易单元享有的年免费申报笔数为交易类、非交易类申报各5000笔。3.计算的流量费总额不足2000元的，按2000元收取。	

附录1-23　2023年全国中小企业股份转让系统收费标准

NEEQ Charging Standard in 2023

收费对象 Charge Members	收费项目 Charging Item	收费标准 Fee Standard	备注 Remarks
挂牌公司	挂牌初费	总股本2000万股（含）以下，30000元；	1.自2015年1月1日起暂免征收注册地在内蒙古、广西、西藏、宁夏和新疆5个民族自治地区的挂牌公司挂牌初费。 2.自2017年1月1日起暂免征收注册在贫困地区的挂牌公司的挂牌初费。 3.两网公司及退市公司股票暂免征收。
		总股本2000-5000万股（含），50000元；	
		总股本5000万-1亿股（含），80000元；	
		总股本1亿股以上，100000元。	
	挂牌年费	总股本2000万股（含）以下，20000元；	1.自2015年1月1日起暂免征收注册地在内蒙古、广西、西藏、宁夏和新疆5个民族自治地区的挂牌公司挂牌年费。 2.两网公司及退市公司股票暂免征收。 3.京津冀、东北三省地区受汛情影响严重的挂牌公司，经申请，可减免2023年挂牌年费。
		总股本2000-5000万股（含），30000元；	
		总股本5000万-1亿股（含），40000元；	
		总股本1亿股以上，50000元。	
投资者	转让经手费	挂牌公司股票，成交金额的0.5‰双边收取；	
		两网及退市公司A股，成交金额的0.6‰双边收取；	
		两网及退市公司B股，成交金额的0.8‰双边收取。	
主办券商	交易单元费	1、交易单元开设初费：50万元，在首次申请开通交易单元时收取，以后增设交易单元不再收取；	1.北交所和全国股转系统共用交易单元，已在全国股转系统开通首个交易单元的交易参与人无需交纳交易单元开设初费。新开设首个交易单元的，交易单元开设初费由北交所和全国股转公司各收取25万元；仅申请北交所首个交易单元或全国股转系统首个交易单元的，交易单元开设初费由北交所或全国股转公司按标准单独收取。 2.交易单元使用费、流速费、流量费由北交所和全国股转公司按交易类申报笔数比例收取。
		2、交易单元使用费：每个交易单元每年3万元；	
		3、流速费：总流速超出其享有的免费标准流速之和的部分，按每个标准流速每年人民币5000元交纳；	
		4、流量费：转让参与人每年流量费总额＝（转让参与人所属各交易单元的年交易类申报笔数总和-该转让参与人享受的年交易类免费申报笔数）×每笔交易类申报收费单价＋（转让参与人所属各交易单元的年非交易类申报笔数总和-该转让参与人享有的年非交易类免费申报笔数）×每笔非交易类申报收费单价。其中：每个交易单元享受的年免费申报笔数为交易类申报、非交易类申报各5000笔；每笔交易类申报收费单价为0.15元，每笔非交易类申报收费单价为0.01元。计算的流量费每年不足2000元的，按2000元计。	

数据来源：全国中小企业股份转让系统

Source:NEEQ

附录1-24　2023年从事证券服务业务的会计师事务所名录

序号 No	名称 Name	所在辖区 Jurisdiction	分所数量 Number of Branch	合伙人人数 Number of Partners
1	天健会计师事务所（特殊普通合伙）	浙江证监局	14	238
2	立信会计师事务所（特殊普通合伙）	上海证监局	31	280
3	大华会计师事务所（特殊普通合伙）	北京证监局	30	270
4	容诚会计师事务所（特殊普通合伙）	北京证监局	19	179
5	信永中和会计师事务所（特殊普通合伙）	北京证监局	28	245
6	天职国际会计师事务所（特殊普通合伙）	北京证监局	25	89
7	致同会计师事务所（特殊普通合伙）	北京证监局	26	225
8	大信会计师事务所（特殊普通合伙）	北京证监局	33	159
9	中审众环会计师事务所（特殊普通合伙）	湖北证监局	34	216
10	中汇会计师事务所（特殊普通合伙）	浙江证监局	17	103
11	安永华明会计师事务所（特殊普通合伙）	北京证监局	23	245
12	中兴华会计师事务所（特殊普通合伙）	北京证监局	39	189
13	普华永道中天会计师事务所（特殊普通合伙）	上海证监局	23	291
14	毕马威华振会计师事务所（特殊普通合伙）	北京证监局	20	234
15	天衡会计师事务所（特殊普通合伙）	江苏证监局	17	85
16	华兴会计师事务所（特殊普通合伙）	福建证监局	11	65
17	中兴财光华会计师事务所（特殊普通合伙）	北京证监局	35	183
18	公证天业会计师事务所（特殊普通合伙）	江苏证监局	14	58
19	众华会计师事务所（特殊普通合伙）	上海证监局	10	65
20	上会会计师事务所（特殊普通合伙）	上海证监局	26	108
21	北京大华国际会计师事务所（特殊普通合伙）	北京证监局	7	37
22	德勤华永会计师事务所（特殊普通合伙）	上海证监局	15	213
23	和信会计师事务所（特殊普通合伙）	山东证监局	11	41
24	四川华信（集团）会计师事务所（特殊普通合伙）	四川证监局	3	51
25	中喜会计师事务所（特殊普通合伙）	北京证监局	30	86
26	中审亚太会计师事务所（特殊普通合伙）	北京证监局	26	76
27	苏亚金诚会计师事务所（特殊普通合伙）	江苏证监局	11	49
28	广东司农会计师事务所（特殊普通合伙）	广东证监局	0	33
29	亚太（集团）会计师事务所（特殊普通合伙）	北京证监局	35	74
30	希格玛会计师事务所（特殊普通合伙）	陕西证监局	11	51
31	中勤万信会计师事务所（特殊普通合伙）	北京证监局	18	72
32	永拓会计师事务所（特殊普通合伙）	北京证监局	24	97
33	立信中联会计师事务所（特殊普通合伙）	天津证监局	15	47
34	利安达会计师事务所（特殊普通合伙）	北京证监局	30	64
35	中天运会计师事务所（特殊普通合伙）	北京证监局	21	54
36	中审华会计师事务所（特殊普通合伙）	天津证监局	21	99
37	北京兴华会计师事务所（特殊普通合伙）	北京证监局	29	100

数据来源：中国证监会
Source: CSRC

List of Accounting Firms Engaged in Securities Services in 2023

注册会计师人数 Number of Certified Public Accountants	年末净资产（万元） Year-end Net Asset (10 thousand yuan)	收入总额（万元） Total Income (10 thousand yuan)	审计业务收入（万元） Income from Engagement (10 thousand yuan)	证券业务收入（万元） Securities Revenue (10 thousand yuan)	上市公司客户家数 Number of Customers of Listed Companies
2274	44905.52	348268.64	315265.92	183991.18	706
2450	17371.21	500119.93	399885.11	176473.83	691
1471	48499.07	325333.63	294885.10	148905.87	436
1395	10377.89	287224.60	274873.42	149856.80	392
1656	15928.67	404595.39	301467.76	99601.25	364
1165	60824.84	319743.38	264130.37	128743.94	262
1364	16102.30	270337.32	220459.50	50183.34	257
971	15806.91	158884.86	138034.30	45004.99	201
1244	9756.24	215466.65	185127.83	56747.98	200
701	22159.79	108763.50	100589.80	54159.37	180
1788	49568.75	595539.37	558530.12	243832.05	137
968	31421.16	185828.77	140091.34	32039.59	123
1714	98783.88	713725.56	660199.44	311468.50	107
1121	12623.88	412480.60	396248.40	94617.82	98
419	6304.02	61472.84	55444.33	16062.01	95
337	4181.25	44676.50	37078.71	24497.19	91
824	20495.48	110263.59	96155.71	41152.94	87
334	5676.66	30171.48	24627.18	13580.35	81
351	4826.78	58278.95	45825.20	15981.91	72
506	6075.00	70569.96	46384.00	21081.29	71
130	2271.95	54909.97	50052.48	33287.19	59
1182	55876.81	407516.93	318912.25	60231.49	57
241	3268.54	31827.63	22770.40	12683.27	50
141	1300.00	16386.49	16386.49	13202.42	41
379	5493.25	37578.08	30969.24	12391.31	40
446	4071.91	69445.30	57816.23	29778.85	39
348	9262.90	43648.59	34483.25	14298.63	38
133	600.96	12162.59	9349.44	5318.07	36
352	-7761.57	65778.92	54476.34	39585.45	35
260	10296.33	47663.24	39834.14	12808.66	32
383	3525.92	46490.00	38551.30	11416.62	32
312	3520.49	35172.32	29644.55	13593.32	30
264	8549.24	36610.50	30093.54	12850.77	28
406	5516.64	48482.02	39912.90	15728.70	26
318	8205.35	56520.37	39534.99	13186.80	25
517	21853.40	82764.53	55112.45	7650.39	23
433	8499.69	86273.58	63035.43	4236.42	21

附录1-24 续表 1

序号 No	名称 Name	所在辖区 Jurisdiction	分所数量 Number of Branch	合伙人人数 Number of Partners
38	深圳大华国际会计师事务所（特殊普通合伙）	深圳证监局	0	21
39	中证天通会计师事务所（特殊普通合伙）	北京证监局	21	51
40	中准会计师事务所（特殊普通合伙）	北京证监局	15	40
41	鹏盛会计师事务所（特殊普通合伙）	深圳证监局	52	110
42	尤尼泰振青会计师事务所（特殊普通合伙）	深圳证监局	23	40
43	天圆全会计师事务所（特殊普通合伙）	北京证监局	8	37
44	北京亚泰国际会计师事务所（特殊普通合伙）	北京证监局	0	15
45	重庆康华会计师事务所（特殊普通合伙）	重庆证监局	5	21
46	浙江科信会计师事务所（特殊普通合伙）	宁波证监局	1	18
47	中瑞诚会计师事务所（特殊普通合伙）	北京证监局	25	34
48	北京澄宇会计师事务所（特殊普通合伙）	北京证监局	6	20
49	深圳久安会计师事务所（特殊普通合伙）	深圳证监局	3	14
50	浙江中会会计师事务所（特殊普通合伙）	浙江证监局	0	24
51	广东中职信会计师事务所（特殊普通合伙）	广东证监局	7	25
52	广东亨安会计师事务所（普通合伙）	广东证监局	0	3
53	深圳广深会计师事务所（普通合伙）	深圳证监局	0	3
54	河南守正创新会计师事务所（普通合伙）	河南证监局	0	8
55	浙江天平会计师事务所（特殊普通合伙）	浙江证监局	6	29
56	深圳永信瑞和会计师事务所（特殊普通合伙）	深圳证监局	9	31
57	山东舜天信诚会计师事务所（特殊普通合伙）	山东证监局	15	17
58	北京国富会计师事务所（特殊普通合伙）	北京证监局	25	55
59	广东立信会计师事务所（普通合伙）	广东证监局	0	2
60	深圳正一会计师事务所（特殊普通合伙）	深圳证监局	0	6
61	深圳皇嘉会计师事务所（普通合伙）	深圳证监局	0	4
62	深圳联创立信会计师事务所（普通合伙）	深圳证监局	0	2
63	山东健诚会计师事务所（特殊普通合伙）	山东证监局	4	15
64	湖南楚才会计师事务所（普通合伙）	湖南证监局	0	3
65	深圳长江会计师事务所（普通合伙）	深圳证监局	0	4
66	深圳宣达会计师事务所（普通合伙）	深圳证监局	0	4
67	深圳市泓毅会计师事务所（普通合伙）	深圳证监局	0	2
68	中京国瑞（武汉）会计师事务所（普通合伙）	湖北证监局	0	2
69	深圳中炘国际会计师事务所（普通合伙）	深圳证监局	0	2
70	浙江德威会计师事务所（特殊普通合伙）	宁波证监局	1	16
71	绍兴鉴湖联合会计师事务所（普通合伙）	浙江证监局	0	2
72	浙江至诚会计师事务所（特殊普通合伙）	浙江证监局	2	26
73	嘉兴知联中佳会计师事务所（普通合伙）	浙江证监局	0	2
74	上海孜荣会计师事务所（普通合伙）	上海证监局	0	3

continued

注册会计师人数 Number of Certified Public Accountants	年末净资产（万元） Year-end Net Asset (10 thousand yuan)	收入总额（万元） Total Income (10 thousand yuan)	审计业务收入（万元） Income from Engagement (10 thousand yuan)	证券业务收入（万元） Securities Revenue (10 thousand yuan)	上市公司客户家数 Number of Customers of Listed Companies
69	514.63	2243.93	261.25	4.72	15
287	3431.33	45415.45	24357.35	4563.19	15
210	2041.87	20987.18	13446.00	3200.88	13
487	3250.65	40975.87	20785.97	1707.60	6
193	-501.74	11551.50	6779.14	923.10	5
152	1339.05	11954.38	8730.94	1374.49	5
69	381.35	5513.70	969.03	310.85	5
113	1031.18	10170.32	10128.27	285.50	3
70	1127.92	5770.48	3428.99	83.49	3
242	4587.35	29450.51	15546.17	287.74	3
91	378.23	3072.00	2344.00	985.00	3
68	332.27	5042.51	3314.53	986.98	2
63	1197.03	5671.06	4879.42	21.85	2
136	4078.60	20071.64	12023.87	414.86	2
8	232.20	712.39	529.30	288.68	2
20	331.94	1348.42	721.93	396.23	1
28	160.00	4051.13	3310.56	2464.86	1
119	627.88	10346.02	7746.52	230.66	1
133	1071.37	11090.81	8174.44	281.00	1
127	-126.65	5919.65	4267.12	1091.93	1
254	2292.76	25559.94	13793.54	821.65	1
6	-291.10	550.25	224.45	97.08	0
11	-114.37	913.77	859.98	425.74	0
27	-1536.23	2822.33	2397.31	205.66	0
12	417.34	1104.40	396.43	20.75	0
74	-76.81	1470.80	1079.19	18.87	0
13	112.97	1315.87	1208.61	5.66	0
12	224.02	528.41	495.80	22.17	0
7	118.80	636.57	260.27	129.94	0
11	80.53	2111.41	314.67	4.95	0
8	19.40	784.08	381.00	67.32	0
6	12.58	56.86	56.86	0.00	0
65	121.85	5480.42	4511.98	125.21	0
6	228.81	332.68	320.68	12.00	0
74	1211.41	8119.86	5851.76	227.46	0
15	255.82	1854.17	1439.67	213.49	0
9	13.06	302.59	215.45	108.52	0

附录1-24 续表 2

序号 No	名称 Name	所在辖区 Jurisdiction	分所数量 Number of Branch	合伙人人数 Number of Partners
75	山东帕拉蒙德会计师事务所（普通合伙）	山东证监局	0	2
76	湖南建业会计师事务所（特殊普通合伙）	湖南证监局	2	18
77	湘能卓信会计师事务所（特殊普通合伙）	湖南证监局	7	21
78	安礼华粤（广东）会计师事务所（特殊普通合伙）	广东证监局	4	18
79	上海华皓会计师事务所（普通合伙）	上海证监局	0	7
80	广东岭南智华会计师事务所（特殊普通合伙）	广东证监局	0	15
81	上海浦江会计师事务所（普通合伙）	上海证监局	0	6
82	广东诚安信会计师事务所（特殊普通合伙）	广东证监局	5	24
83	深圳旭泰会计师事务所（普通合伙）	深圳证监局	0	5
84	天津丞明会计师事务所（普通合伙）	天津证监局	0	2
85	湖南容信会计师事务所（普通合伙）	湖南证监局	1	3
86	南通万隆会计师事务所（普通合伙）	江苏证监局	0	3
87	广东中天粤会计师事务所（特殊普通合伙）	广东证监局	10	24
88	上海友道会计师事务所(普通合伙)	上海证监局	1	2
89	赣州联信会计师事务所（普通合伙）	江西证监局	0	2
90	北京政远会计师事务所（普通合伙）	北京证监局	0	2
91	北京炎黄会计师事务所（普通合伙）	北京证监局	0	2
92	北京东审会计师事务所（特殊普通合伙）	北京证监局	3	18
93	北京国勤会计师事务所（普通合伙）	北京证监局	0	2
94	北京中天恒会计师事务所(特殊普通合伙)	北京证监局	19	30
95	辽宁录永会计师事务所（普通合伙）	辽宁证监局	0	2
96	北京中天华茂会计师事务所（普通合伙）	北京证监局	1	3
97	安徽华明会计师事务所(普通合伙)	安徽证监局	0	4
98	北京国府嘉盈会计师事务所（普通合伙）	北京证监局	0	2
99	北京中名国成会计师事务所（特殊普通合伙）	北京证监局	24	52
100	江苏苏港会计师事务所（特殊普通合伙）	江苏证监局	8	24
101	北京兴昌华会计师事务所（特殊普通合伙）	北京证监局	4	15
102	湖南和泉正会计师事务所（普通合伙）	湖南证监局	0	2
103	新联谊会计师事务所（特殊普通合伙）	山东证监局	9	28
104	北京大地泰华会计师事务所（特殊普通合伙）	北京证监局	2	18
105	深圳振兴会计师事务所（普通合伙）	深圳证监局	0	2
106	北京精勤会计师事务所（普通合伙）	北京证监局	0	2
107	北京华昊会计师事务所（普通合伙）	北京证监局	0	2
108	四川德文会计师事务所（特殊普通合伙）	四川证监局	0	15
109	德赢（福建）会计师事务所（普通合伙）	福建证监局	0	2
110	深圳堂堂会计师事务所（普通合伙）	深圳证监局	0	2
111	祥浩（广西）会计师事务所（特殊普通合伙）	广西证监局	3	16
112	北京兴荣华会计师事务所（普通合伙）	北京证监局	0	2

continued

注册会计师人数 Number of Certified Public Accountants	年末净资产（万元） Year-end Net Asset (10 thousand yuan)	收入总额（万元） Total Income (10 thousand yuan)	审计业务收入（万元） Income from Engagement (10 thousand yuan)	证券业务收入（万元） Securities Revenue (10 thousand yuan)	上市公司客户家数 Number of Customers of Listed Companies
6	730.42	405.08	150.51	4.72	0
71	1069.34	5549.03	4030.41	348.58	0
150	4586.00	26066.00	14209.90	9.43	0
95	244.60	4062.91	2416.08	24.53	0
41	1041.30	3900.97	1993.21	92.45	0
78	814.28	7400.10	4371.35	0.00	0
26	610.16	2294.06	1556.70	0.00	0
129	2068.56	15789.76	9278.57	311.32	0
29	319.91	2187.74	1397.39	525.98	0
21	748.65	2159.23	1087.65	0.00	0
4	117.94	785.87	525.67	196.22	0
18	100.00	1359.50	1049.60	79.80	0
167	2543.77	16103.47	7534.98	45.00	0
7	123.32	459.35	400.69	0.00	0
11	146.57	332.49	279.93	100.00	0
9	-10.23	610.76	470.76	199.91	0
6	-24.18	21.66	21.66	14.85	0
93	1125.57	9824.68	6644.96	237.69	0
7	54.98	1054.81	794.44	370.75	0
208	10525.22	32120.53	31352.03	16.00	0
15	200.00	604.56	589.71	14.85	0
4	57.68	808.12	542.59	160.38	0
10	34.12	712.07	712.07	16.04	0
13	148.45	2105.27	605.56	66.04	0
255	2304.89	23298.59	15992.54	6467.64	0
113	1401.33	8025.13	4408.83	20.00	0
70	1185.76	5008.70	5008.70	2462.62	0
5	43.73	193.76	39.49	30.69	0
126	5729.69	25669.22	10683.44	166.04	0
179	8422.87	33848.45	5225.28	29.25	0
4	-166.40	374.02	331.62	153.01	0
2	18.12	92.88	92.88	0.00	0
3	87.55	203.20	78.88	33.02	0
60	617.81	4203.80	2786.87	13.00	0
6	68.65	444.11	304.49	99.11	0
5	-253.95	99.51	97.06	60.85	0
74	1797.21	5784.38	3769.73	335.85	0
9	89.94	775.66	620.63	406.67	0

附录1-25　2023年从事证券服务业务的资产评估机构名录

序号 No	名称 Name	所在辖区 Jurisdiction	分支机构数量 Number of Branch
1	中联资产评估集团有限公司	北京证监局	25
2	上海东洲资产评估有限公司	上海证监局	12
3	银信资产评估有限公司	上海证监局	20
4	北京中企华资产评估有限责任公司	北京证监局	25
5	坤元资产评估有限公司	浙江证监局	8
6	沃克森（北京）国际资产评估有限公司	北京证监局	0
7	北京中同华资产评估有限公司	北京证监局	24
8	国众联资产评估土地房地产估价有限公司	深圳证监局	29
9	北京卓信大华资产评估有限公司	北京证监局	12
10	北京天健兴业资产评估有限公司	北京证监局	11
11	中水致远资产评估有限公司	北京证监局	17
12	厦门嘉学资产评估房地产估价有限公司	厦门证监局	9
13	北京华亚正信资产评估有限公司	北京证监局	19
14	北方亚事资产评估有限责任公司	深圳证监局	35
15	中瑞世联资产评估集团有限公司	深圳证监局	17
16	江苏中企华中天资产评估有限公司	江苏证监局	4
17	万隆(上海)资产评估有限公司	上海证监局	13
18	深圳市鹏信资产评估土地房地产估价有限公司	深圳证监局	31
19	北京国融兴华资产评估有限责任公司	北京证监局	21
20	金证（上海）资产评估有限公司	上海证监局	4
21	北京坤元至诚资产评估有限公司	北京证监局	10
22	江苏天健华辰资产评估有限公司	江苏证监局	0
23	中威正信（北京）资产评估有限公司	北京证监局	17
24	北京亚超资产评估有限公司	北京证监局	10
25	北京中致成国际资产评估有限公司	北京证监局	5
26	中联资产评估集团（浙江）有限公司	浙江证监局	2
27	中铭国际资产评估（北京）有限责任公司	北京证监局	17
28	天源资产评估有限公司	浙江证监局	6
29	中京民信(北京)资产评估有限公司	北京证监局	2
30	上海立信资产评估有限公司	上海证监局	6
31	正衡房地产资产评估有限公司	陕西证监局	24
32	中和资产评估有限公司	北京证监局	13
33	北京中天和资产评估有限公司	北京证监局	3
34	江苏华信资产评估有限公司	江苏证监局	0
35	同致信德（北京）资产评估有限公司	北京证监局	14
36	上海众华资产评估有限公司	上海证监局	2
37	联合中和土地房地产资产评估有限公司	福建证监局	9
38	中联国际房地产土地资产评估咨询（广东）有限公司	广东证监局	4
39	上海申威资产评估有限公司	上海证监局	5
40	湖北众联资产评估有限公司	湖北证监局	1
41	深圳君瑞资产评估所（特殊普通合伙）	深圳证监局	0
42	福建中兴资产评估房地产土地估价有限责任公司	福建证监局	5
43	山东正源和信资产评估有限公司	山东证监局	4
44	广东联信资产评估土地房地产估价有限公司	广东证监局	0

数据来源：中国证监会
Source: CSRC

List of Appraisal Agency in Securities Service Business in 2023

资产评估师人数 Number of Asset Appraisers	年末净资产（万元） Year-end Net Asset (10 thousand yuan)	收入总额（万元） Total Income (10 thousand yuan)	资产评估业务收入（万元） Income from Asset Appraisal Business (10 thousand yuan)	证券业务收入（万元） Securities Revenue (10 thousand yuan)
206	16416.84	52931.68	52931.68	9308.56
125	4752.42	36897.59	36831.59	8824.61
236	8362.51	37125.16	37125.16	7052.26
361	15040.66	36346.42	36346.42	6150.76
143	3654.33	11755.98	11755.98	4803.89
165	1100.53	28438.59	25839.64	4694.25
163	1819.94	19778.07	19689.73	4658.16
173	7459.00	28683.00	24159.00	4524.00
101	2921.73	16341.52	14505.88	4033.90
173	13079.22	23518.15	23330.81	3813.24
181	1125.24	17952.76	17271.61	3390.89
74	834.97	7807.70	7807.70	2660.89
135	2620.52	15045.12	13091.94	2549.85
204	11989.01	24055.47	24055.47	2515.82
146	1944.82	13103.01	10000.89	2244.42
82	3480.18	6643.67	6643.67	2180.69
64	1479.43	7396.97	5851.59	2145.67
209	3337.19	42771.74	5525.38	2070.97
183	4789.84	21173.04	21173.04	1987.92
41	2128.49	8869.22	4441.18	1863.73
92	964.96	10273.94	9741.61	1705.06
35	1107.80	3792.06	3792.06	1669.34
88	572.92	4614.34	4614.34	1629.54
81	1201.57	4164.51	4164.51	1568.39
45	1144.65	4777.55	4777.55	1497.81
41	987.17	5591.56	5591.56	1482.89
122	506.19	8161.77	8161.77	1480.99
77	2884.07	6410.08	5262.46	1422.03
59	1564.96	5087.98	5087.98	1341.50
93	3843.21	27171.92	12994.38	1325.04
64	3081.32	7804.09	7804.09	1271.27
113	11893.45	26606.27	16755.41	1254.41
51	2957.28	7278.74	7278.74	1214.80
96	2316.87	9610.90	9610.90	1187.12
71	631.82	4481.10	4481.10	1157.65
43	268.32	5709.19	5709.19	1144.90
71	1064.75	5616.71	3414.87	1126.59
50	962.18	4186.00	3554.03	1102.27
37	639.91	6568.38	6568.38	992.63
43	575.09	2629.34	2628.21	983.72
10	259.49	1576.81	1576.81	955.58
51	1134.67	5033.71	5013.15	890.95
41	790.43	3555.49	3541.72	837.45
59	874.19	3602.88	2601.41	832.23

附录1-25　续表 1

序号 No	名称 Name	所在辖区 Jurisdiction	分支机构数量 Number of Branch
45	北京亚太联华资产评估有限公司	北京证监局	10
46	安徽中联国信资产评估有限责任公司	安徽证监局	1
47	天津华夏金信资产评估有限公司	天津证监局	2
48	浙江中企华资产评估有限公司	浙江证监局	0
49	天津中联资产评估有限责任公司	天津证监局	0
50	重庆华康资产评估土地房地产估价有限责任公司	重庆证监局	0
51	山东中评恒信资产评估有限公司	山东证监局	0
52	中资资产评估有限公司	北京证监局	2
53	深圳中联资产评估有限公司	深圳证监局	2
54	北京晟明资产评估有限公司	北京证监局	7
55	北京中锋资产评估有限责任公司	北京证监局	0
56	万邦资产评估有限公司	宁波证监局	1
57	上海科东资产评估有限公司	上海证监局	0
58	河北立千资产评估有限责任公司	河北证监局	0
59	嘉瑞国际资产评估有限公司	北京证监局	7
60	中通诚资产评估有限公司	北京证监局	11
61	深圳中洲资产评估房地产估价有限公司	深圳证监局	0
62	深圳亿通资产评估房地产土地估价有限公司	深圳证监局	3
63	上海加策资产评估有限公司	上海证监局	1
64	北京天圆开资产评估有限公司	北京证监局	2
65	中盛评估咨询有限公司	江苏证监局	2
66	北京国友大正资产评估有限公司	北京证监局	0
67	中联资产评估集团（陕西）有限公司	陕西证监局	0
68	上海财瑞资产评估有限公司	上海证监局	0
69	深圳市同致诚德明资产评估有限公司	深圳证监局	0
70	重庆坤元资产评估有限公司	重庆证监局	2
71	洲蓝（上海）资产评估有限公司	上海证监局	0
72	广东中广信资产评估有限公司	广东证监局	1
73	中同华资产评估（上海）有限公司	上海证监局	0
74	北京中评正信资产评估有限公司	北京证监局	5
75	宇威国际资产评估（深圳）有限公司	深圳证监局	0
76	北京芊海房地产土地资产评估有限公司	北京证监局	1
77	亚泰兴华（北京）资产评估有限公司	北京证监局	0
78	北京华源龙泰房地产土地资产评估有限公司	北京证监局	0
79	格律（上海）资产评估有限公司	上海证监局	5
80	北京中林资产评估有限公司	北京证监局	4
81	北京中科华资产评估有限公司	北京证监局	0
82	北京中和谊资产评估有限公司	北京证监局	4
83	北京中金浩资产评估有限责任公司	北京证监局	0
84	青岛天和资产评估有限责任公司	青岛证监局	2
85	辽宁众华资产评估有限公司	大连证监局	1
86	坤信国际资产评估集团有限公司	山东证监局	17
87	天道亨嘉资产评估有限公司	上海证监局	0
88	中发国际资产评估有限公司	北京证监局	0
89	四川天健华衡资产评估有限公司	四川证监局	0
90	福建华成房地产土地资产评估有限公司	福建证监局	4

continued

资产评估师人数 Number of Asset Appraisers	年末净资产（万元） Year-end Net Asset (10 thousand yuan)	收入总额（万元） Total Income (10 thousand yuan)	资产评估业务收入（万元） Income from Asset Appraisal Business (10 thousand yuan)	证券业务收入（万元） Securities Revenue (10 thousand yuan)
49	548.40	7076.41	4408.94	770.14
36	425.36	1976.50	1959.11	752.61
69	7897.65	3159.91	2620.10	731.29
35	488.30	2884.00	2884.00	709.76
35	502.93	2956.35	2956.35	661.37
56	1625.80	4571.92	4571.92	648.79
14	1426.80	2827.45	2827.45	634.91
43	895.48	3748.39	3748.39	619.89
33	171.38	4041.30	4040.92	603.05
43	1211.40	7542.03	3657.95	601.55
43	136.54	1955.74	1955.74	567.47
44	1310.93	3046.72	3046.72	549.89
12	241.12	1647.80	1647.80	542.70
15	548.81	780.80	780.80	538.91
47	688.35	3157.02	1233.85	513.40
98	7062.98	9020.26	9020.26	481.63
16	-34.13	1232.72	1232.72	474.60
25	359.89	1608.18	1337.22	472.64
28	709.31	2223.16	1516.10	466.23
54	294.74	2501.18	2019.04	433.30
19	402.99	1005.84	729.41	417.00
26	3337.92	2813.62	2418.92	415.27
30	1352.36	3382.25	3218.87	391.73
33	764.18	3568.35	2119.33	380.85
10	422.59	1223.07	1223.07	379.45
40	614.91	3599.54	1150.49	361.30
8	152.49	662.15	396.24	339.62
25	442.13	859.75	859.75	335.19
13	125.60	1376.05	890.16	321.90
19	533.39	1453.57	1195.32	321.30
9	94.50	695.20	615.13	315.16
5	629.98	682.17	236.65	314.36
17	83.41	814.85	814.85	295.34
21	258.37	6238.87	5093.78	268.04
23	298.28	1513.64	905.89	258.35
43	882.10	8129.68	5538.92	255.66
23	203.78	413.27	413.27	245.09
41	240.45	2183.04	1943.81	239.23
21	802.48	3399.12	2643.63	220.75
40	612.62	1367.24	1253.29	216.98
28	907.00	2451.00	836.00	209.00
43	-135.09	1480.82	1288.73	205.57
11	108.03	431.14	431.14	194.00
22	922.49	1945.06	1945.06	182.08
51	1644.84	3301.66	3301.66	178.68
24	204.80	841.66	487.84	176.00

附录1-25 续表 2

序号 No	名称 Name	所在辖区 Jurisdiction	分支机构数量 Number of Branch
91	深圳市世联资产房地产土地评估有限公司	深圳证监局	3
92	中盛华资产评估有限公司	新疆证监局	1
93	深圳国艺珠宝艺术品资产评估有限公司	深圳证监局	0
94	深圳道衡美评国际资产评估有限公司	深圳证监局	2
95	深圳中为资产评估房地产土地估价事务所（有限合伙）	深圳证监局	0
96	福建和道资产评估土地房地产估价有限公司	福建证监局	0
97	中勤资产评估有限公司	北京证监局	0
98	蓝策亚洲（北京）资产评估有限公司	北京证监局	1
99	北京华鉴资产评估有限公司	北京证监局	1
100	北京中天华资产评估有限责任公司	北京证监局	7
101	北京国枫兴华资产评估有限公司	北京证监局	0
102	中联资产评估集团（湖北）有限公司	湖北证监局	0
103	深圳中科华资产评估有限公司	深圳证监局	0
104	浙江银信资产评估有限公司	宁波证监局	0
105	重庆铂码房地产土地资产评估有限公司	重庆证监局	0
106	山东中新土地房地产资产评估有限公司	山东证监局	1
107	中联资产评估集团四川有限公司	四川证监局	0
108	北京金开房地产土地资产评估有限公司	北京证监局	2
109	厦门明正资产评估土地房地产估价有限公司	厦门证监局	0
110	中兴华咨（北京）房地产评估工程咨询有限公司	北京证监局	0
111	汇誉中证资产评估（北京）有限公司	北京证监局	0
112	青岛德铭资产评估有限公司	青岛证监局	1
113	江苏普信资产评估房地产土地估价有限公司	江苏证监局	0
114	四川蓉域资产评估有限公司	四川证监局	1
115	新兰特房地产资产评估有限公司	陕西证监局	5
116	中同华（广州）资产评估有限公司	广东证监局	0
117	北京公信评估有限公司	北京证监局	2
118	中联资产评估集团河南有限公司	河南证监局	0
119	北京志海资产评估有限公司	北京证监局	0
120	朴谷（北京）资产评估有限公司	北京证监局	0
121	北京中天创意资产评估有限公司	北京证监局	0
122	天昊国际房地产土地资产评估集团有限公司	山东证监局	6
123	中立资产评估（北京）有限公司	北京证监局	0
124	青岛仲勋资产评估事务所（普通合伙）	青岛证监局	1
125	杭州禄诚资产评估有限公司	浙江证监局	0
126	国专正华（北京）资产评估有限责任公司	北京证监局	0
127	上海德勤资产评估有限公司	上海证监局	3
128	上海集联资产评估有限公司	上海证监局	2
129	毕马威资产评估（上海）有限公司	上海证监局	2
130	广东信德资产评估与房地产土地估价有限公司	广东证监局	18
131	四川山河资产评估有限责任公司	四川证监局	6
132	广州业勤资产评估土地房地产估价有限公司	广东证监局	4
133	厦门乾元资产评估与房地产估价有限责任公司	厦门证监局	2
134	中联资产评估集团广西有限公司	广西证监局	0
135	深圳市中诚达资产房地产土地评估有限公司	深圳证监局	0
136	北京中天衡平国际资产评估有限公司	北京证监局	1

continued

资产评估师人数 Number of Asset Appraisers	年末净资产（万元） Year-end Net Asset (10 thousand yuan)	收入总额（万元） Total Income (10 thousand yuan)	资产评估业务收入（万元） Income from Asset Appraisal Business (10 thousand yuan)	证券业务收入（万元） Securities Revenue (10 thousand yuan)
50	4565.66	7618.29	7618.29	174.44
40	1437.44	2960.13	2922.60	165.47
8	3399.42	313.50	313.50	165.09
21	963.00	399.01	399.01	151.26
7	-350.90	617.78	470.58	147.20
11	-6.00	393.47	367.06	146.87
12	136.37	1235.72	1089.72	146.00
9	574.48	754.43	356.20	136.68
12	186.36	590.64	590.64	127.69
102	866.78	12312.01	12312.01	124.36
23	155.26	838.20	364.43	123.31
9	322.63	1284.02	1284.02	116.98
10	297.05	389.69	389.69	114.68
28	908.86	1588.56	915.29	111.39
19	528.40	1028.70	459.68	110.47
45	714.19	3763.75	3763.75	110.40
22	83.06	583.40	583.40	110.21
31	885.05	1637.31	504.17	109.99
11	-28.51	291.44	165.01	107.43
21	497.79	3435.05	921.73	106.30
3	103.05	518.88	278.38	105.66
12	205.67	757.98	757.98	104.43
15	625.73	1690.19	1023.43	100.19
9	115.94	562.10	562.10	99.10
32	4991.35	4695.09	3882.17	95.75
9	-13.54	236.00	226.00	95.00
31	1048.09	3953.23	3953.23	94.81
20	357.26	2002.00	1717.03	93.30
10	18.76	157.29	157.29	90.50
8	65.15	739.01	567.77	87.81
8	66.90	320.63	301.47	85.13
51	4565.29	4810.06	3891.58	84.30
8	-184.78	287.30	287.30	80.00
10	-0.22	217.97	217.97	72.57
11	119.45	557.27	354.95	67.92
8	43.70	328.02	239.23	67.33
38	11078.13	16228.52	1264.08	66.96
24	1254.36	2994.29	2713.48	66.37
28	521.02	3632.49	760.88	64.71
77	3987.44	11229.59	5081.30	63.40
7	975.29	1092.82	254.94	62.00
51	1172.58	4162.70	2865.81	60.08
15	140.38	1439.55	1373.72	59.62
33	306.86	1195.25	1149.56	59.18
11	-319.31	546.66	191.00	57.30
15	920.61	273.81	273.81	56.40

附录1-25　续表 3

序号 No	名称 Name	所在辖区 Jurisdiction	分支机构数量 Number of Branch
137	上海美评资产评估有限公司	上海证监局	0
138	中全资产评估（北京）有限公司	北京证监局	5
139	广东省大周行房地产土地资产评估有限公司	深圳证监局	0
140	浙江中衡房地产土地资产评估咨询有限公司	浙江证监局	6
141	山西中新资产评估有限公司	山西证监局	0
142	广东财兴资产评估土地房地产估价有限公司	广东证监局	2
143	山东瑞华资产评估有限公司	山东证监局	0
144	嘉兴求真房地产资产评估有限公司	浙江证监局	0
145	北京合佳资产评估有限公司	北京证监局	0
146	安永资产评估（上海）有限公司	上海证监局	3
147	厦门银兴资产评估土地房地产评估有限公司	厦门证监局	1
148	广州安城信房地产土地资产评估与规划测绘有限公司	广东证监局	0
149	广东卓越土地房地产评估咨询有限公司	广东证监局	0
150	北京信诚资产评估有限责任公司	北京证监局	0
151	中联资产评估咨询（上海）有限公司	上海证监局	1
152	中瑞国际房地产土地资产评估有限公司	北京证监局	5
153	上海坤元沪华资产评估有限公司	上海证监局	0
154	北京百汇方兴资产评估有限公司	北京证监局	0
155	中联资产评估集团山东有限公司	山东证监局	0
156	海南瑞衡资产评估土地房地产估价有限公司	海南证监局	0
157	辽宁中联资产评估有限责任公司	辽宁证监局	1
158	北京中曦评估咨询有限公司	北京证监局	0
159	重庆金地房地产土地资产评估有限公司	重庆证监局	0
160	广东惠正资产评估与房地产土地估价有限公司	广东证监局	12
161	鹏翔房地产土地资产评估有限公司	深圳证监局	6
162	湖北华审资产评估土地房地产估价有限公司	湖北证监局	1
163	广东中企华正诚资产房地产土地评估造价咨询有限公司	广东证监局	4
164	北京中泓信诚资产评估有限公司	北京证监局	3
165	北京德祥资产评估有限责任公司	北京证监局	5
166	四川中天华成房地产土地资产评估有限公司	四川证监局	0
167	中联资产评估集团（青岛）有限公司	青岛证监局	0
168	深圳市国策房地产土地资产评估有限公司	深圳证监局	3
169	北京大地资产评估事务所有限公司	北京证监局	0
170	德永致信（上海）资产评估有限责任公司	上海证监局	0
171	深圳立信资产评估房地产估价有限公司	深圳证监局	0
172	上海城乡资产评估有限责任公司	上海证监局	2
173	福建金诺土地房地产资产评估有限公司	福建证监局	0
174	厦门均和房地产土地评估咨询有限公司	厦门证监局	1
175	天津广誉资产评估有限公司	天津证监局	0
176	北京东审资产评估有限责任公司	北京证监局	0
177	深圳市中项资产评估房地产土地估价有限公司	深圳证监局	0
178	和汛资产评估有限公司	安徽证监局	0
179	安徽中信房地产土地资产价格评估有限公司	安徽证监局	6
180	四川中天华资产评估有限公司	四川证监局	0
181	嘉兴中磊资产评估有限公司	浙江证监局	0
182	辽宁中恒信土地房地产资产评估有限公司	大连证监局	2

continued

资产评估师人数 Number of Asset Appraisers	年末净资产（万元） Year-end Net Asset (10 thousand yuan)	收入总额（万元） Total Income (10 thousand yuan)	资产评估业务收入（万元） Income from Asset Appraisal Business (10 thousand yuan)	证券业务收入（万元） Securities Revenue (10 thousand yuan)
10	-24.64	465.75	332.91	55.10
10	23.50	743.50	743.50	54.79
9	51.67	687.64	352.50	52.40
14	754.89	2287.08	376.80	50.00
16	271.01	760.04	760.04	49.88
25	1421.21	3095.33	2743.00	48.48
18	332.43	2730.69	2730.69	44.50
11	478.14	1192.73	1192.73	42.55
20	468.11	2251.93	1484.98	40.57
41	991.57	7675.51	1682.26	39.80
17	413.84	617.33	257.73	35.83
7	-18.80	812.84	252.00	35.60
23	2033.08	5384.33	682.04	33.96
16	387.87	749.45	744.64	33.80
11	112.01	712.58	180.28	33.02
44	425.81	6591.85	643.59	33.00
9	170.80	251.05	251.05	31.00
14	145.72	2127.87	2126.05	30.90
41	622.59	4614.48	4614.48	29.55
11	359.20	615.25	477.08	28.11
40	1904.90	6121.20	6121.20	26.98
8	227.63	200.36	200.36	26.10
8	259.35	1022.22	264.64	26.00
43	1306.30	5324.84	2268.88	26.00
35	0.53	1810.28	1225.23	25.47
11	-44.57	801.22	801.22	25.40
30	812.78	1991.49	1522.56	24.32
8	288.97	518.25	175.76	23.72
23	440.50	297.38	297.38	23.45
10	314.82	518.04	375.27	22.90
19	436.50	1033.14	1009.47	22.90
33	21381.55	14511.38	14511.38	22.68
33	1589.52	4738.19	3892.06	21.80
9	250.02	374.20	374.20	20.75
8	141.88	346.16	139.34	18.75
20	120.27	693.45	693.45	18.00
9	1392.15	1549.36	138.71	18.00
13	524.53	1177.85	286.45	17.96
17	228.42	483.63	391.54	17.92
19	544.65	2289.15	1116.94	17.74
12	952.00	1805.00	484.00	17.00
21	499.77	1762.73	1762.73	15.75
13	1050.35	1853.30	212.20	15.09
12	475.92	882.82	670.48	15.00
8	-242.32	377.84	377.84	14.87
14	954.10	2372.73	679.46	14.15

附录1-25 续表 4

序号 No	名称 Name	所在辖区 Jurisdiction	分支机构数量 Number of Branch
183	四川华坤房地产土地资产评估有限公司	四川证监局	0
184	辽宁元正资产评估有限公司	大连证监局	1
185	陕西正德信资产评估有限公司	陕西证监局	0
186	北京戴德梁行房地产土地资产评估有限公司	北京证监局	3
187	四川维诚资产评估有限公司	四川证监局	0
188	山东智帮资产评估有限公司	山东证监局	0
189	福建建友资产评估土地房地产估价有限责任公司	福建证监局	5
190	深圳市国誉资产评估房地产土地估价顾问有限公司	深圳证监局	0
191	南京长城土地房地产资产评估造价咨询有限公司	江苏证监局	4
192	上海富申国有资产评估有限公司	上海证监局	0
193	重庆金汇房地产土地资产评估事务所有限责任公司	重庆证监局	0
194	中联资产评估集团（新疆）有限公司	新疆证监局	1
195	重庆恒禾资产评估有限公司	重庆证监局	1
196	深圳长基资产评估房地产土地估价有限公司	深圳证监局	2
197	广东开泰资产评估与土地房地产估价有限公司	广东证监局	1
198	深圳市国房土地房地产资产评估咨询有限公司	深圳证监局	1
199	云南中联房地产土地资产评估有限公司	云南证监局	1
200	成都和为本资产评估事务所（普通合伙）	四川证监局	1
201	佳信拓投（江西）房地产资产评估有限公司	江西证监局	13
202	北京同仁和资产评估有限责任公司	北京证监局	0
203	广州合富房地产土地资产评估咨询有限公司	广东证监局	7
204	桐乡市方联资产评估事务所	浙江证监局	0
205	湖北华盛资产评估土地房地产估价有限公司	湖北证监局	2
206	深圳市国策资产评估有限公司	深圳证监局	0
207	四川大友房地产土地资产评估有限公司	四川证监局	1
208	江苏五星资产评估有限责任公司	江苏证监局	0
209	深圳市中衡信资产评估有限公司	深圳证监局	1
210	重庆中鼎资产评估土地房地产估价有限责任公司	重庆证监局	0
211	山东上和土地房地产资产评估测绘有限公司	青岛证监局	17
212	辽宁隆丰土地房地产与资产评估有限公司	辽宁证监局	0
213	江苏国衡中测土地房地产资产评估咨询有限公司	江苏证监局	9
214	北京中汇信永资产评估有限公司	北京证监局	0
215	江苏经纬资产土地房地产评估测绘工程咨询有限公司	江苏证监局	0
216	无锡桥一资产评估事务所（有限合伙）	江苏证监局	0
217	中达致远房地产资产评估（武汉）有限公司	湖北证监局	11
218	艾华迪资产评估（北京）有限公司	北京证监局	0
219	重庆汇丰房地产土地资产评估有限责任公司	重庆证监局	0
220	河南正信联合资产评估事务所（普通合伙）	河南证监局	0
221	正衡房地产资产评估（吉林）有限公司	吉林证监局	0
222	中都国脉（北京）资产评估有限公司	北京证监局	0
223	江苏大正房地产土地造价资产咨询评估有限公司	江苏证监局	6
224	广东均正房地产土地资产评估咨询有限公司	广东证监局	6
225	北京仁达房地产土地资产评估有限公司	北京证监局	12
226	重庆道尔敦资产评估土地房地产估价有限公司	重庆证监局	0
227	丽水经济资产评估有限公司	浙江证监局	0
228	江苏象仁土地房地产资产评估有限公司	江苏证监局	4

continued

资产评估师人数 Number of Asset Appraisers	年末净资产（万元） Year-end Net Asset (10 thousand yuan)	收入总额（万元） Total Income (10 thousand yuan)	资产评估业务收入（万元） Income from Asset Appraisal Business (10 thousand yuan)	证券业务收入（万元） Securities Revenue (10 thousand yuan)
11	432.75	2248.49	847.78	13.93
44	436.12	1125.85	1125.85	13.68
21	431.81	1816.35	1633.49	12.80
19	-1283.30	1110.13	1110.13	12.50
20	87.47	521.63	521.63	11.52
8	257.56	1265.51	1265.51	11.00
29	322.61	2223.96	1947.56	11.00
15	4782.29	6196.83	6020.83	10.75
40	1756.10	6914.57	1534.94	10.00
8	693.65	372.28	346.59	10.00
16	935.72	1001.84	1001.84	9.25
11	122.19	518.68	518.68	9.00
10	-7.85	914.26	110.84	8.00
11	581.49	1583.84	1583.84	8.00
32	595.50	1100.56	1027.30	7.06
27	1532.34	7290.47	932.76	6.80
10	193.58	447.73	447.73	6.76
6	-41.16	24.06	9.23	6.73
9	336.30	332.81	147.98	6.50
15	108.28	391.77	341.32	5.57
13	879.80	684.04	212.07	5.50
8	314.41	340.39	340.39	5.00
12	144.98	1074.10	1074.10	5.00
9	237.51	1305.03	1305.03	5.00
13	776.16	4554.74	1806.49	5.00
18	357.06	847.85	847.85	4.00
12	283.41	329.63	329.63	4.00
20	265.61	403.10	118.18	3.98
5	376.16	301.07	75.26	3.60
13	591.83	1246.21	377.27	3.50
43	756.65	2875.19	585.39	3.30
10	-156.36	254.70	19.53	3.30
9	477.96	1013.57	547.99	3.15
5	86.13	236.61	236.61	3.00
10	893.60	1789.06	869.55	2.50
8	292.61	739.06	492.27	1.89
22	1102.48	2274.40	1205.61	1.80
6	429.62	167.01	167.01	1.80
12	281.02	1193.75	1193.75	1.70
17	510.44	2810.81	2685.87	1.50
5	291.64	468.85	1.96	1.50
20	196.31	2116.71	518.66	1.30
44	4396.66	12629.09	1924.96	0.92
6	-94.31	467.50	177.53	0.50
16	213.41	776.26	776.26	0.00
18	1573.19	3148.36	1681.47	0.00

附录1-25 续表 5

序号 No	名称 Name	所在辖区 Jurisdiction	分支机构数量 Number of Branch
229	深圳市国潼联土地房地产资产评估顾问有限公司	深圳证监局	0
230	智和财信房地产资产评估有限公司	四川证监局	0
231	湖北玖誉房地产评估有限公司	湖北证监局	18
232	山东久丰土地房地产资产评估咨询有限公司	山东证监局	0
233	江苏华盛资产评估有限公司	江苏证监局	0
234	华夏资产评估（北京）有限公司	北京证监局	0
235	深圳市鹏晨房地产土地资产评估有限公司	深圳证监局	0
236	深圳市戴德梁行土地房地产评估有限公司	深圳证监局	0
237	深圳市融泽源资产评估土地房地产估价有限公司	深圳证监局	0
238	山东华永资产评估有限公司	山东证监局	0
239	江苏中恒土地房地产资产评估咨询有限公司	江苏证监局	0
240	深圳中企华土地房地产资产评估有限公司	深圳证监局	0
241	广西科正房地产土地资产评估咨询有限公司	广西证监局	0
242	广州集佳资产评估有限公司	广东证监局	0
243	新疆天合资产评估有限责任公司	新疆证监局	0
244	北京高力国际土地房地产资产评估有限公司	北京证监局	0
245	江苏天圣房地产土地资产评估测绘有限公司	江苏证监局	3
246	江苏天地恒安房地产土地资产评估有限公司	江苏证监局	0
247	江苏富华资产评估有限公司	江苏证监局	0
248	福建明鉴资产评估房地产土地估价有限公司	福建证监局	1
249	江苏永诚土地房地产资产评估咨询有限公司	江苏证监局	0
250	江苏鑫洋土地房地产评估有限公司	江苏证监局	0
251	信阳誉华宏大联合资产评估事务所（普通合伙）	河南证监局	0
252	内蒙古兴鼎资产评估有限责任公司	内蒙古证监局	0
253	大连友信资产评估有限公司	大连证监局	0
254	洛阳敬业资产评估事务所有限公司	河南证监局	0
255	中联（福建）资产评估土地房地产估价有限责任公司	福建证监局	0
256	中通诚（天津）房地产土地资产评估有限公司	天津证监局	0
257	昆明正序房地产土地资产评估有限公司	云南证监局	0
258	重庆中瑞资产评估土地房地产估价有限公司	重庆证监局	0
259	安徽中立公鉴房地产资产造价评估有限公司	安徽证监局	0
260	安徽华安资产评估事务所有限公司	安徽证监局	0
261	中环松德（北京）资产评估有限公司	北京证监局	0
262	广东谷值资产评估有限公司	广东证监局	0
263	中天成土地房地产资产评估（北京）有限公司	北京证监局	4
264	四川金利房地产土地资产评估有限公司	四川证监局	0
265	国宏信价格评估集团有限公司	北京证监局	0
266	北京中泽建信资产评估有限责任公司	北京证监局	0
267	广东千福田资产土地房地产评估规划测绘有限公司	广东证监局	2
268	北京市金利安房地产咨询评估有限责任公司	北京证监局	0
269	连城资产评估有限公司	北京证监局	0
270	北京富川房地产土地资产评估有限公司	北京证监局	1
271	北京中盛行房地产土地资产评估有限公司	北京证监局	0
272	中联资产评估集团北京数据有限公司	北京证监局	0

continued

资产评估师人数 Number of Asset Appraisers	年末净资产（万元） Year-end Net Asset (10 thousand yuan)	收入总额（万元） Total Income (10 thousand yuan)	资产评估业务收入（万元） Income from Asset Appraisal Business (10 thousand yuan)	证券业务收入（万元） Securities Revenue (10 thousand yuan)
12	1030.26	836.73	11.18	0.00
27	437.44	2864.24	2331.77	0.00
19	1090.27	7080.26	7080.26	0.00
10	723.67	2784.38	147.63	0.00
8	256.83	289.50	289.50	0.00
8	-178.97	48.68	48.68	0.00
11	219.86	272.80	272.80	0.00
16	15974.86	23187.22	520.48	0.00
15	572.05	1334.34	503.18	0.00
18	204.45	227.11	227.11	0.00
7	66.49	473.11	66.22	0.00
8	72.54	670.80	670.80	0.00
11	448.50	1424.11	446.75	0.00
6	-58.85	158.40	158.40	0.00
22	2922.49	3634.53	3634.53	0.00
5	2787.06	3936.88	742.94	0.00
8	641.40	1072.24	54.20	0.00
16	831.38	1709.74	717.36	0.00
17	1301.85	364.61	364.61	0.00
18	106.17	316.43	167.67	0.00
9	711.93	690.37	103.10	0.00
6	393.02	2612.26	309.58	0.00
7	29.57	138.62	138.62	0.00
13	407.49	1594.29	403.83	0.00
10	97.43	365.30	365.30	0.00
8	71.33	174.99	174.99	0.00
11	281.60	549.13	192.39	0.00
15	879.59	1592.87	1160.00	0.00
14	1208.07	1049.82	193.25	0.00
10	375.37	301.64	236.94	0.00
12	601.11	1772.02	100.94	0.00
21	127.90	508.63	508.63	0.00
13	769.25	1062.89	1062.89	0.00
10	76.22	899.63	894.35	0.00
9	691.39	459.67	135.88	0.00
12	285.86	566.76	85.01	0.00
3	785.65	852.94	36.15	0.00
8	62.57	283.05	178.10	0.00
12	468.69	973.47	633.48	0.00
13	2828.81	7648.65	560.38	0.00
12	1538.51	1889.68	1766.61	0.00
12	-3.90	764.26	764.26	0.00
5	539.07	1586.00	35.84	0.00
17	-268.41	4114.25	4114.25	0.00

后　记

Postscript

在年鉴的编写过程中，我们得到了中国证监会领导的关心和指导，得到了会内外有关单位的大力支持和配合。他们是：中国证监会发行监管司、公众公司监管司、市场监管二司、证券基金机构监管司、期货监管司、会计司、国际合作司、债券监管司、上海证券交易所、深圳证券交易所、全国中小企业股份转让系统有限责任公司（北京证券交易所）、上海期货交易所、郑州商品交易所、大连商品交易所、广州期货交易所、中国金融期货交易所、中国证券登记结算公司、中国证券投资者保护基金有限责任公司、中国证券金融股份有限公司、中国期货市场监控中心有限责任公司、中国证券业协会、中国期货业协会、中国基金业协会、中国上市公司协会、中证商品指数有限公司、中证指数有限责任公司。中国统计出版社在年鉴的编辑、出版及发行过程中给予了大力的支持。在此，我们对上述单位表示衷心的感谢！

参与年鉴数据提供及核对的人员有：

谢作为	闫颖慧	王　尚	宋根铭	顿　昊	李　铭	梅　江	马　珊
王晓刚	胡　珩	张前营	张　乐	谷　博	梁宇星	邱显宏	佘雨妍
陈　笑	杨　珂	朱尚文	鲍佳毅	宋　娜	张　诚	宋　凯	李少杰
官朝辉	杨　莉	丁士杰	姜振钰	杨　阳	陈筱露	唐　兵	云山锦雯
于延超	叶凌云	常鑫鑫	夏嫣滟	武　杨	冯　靖	李瑞琪	王　澍
侯开元	肖剑犁	乐淑奇	阳　洪	张　程	徐仕达	余秋霞	王春卿
刘　朔	张　冬	师　潭	关婉怡	肖心悦	刘　丹		

《中国证券期货统计年鉴》编委会

2024 年 9 月